KB101326

jinhok **blacklabel**

수학 II

1 등 급 을 위 한 명 품 수 학

Tomorrow
better than today

환경을 사랑하는 ʻJINHAKʼ
진학사 ʻblacklabelʼ 시리즈는 친환경용지로 만듭니다.

블랙라벨 수학 II

저자	이문호	하나고등학교	황인중	대원외국어고등학교	김원중	강남대성학원	조보관	강남대성학원

기획·검토 위원	김성은	블랙박스수학과학전문학원

검토한 선배님	김용빈	영남대 의예과	김제욱	고려대 신소재공학부	박승연	연세대 시스템 생물학과	윤수현	인제대 의예과	은정민	서울대 수리과학부

기획·검토에 도움을 주신 선생님

강유식	대전수학의자유XO	김정곤	모아수학전문학원	박신태	멘사박신태수학학원	윤인영	삼성동브레인수학학원	임재영	모아수학전문학원
강준혁	QED수학전문학원	김종훈	벧엘수학	박유하	서일고	윤지영	윤쓰매쓰	장두영	가토수학과학학원
강창우	MIT수학학원	김준형	일산Themath	박정호	왜관원수학	윤태욱	모아수학전문학원	장익준	더매쓰수학학원
강호철	울산제일고	김진국	에듀메카	박준현	G1230수학호매실캠퍼스	이기만	화곡고	전무빈	원프로교육학원
경지현	탑이지수학학원	김진규	서울바움수학	박형상	연세박형상수학학원	이명진	한슬수학학원	전병호	시매쓰충주학원
고은미	한국연예예술학교	김진영	수와식학원	박호준	한영고	이상혁	더클래스학원	전영	전영수학학원
구정모	제니스수학	김진완	성일올림학원	박훈	장항고	이상훈	새움학원	정경연	정경연수학학원
권대중	대중수학학원	김진혁	동양고	배지태	깊은생각	이석규	지족고	정규수	수찬학원
권오철	파스칼학원	김충일	모아수학전문학원	서동욱	FM최강수학학원	이석현	대치새움학원	정대철	정샘수학
권용직	다산LMPS수학전문학원	김태경	Be수학	서동원	수학의중심학원	이선호	P&K언어와수리	정연배	보문고
권지영	수학더채움학원	김태균	대전동신과학고	서승우	천안링크수학학원	이송제	리즈수학	정재호	온풀이수학학원
기미나	기쌤수학	김필래	진주여고	서용준	역촌동성심학원	이수동	부천E&T수학전문학원	정중연	신정송현학원
김경희	가온김경희수학전문학원	김하나	과수원학원	서용준	잠실비투비수학학원	이승철	광주화정차수학창조학원	정지택	한영고
김근영	수학공방	김하빈	모아수학전문학원	서정택	카이로스학원	이아람	퍼펙트브레인학원	정진경	구주이배
김기영	이화수학	김한빛	한빛수학	서한주	오산청춘날다학원	이옥열	해오름단과학원	정진희	정쌤영어수학
김나리	이투스수학학원영통점	김현	강남구청인강	서형화	마플수학	이용환	유성고	정태규	가우스수학전문학원
김대만	뉴턴수학	김현주	HJMath	선철	일신학원	이장원	3030수영학원	정화진	SM에듀
김도연	이강학원	김현호	정윤교Mataster	성준우	익산수학당학원	이재광	포엠에듀(주)	정효석	최상위의힘
김동식	성남go	김형수	원탑학원	손정택	소명여고	이재욱	보문고	조병수	브니엘고
김미영	하이스트금천	김혜진	SM학원	손주희	김천이루다수학과학	이재익	천상누리수학학원	조용남	조선생수학전문학원
김범두	보인고	김효석	쓰담수학학원대구용산점	송인석	송인석수학학원	이재하	중일고	조창식	광교시작과완성수학학원
김봉수	범어이투스수학학원	남송현	배정고	신대용	신수학학원	이재훈	해동고	지광근	중국시안삼성학원
김봉조	퍼스트클래스수학전문학원	남현욱	이츠매쓰학원	양귀제	양선생수학전문학원	이재희	경기고	지은오	부산브니엘예술고
김선형	유성여고	마윤심	소래고	양철웅	목동거산학원	이정은	에듀픽학원	지정경	짱솔학원
김성용	영천이리풀수학	문상경	엠투수학	어성웅	SKY청운학원	이정재	수학올림픽학원	천유석	동아고
김성운	위너스영수학원	문용석	영통유레카수학전문학원	엄유빈	대치유빈쌤수학	이정하	메트로수신수학	최다혜	싹수학학원
김성태	제주김성태수학학원	문재웅	압구정엠케이학원	엄태호	대전대신고	이준영	동산고	최명수	우성고
김세진	일정수학전문학원	박기석	천지명장학원	오선교	모아수학전문학원	이준우	대아고	최시재	강안교육재수전문
김세호	모아수학전문학원	박도솔	도솔샘수학	오승제	스키마수학학원	이진영	루트수학	최원필	마이엠수학학원
김엘리	혜윰수학	박동민	울산동지수학과학전문학원	오창환	대전제일학원	이춘우	전주서신셀파수학	최젬마	일산가좌고
김영숙	원수학학원	박모아	모아수학전문학원	우교영	수아체학원	이태형	가토수학과학학원(침산)	최형기	국제고
김용배	보문고	박묘인	이투스수학학원상현2점	우준섭	예문여고	이현수	메가스터디	한병희	플라즈마학원
김용인	송탄제일중	박미옥	목포폴리아학원	원관섭	원쌤수학	이홍우	홍샘수학전문학원	한지연	로드맵수학전문학원
김용찬	경기고	박민서	효명중	유주오	대치새움학원	이효정	부산고	함영호	에이블이과전문수학학원
김용희	일산대진고	박상권	수와식수학전문학원	유창우	세종시씨투엠수학전문학원	임결	온스터디학원	허성일	나교수수학학원
김장호	고수수학학원	박상보	와이앤딥학원	윤상완	죽전로드수학학원	임노길	윤석수학	홍성주	굿매쓰수학학원
김재형	아람컨설팅	박수연	목동흔들리지않는수학학원	윤석규	호수돈여고	임양옥	강남최선생수학	황종인	상일고

BLACK LABEL

초판9쇄 2023년 9월 15일　**펴낸이** 신원근　**펴낸곳** ㈜진학사 블랙라벨부　**기획편집** 윤하나 유효정 홍다솔　**디자인** 이지영　**마케팅** 조양원 박세라

주소 서울시 종로구 경희궁길 34　**학습 문의** booksupport@jinhak.com　**영업 문의** 02 734 7999　**팩스** 02 722 2537　**출판 등록** 제300-2001-202호

● 잘못 만들어진 책은 구입처에서 교환해 드립니다.　● 이 책에 실린 모든 내용에 대한 권리는 ㈜진학사에 있으므로 무단으로 전재하거나, 복제, 배포할 수 없습니다.　www.jinhak.com

이 책의 동영상 강의 사이트　강남구청 인터넷수능방송 / 메가스터디 / 온리원 / 자연계에듀

수학 II

1등급을 위한 명품 수학

블랙라벨

이책의 차례

Contents

이책의 본문 구성

1등급 만들기 단계별 학습 프로젝트

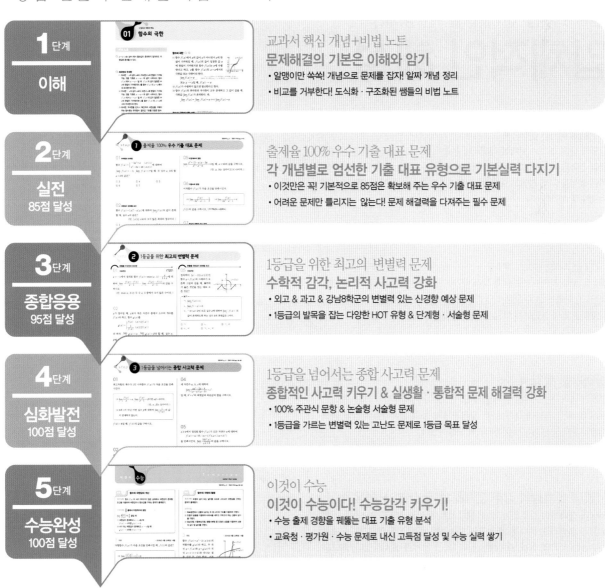

1단계 — 이해

교과서 핵심 개념+비법 노트

문제해결의 기본은 이해와 암기
- 알맹이만 쏙쏙! 개념으로 문제를 잡자! 알짜 개념 정리
- 비교를 거부한다! 도식화 · 구조화된 쌤들의 비법 노트

2단계 — 실전 85점 달성

출제율 100% 우수 기출 대표 문제

각 개념별로 엄선한 기출 대표 유형으로 기본실력 다지기
- 이것만은 꼭! 기본적으로 85점은 확보해 주는 우수 기출 대표 문제
- 어려운 문제만 틀리지는 않는다! 문제 해결력을 다져주는 필수 문제

3단계 — 종합응용 95점 달성

1등급을 위한 최고의 변별력 문제

수학적 감각, 논리적 사고력 강화
- 외고 & 과고 & 강남8학군의 변별력 있는 신경향 예상 문제
- 1등급의 발목을 잡는 다양한 HOT 유형 & 단계형 · 서술형 문제

4단계 — 심화발전 100점 달성

1등급을 넘어서는 종합 사고력 문제

종합적인 사고력 키우기 & 실생활 · 통합적 문제 해결력 강화
- 100% 주관식 문항 & 논술형 서술형 문제
- 1등급을 가르는 변별력 있는 고난도 문제로 1등급 목표 달성

5단계 — 수능완성 100점 달성

이것이 수능

이것이 수능이다! 수능감각 키우기!
- 수능 출제 경향을 꿰뚫는 대표 기출 유형 분석
- 교육청 · 평가원 · 수능 문제로 내신 고득점 달성 및 수능 실력 쌓기

이책의 해설 구성

진짜 1등급 문제집을 완성해주는
입체적인 해설

단계별 해결 전략

난도가 높은 어려운 문제에 대해서는 논리적 사고 과정의 흐름인 단계별
해결 전략을 제시하였다. 단순히 정답을 풀이하는 것이 아니라, 어떤 방식,
어떤 과정을 거쳐 정답이 도출되는가를 파악하여 수학적인 사고력을 키울
수 있도록 하였다.

다양한 다른풀이

해설을 보는 것만으로도 문제 해결 방안이 바로 이해될 수 있도록 하였다.
더 쉽고, 빠르게 풀 수 있는 다양한 다른 풀이의 학습을 통해 수학적
사고력을 키워 실전에서 더 높은 점수를 받을 수 있도록 하였다.

블랙라벨 특강

단계가 넘어가는 이유를 알기 쉽게 표기한 풀이 첨삭과 필수 개념, 공식,
원리 및 확장 개념에 대한 설명, 오답피하기 등의 블랙라벨 특강을 통해
해설만 읽어도 명쾌하게 이해되도록 구성하였다.

서울대 선배들의 강추 문제& 1등급 비법 노하우

서울대 선배들이 강추하는 Best 블랙라벨 문제와 선배들의 1등급 비법
노하우! 블랙라벨 문제 중의 최고의 블랙라벨 문제! 타문제집과의 비교를
거부하는 최고의 질을 자랑하는 진짜 1등급 문제를 표시하였다. 최고의
문제와 선배들의 1등급 비법 노하우를 통해 스스로 향상된 실력을 확인해
보도록 한다.

이책의 특별한 활용법

01
단계별로 학습하라.
완벽히 내것으로 소화하지 못했다면 될때까지 보고 또 본다.

문제집의 단계를 따라가면서 학습한다.
각 단계를 학습한 뒤 빠른 정답 체크표로 채점하고 틀린 문제에 표시를 한다.
채점 후 모르는 문제는 해설집을 보면서 다시 한 번 풀어본다.

활용 Tip
- **One** 확실히 아는 문제는 (○)표기 / 다시 한 번 풀어 보아야 할 문제는 (△)표기 / 틀린 문제는 (×)표기
- **Two** 두 번째 풀 때는 (△)와 (×)표기의 문제만 풀기
- **Three** 틀린 문제는 반드시 오답노트를 만들고 꼭 다시 풀기

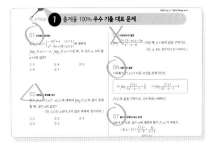

02
정답과 해설은 가능한 멀리하고,
틀린 문제는 또 틀린다는 징크스를 깨자.

❶ 문제 풀이 전에는 절대로, Never 해설을 보지 않고 혼자 힘으로 푼다.
❷ 모르거나 틀린 문제는 해설을 보면서 해결 단계를 전략적으로 사고하는 습관을 기른다.
❸ 모르거나 틀린 문제는 꼭 오답노트를 만들고, 반드시 내 것으로 만든다.

03
단계별, 전략적으로 효율적인 공부가 되도록 한다.

기본 실력을 쌓고 싶을 때 시험이 코앞일 때	1등급에 도전하고 싶을 때 어려운 문제만 풀고 싶을 때	1등급을 완성하고 싶을 때 수능형·논술형에 대비하고 싶을 때
문제 해결의 기본은 이해와 암기	수학적 감각, 논리적 사고력 강화 실생활·통합적 문제 해결력 강화	수학적 감각, 논리적 사고력 강화 실생활·통합적 문제 해결력 강화
1단계 교과 핵심개념+비법 노트 **2단계** 출제율 100% 우수 기출 대표 문제	**3단계** 1등급을 위한 최고의 변별력 문제 **4단계** 1등급을 넘어서는 종합 사고력 문제	**3단계** 1등급을 위한 최고의 변별력 문제 **4단계** 1등급을 넘어서는 종합 사고력 문제 **5단계** 이것이 수능

◉ 시험보기 전에는 반드시 오답노트의 문제들을 다시 확인하고 풀어본다.

Healing

시도 | Time to Act

Life is something that everyone should try at least once.
인생이란 누구나 한 번쯤 시도해 볼 만한 것이다.
– Henry J. Tillman (헨리 J. 틸만) –

거창하고 위대한 업적 또는 계획들만이
'시도'할 수 있는 일이라고 생각해 본 적은 없나요.
그저 평범한 삶을 사는 것, 묵묵히 오늘을 버텨내는 것.
그런 모든 일상들도 사실은 시도와 도전이며,
따라서 당신은 하루 하루 큰 성공을 누리고 있습니다.

I

함수의
극한과 연속

01 함수의 극한

비법 노트

Ⓐ $x=a$ (a는 상수)에서 함숫값이 존재하지 않더라도 극한값은 존재할 수 있다.

Ⓑ **좌극한과 우극한**

(1) 좌극한 : x의 값이 a보다 작으면서 a에 한없이 가까워지는 것을 기호로 $x \to a-$와 같이 나타내고, 함수 $f(x)$에서 $x \to a-$일 때 $f(x)$의 값이 일정한 수 α에 한없이 가까워지면 α를 함수 $f(x)$의 $x=a$에서의 좌극한이라 한다.

(2) 우극한 : x의 값이 a보다 크면서 a에 한없이 가까워지는 것을 기호로 $x \to a+$와 같이 나타내고, 함수 $f(x)$에서 $x \to a+$일 때 $f(x)$의 값이 일정한 수 α에 한없이 가까워지면 α를 함수 $f(x)$의 $x=a$에서의 우극한이라 한다.

(3) 좌극한, 우극한을 반드시 확인하여 극한값을 구해야 하는 함수로는 유리함수, 절댓값 기호를 포함한 함수, 가우스 기호를 포함한 함수 등이 있다.

▶ STEP 2 | 01. 04번

Ⓒ **기호 ∞**

∞는 한없이 커지는 상태를 나타내는 기호로 '무한대'라 읽으며, 이는 수가 아니다. 예를 들어, $x \to \infty$는 x가 한없이 커진다는 뜻이다.

1등급 비법

Ⓓ 두 다항함수 $f(x)$, $g(x)$에 대하여 $\lim\limits_{x \to \infty} f(x)=\infty$, $\lim\limits_{x \to \infty} g(x)=\infty$일 때,

(1) ($f(x)$의 차수) > ($g(x)$의 차수)이면

$x \to \infty$일 때, $\dfrac{f(x)}{g(x)} \to \infty$

(2) ($f(x)$의 차수) = ($g(x)$의 차수)이면

$x \to \infty$일 때,

$\dfrac{f(x)}{g(x)} \to$ ($f(x)$와 $g(x)$의 최고차항의 계수의 비)

▶ STEP 2 | 21, 23번, STEP 3 | 05번

(3) ($f(x)$의 차수) < ($g(x)$의 차수)이면

$x \to \infty$일 때, $\dfrac{f(x)}{g(x)} \to 0$

중요

Ⓔ **함수의 극한의 대소 관계** ← 함수의 극한의 대소 관계는 $x \to a-$, $x \to a+$ $x \to \infty$, $x \to -\infty$일 때도 성립한다.

$\lim\limits_{x \to a} f(x)=\alpha$, $\lim\limits_{x \to a} g(x)=\beta$ (α, β는 실수)일 때, a에 가까운 모든 실수 x에 대하여

(1) $f(x) \le g(x)$이면 $\alpha \le \beta$

(2) $f(x) \le h(x) \le g(x)$이고 $\alpha = \beta$이면 $\lim\limits_{x \to a} h(x)=\alpha$

▶ STEP 1 | 07번, STEP 3 | 05번

(3) $f(x) < g(x)$일 때, $\lim\limits_{x \to a} f(x)=\lim\limits_{x \to a} g(x)$일 수도 있다.

함수의 극한 Ⓑ Ⓒ

(1) 함수 $f(x)$에서 x의 값이 a가 아니면서 a에 한없이 가까워질 때, $f(x)$의 값이 일정한 값 α에 한없이 가까워지면 함수 $f(x)$는 α에 수렴한다고 하고, α를 함수 $f(x)$의 $x=a$에서의 극한값 또는 극한이라 한다.

$\lim\limits_{x \to a} f(x)=\alpha$ ┌ $x \to a$는 $x \ne a$이면서 x가 a에 한없이 가까워짐을 나타내는 기호이다. 즉, 극한값 $\lim\limits_{x \to a} f(x)$와 함숫값 $f(a)$는 다른 의미이다.

또는 $x \to a$일 때, $f(x) \to \alpha$

(2) $f(x)$가 수렴하지 않으면 발산한다고 한다.

(3) 함수 $f(x)$의 좌극한과 우극한이 모두 존재하고 그 값이 같을 때, 극한값 $\lim\limits_{x \to a} f(x)$가 존재한다. 즉,

$$\lim_{x \to a-} f(x) = \lim_{x \to a+} f(x) = \alpha \Longleftrightarrow \lim_{x \to a} f(x)=\alpha$$

함수의 극한에 대한 성질 ← 함수의 극한에 대한 성질은 $x \to a-$, $x \to a+$, $x \to \infty$, $x \to -\infty$일 때도 성립한다.

$\lim\limits_{x \to a} f(x)=\alpha$, $\lim\limits_{x \to a} g(x)=\beta$ (α, β는 실수)일 때,

(1) $\lim\limits_{x \to a} \{f(x) \pm g(x)\} = \lim\limits_{x \to a} f(x) \pm \lim\limits_{x \to a} g(x) = \alpha \pm \beta$ (복부호 동순)

(2) $\lim\limits_{x \to a} kf(x) = k \lim\limits_{x \to a} f(x) = k\alpha$ (단, k는 상수)

(3) $\lim\limits_{x \to a} f(x)g(x) = \lim\limits_{x \to a} f(x) \lim\limits_{x \to a} g(x) = \alpha\beta$

(4) $\lim\limits_{x \to a} \dfrac{f(x)}{g(x)} = \dfrac{\lim\limits_{x \to a} f(x)}{\lim\limits_{x \to a} g(x)} = \dfrac{\alpha}{\beta}$ (단, $g(x) \ne 0$, $\beta \ne 0$)

함수의 극한값의 계산 Ⓓ Ⓔ

(1) $\dfrac{0}{0}$ 꼴 : 분모, 분자가 모두 다항식이면 분모, 분자를 각각 인수분해하여 약분하고, 분모, 분자 중 무리식이 있으면 근호가 있는 쪽을 유리화한다.

(2) $\dfrac{\infty}{\infty}$ 꼴 : 분모의 최고차항으로 분모, 분자를 각각 나눈다.

(3) $\infty - \infty$ 꼴 : 다항식은 최고차항으로 묶고, 무리식은 근호가 있는 쪽을 유리화한다.

(4) $0 \times \infty$ 꼴 : $\dfrac{0}{0}$, $\dfrac{\infty}{\infty}$, $\infty \times k$, $\dfrac{k}{\infty}$ 꼴로 변형한다. (단, k는 상수)

미정계수의 결정

두 함수 $f(x)$, $g(x)$에 대하여 $\lim\limits_{x \to a} \dfrac{f(x)}{g(x)} = \alpha$ (α는 실수)일 때,

(1) $\lim\limits_{x \to a} g(x)=0$이면 $\lim\limits_{x \to a} f(x)=0$

(2) $\alpha \ne 0$, $\lim\limits_{x \to a} f(x)=0$이면 $\lim\limits_{x \to a} g(x)=0$

(3) $\alpha \ne 0$, $\lim\limits_{x \to a} f(x)=\infty$이면 $\lim\limits_{x \to a} g(x)=\infty$

step 1 출제율 100% 우수 기출 대표 문제

01 우극한과 좌극한

함수 $f(x)=\begin{cases} -3x^2+a & (x<1) \\ x^2-bx+2b & (x\geq 1) \end{cases}$ 에 대하여

$\lim\limits_{x\to 1-} f(x)=-3$, $\lim\limits_{x\to 1+} f(x)=7$일 때, 두 상수 a, b의 합 $a+b$의 값은?

① 3   ② 4   ③ 5
④ 6   ⑤ 7

02 극한값이 존재할 조건

함수 $f(x)=[x]^2-a[x]$에 대하여 $\lim\limits_{x\to 2} f(x)$의 값이 존재할 때, 실수 a의 값은?

(단, $[x]$는 x보다 크지 않은 최대의 정수이다.)

① 1   ② 2   ③ 3
④ 4   ⑤ 5

03 그래프를 이용한 합성함수의 극한값

함수 $y=f(x)$의 그래프가 오른쪽 그림과 같을 때,

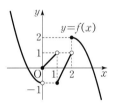

$$\lim_{x\to 0-} f(x)+\lim_{x\to -1+} f(-x)$$
$$+\lim_{x\to \infty} f\left(\frac{2}{x}\right)$$

의 값은?

① -1 ② 0   ③ 1
④ 2   ⑤ 3

04 함수의 극한값의 계산

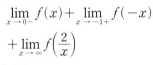

$\lim\limits_{x\to \infty} \dfrac{x(\sqrt{x^2+2x}-x)}{3x+2}+\lim\limits_{x\to 1-} \dfrac{x^2+3x-4}{|x-1|}$의 값은?

① $-\dfrac{7}{3}$ ② $-\dfrac{10}{3}$ ③ $-\dfrac{11}{3}$
④ $-\dfrac{14}{3}$ ⑤ $-\dfrac{16}{3}$

05 미정계수의 결정

$\lim\limits_{x\to a} \dfrac{x^2+(3-a)x-3a}{x^2-x-6}=b$일 때, $a+5b$의 값을 구하시오.

(단, a, b는 상수이고 $b>0$이다.)

06 다항식의 결정

이차함수 $f(x)$가 다음 조건을 만족시킨다.

> (가) $\lim\limits_{x\to \infty} \dfrac{f(x)}{2x^2-x-1}=\dfrac{1}{2}$ (나) $\lim\limits_{x\to 1} \dfrac{f(x)}{2x^2-x-1}=4$

$f(2)$의 값을 구하시오. [2017학년도 사관학교]

07 함수의 극한의 대소 관계

2보다 큰 모든 실수 x에 대하여 함수 $f(x)$가 부등식

$$-2(x-3)<\frac{f(x)}{x-2}<\frac{6}{x+1}$$

을 만족시킬 때, $\lim\limits_{x\to 2+} \dfrac{12f(x)}{x^3-8}$의 값은?

① 0   ② 1   ③ 2
④ 3   ⑤ 4

08 함수의 극한의 활용

그림과 같이 무리함수 $f(x)=\sqrt{x}$의 그래프가 직선 $y=x$와 만나는 두 점 중에서 원점 O가 아닌 점을 A라 하고, 점 A를 지나고 직선 $y=x$와 수직인 직선이 x축과 만나는 점을 B라 하자. 직선 $x=t$가 직선 $y=x$와 만나는 점을 P, 직선 $x=t$가 함수 $y=f(x)$의 그래프와 만나는 점을 Q, 직선 $y=t$가 직선 AB와 만나는 점을 R라 하자. 삼각형 OAQ와 삼각형 PBR의 넓이를 각각 $S(t)$, $T(t)$라 할 때,

$\lim\limits_{t\to 1-} \dfrac{T(t)}{S(t)}$의 값을 구하시오. (단, $0<t<1$) [2016년 교육청]

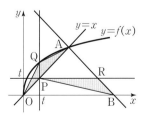

유형❶ 우극한과 좌극한

01 대표문항 · 서술형

$x>-1$에서 정의된 함수 $f(x)=\min(x,\ 1)-\dfrac{x}{1+x}$에 대하여 $\displaystyle\lim_{x\to1-}\dfrac{f(x)-f(1)}{x-1}-\lim_{x\to1+}\dfrac{f(x)-f(1)}{x-1}$의 값을 구하시오.

(단, $\min(a,\ b)$는 두 수 $a,\ b$ 중에서 크지 않은 수이다.)

02

x가 양수일 때, x보다 작은 자연수 중에서 소수의 개수를 $f(x)$라 하고, 함수 $g(x)$를

$$g(x)=\begin{cases} f(x) & (x>2f(x)) \\ \dfrac{1}{f(x)} & (x\le2f(x)) \end{cases}$$

라 하자. $\displaystyle\lim_{x\to8-}g(x)=\alpha$, $\displaystyle\lim_{x\to8+}g(x)=\beta$라 할 때, 실수 α, β에 대하여 $\dfrac{\beta}{\alpha}$의 값을 구하시오.

03

$-2\le x\le2$에서 정의된 함수

$$f(x)=\begin{cases} x & (-2\le x\le-1) \\ -2x-1 & (-1<x<0) \\ \dfrac{1}{2}x+1 & (0\le x\le2) \end{cases}$$

에 대하여 $\left|\displaystyle\lim_{x\to a-}f^{-1}(x)+\lim_{x\to a+}f^{-1}(x)\right|=1$을 만족시키는 실수 a의 개수를 구하시오. (단, $-2<a<2$)

04 · 1등급

좌표평면 위에 원점 O와 세 점 A$(4,\ 0)$, B$(4,\ 4)$, C$(0,\ 4)$가 있다. 양수 a에 대하여 원 $(x-a)^2+(y-a)^2=a^2$이 정사각형 OABC의 둘레와 만나는 점의 개수를 $f(a)$라 하자. $\displaystyle\lim_{a\to t-}f(a)\ne\lim_{a\to t+}f(a)$를 만족시키는 서로 다른 실수 t의 값을 $t_1,\ t_2,\ t_3,\ \cdots,\ t_n$이라 하면 $nt_n=p+q\sqrt2$이다. $p+q$의 값을 구하시오. (단, n은 자연수, $p,\ q$는 정수이고 $t_1<t_2<t_3<\cdots<t_n$이다.)

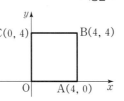

유형❷ 극한값이 존재할 조건

05 대표문항

정의역이 $\{x\,|-2\le x\le2\}$인 함수 $y=f(x)$의 그래프가 오른쪽 그림과 같을 때, **보기**에서 옳은 것만을 있는 대로 고른 것은?

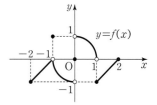

보기

ㄱ. $\displaystyle\lim_{x\to0}f(x)=1$

ㄴ. $\displaystyle\lim_{x\to1}f(-x)=0$

ㄷ. $-2<a<k$인 모든 실수 a에 대하여 $\displaystyle\lim_{x\to a}|f(x)|$의 값이 존재하도록 하는 상수 k의 최댓값은 1이다.

① ㄱ ② ㄴ ③ ㄱ, ㄷ
④ ㄴ, ㄷ ⑤ ㄱ, ㄴ, ㄷ

06

함수 $f(x)=\left(\dfrac{2x+|x|}{x}\right)^2-(a+1)\times\dfrac{2x+|x|}{x}$에 대하여 $\displaystyle\lim_{x\to0}f(x)$의 값이 존재할 때, 상수 a의 값은?

① 0 ② 1 ③ 2
④ 3 ⑤ 4

07

오른쪽 그림과 같이 원 $x^2+y^2=1$의 일부분인 함수

$$y=f(x)\ (-1<x<1)$$

의 그래프에 대하여 $x=0$에서 극한값이 존재하는 것만을 **보기**에서 있는 대로 고른 것은?

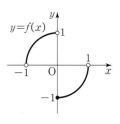

보기

ㄱ. $f(x)+f(-x)$

ㄴ. $f(x)-f(-x)$

ㄷ. $f(-x)\{f(x)-f(-x)\}$

① ㄱ ② ㄷ ③ ㄱ, ㄴ
④ ㄱ, ㄷ ⑤ ㄴ, ㄷ

08

$\lim\limits_{x \to n} \dfrac{[x]^2+2x}{[x]}$의 값이 존재할 때, 자연수 n의 값은?

(단, $[x]$는 x보다 크지 않은 최대의 정수이다.)

① 1   ② 2   ③ 3

④ 4   ⑤ 5

유형❸ 합성함수의 극한

09 대표문항 [빈출]

두 함수 $y=f(x)$, $y=g(x)$의 그래프가 다음 그림과 같을 때, $\lim\limits_{x \to \infty} f\left(\dfrac{2x-4}{x-1}\right) + \lim\limits_{x \to 2+} f(g(x))$의 값을 구하시오.

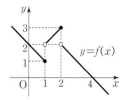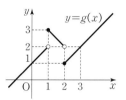

10

다음 그림은 $-10 < x < 10$에서 정의된 두 함수 $f(x)$와 $g(x)$의 그래프의 일부이고, 두 함수 $f(x)$, $g(x)$는 각각 $f(x+3)=f(x)$, $g(x+3)=g(x)$를 만족시킨다.

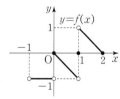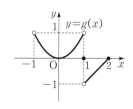

$\lim\limits_{x \to a+} f(-x)g(-x) = \lim\limits_{x \to a-} f(g(x))$가 성립하도록 하는 정수 a의 개수를 구하시오.

유형❹ 함수의 극한에 대한 성질

11 대표문항

두 함수 $f(x)$, $g(x)$에 대하여

$$\lim\limits_{x \to \infty} f(x) = \infty, \quad \lim\limits_{x \to \infty} \{f(x) - 2g(x)\} = a$$

일 때, $\lim\limits_{x \to \infty} \dfrac{f(x)+2g(x)+1}{2f(x)-3g(x)-2}$의 값을 구하시오.

(단, a는 상수이다.)

12

두 함수 $f(x)$, $g(x)$에 대하여 **보기**에서 옳은 것만을 있는 대로 고른 것은? (단, a는 상수이다.)

• 보기 •

ㄱ. $\lim\limits_{x \to a} f(x)$, $\lim\limits_{x \to a} f(x)g(x)$의 값이 각각 존재하면 $\lim\limits_{x \to a} g(x)$의 값도 존재한다.

ㄴ. $\lim\limits_{x \to a} g(x)$, $\lim\limits_{x \to a} \dfrac{f(x)}{g(x)}$의 값이 각각 존재하면 $\lim\limits_{x \to a} f(x)$의 값도 존재한다.

ㄷ. $\lim\limits_{x \to a} g(x)$의 값이 존재하면 $\lim\limits_{x \to a} f(g(x))$의 값도 존재한다.

① ㄱ   ② ㄴ   ③ ㄷ

④ ㄱ, ㄷ   ⑤ ㄴ, ㄷ

13

두 함수 $f(x)$, $g(x)$가 다음 조건을 만족시킨다.

(가) $x+f(x)=g(x)\{x-f(x)\}$

(나) $\lim\limits_{x \to 0} g(x) = 3$

보기에서 극한값이 존재하는 것만을 있는 대로 고른 것은?

• 보기 •

ㄱ. $\lim\limits_{x \to 0} \dfrac{f(x)}{x}$ ㄴ. $\lim\limits_{x \to 0} f(x)$

ㄷ. $\lim\limits_{x \to 0} \dfrac{x^2+f(x)}{x^2-f(x)}$

① ㄱ   ② ㄷ   ③ ㄱ, ㄴ

④ ㄴ, ㄷ   ⑤ ㄱ, ㄴ, ㄷ

유형❺ 여러 가지 함수의 극한값의 계산

14 대표문항

$\lim\limits_{x \to -\infty} (2x + \sqrt{[4x^2+x]})$의 값을 구하시오.

(단, $[x]$는 x보다 크지 않은 최대의 정수이다.)

15

x에 대한 다항식 $f(x)$를 $x-3$으로 나눈 몫을 $g(x)$라 하자. $\lim\limits_{x \to 3} \dfrac{f(x)-3x}{x-3}=4$일 때, $\lim\limits_{x \to 3} \dfrac{\{f(x)-9\}g(x)}{x-3}$의 값을 구하시오.

16

함수 $f(x)=\begin{cases} x-1 & ([x]=0) \\ \left[\dfrac{1}{[x]}\right]-x & ([x]\neq 0) \end{cases}$ 에 대하여 **보기**에서 옳은 것만을 있는 대로 고른 것은?

(단, $[x]$는 x보다 크지 않은 최대의 정수이다.)

─● 보기 ●─
ㄱ. $f(1)=0$
ㄴ. $\lim\limits_{x \to n} f(x)$의 값이 존재하지 않도록 하는 정수 n의 개수는 3이다.
ㄷ. $\lim\limits_{x \to -1} \dfrac{f(x)}{x+1}=-1$

① ㄱ   ② ㄱ, ㄴ   ③ ㄱ, ㄷ
④ ㄴ, ㄷ   ⑤ ㄱ, ㄴ, ㄷ

17

함수 $f(x)=x^3+x^2+x$의 역함수를 $f^{-1}(x)$라 할 때, $\lim\limits_{x \to 0} \dfrac{f^{-1}(2x)}{x}$의 값을 구하시오.

18

〔신유형〕

두 자연수 a, b에 대하여
$$\lim_{x \to 4} \frac{|x^2-a^2|-|a^2-16|}{x^2-16}=b$$
일 때, $a-b$의 최댓값을 구하시오.

19

대표문항

최고차항의 계수가 1인 이차함수 $f(x)$가
$$\lim_{x \to a} \frac{f(x)-(x-a)}{f(x)+(x-a)}=\frac{3}{5}$$
을 만족시킨다. 방정식 $f(x)=0$의 두 근을 α, β라 할 때, $|\alpha-\beta|$의 값은? (단, a는 상수이다.) [2017학년도 수능]

① 1   ② 2   ③ 3
④ 4   ⑤ 5

20

$\lim\limits_{x \to 1} \dfrac{2x^2+a^2x-3a}{3x^2+a^2x-4a}$의 값이 존재하지 않도록 하는 상수 a의 값을 구하시오.

21

다항식 $f(x)$에 대하여 $\lim\limits_{x \to 2} \dfrac{f(x-2)}{x-2}$, $\lim\limits_{x \to 3} \dfrac{f(x)}{x-3}$의 값이 각각 존재하고 $\lim\limits_{x \to \infty} \dfrac{4f(x)-3x^2}{f(x)+x^3}=3$일 때, 다음 중 다항식 $f(x)$로 가능한 것은?

① $f(x)=3(x-2)(x-3)$
② $f(x)=4x(x-3)(x-4)$
③ $f(x)=3x(x-3)^2$
④ $f(x)=4x(x+2)(x-3)$
⑤ $f(x)=3(x-2)(x-3)(x-4)$

22

두 함수 $f(x)$, $g(x)$에 대하여
$$\lim_{x \to a} \frac{f(x)}{x-a}=2, \ \lim_{x \to a} \frac{g(x)}{x-a}=1$$
일 때, $\lim\limits_{x \to a} \dfrac{m\{f(x)\}^2+n\{g(x)\}^2}{\{f(x)-2g(x)\}(x-a)}=8$을 만족시키는 두 상수 m, n에 대하여 $m-n$의 값을 구하시오.

(단, a는 상수이다.)

23

x에 대한 이차식 $f(x)$가

$$\lim_{x \to \infty} \frac{f(x) - 2x^2}{x^2 + 1} + \lim_{x \to 1} \frac{f(x)}{x^2 - 1} = 0$$

을 만족시킨다. $f(x)$를 $x-2$로 나눈 나머지가 3일 때, $f(6)$의 값을 구하시오.

24

자연수 n에 대하여

$$\lim_{x \to 0} \frac{a - x^n - \sqrt{a^2 - x^4}}{x^4} = \frac{1}{2}$$

일 때, $a + n$의 최솟값을 구하시오. (단, $a > 0$)

유형 ❼ 함수의 극한의 활용

25 대표문항

곡선 $y = \sqrt{\dfrac{x}{a}}$ 와 직선 $x = a$ 및 x축 으로 둘러싸인 부분에 오른쪽 그림 과 같이 정사각형 ABCD가 내접 해 있다. 정사각형 ABCD의 한 변 의 길이를 $l(a)$라 할 때, $\displaystyle\lim_{a \to \infty} l(a)$의 값을 구하시오. (단, $a > 0$)

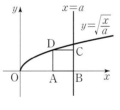

26

오른쪽 그림과 같이 중심이 $C(r, 0)$이고 반지름의 길이가 r 인 원 C가 있다. 점 $A(-2, 0)$에 서 원 C에 그은 접선 중 기울기가 양수인 접선을 l이라 하고 직선 l 이 y축과 만나는 점을 P라 하자. 직선 l과 원 C의 접점 Q에 대하여 직선 CQ가 y축과 만나는 점을 R라 할 때, $\displaystyle\lim_{r \to \infty} \frac{\overline{\text{OR}}}{\overline{\text{OP}}}$의 값을 구하시오.

(단, O는 원점이고, $r > 0$이다.)

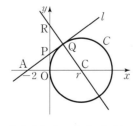

27

오른쪽 그림과 같이 곡선 $y = x^2$ 위 의 점 $P(t, t^2)$ $(t > 0)$에 대하여 x 축 위의 점 Q, y축 위의 점 R가 다 음 조건을 만족시킨다.

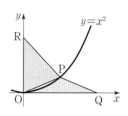

⑺ 삼각형 POQ는 $\overline{\text{PO}} = \overline{\text{PQ}}$인 이등변삼각형이다.
⑻ 삼각형 PRO는 $\overline{\text{RO}} = \overline{\text{RP}}$인 이등변삼각형이다.

삼각형 POQ와 삼각형 PRO의 넓이를 각각 $S(t)$, $T(t)$라 할 때, $\displaystyle\lim_{t \to 0+} \frac{T(t) - S(t)}{t}$의 값은? (단, O는 원점이다.)

[2017년 교육청]

① $\dfrac{1}{8}$　　　② $\dfrac{1}{4}$　　　③ $\dfrac{3}{8}$

④ $\dfrac{1}{2}$　　　⑤ $\dfrac{5}{8}$

28

오른쪽 그림과 같이 점 O를 중심으 로 하고 반지름의 길이가 1인 사분 원 OAB가 있다. 호 AB 위의 한 점 P에서 선분 OA에 내린 수선의 발 을 Q라 하고 $\overline{\text{OQ}} = t$라 하자. 점 P 를 꼭짓점으로 하고, 대각선이 선분 AB 위에 있는 정사각형의 넓이를 $f(t)$라 할 때, $\displaystyle\lim_{t \to 1-} \frac{f(t)}{\overline{\text{QA}}}$의 값을 구하시오.

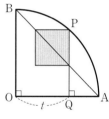

29

오른쪽 그림과 같이 반지름의 길이 가 2인 원에 내접하는 사각형 ABCD가 있다. $\overline{\text{AB}} = 4$, $\overline{\text{AD}} = \overline{\text{CD}} = x$, $\overline{\text{BC}} = y$일 때, $\displaystyle\lim_{x \to \sqrt{2}-} \frac{y - 3}{\sqrt{2 - x}}$의 값을 구하시오.

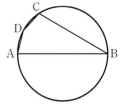

 step **3** 1등급을 넘어서는 **종합 사고력 문제**

01

최고차항의 계수가 1인 사차함수 $f(x)$가 다음 조건을 만족시킨다.

> (가) $\lim\limits_{x \to 0} \dfrac{f(x)}{x} = \alpha$, $\lim\limits_{x \to 1} \dfrac{f(x)}{x-1} = \beta$이고 $\alpha\beta = 0$이다.
>
> (단, α, β는 상수이다.)
>
> (나) 0과 1이 아닌 어떤 실수 p에 대하여 $\lim\limits_{x \to p} \dfrac{1}{f(x)}$의 값이 존재하지 않는다.

$f(2) = 8$일 때, $f(3)$의 값을 구하시오.

02

$x \neq 2$인 실수 전체의 집합에서 정의된 함수 $f(x) = \left| \dfrac{5-2x}{x-2} \right|$와 $g(x) = x+t$가 있다. 실수 t에 대하여 두 함수 $y=f(x)$, $y=g(x)$의 그래프의 교점의 개수를 $h(t)$라 할 때, $\lim\limits_{t \to k+} h(t) > h(k)$를 만족시키는 모든 실수 k의 값의 합을 구하시오.

03

$-2 \leq x \leq 6$에서 정의된 두 함수 $f(x)$, $g(x)$는
$$f(2-x) = f(2+x), \quad g(x-2) = g(x+2)$$
를 만족시킨다. $-2 \leq x \leq 2$에서의 두 함수 $y=f(x)$, $y=g(x)$의 그래프가 다음 그림과 같을 때,
$$\lim_{x \to a+} f(g(x)) = \lim_{x \to a-} g(f(x))$$
를 만족시키는 정수 a의 개수를 구하시오. (단, $-2 < a < 6$)

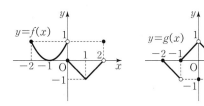

04

세 자연수 a, b, c에 대하여
$$\lim_{x \to 2} \frac{ax^2 - 2x - 4}{(x-a)(x-b)} = c^2$$
일 때, $b^2 + c^2$의 최댓값과 최솟값의 합을 구하시오.

05

$x \geq 4$에서 정의된 함수 $f(x)$가 모든 자연수 n에 대하여
$$f(x) = n \ (단, (n+1)^2 \leq x < (n+2)^2)$$
을 만족시킨다. $\lim\limits_{x \to \infty} \dfrac{10f(x)}{\sqrt{x+3}}$의 값을 구하시오.

06

곡선 $y = x^2$ 위의 두 점 $A(a, a^2)$, $B(b, b^2)$ $(a < b)$에 대하여 $\overline{AB} = \sqrt{2}$이다. 두 점 A, B를 지나는 직선과 직선 $y = x$의 교점의 x좌표를 $f(a)$라 할 때, $\lim\limits_{a \to 0} f(a)$의 값을 구하시오. (단, $a+b \neq 1$)

07

일차항의 계수가 2인 일차함수 $f(x)$, 삼차항의 계수가 1인 삼차함수 $g(x)$에 대하여
$$\lim_{x \to a} \frac{g(x+1)}{f(x-1)g(x)}$$
의 값이 존재하지 않도록 하는 실수 a는 -1, 0, 1뿐일 때, $f(3) + g(3)$의 값을 구하시오.

유형 **1** **함수의 극한값의 계산**

출제경향 함수 $f(x)$의 식이 주어지지 않은 상태에서 극한값이 존재할 조건을 이용하여 극한값이나 함숫값을 구하는 문제가 출제된다.

공략비법 $\dfrac{0}{0}$ 꼴에서 미정계수의 결정

$\displaystyle\lim_{x \to a} \dfrac{g(x)}{f(x)}$가 $\dfrac{0}{0}$ 꼴일 때

(1) 극한값이 존재하고 $x \to a$일 때
 $f(x) \to 0$이면 $g(x) \to 0$

(2) 0이 아닌 극한값이 존재하고 $x \to a$일 때
 $g(x) \to 0$이면 $f(x) \to 0$

1 대표 • 2018년 4월 교육청 | **4점**

다항함수 $f(x)$가 다음 조건을 만족시킬 때, $f(1)$의 값은?

(가) $\displaystyle\lim_{x \to \infty} \left\{ \dfrac{f(x)}{x^2} + 1 \right\} = 0$

(나) $\displaystyle\lim_{x \to 0} \dfrac{f(x)-3}{x^2} = -1$

① 1   ② 2   ③ 3
④ 4   ⑤ 5

2 유사 • 2015학년도 6월 평가원 | **4점**

다항함수 $f(x)$가

$$\lim_{x \to \infty} \dfrac{f(x)-x^3}{x^2} = -11, \quad \lim_{x \to 1} \dfrac{f(x)}{x-1} = -9$$

를 만족시킬 때, $\displaystyle\lim_{x \to \infty} xf\left(\dfrac{1}{x}\right)$의 값을 구하시오.

유형 **2** **함수의 극한의 활용**

출제경향 도형의 길이 또는 넓이를 식으로 나타내어 극한값을 구하는 문제가 출제된다.

공략비법
(1) 좌표평면에서 선분의 길이는 두 점 사이의 거리를 이용하여 구한다.
(2) 도형의 닮음을 이용하여 비례식을 세우고 구하고자 하는 선분의 길이를 구한다.
(3) 정삼각형, 이등변삼각형, 평행사변형 등 도형의 성질을 이용하여 선분의 길이 및 넓이를 구한다.

3 대표 • 2015년 6월 교육청 | **4점**

함수 $f(x) = x^2 - 2 \ (x \ge 0)$의 역함수를 $g(x)$라 하고, 두 곡선 $y=f(x)$와 $y=g(x)$가 직선 $x=t \ (t>2)$와 만나는 점을 각각 P, Q라 하자. 선분 PQ의 길이를 $h(t)$라 할 때, $\displaystyle\lim_{t \to 2+} \dfrac{h(t)}{t-2}$의 값은?

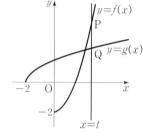

① $\dfrac{7}{4}$ ② $\dfrac{9}{4}$ ③ $\dfrac{11}{4}$

④ $\dfrac{13}{4}$ ⑤ $\dfrac{15}{4}$

4 유사 • 2016년 6월 교육청 | **4점**

한 변의 길이가 1인 정사각형 ABCD와 점 A가 중심이고 선분 AB를 반지름으로 하는 원이 있다. 원 위를 움직이는 점 P에 대하여 사각형 APQR가 정사각형이 되도록 원 위에 점 R와 원의 외부에 점 Q를 잡는다. 그림과 같이 선분 BC와 선분 QR가 만나도록 할 때, 선분 BC와 선분 QR의 교점을 I라 하자. 삼각형 IQC의 둘레의 길이를 L, 넓이를 S라 할 때, 점 P가 점 B에 한없이 가까워지면 $\dfrac{L^2}{S}$의 값이 $a+b\sqrt{2}$에 한없이 가까워진다. a^2+b^2의 값을 구하시오.
(단, a, b는 유리수이다.)

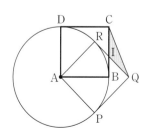

02 함수의 연속

비법 노트

Ⓐ 함수의 불연속 ┌ 연속의 세 조건 중 어느 하나라도 만족시키지 않을 때.
함수 $f(x)$가 $x=a$에서 연속이 아닐 때,
함수 $f(x)$는 $x=a$에서 불연속이라 한다.

중요
└ $x=a$에서 함수 $y=f(x)$의 그래프가 끊어져 있다.

Ⓑ 함수 $f(x)$가 $x=a$에서 불연속인 예

(1) $x=a$에서 $f(x)$가 정의되어 있지 않은 경우

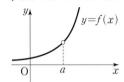

(2) 극한값 $\lim_{x \to a} f(x)$가 존재하지 않는 경우

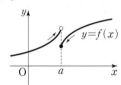

(3) $\lim_{x \to a} f(x) \neq f(a)$인 경우

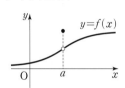

▶ STEP 1 | 09번, STEP 2 | 13번

Ⓒ 임의의 실수 a에 대하여
$\{x | x \leq a\} \Longleftrightarrow (-\infty, a]$
$\{x | x < a\} \Longleftrightarrow (-\infty, a)$
$\{x | x \geq a\} \Longleftrightarrow [a, \infty)$
$\{x | x > a\} \Longleftrightarrow (a, \infty)$
참고 $\{x | x는 실수 전체의 집합\} \Longleftrightarrow (-\infty, \infty)$

1등급 비법

Ⓓ 여러 가지 함수의 연속

(1) 다항함수 : $y = a_n x^n + a_{n-1} x^{n-1} + \cdots + a_1 x + a_0$
(단, $a_0, a_1, \cdots, a_n$은 상수)
⇨ 구간 $(-\infty, \infty)$에서 연속

(2) 유리함수 : $y = \dfrac{f(x)}{g(x)}$
⇨ $g(x) \neq 0$인 범위에서 연속 ▶ STEP 2 | 10번

(3) 무리함수 : $y = \sqrt{f(x)}$
⇨ $f(x) \geq 0$인 범위에서 연속

(4) 가우스 함수 : $y = [x]$
⇨ $x \neq n$ (n은 정수)에서 연속 ▶ STEP 2 | 04번

Ⓔ 일반적으로 함수 $f(x)$가 $x=a$에서 연속이고 함수 $g(x)$가 $x=f(a)$에서 연속이면 합성함수 $(g \circ f)(x)$는 $x=a$에서 연속이다.

Ⓕ 함수 $f(x)$가 연속이 아니면 최대·최소 정리와 사잇값 정리가 성립하지 않을 수 있음에 유의한다.

함수의 연속 Ⓐ Ⓑ

함수 $f(x)$가 실수 a에 대하여 다음 세 조건
(ⅰ) $x=a$에서 정의되고   (ⅱ) 극한값 $\lim_{x \to a} f(x)$가 존재하며
(ⅲ) $\lim_{x \to a} f(x) = f(a)$ ┌ $x=a$에서 함수 $y=f(x)$의 그래프가 끊어지지 않고 이어져 있다.
를 모두 만족시킬 때, 함수 $f(x)$는 $x=a$에서 연속이라 한다.

연속함수 Ⓒ Ⓓ

(1) 구간 : 두 실수 a, b $(a < b)$에 대하여
① 닫힌구간 : $\{x | a \leq x \leq b\} \Longleftrightarrow [a, b]$
② 열린구간 : $\{x | a < x < b\} \Longleftrightarrow (a, b)$
③ 반닫힌 구간 (또는 반열린 구간) :
$\{x | a \leq x < b\} \Longleftrightarrow [a, b)$, $\{x | a < x \leq b\} \Longleftrightarrow (a, b]$

(2) 구간에서 연속인 함수
① 함수 $f(x)$가 어떤 구간에 속하는 모든 실수에서 연속일 때, 함수 $f(x)$는 그 구간에서 연속 또는 그 구간에서 연속함수라 한다.
② 함수 $f(x)$가
(ⅰ) 열린구간 (a, b)에서 연속이고
(ⅱ) $\lim_{x \to a+} f(x) = f(a)$, $\lim_{x \to b-} f(x) = f(b)$
일 때, 함수 $f(x)$는 닫힌구간 $[a, b]$에서 연속이라 한다.

연속함수의 성질 Ⓔ

두 함수 $f(x)$, $g(x)$가 $x=a$에서 연속이면 다음 함수도 $x=a$에서 연속이다.

(1) $f(x) \pm g(x)$ 　　　　　(2) $cf(x)$ (단, c는 상수)

(3) $f(x)g(x)$ 　　　　　(4) $\dfrac{f(x)}{g(x)}$ (단, $g(a) \neq 0$)

최대·최소 정리 Ⓕ

함수 $f(x)$가 닫힌구간 $[a, b]$에서 연속이면 $f(x)$는 이 구간에서 반드시 최댓값과 최솟값을 갖는다.

참고 닫힌구간이 아니거나 함수가 연속이 아니면 최댓값 또는 최솟값을 갖지 않을 수 있다.

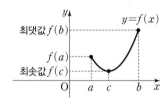

사잇값 정리 Ⓕ

(1) 함수 $f(x)$가 닫힌구간 $[a, b]$에서 연속이고 $f(a) \neq f(b)$일 때, $f(a)$와 $f(b)$ 사이에 있는 임의의 실수 k에 대하여 $f(c) = k$인 c가 열린구간 (a, b)에 적어도 하나 존재한다.

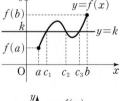

(2) 함수 $f(x)$가 닫힌구간 $[a, b]$에서 연속이고 $f(a)f(b) < 0$일 때, $f(c) = 0$인 c가 열린구간 (a, b)에 적어도 하나 존재한다.

┌ $f(a)$와 $f(b)$의 부호가 서로 다르다.

└ $f(x)$가 연속함수일 때, 방정식 $f(x)=0$의 근의 존재 여부를 판단하는 데 이용한다.

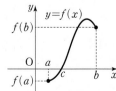

step 1 출제율 100% 우수 기출 대표 문제

01 함수의 연속

실수 전체의 집합에서 연속인 함수만을 **보기**에서 있는 대로 고른 것은?

• 보기 •

ㄱ. $f(x)=\begin{cases} \dfrac{x^2-4}{x-2} & (x\neq2) \\ 3 & (x=2) \end{cases}$

ㄴ. $g(x)=\begin{cases} \dfrac{x}{|x|} & (x\neq0) \\ 0 & (x=0) \end{cases}$

ㄷ. $h(x)=\dfrac{x^2-x-2}{x^2+1}$

① ㄴ ② ㄷ ③ ㄱ, ㄴ
④ ㄱ, ㄷ ⑤ ㄴ, ㄷ

02 함수가 연속일 조건

함수 $f(x)=\begin{cases} 2x-1 & (x\leq1) \\ \dfrac{a\sqrt{x+1}-b}{x-1} & (x>1) \end{cases}$ 가 $x=1$에서 연속일 때, 두 상수 a, b의 합 $a+b$의 값은?

① $2\sqrt{2}+4$ ② $2\sqrt{2}+5$ ③ $2\sqrt{2}+6$
④ $3\sqrt{2}+5$ ⑤ $3\sqrt{2}+6$

03 가우스 기호를 포함한 함수의 연속

함수 $f(x)=a[x^2]-2[x-2]+x$가 $x=2$에서 연속일 때, 상수 a의 값을 구하시오.

(단, $[x]$는 x보다 크지 않은 최대의 정수이다.)

04 주기성을 가진 함수의 연속

함수 $f(x)$는 모든 실수 x에 대하여 $f(x+2)=f(x)$를 만족시키고,

$$f(x)=\begin{cases} ax+1 & (-1\leq x<0) \\ 3x^2+2ax+b & (0\leq x<1) \end{cases}$$

이다. 함수 $f(x)$가 실수 전체의 집합에서 연속일 때, 두 상수 a, b의 합 $a+b$의 값은? [2014학년도 수능 예비 시행]

① -2 ② -1 ③ 0
④ 1 ⑤ 2

05 함수 $f(x)+g(x)$의 연속성

열린구간 $(-2, 2)$에서 정의된 함수 $y=f(x)$의 그래프가 다음 그림과 같을 때, **보기**에서 옳은 것만을 있는 대로 고른 것은?

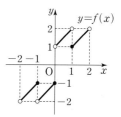

• 보기 •

ㄱ. $\lim\limits_{x\to0} f(x)$가 존재한다.

ㄴ. $\lim\limits_{x\to0} \{f(x)+f(-x)\}$가 존재한다.

ㄷ. 함수 $f(x)+f(-x)$는 $x=1$에서 연속이다.

① ㄱ ② ㄴ ③ ㄷ
④ ㄴ, ㄷ ⑤ ㄱ, ㄴ, ㄷ

06 함수 $f(x)g(x)$의 연속성

두 함수

$$f(x)=\begin{cases} x+3 & (x\leq a) \\ x^2-x & (x>a) \end{cases}, g(x)=x-(2a+7)$$

에 대하여 함수 $f(x)g(x)$가 실수 전체의 집합에서 연속이 되도록 하는 모든 실수 a의 값의 곱을 구하시오.

[2016학년도 수능]

07 함수 $\dfrac{g(x)}{f(x)}$의 연속성

두 함수

$$f(x)=\begin{cases} x^2-8x+20 & (x<2) \\ 2 & (x\geq2) \end{cases},$$

$$g(x)=ax+2$$

에 대하여 함수 $\dfrac{g(x)}{f(x)}$가 실수 전체의 집합에서 연속일 때, 상수 a의 값은?

① $-\dfrac{5}{2}$ ② -2 ③ $-\dfrac{3}{2}$
④ -1 ⑤ $-\dfrac{1}{2}$

08 합성함수의 연속성

두 함수 $y=f(x)$, $y=g(x)$의 그래프가 다음 그림과 같다.

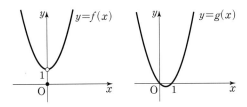

보기에서 옳은 것만을 있는 대로 고른 것은?

● 보기 ●

ㄱ. $g(f(0))=0$
ㄴ. 합성함수 $g(f(x))$는 $x=0$에서 연속이다.
ㄷ. 합성함수 $f(g(x))$는 $x=0$에서 연속이다.

① ㄱ   ② ㄱ, ㄴ   ③ ㄱ, ㄷ
④ ㄴ, ㄷ   ⑤ ㄱ, ㄴ, ㄷ

09 함수가 불연속인 점

함수 $f(x)=\begin{cases} \dfrac{|x|}{x^2} & (x\neq 0) \\ 0 & (x=0) \end{cases}$ 에 대하여 함수 $xf(x)$가 불연속인 점의 개수는?

① 0   ② 1   ③ 2
④ 3   ⑤ 4

10 합성함수가 불연속인 점

두 함수
$$f(x)=\begin{cases} x+2 & (x<-1) \\ -x & (|x|\leq 1) \\ x-2 & (x>1) \end{cases}, g(x)=\begin{cases} |x| & (0<|x|\leq 1) \\ -1 & (x=0) \\ 0 & (|x|>1) \end{cases}$$
의 그래프가 다음 그림과 같을 때, 합성함수 $y=(g\circ f)(x)$의 불연속인 점의 개수는?

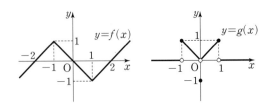

① 4   ② 5   ③ 6
④ 7   ⑤ 8

11 연속함수의 성질

두 함수 $f(x)$, $\dfrac{f(x)}{g(x)}$가 $x=a$에서 연속일 때, **보기**에서 옳은 것만을 있는 대로 고른 것은?

● 보기 ●

ㄱ. 함수 $\{f(x)\}^2$은 $x=a$에서 연속이다.
ㄴ. 함수 $f(x)\left\{f(x)-\dfrac{1}{g(x)}\right\}$은 $x=a$에서 연속이다.
ㄷ. 함수 $g(x)$는 $x=a$에서 연속이다.

① ㄱ   ② ㄱ, ㄴ   ③ ㄱ, ㄷ
④ ㄴ, ㄷ   ⑤ ㄱ, ㄴ, ㄷ

12 최대 · 최소 정리

두 함수 $f(x)=-x^2+4x-2$, $g(x)=\sqrt{x}-1$에 대하여 합성함수 $(f\circ g)(x)$가 닫힌구간 $[1,\ 9]$에서 최댓값과 최솟값을 갖는지 조사하고, 값이 존재하면 그 값을 구하시오.

13 사잇값 정리

방정식 $x^3-2x^2+x-1=0$이 적어도 하나의 실근을 가질 때, 다음 중 이 방정식의 실근이 존재하는 구간은?

① $(-2,\ -1)$ ② $(-1,\ 0)$ ③ $(0,\ 1)$
④ $(1,\ 2)$ ⑤ $(2,\ 3)$

14 사잇값 정리의 활용

모든 실수 x에서 연속인 함수 $f(x)$에 대하여
$$f(1)=5,\ f(2)=2,\ f(3)=-3,\ f(4)=10$$
일 때, 방정식 $f(x)=2x$는 열린구간 $(1,\ 4)$에서 적어도 n개의 실근을 갖는다. 이때, n의 최댓값은?

① 1   ② 2   ③ 3
④ 4   ⑤ 5

step **2** 1등급을 위한 **최고의 변별력 문제**

유형❶ 연속함수의 정의

01 대표문항

함수 $f(x)$를 $f(x)=\begin{cases} g(x) & (x \neq 0) \\ 1 & (x=0) \end{cases}$로 정의할 때, **보기**에서 함수 $f(x)$가 $x=0$에서 연속이 되도록 하는 함수 $g(x)$만을 있는 대로 고른 것은?

(단, $[x]$는 x보다 크지 않은 최대의 정수이다.)

● 보기 ●

ㄱ. $g(x)=\dfrac{\sqrt{1+x}-\sqrt{1-x}}{x}$

ㄴ. $g(x)=\dfrac{x}{\sqrt{1+x}-1}$

ㄷ. $g(x)=\dfrac{[x]}{x}$

① ㄱ 　　② ㄴ 　　③ ㄱ, ㄷ

④ ㄴ, ㄷ 　　⑤ ㄱ, ㄴ, ㄷ

02 　　　　　　　　　　　　　 빈출

실수 전체의 집합에서 연속인 함수 $f(x)$가

$$(\sqrt{x^2+x+1}-\sqrt{x^2+3})f(x)=x^2+ax+8$$

을 만족시킬 때, $f(2)$의 값을 구하시오. (단, a는 상수이다.)

03

다항함수 $f(x)$에 대하여 함수 $g(x)$를

$$g(x)=\begin{cases} \dfrac{f(x)-4x}{x^2-1} & (|x| \neq 1) \\ a & (|x|=1) \end{cases}$$

로 정의하자. 함수 $g(x)$가 실수 전체의 집합에서 연속이고 $\displaystyle\lim_{x \to \infty} g(x)=3$일 때, 상수 a에 대하여 $f(a)$의 값을 구하시오.

04

함수 $f(x)=[x]^2+(ax+b)[x]$가 실수 전체의 집합에서 연속이 되도록 하는 두 상수 a, b에 대하여 a^2-b^2의 값을 구하시오. (단, $[x]$는 x보다 크지 않은 최대의 정수이다.)

유형❷ 그래프를 이용한 함수의 연속

05 대표문항

두 함수 $y=f(x)$, $y=g(x)$의 그래프가 다음 그림과 같다.

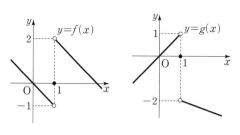

보기에서 옳은 것만을 있는 대로 고른 것은?

● 보기 ●

ㄱ. $\displaystyle\lim_{x \to 1} f(x)g(x)=1$

ㄴ. $\displaystyle\lim_{x \to 1} \dfrac{f(x)}{g(x)}=-1$

ㄷ. 함수 $f(x)+g(x)$는 $x=1$에서 연속이다.

① ㄱ 　　② ㄴ 　　③ ㄷ

④ ㄴ, ㄷ 　　⑤ ㄱ, ㄴ, ㄷ

06

함수 $y=f(x)$의 그래프가 오른쪽 그림과 같다. 두 함수 $g(x)$, $h(x)$를

$$g(x)=f(x)f(-x),$$
$$h(x)=f(x)+f(-x)$$

로 정의할 때, **보기**에서 옳은 것만을 있는 대로 고른 것은?

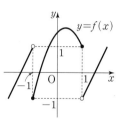

● 보기 ●

ㄱ. $\displaystyle\lim_{x \to -1} g(x)=1$

ㄴ. 함수 $h(x)$는 $x=1$에서 연속이다.

ㄷ. 함수 $g(x)+h(x)$는 실수 전체의 집합에서 연속이다.

① ㄱ 　　② ㄴ 　　③ ㄷ

④ ㄱ, ㄷ 　　⑤ ㄴ, ㄷ

유형❸ 새롭게 정의한 함수의 연속

07 대표문항

함수

$$f(x)=\begin{cases} \sqrt{4-x} & (x<0) \\ a & (x=0) \\ \dfrac{2x-6}{x+2} & (x>0) \end{cases}$$

에 대하여 함수 $f(x)\{f(x)+k\}$가 실수 전체의 집합에서 연속일 때, 모든 실수 a의 값의 곱을 구하시오.

(단, k는 상수이다.)

08

이차방정식 $x^2-2ax+a=0$의 서로 다른 실근의 개수를 $f(a)$라 할 때, **보기**에서 옳은 것만을 있는 대로 고른 것은?

(단, a는 실수이다.)

• 보기 •
ㄱ. $\lim\limits_{a\to 1+}\{f(a)+f(a-1)\}=4$
ㄴ. 연속함수 $g(a)$에 대하여 함수 $f(a)g(a)$가 $a=1$에서 연속이면 $g(1)=0$이다.
ㄷ. 방정식 $f(a)-a=0$의 서로 다른 실근의 개수는 2이다.

① ㄱ   ② ㄴ   ③ ㄷ
④ ㄴ, ㄷ   ⑤ ㄱ, ㄴ, ㄷ

09

다항함수 $f(x)$와 함수

$$g(x)=\begin{cases} 0 & (x\le 1) \\ [\log_2 x]+[\log_{\frac{1}{2}} x] & (1<x<10) \\ -1 & (x\ge 10) \end{cases}$$

이 다음 조건을 만족시킬 때, $f(5)$의 값을 구하시오.

(단, $[x]$는 x보다 크지 않은 최대의 정수이다.)

(가) $\lim\limits_{x\to\infty}\dfrac{f(x)}{x^4+x-1}=3$
(나) 모든 실수 x에 대하여 함수 $f(x)g(x)$는 연속이다.

10

두 함수 $f(x)=\begin{cases} x^2+b & (x<1) \\ 2-ax & (x\ge 1) \end{cases}$, $g(x)=x^2+ax+b$에 대하여 **보기**에서 옳은 것만을 있는 대로 고른 것은?

(단, a, b는 상수이다.)

• 보기 •
ㄱ. $a+b=1$일 때, 함수 $f(x)+g(x)$는 실수 전체의 집합에서 연속이다.
ㄴ. $a+b=-1$일 때, 함수 $f(x)g(x)$는 실수 전체의 집합에서 연속이다.
ㄷ. 함수 $\dfrac{f(x)}{g(x)}$가 실수 전체의 집합에서 연속이 되도록 하는 정수 a의 개수는 5이다.

① ㄱ   ② ㄴ   ③ ㄱ, ㄴ
④ ㄴ, ㄷ   ⑤ ㄱ, ㄴ, ㄷ

11

함수

$$f(x)=\begin{cases} x+2 & (x<0) \\ \dfrac{1}{4}(x-1)(x-2)(x-4) & (x\ge 0) \end{cases}$$

에 대하여 함수 $f(x)f(x-a)$가 실수 전체의 집합에서 연속이 되도록 하는 상수 a를 크기가 작은 순서대로 a_1, a_2, a_3, $\cdots$, a_n이라 할 때, $\sum\limits_{k=1}^{n}n|a_k|$의 값을 구하시오.

(단, n은 자연수이다.)

12

실수 전체의 집합에서 정의된 함수

$$f(x)=\begin{cases} -(x-2)^2+4 & (x<4) \\ -\dfrac{1}{2}(x-6)^2+2 & (x\ge 4) \end{cases}$$

가 있다. 0이 아닌 실수 t에 대하여 함수

$$g(x)=\begin{cases} f(x-t) & (x<a) \\ f(x) & (x\ge a) \end{cases}$$

가 실수 전체의 집합에서 연속이 되도록 하는 실수 a의 개수를 $h(t)$라 할 때, 함수 $h(t)$가 $h(t)\ge 3$인 정수 t의 개수는?

① 2   ② 4   ③ 6
④ 8   ⑤ 10

유형❹ 합성함수의 연속

13 대표문항

두 함수 $y=f(x)$, $y=g(x)$의 그래프가 다음 그림과 같다.

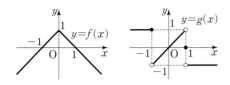

합성함수 $(f \circ g)(x)$에 대하여 **보기**에서 옳은 것만을 있는 대로 고른 것은?

• 보기 •

ㄱ. $\lim\limits_{x \to 1}(f \circ g)(x)=0$

ㄴ. 합성함수 $(f \circ g)(x)$는 $x=1$에서 연속이다.

ㄷ. 합성함수 $(f \circ g)(x)$는 $x<1$에서 연속이다.

① ㄱ   ② ㄱ, ㄴ   ③ ㄱ, ㄷ

④ ㄴ, ㄷ   ⑤ ㄱ, ㄴ, ㄷ

14 서술형

두 함수 $f(x)=\begin{cases} x+1 & (x<1) \\ x^2+2x+2 & (x \geq 1) \end{cases}$, $g(x)=|x-2a|$에 대하여 합성함수 $(g \circ f)(x)$가 실수 전체의 집합에서 연속일 때, 상수 a의 값을 구하시오.

15

두 함수 $y=f(x)$, $y=g(x)$의 그래프가 다음 그림과 같다.

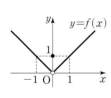 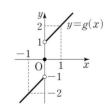

보기에서 실수 전체의 집합에 대하여 연속인 함수인 것만을 있는 대로 고른 것은?

• 보기 •

ㄱ. $f(x^2)+\{g(x)\}^2$ ㄴ. $f(x)g(x)$

ㄷ. $f(2x-1)$

① ㄱ   ② ㄱ, ㄴ   ③ ㄱ, ㄷ

④ ㄴ, ㄷ   ⑤ ㄱ, ㄴ, ㄷ

16

함수 $y=f(x)$의 그래프가 오른쪽 그림과 같다. 최고차항의 계수가 1인 사차함수 $g(x)$에 대하여 $g(0)=4$이고, 함수 $(g \circ f)(x)$는 실수 전체의 집합에서 연속일 때, $g(3)$의 값을 구하시오.

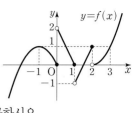

17

두 함수 $f(x)=\begin{cases} x+1 & (x \leq 1) \\ x & (x>1) \end{cases}$, $g(x)=|x-a|+|x-b|$에 대하여 **보기**에서 옳은 것만을 있는 대로 고른 것은?

(단, a, b는 정수이고, $a<b$이다.)

• 보기 •

ㄱ. 함수 $f(x)g(x)$가 실수 전체의 집합에서 연속이 되도록 하는 상수 a, b는 존재하지 않는다.

ㄴ. $b-a=1$이면 함수 $(g \circ f)(x)$가 실수 전체의 집합에서 연속이다.

ㄷ. 함수 $(f \circ g)(x)$가 실수 전체의 집합에서 연속이 되도록 하는 상수 a, b는 무수히 많다.

① ㄱ   ② ㄱ, ㄴ   ③ ㄱ, ㄷ

④ ㄴ, ㄷ   ⑤ ㄱ, ㄴ, ㄷ

유형❺ 연속함수의 성질

18 대표문항

함수의 연속에 대한 설명으로 **보기**에서 옳은 것만을 있는 대로 고른 것은?

• 보기 •

ㄱ. 두 함수 $f(x)$, $g(x)$가 각각 $x=0$에서 불연속이면 함수 $f(x)+g(x)$도 $x=0$에서 불연속이다.

ㄴ. 함수 $f(x)$가 $x=0$에서 연속이면 함수 $|f(x)|$도 $x=0$에서 연속이다.

ㄷ. 함수 $|f(x)|$가 $x=0$에서 연속이면 함수 $f(x)$도 $x=0$에서 연속이다.

① ㄴ   ② ㄷ   ③ ㄱ, ㄴ

④ ㄱ, ㄷ   ⑤ ㄴ, ㄷ

19

실수 전체의 집합에서 정의된 두 함수 $f(x)$, $g(x)$가 있다. $f(0)=0$이고 $\lim\limits_{x \to 0} \dfrac{f(x)}{x}=1$일 때, **보기**에서 옳은 것만을 있는 대로 고른 것은?

●**보기**●

ㄱ. $\lim\limits_{x \to 0}\{f(x)+g(x)\}=f(0)+g(0)$이면 함수 $g(x)$는 $x=0$에서 연속이다.

ㄴ. $\lim\limits_{x \to 0}f(x)g(x)=f(0)g(0)$이면 함수 $g(x)$는 $x=0$에서 연속이다.

ㄷ. 함수 $g(x)$가 $x=0$에서 연속이면 합성함수 $(f \circ g)(x)$는 $x=0$에서 연속이다.

① ㄱ ② ㄴ ③ ㄱ, ㄴ
④ ㄱ, ㄷ ⑤ ㄴ, ㄷ

유형❻ 여러 가지 함수의 불연속

20 대표문항

실수 전체의 집합에서 정의된 함수 $f(x)$가 다음 조건을 만족시킨다.

㈎ $-1 \leq x \leq 1$일 때, $f(x)=3x^2$
㈏ 모든 실수 x에 대하여 $f(1-x)=f(1+x)$
㈐ 모든 실수 x에 대하여 $f(-x)=f(x)$

$0<x<10$에서 함수 $y=[f(x)]$의 불연속인 점의 개수를 구하시오. (단, $[x]$는 x보다 크지 않은 최대의 정수이다.)

21 신유형

함수

$$f(x)=\begin{cases} -x^2-x+12 & (x가\ 정수가\ 아닐\ 때) \\ x+k & (x가\ 정수일\ 때) \end{cases}$$

에 대하여 닫힌구간 $[-4,\ 3]$에서 함수 $f(x)$가 불연속인 점의 개수가 6이 되도록 하는 모든 자연수 k의 값의 합을 구하시오.

22

함수 $f(x)=\begin{cases} 2-x^2 & (|x|<1) \\ -1 & (|x| \geq 1) \end{cases}$에 대하여 함수 $y=f(x+a)f(x-a)$의 불연속인 점의 개수를 $g(a)$라 할 때, **보기**에서 옳은 것만을 있는 대로 고른 것은?
(단, a는 실수이다.)

●**보기**●

ㄱ. $g(0)=0$ ㄴ. $g(1)=3$
ㄷ. 모든 실수 a에 대하여 함수 $g(a)$의 불연속인 점의 개수는 4이다.

① ㄱ ② ㄷ ③ ㄱ, ㄴ
④ ㄱ, ㄷ ⑤ ㄱ, ㄴ, ㄷ

23

오른쪽 그림과 같이 $\overline{AB}=4$, $\overline{BC}=3$, $\angle B=90°$인 삼각형 ABC의 변 AB 위를 움직이는 점 P를 중심으로 하고 반지름의 길이가 2인 원 O가 있다. $\overline{AP}=x\ (0<x<4)$라 할 때, 원 O가 삼각형 ABC와 만나는 서로 다른 점의 개수를 $f(x)$라 하자. 함수 $f(x)$가 $x=a$에서 불연속이 되는 모든 실수 a의 값의 합은 $\dfrac{q}{p}$이다. $p+q$의 값을 구하시오. (단, p와 q는 서로소인 자연수이다.) [2017년 교육청]

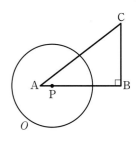

24 1등급

두 집합
$$A=\{(a,\ b)\ |\ a^2+b^2=2a+4b-4\},$$
$$B=\{(a,\ b)\ |\ 3a-4b=k\}$$
에 대하여 $f(k)=n(A \cap B)$라 할 때, 이차함수 $g(x)$는 다음 조건을 만족시킨다.

㈎ 최고차항의 계수는 1이다.
㈏ $g(1)=0$
㈐ 함수 $f(x)g(x)$의 불연속인 점의 개수가 1이다.

실수 k에 대하여 $g(3)$의 최댓값을 구하시오.
(단, a, b는 실수이다.)

유형❼ 사잇값 정리

25 대표문항

이차함수 $f(x)$에 대하여 방정식 $f(x+1)-f(x)=0$이 $-1<x<1$에서 적어도 하나의 실근을 갖는다고 할 때, **보기**에서 옳은 것만을 있는 대로 고른 것은?

• 보기 •
> ㄱ. 임의의 실수 x에 대하여 $f(x)<f(x+1)$
> ㄴ. $\{f(0)-f(-1)\}\{f(2)-f(1)\}<0$
> ㄷ. $f(0)>0$, $f(-1)<0$이면 방정식 $f(x)=0$은 $1<x<2$에서 실근을 갖는다.

① ㄱ   ② ㄴ   ③ ㄷ
④ ㄱ, ㄴ   ⑤ ㄴ, ㄷ

26

함수 $f(x)$가 다음 조건을 만족시킨다.

> ㈎ 함수 $f(x)$는 실수 전체의 집합에서 연속이다.
> ㈏ 모든 정수 n에 대하여 $f(2n)=1$, $f(2n+1)=-1$

함수 $f(x)$에 대한 설명으로 **보기**에서 옳은 것만을 있는 대로 고른 것은?

• 보기 •
> ㄱ. 함수 $f(x)$는 역함수가 존재하지 않는다.
> ㄴ. 닫힌구간 $[1, 2]$에서 함수 $f(x)$의 최댓값은 1이다.
> ㄷ. 자연수 m에 대하여 방정식 $f(x)=0$은 열린구간 $(0, 2m)$에서 적어도 $2m$개의 실근을 갖는다.

① ㄱ   ② ㄱ, ㄴ   ③ ㄱ, ㄷ
④ ㄴ, ㄷ   ⑤ ㄱ, ㄴ, ㄷ

27

실수 전체의 집합에서 연속인 함수 $f(x)$가 다음 조건을 만족시킨다.

> ㈎ $-1\le x_1<x_2\le1$이면 $f(x_1)\ne f(x_2)$
> ㈏ 모든 실수 x에 대하여 $f(x)+f(-x)=4x^2+5$이다.

$f(1)>k$일 때, 방정식 $f(x)=0$은 열린구간 $(-1, 1)$에서 적어도 하나의 실근을 갖는다. 양수 k의 최솟값을 구하시오.

28

2가 아닌 양수 a에 대하여 함수
$$f(x)=\begin{cases}(x-a)^2 & (x\le a)\\(x-2)(x-a) & (x>a)\end{cases}$$
가 다음 조건을 만족시킬 때, $f(3a)$의 값은? [2017년 교육청]

> ㈎ $f(c)=0$인 c가 0과 $1+\dfrac{a}{2}$ 사이에 적어도 하나 존재한다.
> ㈏ 세 점 $(2, f(2))$, $(a, f(a))$, $\left(1+\dfrac{a}{2}, f\left(1+\dfrac{a}{2}\right)\right)$를 꼭짓점으로 하는 삼각형의 넓이는 $\dfrac{1}{8}$이다.

① 2   ② 4   ③ 8
④ 16   ⑤ 32

29

양의 실수 전체의 집합에서 연속인 함수 $f(x)$가
$$f(a)=b^2, f(b)=a^2$$
일 때, 열린구간 (a, b)에서 적어도 하나의 실근을 갖는 방정식만을 **보기**에서 있는 대로 고른 것은? (단, $0<a<b$)

• 보기 •
> ㄱ. $f(x)=ax$ ㄴ. $f(x)=x$
> ㄷ. $f(x)=\dfrac{a+b}{2}x$

① ㄱ   ② ㄱ, ㄴ   ③ ㄱ, ㄷ
④ ㄴ, ㄷ   ⑤ ㄱ, ㄴ, ㄷ

30

세 정수 a, b, c에 대하여 이차함수 $f(x)=ax^2+bx+c+a$가 다음 조건을 만족시킨다.

> ㈎ $f(-2)=f(4)$ ㈏ $c+2a>b$
> ㈐ 열린구간 $(2, 3)$에서 방정식 $f(x)=0$이 실근을 갖는다.

$a+b+c$의 최댓값을 M이라 할 때, M^2의 값을 구하시오.

step 3 1등급을 넘어서는 **종합 사고력 문제**

01

닫힌구간 $[-1, 2]$에서 정의된 함수 $y=f(x)$의 그래프가 오른쪽 그림과 같다. 닫힌구간 $[-1, 2]$에서 두 함수 $g(x)$, $h(x)$를

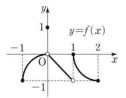

$$g(x)=\frac{f(x)+|f(x)|}{2},$$

$$h(x)=\frac{f(x)-|f(x)|}{2}$$

로 정의할 때, **보기**에서 옳은 것만을 있는 대로 고른 것은?

• **보기** •

ㄱ. $\lim_{x \to 1} h(x)$의 값은 존재한다.

ㄴ. 함수 $(h \circ g)(x)$는 닫힌구간 $[-1, 2]$에서 연속이다.

ㄷ. $\lim_{x \to 0} (g \circ h)(x)=(g \circ h)(0)$

① ㄴ 　② ㄷ 　③ ㄱ, ㄴ

④ ㄱ, ㄷ 　⑤ ㄴ, ㄷ

02

실수 t에 대하여 x에 대한 삼차방정식

$$x^3+(8-t)x^2+(t^2-8t)x-t^3=0$$

의 서로 다른 실근의 개수를 $f(t)$라 하자. 최고차항의 계수가 1인 삼차함수 $g(x)$에 대하여 함수 $f(x)g(x)$가 모든 실수 x에 대하여 연속일 때, $f(2)g(2)$의 값을 구하시오.

03

함수 $f(x)$가 다음 조건을 만족시킨다.

(가) $f(x)=\begin{cases} x(x+1) & (-1<x\leq 0) \\ x(1-x) & (0<x\leq 1) \end{cases}$

(나) $f(x+1)=f(x-1)$

함수 $g(x)=\begin{cases} x & (x\neq 1) \\ a & (x=1) \end{cases}$에 대하여 방정식 $(f \circ g)(x)=0$이 열린구간 $\left(\frac{1}{2}, \frac{1}{2}+a\right)$에서 적어도 하나의 실근을 갖기 위한 실수 a의 값의 범위가 $a>k$일 때, k의 값을 구하시오.

　　　　　 (단, $a>1$이고 k는 상수이다.)

04

다항함수 $f(x)$에 대하여 $\lim_{x \to 0} \dfrac{f(x)}{x^2-x}=0$일 때, **보기**에서 옳은 것만을 있는 대로 고른 것은?

　　　 (단, $[x]$는 x보다 크지 않은 최대의 정수이다.)

• **보기** •

ㄱ. 함수 $y=f(x)$의 그래프는 점 $(0, 0)$을 지난다.

ㄴ. 함수 $[f(x)]$는 $x=0$에서 불연속이다.

ㄷ. 함수 $[|f(x)|]$는 $x=0$에서 연속이다.

① ㄱ 　② ㄱ, ㄴ 　③ ㄱ, ㄷ

④ ㄴ, ㄷ 　⑤ ㄱ, ㄴ, ㄷ

05

다항함수 $f(x)$에 대하여

$$\lim_{x \to n} \frac{f(x)}{(x-n)^n}=n \ (n=1, 2, 3, \cdots, 10)$$

일 때, 방정식 $f(x)=0$은 닫힌구간 $[1, 10]$에서 적어도 m개의 서로 다른 실근을 갖는다. m의 값을 구하시오.

06

세 집합

$$A=\{(x, y)\,|\,y=x+1\},$$
$$B=\{(x, y)\,|\,x^2+y^2=r^2, r>0\},$$
$$C=\{(x, y)\,|\,x+y=t, t는 실수\}$$

에 대하여 집합 $(A \cup B) \cap C$의 원소의 개수를 $f(t)$라 할 때, 함수 $f(t)$는 세 점에서 불연속이다.
함수 $f(t)\{f(t)-k\}$의 불연속인 점의 개수가 최소가 되도록 하는 실수 k의 값을 구하시오.

유형 **1** **함수의 연속과 불연속**

출제경향 함수의 연속, 불연속의 정의를 이용하여 미정계수 또는 함수의 식을 구하는 문항이 출제된다.

공략비법 **함수의 연속**
함수 $f(x)$가 $x=a$에서 연속이려면 다음 세 조건을 모두 만족시켜야 한다.
(i) $x=a$에서 함수 $f(x)$가 정의된다. 즉, 함숫값 $f(a)$가 존재한다.
(ii) 극한값 $\lim\limits_{x \to a} f(x)$가 존재한다.
(iii) 극한값과 함숫값이 같다. 즉, $\lim\limits_{x \to a} f(x) = f(a)$

1 대표 •2017학년도 경찰대 | **4점**

함수

$$f(x) = \begin{cases} \dfrac{x^2-a}{\sqrt{x^2+b}-\sqrt{c^2+b}} & (x \neq c) \\ 4c & (x=c) \end{cases}$$

가 $x=c$에서 연속이 되도록 하는 실수 a, b, c에 대하여, $a+b+c$의 최솟값은?

① 0   ② $-\dfrac{1}{8}$ ③ $-\dfrac{1}{4}$

④ $-\dfrac{1}{2}$ ⑤ -1

2 유사 •2019학년도 6월 평가원 | **4점**

이차함수 $f(x)$가 다음 조건을 만족시킨다.

㈎ 함수 $\dfrac{x}{f(x)}$는 $x=1$, $x=2$에서 불연속이다.

㈏ $\lim\limits_{x \to 2} \dfrac{f(x)}{x-2} = 4$

$f(4)$의 값을 구하시오.

유형 **2** **두 함수의 곱이 연속일 조건**

출제경향 구간별로 주어진 함수 $f(x)$에 대하여 함수 $f(x)$와 또 다른 함수 $g(x)$의 곱이 연속이기 위한 조건을 찾는 문제가 출제된다.

공략비법
(i) 두 함수 $f(x)$, $g(x)$가 불연속인 점을 각각 찾는다.
(ii) 함수 $f(x)g(x)$가 (i)에서 구한 점에서 연속이기 위한 조건을 구한다.

3 대표 •2016년 4월 교육청 | **4점**

함수 $f(x) = x^2 - 8x + a$에 대하여 함수 $g(x)$를

$$g(x) = \begin{cases} 2x+5a & (x \geq a) \\ f(x+4) & (x < a) \end{cases}$$

라 할 때, 다음 조건을 만족시키는 모든 실수 a의 값의 곱을 구하시오.

㈎ 방정식 $f(x)=0$은 열린구간 $(0, 2)$에서 적어도 하나의 실근을 갖는다.

㈏ 함수 $f(x)g(x)$는 $x=a$에서 연속이다.

4 유사 •2016년 9월 교육청 | **4점**

실수 전체의 집합에서 정의된 함수

$$f(x) = \begin{cases} \dfrac{1}{2}x^2 - 8 & (|x| > 2) \\ -x^2 + 2 & (|x| \leq 2) \end{cases}$$ 의 그래프가 그림과 같다.

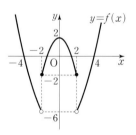

함수 $f(x)f(kx)$가 $x=2$에서 연속이 되도록 하는 모든 상수 k의 값의 곱은?

① 1   ② $\sqrt{2}$ ③ 2

④ $2\sqrt{2}$ ⑤ 4

Healing

시도 | Time to Act

Action may not bring happiness, but there is no happiness without action.
행동이 반드시 행복을 안겨주지 않을지는 몰라도 행동 없는 행복이란 없다.
— William James (윌리엄 제임스) —

노력해야 한다는 말은 너무 따분합니다.

무엇보다 그렇게 노력한다 해도 반드시 성공하리란 보장도 없습니다.

하지만 실패하든 성공하든 결론을 내기 위해서는 반드시 시도를 해야만 합니다.

그 자리에서 머뭇거려서 얻어지는 것이라곤 글쎄요, 아마 아주 오랜 시간이 지나서

그런 말을 할지도 모르죠.

"지금은 너무 늦었어!"라는 후회말입니다.

더 많은 시간이 지나가고 더 큰 후회가 찾아오기 전에 당신의 행복을 위해

움직이세요.

Ⅲ 미분

03 미분계수와 도함수

비법 노트

1등급 비법

A 함수 $f(x)$가 $x=a$에서 미분가능하면

$$\lim_{h\to 0}\frac{f(a+h)-f(a-h)}{2h}$$

$$=\frac{1}{2}\lim_{h\to 0}\frac{f(a+h)-f(a)-\{f(a-h)-f(a)\}}{h}$$

$$=\frac{1}{2}\{f'(a)+f'(a)\}=f'(a)$$

가 성립한다. 하지만 함수 $f(x)$에 대하여

$$\lim_{h\to 0}\frac{f(a+h)-f(a-h)}{2h}=\alpha$$

라 해서 항상 $f'(a)=\alpha$인 것은 아니다.
즉, $f'(a)\neq\alpha$인 경우도 있으므로 주의해야 한다.

예 함수 $f(x)=|x|$에서

$$\lim_{h\to 0}\frac{f(h)-f(-h)}{2h}=\lim_{h\to 0}\frac{|h|-|-h|}{2h}$$
$$=0$$

이지만 $f'(0)$의 값은 존재하지 않는다.

▶ STEP 1 | 08번

B 함수가 미분가능하지 않은 경우

주어진 함수의 그래프가 불연속이거나 뾰족한 점이 존재할 때, 이 함수는 불연속이 되는 x의 값이나 뾰족한 점의 x의 값에서 미분가능하지 않다. ▶ STEP 1 | 09번

C 함수 $f(x)=|x|$의 $x=0$에서의 미분가능성과 연속성

(ⅰ) $\lim_{x\to 0}f(x)=\lim_{x\to 0}|x|=0$, $f(0)=0$

즉, $\lim_{x\to 0}f(x)=f(0)$이므로 함수 $f(x)$는 $x=0$에서 연속이다.

(ⅱ) $\lim_{h\to 0-}\frac{f(0+h)-f(0)}{h}=\lim_{h\to 0-}\frac{|h|}{h}=-1$,

$\lim_{h\to 0+}\frac{f(0+h)-f(0)}{h}=\lim_{h\to 0+}\frac{|h|}{h}=1$

즉, $\lim_{h\to 0}\frac{f(0+h)-f(0)}{h}$의 값이 존재하지 않으므로 함수 $f(x)$는 $x=0$에서 미분가능하지 않다.

▶ STEP 1 | 08번, STEP 2 | 11번

D 세 함수의 곱의 미분법

세 함수 $f(x), g(x), h(x)$가 미분가능할 때,
$y=f(x)g(x)h(x)$
$\Rightarrow y'=f'(x)g(x)h(x)+f(x)g'(x)h(x)$
$\qquad\qquad +f(x)g(x)h'(x)$

▶ STEP 2 | 32번

기호 $\varDelta$는 '차'를 뜻하는 영어 Difference의 첫 글자 D에 해당하는 그리스 문자로, '델타'라 읽는다. 이때, $\varDelta x$는 x의 증분, $\varDelta y$는 y의 증분을 나타낸다.

평균변화율

함수 $y=f(x)$에서 x의 값이 a에서 b까지 변할 때의 평균변화율은

$$\frac{\varDelta y}{\varDelta x}=\frac{f(b)-f(a)}{b-a}=\frac{f(a+\varDelta x)-f(a)}{\varDelta x}$$

이것은 함수 $y=f(x)$의 그래프 위의 두 점 $(a, f(a))$, $(b, f(b))$를 지나는 직선의 기울기와 같다.

미분계수 (또는 순간변화율)

함수 $y=f(x)$의 $x=a$에서의 미분계수(또는 순간변화율)는

$$f'(a)=\lim_{\varDelta x\to 0}\frac{\varDelta y}{\varDelta x}=\lim_{\varDelta x\to 0}\frac{f(a+\varDelta x)-f(a)}{\varDelta x}$$

'f prime a'라 읽는다.

$$=\lim_{h\to 0}\frac{f(a+h)-f(a)}{h}=\lim_{x\to a}\frac{f(x)-f(a)}{x-a}$$

이것은 함수 $y=f(x)$의 그래프 위의 점 $(a, f(a))$에서의 접선의 기울기와 같다.

미분가능과 연속 C

(1) 함수 $f(x)$의 $x=a$에서의 미분계수 $f'(a)$가 존재하면 함수 $f(x)$는 $x=a$에서 미분가능하다고 한다.

또한, 함수 $f(x)$가 정의역에 속하는 모든 x의 값에서 미분가능하면 함수 $f(x)$는 그 정의역에서 미분가능하다고 하고, 이 함수 $f(x)$를 미분가능한 함수라 한다.

(2) 함수 $f(x)$가 $x=a$에서 미분가능하면 함수 $f(x)$는 $x=a$에서 연속이다.
그러나 일반적으로 그 역은 성립하지 않는다.

참고 ① 함수 $f(x)$가 $x=a$에서 연속이라고 해서 반드시 미분가능한 것은 아니다.
② 함수 $f(x)$가 $x=a$에서 불연속이면 함수 $f(x)$는 $x=a$에서 미분가능하지 않다.

(ⅰ) $x=a$에서 정의되어 있고
(ⅱ) 극한값 $\lim_{x\to a}f(x)$가 존재하며
(ⅲ) $\lim_{x\to a}f(x)=f(a)$

도함수

미분가능한 함수 $y=f(x)$의 도함수 $f'(x)$는

$$f'(x)=\lim_{\varDelta x\to 0}\frac{f(x+\varDelta x)-f(x)}{\varDelta x}=\lim_{h\to 0}\frac{f(x+h)-f(x)}{h}$$

이고, $f'(x)$, y', $\dfrac{dy}{dx}$, $\dfrac{d}{dx}f(x)$로 나타낸다.

dy를 dx로 나눈다는 것이 아니라 y를 x에 대하여 미분한다는 것을 나타내는 기호로, '디와이(dy), 디엑스(dx)'라 읽는다.

여러 가지 미분법 D

두 함수 $f(x)$, $g(x)$가 미분가능할 때,
(1) $y=x^n$ (단, n은 자연수) $\Rightarrow y'=nx^{n-1}$
(2) $y=c$ (단, c는 상수) $\Rightarrow y'=0$
(3) $y=cf(x)$ (단, c는 상수) $\Rightarrow y'=cf'(x)$
(4) $y=f(x)\pm g(x)$ $\Rightarrow y'=f'(x)\pm g'(x)$

(복부호 동순)

함수의 곱의 미분법을 이용하여 곱으로 나타내어진 함수를 전개하지 않고 미분할 수 있다.
(5) $y=f(x)g(x)$ $\Rightarrow y'=f'(x)g(x)+f(x)g'(x)$
(6) $y=\{f(x)\}^n$ (단, n은 자연수) $\Rightarrow y'=n\{f(x)\}^{n-1}\times f'(x)$

step 1 출제율 100% 우수 기출 대표 문제

01 평균변화율

자연수 n에 대하여 구간 $[n, n+1]$에서 함수 $y=f(x)$의 평균변화율이 $n+1$일 때, 구간 $[1, 100]$에서 함수 $y=f(x)$의 평균변화율을 구하시오.

02 평균변화율과 미분계수

다항함수 $f(x)$에 대하여 x의 값이 0에서 a까지 변할 때의 평균변화율이 $2a^2+3a$이다. $f'(1)$의 값은? (단, $a>0$)

① 11   ② 12   ③ 13
④ 14   ⑤ 15

03 평균변화율과 미분계수의 기하적 의미

$x>0$에서 정의된 함수 $f(x)$에 대하여 임의의 양수 a에서 부등식 $f(a+h)-f(a)<f'(a)\times h$를 만족시키는 함수는? (단, h는 충분히 작은 양수이다.)

① $f(x)=\dfrac{1}{x}$ ② $f(x)=\sqrt{x}$ ③ $f(x)=x^2$
④ $f(x)=x^3$ ⑤ $f(x)=x^4$

04 미분계수의 정의 – 함수식이 주어진 경우

두 함수 $f(x)=x^5+x^3+x$, $g(x)=x^6+x^4+x^2$에 대하여 $\lim\limits_{h\to 0}\dfrac{f(1+2h)-g(1-h)}{3h}$의 값은?

① 6   ② 7   ③ 8
④ 9   ⑤ 10

05 미분계수의 정의

$f'(9)=-2$이고 $\lim\limits_{x\to 3}\dfrac{27f(x^2)-x^3 f(9)}{x-3}=27$일 때, $f(9)$의 값을 구하시오.

06 미분계수의 정의 – 치환 이용

함수 $f(x)=x^3+3x+1$에 대하여
$$\lim_{n\to\infty}\frac{n}{2}\left\{f\left(2+\frac{1}{3n}\right)-f(2)\right\}$$
의 값을 구하시오.

07 미분계수의 기하적 의미

다항함수 $f(x)$의 그래프 위의 한 점 $P(3, -1)$에서의 접선의 기울기가 4일 때, $\lim\limits_{h\to 0}\dfrac{f(3+3h)+1}{h}$의 값은?

① 9   ② 10   ③ 11
④ 12   ⑤ 13

08 미분가능

보기에서 옳은 것만을 있는 대로 고른 것은?

┌─ 보기 ─────────────────────────────┐

ㄱ. $\lim\limits_{h\to 0}\dfrac{f(1+h)-f(1)}{h}=0$이면 $\lim\limits_{x\to 1}f(x)=f(1)$이다.

ㄴ. $\lim\limits_{h\to 0}\dfrac{f(1+h)-f(1)}{h}=0$이면
$\lim\limits_{h\to 0}\dfrac{f(1+h)-f(1-h)}{2h}=0$이다.

ㄷ. $f(x)=|x-1|$일 때,
$\lim\limits_{h\to 0}\dfrac{f(1+h)-f(1-h)}{2h}=0$이다.

└──────────────────────────────────┘

① ㄱ   ② ㄷ   ③ ㄱ, ㄴ
④ ㄴ, ㄷ   ⑤ ㄱ, ㄴ, ㄷ

09 미분가능과 연속

함수 $y=f(x)$의 그래프가 오른쪽 그림과 같을 때, 열린구간 $(0, 4)$에서 함수 $f(x)$가 불연속인 점은 m개, 미분가능하지 않은 점은 n개이다. $m+n$의 값을 구하시오.

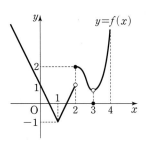

10 구간별로 정의된 함수의 미분가능성

함수

$$f(x)=\begin{cases} x^3+3x^2+bx & (x<1) \\ ax^2+2bx+3 & (x\geq 1) \end{cases}$$

이 $x=1$에서 미분가능할 때, 상수 a, b에 대하여 $a-b$의 값을 구하시오.

11 도함수의 정의

다항함수 $f(x)$에 대하여

$$\lim_{n\to\infty} n\left\{f\left(x+\frac{1}{n}\right)-f\left(x-\frac{1}{n}\right)\right\}=2x+4$$

일 때, $f'(1)$의 값은?

① 1 　　　　② 2 　　　　③ 3
④ 4 　　　　⑤ 5

12 미분가능한 함수의 관계식과 도함수

미분가능한 함수 $f(x)$가 임의의 실수 x, y에 대하여

$$f(x+y)=f(x)+f(y)+2xy-1$$

을 만족시킨다. $f'(1)=1$일 때, $f'(0)$의 값은?

① -3 　　　② -2 　　　③ -1
④ 0 　　　　⑤ 2

13 미분법

다항함수 $f(x)$가 다음 조건을 만족시킬 때, $f(5)$의 값은?

> ㈎ 모든 실수 x에 대하여 $2f(x)=xf'(x)-4$
> ㈏ $f(1)=1$

① 71 　　　　② 72 　　　　③ 73
④ 74 　　　　⑤ 75

14 $y=f(x)g(x)$ 꼴의 미분법

오른쪽 그림과 같은 다항함수 $y=f(x)$의 그래프는 점 $(2, 6)$에서 원점을 지나는 직선에 접한다. $g(x)=x^3f(x)$일 때, $g'(2)$의 값은?

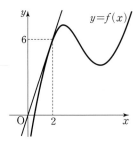

① 60 　　　　② 72
③ 84 　　　　④ 96
⑤ 108

15 $y=\{f(x)\}^n$ 꼴의 미분법

다항함수 $f(x)$가

$$\lim_{x\to 3}\frac{f(x)-2}{x-3}=5,\ f(x)=f(-x)$$

를 만족시킬 때, 함수 $g(x)=\{f(x)\}^3$에 대하여 $g'(-3)$의 값을 구하시오.

16 항등식과 미분계수

다항식 $f(x)$에 대하여 $\lim_{x\to 2}\frac{f(x)-a}{x-2}=1$이고, $f(x)$를 $(x-2)^2$으로 나눈 나머지를 $bx+3$이라 할 때, 상수 a, b에 대하여 ab의 값은?

① -5 　　　② -2 　　　③ 1
④ 2 　　　　⑤ 5

step 2 1등급을 위한 최고의 변별력 문제

유형❶ 평균변화율과 미분계수

01 대표문항

이차함수 $f(x)=x^2+2x$에 대하여 x의 값이 a에서 b까지 변할 때의 평균변화율을 m이라 하고, $a+b=2c$일 때, **보기** 에서 옳은 것만을 있는 대로 고른 것은? (단, $a<b$)

● 보기 ●
ㄱ. $m=0$일 때, $a<-1$이다.
ㄴ. $c>-1$일 때, $m>0$이다.
ㄷ. $f'(c)=m$

① ㄱ   ② ㄱ, ㄴ   ③ ㄱ, ㄷ
④ ㄴ, ㄷ   ⑤ ㄱ, ㄴ, ㄷ

02

함수 $f(x)=x^3-x+1$ $(-1\leq x\leq a)$에 대하여 집합 A는 $A=\left\{a\,\middle|\,\dfrac{f(a)-f(-1)}{a+1}=f'(a)\right\}$일 때, 집합 A의 원소의 개수는? (단, $a>-1$)

① 없다.   ② 1   ③ 2
④ 3   ⑤ 4

03

이차함수 $y=f(x)$의 그래프가 직선 $x=3$에 대하여 대칭일 때, **보기**에서 옳은 것만을 있는 대로 고른 것은?

● 보기 ●
ㄱ. 함수 $f(x)$에 대하여 x의 값이 -1에서 7까지 변할 때의 평균변화율은 0이다.
ㄴ. 두 실수 a, b에 대하여 $a+b=6$이면 $f'(a)+f'(b)=0$
ㄷ. $\displaystyle\sum_{k=1}^{15} f'(k-3)=0$

① ㄱ   ② ㄴ   ③ ㄱ, ㄷ
④ ㄴ, ㄷ   ⑤ ㄱ, ㄴ, ㄷ

04

삼차함수 $g(x)$와 양수 k에 대하여 함수 $y=g(x)$의 그래프와 직선 $y=k$가 오른쪽 그림과 같을 때, 다음 중 옳은 것은?

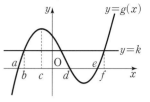

① $g'(a)<g'(d)$ ② $g'(b)<g'(c)$
③ $\dfrac{g(f)-g(a)}{f-a}<g'(d)$ ④ $\dfrac{g(f)-g(d)}{f-d}>g'(f)$
⑤ $\dfrac{g(e)-g(b)}{e-b}<g'(b)$

05

미분가능한 함수 $y=f(x)$의 그래프가 오른쪽 그림과 같을 때, **보기** 에서 옳은 것만을 있는 대로 고른 것은? (단, $0<a<b$)

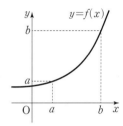

● 보기 ●
ㄱ. $f'(b)>1$ ㄴ. $\dfrac{f'(a)}{b}<\dfrac{f'(b)}{a}$
ㄷ. $f'(\sqrt{ab})<f'\left(\dfrac{a+b}{2}\right)$

① ㄱ   ② ㄴ   ③ ㄱ, ㄴ
④ ㄴ, ㄷ   ⑤ ㄱ, ㄴ, ㄷ

유형❷ 미분계수의 정의

06 대표문항

다항함수 $f(x)$가
$$\lim_{x\to 0}\frac{f(x)+7x}{2f(x)-4x}=8$$
을 만족시킬 때, 함수 $y=f(x)$의 그래프 위의 점 $(0, f(0))$에서의 접선의 기울기를 구하시오.

07

함수 $g(x)$는 $x=0$에서 연속이고, $g(0)=-1$이다. 함수 $f(x)=\dfrac{x}{g(x)+4}$일 때, $f'(0)$의 값을 구하시오.

08 [신유형]

모든 실수에서 미분가능한 두 함수 $f(x)$, $g(x)$가 다음 조건을 만족시킨다.

> (가) $f(1)=1$, $g(1)=1$, $f'(1)=2$, $g'(1)=3$
> (나) $\lim\limits_{x \to 1} \dfrac{\{f(x)\}^m - \{g(x)\}^n}{x-1} = 50$

$m+n=100$일 때, $\dfrac{n}{m}$의 값은? (단, m, n은 자연수이다.)

① $\dfrac{1}{9}$　　　　② $\dfrac{1}{4}$　　　　③ $\dfrac{3}{7}$

④ $\dfrac{2}{3}$　　　　⑤ 1

09

$\lim\limits_{x \to 3} \dfrac{x^{2n+1} - 3^{2n+1}}{x^{2n-1} - 3^{2n-1}} = 11$을 만족시키는 자연수 n의 값은?

① 4　　　　② 5　　　　③ 6
④ 7　　　　⑤ 8

10

다항함수 $f(x)$는 모든 실수 x에 대하여 $f(-x)=-f(x)$이고, 다항함수 $g(x)$는 모든 실수 x에 대하여 $g(-x)=g(x)$이다. **보기**에서 옳은 것만을 있는 대로 고른 것은?

> • 보기 •
> ㄱ. 함수 $f(x)$에서 x의 값이 -2에서 2까지 변할 때의 평균변화율과 0에서 2까지 변할 때의 평균변화율은 같다.
> ㄴ. 두 실수 a, b에 대하여 $a+b=0$이면 $g'(a)+g'(b)=0$이다.
> ㄷ. $F(x)=f(x)g(x)$라 하면 $F'(x)=F'(-x)$이다.

① ㄱ　　　　② ㄴ　　　　③ ㄱ, ㄴ
④ ㄱ, ㄷ　　　　⑤ ㄱ, ㄴ, ㄷ

유형❸ 미분가능과 연속

11 대표문항

함수 $f(x)$가 $x=0$에서 연속이지만 미분가능하지 않을 때, **보기**의 함수 중에서 $x=0$에서 미분가능한 것만을 있는 대로 고른 것은?

> • 보기 •
> ㄱ. $F(x)=x^2 f(x)$　　　ㄴ. $G(x)=\dfrac{1}{x^{2020}f(x)-1}$
> ㄷ. $H(x)=|x-1|f(x)$

① ㄱ　　　　② ㄱ, ㄴ　　　　③ ㄱ, ㄷ
④ ㄴ, ㄷ　　　　⑤ ㄱ, ㄴ, ㄷ

12

함수 $f(x)=x^2-x$에 대하여 $g(x)=|f(x)|$라 할 때, **보기**에서 옳은 것만을 있는 대로 고른 것은?

> • 보기 •
> ㄱ. $\lim\limits_{h \to 0} \dfrac{g(h)}{h}$의 값이 존재한다.
> ㄴ. $\lim\limits_{h \to 0} \dfrac{g(1+h^2)-g(1)}{h^2} = f'(1)$
> ㄷ. $\lim\limits_{h \to 0} \dfrac{g(1+h)-g(1-h)}{h} = 2f'(1)$

① ㄱ　　　　② ㄴ　　　　③ ㄷ
④ ㄱ, ㄴ　　　　⑤ ㄴ, ㄷ

13

함수 $f(x)=x^2-4x$에 대하여 $g(x)=f(|x|)$라 할 때, 임의의 실수 t에 대하여 **보기**에서 옳은 것만을 있는 대로 고른 것은?

> • 보기 •
> ㄱ. $\lim\limits_{x \to t} g(x) = g(t)$
> ㄴ. $\lim\limits_{h \to 0} \dfrac{g(t+h)-g(t)}{h} = f'(|t|)$
> ㄷ. $\lim\limits_{h \to 0} \dfrac{g(t+h)-g(t-h)}{2h}$의 값이 존재한다.

① ㄱ　　　　② ㄱ, ㄴ　　　　③ ㄱ, ㄷ
④ ㄴ, ㄷ　　　　⑤ ㄱ, ㄴ, ㄷ

14

다음 그림과 같이 닫힌구간 $[0, 5]$를 정의역으로 하는 두 함수 $f(x)$, $g(x)$에 대하여 **보기**에서 옳은 것만을 있는 대로 고른 것은?

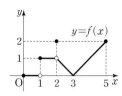 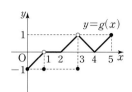

• 보기 •

ㄱ. 함수 $\dfrac{g(x)}{f(x)}$는 $x=2$에서 연속이다.

ㄴ. 함수 $(g \circ f)(x)$는 $x=1$에서 연속이다.

ㄷ. 함수 $f(x)g(x)$는 $x=4$에서 미분가능하다.

① ㄱ   ② ㄷ   ③ ㄱ, ㄴ

④ ㄴ, ㄷ   ⑤ ㄱ, ㄴ, ㄷ

유형❹ 구간별로 정의된 함수의 미분가능성

15 대표문항

함수 $f(x)=\begin{cases} x^2-2 & (x<0) \\ x+5 & (x\geq0) \end{cases}$에 대하여 함수 $(x^n+k)f(x)$가 $x=0$에서 미분가능하도록 하는 자연수 n의 최솟값을 구하시오. (단, k는 상수이다.)

16

함수 $f(x)=[x](x^2+ax+b)$가 $x=1$에서 미분가능할 때, 상수 a, b에 대하여 ab의 값을 구하시오.

(단, $[x]$는 x보다 크지 않은 최대의 정수이다.)

17 빈출

다음 조건을 만족시키는 함수 $f(x)$가 모든 실수 x에서 미분가능할 때, 상수 a, b에 대하여 a^2+b^2의 값을 구하시오.

㈎ $f(x)=ax^3+bx^2-3x+1$ (단, $-1\leq x\leq3$)

㈏ 모든 실수 x에 대하여 $f(x)=f(x+4)$

18

삼차함수 $f(x)=2x^3+ax+5$에 대하여 함수
$$g(x)=|f(x)-4x-5|+f(x)+4x+5$$
가 모든 실수 x에서 미분가능할 때, $g(5)$의 값을 구하시오.
(단, a는 상수이다.)

19

실수 t에 대하여 닫힌구간 $[t, t+2]$에서 함수 $y=|x^2-2x|$의 최댓값을 $g(t)$라 할 때, **보기**에서 옳은 것만을 있는 대로 고른 것은?

• 보기 •

ㄱ. 모든 실수 t에 대하여 $g(-t)=g(t)$이다.

ㄴ. 함수 $g(t)$가 $t=k$에서 미분가능하지 않은 k의 개수는 4이다.

ㄷ. $|g'(t)|=2$인 t의 개수는 2이다.

① ㄱ   ② ㄷ   ③ ㄱ, ㄴ

④ ㄱ, ㄷ   ⑤ ㄱ, ㄴ, ㄷ

유형❺ 다항함수의 도함수

20 대표문항

다항함수 $f(x)$는 다음 조건을 만족시킨다.

㈎ $f(1)=9$

㈏ 모든 실수 x에 대하여
$(f \circ f)(x)=f(x)f'(x)+5$

$f(2)$의 값을 구하시오.

21

다항함수 $f(x)$가 모든 실수 x에 대하여

$$(x^k-2)f'(x)=f(x)$$

를 만족시키고 $f(4)=3$일 때, $f(6)$의 값을 구하시오.

(단, k는 자연수이다.)

22

최고차항의 계수가 1이 아닌 다항함수 $f(x)$가 다음 조건을 만족시킬 때, $f'(1)$의 값을 구하시오.

(가) $\displaystyle\lim_{x\to\infty}\frac{\{f(x)\}^2-f(x^2)}{x^3f(x)}=4$

(나) $\displaystyle\lim_{x\to0}\frac{f'(x)}{x}=4$

23

최고차항의 계수가 1인 두 다항함수 $f(x)$, $g(x)$가 다음 조건을 만족시킨다.

(가) $f(x)+g(x)=x^3+4x^2-7$

(나) $\displaystyle\lim_{x\to\infty}\frac{f(x)+5g(x)}{x^3+1}=5$

$f'(1)=7$일 때, $g'(2)$의 값을 구하시오.

24

최고차항의 계수가 1인 두 다항함수 $f(x)$, $g(x)$가 모든 실수 x에 대하여

$$f(-x)=-f(x),\ g(-x)=-g(x)$$

를 만족시킨다. 두 함수 $f(x)$, $g(x)$에 대하여

$$\lim_{x\to\infty}\frac{f'(x)}{x^2g'(x)}=3,\ \lim_{x\to0}\frac{f(x)g(x)}{x^2}=-1$$

일 때, $f(2)+g(3)$의 값을 구하시오. [2017년 교육청]

25

최고차항의 계수가 -1이 아닌 다항함수 $f(x)$에 대하여

$$f(x)f'(x)=2f(x)+f'(x)+2x^3+x^2-x-2$$

가 성립할 때, **보기**에서 옳은 것만을 있는 대로 고른 것은?

• 보기 •

ㄱ. $f(x)$는 이차함수이다.

ㄴ. $\{f(-1)-1\}\{f'(-1)-2\}=0$

ㄷ. $f(2)=5$

① ㄱ   ② ㄴ   ③ ㄱ, ㄴ

④ ㄱ, ㄷ   ⑤ ㄱ, ㄴ, ㄷ

유형❻ 미분가능한 함수의 관계식과 도함수

26 대표문항

미분가능한 함수 $f(x)$가 모든 실수 x, y에 대하여

$$f(x+y)=f(x)+f(y)+4xy$$

를 만족시킨다. $f'(0)=2$일 때, **보기**에서 옳은 것만을 있는 대로 고른 것은?

• 보기 •

ㄱ. $f(x)+f(-x)=4x^2$

ㄴ. $f'(x)=4x+6$

ㄷ. $f(x)$가 다항함수이면 $f'(x)+f'(-x)=12$이다.

① ㄱ   ② ㄴ   ③ ㄷ

④ ㄱ, ㄷ   ⑤ ㄴ, ㄷ

27 〔서술형〕

실수 전체의 집합에서 미분가능한 함수 $f(x)$가 다음 조건을 만족시킨다.

(가) 모든 실수 x, y에 대하여

$$f(x-y)=f(x)-f(y)+xy(x-y)$$

(나) $f'(0)=8$

(다) $f'(a)=f'(b)=0$

a^2+b^2의 값을 구하시오. (단, a, b는 실수이다.)

28

미분가능한 함수 $g(x)$가 모든 실수 x, y에 대하여
$$g(x+y)=g(x)+g(y)+2xy, \quad g'(3)=\frac{21}{5}$$
을 만족시킨다. 함수
$$f(x)=\begin{cases} \dfrac{g(x)-2kx}{x-1} & (x \neq 1) \\ 5k+3 & (x=1) \end{cases}$$
이 $x=1$에서 연속일 때, 상수 k의 값을 구하시오.

29

두 다항함수 $f(x)$, $g(x)$가 임의의 실수 x, y에 대하여
$$x\{f(x+y)-f(x-y)\}=4y\{f(x)+g(y)\}$$
를 만족시킨다. $f(1)=4$, $g(0)=1$일 때, $f'(2)$의 값은?

[2012학년도 사관학교]

① 20 　　　② 24 　　　③ 28

④ 32 　　　⑤ 36

30

[1등급]

실수 전체의 집합을 정의역으로 하는 미분가능한 함수 $f(x)$가 모든 실수 x, y에 대하여
$$f(x+y) \geq f(x)+f(y)-(xy-1)^2$$
을 만족시키고 $f(0) \geq 1$, $f'(0)=1$일 때, $f'(2)$의 값을 구하시오.

유형**❼** 여러 가지 미분법

31 대표문항

두 다항함수 $f(x)$, $g(x)$가 다음 조건을 만족시킬 때, $g'(0)$의 값을 구하시오.

> (가) $f(0)=1$, $g(0)=4$, $f'(0)=-6$
> (나) $\lim\limits_{x \to 0} \dfrac{f(x)g(x)-4}{x}=0$

32

자연수 n에 대하여 $f(x)=(x-n)(x-2n)(x-4n)$이고 부등식
$$\frac{1}{x-2n}+\frac{1}{x-4n}<\frac{f'(x)}{f(x)}<\frac{1}{x-n}+\frac{1}{x-2n}$$
을 만족시키는 자연수 x의 개수가 19일 때, n의 값을 구하시오.

33

다항식 $ax^{n+1}+bx^n+1$이 $(x-1)^2$으로 나누어떨어질 때, $b=f(n)$이라 하자. $f(10)$의 값을 구하시오. (단, $a \neq 0$)

34

다항함수 $f(x)$와 두 자연수 m, n이
$$\lim_{x \to \infty} \frac{f(x)}{x^m}=1, \quad \lim_{x \to \infty} \frac{f'(x)}{x^{m-1}}=a$$
$$\lim_{x \to 0} \frac{f(x)}{x^n}=b, \quad \lim_{x \to 0} \frac{f'(x)}{x^{n-1}}=9$$
를 모두 만족시킬 때, **보기**에서 옳은 것만을 있는 대로 고른 것은? (단, a, b는 실수이다.)

> • 보기 •
>
> ㄱ. $m \geq n$ 　　　　ㄴ. $ab \geq 9$
>
> ㄷ. $f(x)$가 삼차함수이면 $am=bn$이다.

① ㄱ 　　　② ㄷ 　　　③ ㄱ, ㄴ

④ ㄴ, ㄷ 　　　⑤ ㄱ, ㄴ, ㄷ

35

다항함수 $f(x)$가 모든 실수 x에 대하여 다음 조건을 만족시킨다.

> (가) $f(-x)=-f(x)$
> (나) $-x^2-3 \leq f(x)-4x \leq x^2+3$

함수 $g(x)=(2x-3)^3 f(x)$에 대하여 $g'(2)$의 최댓값을 M, 최솟값을 m이라 할 때, $M+m$의 값을 구하시오.

step **3** 1등급을 넘어서는 **종합 사고력 문제**

01

세 다항함수 $f(x)$, $g(x)$, $h(x)$에 대하여 $g(x)$는 $f(x)$의 도함수이고, $h(x)$는 $g(x)$의 도함수이다. 모든 실수 x에 대하여 $f(x)+h(x)=2g(x)+x^4+1$이 성립할 때, $f(-1)$의 값을 구하시오.

02

두 다항함수 $f_1(x)$, $f_2(x)$가 다음 조건을 만족시킬 때, 상수 k의 값을 구하시오.

㈎ $f_1(0)=0$, $f_2(0)=0$

㈏ $f_i{}'(0)=\lim_{x \to 0}\dfrac{f_i(x)+2kx}{f_i(x)+kx}$ (단, $i=1, 2$)

㈐ 두 함수 $y=f_1(x)$, $y=f_2(x)$의 그래프의 원점에서의 접선이 서로 수직으로 만난다.

03

좌표평면 위에 오른쪽 그림과 같은 도형이 있다. 이 도형과 네 점 $(0, 0)$, $(1+t, 0)$, $(1+t, 1+t)$, $(0, 1+t)$를 꼭 짓점으로 하는 정사각형이 서로 겹치는 부분의 넓이를 $f(t)$라 할 때, $\sum_{k=1}^{6} 2f'\left(\dfrac{2k-1}{4}\right)$의 값을 구하시오. (단, $0 < t \le 3$)

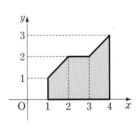

04

함수 $f(x)=|x^2-5x+6|$에 대하여 함수 $g(x)$를

$$g(x)=\lim_{h \to 0}\dfrac{f(x+h)-f(x-h)}{h}$$

라 할 때, $\sum_{k=0}^{10} g(k)$의 값을 구하시오.

05

함수 $f(x)$는 실수 전체의 집합에서 미분가능하고 다음 조건을 만족시킨다.

임의의 두 실수 x, h에 대하여

㈎ $f(x) \ge x+1$

㈏ $f(x+h) \ge f(x)f(h)$

보기에서 옳은 것만을 있는 대로 고른 것은?

• 보기 •

ㄱ. $f(0)=1$　　　　　　　　ㄴ. $f'(0)=1$

ㄷ. $f'(x)=f(x)$

① ㄱ　　　　　② ㄱ, ㄴ　　　　　③ ㄱ, ㄷ

④ ㄴ, ㄷ　　　　⑤ ㄱ, ㄴ, ㄷ

06

함수 $f(x)=-x^3+4x^2$의 그래프 위에서 움직이는 점 $P(t, f(t))$에 대하여 함수 $g(x)$를

$$g(x)=\begin{cases} f(x) & (x \le 0 \text{ 또는 } x \ge t) \\ \dfrac{f(t)}{t}x & (0 < x < t) \end{cases}$$

라 하자. 함수 $g(x)$가 오직 한 점에서만 미분가능하지 않도록 하는 모든 양수 t의 값의 합을 구하시오.

07

함수 $f(x)=4x^3-8x^2+7x-3$에 대하여

$$\dfrac{f(p)-f(-2)}{p+2}=f'(c)\ (-2 < c < p)$$

를 만족시키는 상수 c의 값이 서로 다른 2개만 존재할 때, 상수 p의 값의 범위는 $m < p < n$이다. 이때, $m+n$의 값을 구하시오.

유형 1 미분계수의 정의

출제경향 미분계수의 정의를 이용하여 미분계수를 구할 수 있는가를 묻는 문제가 출제된다.

공략비법

(1) $\lim\limits_{h \to 0-} \dfrac{f(a+h)-f(a)}{h} = \lim\limits_{h \to 0+} \dfrac{f(a+h)-f(a)}{h}$가 성립하는지 확인한다.

(2) $\lim\limits_{h \to 0} \dfrac{f(a+h)-f(a-h)}{2h} = f'(a)$가 항상 성립하는 것은 아님에 주의한다.

1 대표 • 2015학년도 경찰대 | **4점**

함수 $f(n)$이 $f(n) = \lim\limits_{x \to 1} \dfrac{x^n + 3x - 4}{x-1}$일 때, $\sum\limits_{n=1}^{10} f(n)$의 값은?

① 65 ② 70 ③ 75
④ 80 ⑤ 85

2 유사 • 2013학년도 사관학교 | **4점**

모든 실수 x에서 정의된 함수 $f(x)$가 $x=a$에서 미분가능하기 위한 필요충분조건인 것만을 **보기**에서 있는 대로 고른 것은?

• **보기** •

ㄱ. $\lim\limits_{h \to 0} \dfrac{f(a+h^2)-f(a)}{h^2}$의 값이 존재한다.

ㄴ. $\lim\limits_{h \to 0} \dfrac{f(a+h^3)-f(a)}{h^3}$의 값이 존재한다.

ㄷ. $\lim\limits_{h \to 0} \dfrac{f(a+h)-f(a-h)}{2h}$의 값이 존재한다.

① ㄱ ② ㄴ ③ ㄷ
④ ㄱ, ㄷ ⑤ ㄴ, ㄷ

유형 2 곱의 미분법

출제경향 다항함수의 곱으로 이루어진 함수에 대하여 곱의 미분법을 이용하여 미분계수를 구할 수 있는가를 묻는 문제가 출제된다.

공략비법 세 함수 $f(x)$, $g(x)$, $h(x)$가 미분가능한 함수일 때,

(1) $y = f(x)g(x)$이면 $y' = f'(x)g(x) + f(x)g'(x)$

(2) $y = f(x)g(x)h(x)$이면
$y' = f'(x)g(x)h(x) + f(x)g'(x)h(x) + f(x)g(x)h'(x)$

(3) $y = \{f(x)\}^n$ (n은 자연수)이면 $y' = n\{f(x)\}^{n-1}f'(x)$

(4) $y = (ax+b)^n$ (n은 자연수)이면 $y' = an(ax+b)^{n-1}$

(단, a, b는 상수)

3 대표 • 2018학년도 수능 | **4점**

최고차항의 계수가 1이고 $f(1)=0$인 삼차함수 $f(x)$가

$$\lim\limits_{x \to 2} \dfrac{f(x)}{(x-2)\{f'(x)\}^2} = \dfrac{1}{4}$$

을 만족시킬 때, $f(3)$의 값은?

① 4 ② 6 ③ 8
④ 10 ⑤ 12

4 유사 • 2013년 10월 교육청 | **4점**

최고차항의 계수가 1인 삼차함수 $f(x)$와 실수 a가 다음 조건을 만족시킬 때, $f'(a)$의 값을 구하시오.

(가) $f(a) = f(2) = f(6)$

(나) $f'(2) = -4$

04 도함수의 활용 (1)

Ⅱ. 미분

비법 노트

A 접선의 방정식의 활용

두 곡선 $y=f(x)$, $y=g(x)$가

(1) 점 (a, b)에서 공통인 접선을 가지면
$$f(a)=g(a)=b, f'(a)=g'(a)$$

(2) 점 (a, b)에서의 두 접선이 수직이면
$$f(a)=g(a)=b, f'(a)g'(a)=-1$$

▶ STEP 1 | 04번, STEP 2 | 05번

B 롤의 정리와 평균값 정리

(1) 롤의 정리

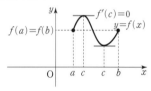

(2) 평균값 정리

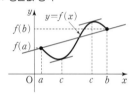

▶ STEP 1 | 06번, STEP 2 | 12번

C 삼차함수 $f(x)=ax^3+bx^2+cx+d\ (a>0)$가 실수 전체의 집합에서 증가할 조건

모든 실수 x에 대하여 $f'(x)=3ax^2+2bx+c\geq0$이어야 하므로 이차방정식 $f'(x)=0$의 판별식을 D라 하면 $\dfrac{D}{4}=b^2-3ac\leq0$이어야 한다.

▶ STEP 1 | 09번, STEP 2 | 16번

D 함수의 증가와 감소

함수 $f(x)$가 어떤 구간에서 미분가능하고, 이 구간에서

(1) 함수 $f(x)$가 증가하면 $f'(x)\geq0$이다.

(2) 함수 $f(x)$가 감소하면 $f'(x)\leq0$이다.

▶ STEP 2 | 18번

E 극값과 미분계수 사이의 관계

함수 $f(x)$가 $x=a$에서 미분가능하고 $x=a$에서 극값을 가지면 $f'(a)=0$이다. ▶ STEP 2 | 23번

F 함수의 극대와 극소의 판정

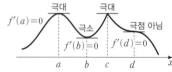

(1) $f'(a)=0$이면 $x=a$에서 항상 극점을 갖는다. (×)
$\Rightarrow x=d$

(2) 모든 극점에서 미분계수가 항상 존재한다. (×)
$\Rightarrow x=c$

접선의 방정식 A

함수 $f(x)$가 $x=a$에서 미분가능할 때, 곡선 $y=f(x)$ 위의 점 $(a, f(a))$에서의 접선의 방정식은

┌ 점 $(a, f(a))$에서의 접선의 기울기
$$y-f(a)=f'(a)(x-a)$$

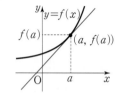

평균값 정리 B

(1) 롤의 정리 ← 롤의 정리는 곡선 $y=f(x)$에 대하여 $f(a)=f(b)$이면 열린구간 (a, b)에서의 곡선 $y=f(x)$의 접선 중 x축과 평행한 것이 적어도 하나 존재함을 의미한다.

함수 $f(x)$가 닫힌구간 $[a, b]$에서 연속이고 열린구간 (a, b)에서 미분가능할 때, $f(a)=f(b)$이면 $f'(c)=0$인 c가 열린구간 (a, b)에 적어도 하나 존재한다.

(2) 평균값 정리 ← 평균값 정리는 열린구간 (a, b)에서의 곡선 $y=f(x)$의 접선 중 곡선 $y=f(x)$ 위의 두 점 $(a, f(a))$, $(b, f(b))$를 지나는 직선과 평행한 것이 적어도 하나 존재함을 의미한다.

함수 $f(x)$가 닫힌구간 $[a, b]$에서 연속이고 열린구간 (a, b)에서 미분가능하면 $\dfrac{f(b)-f(a)}{b-a}=f'(c)$인 c가 열린구간 (a, b)에 적어도 하나 존재한다.

참고 롤의 정리와 평균값 정리는 열린구간 (a, b)에서 미분가능하지 않으면 성립하지 않는다.

함수의 증가와 감소 C D

(1) 함수의 증가와 감소

함수 $f(x)$가 어떤 구간에 속하는 임의의 두 수 x_1, x_2에 대하여 $x_1<x_2$일 때 $f(x_1)<f(x_2)$ (또는 $f(x_1)>f(x_2)$)이면 함수 $f(x)$는 이 구간에서 증가 (또는 감소)한다고 한다.

(2) 함수의 증가와 감소의 판정

함수 $f(x)$가 어떤 열린구간에서 미분가능하고, 이 구간에 속하는 모든 x에 대하여

① $f'(x)>0$이면 함수 $f(x)$는 이 구간에서 증가한다.

② $f'(x)<0$이면 함수 $f(x)$는 이 구간에서 감소한다.

함수의 극대와 극소 E F

(1) 함수의 극대와 극소

함수 $f(x)$에서 $x=a$를 포함하는 어떤 열린구간에 속하는 모든 x에 대하여

① $f(x)\leq f(a)$일 때 함수 $f(x)$는 $x=a$에서 극대라 하고, $f(a)$를 극댓값이라 한다.

② $f(x)\geq f(a)$일 때 함수 $f(x)$는 $x=a$에서 극소라 하고, $f(a)$를 극솟값이라 한다. ── 극댓값과 극솟값을 통틀어 극값이라 한다.

(2) 함수의 극대와 극소의 판정

미분가능한 함수 $f(x)$에 대하여 $f'(a)=0$이고, $x=a$의 좌우에서 $f'(x)$의 부호가

① 양($+$)에서 음($-$)으로 바뀌면 $f(x)$는 $x=a$에서 극대이다.

② 음($-$)에서 양($+$)으로 바뀌면 $f(x)$는 $x=a$에서 극소이다.

step 1 출제율 100% 우수 기출 대표 문제

01 기울기가 주어진 접선
삼차함수 $f(x)=2x^3+3x^2-8x+1$의 그래프 위의 점 (a, b)에서의 접선의 기울기가 4일 때, a^2+b^2의 값을 구하시오. (단, $a>0$)

02 곡선 위의 한 점에서의 접선
삼차함수 $f(x)=-x^3+3x^2+5x-4$의 그래프의 접선 중에서 기울기가 최대인 접선의 방정식을 $y=g(x)$라 할 때, $g(1)$의 값은?

① 1   ② 2   ③ 3
④ 4   ⑤ 5

03 곡선 밖의 한 점에서의 접선
점 $(0, -4)$에서 곡선 $y=x^3-2$에 그은 접선이 x축과 만나는 점의 좌표를 $(a, 0)$이라 할 때, a의 값은? [2012학년도 평가원]

① $\dfrac{7}{6}$ ② $\dfrac{4}{3}$ ③ $\dfrac{3}{2}$
④ $\dfrac{5}{3}$ ⑤ $\dfrac{11}{6}$

04 한 점에서 만나는 두 곡선의 공통인 접선
두 곡선 $y=2x^3+ax$, $y=bx^2+c$가 점 $(-1, 0)$에서 만나고 이 점에서 공통인 접선을 가질 때, 상수 a, b, c에 대하여 $a-b+c$의 값은?

① -2 ② -1 ③ 0
④ 1   ⑤ 2

05 접선의 방정식의 활용
곡선 $y=x^2-\dfrac{1}{2}x$와 직선 $y=mx$의 서로 다른 두 교점을 A, B라 하면 두 점 A, B에서의 접선이 서로 수직이다. 두 접선의 교점을 C라 할 때, 삼각형 ABC의 넓이는?
(단, m은 상수이다.)

① $\dfrac{25}{64}$ ② $\dfrac{25}{128}$ ③ $\dfrac{125}{64}$
④ $\dfrac{125}{128}$ ⑤ $\dfrac{125}{256}$

06 롤의 정리
닫힌구간 $[0, a]$에서 정의된 함수 $f(x)=x^3-4x^2+7$이 정의역에서 롤의 정리를 만족시킬 때, **보기**에서 옳은 설명을 한 사람만을 있는 대로 고른 것은?

· 보기 ·
> A : 롤의 정리가 성립하도록 하는 상수 a의 값은 4야.
> B : 롤의 정리가 성립되는지 확인할 때, 함수 $f(x)$는 구간 $[0, a]$에서 미분가능해야 해.
> C : 롤의 정리를 만족시키는 상수 c는 2개 존재해.
> D : 롤의 정리를 만족시키는 상수 c의 값은 $\dfrac{8}{3}$이야.

① A   ② C   ③ A, D
④ B, D   ⑤ A, B, C

07 평균값 정리
함수 $f(x)=2x^2$에 대하여
$$f(a+h)-f(a)=hf'(a+\theta h)\,(0<\theta<1)$$
를 만족시키는 θ의 값은? (단, $h>0$)

① $\dfrac{1}{6}$ ② $\dfrac{1}{5}$ ③ $\dfrac{1}{4}$
④ $\dfrac{1}{3}$ ⑤ $\dfrac{1}{2}$

08 함수가 증가 또는 감소하는 구간

함수 $f(x)=x^3+3x^2-9x+3$이 감소하는 구간이 $[a,\ b]$일 때, 상수 $a,\ b$에 대하여 a^2-b^2의 값을 구하시오.

09 역함수가 존재하기 위한 조건

실수 전체의 집합에서 정의된 함수
$f(x)=x^3+2x^2+kx+3$의 역함수가 존재하기 위한 정수 k의 최솟값은?

① 1   ② 2   ③ 3
④ 4   ⑤ 5

10 극솟값을 이용하여 극댓값 구하기

함수 $f(x)=\dfrac{1}{3}x^3-\dfrac{1}{2}(a+1)x^2+ax-\dfrac{1}{3}$의 극솟값이 -1일 때, 함수 $f(x)$의 극댓값은? (단, $a<0$)

① $\dfrac{1}{3}$ ② $\dfrac{1}{2}$ ③ 1
④ $\dfrac{3}{2}$ ⑤ 2

11 극대와 극소를 이용하여 미정계수 구하기

함수 $f(x)=x^3+ax^2+9x+b$가 $x=1$에서 극댓값 0을 가질 때, 상수 $a,\ b$에 대하여 ab의 값은?

① -24 ② -12 ③ 0
④ 12   ⑤ 24

12 극댓값을 갖기 위한 조건

함수 $f(x)=x^4+4x^3+2ax^2$이 극댓값을 갖기 위한 상수 a의 값의 범위는?

① $a>0$ ② $0<a\leq\dfrac{9}{4}$
③ $a<\dfrac{9}{4}$ ④ $a<0$ 또는 $0<a<\dfrac{9}{4}$
⑤ $a<0$ 또는 $0<a\leq\dfrac{9}{4}$

13 주어진 범위에서 극값을 가질 조건

함수 $f(x)=x^3-6x^2+ax-1$이 $-2<x<3$에서 극댓값과 극솟값을 모두 가질 때, 상수 a의 값의 범위는 $m<a<n$이다. 이때, $m+n$의 값을 구하시오.

14 도함수의 그래프와 함수의 극값

함수 $y=g(x)$의 도함수 $y=g'(x)$의 그래프가 다음 그림과 같다. 함수 $g(x)$가 극댓값을 갖는 x의 개수를 m, 극솟값을 갖는 x의 개수를 n이라 할 때, $m-n$의 값을 구하시오.

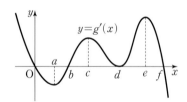

15 절댓값 기호를 포함한 함수의 극값

최고차항의 계수가 1인 사차함수 $f(x)$에 대하여 함수 $g(x)=|f(x)|$가 다음 조건을 만족시킨다.

㈎ $g(x)$는 $x=1$에서 미분가능하고 $g(1)=g'(1)$이다.
㈏ $g(x)$는 $x=-1,\ x=0,\ x=1$에서 극솟값을 갖는다.

$g(2)$의 값은? [2015년 교육청]

① 2   ② 4   ③ 6
④ 8   ⑤ 10

step 2 1등급을 위한 **최고의 변별력 문제**

유형① 접선의 방정식

01 대표문항

오른쪽 그림은 삼차함수
$f(x)=x^3-3x^2+3x$의 그래프이다.
원점을 지나고 곡선 $y=f(x)$에 접하
는 직선은 두 개이다. 두 접선과 곡선
$y=f(x)$의 교점 중 원점이 아닌 점들의
x좌표의 합을 S라 하자. 이때, $10S$의
값을 구하시오.

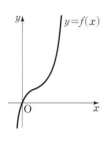

02 서술형

곡선 $y=x^3+3x^2$의 접선 중에서 이 곡선과 접점 이외의 다른
교점이 존재하지 않는 접선의 방정식을 구하시오.

03

곡선 $y=x^3-3x^2+2x$에 기울기가 m인 접선을 두 개 그었을
때, 두 접점을 각각 P, Q라 하자. **보기**에서 옳은 것만을 있는
대로 고른 것은? (단, 두 점 P, Q는 서로 다른 점이다.)

• 보기 •

ㄱ. 두 점 P, Q의 x좌표의 합은 2이다.
ㄴ. $m>-1$
ㄷ. 두 접선 사이의 거리와 $\overline{PQ}$가 같아지는 실수 m이 존
  재한다.

① ㄱ   ② ㄷ   ③ ㄱ, ㄴ
④ ㄴ, ㄷ   ⑤ ㄱ, ㄴ, ㄷ

04

곡선 $y=x^4-3x^2+2x$ 위의 서로 다른 두 점에서 접하는 직
선의 방정식을 구하시오.

05

오른쪽 그림과 같이 삼차함수
$f(x)=\dfrac{1}{3}x^3-\dfrac{4}{3}x$의 그래프 위의 점
중에서 원점이 아닌 한 점을 P라 하자.
점 P에서의 접선 l과 점 P에서 삼차
함수 $y=f(x)$의 그래프에 그은 접선 m이 서로 수직일 때,
점 P의 x좌표를 구하시오.
             (단, 점 P는 제4사분면 위에 있다.)

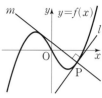

06

곡선 $y=x(x-1)(x+2)$ 위의 한 점 $P_1(1, 0)$에서의 접선
이 다시 이 곡선과 만나는 P_1이 아닌 점을 P_2, 점 P_2에서의
접선이 다시 이 곡선과 만나는 P_2가 아닌 점을 P_3이라 하자.
이와 같은 방법으로 자연수 n에 대하여 점 P_n을 정하고 점
P_n의 x좌표를 x_n이라 할 때, **보기**에서 옳은 것만을 있는 대
로 고른 것은?

• 보기 •

ㄱ. $x_3=5$
ㄴ. $2x_{99}+x_{100}=1$
ㄷ. $x_{99}=\dfrac{2^{100}-1}{3}$

① ㄱ   ② ㄴ   ③ ㄱ, ㄴ
④ ㄱ, ㄷ   ⑤ ㄴ, ㄷ

유형② 접선의 방정식의 활용

07 대표문항

중심이 y축 위에 있는 원이 곡선 $y=x^2+2$의 아래쪽에서 이
곡선과 접하고 원점에서 이 곡선에 그은 두 접선에도 접할
때, 이 원의 넓이는?

① $\dfrac{\pi}{4}$ ② $\dfrac{\pi}{2}$ ③ π

④ $\dfrac{5}{4}\pi$ ⑤ $\dfrac{3}{2}\pi$

08

곡선 $y=x^3-2x$ 위의 점 A$(-1, 1)$에서의 접선과 곡선 $y=x^3-2x$의 교점 중에서 점 A가 아닌 점을 B라 하고, 곡선 $y=x^3-2x$ 위의 점 C$(1, -1)$에서의 접선과 곡선 $y=x^3-2x$의 교점 중에서 점 C가 아닌 점을 D라 하자. 이때, 사각형 ADCB의 넓이는?

① 4   ② 6   ③ 8

④ 9   ⑤ 12

09

오른쪽 그림과 같이 곡선 $y=x^3$ 위의 점 A$(-1, -1)$에서의 접선이 이 곡선과 다시 만나는 점을 B라 하자. 선분 AB를 지름으로 하는 원 C의 넓이를 S_1, 원 C의 내부에서 곡선 $y=x^3$ 위를 움직이는 점 P와 선분 AB 사이의 거리를 지름으로 하는 원의 넓이를 S_2라 할 때, S_1-S_2의 최솟값은?

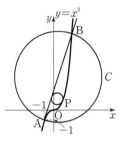

① $\dfrac{111}{10}\pi$ ② $\dfrac{141}{10}\pi$ ③ $\dfrac{181}{10}\pi$

④ $\dfrac{221}{10}\pi$ ⑤ $\dfrac{251}{10}\pi$

10

다음 그림과 같이 곡선 $y=x^2$ 위의 점 P$(2a, 4a^2)$에서의 접선 l이 x축과 만나는 점을 A라 하고, 점 A를 지나고 접선 l에 수직인 직선이 y축과 만나는 점을 B라 하자. 삼각형 OAB에 내접하는 원의 반지름의 길이를 $r(a)$라 할 때, $\lim\limits_{a\to\infty} r(a)$의 값은? (단, $a>0$, O는 원점이다.)

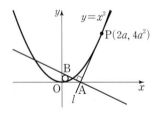

① $\dfrac{\sqrt{3}}{6}$ ② $\dfrac{\sqrt{2}}{4}$ ③ $\dfrac{1}{8}$

④ $\dfrac{1}{6}$ ⑤ $\dfrac{3}{16}$

11

오른쪽 그림과 같이 좌표평면에 세 점 A$(4, 0)$, B$(4, 9)$, C$(0, 5)$가 있다. 점 P가 곡선 $y=-\dfrac{1}{4}x^3+4x$ $(0\le x\le4)$ 위를 움직일 때, 다각형 OABPC의 넓이의 최댓값을 구하시오. (단, O는 원점이다.)

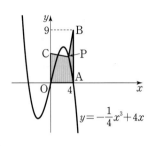

유형❸ 평균값 정리

12 대표문항

함수 $f(x)=\dfrac{1}{3}x^3-x^2+1$에 대하여 집합 S를
$$S=\left\{a \,\middle|\, a=\dfrac{f(x_2)-f(x_1)}{x_2-x_1},\ 2\le x_1<x_2\le3\right\}$$
으로 정의할 때, 집합 S의 원소 a의 값의 범위를 구하시오.

13

실수 전체의 집합에서 미분가능한 함수 $f(x)$에 대하여 $f(0)=1$, $f(3)=1$이다. 함수 $g(x)=(x^2+1)f(x)$라 할 때, 구간 $[0, 3]$에서 평균값 정리를 만족시키는 상수 c에 대하여 $g'(c)$의 값은?

① 1   ② 2   ③ 3

④ 4   ⑤ 5

14 빈출

다항함수 $f(x)$가 다음 조건을 만족시킨다.

> (가) $f(5)=1$
>
> (나) 모든 실수 x에 대하여 $|f'(x)|\le\dfrac{3}{2}$이다.

$f(3)=a$라 할 때, 정수 a의 최댓값은?

① 1   ② 2   ③ 3

④ 4   ⑤ 5

유형❹ 함수의 증가와 감소

15 대표문항

최고차항의 계수가 양수인 사차함수 $f(x)$의 도함수 $f'(x)$가 세 점 $(a, 0)$, $(b, 0)$, $(2b, 0)$을 지난다. 함수 $f(x)$가 $x \leq -2$와 $3 \leq x \leq 5$에서 각각 감소할 때, $\dfrac{b}{a}$의 최댓값을 구하시오. (단, $a < 0$, $b > 0$)

16

함수 $f(x) = x^3 + 6x^2 + 15|x - 2a| + 3$이 실수 전체의 집합에서 증가하기 위한 실수 a의 값의 범위는?

① $a < -\dfrac{5}{2}$ ② $a \leq -\dfrac{5}{2}$ ③ $a > \dfrac{1}{2}$

④ $a \geq \dfrac{1}{2}$ ⑤ $a > 1$

17

다항함수 $f(x)$가 임의의 실수 x_1, x_2에 대하여 다음 조건을 만족시킨다.

> (가) $x_1 < x_2$이면 $f(x_1) < f(x_2)$이다.
>
> (나) $\dfrac{f(x_2) - f(x_1)}{x_2 - x_1} \leq 4$ (단, $x_1 \neq x_2$)

함수 $y = f(x)$의 그래프가 곡선 $y = x^2$과 한 점에서만 만날 때, $f\left(\dfrac{3}{2}\right)$의 최댓값을 구하시오.

18

함수 $f(x) = x^3 - (a+2)x^2 + ax$에 대하여 곡선 $y = f(x)$ 위의 점 $(t, f(t))$에서의 접선의 y절편을 $g(t)$라 하자. 함수 $g(t)$가 구간 $[0, 5]$에서 증가할 때, 실수 a의 최솟값은?

① 7   ② 9   ③ 11

④ 13   ⑤ 15

유형❺ 함수의 극대와 극소

19 대표문항 [빈출]

두 함수 $f(x) = x^3 - ax^2 + (a^2 - 2a)x$,

$g(x) = \dfrac{1}{3}x^3 + ax^2 + (5a - 4)x + 2$에 대하여 $f(x)$는 극댓값과 극솟값을 모두 갖고, $g(x)$는 극값을 갖지 않도록 하는 모든 정수 a의 값의 합은?

① 2   ② 3   ③ 4

④ 5   ⑤ 6

20

함수 $f(x) = x^3 + px^2 + qx$의 그래프가 원점 이외의 점에서 x축에 접하고 극솟값이 -4일 때, 상수 p, q에 대하여 $p + q$의 값은?

① 12   ② 13   ③ 14

④ 15   ⑤ 16

21

함수 $f(x) = x^3 + 6ax^2 - 12x + 1$의 그래프에서 극대가 되는 점과 극소가 되는 점을 이은 선분을 3등분한 점을 각각 P, Q라 하자. 이때, 선분 PQ가 y축과 만나도록 하는 상수 a의 값의 범위는?

① $-\dfrac{\sqrt{2}}{8} < a < \dfrac{\sqrt{2}}{8}$ ② $-\dfrac{\sqrt{2}}{8} \leq a \leq \dfrac{\sqrt{2}}{8}$

③ $-\dfrac{\sqrt{2}}{4} < a < \dfrac{\sqrt{2}}{4}$ ④ $-\dfrac{\sqrt{2}}{4} \leq a \leq \dfrac{\sqrt{2}}{4}$

⑤ $-\dfrac{\sqrt{2}}{2} < a < \dfrac{\sqrt{2}}{2}$

22

30 이하의 자연수 n에 대하여 다항함수

$$f(x) = (4x^2 - 1)(2x - 1)^n$$

이 $x = \dfrac{1}{2}$에서 극솟값을 갖도록 하는 모든 자연수 n의 값의 합을 구하시오.

23

함수 $f(x)=\dfrac{1}{4}x^4+\dfrac{1}{3}ax^3+\dfrac{1}{2}bx^2+2x$가 $x=-2$에서 극값을 갖고, $x=-2$ 이외의 값 c에 대하여 $f'(c)=0$이지만 $x=c$에서 극값을 갖지 않는다고 한다. 이때, 상수 a, b, c에 대하여 $a+b+c$의 값을 구하시오. (단, $a\neq0$)

24

닫힌구간 $[0,\ 2]$에서 정의된 함수

$$f(x)=\begin{cases} ax^2+bx+c & (0\le x\le1) \\ -ax^2+dx+e & (1<x\le2) \end{cases}$$

에 대하여 $f(0)=0$, $f(2)=4$이고 함수 $f(x)$의 극댓값이 $\dfrac{9}{4}$이다. 함수 $f(x)$가 열린구간 $(0,\ 2)$에서 미분가능할 때, 상수 a의 값은? (단, a, b, c, d, e는 상수이고, $a<0$이다.)

① -1　　　② -2　　　③ -3
④ -4　　　⑤ -5

25

두 삼차함수 $f(x)$와 $g(x)$가 모든 실수 x에 대하여
$$f(x)g(x)=(x-1)^2(x-2)^2(x-3)^2$$
을 만족시킨다. $g(x)$의 최고차항의 계수가 3이고, $g(x)$가 $x=2$에서 극댓값을 가질 때, $f'(0)=\dfrac{q}{p}$이다. $p+q$의 값을 구하시오. (단, p와 q는 서로소인 자연수이다.)

[2018학년도 평가원]

26

[1등급]

최고차항의 계수가 음수인 사차함수 $f(x)$와 실수 t에 대하여 $x\le t$에서 함수 $f(x)$의 최댓값을 $g(t)$라 하자. 두 함수 $f(x)$와 $g(t)$가 다음 조건을 만족시킬 때, $\dfrac{f'(-3)}{f'(3)}$의 값을 구하시오.

> (가) 함수 $f(x)$는 $x=-2$, $x=2$에서 극댓값을 갖는다.
>
> (나) $\displaystyle\lim_{t\to0-}\frac{g(t)-g(0)}{t}\neq\lim_{t\to0+}\frac{g(t)-g(0)}{t}$

유형❻ 함수의 그래프와 극값

27 대표문항

사차함수
$f(x)=ax^4+bx^3+cx^2+dx+e$의 그래프가 오른쪽 그림과 같을 때, **보기**에서 옳은 것만을 있는 대로 고른 것은?

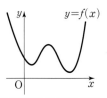

> • 보기 •
>
> ㄱ. $ab<0$　　　　　ㄴ. $bc>0$
> ㄷ. $cd<0$　　　　　ㄹ. $de>0$

① ㄱ, ㄴ　　　② ㄱ, ㄷ　　　③ ㄴ, ㄷ
④ ㄴ, ㄹ　　　⑤ ㄷ, ㄹ

28

다음 그림은 오차함수 $f(x)$의 도함수 $y=f'(x)$의 그래프이다.

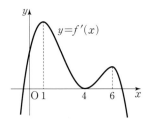

보기에서 옳은 것만을 있는 대로 고른 것은?

> • 보기 •
>
> ㄱ. 함수 $f(x)$는 서로 다른 세 점에서 극값을 갖는다.
>
> ㄴ. $4<x_1<x_2<6$인 임의의 두 실수 x_1, x_2에 대하여 $f\left(\dfrac{x_1+x_2}{2}\right)<\dfrac{f(x_1)+f(x_2)}{2}$이다.
>
> ㄷ. $f(0)=0$일 때, 양의 실수 a에 대하여 함수 $y=f(x)$의 그래프와 직선 $y=a$가 서로 다른 두 점에서 만나면 함수 $f(x)$의 극댓값은 a이다.

① ㄱ　　　② ㄴ　　　③ ㄷ
④ ㄱ, ㄴ　　　⑤ ㄴ, ㄷ

29

$x=0$에서 극댓값을 갖는 모든 다항함수 $f(x)$에 대하여 **보기** 에서 옳은 것만을 있는 대로 고른 것은?

• 보기 •

ㄱ. 함수 $|f(x)|$는 $x=0$에서 극댓값을 갖는다.
ㄴ. 함수 $f(|x|)$는 $x=0$에서 극댓값을 갖는다.
ㄷ. 함수 $f(x)-x^2|x|$는 $x=0$에서 극댓값을 갖는다.

① ㄴ   ② ㄷ   ③ ㄱ, ㄴ
④ ㄱ, ㄷ   ⑤ ㄴ, ㄷ

유형⑦ 절댓값 기호를 포함한 함수의 미분가능성

30 대표문항   (서술형)

삼차함수 $f(x)=x^3+6x^2$의 그래프 위의 서로 다른 두 점 P, Q에서의 접선이 서로 평행할 때, 선분 PQ의 중점 M은 곡선 $y=f(x)$ 위에 있다. 점 M의 y좌표를 a라 할 때, 함수 $y=|f(x)-a|$의 그래프와 직선 $y=k$가 서로 다른 네 점에서 만나도록 하는 상수 k의 값을 구하시오.

31

자연수 k와 함수 $f(x)=x^3-6x^2+32$에 대하여 함수 $|f(x)-f(k)|$가 $x=a$에서 미분가능하지 않을 때, 서로 다른 실수 a의 개수를 $g(k)$라 하자. 이때, $\sum_{k=1}^{10} g(k)$의 값을 구하시오.

32

함수 $f(x)=|x^3-3ax^2+4|$가 한 개의 극댓값과 두 개의 극솟값을 갖고 극댓값이 36일 때, $f(1)$의 값을 구하시오.
(단, a는 상수이다.)

33

함수 $f(x)=x^3+3x^2-24x+2$에 대하여 함수 $g(x)$를 $g(x)=f(|x|-a)$라 하면 함수 $g(x)$는 다음 조건을 만족시킨다.

㈎ 함수 $g(x)$는 $x=0$에서 미분가능하다.
㈏ 함수 $g(x)$는 극댓값을 갖는다.

이때, 함수 $g(x)$의 극댓값을 구하시오.

34

최고차항의 계수가 1인 사차함수 $f(x)$에 대하여 함수 $g(x)=f(x)-f(1)$이라 하면 함수 $|g(x)|$는 $x=3$에서만 미분가능하지 않다. **보기**에서 옳은 것만을 있는 대로 고른 것은?

• 보기 •

ㄱ. 함수 $|g(x)|$는 $x=\dfrac{5}{2}$에서 극댓값을 갖는다.
ㄴ. 방정식 $g(x)=0$을 만족시키는 x의 개수는 2이다.
ㄷ. 함수 $f(x)$는 $x\leq\dfrac{5}{2}$에서 감소한다.

① ㄱ   ② ㄱ, ㄴ   ③ ㄱ, ㄷ
④ ㄴ, ㄷ   ⑤ ㄱ, ㄴ, ㄷ

35

최고차항의 계수가 1인 삼차함수 $f(x)$에 대하여 함수 $g(x)$를 $g(x)=f(x)-|f'(x)|$라 할 때, 두 함수 $f(x)$, $g(x)$가 다음 조건을 만족시킨다.

㈎ $g(1)=4$
㈏ $f(a)=g(a)=0$을 만족시키는 1보다 큰 상수 a가 존재한다.
㈐ 함수 $f(x)$의 극댓값은 4이다.

이때, $af(2)$의 값을 구하시오.

step ③ 1등급을 넘어서는 **종합 사고력 문제**

01

집합 S를

$$S = \{m \mid m = a^2 + ab + b^2 - 3(a+b),\ 1 \le a < b \le 3\}$$

으로 정의하자. 평균값 정리를 이용하여 m의 값을 구할 때, 집합 S의 원소 중에서 정수의 개수를 구하시오.

02

함수 $f(x) = x^2(x-2)^2$이 있다. $0 \le x \le 2$인 모든 실수 x에 대하여

$$f(x) \le f'(t)(x-t) + f(t)$$

를 만족시키는 실수 t의 집합은 $\{t \mid p \le t \le q\}$이다. $36pq$의 값을 구하시오. [2012년 교육청]

03

닫힌구간 $[0, 6]$에서 연속이고 열린구간 $(0, 6)$에서 미분가능한 두 함수 $f(x)$, $g(x)$의 도함수 $y = f'(x)$, $y = g'(x)$의 그래프가 각각 다음 그림과 같다.

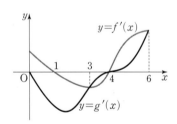

$f(1) = f(6) = g(4) = 0$, $f'(1) = f'(4) = g'(4) = 0$일 때, **보기**에서 옳은 것만을 있는 대로 고른 것은?

• 보기 •
ㄱ. $3 < a < b < 4$일 때, $f(a) - f(b) > g(a) - g(b)$
ㄴ. $0 < a < b < 1$일 때, $f(a)g(a) < f(b)g(b)$
ㄷ. $1 < a < b < 4$일 때, $f(a)g(b) > f(b)g(a)$

① ㄱ ② ㄴ ③ ㄱ, ㄴ
④ ㄴ, ㄷ ⑤ ㄱ, ㄴ, ㄷ

04

다음 조건을 만족시키는 삼차함수 $f(x)$를 구하시오.

㈎ $f(0) = 1$
㈏ $f'(0) = f'(1) = -3$
㈐ $x = \alpha$에서 극댓값, $x = \beta$에서 극솟값을 갖고
$|f(\alpha) - f(\beta)| = |\alpha - \beta|$

05

두 삼차함수 $f(x)$, $g(x)$의 도함수 $y = f'(x)$, $y = g'(x)$의 그래프가 그림과 같고 다음 조건을 만족시킨다.

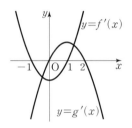

㈎ $f'(-1) = f'(1) = 0$, $g'(0) = g'(2) = 0$
㈏ 함수 $f(x) + g(x)$의 극댓값은 존재하지 않는다.

두 함수 $f(x) + g(x)$, $f(x) - g(x)$가 각각 $x = \alpha$, $x = \beta$에서 극솟값을 가질 때, $24(\beta - \alpha)^2$의 값을 구하시오.

06

$a \le 35$인 자연수 a와 함수 $f(x) = -3x^4 + 4x^3 + 12x^2 + 4$에 대하여 함수 $g(x)$를

$$g(x) = |f(x) - a|$$

라 할 때, $g(x)$가 다음 조건을 만족시킨다.

㈎ 함수 $y = g(x)$의 그래프와 직선 $y = b\ (b > 0)$이 서로 다른 4개의 점에서 만난다.
㈏ 함수 $|g(x) - b|$가 미분가능하지 않은 실수 x의 개수는 4이다.

두 상수 a, b에 대하여 $a + b$의 값을 구하시오.

[2018학년도 사관학교]

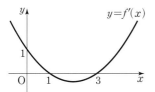

유형 1 접선의 방정식

출제경향 도함수를 이용하여 주어진 점에서의 접선의 방정식을 구하는 문제가 출제된다.

공략비법 함수 $y=f(x)$의 그래프에서

(1) 점 $(a, f(a))$에서의 접선의 방정식은
$$y-f(a)=f'(a)(x-a)$$

(2) 기울기가 m인 접선의 방정식은 $f'(a)=m$을 만족시키는 a의 값을 찾은 후 $y-f(a)=f'(a)(x-a)$에 대입한다.

(3) 곡선 밖의 점 $(t, f(t))$에서의 접선의 방정식은 접점의 좌표를 $(a, f(a))$로 두고 접선의 방정식을 구한 후, 점 $(t, f(t))$의 좌표를 대입하여 조건을 만족시키는 a의 값을 찾는다.

---

1 대표 · 2016학년도 수능 | **4점**

두 다항함수 $f(x)$, $g(x)$가 다음 조건을 만족시킨다.

> ㈎ $g(x)=x^3 f(x)-7$
>
> ㈏ $\lim\limits_{x \to 2} \dfrac{f(x)-g(x)}{x-2}=2$

곡선 $y=g(x)$ 위의 점 $(2, g(2))$에서의 접선의 방정식이 $y=ax+b$일 때, a^2+b^2의 값을 구하시오.

(단, a, b는 상수이다.)

---

2 유사 · 2017년 9월 교육청 | **4점**

$f(0)=0$인 삼차함수 $f(x)$의 도함수 $y=f'(x)$의 그래프가 그림과 같다.

실수 k에 대하여 함수 $g(x)$를
$$g(x)=\begin{cases} (x-k)+f(k) & (x \leq k) \\ f(x) & (x > k) \end{cases}$$
라 하자. $x \leq k$에서 두 함수 $y=f(x)$, $y=g(x)$의 그래프가 만나는 서로 다른 점의 개수를 $h(k)$라 할 때, $\sum\limits_{k=1}^{7} h(k)$의 값은? (단, $f'(0)=1$, $f'(1)=f'(3)=0$)

① 10   ② 11   ③ 12

④ 13   ⑤ 14

유형 2 절댓값 기호를 포함한 함수의 미분가능성

출제경향 절댓값 기호를 포함한 연속함수가 특정한 점에서 미분가능하기 위한 조건을 묻는 문제가 출제된다.

공략비법

(1) 다항함수 $f(x)$에 대하여 $g(x)=|f(x)|$가 실수 전체의 집합에서 미분가능하려면 $f(a)=0$인 a에 대하여 $f'(a)=0$을 만족시켜야 함에 유의한다.

(2) 삼차함수, 사차함수의 그래프가 x축과 만나는 점의 개수에 따른 그래프의 개형을 알아두는 것이 필요하다.

---

3 대표 · 2011학년도 수능 | **4점**

최고차항의 계수가 1이고, $f(0)=3$, $f'(3)<0$인 사차함수 $f(x)$가 있다. 실수 t에 대하여 집합 S를
$$S=\{a \,|\, 함수 \,|f(x)-t|가 \,x=a에서 \,미분가능하지 \,않다.\}$$
라 하고, 집합 S의 원소의 개수를 $g(t)$라 하자. 함수 $g(t)$가 $t=3$과 $t=19$에서만 불연속일 때, $f(-2)$의 값을 구하시오.

---

4 유사 · 2016학년도 수능 | **4점**

다음 조건을 만족시키는 모든 삼차함수 $f(x)$에 대하여 $\dfrac{f'(0)}{f(0)}$의 최댓값을 M, 최솟값을 m이라 하자. Mm의 값은?

> ㈎ 함수 $|f(x)|$는 $x=-1$에서만 미분가능하지 않다.
>
> ㈏ 방정식 $f(x)=0$은 닫힌구간 $[3, 5]$에서 적어도 하나의 실근을 갖는다.

① $\dfrac{1}{15}$ ② $\dfrac{1}{10}$ ③ $\dfrac{2}{15}$

④ $\dfrac{1}{6}$ ⑤ $\dfrac{1}{5}$

05 도함수의 활용 (2)

비법 노트

Ⓐ 함수 $y=f(x)$의 그래프 그리기
(ⅰ) 도함수 $f'(x)$ 구하기
(ⅱ) $f'(x)=0$인 x의 값 구하기
(ⅲ) $f(x)$의 증가와 감소를 표로 나타내어 극값 구하기
(ⅳ) $y=f(x)$의 그래프와 좌표축의 교점의 좌표 구하기
(ⅴ) 함수 $y=f(x)$의 그래프 그리기

Ⓑ 함수의 최댓값과 최솟값

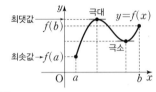

1등급 비법

Ⓒ 삼차방정식의 실근의 개수
삼차함수 $f(x)=ax^3+bx^2+cx+d \ (a>0)$가 극값을 가질 때, 삼차방정식 $ax^3+bx^2+cx+d=0$이

(1) 서로 다른 세 실근을 가지면

(2) 중근과 다른 한 실근을 가지면　　▶ STEP 1 | 05번

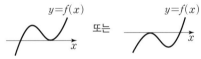

또는

(3) 한 실근과 두 허근을 가지면

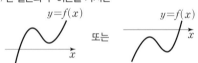

또는

Ⓓ 부등식에의 활용
(1) 모든 실수 x에 대하여 $f(x) \le 0$
　　$\Rightarrow (f(x)$의 최댓값$) \le 0$
(2) 어떤 구간에서 $f(x) \le 0$
　　$\Rightarrow$ (구간에서의 $f(x)$의 최댓값$) \le 0$

Ⓔ 위치, 속도, 가속도 사이의 관계

$$\boxed{\begin{array}{c}위치\\x=f(t)\end{array}} \xrightarrow{\text{미분}} \boxed{\begin{array}{c}속도\\v(t)=f'(t)\end{array}} \xrightarrow{\text{미분}} \boxed{\begin{array}{c}가속도\\a(t)=v'(t)\end{array}}$$

▶ STEP 2 | 23번

Ⓕ 시각에 대한 변화율
(1) 시각 t에 대한 길이 l의 변화율: $\displaystyle\lim_{\Delta t \to 0} \frac{\Delta l}{\Delta t} = \frac{dl}{dt}$
▶ STEP 2 | 29번

(2) 시각 t에 대한 넓이 S의 변화율: $\displaystyle\lim_{\Delta t \to 0} \frac{\Delta S}{\Delta t} = \frac{dS}{dt}$
▶ STEP 1 | 14번, ▶ STEP 2 | 31, 33번

(3) 시각 t에 대한 부피 V의 변화율: $\displaystyle\lim_{\Delta t \to 0} \frac{\Delta V}{\Delta t} = \frac{dV}{dt}$
▶ STEP 1 | 15번, ▶ STEP 2 | 30번

함수의 그래프 Ⓐ
함수 $y=f(x)$의 그래프는 함수의 정의역과 치역, 증가와 감소, 극대와 극소, 좌표축과의 교점 등을 구하여 그릴 수 있다.

함수의 최댓값과 최솟값 Ⓑ
함수 $f(x)$가 닫힌구간 $[a, b]$에서 연속이고 극값을 가질 때, 극댓값, 극솟값, $f(a)$, $f(b)$ 중에서 가장 큰 값이 최댓값이고, 가장 작은 값이 최솟값이다. ← 극댓값과 극솟값이 반드시 최댓값과 최솟값이 되는 것은 아니다.

참고 닫힌구간에서 함수 $f(x)$의 극값이 오직 하나 존재할 때, 극값이 극댓값이면 (극댓값)=(최댓값), 극값이 극솟값이면 (극솟값)=(최솟값)이다.

방정식에의 활용 Ⓒ
(1) 방정식의 실근과 함수의 그래프
　① 방정식 $f(x)=0$의 실근
　　$\iff$ 함수 $y=f(x)$의 그래프와 x축의 교점의 x좌표
　② 방정식 $f(x)=g(x)$의 실근　$\underset{\Rightarrow f(x)-g(x)=0}{}$
　　$\iff$ 두 함수 $y=f(x)$, $y=g(x)$의 그래프의 교점의 x좌표
　　$\iff$ 함수 $y=f(x)-g(x)$의 그래프와 x축의 교점의 x좌표

(2) 삼차방정식의 실근의 개수
삼차함수 $f(x)$가 극값을 가질 때, 삼차방정식 $f(x)=0$에 대하여
　① 서로 다른 세 실근 $\iff$ (극댓값)$\times$(극솟값)<0
　② 중근과 다른 한 실근 $\iff$ (극댓값)$\times$(극솟값)$=0$
　③ 한 실근과 두 허근 $\iff$ (극댓값)$\times$(극솟값)>0
　　　　└ 서로 다른 두 실근

부등식에의 활용 Ⓓ
(1) 모든 실수 x에 대하여 $f(x) \ge 0 \Rightarrow (f(x)$의 최솟값$) \ge 0$
(2) 어떤 구간에서 $f(x) \ge 0 \Rightarrow$ (구간에서의 $f(x)$의 최솟값$) \ge 0$
(3) 어떤 구간에서 $f(x) \ge g(x)$
　　$\Rightarrow F(x)=f(x)-g(x)$라 하면
　　　(구간에서의 $F(x)$의 최솟값$) \ge 0$

속도와 가속도 Ⓔ
수직선 위를 움직이는 점 P의 시각 t에서의 위치 x가 $x=f(t)$일 때,
(1) 시각 t에서 시각 $t+\Delta t$까지의 점 P의 평균 속도는
$$\frac{\Delta x}{\Delta t} = \frac{f(t+\Delta t)-f(t)}{\Delta t} \quad \text{← 함수 } f(t)\text{의 평균변화율}$$

(2) 시각 t에서의 점 P의 속도는 ← 점 P의 시각 t에서의 위치 x의 순간변화율
$$v(t) = \lim_{\Delta t \to 0} \frac{\Delta x}{\Delta t} = \frac{dx}{dt} = f'(t)$$

참고 속도는 부호로 방향을 나타내고, 속력은 방향과는 상관없이 크기만을 나타낸다.
즉, (속력)=|(속도)|

(3) 시각 t에서의 점 P의 가속도는 ← 점 P의 시각 t에서의 속도 v의 순간변화율
$$a(t) = \lim_{\Delta t \to 0} \frac{\Delta v}{\Delta t} = \frac{dv}{dt} = v'(t) \underset{=\frac{d}{dt}f'(t)}{}$$

step 1 출제율 100% 우수 기출 대표 문제

01 함수의 최댓값과 최솟값

닫힌구간 $[-1, 4]$에서 함수 $f(x)=-x^3+3x^2$의 최댓값을 M, 최솟값을 m이라 할 때, $M-m$의 값은?

① 4   ② 8   ③ 12
④ 16   ⑤ 20

02 그래프를 이용하여 함수의 최솟값 구하기

사차함수 $f(x)$의 도함수 $y=f'(x)$의 그래프가 오른쪽 그림과 같을 때, 닫힌구간 $[-2, 2]$에서 함수 $f(x)$의 최솟값은?

① $f(-2)$ ② $f(-1)$
③ $f(0)$ ④ $f(1)$
⑤ $f(2)$

03 최댓값과 최솟값을 이용하여 미정계수 구하기

닫힌구간 $[-1, 2]$에서 함수 $f(x)=ax^3-6ax^2+b$의 최댓값이 3이고, 최솟값이 -29일 때, 양수 a, b에 대하여 ab의 값을 구하시오.

04 함수의 최댓값과 최솟값의 활용

곡선 $y=x(x-2)^2\,(0<x<2)$ 위의 점 $A(2, 0)$에 대하여 곡선 위의 임의의 점 P에서 선분 OA에 내린 수선의 발을 H라 하자. 삼각형 POH의 넓이의 최댓값은?

(단, O는 원점이다.)

① 2   ② 1   ③ $\dfrac{1}{2}$
④ $\dfrac{1}{4}$ ⑤ $\dfrac{1}{8}$

05 삼차방정식의 근의 판별

삼차방정식 $2x^3+3x^2-12x+a=0$이 서로 다른 두 실근만을 갖도록 하는 양수 a의 값은?

① 1   ② 3   ③ 5
④ 7   ⑤ 9

06 삼차방정식의 실근의 개수

함수 $f(x)=5x^3+15x^2-6$에 대하여 방정식 $|f(x)|=n$의 서로 다른 실근의 개수를 a_n이라 하자. $\sum\limits_{n=1}^{m} a_n=100$을 만족시키는 자연수 m의 값은?

① 29   ② 30   ③ 31
④ 32   ⑤ 33

07 삼차방정식의 실근의 부호

삼차방정식 $x^3-3x^2-9x+1-k=0$이 한 개의 양의 실근과 서로 다른 두 개의 음의 실근을 갖도록 하는 정수 k의 개수는?

① 3   ② 4   ③ 5
④ 6   ⑤ 7

08 삼차함수의 그래프와 접선의 위치 관계

좌표평면 위의 점 $(1, k)$에서 곡선 $y=x^3+x+1$에 서로 다른 세 개의 접선을 그을 수 있을 때, 실수 k의 값의 범위가 $m<k<n$이다. 상수 m, n에 대하여 $m+n$의 값을 구하시오.

09 사차방정식의 근의 판별

사차방정식 $3x^4+4x^3-12x^2-k=0$이 서로 다른 두 개의 음의 실근만을 갖도록 하는 실수 k의 값의 범위는?

① $-32<k<-5$ ② $-32<k\leq-5$
③ $-32<k<0$ ④ $-5<k<0$
⑤ $-5\leq k<0$

10 부등식 $f(x)\geq a$ 꼴

$x\geq0$일 때, 부등식 $2x^3+3x^2-12x+a\geq0$이 항상 성립하도록 하는 실수 a의 최솟값은?

① 1   ② 3   ③ 5
④ 7   ⑤ 9

11 부등식 $f(x)>g(x)$ 꼴

두 함수 $f(x)=x^3-2x^2-x+3$, $g(x)=-2x^2+2x+a$에 대하여 열린구간 $(0, 2)$에서 부등식 $f(x)>g(x)$가 항상 성립하도록 하는 실수 a의 값의 범위를 구하시오.

12 속도와 가속도

수직선 위를 움직이는 두 점 P, Q의 시각 t일 때의 위치는 각각 $f(t)=2t^2-2t$, $g(t)=t^2-8t$이다. 두 점 P와 Q가 서로 반대방향으로 움직이는 시각 t의 범위는? [2013학년도 평가원]

① $\frac{1}{2}<t<4$ ② $1<t<5$ ③ $2<t<5$
④ $\frac{3}{2}<t<6$ ⑤ $2<t<8$

13 그래프에서의 속도와 가속도

원점을 출발하여 수직선 위를 움직이는 점 P의 시각 t $(0\leq t\leq6)$에서의 속도 $v(t)$를 나타내는 그래프는 오른쪽 그림과 같다. **보기**에서 옳은 것만을 있는 대로 고른 것은?

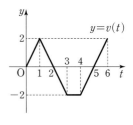

● 보기 ●

ㄱ. $t=2$일 때, 점 P의 위치는 원점이다.
ㄴ. $1<t<3$에서 점 P의 움직이는 방향이 바뀐다.
ㄷ. 점 P는 출발한 후 6초 동안 움직이는 방향을 2번 바꾼다.

① ㄱ   ② ㄴ   ③ ㄷ
④ ㄴ, ㄷ   ⑤ ㄱ, ㄴ, ㄷ

14 시각에 대한 넓이의 변화율

오른쪽 그림과 같이 한 변의 길이가 20인 정사각형 ABCD에서 점 P는 A에서 출발하여 변 AB 위를 매초 2씩 움직여 B까지, 점 Q는 B에서 점 P와 동시에 출발하여 변 BC 위를 매초 3씩 움직여 C까지 간다. 이때,

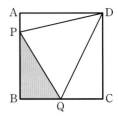

사각형 DPBQ의 넓이가 정사각형 ABCD의 넓이의 $\frac{11}{20}$이 되는 순간의 삼각형 PBQ의 넓이의 변화율을 구하시오.

15 시각에 대한 부피의 변화율

오른쪽 그림과 같이 윗면의 반지름의 길이가 5 cm, 높이가 15 cm인 직원뿔 모양의 컵이 거치대에 걸려 있다. 컵의 윗면이 바닥과 평행하도록 컵을 놓고 수면의 높이가 매초 2 cm씩 높아지도록 빈 컵에 물을 넣을 때, 수면의 높이가 6 cm가 되는 순간의 물의 부피의 변화율을 구하시오.

(단, 컵의 두께는 무시한다.)

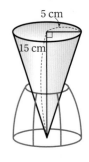

step 2 1등급을 위한 **최고의 변별력 문제**

유형 ❶ 함수의 최댓값과 최솟값

01 대표문항

삼차함수 $f(x)=x^3-6x^2+9x+k$의 그래프가 직선 $y=3$과 서로 다른 두 점에서 만난다. 닫힌구간 $[0, a]$에서 함수 $f(x)$의 최댓값과 최솟값의 차가 4일 때, 두 양수 k, a에 대하여 $k+a$의 최댓값은?

① 3 ② 4 ③ 5
④ 6 ⑤ 7

02

함수 $f(x)=\dfrac{1}{3}x^3+2ax^2+(a^3+a^2+4)x$에 대하여 곡선 $y=f(x)$ 위의 한 점에서의 접선의 기울기의 최솟값을 $g(a)$라 하자. $0\leq a\leq 3$에서 $g(a)$의 최댓값을 M, 최솟값을 m이라 할 때, $M+m$의 값은?

① 0 ② 1 ③ 2
④ 3 ⑤ 4

03 〔서술형〕

두 함수 $f(x)$, $g(x)$가
$$f(x)=x^3-3x+4, \; g(x)=x^2-4x+3$$
일 때, 합성함수 $(f\circ g)(x)$의 최솟값을 구하시오.

04 〔1등급〕

함수 $f(x)=-3x^4+4(a-1)x^3+6ax^2 \, (a>0)$과 실수 t에 대하여 $x\leq t$에서 $f(x)$의 최댓값을 $g(t)$라 하자. 함수 $g(t)$가 실수 전체의 집합에서 미분가능하도록 하는 a의 최댓값은?

① 1 ② 2 ③ 3
④ 4 ⑤ 5

유형 ❷ 함수의 최댓값과 최솟값의 활용

05 대표문항

다음 그림과 같이 삼차함수 $y=x^2(3-x)$의 그래프와 직선 $y=mx$가 제1사분면 위의 서로 다른 두 점 P, Q에서 만난다. 세 점 A$(3, 0)$, P, Q를 꼭짓점으로 하는 삼각형 PAQ의 넓이가 최대가 되도록 하는 실수 m에 대하여 $10m$의 값을 구하시오.

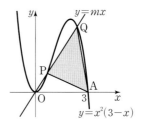

06

오른쪽 그림과 같이 한 변의 길이가 1인 정사각형 ABCD가 있다. 변 AD 위를 움직이는 점 P에 대하여 $\overline{\text{BP}}\times\overline{\text{CP}}$의 최솟값은?

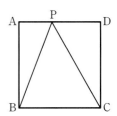

① $\dfrac{9}{8}$ ② $\dfrac{5}{4}$

③ $\dfrac{11}{8}$ ④ $\dfrac{3}{2}$

⑤ $\dfrac{13}{8}$

07

오른쪽 그림과 같이 반지름의 길이가 5인 구의 중심 O를 꼭짓점으로 하는 두 개의 합동인 원뿔을 붙여 만든 도형이 구에 내접하고 있다. 두 원뿔의 부피의 합 V가 최대일 때, 두 원뿔의 높이의 합 h의 값은?

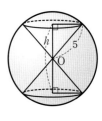

① $\dfrac{5\sqrt{3}}{3}$ ② $\dfrac{10\sqrt{3}}{3}$ ③ $5\sqrt{3}$

④ $\dfrac{20\sqrt{3}}{3}$ ⑤ $\dfrac{25\sqrt{3}}{3}$

08

노후된 하수도관을 오른쪽 그림과 같이 단면이 등변사다리꼴 모양인 관으로 교체하려고 한다. 배수용량을 고려하여 $\overline{AB}=\overline{BC}=\overline{CD}=5$로 설계한다고 할 때, 하수도관의 단면의 넓이의 최댓값을 구하시오.

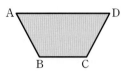

09

오른쪽 그림과 같이 밑면의 반지름의 길이가 $3\,\text{m}$, 높이가 $6\,\text{m}$인 원뿔 모양의 용기에 물이 가득 채워져 있다. 이 용기에 정육면체 모양의 무거운 물체를 끈에 매달아 물체의 밑면이 용기에 담긴 물의 수면에 평행하도록 잠기게 하려고 한다. 용기에서 넘친 물의 부피의 최댓값이 $p\,\text{m}^3$이다. 상수 p의 값을 구하시오.

(단, 물체는 물속에 완전히 잠기지 않는다.)

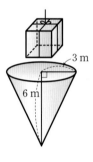

유형❸ 방정식의 실근의 개수⑴

10 대표문항

곡선 $y=2x^3+3x^2+x+a$가 두 점 $\text{A}(-1,\ -1)$, $\text{B}(1,\ 1)$을 잇는 선분 AB와 서로 다른 두 점에서 만나도록 하는 실수 a의 값의 범위를 구하시오.

11

삼차방정식 $x^3-3x=t-2$에 대하여 실수 t의 값에 따른 실근의 개수를 $f(t)$라 하자. t에 대한 방정식 $f(t)=a(t-2)^2$이 실근을 갖지 않도록 하는 양수 a의 최솟값은?

① $\dfrac{1}{2}$ ② $\dfrac{1}{3}$ ③ $\dfrac{1}{4}$

④ $\dfrac{1}{5}$ ⑤ $\dfrac{1}{6}$

12

사차함수 $f(x)$의 도함수 $y=f'(x)$의 그래프가 다음 그림과 같을 때, **보기**에서 옳은 것만을 있는 대로 고른 것은?

(단, $f(-1)=0$, $f(k)=3$, $f(3)=-1$이다.)

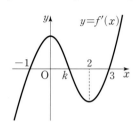

보기

ㄱ. $\dfrac{f(k)-f(2)}{k-2}<f'(c)$인 c가 열린구간 $(k,\ 2)$에 적어도 하나 존재한다.

ㄴ. 함수 $f(x)$의 최솟값은 -1이다.

ㄷ. 방정식 $f(x)=0$은 서로 다른 세 실근을 갖는다.

① ㄱ   ② ㄱ, ㄴ   ③ ㄱ, ㄷ

④ ㄴ, ㄷ   ⑤ ㄱ, ㄴ, ㄷ

13

최고차항의 계수가 양수인 삼차방정식 $f(x)=0$이 서로 다른 세 양의 실근을 가질 때, 함수 $g(x)=f(x)+xf'(x)$에 대하여 **보기**에서 옳은 것만을 있는 대로 고른 것은?

보기

ㄱ. $g(0)<0$

ㄴ. 방정식 $g(x)=0$이 서로 다른 세 양의 실근을 갖는다.

ㄷ. 방정식 $f(x)=0$과 $g(x)=0$의 공통근이 존재한다.

① ㄱ   ② ㄴ   ③ ㄱ, ㄴ

④ ㄴ, ㄷ   ⑤ ㄱ, ㄴ, ㄷ

14 1등급

함수 $f(x)=2x^3-3x^2-36x-46$의 그래프를 x축의 방향으로 a만큼, y축의 방향으로 b만큼 평행이동하였더니 함수 $y=g(x)$의 그래프와 일치하였다. 방정식 $g(x)=0$이 서로 다른 두 양의 실근만을 갖도록 하는 두 정수 a, b에 대하여 $b-a$의 최댓값을 구하시오.

유형④ 방정식의 실근의 개수(2)

15 대표문항

삼차함수 $f(x)$의 도함수 $y=f'(x)$의 그래프가 그림과 같을 때, **보기**에서 옳은 것만을 있는 대로 고른 것은?

[2017학년도 평가원]

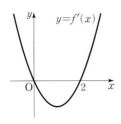

• 보기 •

ㄱ. $f(0)<0$이면 $|f(0)|<|f(2)|$이다.

ㄴ. $f(0)f(2)\geq0$이면 함수 $|f(x)|$가 $x=a$에서 극소인 a의 값의 개수는 2이다.

ㄷ. $f(0)+f(2)=0$이면 방정식 $|f(x)|=f(0)$의 서로 다른 실근의 개수는 4이다.

① ㄱ   ② ㄱ, ㄴ   ③ ㄱ, ㄷ

④ ㄴ, ㄷ   ⑤ ㄱ, ㄴ, ㄷ

16

삼차함수 $f(x)$와 실수 t에 대하여 곡선 $y=f(x)$와 직선 $y=-x+t$의 교점의 개수를 $g(t)$라 하자. **보기**에서 옳은 것만을 있는 대로 고른 것은? [2018학년도 평가원]

• 보기 •

ㄱ. $f(x)=x^3$이면 함수 $g(t)$는 상수함수이다.

ㄴ. 삼차함수 $f(x)$에 대하여 $g(1)=2$이면 $g(t)=3$인 t가 존재한다.

ㄷ. 함수 $g(t)$가 상수함수이면 삼차함수 $f(x)$의 극값은 존재하지 않는다.

① ㄱ   ② ㄷ   ③ ㄱ, ㄴ

④ ㄴ, ㄷ   ⑤ ㄱ, ㄴ, ㄷ

17

최고차항의 계수가 양수인 사차함수 $f(x)$에 대하여 방정식 $f'(x)=0$이 서로 다른 세 실근 α, β, γ $(\alpha<\beta<\gamma)$를 갖고 $f(\alpha)+f(\beta)+f(\gamma)<0$일 때, **보기**에서 옳은 것만을 있는 대로 고른 것은?

• 보기 •

ㄱ. 방정식 $f(x)=0$은 항상 서로 다른 두 실근을 갖는다.

ㄴ. $f(\alpha)>0$이면 방정식 $f(x)=0$은 β보다 큰 실근을 갖는다.

ㄷ. $f(\beta)>0$이면 방정식 $f(x)=0$은 α보다 큰 실근을 적어도 한 개 갖는다.

① ㄱ   ② ㄴ   ③ ㄷ

④ ㄱ, ㄴ   ⑤ ㄴ, ㄷ

유형⑤ 부등식에의 활용

18 대표문항 (서술형)

두 함수 $f(x)=x^4+x^2-6x$, $g(x)=-2x^2-8x+a$에 대하여 임의의 두 실수 x_1, x_2가 $f(x_1)\geq g(x_2)$를 만족시키는 실수 a의 최댓값을 구하시오.

19

양수 x에 대하여 함수 $y=x^{n+1}-n(n-3)$의 그래프가 직선 $y=(n+1)x$보다 항상 위쪽에 있도록 하는 자연수 n의 값을 구하시오.

20

삼차함수 $f(x)=-x^3-2x$에 대하여 부등식
$$f(-3x^2-11x+2)\leq-\{f(x)\}^3-2f(x)$$
가 $x\geq k$인 모든 실수 x에 대하여 성립할 때, 정수 k의 최솟값은?

① -1 ② 1   ③ 3

④ 5   ⑤ 7

21

$x \geq 0$일 때, 부등식 $x^3 - 2 \geq 3k(x^2 - 2)$가 항상 성립하기 위한 정수 k의 개수는?

① 1   ② 2   ③ 3
④ 4   ⑤ 5

22

구간 $[0, \infty)$에서 함수 $f(x) = \dfrac{2x+1}{x^3 - 24x + 3a}$이 연속이 되도록 하는 자연수 a의 최솟값을 구하시오.

유형 ❻ 속도와 가속도

23 대표문항

〔빈출〕

수직선 위를 움직이는 점 P의 시각 t에서의 속도 $v(t)$의 그래프가 다음 그림과 같을 때, 점 P에 대하여 **보기**에서 옳은 것만을 있는 대로 고른 것은?

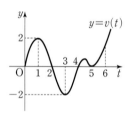

---- 보기 ----

ㄱ. $t = 3$일 때, 점 P의 속력은 2이다.
ㄴ. $0 < t < 6$일 때, 점 P는 운동 방향을 두 번 바꾼다.
ㄷ. $t = \dfrac{3}{2}$일 때의 점 P의 가속도는 $t = 4$일 때의 점 P의 가속도보다 크다.

① ㄱ   ② ㄴ   ③ ㄱ, ㄴ
④ ㄴ, ㄷ   ⑤ ㄱ, ㄴ, ㄷ

24

x축 위를 움직이는 점 P에서 곡선 $y = x^3$에 x축이 아닌 접선을 그어 접점에서 x축에 내린 수선의 발을 Q라 하자. 시각 t에서 점 P의 x좌표가 $2t^3 + t^2$이면 $t = 3$일 때, x축 위의 점 Q의 속도를 구하시오.

25

원점을 출발하여 수직선 위를 60초 동안 움직이는 점 P의 시각 t에서의 위치를 $x(t)$라 할 때, 함수 $y = x(t)$의 그래프는 다음 그림과 같다. **보기**에서 옳은 것만을 있는 대로 고른 것은?

(단, $50 < t < 60$에서 점 P는 일정한 속도로 움직인다.)

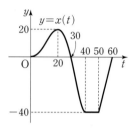

---- 보기 ----

ㄱ. 점 P는 움직이는 동안 운동 방향을 두 번 바꾼다.
ㄴ. 출발 후 20초까지 움직인 거리와 50초부터 55초까지 움직인 거리는 같다.
ㄷ. $t = 30$일 때의 속력은 $40 < t < 50$일 때의 속력보다 크다.

① ㄱ   ② ㄱ, ㄴ   ③ ㄱ, ㄷ
④ ㄴ, ㄷ   ⑤ ㄱ, ㄴ, ㄷ

26

〔신유형〕

x축에 수직인 세 직선 m_1, m_2, m_3이 이 순서대로 놓여있고 두 직선 m_1, m_2 사이의 거리는 2, 두 직선 m_2, m_3 사이의 거리는 1이다. 직선 m_1 위의 점 A는 x축으로부터 5만큼 떨어진 곳에서 출발하여 x축을 향해 매초 $\dfrac{1}{2}$의 속도로 움직이고, 직선 m_2 위의 점 B는 출발한 지 t초 후 x축으로부터 $t^2 - \dfrac{21}{2}t + 29$만큼 떨어진 곳에 위치한다. 두 점 A, B를 지나는 직선이 직선 m_3과 만나는 점을 C, 점 A가 점 B보다 x축으로부터 멀리 떨어져 있을 때의 시각을 $a < t < b$, 이때의 점 C의 가속도의 크기를 k라 하자. 두 점 A, B가 동시에 출발할 때, $a + b + k$의 값을 구하시오. (단, $0 < t < 10$이고 세 점 A, B, C는 모두 x축을 기준으로 같은 방향에서 움직인다.)

27

원점을 출발하여 수직선 위를 움직이는 점 P의 시각 t에서의 위치는 $x=2t^3-24t^2+90t$이다. 점 P가 출발한 후 처음으로 운동 방향을 바꾸는 위치는 $x=a$이고, 이때부터 다시 $x=a$의 위치로 돌아오기까지 걸린 시간은 b초이다. 두 상수 a, b에 대하여 $a+b$의 값을 구하시오.

28

수직선 위를 움직이는 두 점 P, Q의 시각 t에서의 위치가 각각 $t^4-8t^3+18t^2$, mt이다. 두 점 P, Q의 속도가 같게 되는 때가 3회 있기 위한 정수 m의 개수를 구하시오.

유형❼ 시각에 대한 변화율

29 대표문항

오른쪽 그림과 같이 좌표평면 위의 원점 O를 동시에 출발하여 각각 x축, y축 위를 움직이는 두 점 P, Q가 있다. 점 P는 x축의 양의 방향으로 매초 2의 속력으로 움직이고, 점 Q는 y축의 양의 방향으로 매초 1의 속력으로 움직인다. 선분 PQ와 직선 $y=2x$가 만나는 점을 R라 할 때, 시간(초)에 대한 선분 OR의 길이의 변화율을 구하시오.

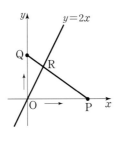

30 빈출

한 모서리의 길이가 1 cm인 정육면체의 각 모서리의 길이가 $2(\text{cm/s})$의 일정한 속력으로 증가할 때, 정육면체의 한 면의 넓이가 $25(\text{cm}^2)$가 되는 순간의 시간에 대한 부피의 변화율(cm^3/s)을 구하시오.

31

오른쪽 그림과 같이 길이가 20 cm인 선분 AB 위의 점 P가 매초 2 cm씩 일정한 속도로 점 A에서 출발하여 점 B로 움직이고 있다. 두 선분 AP, PB를 각각 한 변으로 하는 두 정사각형의 넓이의 합을 S라 할 때, 점 P가 점 A를 출발한 후 8초가 되는 순간의 넓이 S의 변화율을 구하시오.

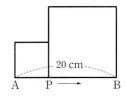

32

밑면의 반지름의 길이가 5 cm, 높이가 25 cm인 원기둥이 있다. 이 원기둥의 밑면의 반지름의 길이는 매초 1 cm의 비율로 증가하고, 높이는 매초 2 cm의 비율로 감소한다고 한다. 이 원기둥의 부피가 처음으로 감소하는 시각이 k초와 $(k+1)$초 사이일 때, 자연수 k의 값을 구하시오.

33

오른쪽 그림과 같이 한 변의 길이가 4인 정삼각형 ABC에서 점 P는 점 B에서 출발하여 선분 AB를 따라 점 A까지 매초 2씩 움직이고, 점 Q는 점 C에서 출발하여 선분 BC를 따라 선분 BC의 중점까지 매초 1씩 움직인다. 점 P와 점 Q가 동시에 출발하여 삼각형 PBQ의 넓이가 삼각형 ABC의 넓이의 $\dfrac{3}{8}$이 되는 순간의 삼각형 PBQ의 넓이의 변화율은 a이다. a^2의 값을 구하시오.

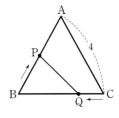

34

오른쪽 그림과 같이 밑면의 반지름의 길이가 각각 9 cm, 3 cm이고 높이가 12 cm인 원뿔대 모양의 그릇이 있다. 이 그릇에 수면의 높이가 매초 $\dfrac{1}{2}$ cm씩 증가하도록 물을 부을 때, 수면의 높이가 그릇의 높이의 $\dfrac{1}{2}$이 되는 순간의 부피의 변화율을 구하시오. (단, 그릇의 두께는 무시한다.)

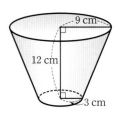

step 3 | 1등급을 넘어서는 **종합 사고력 문제**

01

세 실수 x, y, z가 $x+y=1$, $x^2+y^2+z^2=1$을 만족시킬 때, $x^3+y^3+z^3$의 최댓값과 최솟값의 합을 구하시오.

02

$f(0)=0$, $f'(0)=a$를 만족시키는 다항함수 $f(x)$에 대하여 점 $P(t, 0)$에서 곡선 $y=f(x)$ 위에 있는 가장 가까운 거리에 있는 점을 $Q(s, f(s))$라 하자. 이때, $\lim\limits_{t\to 0}\dfrac{t}{s}$를 a에 대하여 나타낸 것은?

① 1 ② $a+1$ ③ $2a$
④ a^2 ⑤ a^2+1

03

실수 a에 대하여 $0\le x\le 1$에서 함수
$f(x)=-x^3+\dfrac{3}{2}ax^2-a$의 최댓값은 $g(a)$이다. 이때, $g(a)$의 최솟값을 구하시오.

04

실수 a에 대하여 $f(x)=(x-2)(x-4)(x-a)^2$일 때, **보기**에서 옳은 것만을 있는 대로 고른 것은?

• 보기 •
ㄱ. $a\neq 2$, $a\neq 4$이면 $f'(4)-f'(2)>0$이다.
ㄴ. 방정식 $x^3f'(x)=0$이 서로 다른 세 실근을 가지면 $f'(0)>0$이다.
ㄷ. 방정식 $f'(x)=1$이 오직 한 개의 실근을 가지면 방정식 $|f(x)|=1$은 서로 다른 3개의 실근을 갖는다.

① ㄱ ② ㄷ ③ ㄱ, ㄴ
④ ㄱ, ㄷ ⑤ ㄴ, ㄷ

05

$x\le t$에서 부등식 $x^3-3x^2-9x\le p$가 성립하도록 하는 두 실수 p, t에 대하여 p의 최솟값을 $f(t)$라 하자. **보기**에서 옳은 것만을 있는 대로 고른 것은?

• 보기 •
ㄱ. $t<0$에서 $f'(t)\ge 0$이다.
ㄴ. 함수 $f(t)$는 모든 실수에서 미분가능하다.
ㄷ. 방정식 $f(t)-mt+m+1=0$이 서로 다른 세 실근을 갖기 위한 정수 m의 최솟값은 2이다.

① ㄱ ② ㄴ ③ ㄱ, ㄷ
④ ㄴ, ㄷ ⑤ ㄱ, ㄴ, ㄷ

06

실수 p에 대하여 삼차방정식 $x^3-3x-p=0$의 실근 중에서 최대인 것과 최소인 것의 곱을 $f(p)$라 하고, 실근이 한 개일 때는 그 근의 제곱을 $f(p)$라 하자. 이때, $f(p)$의 최솟값을 구하시오.

07

실수 k에 대하여 함수
$$f(x)=x^3-3x^2+6x+k$$
의 역함수를 $g(x)$라 하자. 방정식
$$4f'(x)+12x-18=(f'\circ g)(x)$$
가 닫힌구간 $[0, 1]$에서 실근을 갖기 위한 k의 최솟값을 m, 최댓값을 M이라 할 때, m^2+M^2의 값을 구하시오.

[2017학년도 수능]

08

반지름의 길이가 3 cm인 구와 밑면이 정사각형인 사각뿔이 있다. 구의 반지름의 길이가 매초 2 cm의 비율로 증가하고 사각뿔은 구에 내접하면서 부피가 최대가 되도록 증가한다고 한다. 구의 반지름의 길이가 9 cm가 되는 순간의 사각뿔의 부피의 변화율을 구하시오.

유형 1	함수의 최댓값과 최솟값의 활용

출제경향 미분을 이용하여 함수의 최댓값과 최솟값을 구하는 문제가 출제된다.

공략비법
(i) 도형의 길이, 넓이, 부피를 구하는 공식을 이용하여 x에 대한 함수 $f(x)$로 나타낸다.
(ii) 길이는 항상 양수임을 유의하여 x의 값의 범위를 구한다.
(iii) (ii)에서 구한 구간에서의 $f(x)$의 극댓값과 극솟값을 구한다.
(iv) (iii)에서 구한 극댓값, 극솟값, 구간의 양 끝값의 함숫값 중에서 가장 큰 값이 최댓값이고, 가장 작은 값이 최솟값이다.

1 대표   • 2012학년도 6월 평가원 │ 4점

그림과 같이 한 변의 길이가 1인 정사각형 ABCD의 두 대각선의 교점의 좌표는 $(0, 1)$이고, 한 변의 길이가 1인 정사각형 EFGH의 두 대각선의 교점은 곡선 $y=x^2$ 위에 있다. 두 정사각형의 내부의 공통부분의 넓이의 최댓값은?

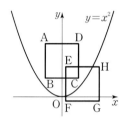

(단, 정사각형의 모든 변은 x축 또는 y축에 평행하다.)

① $\dfrac{4}{27}$ ② $\dfrac{1}{6}$ ③ $\dfrac{5}{27}$

④ $\dfrac{11}{54}$ ⑤ $\dfrac{2}{9}$

2 유사   • 2015년 11월 교육청 │ 4점

그림과 같이 한 변의 길이가 4인 정사각형 ABCD에서 선분 BC와 선분 CD의 중점을 각각 E, F라 하자. 점 E를 꼭짓점으로 하고 두 점 A, D를 지나는 포물선과 선분 AF가 만나는 점을 G라 하자. 선분 AG 위

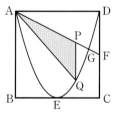

를 움직이는 점 P를 지나고 직선 AB와 평행한 직선이 포물선과 만나는 점을 Q라 할 때, 삼각형 AQP의 넓이의 최댓값은? (단, 점 P는 점 A와 점 G가 아니다.)

① $\dfrac{85}{27}$ ② $\dfrac{343}{108}$ ③ $\dfrac{173}{54}$

④ $\dfrac{349}{108}$ ⑤ $\dfrac{88}{27}$

유형 2	방정식과 부등식

출제경향 미분을 이용하여 그래프의 개형을 그린 후, 방정식의 근 또는 부등식의 해를 구하는 문제가 출제된다.

공략비법
(i) $f(x)$와 도함수 $f'(x)$를 이용하여 함수 $f(x)$의 증가와 감소를 표로 나타낸다.
(ii) 함수 $f(x)$의 극값, 좌표축과의 교점을 구한 후, 함수 $y=f(x)$의 그래프를 그린다.
(iii) 방정식 $f(x)=k$ (k는 실수)의 근은 함수 $y=f(x)$와 직선 $y=k$의 교점의 x좌표임을 이용하고, 부등식 $f(x)>s$ (s는 실수)의 해는 (함수 $f(x)$의 최솟값)$>s$임을 이용하여 푼다.

3 대표   • 2017학년도 9월 평가원 │ 4점

다음 조건을 만족시키며 최고차항의 계수가 음수인 모든 사차함수 $f(x)$에 대하여 $f(1)$의 최댓값은?

> (가) 방정식 $f(x)=0$의 실근은 0, 2, 3뿐이다.
> (나) 실수 x에 대하여 $f(x)$와 $|x(x-2)(x-3)|$ 중 크지 않은 값을 $g(x)$라 할 때, 함수 $g(x)$는 실수 전체의 집합에서 미분가능하다.

① $\dfrac{7}{6}$ ② $\dfrac{4}{3}$ ③ $\dfrac{3}{2}$

④ $\dfrac{5}{3}$ ⑤ $\dfrac{11}{6}$

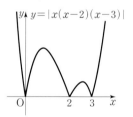

4 유사   • 2015학년도 수능 │ 4점

다음 조건을 만족시키는 모든 삼차함수 $f(x)$에 대하여 $f(2)$의 최솟값은?

> (가) $f(x)$의 최고차항의 계수는 1이다.
> (나) $f(0)=f'(0)$
> (다) $x\geq-1$인 모든 실수 x에 대하여 $f(x)\geq f'(x)$이다.

① 28   ② 33   ③ 38

④ 43   ⑤ 48

● **삼차함수의 성질**

(1) 삼차함수의 그래프의 개형

삼차함수 $f(x)=ax^3+bx^2+cx+d\ (a>0)$에 대하여 $f'(x)=3ax^2+2bx+c$이므로 이차방정식 $f'(x)=0$의 판별식을 D라 하면 $\dfrac{D}{4}=b^2-3ac$이고, $\dfrac{D}{4}$의 부호에 따라 다음과 같이 구분된다.

① $\dfrac{D}{4}>0$이면 서로 다른 두 실근 α, β가 존재하며 삼차함수 $f(x)$는 $x=\alpha$, $x=\beta$에서 극값을 갖는다.

② $\dfrac{D}{4}=0$이면 중근 α가 존재하며 삼차함수 $f(x)$는 극값을 갖지 않는다.

③ $\dfrac{D}{4}<0$이면 삼차함수 $f(x)$는 극값을 갖지 않는다.

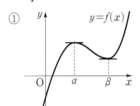 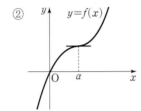 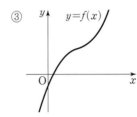

(2) 삼차함수 $f(x)=ax^3+bx^2+cx+d$가 극값을 가질 조건

$\Longleftrightarrow$ 이차방정식 $f'(x)=3ax^2+2bx+c=0$이 서로 다른 두 실근을 갖는다.

$\Longleftrightarrow \dfrac{D}{4}=b^2-3ac>0$

(3) 삼차함수 $f(x)=ax^3+bx^2+cx+d$가 증가함수가 될 조건

$\Longleftrightarrow a>0$이고 모든 실수 x에 대하여 $f'(x)=3ax^2+2bx+c\geq 0$이다.

$\Longleftrightarrow a>0$이고 $\dfrac{D}{4}=b^2-3ac\leq 0$

● **곡선의 볼록성**

(1) 접선의 위치와 곡선의 볼록

함수 $f(x)$가 열린구간 $(a,\ b)$에서 미분가능할 때, 열린구간 $(a,\ b)$에 속하는 임의의 두 실수 p, $q\ (p<q)$에 대하여

$\dfrac{f(q)-f(p)}{q-p}>f'(p) \Longleftrightarrow$ 함수 $y=f(x)$의 그래프는 아래로 볼록하다.

[해설] 오른쪽 그림에서 직선 (ⅰ)의 기울기는 $f'(p)$, 직선 (ⅱ)의 기울기는 $\dfrac{f(q)-f(p)}{q-p}$이고

$\dfrac{f(q)-f(p)}{q-p}>f'(p)$를 만족시킨다.

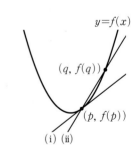

(2) 산술평균과 곡선의 볼록

함수 $f(x)$가 열린구간 $(a,\ b)$에서 연속일 때, 열린구간 $(a,\ b)$에 속하는 임의의 두 실수 p, $q\ (p<q)$에 대하여

$f\left(\dfrac{p+q}{2}\right)<\dfrac{f(p)+f(q)}{2} \Longleftrightarrow$ 함수 $y=f(x)$의 그래프는 아래로 볼록하다.

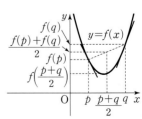

Ⅲ 적분

06 정적분

비법 노트

1등급 비법

Ⓐ **피적분함수가 $(ax+b)^n$ 꼴인 경우의 부정적분**

$a\neq0$이고 n이 음이 아닌 정수일 때,

$$\int(ax+b)^n\,dx=\frac{1}{a}\times\frac{1}{n+1}(ax+b)^{n+1}+C$$
$$(\text{단, } C\text{는 적분상수})$$

Ⓑ **정적분의 기하적 의미**

함수 $f(x)$가 닫힌구간 $[a,b]$에서 연속이고 $f(x)\geq0$일 때, 정적분 $\displaystyle\int_a^b f(x)\,dx$의 값은 곡선 $y=f(x)$와 x축 및 두 직선 $x=a$, $x=b$로 둘러싸인 도형의 넓이와 같다.

중요

Ⓒ **우함수 · 기함수의 정적분**

함수 $f(x)$가 닫힌구간 $[-a,a]$에서 연속일 때,

(1) $f(-x)=f(x)$, 즉 $f(x)$가 우함수이면

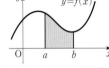

$$\int_{-a}^a f(x)\,dx=S+S=2S=2\int_0^a f(x)\,dx$$

$$\therefore \int_{-a}^a f(x)\,dx=2\int_0^a f(x)\,dx$$

(2) $f(-x)=-f(x)$, 즉 $f(x)$가 기함수이면

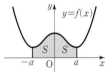

$$\int_{-a}^a f(x)\,dx=-S+S=0$$

$$\therefore \int_{-a}^a f(x)\,dx=0$$

▶ STEP 1 | 09번

Ⓓ **정적분을 포함한 등식**

(1) 적분구간이 상수인 경우

$$f(x)=g(x)+\int_a^b f(t)\,dt\ (a,b\text{는 상수}) \text{ 꼴}$$

$\Rightarrow \displaystyle\int_a^b f(t)\,dt=k\ (k\text{는 상수})$로 놓으면

$$f(x)=g(x)+k,\ \int_a^b\{g(t)+k\}\,dt=k$$

임을 이용한다. ▶ STEP 1 | 11번, STEP 2 | 24번

(2) 적분구간에 변수가 있는 경우

$$\int_a^x f(t)\,dt=g(x)\ (a\text{는 상수}) \text{ 꼴}$$

$\Rightarrow \displaystyle\int_a^a f(t)\,dt=g(a)=0,\ f(x)=g'(x)$

임을 이용한다. ▶ STEP 1 | 12번, STEP 2 | 23번

부정적분 Ⓐ

(1) 함수 $f(x)$에 대하여 $F'(x)=f(x)$인 함수 $F(x)$를 $f(x)$의 부정적분이라 하고, $\displaystyle\int f(x)\,dx$로 나타낸다. 즉,

$$\int f(x)\,dx=F(x)+C \text{ (단, } C\text{는 적분상수})$$

적분한다.   미분한다.

(2) 함수 $y=x^n$의 부정적분 : n이 음이 아닌 정수일 때,

$$\int x^n\,dx=\frac{1}{n+1}x^{n+1}+C \text{ (단, } C\text{는 적분상수})$$

(3) 부정적분과 미분의 관계

① $\dfrac{d}{dx}\left\{\displaystyle\int f(x)\,dx\right\}=f(x)$

② $\displaystyle\int\left\{\dfrac{d}{dx}f(x)\right\}dx=f(x)+C$ (단, C는 적분상수)

정적분 Ⓑ

(1) 닫힌구간 $[a,b]$에서 연속인 함수 $f(x)$의 한 부정적분을 $F(x)$라 할 때, 함수 $f(x)$의 a에서 b까지의 정적분은 $F'(x)=f(x)$

$$\int_a^b f(x)\,dx=\Big[F(x)\Big]_a^b=F(b)-F(a)$$

(2) 정적분의 기본 정리   미적분의 기본 정리라고도 한다.

① $a=b$일 때, $\displaystyle\int_a^b f(x)\,dx=\int_a^a f(x)\,dx=0$

② $a>b$일 때, $\displaystyle\int_a^b f(x)\,dx=-\int_b^a f(x)\,dx$

정적분의 성질 Ⓒ

(1) 두 함수 $f(x)$, $g(x)$가 닫힌구간 $[a,b]$에서 연속일 때,

① $\displaystyle\int_a^b kf(x)\,dx=k\int_a^b f(x)\,dx$ (단, k는 실수)

② $\displaystyle\int_a^b\{f(x)\pm g(x)\}\,dx=\int_a^b f(x)\,dx\pm\int_a^b g(x)\,dx$

(복부호 동순)

(2) 함수 $f(x)$가 세 실수 a, b, c를 포함하는 닫힌구간에서 연속일 때,

$$\int_a^c f(x)\,dx+\int_c^b f(x)\,dx=\int_a^b f(x)\,dx$$
a, b, c의 대소 관계에 상관없이 성립한다.

정적분으로 정의된 함수의 미분과 극한

a가 상수이고, $f(x)$가 연속함수일 때,

(1) $\dfrac{d}{dx}\displaystyle\int_a^x f(t)\,dt=f(x)$

(2) $\dfrac{d}{dx}\displaystyle\int_x^{x+a} f(t)\,dt=f(x+a)-f(x)$

(3) $\displaystyle\lim_{x\to a}\frac{1}{x-a}\int_a^x f(t)\,dt=f(a)$

(4) $\displaystyle\lim_{x\to 0}\frac{1}{x}\int_a^{x+a} f(t)\,dt=f(a)$

step 1 출제율 100% 우수 기출 대표 문제

01 부정적분의 정의

두 다항함수 $f(x)$, $g(x)$가

$$f(x) = \int xg(x)\,dx,$$

$$\frac{d}{dx}\{f(x) - g(x)\} = 4x^3 + 2x$$

를 만족시킬 때, $g(1)$의 값은? [2016년 교육청]

① 10   ② 11   ③ 12

④ 13   ⑤ 14

02 도함수와 부정적분 사이의 관계

함수 $f(x) = \int \left\{ \dfrac{d}{dx}(8x - x^2) \right\} dx$에 대하여 $f(x)$의 최댓값이 10일 때, $f(2)$의 값을 구하시오.

03 함수의 연속성과 부정적분

모든 실수 x에서 연속인 함수 $f(x)$의 도함수 $f'(x)$가

$$f'(x) = \begin{cases} 4x & (x < 1) \\ 1 & (x > 1) \end{cases}$$

이고, 함수 $y = f(x)$의 그래프가 점 $(0, 1)$을 지날 때, $f(-2) + f(2)$의 값은?

① 11   ② 12   ③ 13

④ 14   ⑤ 15

04 도함수의 정의와 부정적분

실수 전체의 집합에서 미분가능한 함수 $f(x)$가 다음 조건을 만족시킨다.

> (가) $f'(0) = 1$
> (나) 모든 실수 x, y에 대하여
> $$f(x+y) = f(x) + f(y) + 3xy$$

이때, $f(4)$의 값은?

① 22   ② 24   ③ 26

④ 28   ⑤ 30

05 도함수의 그래프와 부정적분

함수 $f(x)$의 도함수 $f'(x)$는 이차함수이고, $y = f'(x)$의 그래프는 오른쪽 그림과 같다. 함수 $f(x)$의 극댓값이 5, 극솟값이 -3일 때, $f(-1)$의 값을 구하시오.

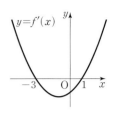

06 x^n의 정적분

자연수 n에 대하여 $f(n) = \displaystyle\int_0^1 \frac{1}{n} x^n\,dx$일 때, $\displaystyle\sum_{n=1}^{100} f(n)$의 값은?

① $\dfrac{1}{99}$ ② $\dfrac{1}{100}$ ③ $\dfrac{1}{101}$

④ $\dfrac{99}{100}$ ⑤ $\dfrac{100}{101}$

07 정적분의 성질

정적분

$$\int_2^4 \frac{x^2(x^2 + 2x + 4)}{x + 2}\,dx + \int_4^2 \frac{4(y^2 + 2y + 4)}{y + 2}\,dy$$

의 값은?

① 40   ② 41   ③ 42

④ 43   ⑤ 44

08 절댓값 기호를 포함한 함수의 정적분

삼차함수 $f(x) = -x(x + a)(x - a)$ $(a > 0)$가 $x = b$에서 극대이고

$$\int_{-b}^a f(x)\,dx = A, \quad \int_b^{a+b} f(x - b)\,dx = B$$

일 때, 정적분 $\displaystyle\int_{-b}^a |f(x)|\,dx$를 A, B를 이용하여 나타낸 것은?

① $-A + 2B$ ② $-2A + B$

③ $-A + B$ ④ $A + B$

⑤ $A + 2B$

09 우함수 · 기함수의 정적분

다음 조건을 만족시키는 다항함수 $f(x)$에 대하여 정적분

$$\int_{-1}^{1} (x-1)(x+2)f(x)\,dx$$

의 값을 구하시오.

> (가) 모든 실수 x에 대하여 $f(-x)=-f(x)$
>
> (나) $\displaystyle\int_{0}^{1} xf(x)\,dx=10$, $\displaystyle\int_{0}^{1} x^2 f(x)\,dx=20$

10 대칭성과 주기를 갖는 함수의 정적분

연속함수 $f(x)$가 다음 조건을 만족시킬 때, 정적분 $\displaystyle\int_{-3}^{11} f(x)\,dx$의 값을 구하시오.

> (가) 모든 실수 x에 대하여 $f(2-x)=f(2+x)$
>
> (나) 모든 실수 x에 대하여 $f(x+2)=f(x)$
>
> (다) $\displaystyle\int_{2}^{3} f(x)\,dx=5$

11 정적분을 포함한 등식 – 적분구간이 상수인 경우

닫힌구간 $[0,\,1]$에서 연속인 함수 $f(x)$가

$$f(x)=3x^2-4x+2\int_{0}^{1} f(t)\,dt$$

를 만족시킬 때, 방정식 $f(x)=0$의 모든 근의 곱은?

① $\dfrac{1}{3}$ ② $\dfrac{2}{3}$ ③ 1

④ $\dfrac{4}{3}$ ⑤ 2

12 정적분을 포함한 등식 – 적분구간이 변수인 경우(1)

다항함수 $f(x)$가 모든 실수 x에 대하여

$$\int_{1}^{x} f(t)\,dt=x^4-2x+a$$

를 만족시킬 때, $f'(2)+a$의 값을 구하시오.

(단, a는 상수이다.)

13 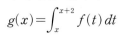 정적분을 포함한 등식 – 적분구간이 변수인 경우(2)

이차함수 $y=f(x)$의 그래프가 오른쪽 그림과 같을 때, 함수

$$g(x)=\int_{x}^{x+2} f(t)\,dt$$

의 최댓값은?

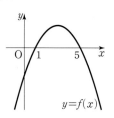

① $g(1)$ ② $g(2)$

③ $g(3)$ ④ $g(4)$

⑤ $g(5)$

14 정적분을 포함한 방정식

x에 대한 방정식 $\displaystyle\int_{0}^{x} |t-2|\,dt=2x$의 양수인 실근이 $m+n\sqrt{2}$일 때, mn의 값을 구하시오.

(단, m, n은 유리수이다.)

15 정적분을 포함한 함수 – 피적분함수에 변수가 있는 경우

다항함수 $f(x)$가

$$\int_{2}^{x} (x-t)f(t)\,dt=2x^3-3x^2-12x+20$$

을 만족시킬 때, $f(2)$의 값은?

① 14 ② 16 ③ 18

④ 20 ⑤ 22

16 정적분으로 나타내어진 함수의 극한

함수 $f(x)=3x^2+3x-2$에 대하여

$$\lim_{x\to 2}\frac{1}{x^2-4}\int_{2}^{x} f(t)\,dt$$

의 값은?

① 2 ② 3 ③ 4

④ 5 ⑤ 6

step 2 1등급을 위한 **최고의 변별력 문제**

유형❶ 부정적분

01 대표문항

$f(1)=6$인 다항함수 $f(x)$의 한 부정적분을 $F(x)$라 하자. 모든 실수 x에 대하여
$$F(x)=xf(x)-4x^2(x+1)$$
이 성립할 때, $f(-1)$의 값을 구하시오.

02

함수 $f(x)=2x^2+4x+3$에 대하여 다항함수 $g(x)$가
$$\int \{f(x)-2g(x)\}\, dx=f(x)+g(x)$$
를 만족시킬 때, $g(4)$의 값은?

① 4   ② 6   ③ 8
④ 10   ⑤ 12

03

이차함수 $f(x)$에 대하여 함수 $g(x)$가
$$g(x)=\int \{x^2+f(x)\}\, dx, \quad f(x)g(x)=-2x^4+8x^3$$
을 만족시킬 때, $g(1)$의 값은? [2013학년도 평가원]

① 1   ② 2   ③ 3
④ 4   ⑤ 5

04

함수 $f(x)=x(x+6)^5$의 한 부정적분을 $F(x)$라 하자. $F(-7)=-1$일 때, $F(-5)$의 값은?

① $-\dfrac{5}{7}$ ② $-\dfrac{3}{7}$ ③ $-\dfrac{1}{7}$
④ $\dfrac{1}{7}$ ⑤ $\dfrac{3}{7}$

05

실수 전체의 집합에서 미분가능한 함수 $f(x)$가 다음 조건을 만족시킨다.

> (가) 모든 실수 x, y에 대하여
> $$f(x+y)=f(x)+f(y)+2xy-1$$
> (나) $\displaystyle\lim_{x \to 1}\frac{f(x)-f'(x)}{x^2-1}=9$

이때, $f'(0)$의 값은?

① 12   ② 14   ③ 16
④ 18   ⑤ 20

06

모든 실수 x, y에 대하여 다항함수 $f(x)$가
$$f(x+y)=f(x)+f(y)+4xy$$
를 만족시킨다. 함수 $F(x)$가 $F(x)=\displaystyle\int (x-2)f'(x)\, dx$
이고 함수 $F(x)$의 극값이 존재하지 않을 때, $f(5)$의 값은?

① 2   ② 4   ③ 6
④ 8   ⑤ 10

유형❷ 부정적분의 활용

07 대표문항

삼차함수 $f(x)$의 도함수가 $f'(x)$일 때, $y=f'(x)$의 그래프는 오른쪽 그림과 같다. $f(0)=0$일 때, 방정식 $f(x)=kx$가 서로 다른 세 실근을 갖기 위한 실수 k의 값의 범위는?

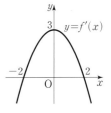

① $k>2$ ② $k>3$ ③ $k<3$
④ $-4<k<4$ ⑤ $k<-2$ 또는 $k>2$

08

최고차항의 계수가 1인 삼차함수 $f(x)$가 $f(0)=0$, $f(\alpha)=0$, $f'(\alpha)=0$이고 함수 $g(x)$가 다음 두 조건을 만족시킬 때, $g\left(\dfrac{\alpha}{3}\right)$의 값은? (단, α는 양수이다.) [2013년 교육청]

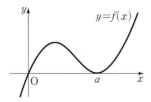

(가) $g'(x)=f(x)+xf'(x)$
(나) $g(x)$의 극댓값이 81이고 극솟값이 0이다.

① 56   ② 58   ③ 60
④ 62   ⑤ 64

09

도함수가 $f'(x)=4x^3-4x^2-8x$인 사차함수 $f(x)$에 대하여 함수 $g(x)=|f(x)-2|$가 다음 조건을 만족시킨다.

(가) 함수 $g(x)$는 $x=\alpha$, β, γ에서 극값을 갖는다.
(단, $\alpha < \beta < \gamma$)
(나) $g(\alpha)g(\beta)g(\gamma)\neq 0$

세 점 $A(\alpha,\ g(\alpha))$, $B(\beta,\ g(\beta))$, $C(\gamma,\ g(\gamma))$가 한 직선 위에 있을 때, $f(0)$의 값을 구하시오.

유형③ 정적분

10 대표문항

이차함수 $f(x)$가 다음 조건을 만족시킨다.

(가) $\displaystyle\int_0^4 |f(x)|\,dx = \int_0^4 f(x)\,dx$
(나) $\displaystyle\int_4^6 |f(x)|\,dx = -\int_4^6 f(x)\,dx = 8$

$f(0)=0$일 때, $f(2)$의 값을 구하시오.

11

등식
$$\int 2xf(x)\,dx + \int x^2 f'(x)\,dx = x^4 - ax^3 + 4x^2$$
을 만족시키는 다항함수 $f(x)$에 대하여 $\displaystyle\int_0^4 f(x)\,dx = 0$
일 때, $3a$의 값을 구하시오. (단, a는 상수이다.)

12

삼차함수 $y=f(x)$의 그래프가 오른쪽 그림과 같다. 함수 $f(x)$가 $x=1$에서 극댓값 1을 갖고, $x=4$에서 극솟값 -4를 갖는다.
$f(0)=-\dfrac{28}{27}$일 때,
$27\displaystyle\int_0^4 |f'(x)|\,dx$의 값은?

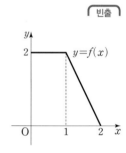

① 110   ② 130   ③ 150
④ 170   ⑤ 190

13 빈출

닫힌구간 $[0,\ 2]$에서 정의된 함수 $y=f(x)$의 그래프가 오른쪽 그림과 같을 때, $\displaystyle\int_0^2 f(f(x))\,dx$의 값을 구하시오.

14

함수 $f(x)=\displaystyle\int_0^2 |t-x|\,dt$일 때, $\displaystyle\int_0^4 f(x)\,dx$의 값은?

① $\dfrac{4}{3}$ ② $\dfrac{8}{3}$ ③ $\dfrac{16}{3}$
④ $\dfrac{32}{3}$ ⑤ $\dfrac{64}{3}$

15

실수 t에 대하여 함수 $f(x)=x^2-2|x-t|$ $(-1\leq x\leq 1)$의 최댓값을 $g(t)$라 하자. $\int_0^{\frac{3}{2}} g(t)\,dt=\dfrac{q}{p}$일 때, $p+q$의 값을 구하시오. (단, p, q는 서로소인 자연수이다.)

[2016학년도 경찰대]

16

실수 전체의 집합에서 미분가능한 함수 $f(x)$가 다음 조건을 만족시킨다.

> (개) 모든 실수 x에 대하여 $1\leq f'(x)\leq 3$이다.
> (내) 모든 정수 n에 대하여 함수 $y=f(x)$의 그래프는 점 $(4n,\ 8n)$, 점 $(4n+1,\ 8n+2)$,
> 점 $(4n+2,\ 8n+5)$, 점 $(4n+3,\ 8n+7)$을 모두 지난다.
> (대) 모든 정수 k에 대하여 닫힌구간 $[2k,\ 2k+1]$에서 함수 $y=f(x)$의 그래프는 각각 이차함수의 그래프의 일부이다.

$\int_3^6 f(x)\,dx=a$라 할 때, $6a$의 값을 구하시오.

[2015학년도 평가원]

유형❹ 대칭성과 주기를 갖는 함수의 정적분

17 대표문항

두 연속함수 $f(x)$, $g(x)$가 모든 실수 x에 대하여 다음 조건을 만족시킨다.

> (가) $f(-x)=f(x)$, $g(-x)=-g(x)$
> (나) $f(x+4)=f(x)$, $g(x+2)=g(x)$

$\int_0^2 f(x)g(x)\,dx=5$일 때, $\int_{-4}^{10} f(x)g(x)\,dx$의 값을 구하시오.

18

다항함수 $f(x)$가 모든 실수 x에 대하여 $f(-x)=-f(x)$를 만족시키고 $f(3)=2$일 때, $\int_{-3}^3 f'(x)(2-x)\,dx$의 값은?

① 2   ② 4   ③ 6
④ 8   ⑤ 10

19

다항함수 $f(x)$와 그 도함수 $f'(x)$가 임의의 실수 a에 대하여 다음 조건을 만족시킬 때, $f(0)$의 값을 구하시오.

> (가) $f'(-a)=f'(a)$ (나) $\int_{-a}^a f(x)\,dx=6a$

20

다항함수 $f(x)$가 모든 실수 x에 대하여
$$f(x)=3x^2-6x+4-f(2-x)$$
를 만족시킬 때, $\int_0^2 f(x)\,dx$의 값을 구하시오.

21

연속함수 $f(x)$가 모든 실수 x에 대하여
$$f(x)+f(k-x)=k\ (k\text{는 자연수})$$
를 만족시킬 때, $\displaystyle\sum_{k=1}^{10}\int_0^k 2f(x)\,dx$의 값은?

① 365   ② 370   ③ 375
④ 380   ⑤ 385

22

$0 \le x \le 8$에서 연속인 함수 $f(x)$가 다음 조건을 만족시킨다.

(가) $f(0)=2$, $f(8)=14$

(나) $0 \le k \le 7$인 각각의 정수 k에 대하여
$$f(k+t)=f(k) \ (0<t \le 1)$$
또는
$$f(k+t)=2t+f(k) \ (0<t \le 1)$$
이다.

(다) 함수 $f(x)$가 열린구간 $(0,\ 8)$에서 미분가능하지 않은 x의 개수는 2이다.

$\displaystyle\int_0^8 f(x)\,dx$의 최댓값을 구하시오.

유형⑤ 정적분으로 나타내어진 함수

23 대표문항

다항함수 $g(x)$에 대하여 다항함수 $f(x)$가
$$f(x)=x^2-ax+\int_2^x g(t)\,dt$$
를 만족시킨다. 다항식 $f(x)$가 $(x-2)^2$으로 나누어떨어질 때, 다항식 $g(x)$를 $x-2$로 나눈 나머지는?
(단, a는 상수이다.)

① -2 ② -1 ③ 0
④ 1 ⑤ 2

24 서술형

두 함수 $f(x)$, $g(x)$가 등식
$$f(x)=20x+x\int_0^1 g(x)\,dx,$$
$$g(x)=30x^2+\int_0^1 f(x)\,dx$$
를 만족시킬 때, $\displaystyle\int_0^1 \{f(x)+g(x)\}\,dx$의 값을 구하시오.

25

함수 $f(x)=x^8+6x+1$에 대하여
$$\lim_{x \to 0} \frac{1}{x^2+2x}\int_0^x (x-t-1)f'(t)\,dt$$의 값은?

① -1 ② -2 ③ -3
④ -4 ⑤ -5

26

다항함수 $f(x)$가 다음 조건을 만족시킨다.

(가) $f(1)=25$

(나) $f(x)=\dfrac{1}{2}\displaystyle\int_x^{x+1} f(t)\,dt - \dfrac{1}{2}\displaystyle\int_x^{x-1} f(t)\,dt$
$$-\int_0^1 f(t)\,dt$$

(다) 모든 실수 x, y에 대하여
$$f(x+y)+f(x-y)=2\{f(x)+f(y)\}$$

$f'(1)$의 값을 구하시오.

27

다항함수 $f(x)$가 모든 실수 x에 대하여
$$\int_2^x (3t+2)f(t)\,dt=2\int_2^x (x+2)f(t)\,dt$$
를 만족시키고 $f(0)=4$일 때, $f(5)-f'(5)$의 값을 구하시오.

28

두 다항함수 $f(x)$, $g(x)$가
$$f(1)=0, \ g'(1)=6,$$
$$g(x)=\int_0^x (x-t)f(t)\,dt$$
를 만족시킨다. $g(x)$가 삼차함수일 때, $g(2)$의 값을 구하시오.

29

신유형

사차함수 $f(x)=x^4+ax^2+b$에 대하여 함수

$$g(x)=\int_{-x}^{x}\{f(t)-|f(t)|\}\,dt$$

가 $x \geq 0$에서 다음 조건을 만족시킨다.

(가) $0 \leq x < 1$에서 $g(x)=c_1$ (c_1은 상수)

(나) $1 \leq x \leq 5$에서 함수 $g(x)$는 감소한다.

(다) $x > 5$에서 $g(x)=c_2$ (c_2는 상수)

$f(\sqrt{2})$의 값을 구하시오. (단, a, b는 상수이다.)

30

1등급

함수

$$f(x)=\begin{cases}(x+1)^2 & (0 \leq x < 1) \\ (x-3)^2 & (1 \leq x \leq 2)\end{cases}$$

에 대하여 열린구간 $(0, 2)$에서 정의된 함수

$$g(x)=\int_{0}^{x}|f(x)-f(t)|\,dt$$

의 극댓값과 극솟값의 차를 구하시오.

유형⑥ 정적분으로 나타내어진 함수와 그래프

31 대표문항

함수 $y=f(x)$의 그래프가 오른쪽
그림과 같이 두 개의 반직선으로
이루어져 있다. 함수 $g(x)$를

$$g(x)=\int_{-1}^{x}f(t)\,dt$$

로 정의할 때, 함수 $g(x)$의 극댓
값과 극솟값의 합을 구하시오.

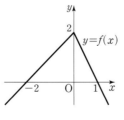

32

최고차항의 계수가 각
각 1, 3인 두 삼차함수
$y=f(x)$, $y=g(x)$와
일차함수 $y=h(x)$의
그래프가 오른쪽 그림
과 같을 때, **보기**에서
옳은 것만을 있는 대로 고른 것은?

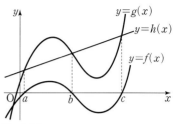

보기

ㄱ. $\displaystyle\int_{a}^{c}\{g(x)-h(x)\}\,dx=3\int_{a}^{c}f(x)\,dx$

ㄴ. $\displaystyle\int_{a}^{c}f(x)\,dx<0$이면 방정식

$\displaystyle\int_{a}^{x}\{g(t)-h(t)\}\,dt=0$은 서로 다른 세 실근을

갖는다.

ㄷ. $2b=a+c$이면 함수 $\displaystyle\int_{a}^{x}\{f(t)-g(t)+h(t)\}\,dt$의

최댓값은 0이다.

---

① ㄱ   ② ㄱ, ㄴ   ③ ㄱ, ㄷ

④ ㄴ, ㄷ   ⑤ ㄱ, ㄴ, ㄷ

33

함수 $y=f(x)$의 그래프가 오른쪽
그림과 같을 때, 함수

$$F(x)=\int_{1}^{x}\{f(t)-t-a\}\,dt$$

라 하자. $F(2)=0$일 때, **보기**에서
옳은 것만을 있는 대로 고른 것은? (단, $-1<a<0$)

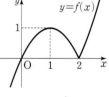

보기

ㄱ. $F(0)<0$

ㄴ. 함수 $F(x)$가 $x=b$에서 극솟값을 가지면 $F(b)<0$
이다.

ㄷ. $F'(c)=0$일 때, $0<k<c$인 모든 실수 k에 대하여

$\displaystyle\int_{1}^{k}F(x)\,dx \geq 0$이다. (단, $1<c<2$)

---

① ㄱ   ② ㄱ, ㄴ   ③ ㄱ, ㄷ

④ ㄴ, ㄷ   ⑤ ㄱ, ㄴ, ㄷ

step ③ 1등급을 넘어서는 **종합 사고력 문제**

01

사차함수 $f(x)$에 대하여 그 도함수 $y=f'(x)$의 그래프가 오른쪽 그림과 같다. $f(-2)=4$, $f(2)=-4$일 때, 방정식 $|f(x)|=k$가 서로 다른 5개의 실근을 갖도록 하는 상수 k의 값은 $\dfrac{p}{q}$이다. 이때, 서로소인 두 자연수 p, q의 합 $p+q$의 값을 구하시오.

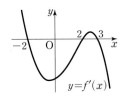

02

함수 $f(x)=\dfrac{1}{2}x^2-\dfrac{1}{2}$과 0 이상의 실수 t에 대하여 함수 $f(x)$ 위의 점 $\mathrm{P}(t, f(t))$와 원 $x^2+y^2=1$ 위의 점 Q 사이의 거리의 최솟값을 $g(t)$, 점 P와 y축 사이의 거리를 $h(t)$라 할 때, $g(t)$와 $h(t)$ 중에서 크지 않은 값을 $p(t)$라 하자. $\displaystyle\int_0^2 p(t)\,dt=p+q\sqrt{2}$일 때, 두 유리수 p, q에 대하여 $30(p+q)$의 값을 구하시오.

03

그래프가 오른쪽 그림과 같은 삼차함수 $f(x)$에 대하여 $\displaystyle\int_a^b f(x)\,dx=0$이다. 함수 $g(x)$가

$$g(x)=\int f(x)\,dx$$

일 때, **보기**에서 옳은 것만을 있는 대로 고른 것은?

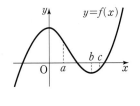

┌ **보기** ─────────────
│ ㄱ. $g(b)>g(c)$
│ ㄴ. $g(a)=0$이면 $\displaystyle\int_a^b g(x)\,dx<\int_a^c g(x)\,dx$
│ ㄷ. 함수 $g(x)$의 극댓값을 M이라 하면
│ $\displaystyle\int_a^c |f(x)|\,dx=2M-g(b)-g(c)$이다.
└──────────────────

① ㄱ   ② ㄴ   ③ ㄷ
④ ㄱ, ㄷ   ⑤ ㄱ, ㄴ, ㄷ

04

미분가능한 함수 $f(x)=\displaystyle\int_a^x (|t-1|-1)\,dt$에 대하여 방정식 $f(x)=0$이 서로 다른 두 실근을 갖기 위한 모든 실수 a의 값의 합을 구하시오.

05

0이 아닌 실수 k에 대하여 함수

$$f(x)=\begin{cases} 4k(x-2) & (x\le 0) \\ 2x^3-9x^2+12x-8k & (x>0) \end{cases}$$

의 모든 극값의 합이 p가 되도록 하는 함수 $f(x)$를 $f_p(x)$라 할 때, $\displaystyle\int_{-1}^0 f_5(x)\,dx+\int_0^1 f_{12}(x)\,dx$의 값을 구하시오.

06

실수 전체의 집합에서 연속이고 $x=0$에서 미분가능한 함수 $f(x)$가 다음 조건을 만족시킨다.

┌──────────────────
│ ㈎ $x<0$일 때, 상수 a에 대하여 $f(x)=ax^2+2ax$
│ ㈏ $0\le x_1<x_2$인 임의의 두 실수 x_1, x_2에 대하여
│ $\dfrac{1}{2}x_2-\dfrac{1}{2}x_1\le f(x_2)-f(x_1)\le 2x_2-2x_1$
│ ㈐ $\displaystyle\int_{-2}^2 f(x)\,dx=0$
└──────────────────

$\displaystyle\int_0^t f(x)\,dx=t^2$을 만족시키는 실수 t의 최댓값이 $p+q\sqrt{2}$일 때, 두 유리수 p, q에 대하여 $6pq$의 값을 구하시오. (단, $0<t<4$)

유형 1 정적분의 계산

출제경향 함수의 대칭성, 주기성을 이용하여 정적분의 값을 구하는 문제로, 함수의 그래프가 가진 규칙성을 이용하는 문제가 출제되고 있다.

공략비법
(1) 모든 x에 대하여 $f(-x)=f(x)$, $g(-x)=-g(x)$가 성립할 때,
$$\int_{-a}^{a} f(x)\,dx = 2\int_{0}^{a} f(x)\,dx, \quad \int_{-a}^{a} g(x)\,dx = 0$$
(2) 모든 x에 대하여 $f(x+p)=f(x)$가 성립할 때,
$$\int_{a}^{b} f(x)\,dx = \int_{a+np}^{b+np} f(x)\,dx \text{ (단, } n\text{은 정수)}$$

1 대표
• 2016학년도 수능 | **4점**

두 다항함수 $f(x)$, $g(x)$가 모든 실수 x에 대하여
$$f(-x)=-f(x), \quad g(-x)=g(x)$$
를 만족시킨다. 함수 $h(x)=f(x)g(x)$에 대하여
$$\int_{-3}^{3} (x+5)h'(x)\,dx = 10$$
일 때, $h(3)$의 값은?

① 1   ② 2   ③ 3
④ 4   ⑤ 5

2 유사
• 2016년 7월 교육청 | **4점**

다항함수 $f(x)$가 다음 조건을 만족시킨다.

> (가) $\displaystyle\lim_{x\to\infty} \frac{f(x)}{x^4} = 1$
>
> (나) $f(1)=f'(1)=1$

$-1 \le n \le 4$인 정수 n에 대하여 함수 $g(x)$를
$$g(x)=f(x-n)+n \ (n \le x < n+1)$$
이라 하자. 함수 $g(x)$가 열린구간 $(-1, 5)$에서 미분가능할 때, $\displaystyle\int_{0}^{4} g(x)\,dx = \frac{q}{p}$이다. $p+q$의 값을 구하시오.

(단, p, q는 서로소인 자연수이다.)

유형 2 정적분으로 나타내어진 함수

출제경향 미적분의 기본 정리를 이해하고 적용할 수 있는지를 묻는 문제로, 정적분으로 정의된 함수의 미분계수를 구하거나 증가, 감소, 미분가능, 방정식에의 활용 등과 연관지어 문제가 출제되고 있다.

공략비법
a, b가 상수일 때,
(1) $\displaystyle\int_{a}^{b} f(t)\,dt$는 상수이고, $\displaystyle\int_{0}^{x} f(t)\,dt$는 x에 대한 함수이다.
(2) $\displaystyle\lim_{x\to a} \frac{1}{x-a}\int_{a}^{x} f(t)\,dt = f(a)$, $\displaystyle\lim_{h\to 0} \frac{1}{h}\int_{a}^{a+h} f(t)\,dt = f(a)$
(3) $\displaystyle\frac{d}{dx}\int_{a}^{x} f(t)\,dt = f(x)$

3 대표
• 2013학년도 수능 | **4점**

삼차함수 $f(x)=x^3-3x+a$에 대하여 함수
$$F(x)=\int_{0}^{x} f(t)\,dt$$
가 오직 하나의 극값을 갖도록 하는 양수 a의 최솟값은?

① 1   ② 2   ③ 3
④ 4   ⑤ 5

4 유사
• 2014년 7월 교육청 | **4점**

양수 a, b에 대하여 함수 $f(x)=\displaystyle\int_{0}^{x}(t-a)(t-b)\,dt$가 다음 조건을 만족시킬 때, $a+b$의 값은?

> (가) 함수 $f(x)$는 $x=\dfrac{1}{2}$에서 극값을 갖는다.
>
> (나) $f(a)-f(b)=\dfrac{1}{6}$

① 1   ② 2   ③ 3
④ 4   ⑤ 5

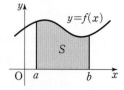

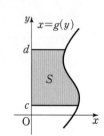

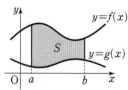

07 정적분의 활용

Ⅲ. 적분

비법 노트

A 정적분과 넓이

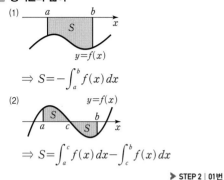

(1)
$$\Rightarrow S=-\int_a^b f(x)\,dx$$

(2)
$$\Rightarrow S=\int_a^c f(x)\,dx-\int_c^b f(x)\,dx$$

> STEP 2 | 01번

B 두 함수 $f(y)$, $g(y)$가 닫힌구간 $[c,d]$에서 연속일 때, 두 곡선 $x=f(y)$, $x=g(y)$ 및 두 직선 $y=c$, $y=d$로 둘러싸인 도형의 넓이 S는

$$S=\int_c^d |f(y)-g(y)|\,dy$$

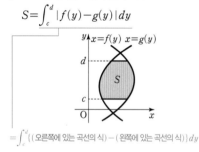

$$=\int_c^d \{(오른쪽에 있는 곡선의 식)-(왼쪽에 있는 곡선의 식)\}\,dy$$

C 거리, 속도, 가속도의 관계

위치 $x(t)$ — 미분/적분 → 속도 $v(t)$ — 미분/적분 → 가속도 $a(t)$

> STEP 1 | 08번

1등급 비법

D 위치의 변화량은 단순히 위치가 변화한 양을 나타내지만, 실제로 움직인 거리는 양의 방향이든 음의 방향이든 움직인 거리의 총합을 나타낸다.

> STEP 2 | 24번

곡선과 좌표축 사이의 넓이 A

(1) 곡선과 x축 사이의 넓이

함수 $f(x)$가 닫힌구간 $[a,b]$에서 연속일 때, 곡선 $y=f(x)$와 x축 및 두 직선 $x=a$, $x=b$로 둘러싸인 도형의 넓이 S는

$$S=\int_a^b |f(x)|\,dx = \begin{cases} f(x) & (f(x)\ge 0) \\ -f(x) & (f(x)<0) \end{cases}$$

참고 닫힌구간 $[a,b]$에서 곡선 $y=f(x)$와 x축 사이의 넓이를 구하는 방법
(ⅰ) 닫힌구간 $[a,b]$에서 곡선 $y=f(x)$와 x축의 교점의 x좌표를 구한다.
(ⅱ) $f(x)$의 값이 양수인 구간과 음수인 구간으로 나누어 정적분한다.

(2) 곡선과 y축 사이의 넓이

함수 $g(y)$가 닫힌구간 $[c,d]$에서 연속일 때, 곡선 $x=g(y)$와 y축 및 두 직선 $y=c$, $y=d$로 둘러싸인 도형의 넓이 S는

$$S=\int_c^d |g(y)|\,dy = \begin{cases} g(y) & (g(y)\ge 0) \\ -g(y) & (g(y)<0) \end{cases}$$

두 곡선 사이의 넓이 B

두 함수 $f(x)$, $g(x)$가 닫힌구간 $[a,b]$에서 연속일 때, 두 곡선 $y=f(x)$, $y=g(x)$ 및 두 직선 $x=a$, $x=b$로 둘러싸인 도형의 넓이 S는

$$S=\int_a^b |f(x)-g(x)|\,dx = \int_a^b \{(위쪽에 있는 곡선의 식)-(아래쪽에 있는 곡선의 식)\}\,dx$$

참고 닫힌구간 $[a,b]$에서 두 곡선 $y=f(x)$, $y=g(x)$ 사이의 넓이를 구하는 방법
(ⅰ) 닫힌구간 $[a,b]$에서 두 곡선 $y=f(x)$, $y=g(x)$의 교점의 x좌표를 구한다.
(ⅱ) $f(x)-g(x)$의 값이 양수인 구간과 음수인 구간으로 나누어 정적분한다.

속도와 거리 C

수직선 위를 움직이는 점 P의 시각 t에서의 속도가 $v(t)$이고, 시각 $t=a$에서의 위치가 x_0일 때,

(1) 시각 t에서 점 P의 위치 x는

$$x=x_0+\int_a^t v(t)\,dt$$

(2) 시각 $t=a$에서 $t=b$까지 점 P의 위치의 변화량은

$$\int_a^b v(t)\,dt$$

(3) 시각 $t=a$에서 $t=b$까지 점 P가 움직인 거리 s는

$$s=\int_a^b |v(t)|\,dt$$

step 1 출제율 100% **우수 기출 대표 문제**

01 곡선과 x축 사이의 넓이

곡선 $f(x)=x^3-(a+1)x^2+ax$와 x축으로 둘러싸인 두 도형의 넓이가 같을 때, 상수 a의 값을 구하시오. (단, $a>1$)

02 곡선과 y축 사이의 넓이

곡선 $y=\sqrt{x-1}$과 y축 및 두 직선 $y=2$, $y=5$로 둘러싸인 도형의 넓이는?

① $\dfrac{125}{3}$ ② 42 ③ 46

④ $\dfrac{151}{3}$ ⑤ 53

03 곡선과 직선 사이의 넓이

오른쪽 그림과 같이 곡선 $y=x^2-3$과 직선 $y=2x$로 둘러싸인 도형의 넓이는?

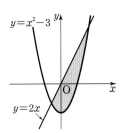

① $\dfrac{31}{3}$ ② $\dfrac{32}{3}$

③ $\dfrac{31}{2}$ ④ $\dfrac{33}{2}$

⑤ $\dfrac{35}{2}$

04 두 곡선 사이의 넓이

두 곡선 $y=3x^2-6x-4$, $y=-x^2+2x+8$로 둘러싸인 도형의 넓이가 $\dfrac{q}{p}$일 때, $p+q$의 값은?

(단, p, q는 서로소인 자연수이다.)

① 131 ② 133 ③ 135
④ 137 ⑤ 139

05 곡선과 접선 사이의 넓이

곡선 $y=x^3-x^2-x+2$ 위의 점 $(1, 1)$에서의 접선과 이 곡선으로 둘러싸인 도형의 넓이는?

① $\dfrac{2}{3}$ ② 1 ③ $\dfrac{4}{3}$

④ $\dfrac{5}{3}$ ⑤ 2

06 함수와 그 역함수의 그래프 사이의 넓이

함수 $f(x)=x^3+x-1$의 역함수를 $g(x)$라 할 때, $\displaystyle\int_1^9 g(x)\,dx$의 값은?

[2012년 교육청]

① $\dfrac{47}{4}$ ② $\dfrac{49}{4}$

③ $\dfrac{51}{4}$ ④ $\dfrac{53}{4}$

⑤ $\dfrac{55}{4}$

07 속도와 움직인 거리

지상 $35\,\mathrm{m}$ 높이에서 초속 $30\,\mathrm{m}$의 속도로 지면과 수직으로 쏘아 올린 로켓의 t초 후의 속도는
$$v(t)=30-10t\ (\mathrm{m/s})$$
라 한다. 이 로켓이 도달하는 최고 높이를 구하시오.

08 그래프에서의 위치와 움직인 거리

오른쪽 그림은 원점을 출발하여 수직선 위를 움직이는 점 P의 시각 t초 $(0\le t\le 8)$에서의 속도 $v(t)$를 나타낸 것이다. 점 P의 8초에서의 위치가 $\dfrac{20}{7}$일 때, 출발 후 8초 동안 점 P가 움직인 거리를 구하시오. (단, $k>0$)

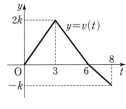

유형① 곡선과 좌표축 사이의 넓이

01 대표문항 〔빈출〕

오른쪽 그림과 같이 곡선
$y=x^2-6x+a$와 x축 및 y축으로
둘러싸인 도형의 넓이를 S_A, 이 곡
선과 x축으로 둘러싸인 도형의 넓
이를 S_B라 할 때, $S_A : S_B = 1 : 2$
가 성립하도록 하는 상수 a의 값을
구하시오.

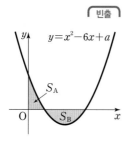

02

두 곡선 $y=f(x)$, $y=g(x)$가 각각 다음 그림과 같다.

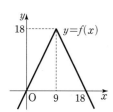 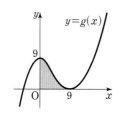

닫힌구간 $[0, 9]$에서 곡선 $y=g(x)$와 x축 및 y축으로 둘러
싸인 도형의 넓이가 40일 때, $\int_0^9 (f \circ g)(x)\,dx$의 값을 구
하시오.

03

최고차항의 계수가 1인 이차함수 $f(x)$가 $f(3)=0$이고,
$$\int_0^{2013} f(x)\,dx = \int_3^{2013} f(x)\,dx$$
를 만족시킨다. 곡선 $y=f(x)$와 x축으로 둘러싸인 부분의
넓이가 S일 때, $30S$의 값을 구하시오. [2013학년도 수능]

04

삼차함수 $y=f(x)$의 그래프가 오
른쪽 그림과 같다. 이때,
$$\int_0^x f(t)\,dt = 0$$
을 만족시키는 x의 개수를 구하시
오. (단, $x>0$)

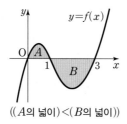

$(($A의 넓이$) < ($B의 넓이$))$

05

오른쪽 그림과 같이 한 변의 길이가 2
인 정사각형 OABC의 둘레 또는 내
부에서 움직이는 점 P가 있다. 점 P
에서 변 OA에 내린 수선의 발을 Q
라 하면 $\overline{OP}+\overline{OQ}=2$를 만족시키면
서 움직이는 점 P가 그리는 곡선이
정사각형 OABC를 두 도형으로 나눌 때, 큰 도형의 넓이를
구하시오.

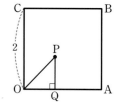

06

함수 $f(x)$를
$$f(x)=\int_0^1 t|t-x|\,dt$$
로 정의할 때, 곡선 $y=f(x)$와 x축 및 두 직선 $x=-2$,
$x=2$로 둘러싸인 도형의 넓이는?

① $\dfrac{7}{4}$ ② $\dfrac{23}{12}$ ③ $\dfrac{25}{12}$

④ $\dfrac{9}{4}$ ⑤ $\dfrac{29}{12}$

07

무리함수 $f(x)=2-\sqrt{\dfrac{k-1}{k}x+1}$의 그래프와 x축 및 y축
으로 둘러싸인 부분의 넓이를 $g(k)$라 할 때, **보기**에서 옳은
것만을 있는 대로 고른 것은? (단, $k>1$)

보기

ㄱ. $g(2)=\dfrac{8}{3}$

ㄴ. 모든 k에 대하여 $g(k)<\dfrac{3k}{2k-2}$이다.

ㄷ. 모든 k에 대하여 곡선 $y=f(x)$와 y축의 교점에서의
　　접선과 x축 및 y축으로 둘러싸인 도형의 넓이는
　　$\dfrac{3}{4}g(k)$이다.

① ㄱ   ② ㄱ, ㄴ   ③ ㄱ, ㄷ
④ ㄴ, ㄷ   ⑤ ㄱ, ㄴ, ㄷ

유형❷ 곡선과 직선 사이의 넓이

08 대표문항

다음 그림과 같이 곡선 $y=x^2$과 직선 $y=ax$ $(0<a<1)$로 둘러싸인 도형의 넓이를 S, 곡선 $y=x^2$과 두 직선 $y=ax$, $x=1$로 둘러싸인 도형의 넓이를 T라 하자. $S+T$의 값이 최소가 되도록 하는 실수 a의 값은?

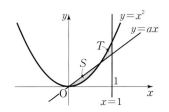

① $\dfrac{3\sqrt{2}}{10}$ ② $\dfrac{2\sqrt{2}}{5}$ ③ $\dfrac{\sqrt{2}}{2}$

④ $\dfrac{3\sqrt{2}}{5}$ ⑤ $\dfrac{7\sqrt{2}}{10}$

09

다음 그림과 같이 곡선 $y=\dfrac{1}{4}x^2$과 직선 $y=1$로 둘러싸인 도형이 있다. 곡선 $y=ax^2\left(a>\dfrac{1}{2}\right)$이 이 도형의 넓이를 3등분할 때, 상수 a의 값을 구하시오.

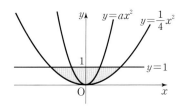

10

삼차함수 $y=f(x)$가 모든 실수 x에 대하여 $f(x)+f(a-x)=2a$를 만족시킨다. 곡선 $y=f(x)$와 직선 $y=x+\dfrac{a}{2}$가 서로 다른 세 점에서 만나고 $\displaystyle\int_0^a \{f(x)-x\}\,dx=18$일 때, 양수 a의 값을 구하시오.

11

이차함수 $f(x)=x^2$과 일차함수 $g(x)$가 있다. 곡선 $y=f(x)$ 위의 두 점 $P(t, t^2)$, $Q(g(t), \{g(t)\}^2)$에 대하여 선분 PQ와 곡선 $y=f(x)$로 둘러싸인 도형의 넓이가 t의 값에 관계없이 36일 때, $\displaystyle\int_{-6}^{3} (f \circ g)(t)\,dt$의 값을 구하시오.
(단, 두 점 P, Q는 $t<g(t)$를 만족시키면서 움직인다.)

12

오른쪽 그림과 같이 좌표평면 위의 두 점 $A(2, 0)$, $B(0, 3)$을 지나는 직선과 곡선 $y=ax^2$ $(a>0)$ 및 y축으로 둘러싸인 부분 중에서 제1사분면에 있는 부분의 넓이를 S_1이라 하자. 또, 직선 AB와 곡선 $y=ax^2$ 및 x축으로 둘러싸인 부분의 넓이를 S_2라 하자. $S_1 : S_2 = 13 : 3$일 때, 상수 a의 값은? [2013년 교육청]

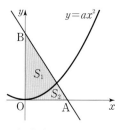

① $\dfrac{2}{9}$ ② $\dfrac{1}{3}$ ③ $\dfrac{4}{9}$

④ $\dfrac{5}{9}$ ⑤ $\dfrac{2}{3}$

유형❸ 곡선과 접선 사이의 넓이

13 대표문항

곡선 $y=x^2-2x+3$과 이 곡선 밖의 한 점 $(1, -2)$에서 이 곡선에 그은 두 접선으로 둘러싸인 도형의 넓이를 S라 할 때, $12S$의 값은?

① 58   ② 60   ③ 62

④ 64   ⑤ 66

14

함수 $f(x)=(x+2)^2-|4x+4|$의 그래프와 직선 $g(x)=mx+n$은 두 점에서 접한다. 두 함수 $y=f(x)$, $y=g(x)$의 그래프로 둘러싸인 도형의 넓이를 S라 할 때, $(m-n)S$의 값을 구하시오. (단, m, n은 상수이다.)

15

곡선 $y=x^3$ 위의 점 $A(a, a^3)$에서의 접선이 이 곡선과 점 B에서 만나고, 점 B에서의 접선은 이 곡선과 점 C에서 만난다고 하자. 선분 BC와 이 곡선 사이의 넓이를 선분 AB와 이 곡선 사이의 넓이로 나눈 값은? (단, $a \neq 0$) [2013학년도 경찰대]

① 4   ② 8   ③ 16

④ 32   ⑤ 64

유형❹ 두 곡선 사이의 넓이

16 대표문항   서술형

두 곡선 $f(x)=x^3-4x$, $g(x)=2x^2+ax+b$가 $x=2$인 점에서 접할 때, 두 곡선 $y=f(x)$, $y=g(x)$로 둘러싸인 도형의 넓이를 구하시오. (단, a, b는 상수이다.)

17

두 곡선 $y=8kx^3$, $y=-\dfrac{1}{2k}x^3$과 직선 $x=1$로 둘러싸인 도형의 넓이는 $k=p$일 때 최솟값 q를 갖는다. 이때, $16p+q$의 값은? (단, $k>0$)

① 1   ② 2   ③ 3

④ 4   ⑤ 5

18

오른쪽 그림과 같이 곡선 $y=x^2$과 양수 t에 대하여 세 점 $O(0, 0)$, $A(t, 0)$, $B(t, t^2)$을 지나는 원 C가 있다. 원 C의 내부와 곡선 $y=x^2$의 아래쪽의 공통부분의 넓이를 $S(t)$라 할 때,

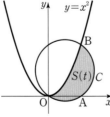

$S'(1)=\dfrac{p\pi+q}{4}$이다. p^2+q^2의 값을 구하시오.

(단, p, q는 정수이다.) [2013학년도 평가원]

19

오른쪽 그림과 같이 이차함수 $y=3(x-1)^2$의 그래프와 이 함수를 x축, y축 및 원점에 대하여 각각 대칭이동한 세 개의 이차함수의 그래프로 둘러싸인 도형을 S라 하자. 이차함수 $y=3(x-1)^2$의 그래프를 x축의 방향으로 -1만큼, y축의 방향으로 k만큼 평행이동한 함수의 그래프가 도형 S의 넓이를 이등분할 때, 상수 k의 값은?

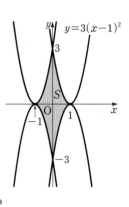

① $4-2\sqrt{2}$ ② $4-2\sqrt{3}$ ③ $3-3\sqrt{2}$

④ $3-2\sqrt{2}$ ⑤ $3-2\sqrt{3}$

20

다음 그림과 같이 곡선 $y=x^2$에 반지름의 길이가 1인 원이 두 점 A, B에서 접하고 있다. 원의 호 APB와 곡선 $y=x^2$으로 둘러싸인 도형의 넓이를 구하시오.

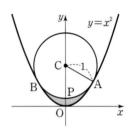

유형❺ 역함수의 그래프와 넓이

21 대표문항

다음 그림은 함수 $f(x)$의 역함수 $y=g(x)$의 그래프를 나타낸 것이다. $g(5)=0$, $g(32)=3$이고

$$2\int_{g(5)}^{g(32)} f(x)\,dx + \int_{f(0)}^{f(3)} g(x)\,dx = 112$$일 때,

$\displaystyle\int_{g(5)}^{g(32)} f(x)\,dx$의 값을 구하시오.

22

실수 전체의 집합에서 증가하는 삼차함수 $f(x)$의 역함수를 $g(x)$라 할 때, 두 함수 $f(x)$와 $g(x)$는 다음 조건을 만족시킨다.

> ㈎ 모든 실수 x에 대하여 $f(-x)=-f(x)$이다.
> ㈏ $f(4)=g(4)$

두 곡선 $y=f(x)$, $y=g(x)$로 둘러싸인 도형의 넓이의 최댓값을 구하시오.

23

삼차함수 $f(x)=x^3+\dfrac{n}{2}x^2+2x-4$의 역함수가 존재하도록 하는 자연수 n의 값이 최대일 때, 곡선 $y=f(x)$와 그 역함수 $y=g(x)$의 그래프 및 직선 $y=-x-4$로 둘러싸인 도형의 넓이가 $\dfrac{q}{p}$이다. $p+q$의 값을 구하시오.

(단, p, q는 서로소인 자연수이다.)

유형❻ 직선 위의 점의 위치와 움직인 거리

24 대표문항 〔빈출〕

원점을 출발하여 수직선 위를 움직이는 점이 있다. 움직이기 시작한 점의 t초 후의 속도가 $v(t)=t^2-4t+3$일 때, 움직이기 시작한 점의 4초 후의 위치는 원점에서 양의 방향으로 a만큼 떨어져 있고, 4초 동안 움직인 거리는 b이다. 이때, $6a+3b$의 값은?

① 12 　　　　② 14 　　　　③ 16
④ 18 　　　　⑤ 20

25

지면에서 a m/s의 속도로 수직 방향으로 쏘아 올린 물 로켓의 t초 후의 속도는 $v(t)=a-10t$ (m/s)라 한다. 지면에서 수직 방향으로 쏘아 올린 물 로켓이 올라갈 수 있는 최고 높이가 20 m 이상이 되도록 하는 a의 최솟값은? (단, $a>0$)

① 10 　　　　② 15 　　　　③ 20
④ 25 　　　　⑤ 30

26

원점에서 동시에 출발하여 수직선 위를 움직이는 두 점 P, Q의 시각 t에서의 속도가 각각 $f(t)=t^2-2t$,
$g(t)=-t^2+4t$이다. 두 점 P, Q가 출발 후 처음으로 다시 만날 때까지 두 점 P, Q 사이의 거리의 최댓값을 구하시오.

27

일직선 위를 달리는 자동차가 출발하여 처음 36 m까지 달리는 동안은 시각 t초에서의 속도가
$$v(t)=-2t^2+12t \text{ (m/s)}$$
이고, 그 후로는 속도가 일정하게 감소하다가 속도가 0이 되면 정지한다고 한다. 이 자동차의 속도가 증가하는 시간과 감소하는 시간의 비가 1 : 2일 때, 출발 후 정지할 때까지 움직인 거리를 구하시오.

28 〔신유형〕

원점에서 출발하여 수직선 위를 움직이는 점 P의 시각 t $(0\leq t\leq 8)$에서의 속력 $s(t)$는 다음 조건을 만족시킨다.

> ㈎ $s(t)=\begin{cases} 2t & (0\leq t<1) \\ 4-2t & (1\leq t\leq 2) \end{cases}$
> ㈏ $0\leq t\leq 6$인 실수 t에 대하여 $s(t)=s(t+2)$

보기에서 옳은 것만을 있는 대로 고른 것은? (단, 시각 t에서의 속도 함수는 연속이고, 점 P는 출발 후 적어도 한 번 운동 방향을 바꾼다.)

> • 보기 •
> ㄱ. 점 P가 시각 $t=0$부터 $t=8$까지 움직인 거리는 8이다.
> ㄴ. 점 P가 운동 방향을 세 번 바꾸면 점 P의 시각 $t=8$에서의 위치는 0이다.
> ㄷ. 점 P의 시각 $t=a$에서의 위치가 6이 되려면 점 P는 출발 후 운동 방향을 한 번만 바꾸어야 한다.

① ㄱ 　　　　② ㄱ, ㄴ 　　　　③ ㄱ, ㄷ
④ ㄴ, ㄷ 　　　　⑤ ㄱ, ㄴ, ㄷ

유형❼ 그래프에서의 위치와 움직인 거리

29 대표문항

오른쪽 그림은 원점을 출발
하여 수직선 위를 움직이는
점 P의 시각 t $(0 \leq t \leq d)$에
서의 속도 $v(t)$를 나타내는
그래프이다.

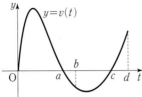

$\int_0^a |v(t)| dt = \int_a^d |v(t)| dt$일 때, **보기**에서 옳은 것만을 있
는 대로 고른 것은? (단, $0 < a < b < c < d$)

• 보기 •

ㄱ. 점 P는 출발하고 나서 원점을 다시 지난다.

ㄴ. $\int_0^c v(t) dt = \int_c^d v(t) dt$

ㄷ. $\int_0^b v(t) dt = \int_b^d |v(t)| dt$

---

① ㄴ   ② ㄷ   ③ ㄱ, ㄴ

④ ㄴ, ㄷ   ⑤ ㄱ, ㄴ, ㄷ

30

원점을 출발하여 수직선 위를 움직이는 두 점 P, Q의 t초 후
의 속도를 각각 $f(t)$, $g(t)$라 하면 두 함수 $y = f(t)$,
$y = g(t)$의 그래프는 다음 그림과 같다.

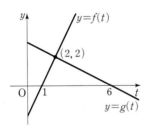

움직이는 두 점 P, Q가 원점을 동시에 출발하여 a초 후에
처음으로 다시 만날 때, a의 값을 구하시오. (단, $a > 0$)

31

수직선 위를 움직이는 점
P의 시각 t $(0 \leq t \leq c)$에
서의 속도 $v(t)$의 그래프
가 오른쪽 그림과 같다.
점 P의 시각 t에서의 위
치를 $s(t)$라 할 때, $s(0) = s(c) = 1$, $s(b) = 0$이다. **보기**에
서 옳은 것만을 있는 대로 고른 것은?

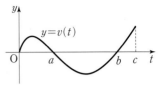

• 보기 •

ㄱ. $\int_0^c v(t) dt = 0$

ㄴ. $\int_a^b v(t) dt = -\int_0^a v(t) dt - 1$

ㄷ. $s(t) = 1$인 t가 열린구간 $(0, c)$에 오직 하나만 존재
한다.

---

① ㄱ   ② ㄱ, ㄴ   ③ ㄱ, ㄷ

④ ㄴ, ㄷ   ⑤ ㄱ, ㄴ, ㄷ

32 1등급

원점을 출발하여 수직선 위를 움직이는 두 점 A, B가 있다.
다음 그림은 시각 t $(0 \leq t \leq 30)$에서의 점 A의 속도 $f(t)$의
그래프와 점 B의 속도 $g(t)$의 그래프를 나타낸 것이다.

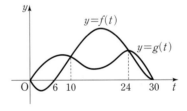

$\int_0^6 |f(t)| dt = \int_6^{10} |f(t)| dt$이고 시각 $t = 30$에서 두 점
A, B는 같은 위치에 있을 때, **보기**에서 옳은 것만을 있는 대
로 고른 것은?

• 보기 •

ㄱ. $\int_{10}^{30} f(t) dt = \int_0^{30} g(t) dt$

ㄴ. $10 < t < 24$에서 두 점 A, B는 한 번 만난다.

ㄷ. $t = 24$일 때, 두 점 A, B 사이의 거리가 최대이다.

---

① ㄱ   ② ㄴ   ③ ㄱ, ㄴ

④ ㄱ, ㄷ   ⑤ ㄴ, ㄷ

01

오른쪽 그림과 같이 한 변의 길이가 3 인 정사각형 ABCD가 있다. 점 P는 점 A를 출발하여 시계 반대 방향으로, 점 Q는 점 B를 출발하여 시계 방향으로 변을 따라 움직이고 있다. 두 점 P, Q가 출발한 후 t초가 지났을 때의 속력이 각각 $6t$, $2t+1$일 때, 두 점 P, Q가 동시에 출발하여 네 번째로 만나는 것은 출발한 후 a초가 지났을 때이다. a의 값을 구하시오.

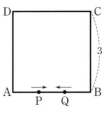

02

모든 실수에서 미분가능한 함수 $f(x)$가 다음 조건을 만족시킨다.

> (가) 모든 실수 x에 대하여 $f'(x) \geq 1$
> (나) $\displaystyle\lim_{x \to 2} f(x) = 0$

$\displaystyle\int_2^5 f(x)\,dx = 20$일 때, $\displaystyle\int_{-2}^5 f(x)\,dx$의 최댓값을 구하시오.

03

좌표평면 위에 네 점 O(0, 0), A(1, 0), B(1, 1), C(0, 1)을 꼭짓점으로 하는 정사각형 OABC가 있다. 곡선 $y = x^4$과 직선 $y = k$ $(0 < k < 1)$에 의하여 정사각형 OABC를 네 영역으로 나눌 때, 다음 그림과 같이 네 영역의 넓이를 각각 S_1, S_2, S_3, S_4라 하자. 이때, $|S_1 - S_3| + |S_2 - S_4|$의 최솟값을 구하시오.

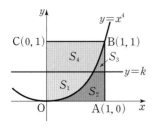

04

이차함수 $f(x) = (x-1)^2$의 그래프 위에 점 $P(a, f(a))$ $(0 \leq a < 1)$가 있다. 이차함수 $y = f(x)$의 그래프와 점 P에서의 접선 및 x축 또는 y축으로 둘러싸인 도형의 넓이의 최솟값을 S라 할 때, $27S$의 값을 구하시오.

05

$x \geq 0$에서 정의된 삼차함수 $f(x)$는 $f(0) = 0$이고, $x > 0$인 모든 실수 x에 대하여 $f'(x) \geq 0$을 만족시킨다. 함수 $f(x)$의 역함수 $g(x)$에 대하여 함수 $h(x)$를

$$h(x) = \int_0^x \{f(t) - g(t)\}\,dt \ (x \geq 0)$$

라 하면 함수 $y = h(x)$의 그래프는 오른쪽 그림과 같다. 함수 $h(x)$가 $x = 8$일 때 극댓값 32를 갖고, $x = 12$일 때 극솟값 27을 갖는다고 한다. 이때, $\displaystyle\int_0^{12} g(t)\,dt$의 값을 구하시오.

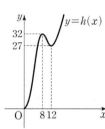

06

삼차함수 $f(x)$의 도함수 $f'(x)$에 대하여 $y = f'(x)$의 그래프와 x축 및 두 직선 $x = a$, $x = b$로 둘러싸인 도형의 넓이를 오른쪽 그림과 같이 각각 A, B, C라 하면 다음 조건을 만족시킨다.

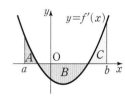

> (가) $\displaystyle\int_a^b f'(x)\,dx = 3$
> (나) $A : B = 1 : 3$
> (다) 함수 $f(x)$의 극댓값은 6, 극솟값은 -9이다.

$a \leq x \leq b$에서 방정식 $f(x) = k$의 서로 다른 실근이 2개이기 위한 모든 정수 k의 개수를 구하시오. (단, $a < b$)

정답체크 p. 3 | 정답과 해설 pp. 149~150

유형 1 정적분의 활용(넓이)

출제경향 정적분과 넓이의 관계를 활용하여 곡선과 좌표축으로 둘러싸인 도형의 넓이, 두 곡선으로 둘러싸인 도형의 넓이를 구하는 문제로, 기본 문제부터 응용 문제까지 다양하게 출제되고 있다.

공략비법

(1) 곡선 $y=f(x)$와 x축 및 두 직선 $x=a$, $x=b$로 둘러싸인 도형의 넓이 S는

$$S=\int_a^b |f(x)|\,dx$$

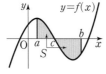

(2) 두 곡선 $y=f(x)$, $y=g(x)$ 및 두 직선 $x=a$, $x=b$로 둘러싸인 도형의 넓이 S는

$$S=\int_a^b |f(x)-g(x)|\,dx$$

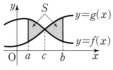

이때, 두 곡선 $y=f(x)$, $y=g(x)$의 위치 관계를 파악하여 계산해야 한다.

유형 2 정적분의 활용(직선 위의 운동)

출제경향 속도의 적분을 이용하여 수직선 위의 점의 위치, 위치의 변화량, 움직인 거리를 구하는 문제로, 속도의 함수 식이나 그래프가 주어지고 이에 대한 설명으로 옳은 것을 고르는 합답형 문제가 출제되고 있다.

공략비법

수직선 위를 움직이는 점 P의 시각 t에서의 속도가 $v(t)$이고, 시각 $t=a$에서의 위치가 x_0일 때

(1) 시각 t에서 점 P의 위치 x는

$$x=x_0+\int_a^t v(t)\,dt$$

(2) 시각 $t=a$에서 $t=b$까지 점 P의 위치의 변화량은

$$\int_a^b v(t)\,dt$$

(3) 시각 $t=a$에서 $t=b$까지 점 P가 움직인 거리 s는

$$s=\int_a^b |v(t)|\,dt$$

---

1 대표 · 2018학년도 9월 평가원 | 4점

두 함수 $f(x)$와 $g(x)$가

$$f(x)=\begin{cases} 0 & (x\le 0) \\ x & (x>0) \end{cases},\ g(x)=\begin{cases} x(2-x) & (|x-1|\le 1) \\ 0 & (|x-1|>1) \end{cases}$$

이다. 양의 실수 k, a, b $(a<b<2)$에 대하여, 함수 $h(x)$를

$$h(x)=k\{f(x)-f(x-a)-f(x-b)+f(x-2)\}$$

라 정의하자. 모든 실수 x에 대하여 $0\le h(x)\le g(x)$일 때, $\displaystyle\int_0^2 \{g(x)-h(x)\}\,dx$의 값이 최소가 되게 하는 k, a, b에 대하여 $60(k+a+b)$의 값을 구하시오.

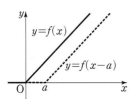 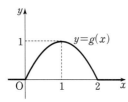

2 대표 · 2011학년도 수능 | 4점

원점을 출발하여 수직선 위를 움직이는 점 P의 시각 t $(0\le t\le 5)$에서의 속도 $v(t)$가 다음과 같다.

$$v(t)=\begin{cases} 4t & (0\le t<1) \\ -2t+6 & (1\le t<3) \\ t-3 & (3\le t\le 5) \end{cases}$$

$0<x<3$인 실수 x에 대하여 점 P가

　시각 $t=0$에서 $t=x$까지 움직인 거리,

　시각 $t=x$에서 $t=x+2$까지 움직인 거리,

　시각 $t=x+2$에서 $t=5$까지 움직인 거리

중에서 최소인 값을 $f(x)$라 할 때, **보기**에서 옳은 것만을 있는 대로 고른 것은?

> **보기**
>
> ㄱ. $f(1)=2$
>
> ㄴ. $f(2)-f(1)=\displaystyle\int_1^2 v(t)\,dt$
>
> ㄷ. 함수 $f(x)$는 $x=1$에서 미분가능하다.

① ㄱ　　　　② ㄴ　　　　③ ㄱ, ㄴ

④ ㄱ, ㄷ　　　⑤ ㄴ, ㄷ

● 특수한 함수의 정적분

연속함수 $f(x)$가

(1) 모든 실수 x에 대하여 $f(-x)=f(x)$를 만족시킬 때, $\displaystyle\int_{-a}^{a} f(x)\,dx=2\int_{0}^{a} f(x)\,dx$

(2) 모든 실수 x에 대하여 $f(-x)=-f(x)$를 만족시킬 때, $\displaystyle\int_{-a}^{a} f(x)\,dx=0$

(3) 모든 실수 x에 대하여 $f(x)=f(x+p)$를 만족시킬 때, $\displaystyle\int_{a}^{b} f(x)\,dx=\int_{a+p}^{b+p} f(x)\,dx$

(4) 모든 실수 x에 대하여 $f(p-x)=f(p+x)$를 만족시킬 때, $\displaystyle\int_{p-a}^{p+a} f(x)\,dx=2\int_{p}^{p+a} f(x)\,dx$

● 포물선과 x축, 포물선과 직선, 포물선과 포물선 사이의 넓이

(1) 포물선이 x축과 두 점에서 만나는 경우

이차함수 $f(x)=ax^2+bx+c$의 그래프가 x축과 두 점에서 만날 때, 두 교점의 x좌표를 각각 α, β $(\alpha<\beta)$라 하면 포물선과 x축으로 둘러싸인 도형의 넓이 S는

$$S=\frac{|a|(\beta-\alpha)^3}{6}$$

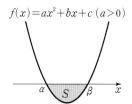
$f(x)=ax^2+bx+c \ (a>0)$

증명 이차방정식 $ax^2+bx+c=0$의 두 실근이 α, β $(\alpha<\beta)$이므로
$ax^2+bx+c=a(x-\alpha)(x-\beta)$

$\therefore S=\displaystyle\int_{\alpha}^{\beta} |ax^2+bx+c|\,dx=\int_{\alpha}^{\beta} |a(x-\alpha)(x-\beta)|\,dx=|a|\int_{\alpha}^{\beta} \{-(x-\alpha)(x-\beta)\}\,dx$

$=|a|\displaystyle\int_{\alpha}^{\beta} \{-x^2+(\alpha+\beta)x-\alpha\beta\}\,dx=|a|\left[-\frac{x^3}{3}+\frac{\alpha+\beta}{2}x^2-\alpha\beta x \right]_{\alpha}^{\beta}=\frac{|a|}{6}\left[-2x^3+3(\alpha+\beta)x^2-6\alpha\beta x \right]_{\alpha}^{\beta}$

$=\dfrac{|a|}{6}\{(-2\beta^3+3\alpha\beta^2+3\beta^3-6\alpha\beta^2)-(-2\alpha^3+3\alpha^3+3\alpha^2\beta-6\alpha^2\beta)\}=\dfrac{|a|}{6}(\beta^3-3\alpha\beta^2+3\alpha^2\beta-\alpha^3)$

$=\dfrac{|a|(\beta-\alpha)^3}{6}$

(2) 포물선이 직선과 서로 다른 두 점에서 만나는 경우

이차함수 $f(x)=ax^2+bx+c$의 그래프와 직선 $g(x)=mx+n$이 서로 다른 두 점에서 만날 때, 두 교점의 x좌표를 각각 α, β $(\alpha<\beta)$라 하면 포물선과 직선으로 둘러싸인 도형의 넓이 S는

$$S=\frac{|a|(\beta-\alpha)^3}{6}$$

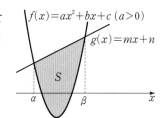
$f(x)=ax^2+bx+c \ (a>0)$
$g(x)=mx+n$

증명 이차방정식 $ax^2+bx+c=mx+n$의 두 실근이 α, β $(\alpha<\beta)$이므로
$ax^2+bx+c-(mx+n)=a(x-\alpha)(x-\beta)$

$\therefore S=\displaystyle\int_{\alpha}^{\beta} |ax^2+bx+c-(mx+n)|\,dx=\int_{\alpha}^{\beta} |a(x-\alpha)(x-\beta)|\,dx=\frac{|a|(\beta-\alpha)^3}{6}$

(3) 두 개의 포물선이 서로 다른 두 점에서 만나는 경우

두 이차함수 $f(x)=ax^2+bx+c$, $g(x)=a'x^2+b'x+c'$의 그래프가 서로 다른 두 점에서 만날 때, 두 교점의 x좌표를 각각 α, β $(\alpha<\beta)$라 하면 두 포물선으로 둘러싸인 도형의 넓이 S는

$$S=\frac{|a-a'|(\beta-\alpha)^3}{6}$$

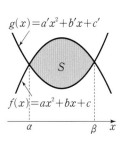
$g(x)=a'x^2+b'x+c'$
$f(x)=ax^2+bx+c$

증명 이차방정식 $ax^2+bx+c=a'x^2+b'x+c'$의 두 실근이 α, β $(\alpha<\beta)$이므로
$ax^2+bx+c-(a'x^2+b'x+c')=(a-a')(x-\alpha)(x-\beta)$

$\therefore S=\displaystyle\int_{\alpha}^{\beta} |ax^2+bx+c-(a'x^2+b'x+c')|\,dx=\int_{\alpha}^{\beta} |(a-a')(x-\alpha)(x-\beta)|\,dx$

$=\dfrac{|a-a'|(\beta-\alpha)^3}{6}$

Tomorrow
better than today

memo

OX로 개념을 적용하는
고등 국어 문제 기본서

더 THE 개념
블랙라벨

국어

국어 문학   국어 독서   국어 문법

개념은 빠짐없이! 설명은 분명하게!
연습은 충분하게! 내신과 수능까지!

B L A C K L A B E L

짧은 호흡, 다양한 도식과 예문으로	꼼꼼한 OX 문제, 충분한 드릴형 문제로	내신형 문제부터 수능 고난도까지
직관적인 개념 학습	**국어 개념 완벽 훈련**	**내신 만점 수능 만점**

개념부터 심화까지
1등급을 위한
고등 수학 기본서

더 THE 개념
블랙라벨

수학

고등 수학(상)
고등 수학(하)

수학 I
수학 II

확률과 통계
미적분

더 확장된 개념! 더 최신 트렌드!
더 어려운 문제! 더 친절한 해설!

B L A C K L A B E L

사고력을 키워 주고
문제해결에 필요한

예시와 증명으로
스스로 학습 가능한

트렌드를 분석하여
엄선한 필수 문제로

확 장 된
개 념

자 세 한
설 명

최　　신
기 출 문 제

blacklabel

블랙라벨은 최고의 제품에만 허락되는 이름입니다

1등급을 위한 명품 수학 블랙라벨

2015 개정교과 수학 Ⅱ

정답과 해설

WHITE
label

서술형 문항의
원리를 푸는 열쇠

화 이 트 라 벨

| 서술형 문장완성북 | 서술형 핵심패턴북

링크랭크

마인드맵으로 쉽게
우선순위로 빠르게

링 크 랭 크

| 고등 VOCA | 수능 VOCA

정답과 해설

1등급을 위한 명품 수학 블랙라벨

Speed Check

05. 도함수의 활용(2)

Step 1 / 우수 기출 대표 문제   pp.49~50

01 ⑤   02 ③   03 6   04 ③
05 ④   06 ③   07 ②   08 5
09 ①   10 ④   11 $a<1$ 12 ①
13 ④   14 18   15 8π cm³/s

Step 2 / 최고의 변별력 문제   pp.51~55

01 ⑤   02 ⑤   03 2   04 ①   05 15   06 ②   07 ②
08 $\dfrac{75\sqrt{3}}{4}$ 09 16   10 $-1\leq a<0$ 11 ③   12 ⑤   13 ③
14 122   15 ⑤   16 ③   17 ⑤   18 -12 19 1   20 ④   21 ①
22 16   23 ③   24 90   25 ⑤   26 13   27 111   28 15   29 $\dfrac{2\sqrt{5}}{5}$
30 150 cm³/s   31 48 cm²/s   32 6   33 3   34 18π cm³/s

Step 3 / 종합 사고력 문제   p.56

01 $\dfrac{5-\sqrt{2}}{4}$ 02 ⑤   03 $-\dfrac{2\sqrt{6}}{9}$
04 ①   05 ③   06 -3 07 65
08 384 cm³/s

이것이 수능   p.57

1 ①   2 ②
3 ②   4 ⑤

Ⅲ 적분

06. 정적분

Step 1 / 우수 기출 대표 문제   pp.61~62

01 ⑤   02 6   03 ③   04 ④
05 1   06 ⑤   07 ⑤   08 ①
09 20   10 70   11 ②   12 49
13 ②   14 8   15 ③   16 ③

Step 2 / 최고의 변별력 문제   pp.63~67

01 -10 02 ⑤   03 ②   04 ①   05 ④   06 ⑤   07 ③   08 ⑤
09 $\dfrac{17}{3}$ 10 3   11 14   12 ⑤   13 $\dfrac{3}{2}$ 14 ④   15 19   16 167
17 5   18 ④   19 3   20 2   21 ⑤   22 72   23 ①   24 70
25 ③   26 50   27 -4 28 8   29 -23 30 $\dfrac{17}{27}$ 31 2   32 ⑤
33 ⑤

Step 3 / 종합 사고력 문제   p.68

01 77   02 35   03 ④   04 4   05 2
06 -16

이것이 수능   p.69

1 ①   2 137
3 ②   4 ②

07. 정적분의 활용

Step 1 / 우수 기출 대표 문제   p.71

01 2   02 ②   03 ②   04 ①
05 ③   06 ③   07 80 m   08 4

Step 2 / 최고의 변별력 문제   pp.72~76

01 6   02 80   03 40   04 2   05 $\dfrac{8}{3}$ 06 ④   07 ⑤   08 ③
09 $\dfrac{9}{4}$ 10 6   11 243   12 ②   13 ④   14 16   15 ③   16 $\dfrac{64}{3}$
17 ⑤   18 13   19 ⑤   20 $\dfrac{3\sqrt{3}}{4}-\dfrac{\pi}{3}$ 21 16   22 16   23 85
24 ⑤   25 ③   26 9   27 90 m   28 ⑤   29 ④   30 4   31 ⑤
32 ③

Step 3 / 종합 사고력 문제   p.77

01 3   02 12   03 $\dfrac{3}{5}$ 04 1   05 $\dfrac{117}{2}$
06 10

이것이 수능   p.78

1 200   2 ①

I 함수의 극한과 연속

01 함수의 극한

Step 1   출제율 100% 우수 기출 대표 문제   p. 9

01 ④	02 ③	03 ②	04 ④	05 9
06 13	07 ③	08 4		

01 $\lim\limits_{x \to 1-} f(x) = -3$, $\lim\limits_{x \to 1+} f(x) = 7$이므로

$$\lim_{x \to 1-} f(x) = \lim_{x \to 1-} (-3x^2 + a)$$
$$= -3 + a = -3$$

$\therefore a = 0$

$$\lim_{x \to 1+} f(x) = \lim_{x \to 1+} (x^2 - bx + 2b)$$
$$= 1 - b + 2b$$
$$= b + 1 = 7$$

$\therefore b = 6$

$\therefore a + b = 6$ 답 ④

02 $\lim\limits_{x \to 2-} [x] = 1$이므로

$$\lim_{x \to 2-} f(x) = \lim_{x \to 2-} ([x]^2 - a[x])$$
$$= 1^2 - a \times 1 = 1 - a$$

$\lim\limits_{x \to 2+} [x] = 2$이므로

$$\lim_{x \to 2+} f(x) = \lim_{x \to 2+} ([x]^2 - a[x])$$
$$= 2^2 - a \times 2 = 4 - 2a$$

이때, $\lim\limits_{x \to 2} f(x)$의 값이 존재하려면

$\underset{\underset{(좌극한)}{\big|}}{\lim\limits_{x \to 2-}} f(x) = \underset{\underset{(우극한)}{}}{\lim\limits_{x \to 2+}} f(x)$이어야 하므로

$1 - a = 4 - 2a$ $\therefore a = 3$ 답 ③

> **blacklabel 특강**   필수 원리
>
> $x = n + a$ (n은 정수, $0 \le a < 1$)일 때, $[x] = n$이므로
> $\lim\limits_{x \to n-} [x] = n-1$, $\lim\limits_{x \to n+} [x] = n$이다.

03 주어진 그래프에서 $\lim\limits_{x \to 0-} f(x) = -1$

한편, $\lim\limits_{x \to -1+} f(-x)$에서 $-x = t$로 놓으면

$x \to -1+$일 때 $t \to 1-$이므로

$$\lim_{x \to -1+} f(-x) = \lim_{t \to 1-} f(t) = 1$$

또한, $\lim\limits_{x \to \infty} f\left(\dfrac{2}{x}\right)$에서 $\dfrac{2}{x} = s$로

놓으면 $x \to \infty$일 때

$s \to 0+$이므로

$$\lim_{x \to \infty} f\left(\frac{2}{x}\right) = \lim_{s \to 0+} f(s) = 0$$

$$\therefore \lim_{x \to 0-} f(x) + \lim_{x \to -1+} f(-x) + \lim_{x \to \infty} f\left(\frac{2}{x}\right)$$
$$= -1 + 1 + 0 = 0$$ 답 ②

04 $\lim\limits_{x \to \infty} \dfrac{x(\sqrt{x^2 + 2x} - x)}{3x + 2}$

$$= \lim_{x \to \infty} \frac{x(\sqrt{x^2 + 2x} - x)(\sqrt{x^2 + 2x} + x)}{(3x + 2)(\sqrt{x^2 + 2x} + x)}$$

$$= \lim_{x \to \infty} \frac{x(x^2 + 2x - x^2)}{(3x + 2)(\sqrt{x^2 + 2x} + x)}$$

$$= \lim_{x \to \infty} \frac{2x^2}{(3x + 2)(\sqrt{x^2 + 2x} + x)}$$

$$= \lim_{x \to \infty} \frac{2}{\left(3 + \dfrac{2}{x}\right)\left(\sqrt{1 + \dfrac{2}{x}} + 1\right)}$$

$$= \frac{2}{3(1 + 1)} = \frac{1}{3}$$

$$\lim_{x \to 1-} \frac{x^2 + 3x - 4}{|x - 1|} = \lim_{x \to 1-} \frac{(x + 4)(x - 1)}{-(x - 1)}$$
$$= \lim_{x \to 1-} \{-(x + 4)\}$$
$$= -5$$

$$\therefore \lim_{x \to \infty} \frac{x(\sqrt{x^2 + 2x} - x)}{3x + 2} + \lim_{x \to 1-} \frac{x^2 + 3x - 4}{|x - 1|}$$

$$= \frac{1}{3} - 5 = -\frac{14}{3}$$ 답 ④

05 $\lim\limits_{x \to a} \dfrac{x^2 + (3 - a)x - 3a}{x^2 - x - 6} = b$에서 $b \ne 0$이고, $x \to a$일 때

(분자) $\to 0$이므로 (분모) $\to 0$이어야 한다.

즉, $\lim\limits_{x \to a} (x^2 - x - 6) = 0$이므로

$a^2 - a - 6 = 0$, $(a + 2)(a - 3) = 0$

$\therefore a = -2$ 또는 $a = 3$

(i) $a = -2$일 때,

$$b = \lim_{x \to a} \frac{x^2 + (3 - a)x - 3a}{x^2 - x - 6}$$
$$= \lim_{x \to -2} \frac{x^2 + 5x + 6}{x^2 - x - 6} = \lim_{x \to -2} \frac{(x + 3)(x + 2)}{(x + 2)(x - 3)}$$
$$= \lim_{x \to -2} \frac{x + 3}{x - 3} = -\frac{1}{5}$$

그런데 $b > 0$이라는 조건을 만족시키지 않는다.

(ii) $a = 3$일 때,

$$b = \lim_{x \to a} \frac{x^2 + (3 - a)x - 3a}{x^2 - x - 6}$$
$$= \lim_{x \to 3} \frac{x^2 - 9}{x^2 - x - 6} = \lim_{x \to 3} \frac{(x + 3)(x - 3)}{(x + 2)(x - 3)}$$
$$= \lim_{x \to 3} \frac{x + 3}{x + 2} = \frac{6}{5}$$

(i), (ii)에서 $a = 3$, $b = \dfrac{6}{5}$이므로

$a + 5b = 3 + 5 \times \dfrac{6}{5} = 9$ 답 9

06 $\lim\limits_{x \to \infty} \dfrac{f(x)}{2x^2-x-1}=\dfrac{1}{2}$에서 $x \to \infty$일 때 (분모) $\to \infty$이고, 극한값이 $\dfrac{1}{2}$이므로 $f(x)$는 최고차항의 계수가 1인 이차함수이다.

한편, $\lim\limits_{x \to 1} \dfrac{f(x)}{2x^2-x-1}=4$에서 극한값이 존재하고 $x \to 1$일 때 (분모) $\to 0$이므로 (분자) $\to 0$이어야 한다.

즉, $\lim\limits_{x \to 1} f(x)=0$이므로 $f(1)=0$

$f(x)=(x-1)(x-a)$ (a는 상수)라 하면

$\lim\limits_{x \to 1} \dfrac{f(x)}{2x^2-x-1}=\lim\limits_{x \to 1} \dfrac{(x-1)(x-a)}{(2x+1)(x-1)}$

$=\lim\limits_{x \to 1} \dfrac{x-a}{2x+1}$

$=\dfrac{1-a}{3}=4$

$1-a=12$ $\quad \therefore a=-11$

따라서 $f(x)=(x-1)(x+11)$이므로

$f(2)=13$ 답 13

07 $x^2+2x+4=(x+1)^2+3>0$이므로

부등식 $-2(x-3)<\dfrac{f(x)}{x-2}<\dfrac{6}{x+1}$의 각 변을 x^2+2x+4로 나누면

$-\dfrac{2(x-3)}{x^2+2x+4}<\dfrac{f(x)}{x^3-8}<\dfrac{6}{(x+1)(x^2+2x+4)}$

이때,

$\lim\limits_{x \to 2+}\left\{-\dfrac{2(x-3)}{x^2+2x+4}\right\}=-\dfrac{2\times(-1)}{12}=\dfrac{1}{6}$,

$\lim\limits_{x \to 2+}\dfrac{6}{(x+1)(x^2+2x+4)}=\dfrac{6}{3\times 12}=\dfrac{1}{6}$

이므로 함수의 극한의 대소 관계에 의하여

$\lim\limits_{x \to 2+}\dfrac{f(x)}{x^3-8}=\dfrac{1}{6}$

$\therefore \lim\limits_{x \to 2+}\dfrac{12f(x)}{x^3-8}=12\lim\limits_{x \to 2+}\dfrac{f(x)}{x^3-8}$

$=12\times\dfrac{1}{6}=2$ 답 ③

• 다른풀이 •

$-2(x-3)<\dfrac{f(x)}{x-2}<\dfrac{6}{x+1}$에서

$\lim\limits_{x \to 2+}\{-2(x-3)\}=2$, $\lim\limits_{x \to 2+}\dfrac{6}{x+1}=2$

이므로 함수의 극한의 대소 관계에 의하여

$\lim\limits_{x \to 2+}\dfrac{f(x)}{x-2}=2$

$\therefore \lim\limits_{x \to 2+}\dfrac{12f(x)}{x^3-8}$

$=\lim\limits_{x \to 2+}\dfrac{12f(x)}{(x-2)(x^2+2x+4)}$

$=12\times\lim\limits_{x \to 2+}\dfrac{f(x)}{x-2}\times\lim\limits_{x \to 2+}\dfrac{1}{x^2+2x+4}$

$=12\times 2\times\dfrac{1}{12}=2$

08 두 함수 $y=\sqrt{x}$, $y=x$의 그래프의 교점이 A이므로

$\sqrt{x}=x$에서 $x^2=x$ $\quad \therefore x=1, y=1$ ($\because x \neq 0$)

점 A$(1, 1)$을 지나고 직선 $y=x$와 수직인 직선의 방정식은 $y-1=-(x-1)$, 즉 $y=-x+2$이므로 점 B의 좌표는 $(2, 0)$이다.

한편, P(t, t)이고 직선 $x=t$가 함수 $y=\sqrt{x}$의 그래프와 만나는 점이 Q이므로 Q$(t, \sqrt{t})$

또한, 점 R는 y좌표가 t이면서 직선 $y=-x+2$ 위의 점이므로

R$(-t+2, t)$

즉, $\overline{QP}=\sqrt{t}-t$, $\overline{PR}=-2t+2$이므로

$S(t)=\triangle OAQ=\triangle OPQ+\triangle APQ$

$=\dfrac{1}{2}\times\{t+(1-t)\}\times(\sqrt{t}-t)=\dfrac{1}{2}(\sqrt{t}-t)$

$T(t)=\triangle PBR=\dfrac{1}{2}\times t\times(-2t+2)=t-t^2$

$\therefore \lim\limits_{t \to 1-}\dfrac{T(t)}{S(t)}=\lim\limits_{t \to 1-}\dfrac{t-t^2}{\dfrac{1}{2}(\sqrt{t}-t)}$

$=\lim\limits_{t \to 1-}\dfrac{(t-t^2)(\sqrt{t}+t)}{\dfrac{1}{2}(\sqrt{t}-t)(\sqrt{t}+t)}$

$=\lim\limits_{t \to 1-}\dfrac{(t-t^2)(\sqrt{t}+t)}{\dfrac{1}{2}(t-t^2)}$

$=\lim\limits_{t \to 1-}2(\sqrt{t}+t)$

$=2(1+1)=4$ 답 4

Step 2	1등급을 위한 **최고의 변별력 문제**			pp. 10~13
01 1	02 16	03 4	04 48	05 ④
06 ④	07 ④	08 ③	09 5	10 13
11 4	12 ②	13 ⑤	14 $-\dfrac{1}{4}$	15 49
16 ③	17 2	18 2	19 ④	20 3
21 ③	22 10	23 35	24 $\dfrac{13}{3}$	25 1
26 2	27 ②	28 2	29 $\sqrt{2}$	

01 (i) $-1<x<1$일 때, $\min(x, 1)=x$이므로

$f(x)=x-\dfrac{x}{1+x}=\dfrac{x(1+x)-x}{1+x}=\dfrac{x^2}{1+x}$

(ii) $x=1$일 때, $\min(x, 1)=\min(1, 1)=1$이므로

$f(1)=1-\dfrac{1}{2}=\dfrac{1}{2}$

(iii) $x>1$일 때, $\min(x, 1)=1$이므로

$f(x)=1-\dfrac{x}{1+x}=\dfrac{1+x-x}{1+x}=\dfrac{1}{1+x}$

(i), (ii), (iii)에서

$\lim\limits_{x \to 1-}\dfrac{f(x)-f(1)}{x-1}=\lim\limits_{x \to 1-}\dfrac{\dfrac{x^2}{1+x}-\dfrac{1}{2}}{x-1}$

Ⅰ. 함수의 극한과 연속 | **005**

$$= \lim_{x \to 1-} \frac{2x^2 - (1+x)}{2(1+x)(x-1)}$$

$$= \lim_{x \to 1-} \frac{2x^2 - x - 1}{2(1+x)(x-1)}$$

$$= \lim_{x \to 1-} \frac{(x-1)(2x+1)}{2(1+x)(x-1)}$$

$$= \lim_{x \to 1-} \frac{2x+1}{2(1+x)} = \frac{3}{4}$$

$$\lim_{x \to 1+} \frac{f(x) - f(1)}{x - 1} = \lim_{x \to 1+} \frac{\frac{1}{1+x} - \frac{1}{2}}{x - 1}$$

$$= \lim_{x \to 1+} \frac{2 - (1+x)}{2(1+x)(x-1)}$$

$$= \lim_{x \to 1+} \frac{1 - x}{2(1+x)(x-1)}$$

$$= \lim_{x \to 1+} \frac{-1}{2(1+x)} = -\frac{1}{4}$$

따라서 구하는 값은 $\frac{3}{4} - \left(-\frac{1}{4}\right) = 1$　　답 1

단계	채점 기준	배점
(가)	x의 값의 범위를 나누어 $f(x)$를 정리한 경우	30%
(나)	$\lim\limits_{x \to 1-} \dfrac{f(x)-f(1)}{x-1}$의 값을 구한 경우	30%
(다)	$\lim\limits_{x \to 1+} \dfrac{f(x)-f(1)}{x-1}$의 값을 구한 경우	30%
(라)	답을 구한 경우	10%

02 (i) $7 < x < 8$일 때,

x보다 작은 자연수 중에서 소수는 2, 3, 5, 7의 4개이므로 $f(x) = 4$

이때, $2f(x) = 2 \times 4 = 8 > x$이므로

$$g(x) = \frac{1}{f(x)} = \frac{1}{4}$$

따라서 $\lim\limits_{x \to 8-} g(x) = \frac{1}{4}$이므로 $\alpha = \frac{1}{4}$

(ii) $8 < x < 9$일 때,

x보다 작은 자연수 중에서 소수는 2, 3, 5, 7의 4개이므로 $f(x) = 4$

이때, $2f(x) = 2 \times 4 = 8 < x$이므로

$g(x) = f(x) = 4$

따라서 $\lim\limits_{x \to 8+} g(x) = 4$이므로 $\beta = 4$

(i), (ii)에서 $\dfrac{\beta}{\alpha} = \dfrac{4}{\frac{1}{4}} = 16$　　답 16

서울대 선배들의 강추문제 1등급 비법 노하우

함수의 극한값을 구하는 문제는 함수의 극한값의 존재에 대한 정의를 정확하게 알아야 쉽게 해결할 수 있다. 특히, 좌극한은 그래프의 왼쪽에서 오른쪽으로, 우극한은 그래프의 오른쪽에서 왼쪽으로 다가간다는 것을 의미로 기억하는 것이 좋다.
예를 들어, 이 문제에서는 $\lim\limits_{x \to 8-} g(x)$의 경우 $x = 7.9$, $\lim\limits_{x \to 8+} g(x)$의 경우 $x = 8.1$을 생각하면 α, β의 값을 쉽게 구할 수 있다.

---

03 $f(x) = \begin{cases} x & (-2 \le x \le -1) \\ -2x - 1 & (-1 < x < 0) \\ \frac{1}{2}x + 1 & (0 \le x \le 2) \end{cases}$ 에서

(i) $-2 \le x \le -1$일 때,

$f(x) = x$이므로 $f^{-1}(x) = x \ (-2 \le x \le -1)$

(ii) $-1 < x < 0$일 때,

$y = -2x - 1$로 놓으면

$x = -\frac{1}{2}y - \frac{1}{2} \ (-1 < y < 1)$

x와 y를 서로 바꾸면

$y = -\frac{1}{2}x - \frac{1}{2} \ (-1 < x < 1)$

$\therefore f^{-1}(x) = -\frac{1}{2}x - \frac{1}{2} \ (-1 < x < 1)$

(iii) $0 \le x \le 2$일 때,

$y = \frac{1}{2}x + 1$로 놓으면

$x = 2y - 2 \ (1 \le y \le 2)$

x와 y를 서로 바꾸면

$y = 2x - 2 \ (1 \le x \le 2)$

$\therefore f^{-1}(x) = 2x - 2 \ (1 \le x \le 2)$

(i), (ii), (iii)에서 함수 $f(x)$의 역함수는

$$f^{-1}(x) = \begin{cases} x & (-2 \le x \le -1) \\ -\frac{1}{2}x - \frac{1}{2} & (-1 < x < 1) \\ 2x - 2 & (1 \le x \le 2) \end{cases}$$

한편, $\left| \lim\limits_{x \to a+} f^{-1}(x) + \lim\limits_{x \to a-} f^{-1}(x) \right| = 1$이므로

① $-2 < a < -1$일 때,

$\lim\limits_{x \to a-} f^{-1}(x) + \lim\limits_{x \to a+} f^{-1}(x)$

$= \lim\limits_{x \to a-} x + \lim\limits_{x \to a+} x = 2a$

즉, $|2a| = 1$이므로 $2a = -1$ 또는 $2a = 1$

$\therefore a = -\frac{1}{2}$ 또는 $a = \frac{1}{2}$

그런데 $-2 < a < -1$이므로 조건을 만족시키는 a는 존재하지 않는다.

② $a = -1$일 때,

$\left| \lim\limits_{x \to -1-} f^{-1}(x) + \lim\limits_{x \to -1+} f^{-1}(x) \right|$

$= \left| \lim\limits_{x \to -1-} x + \lim\limits_{x \to -1+} \left(-\frac{1}{2}x - \frac{1}{2}\right) \right|$

$= |-1 + 0| = 1$

즉, $a = -1$이면 조건을 만족시킨다.

③ $-1 < a < 1$일 때,

$\lim\limits_{x \to a-} f^{-1}(x) + \lim\limits_{x \to a+} f^{-1}(x)$

$= \lim\limits_{x \to a-} \left(-\frac{1}{2}x - \frac{1}{2}\right) + \lim\limits_{x \to a+} \left(-\frac{1}{2}x - \frac{1}{2}\right)$

$= -a - 1$

즉, $|-a - 1| = 1$에서

$-a - 1 = 1$ 또는 $-a - 1 = -1$

$\therefore a = 0 \ (\because -1 < a < 1)$

④ $a=1$일 때,

$\left| \lim_{x \to 1-} f^{-1}(x) + \lim_{x \to 1+} f^{-1}(x) \right|$

$= \left| \lim_{x \to 1-} \left(-\frac{1}{2}x - \frac{1}{2} \right) + \lim_{x \to 1+} (2x-2) \right|$

$= |-1+0| = 1$

즉, $a=1$이면 조건을 만족시킨다.

⑤ $1<a<2$일 때,

$\lim_{x \to a-} f^{-1}(x) + \lim_{x \to a+} f^{-1}(x)$

$= \lim_{x \to a-} (2x-2) + \lim_{x \to a+} (2x-2)$

$= 4a-4$

즉, $|4a-4|=1$이므로

$4a-4=1$ 또는 $4a-4=-1$

$4a=5$ 또는 $4a=3$

$\therefore a=\frac{5}{4}$ ($\because 1<a<2$)

①~⑤에서 조건을 만족시키는 실수 a는 -1, 0, 1, $\frac{5}{4}$의

4개이다.   답 4

• 다른풀이 •

주어진 함수 $y=f(x)$의 그래프는 다음 그림과 같다.

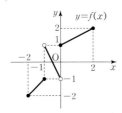

이때, 역함수 $y=f^{-1}(x)$의 그래프는 함수 $y=f(x)$의 그래프를 직선 $y=x$에 대하여 대칭이동한 것과 같으므로 다음 그림과 같다.

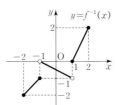

$\left| \lim_{x \to a-} f^{-1}(x) + \lim_{x \to a+} f^{-1}(x) \right| = 1$이므로 다음과 같이 경우를 나누어 생각할 수 있다.

(i) $\lim_{x \to a-} f^{-1}(x) \neq \lim_{x \to a+} f^{-1}(x)$인 경우

함수 $y=f^{-1}(x)$의 그래프에서 좌극한과 우극한이 다른 경우는 $a=-1$, $a=1$일 때이다.

$a=-1$이면

$\lim_{x \to -1-} f^{-1}(x)=-1$, $\lim_{x \to -1+} f^{-1}(x)=0$이므로

$\left| \lim_{x \to -1-} f^{-1}(x) + \lim_{x \to -1+} f^{-1}(x) \right| = 1$

$a=1$이면

$\lim_{x \to 1-} f^{-1}(x)=-1$, $\lim_{x \to 1+} f^{-1}(x)=0$이므로

$\left| \lim_{x \to 1-} f^{-1}(x) + \lim_{x \to 1+} f^{-1}(x) \right| = 1$

즉, $a=-1$, $a=1$이면 주어진 조건을 만족시킨다.

(ii) $\lim_{x \to a-} f^{-1}(x) = \lim_{x \to a+} f^{-1}(x)$인 경우

$\left| 2\lim_{x \to a} f^{-1}(x) \right| = 1$에서

$\lim_{x \to a} f^{-1}(x)=\frac{1}{2}$ 또는 $\lim_{x \to a} f^{-1}(x)=-\frac{1}{2}$

$\therefore f^{-1}(a)=\frac{1}{2}$ 또는 $f^{-1}(a)=-\frac{1}{2}$ ……㉠

함수 $y=f^{-1}(x)$의 그래프와 두 직선 $y=\frac{1}{2}$, $y=-\frac{1}{2}$의 교점은 오른쪽 그림과 같이 $x=0$, $x=\frac{5}{4}$일 때 존재하므로 $a=0$, $a=\frac{5}{4}$이면 ㉠을 만족시킨다.

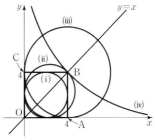

(i), (ii)에서 조건을 만족시키는 실수 a는 -1, 0, 1, $\frac{5}{4}$의 4개이다.

04 해결단계

❶ 단계	원 $(x-a)^2+(y-a)^2=a^2$은 반지름의 길이가 a이고 x축과 y축에 모두 접하는 원임을 파악한다.
❷ 단계	주어진 원이 정사각형 OABC에 내접하거나 꼭짓점을 지나는 경우의 a의 값을 각각 구한다.
❸ 단계	❷단계에서 구한 a의 값을 이용하여 함수 $f(a)$를 구한다.
❹ 단계	$\lim_{a \to t-} f(a) \neq \lim_{a \to t+} f(a)$를 만족시키는 t의 값과 개수를 각각 구하여 nt_n의 값을 구한 후, $p+q$의 값을 구한다.

원 $(x-a)^2+(y-a)^2=a^2$은 중심의 좌표가 (a, a)로 직선 $y=x$ 위에 있고 반지름의 길이가 a이므로 x축과 y축에 모두 접하는 원이다.

원이 정사각형 OABC에 내접하거나 꼭짓점을 지나는 경우는 다음 그림과 같다.

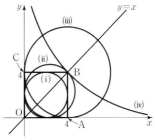

(i) 원이 정사각형 OABC에 내접하는 경우

원의 중심이 $(2, 2)$, 반지름의 길이가 2이므로 $a=2$

(ii) 원이 점 B$(4, 4)$를 지나면서 $0<a<4$인 경우

$(x-a)^2+(y-a)^2=a^2$에 $x=4$, $y=4$를 대입하여 정리하면

$(4-a)^2+(4-a)^2=a^2$

$2a^2-16a+32=a^2$, $a^2-16a+32=0$

$\therefore a=\frac{8 \pm \sqrt{(-8)^2-32}}{1}$

$= 8 \pm \sqrt{32} = 8 \pm 4\sqrt{2}$

이때, $a<4$이므로 $a=8-4\sqrt{2}$

(iii) 원이 두 점 $A(4, 0)$, $C(0, 4)$를 지나는 경우
원의 중심이 $(4, 4)$, 반지름의 길이가 4이므로
$a=4$

(iv) 원이 점 $B(4, 4)$를 지나면서 $a>4$인 경우
(ii)와 같은 방법으로 $a=8+4\sqrt{2}$

(i)~(iv)에서 원 $(x-a)^2+(y-a)^2=a^2$이 정사각형
$OABC$의 둘레와 만나는 점의 개수 $f(a)$는

$$f(a)=\begin{cases} 2 & (0<a<2) \\ 4 & (a=2) \\ 6 & (2<a<8-4\sqrt{2}) \\ 5 & (a=8-4\sqrt{2}) \\ 4 & (8-4\sqrt{2}<a<4) \\ 2 & (4\le a<8+4\sqrt{2}) \\ 1 & (a=8+4\sqrt{2}) \\ 0 & (a>8+4\sqrt{2}) \end{cases}$$

이므로 함수 $y=f(a)$의 그래프는 다음 그림과 같다.

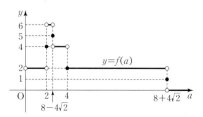

$a>0$일 때, 위의 그래프에서 $\displaystyle\lim_{a\to t-}f(a)\ne\lim_{a\to t+}f(a)$,
즉 $a=t$에서의 좌극한과 우극한이 다른 t의 값은 2,
$8-4\sqrt{2}$, 4, $8+4\sqrt{2}$이므로
$n=4$, $t_n=8+4\sqrt{2}$
$\therefore nt_n=4(8+4\sqrt{2})=32+16\sqrt{2}$
따라서 $p=32$, $q=16$이므로
$p+q=32+16=48$ 답 48

05 ㄱ. $\displaystyle\lim_{x\to0-}f(x)=-1$, $\displaystyle\lim_{x\to0+}f(x)=1$이므로 $\displaystyle\lim_{x\to0}f(x)$
의 값이 존재하지 않는다. (거짓)

ㄴ. 함수 $y=f(-x)$의 그래프는 함수 $y=f(x)$의 그래프를 y축에 대하여 대칭이동한 것과 같으므로 오른쪽 그림과 같다.

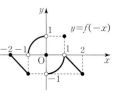

$\therefore \displaystyle\lim_{x\to1}f(-x)=0$ (참)

ㄷ. 함수 $y=|f(x)|$의 그래프는 함수 $y=f(x)$의 그래프의 $y\ge0$인 부분은 남기고, $y<0$인 부분은 x축에 대하여 대칭이동한 것과 같으므로 다음 그림과 같다.

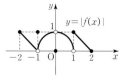

함수 $y=|f(x)|$는 $x=1$에서만 극한값을 갖지 않으므로 $-2<a<k$인 모든 실수 a에 대하여

$\displaystyle\lim_{x\to a}|f(x)|$의 값이 존재하는 k의 최댓값은 1이다.
     (참)

따라서 옳은 것은 ㄴ, ㄷ이다.   답 ④

• 다른풀이 •

ㄴ. $-x=t$로 놓으면 $x\to1$일 때 $t\to-1$이므로
$\displaystyle\lim_{x\to1}f(-x)=\lim_{t\to-1}f(t)=0$ (참)

06 $f(x)=\left(\dfrac{2x+|x|}{x}\right)^2-(a+1)\times\dfrac{2x+|x|}{x}$에서

(i) $x<0$일 때, $|x|=-x$이므로

$f(x)=\left(\dfrac{2x-x}{x}\right)^2-(a+1)\times\dfrac{2x-x}{x}$

$=\left(\dfrac{x}{x}\right)^2-(a+1)\times\dfrac{x}{x}$

$=1-(a+1)=-a$

$\therefore \displaystyle\lim_{x\to0-}f(x)=\lim_{x\to0-}(-a)=-a$

(ii) $x>0$일 때, $|x|=x$이므로

$f(x)=\left(\dfrac{2x+x}{x}\right)^2-(a+1)\times\dfrac{2x+x}{x}$

$=\left(\dfrac{3x}{x}\right)^2-(a+1)\times\dfrac{3x}{x}$

$=9-3(a+1)=6-3a$

$\therefore \displaystyle\lim_{x\to0+}f(x)=\lim_{x\to0+}(6-3a)=6-3a$

(i), (ii)에서 $\displaystyle\lim_{x\to0}f(x)$의 값이 존재하려면

$\displaystyle\lim_{x\to0-}f(x)=\lim_{x\to0+}f(x)$이어야 하므로

$-a=6-3a$, $2a=6$ $\therefore a=3$ 답 ④

07 주어진 그래프에서

$\displaystyle\lim_{x\to0-}f(x)=1$, $\displaystyle\lim_{x\to0+}f(x)=-1$

또한, 함수 $y=f(-x)$의 그래프는 함수 $y=f(x)$의 그래프를 y축에 대하여 대칭이동한 것과 같으므로 오른쪽 그림에서

$\displaystyle\lim_{x\to0-}f(-x)=-1$, $\displaystyle\lim_{x\to0+}f(-x)=1$

ㄱ. $\displaystyle\lim_{x\to0-}\{f(x)+f(-x)\}=1+(-1)=0$

$\displaystyle\lim_{x\to0+}\{f(x)+f(-x)\}=-1+1=0$

$\therefore \displaystyle\lim_{x\to0}\{f(x)+f(-x)\}=0$

ㄴ. $\displaystyle\lim_{x\to0-}\{f(x)-f(-x)\}=1-(-1)=2$

$\displaystyle\lim_{x\to0+}\{f(x)-f(-x)\}=-1-1=-2$

즉,

$\displaystyle\lim_{x\to0-}\{f(x)-f(-x)\}\ne\lim_{x\to0+}\{f(x)-f(-x)\}$

이므로

$x=0$에서의 극한값은 존재하지 않는다.

ㄷ. $\displaystyle\lim_{x\to0-}f(-x)\{f(x)-f(-x)\}$

$=-1\times\{1-(-1)\}=-2$

$$\lim_{x \to 0+} f(-x)\{f(x)-f(-x)\}=1\times(-1-1)$$
$$=-2$$
$$\therefore \lim_{x \to 0} f(-x)\{f(x)-f(-x)\}=-2$$

따라서 $x=0$에서 극한값이 존재하는 것은 ㄱ, ㄷ이다.

답 ④

---

blacklabel 특강 참고

치환이나 그래프를 이용할 수도 있다.

(1) 치환 : $-x=t$로 놓으면 $x \to 0-$일 때 $t \to 0+$,
 $x \to 0+$일 때 $t \to 0-$이므로
$$\lim_{x \to 0-} f(-x)=\lim_{t \to 0+} f(t)=-1,$$
$$\lim_{x \to 0+} f(-x)=\lim_{t \to 0-} f(t)=1$$

(2) 그래프 : 두 함수 $y=f(x)$, $y=f(-x)$의 그래프를 이용하여 두 함수 $y=f(x)+f(-x)$, $y=f(x)-f(-x)$의 그래프를 각각 그리면 다음 그림과 같다.

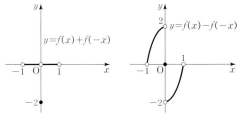

ㄱ. 함수 $y=f(x)+f(-x)$의 그래프에서
$$\lim_{x \to 0-}\{f(x)+f(-x)\}=\lim_{x \to 0+}\{f(x)+f(-x)\}=0$$
즉, (좌극한)=(우극한)이므로 $x=0$에서 극한값이 존재한다.

ㄴ. 함수 $y=f(x)-f(-x)$의 그래프에서
$$\lim_{x \to 0-}\{f(x)-f(-x)\}=2,$$
$$\lim_{x \to 0+}\{f(x)-f(-x)\}=-2$$이므로
$$\lim_{x \to 0-}\{f(x)-f(-x)\} \neq \lim_{x \to 0+}\{f(x)-f(-x)\}$$
즉, (좌극한)≠(우극한)이므로 $x=0$에서 극한값이 존재하지 않는다.

---

08 자연수 n에 대하여 $\lim_{x \to n-}[x]=n-1$이므로
$$\lim_{x \to n-}\frac{[x]^2+2x}{[x]}=\frac{(n-1)^2+2n}{n-1}$$
$$=\frac{n^2+1}{n-1}$$

또한, $\lim_{x \to n+}[x]=n$이므로
$$\lim_{x \to n+}\frac{[x]^2+2x}{[x]}=\frac{n^2+2n}{n}=\frac{n(n+2)}{n}$$
$$=n+2$$

이때, $\lim_{x \to n}\frac{[x]^2+2x}{[x]}$의 값이 존재하려면
$$\lim_{x \to n-}\frac{[x]^2+2x}{[x]}=\lim_{x \to n+}\frac{[x]^2+2x}{[x]}$$이어야 하므로

$\dfrac{n^2+1}{n-1}=n+2$, $n^2+1=(n+2)(n-1)$ (단, $n \neq 1$)

분모는 0이 아니어야 하므로

$n^2+1=n^2+n-2$ $\therefore n=3$

답 ③

09 $\lim_{x \to \infty} f\left(\dfrac{2x-4}{x-1}\right)$에서 $\dfrac{2x-4}{x-1}=t$로 놓으면

$$t=\frac{2(x-1)-2}{x-1}=2-\frac{2}{x-1}$$

함수 $t=2-\dfrac{2}{x-1}$의 그래프가

오른쪽 그림과 같으므로

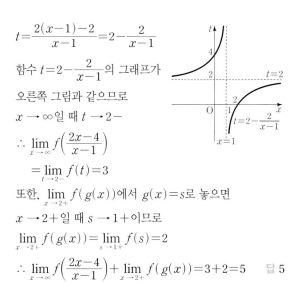

$x \to \infty$일 때 $t \to 2-$

$$\therefore \lim_{x \to \infty} f\left(\frac{2x-4}{x-1}\right)$$
$$=\lim_{t \to 2-} f(t)=3$$

또한, $\lim_{x \to 2+} f(g(x))$에서 $g(x)=s$로 놓으면

$x \to 2+$일 때 $s \to 1+$이므로
$$\lim_{x \to 2+} f(g(x))=\lim_{s \to 1+} f(s)=2$$

$$\therefore \lim_{x \to \infty} f\left(\frac{2x-4}{x-1}\right)+\lim_{x \to 2+} f(g(x))=3+2=5$$

답 5

10 $-2<x<2$에서 두 함수 $y=f(x)$, $y=g(x)$의 그래프는 다음 [그림 1]과 같다.

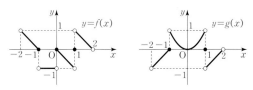

[그림 1]

또한, 함수 $y=f(-x)$의 그래프는 함수 $y=f(x)$의 그래프를 y축에 대하여 대칭이동한 것과 같으므로

$-2<x<2$에서 두 함수 $y=f(-x)$, $y=g(-x)$의 그래프는 다음 [그림 2]와 같다.

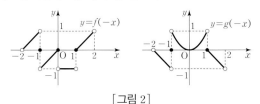

[그림 2]

(ⅰ) $a=-1$일 때,
$$\lim_{x \to -1+} f(-x)=-1, \lim_{x \to -1+} g(-x)=1$$이므로
$$\lim_{x \to -1+} f(-x)g(-x)=-1\times 1=-1$$
$$\lim_{x \to -1-} f(g(x))$$에서 $g(x)=t$로 놓으면

$x \to -1-$일 때 $t \to 0-$이므로
$$\lim_{x \to -1-} f(g(x))=\lim_{t \to 0-} f(t)=-1$$
$$\therefore \lim_{x \to -1+} f(-x)g(-x)=\lim_{x \to -1-} f(g(x))$$

(ⅱ) $a=0$일 때,
$$\lim_{x \to 0+} f(-x)=-1, \lim_{x \to 0+} g(-x)=0$$이므로
$$\lim_{x \to 0+} f(-x)g(-x)=-1\times 0=0$$
$$\lim_{x \to 0-} f(g(x))$$에서 $g(x)=t$로 놓으면

$x \to 0-$일 때 $t \to 0+$이므로
$$\lim_{x \to 0-} f(g(x))=\lim_{t \to 0+} f(t)=0$$
$$\therefore \lim_{x \to 0+} f(-x)g(-x)=\lim_{x \to 0-} f(g(x))$$

(ⅲ) $a=1$일 때,

$$\lim_{x \to 1+} f(-x) = 0, \ \lim_{x \to 1+} g(-x) = 0$$이므로

$$\lim_{x \to 1+} f(-x)g(-x) = 0 \times 0 = 0$$

$$\lim_{x \to 1-} f(g(x))$$에서 $g(x) = t$로 놓으면

$x \to 1-$일 때 $t \to 1-$이므로

$$\lim_{x \to 1-} f(g(x)) = \lim_{t \to 1-} f(t) = -1$$

$$\therefore \lim_{x \to 1+} f(-x)g(-x) \neq \lim_{x \to 1-} f(g(x))$$

(i), (ii), (iii)에서 $-2 < a < 2$일 때 조건을 만족시키는 a의 값은 -1, 0이다.

이때, 두 함수 $f(x)$, $g(x)$의 주기가 모두 3이므로 $-10 < a < 10$일 때 조건을 만족시키는 a는

-9, -7, -6, -4, -3, -1, 0, 2, 3, 5, 6, 8, 9

의 13개이다.　　　　　　　　　　　　　　답 13

---

blacklabel 특강　풀이첨식

두 함수 $f(x)$, $g(x)$의 주기가 모두 3이고 $a = -1$일 때 주어진 등식이 성립하므로 -1에 3의 배수를 더하거나 뺀 수가 a일 때에도 주어진 등식이 성립한다. 즉, $-10 < a < 10$에서 주어진 등식이 성립하는 경우는

　　$a = -1 + 3 = 2$, $a = -1 + 6 = 5$, $a = -1 + 9 = 8$,
　　$a = -1 - 3 = -4$, $a = -1 - 6 = -7$

같은 방법으로 $a = 0$일 때 주어진 등식이 성립하므로 $-10 < a < 10$에서 주어진 등식이 성립하는 경우는

　　$a = 0 + 3 = 3$, $a = 0 + 6 = 6$, $a = 0 + 9 = 9$,
　　$a = 0 - 3 = -3$, $a = 0 - 6 = -6$, $a = 0 - 9 = -9$

따라서 주어진 등식이 성립하는 a는

　　-9, -7, -6, -4, -3, -1, 0, 2, 3, 5, 6, 8, 9

의 13개이다.

---

11 $\lim_{x \to \infty} f(x) = \infty$, $\lim_{x \to \infty} \{f(x) - 2g(x)\} = \alpha$에서

$$\lim_{x \to \infty} \frac{f(x) - 2g(x)}{f(x)} = 0$$이므로

$$\lim_{x \to \infty} \left\{ 1 - 2 \times \frac{g(x)}{f(x)} \right\} = 0 \qquad \therefore \lim_{x \to \infty} \frac{g(x)}{f(x)} = \frac{1}{2}$$

$$\therefore \lim_{x \to \infty} \frac{f(x) + 2g(x) + 1}{2f(x) - 3g(x) - 2}$$

$$= \lim_{x \to \infty} \frac{1 + 2 \times \dfrac{g(x)}{f(x)} + \dfrac{1}{f(x)}}{2 - 3 \times \dfrac{g(x)}{f(x)} - \dfrac{2}{f(x)}}$$

$$= \frac{1 + 2 \times \dfrac{1}{2} + 0}{2 - 3 \times \dfrac{1}{2} - 0}$$

$$= \frac{2}{\dfrac{1}{2}} = 4$$　　　　　　　　　　　답 4

● 다른풀이 ●

$\lim_{x \to \infty} \{f(x) - 2g(x)\} = \alpha$에서 $h(x) = f(x) - 2g(x)$라

하면 $g(x) = \dfrac{f(x) - h(x)}{2}$이고 $\lim_{x \to \infty} h(x) = \alpha$이다.

$$\therefore \lim_{x \to \infty} \frac{f(x) + 2g(x) + 1}{2f(x) - 3g(x) - 2}$$

$$= \lim_{x \to \infty} \frac{f(x) + f(x) - h(x) + 1}{2f(x) - \dfrac{3}{2}f(x) + \dfrac{3}{2}h(x) - 2}$$

$$= \lim_{x \to \infty} \frac{2f(x) - h(x) + 1}{\dfrac{1}{2}f(x) + \dfrac{3}{2}h(x) - 2}$$

$$= \lim_{x \to \infty} \frac{2 - \dfrac{h(x)}{f(x)} + \dfrac{1}{f(x)}}{\dfrac{1}{2} + \dfrac{3}{2} \times \dfrac{h(x)}{f(x)} - \dfrac{2}{f(x)}}$$

$$= \frac{2 - 0 + 0}{\dfrac{1}{2} + \dfrac{3}{2} \times 0 - 0} = \frac{2}{\dfrac{1}{2}} = 4$$

---

12 ㄱ. (반례) $f(x) = 0$, $g(x) = [x]$라 하면

$\lim_{x \to 0} f(x) = \lim_{x \to 0} 0 = 0$, $\lim_{x \to 0} f(x)g(x) = \lim_{x \to 0} 0 = 0$으로 $\lim_{x \to 0} f(x)$, $\lim_{x \to 0} f(x)g(x)$의 값이 각각 존재한다.

그런데 $\lim_{x \to 0-} g(x) = \lim_{x \to 0-} [x] = -1$,

$\lim_{x \to 0+} g(x) = \lim_{x \to 0+} [x] = 0$에서

$\lim_{x \to 0-} g(x) \neq \lim_{x \to 0+} g(x)$이므로 $\lim_{x \to 0} g(x)$의 값은 존재하지 않는다. (거짓)

ㄴ. $\lim_{x \to a} g(x) = \alpha$, $\lim_{x \to a} \dfrac{f(x)}{g(x)} = \beta$ (α, β는 상수)라 하면

$$\lim_{x \to a} f(x) = \lim_{x \to a} \left\{ g(x) \times \frac{f(x)}{g(x)} \right\}$$

$$= \lim_{x \to a} g(x) \times \lim_{x \to a} \frac{f(x)}{g(x)}$$

$$= \alpha\beta \ (참)$$

ㄷ. (반례) $f(x) = [x]$, $g(x) = x$, a는 정수라 하면

$\lim_{x \to a} g(x) = \lim_{x \to a} x = a$로 $\lim_{x \to a} g(x)$의 값이 존재한다.

그런데 $\lim_{x \to a} f(g(x)) = \lim_{x \to a} f(x) = \lim_{x \to a} [x]$이므로 $\lim_{x \to a} f(g(x))$의 값은 존재하지 않는다. (거짓)

따라서 옳은 것은 ㄴ뿐이다.　　　　　　답 ②

---

blacklabel 특강　참고

ㄱ. $\lim_{x \to a} f(x)$, $\lim_{x \to a} f(x)g(x)$의 값이 각각 존재하고 $\lim_{x \to a} f(x) \neq 0$일 때, $\lim_{x \to a} g(x)$의 값이 존재한다.

ㄷ. $\lim_{x \to a} g(x) = a$라 하면 $\lim_{x \to a} f(x)$의 값이 존재할 때, $\lim_{x \to a} f(g(x))$의 값이 존재한다.

---

13 조건 ㈎에서 $x + f(x) = xg(x) - f(x)g(x)$이므로

$$f(x)\{1 + g(x)\} = x\{g(x) - 1\}$$

$$\therefore \frac{f(x)}{x} = \frac{g(x) - 1}{1 + g(x)} \ (단, \ x \neq 0, \ g(x) \neq -1)$$

ㄱ. $\lim_{x \to 0} \dfrac{f(x)}{x} = \lim_{x \to 0} \dfrac{g(x) - 1}{1 + g(x)}$

$$= \frac{\lim_{x \to 0} g(x) - 1}{1 + \lim_{x \to 0} g(x)}$$

$$= \frac{3 - 1}{1 + 3} \ (\because ㈏ \ \lim_{x \to 0} g(x) = 3)$$

$$= \frac{2}{4} = \frac{1}{2}$$

ㄴ. $\lim_{x \to 0} f(x) = \lim_{x \to 0} \left\{ x \times \frac{f(x)}{x} \right\}$

$\qquad = \lim_{x \to 0} x \times \lim_{x \to 0} \frac{f(x)}{x}$ ← $\lim_{x \to 0} x,\ \lim_{x \to 0} \frac{f(x)}{x}$ 의
값이 각각 존재하므로

$\qquad = 0 \times \frac{1}{2}\ (\because \text{ㄱ})$

$\qquad = 0$

ㄷ. $\lim_{x \to 0} \dfrac{x^2 + f(x)}{x^2 - f(x)} = \lim_{x \to 0} \dfrac{x + \dfrac{f(x)}{x}}{x - \dfrac{f(x)}{x}}$

$\qquad = \dfrac{\lim\limits_{x \to 0} x + \lim\limits_{x \to 0} \dfrac{f(x)}{x}}{\lim\limits_{x \to 0} x - \lim\limits_{x \to 0} \dfrac{f(x)}{x}}$

$\qquad = \dfrac{0 + \dfrac{1}{2}}{0 - \dfrac{1}{2}}\ (\because \text{ㄱ})$

$\qquad = -1$

따라서 극한값이 존재하는 것은 ㄱ, ㄴ, ㄷ이다.　　답 ⑤

14 $x = -t$로 놓으면 $x \to -\infty$일 때 $t \to \infty$

이때, $4x^2 + x = [4x^2 + x] + \alpha\ (0 \le \alpha < 1)$라 하면

$[4x^2 + x] = 4x^2 + x - \alpha = 4t^2 - t - \alpha$

$\therefore \lim_{x \to -\infty} \left(2x + \sqrt{[4x^2 + x]} \right)$

$\qquad = \lim_{t \to \infty} \left(\sqrt{4t^2 - t - \alpha} - 2t \right)$

$\qquad = \lim_{t \to \infty} \dfrac{\left(\sqrt{4t^2 - t - \alpha} - 2t \right)\left(\sqrt{4t^2 - t - \alpha} + 2t \right)}{\sqrt{4t^2 - t - \alpha} + 2t}$

$\qquad = \lim_{t \to \infty} \dfrac{-t - \alpha}{\sqrt{4t^2 - t - \alpha} + 2t}$

$\qquad = \lim_{t \to \infty} \dfrac{-1 - \dfrac{\alpha}{t}}{\sqrt{4 - \dfrac{1}{t} - \dfrac{\alpha}{t^2}} + 2}$

$\qquad = \dfrac{-1}{\sqrt{4} + 2} = -\dfrac{1}{4}$　　답 $-\dfrac{1}{4}$

15 다항식 $f(x)$를 $x - 3$으로 나눈 몫이 $g(x)$이므로 나머지
를 a (a는 상수)라 하면

$f(x) = (x - 3)g(x) + a$

이것을 $\lim_{x \to 3} \dfrac{f(x) - 3x}{x - 3} = 4$에 대입하면

$\lim_{x \to 3} \dfrac{(x - 3)g(x) + a - 3x}{x - 3} = 4$　　……㉠

㉠에서 극한값이 존재하고 $x \to 3$일 때, (분모) $\to 0$이므
로 (분자) $\to 0$이어야 한다.

즉, $\lim_{x \to 3} \{ (x - 3)g(x) + a - 3x \} = 0$이므로

$a - 9 = 0$　　$\therefore a = 9$

이것을 ㉠에 대입하면

$\lim_{x \to 3} \dfrac{(x - 3)g(x) + 9 - 3x}{x - 3}$

$= \lim_{x \to 3} \dfrac{(x - 3)g(x) - 3(x - 3)}{x - 3}$

$\qquad = \lim_{x \to 3} \dfrac{(x - 3)\{ g(x) - 3 \}}{x - 3}$

$\qquad = \lim_{x \to 3} \{ g(x) - 3 \} = 4$

$\therefore g(3) = 7$

또한, $f(x) = (x - 3)g(x) + 9$이므로

$\lim_{x \to 3} \dfrac{\{ f(x) - 9 \} g(x)}{x - 3} = \lim_{x \to 3} \dfrac{(x - 3)g(x) \times g(x)}{x - 3}$

$\qquad = \lim_{x \to 3} \{ g(x) \}^2$

$\qquad = \{ g(3) \}^2 = 49$　　답 49

16 $f(x) = \begin{cases} x - 1 & ([x] = 0) \\ \left[\dfrac{1}{[x]} \right] - x & ([x] \ne 0) \end{cases}$ 이므로

(i) $[x] = 1$, 즉 $1 \le x < 2$일 때,

$\qquad f(x) = \left[\dfrac{1}{[x]} \right] - x = [1] - x = -x + 1$

(ii) $[x] = p$ (p는 2 이상의 자연수), 즉 $x \ge 2$일 때,

$\qquad f(x) = \left[\dfrac{1}{[x]} \right] - x = \left[\dfrac{1}{p} \right] - x = -x$

(iii) $[x] = -q$ (q는 자연수), 즉 $x < 0$일 때,

$\qquad f(x) = \left[\dfrac{1}{[x]} \right] - x = \left[\dfrac{1}{-q} \right] - x = -x - 1$

(i), (ii), (iii)에서

$f(x) = \begin{cases} -x - 1 & (x < 0) \\ x - 1 & (0 \le x < 1) \\ -x + 1 & (1 \le x < 2) \\ -x & (x \ge 2) \end{cases}$

이므로 함수 $y = f(x)$의 그래프는 다음 그림과 같다.

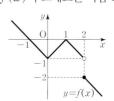

ㄱ. $f(1) = 0$ (참)

ㄴ. 위의 그림에서 $\lim_{x \to n} f(x)$의 값이 존재하지 않도록 하
는 정수 n은 2의 1개이다. (거짓)

ㄷ. $x < 0$에서 $f(x) = -x - 1$이므로

$\qquad \lim_{x \to -1} \dfrac{f(x)}{x + 1} = \lim_{x \to -1} \dfrac{-x - 1}{x + 1} = -1$ (참)

따라서 옳은 것은 ㄱ, ㄷ이다.　　답 ③

---

blacklabel 특강　해결실마리

$[x] = 1$이면 $\dfrac{1}{[x]} = 1$이므로 $\left[\dfrac{1}{[x]} \right] = 1$

$[x] = 2,\ 3,\ 4,\ \cdots$이면 $0 < \dfrac{1}{[x]} < 1$이므로 $\left[\dfrac{1}{[x]} \right] = 0$

$[x] = -1,\ -2,\ -3,\ \cdots$이면 $-1 \le \dfrac{1}{[x]} < 0$이므로 $\left[\dfrac{1}{[x]} \right] = -1$

따라서 함수 $f(x)$의 식을 정리할 때는 두 자연수 p, q에 대하여

$\qquad [x] = 1,\ [x] = p\ (p \ge 2),\ [x] = -q\ (q \ge 1)$

일 때로 나누어 생각해야 한다.

17 $f^{-1}(2x)=y$라 하면 $f(y)=2x$이므로

$y^3+y^2+y=2x$

$\therefore x=\dfrac{y^3+y^2+y}{2}$

$x \to 0$일 때 $y \to f^{-1}(0)$, 즉 $x \to 0$일 때 $y \to 0$이므로

$$\lim_{x \to 0}\frac{f^{-1}(2x)}{x}=\lim_{y \to 0}\frac{y}{\dfrac{y^3+y^2+y}{2}}$$

$$=\lim_{y \to 0}\frac{2y}{y^3+y^2+y}$$

$$=\lim_{y \to 0}\frac{2y}{y(y^2+y+1)}$$

$$=\lim_{y \to 0}\frac{2}{y^2+y+1}=2$$ 답 2

18 $\displaystyle\lim_{x \to 4}\dfrac{|x^2-a^2|-|a^2-16|}{x^2-16}=b$에서

(ⅰ) $a>4$일 때,

$$\lim_{x \to 4^-}\frac{|x^2-a^2|-|a^2-16|}{x^2-16}$$

$$=\lim_{x \to 4^-}\frac{-(x^2-a^2)-(a^2-16)}{x^2-16}$$

$$=\lim_{x \to 4^-}\frac{-x^2+16}{x^2-16}=-1$$

$$\lim_{x \to 4^+}\frac{|x^2-a^2|-|a^2-16|}{x^2-16}$$

$$=\lim_{x \to 4^+}\frac{-(x^2-a^2)-(a^2-16)}{x^2-16}$$

$$=\lim_{x \to 4^+}\frac{-x^2+16}{x^2-16}=-1$$

$$\therefore \lim_{x \to 4}\frac{|x^2-a^2|-|a^2-16|}{x^2-16}=-1$$

(ⅱ) $a=4$일 때,

$$\lim_{x \to 4^-}\frac{|x^2-a^2|-|a^2-16|}{x^2-16}$$

$$=\lim_{x \to 4^-}\frac{|x^2-16|}{x^2-16}=\lim_{x \to 4^-}\frac{-(x^2-16)}{x^2-16}=-1$$

$$\lim_{x \to 4^+}\frac{|x^2-a^2|-|a^2-16|}{x^2-16}$$

$$=\lim_{x \to 4^+}\frac{|x^2-16|}{x^2-16}=\lim_{x \to 4^+}\frac{x^2-16}{x^2-16}=1$$

즉, $\displaystyle\lim_{x \to 4}\dfrac{|x^2-a^2|-|a^2-16|}{x^2-16}$의 값은 존재하지 않는다.

(ⅲ) $a<4$일 때,

$$\lim_{x \to 4^-}\frac{|x^2-a^2|-|a^2-16|}{x^2-16}$$

$$=\lim_{x \to 4^-}\frac{(x^2-a^2)+(a^2-16)}{x^2-16}$$

$$=\lim_{x \to 4^-}\frac{x^2-16}{x^2-16}=1$$

$$\lim_{x \to 4^+}\frac{|x^2-a^2|-|a^2-16|}{x^2-16}$$

$$=\lim_{x \to 4^+}\frac{(x^2-a^2)+(a^2-16)}{x^2-16}$$

$$=\lim_{x \to 4^+}\frac{x^2-16}{x^2-16}=1$$

$$\therefore \lim_{x \to 4}\frac{|x^2-a^2|-|a^2-16|}{x^2-16}=1$$

(ⅰ), (ⅱ), (ⅲ)에서 주어진 식의 극한값이 자연수이려면

$a<4,\ b=1$

따라서 두 자연수 a, b에 대하여 $a=3$, $b=1$일 때

$a-b$의 값은 최대이고 최댓값은 2이다. 답 2

19 $\displaystyle\lim_{x \to a}f(x)\ne 0$이면 $\displaystyle\lim_{x \to a}\dfrac{f(x)-(x-a)}{f(x)+(x-a)}=1\ne\dfrac{3}{5}$이므로

모순이다.

즉, $\displaystyle\lim_{x \to a}f(x)=0$이므로 $f(a)=0$

이차방정식 $f(x)=0$의 두 근이 α, β이므로

$f(x)=(x-\alpha)(x-\beta)$

이때, $\alpha=\beta$이면 $f(x)=(x-\alpha)^2$이고 $a=\alpha$

$$\lim_{x \to a}\frac{f(x)-(x-a)}{f(x)+(x-a)}=\lim_{x \to a}\frac{(x-\alpha)^2-(x-\alpha)}{(x-\alpha)^2+(x-\alpha)}$$

$$=\lim_{x \to a}\frac{x-\alpha-1}{x-\alpha+1}$$

$$=-1\ne\frac{3}{5}$$

즉, $\alpha\ne\beta$이다.

$a=\alpha$라 하면

$$\lim_{x \to a}\frac{f(x)-(x-a)}{f(x)+(x-a)}$$

$$=\lim_{x \to a}\frac{(x-\alpha)(x-\beta)-(x-\alpha)}{(x-\alpha)(x-\beta)+(x-\alpha)}$$

$$=\lim_{x \to a}\frac{(x-\beta)-1}{(x-\beta)+1}$$

$$=\frac{(\alpha-\beta)-1}{(\alpha-\beta)+1}=\frac{3}{5}$$

즉, $5(\alpha-\beta)-5=3(\alpha-\beta)+3$이므로

$2(\alpha-\beta)=8$ $\therefore |\alpha-\beta|=4$ 답 ④

20 $\displaystyle\lim_{x \to 1}\dfrac{2x^2+a^2x-3a}{3x^2+a^2x-4a}$의 값이 존재하지 않으려면 $x \to 1$일

때, (분모) $\to 0$이고 (분자) $\to \alpha\ (\alpha\ne 0)$이어야 한다.

즉, $\displaystyle\lim_{x \to 1}(3x^2+a^2x-4a)=0$에서

$a^2-4a+3=0,\ (a-1)(a-3)=0$

$\therefore a=1$ 또는 $a=3$ ······㉠

$\displaystyle\lim_{x \to 1}(2x^2+a^2x-3a)\ne 0$에서

$a^2-3a+2\ne 0,\ (a-1)(a-2)\ne 0$

$\therefore a\ne 1$이고 $a\ne 2$ ······㉡

따라서 ㉠, ㉡을 동시에 만족시켜야 하므로 $a=3$ 답 3

21 $\displaystyle\lim_{x \to 2}\dfrac{f(x-2)}{x-2}$의 값이 존재하고 $x \to 2$일 때 (분모) $\to 0$

이므로 (분자) $\to 0$이어야 한다.

즉, $\displaystyle\lim_{x \to 2}f(x-2)=0$이므로 $f(0)=0$

$\displaystyle\lim_{x \to 3}\dfrac{f(x)}{x-3}$의 값이 존재하므로 같은 방법으로

$\displaystyle\lim_{x \to 3}f(x)=0$에서 $f(3)=0$

따라서 다항식 $f(x)$는 x, $x-3$을 인수로 가지므로
$f(x)=x(x-3)Q(x)$ (단, $Q(x)$는 다항식)
라 할 수 있다.
한편, 다항식 $f(x)$의 최고차항을
ax^n (단, $a\neq0$, n은 자연수)
이라 하면 $\lim\limits_{x\to\infty}\dfrac{4f(x)-3x^2}{f(x)+x^3}=3$에서 $n\geq3$이다.

(ⅰ) $n=3$일 때,
$$\lim_{x\to\infty}\frac{4f(x)-3x^2}{f(x)+x^3}=\frac{4a}{a+1}=3$$
$4a=3a+3$ $\therefore a=3$
$\therefore f(x)=3x(x-3)(x-p)$ (단, p는 상수)

(ⅱ) $n>3$일 때,
$$\lim_{x\to\infty}\frac{4f(x)-3x^2}{f(x)+x^3}=\frac{4a}{a}=4\neq3$$

(ⅰ), (ⅱ)에서
$f(x)=3x(x-3)(x-p)$ (단, p는 상수)
따라서 다항식 $f(x)$로 가능한 것은
③ $f(x)=3x(x-3)^2$이다. **답 ③**

22 $\lim\limits_{x\to a}\dfrac{m\{f(x)\}^2+n\{g(x)\}^2}{\{f(x)-2g(x)\}(x-a)}$

$=\lim\limits_{x\to a}\dfrac{m\left\{\dfrac{f(x)}{x-a}\right\}^2+n\left\{\dfrac{g(x)}{x-a}\right\}^2}{\dfrac{f(x)}{x-a}-2\times\dfrac{g(x)}{x-a}}=8$ ……㉠

이때, ㉠에서 극한값이 존재하고 $\lim\limits_{x\to a}\dfrac{f(x)}{x-a}=2$,

$\lim\limits_{x\to a}\dfrac{g(x)}{x-a}=1$에 의하여 $x\to a$일 때 (분모)$\to0$이므로
(분자)$\to0$이어야 한다.

즉, $\lim\limits_{x\to a}\left[m\left\{\dfrac{f(x)}{x-a}\right\}^2+n\left\{\dfrac{g(x)}{x-a}\right\}^2\right]=0$이므로

$m\times\left\{\lim\limits_{x\to a}\dfrac{f(x)}{x-a}\right\}^2+n\times\left\{\lim\limits_{x\to a}\dfrac{g(x)}{x-a}\right\}^2=0$

$4m+n=0$ $\therefore n=-4m$ ……㉡
㉡을 ㉠에 대입하면

$\lim\limits_{x\to a}\dfrac{m\left\{\dfrac{f(x)}{x-a}\right\}^2+n\left\{\dfrac{g(x)}{x-a}\right\}^2}{\dfrac{f(x)}{x-a}-2\times\dfrac{g(x)}{x-a}}$

$=\lim\limits_{x\to a}\dfrac{m\left\{\dfrac{f(x)}{x-a}\right\}^2-4m\left\{\dfrac{g(x)}{x-a}\right\}^2}{\dfrac{f(x)}{x-a}-2\times\dfrac{g(x)}{x-a}}$

$=\lim\limits_{x\to a}\dfrac{m\left\{\dfrac{f(x)}{x-a}-2\times\dfrac{g(x)}{x-a}\right\}\left\{\dfrac{f(x)}{x-a}+2\times\dfrac{g(x)}{x-a}\right\}}{\dfrac{f(x)}{x-a}-2\times\dfrac{g(x)}{x-a}}$

$=m\lim\limits_{x\to a}\left\{\dfrac{f(x)}{x-a}+2\times\dfrac{g(x)}{x-a}\right\}$

$=m\lim\limits_{x\to a}\dfrac{f(x)}{x-a}+2m\lim\limits_{x\to a}\dfrac{g(x)}{x-a}$

$=4m=8$

$\therefore m=2$, $n=-8$ ($\because$ ㉡)
$\therefore m-n=2-(-8)=10$ **답 10**

23 이차식 $f(x)$가 $\lim\limits_{x\to\infty}\dfrac{f(x)-2x^2}{x^2+1}+\lim\limits_{x\to1}\dfrac{f(x)}{x^2-1}=0$을 만

족시키므로 $\lim\limits_{x\to1}\dfrac{f(x)}{x^2-1}$의 값이 존재한다.

이때, $x\to1$일 때 (분모)$\to0$이므로 (분자)$\to0$이어야
한다.
즉, $\lim\limits_{x\to1}f(x)=0$에서 $f(1)=0$이므로
$f(x)=a(x-1)(x-b)$ (단, $a\neq0$, b는 상수)
라 할 수 있다.
$f(x)$를 $x-2$로 나눈 나머지가 3이므로
$f(2)=a(2-b)=3$
$\therefore 2a-ab=3$ ……㉠
또한, $\lim\limits_{x\to\infty}\dfrac{f(x)-2x^2}{x^2+1}+\lim\limits_{x\to1}\dfrac{f(x)}{x^2-1}=0$이므로

$\lim\limits_{x\to\infty}\dfrac{a(x-1)(x-b)-2x^2}{x^2+1}+\lim\limits_{x\to1}\dfrac{a(x-1)(x-b)}{(x+1)(x-1)}$

$=\lim\limits_{x\to\infty}\dfrac{a\left(1-\dfrac{1}{x}\right)\left(1-\dfrac{b}{x}\right)-2}{1+\dfrac{1}{x^2}}+\lim\limits_{x\to1}\dfrac{a(x-b)}{x+1}$

$=a-2+\dfrac{a(1-b)}{2}=0$

즉, $2a-4+a-ab=0$이므로
$3a-ab=4$ ……㉡
㉠, ㉡을 연립하여 풀면
$a=1$, $b=-1$
따라서 $f(x)=(x-1)(x+1)$이므로
$f(6)=5\times7=35$ **답 35**

24 $\lim\limits_{x\to0}\dfrac{a-x^n-\sqrt{a^2-x^4}}{x^4}$

$=\lim\limits_{x\to0}\dfrac{(a-x^n-\sqrt{a^2-x^4})(a-x^n+\sqrt{a^2-x^4})}{x^4(a-x^n+\sqrt{a^2-x^4})}$

$=\lim\limits_{x\to0}\dfrac{a^2-2ax^n+x^{2n}-(a^2-x^4)}{x^4(a-x^n+\sqrt{a^2-x^4})}$

$=\lim\limits_{x\to0}\dfrac{x^{2n}+x^4-2ax^n}{x^4(a-x^n+\sqrt{a^2-x^4})}$ ……㉠

(ⅰ) $n<4$일 때,
㉠에서
$\lim\limits_{x\to0}\dfrac{x^{2n}+x^4-2ax^n}{x^4(a-x^n+\sqrt{a^2-x^4})}$

$=\lim\limits_{x\to0}\dfrac{x^n+x^{4-n}-2a}{x^{4-n}(a-x^n+\sqrt{a^2-x^4})}$

$x\to0$일 때 (분모)$\to0$, (분자)$\to-2a$이므로 극한
값이 존재하지 않는다.

(ⅱ) $n=4$일 때,
㉠에서
$\lim\limits_{x\to0}\dfrac{x^{2n}+x^4-2ax^n}{x^4(a-x^n+\sqrt{a^2-x^4})}$

$$=\lim_{x \to 0} \frac{x^8+x^4-2ax^4}{x^4(a-x^4+\sqrt{a^2-x^4})}$$

분모, 분자를 각각 x^4으로 나눈다.

$$=\lim_{x \to 0} \frac{x^4+1-2a}{a-x^4+\sqrt{a^2-x^4}}$$

$$=\frac{1-2a}{2a}=\frac{1}{2}$$

$$2a=2-4a, \ 6a=2 \qquad \therefore a=\frac{1}{3}$$

$$\therefore a+n=\frac{1}{3}+4=\frac{13}{3}$$

(iii) $n>4$일 때,

㉠에서

$$\lim_{x \to 0} \frac{x^{2n}+x^4-2ax^n}{x^4(a-x^n+\sqrt{a^2-x^4})}$$

분모, 분자를 각각 x^4으로 나눈다.

$$=\lim_{x \to 0} \frac{x^{2n-4}+1-2ax^{n-4}}{a-x^n+\sqrt{a^2-x^4}}$$

$$=\frac{1}{2a}=\frac{1}{2}$$

$$\therefore a=1$$

n은 자연수이므로 $n=5$일 때 $a+n$이 최소이고 최솟값은 $a+n=1+5=6$

(i), (ii), (iii)에서 $a+n$의 최솟값은 $\frac{13}{3}$이다. 　답 $\frac{13}{3}$

25 정사각형 ABCD의 꼭짓점 B는 직선 $x=a$와 x축의 교점이므로 B$(a, 0)$

정사각형 ABCD의 한 변의 길이가 $l(a)$이므로
$$\overline{AB}=l(a) \qquad \therefore A(a-l(a), 0)$$

꼭짓점 D는 곡선 $y=\sqrt{\frac{x}{a}}$ 위의 점 중 x좌표가 $a-l(a)$

인 점이므로 D$\left(a-l(a), \sqrt{\frac{a-l(a)}{a}}\right)$

정사각형 ABCD의 한 변의 길이가 $l(a)$이므로

$$\overline{AD}=l(a) \qquad \therefore l(a)=\sqrt{\frac{a-l(a)}{a}}$$

위의 식의 양변을 제곱하면

$$\{l(a)\}^2=\frac{a-l(a)}{a}$$

$$a\{l(a)\}^2+l(a)-a=0$$

$$\therefore l(a)=\frac{-1+\sqrt{1+4a^2}}{2a} \ (\because l(a)>0)$$

$$\therefore \lim_{a \to \infty} l(a)=\lim_{a \to \infty} \frac{-1+\sqrt{1+4a^2}}{2a}$$

$$=\frac{\sqrt{4}}{2}=1$$ 　답 1

26 직선 l의 기울기를 $m \ (m>0)$이라 하면 점 A$(-2, 0)$을 지나므로 방정식은

$$y-0=m(x+2) \qquad \therefore l : y=mx+2m$$

점 P는 직선 l이 y축과 만나는 점이므로 P$(0, 2m)$
$$\therefore \overline{OP}=2m$$

직선 CQ와 직선 l이 수직이므로 직선 CQ는 기울기가

$-\dfrac{1}{m}$이고 점 C$(r, 0)$을 지난다.

즉, 직선 CQ의 방정식은

$$y-0=-\frac{1}{m}(x-r) \qquad \therefore y=-\frac{1}{m}x+\frac{r}{m}$$

이 직선이 y축과 만나는 점이 R이므로 R$\left(0, \frac{r}{m}\right)$

$$\therefore \overline{OR}=\frac{r}{m}$$

한편, 직선 l은 원 C의 접선이므로 직선 $y=mx+2m$, 즉 $mx-y+2m=0$과 중심 C$(r, 0)$ 사이의 거리는 반지름의 길이인 r와 같다. 즉,

$$\frac{|mr+2m|}{\sqrt{m^2+1}}=r, \ |mr+2m|=r\sqrt{m^2+1}$$

위의 식의 양변을 제곱하면

$$r^2m^2+4rm^2+4m^2=r^2m^2+r^2$$

$$4m^2(r+1)=r^2 \qquad \therefore m^2=\frac{r^2}{4(r+1)} \qquad \cdots\cdots ㉠$$

$$\therefore \lim_{r \to \infty} \frac{\overline{OR}}{\overline{OP}}=\lim_{r \to \infty} \frac{\dfrac{r}{m}}{2m}=\lim_{r \to \infty} \frac{r}{2m^2}$$

$$=\lim_{r \to \infty} \frac{r}{2 \times \dfrac{r^2}{4(r+1)}} \ (\because ㉠)$$

$$=\lim_{r \to \infty} \frac{2r(r+1)}{r^2}$$

$$=\lim_{r \to \infty} 2\left(1+\frac{1}{r}\right)=2$$ 　답 2

• 다른풀이 •

$\angle QAC=\theta$라 하면

△AQC에서 $\overline{AC}=2+r, \ \overline{QC}=r$이므로

$$\overline{AQ}=\sqrt{(2+r)^2-r^2}=\sqrt{4r+4}$$

$$\therefore \tan\theta=\frac{\overline{QC}}{\overline{AQ}}=\frac{r}{\sqrt{4r+4}} \qquad \cdots\cdots ㉡$$

△PAO에서 $\overline{OA}=2$이므로

$$\overline{OP}=\overline{OA}\tan\theta=\frac{2r}{\sqrt{4r+4}} \ (\because ㉡)$$

△ROC에서 $\angle RCO=\frac{\pi}{2}-\theta, \ \overline{OC}=r$이므로

$$\overline{OR}=\overline{OC}\tan\left(\frac{\pi}{2}-\theta\right)=\frac{r}{\tan\theta}=\sqrt{4r+4} \ (\because ㉡)$$

$$\therefore \lim_{r \to \infty} \frac{\overline{OR}}{\overline{OP}}=\lim_{r \to \infty} \frac{\sqrt{4r+4}}{\dfrac{2r}{\sqrt{4r+4}}}=\lim_{r \to \infty} \frac{4r+4}{2r}=2$$

27 점 P의 좌표가 (t, t^2)이고, △POQ가 $\overline{PO}=\overline{PQ}$인 이등변삼각형이므로 점 Q의 좌표는 $(2t, 0)$

즉, 삼각형 POQ의 넓이 $S(t)$는

$$S(t)=\frac{1}{2} \times 2t \times t^2=t^3$$

△PRO가 $\overline{RO}=\overline{RP}$인 이등변삼각형이므로 선분 OP의 수직이등분선이 y축과 만나는 점이 R이다.

선분 OP의 중점을 M이라 하면 M$\left(\frac{t}{2}, \frac{t^2}{2}\right)$

직선 OP의 기울기가 $\dfrac{t^2}{t}=t$이므로 직선 MR의 기울기는 $-\dfrac{1}{t}$

즉, 직선 MR의 방정식은

$$y-\dfrac{t^2}{2}=-\dfrac{1}{t}\left(x-\dfrac{t}{2}\right) \qquad \therefore y=-\dfrac{1}{t}x+\dfrac{t^2}{2}+\dfrac{1}{2}$$

$$\therefore R\left(0,\ \dfrac{t^2}{2}+\dfrac{1}{2}\right)$$

따라서 삼각형 PRO의 넓이 $T(t)$는

$$T(t)=\dfrac{1}{2}\times\left(\dfrac{t^2}{2}+\dfrac{1}{2}\right)\times t=\dfrac{1}{4}(t^3+t)$$

$$\begin{aligned}\therefore \lim_{t\to 0+}\dfrac{T(t)-S(t)}{t}&=\lim_{t\to 0+}\dfrac{\dfrac{1}{4}(t^3+t)-t^3}{t}\\&=\lim_{t\to 0+}\left(-\dfrac{3}{4}t^2+\dfrac{1}{4}\right)\\&=\dfrac{1}{4} \qquad \text{답 ②}\end{aligned}$$

• 다른풀이 •

$R(0,\ a)$ (a는 상수)라 하면 삼각형 PRO에서 $\overline{RO}=\overline{RP}$이므로

$$\overline{RO}^2=\overline{RP}^2$$

$$a^2=t^2+(t^2-a)^2$$

$$a^2=t^2+t^4-2at^2+a^2$$

$$2at^2=t^4+t^2,\ 2a=t^2+1\ (\because t>0)$$

$$\therefore a=\dfrac{1}{2}(t^2+1)$$

$$\therefore R\left(0,\ \dfrac{1}{2}(t^2+1)\right)$$

28 주어진 도형을 점 O가 원점, 선분 OA가 x축, 선분 OB 가 y축 위에 오도록 좌표평면에 놓으면 호 AB는 원 $x^2+y^2=1$의 일부이다.

$\overline{OQ}=t$에서 $\overline{QA}=1-t$

또한, $Q(t,\ 0)$이므로 점 P의 x좌표가 t이고,

$$t^2+y^2=1,\ y^2=1-t^2$$

$$\therefore y=\pm\sqrt{1-t^2}$$

이때, 점 P가 제1사분면 위의 점이므로

$$y=\sqrt{1-t^2} \qquad \therefore P(t,\ \sqrt{1-t^2}\,)$$

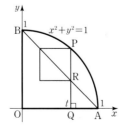

정사각형의 대각선이 선분 AB 위에 있으려면 정사각형 의 각 변이 x축 또는 y축에 평행해야 하고,

직선 AB의 방정식이 $y=-x+1$이므로 선분 PQ와 선분 AB가 만나는 점을 R라 하면

$R(t,\ 1-t)$

즉, $\overline{PR}=\sqrt{1-t^2}-(1-t)$이므로

$$\begin{aligned}f(t)&=\overline{PR}^2\\&=\{\sqrt{1-t^2}-(1-t)\}^2\\&=1-t^2-2(1-t)\sqrt{1-t^2}+1-2t+t^2\\&=2-2t-2(1-t)\sqrt{1-t^2}\\&=2(1-t)(1-\sqrt{1-t^2}\,)\end{aligned}$$

$$\begin{aligned}\therefore \lim_{t\to 1-}\dfrac{f(t)}{\overline{QA}}&=\lim_{t\to 1-}\dfrac{2(1-t)(1-\sqrt{1-t^2}\,)}{1-t}\\&=\lim_{t\to 1-}2(1-\sqrt{1-t^2}\,)\\&=2\times 1=2 \qquad \text{답 2}\end{aligned}$$

• 다른풀이 •

$\overline{OQ}=t$이므로 $\overline{QA}=1-t$

선분 AB와 선분 PQ가 만나는 점을 R라 하면 △ARQ가 직각이등변삼각형이므로

$$\overline{RQ}=\overline{QA}=1-t$$

$\overline{PR}=a$라 하고 선분 OP를 그으면 △OQP는 직각삼각형이므로

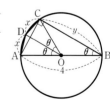

$$\overline{OP}^2=\overline{OQ}^2+\overline{PQ}^2$$

$$1=t^2+(a+1-t)^2$$

$$1=t^2+a^2+1+t^2+2a-2t-2at$$

$$a^2+2(1-t)a+2t^2-2t=0$$

$$\therefore a=\dfrac{-(1-t)\pm\sqrt{(1-t)^2-(2t^2-2t)}}{1}$$

$$=-(1-t)\pm\sqrt{1-t^2}$$

그런데 $0<t<1$, $a>0$이므로

$$a=-(1-t)+\sqrt{1-t^2}$$

$$\begin{aligned}\therefore f(t)&=a^2=\{\sqrt{1-t^2}-(1-t)\}^2\\&=2(1-t)(1-\sqrt{1-t^2}\,)\end{aligned}$$

29 반지름의 길이가 2이고, $\overline{AB}=4$이므로 선분 AB는 지름이고 이 원의 중심을 지난다.

원의 중심을 O, $\angle ABC=\theta$라 하면 한 원에서 한 호에 대한 중심각의 크기는 그 호에 대한 원주각의 크기의 2배이므로

$$\angle AOC=2\theta$$

선분 OD를 그으면 $\overline{AD}=\overline{CD}$이므로

$$\angle AOD=\angle DOC=\theta$$

△ABC는 $\angle ACB=90°$인 직각삼각형이므로

$$\cos\theta=\dfrac{\overline{BC}}{\overline{AB}}=\dfrac{y}{4} \qquad \cdots\cdots ㉠$$

△OAD에서 $\overline{AD}=x$, $\overline{OA}=\overline{OD}=2$이므로 코사인법칙의 변형에 의하여

$$\cos\theta=\dfrac{2^2+2^2-x^2}{2\times 2\times 2}=\dfrac{8-x^2}{8} \qquad \cdots\cdots ㉡$$

㉠=㉡이므로

$$\frac{y}{4}=\frac{8-x^2}{8} \qquad \therefore y=\frac{8-x^2}{2}$$

$$\therefore \lim_{x \to \sqrt{2}-} \frac{y-3}{\sqrt{2}-x}=\lim_{x \to \sqrt{2}-}\frac{\dfrac{8-x^2}{2}-3}{\sqrt{2}-x}$$

$$=\lim_{x \to \sqrt{2}-}\frac{2-x^2}{2(\sqrt{2}-x)}$$

$$=\lim_{x \to \sqrt{2}-}\frac{(\sqrt{2}+x)(\sqrt{2}-x)}{2(\sqrt{2}-x)}$$

$$=\lim_{x \to \sqrt{2}-}\frac{\sqrt{2}+x}{2}$$

$$=\frac{2\sqrt{2}}{2}=\sqrt{2} \qquad\qquad \text{답} \ \sqrt{2}$$

Step 3 1등급을 넘어서는 **종합 사고력 문제**　　　p. 14

01 60	02 $-\dfrac{1}{2}$	03 3	04 50	05 10
06 $\dfrac{3}{4}$	07 54			

---

01 해결단계

❶ 단계	조건 ㈎를 이용하여 함수 $f(x)$를 미정계수를 이용하여 나타낸다.
❷ 단계	$\alpha\beta=0$임을 이용하여 경우를 나누고, $f(2)=8$임을 이용하여 각 경우에 따라 함수 $f(x)$를 구한다.
❸ 단계	조건 ㈏의 의미를 파악하여 함수 $f(x)$를 구한 후, $f(3)$의 값을 구한다.

$\displaystyle\lim_{x \to 0}\frac{f(x)}{x}=\alpha$에서 극한값이 존재하고 $x \to 0$일 때

(분모) $\to 0$이므로 (분자) $\to 0$이어야 한다.

즉, $\displaystyle\lim_{x \to 0}f(x)=0$이므로 $f(0)=0$

같은 방법으로 $\displaystyle\lim_{x \to 1}\frac{f(x)}{x-1}=\beta$에서 $f(1)=0$

즉, $f(x)=x(x-1)(x^2+ax+b)$ (a, b는 상수)라 할 수 있다.

이때, $\alpha\beta=0$이므로 다음과 같이 경우를 나눌 수 있다.

(ⅰ) $\alpha=0$, $\beta \neq 0$인 경우

$\displaystyle\lim_{x \to 0}\frac{f(x)}{x}=0$에서

$\displaystyle\lim_{x \to 0}\frac{x(x-1)(x^2+ax+b)}{x}$

$=\displaystyle\lim_{x \to 0}(x-1)(x^2+ax+b)$

$=-b=0$

즉, $b=0$이므로

$f(x)=x(x-1)(x^2+ax)$

$\qquad =x^2(x-1)(x+a)$

이때, $f(2)=8$이므로 $4 \times 1 \times (2+a)=8$

$2+a=2 \qquad \therefore a=0$

$\qquad \therefore f(x)=x^3(x-1)$

(ⅱ) $\alpha \neq 0$, $\beta=0$인 경우

$\displaystyle\lim_{x \to 1}\frac{f(x)}{x-1}=0$에서

$\displaystyle\lim_{x \to 1}\frac{x(x-1)(x^2+ax+b)}{x-1}=\lim_{x \to 1}x(x^2+ax+b)$

$\qquad\qquad\qquad\qquad\qquad\quad =1+a+b=0$

즉, $b=-a-1$이므로

$f(x)=x(x-1)(x^2+ax-a-1)$

$\qquad =x(x-1)^2(x+a+1)$

이때, $f(2)=8$이므로 $2 \times 1^2 \times (3+a)=8$

$3+a=4 \qquad \therefore a=1$

$\qquad \therefore f(x)=x(x-1)^2(x+2)$

(ⅲ) $\alpha=0$, $\beta=0$인 경우

$\displaystyle\lim_{x \to 0}\frac{f(x)}{x}=0$, $\displaystyle\lim_{x \to 1}\frac{f(x)}{x-1}=0$이므로 (ⅰ), (ⅱ)에서

$b=0$, $a=-b-1=-1$

$\therefore f(x)=x(x-1)(x^2-x)=x^2(x-1)^2$

그런데 $f(2)=8$이어야 하므로 조건을 만족시키지 않는다.

(ⅰ), (ⅱ), (ⅲ)에서

$f(x)=x^3(x-1)$ 또는 $f(x)=x(x-1)^2(x+2)$

이때, 조건 ㈏에서 0과 1이 아닌 어떤 실수 p에 대하여

$\displaystyle\lim_{x \to p}\frac{1}{f(x)}$의 값이 존재하지 않으므로 0과 1이 아닌 어떤

실수 p에 대하여 $\displaystyle\lim_{x \to p}f(x)=0$이어야 한다.

따라서 $f(x)=x(x-1)^2(x+2)$이므로

$f(3)=3 \times 2^2 \times 5=60 \qquad\qquad \text{답} \ 60$

---

02 해결단계

❶ 단계	함수 $y=f(x)$의 그래프를 그린다.
❷ 단계	직선 $y=g(x)$가 함수 $y=f(x)$의 그래프와 접하거나 x축에 대하여 대칭이동하여 생기는 뾰족한 점을 지나는 경우에 대하여 t의 값을 각각 구한다.
❸ 단계	❷단계에서 구한 t의 값을 이용하여 함수 $h(t)$를 구한다.
❹ 단계	$\displaystyle\lim_{t \to k+}h(t)>h(k)$를 만족시키는 k의 값을 모두 구한 후, 그 합을 구한다.

$f(x)=\left|\dfrac{5-2x}{x-2}\right|=\left|\dfrac{-2(x-2)+1}{x-2}\right|$

$\qquad =\left|\dfrac{1}{x-2}-2\right|$

이때, 함수 $y=\dfrac{1}{x-2}-2$의 그래프의 두 점근선의 방정

식은 $x=2$, $y=-2$이고, 함수 $f(x)=\left|\dfrac{1}{x-2}-2\right|$의 그

래프는 함수 $y=\dfrac{1}{x-2}-2$의 그래프를 $y \geq 0$인 부분은 그

대로 남기고 $y<0$인 부분은 x축에 대하여 대칭이동한 것과 같으므로 두 함수 $y=f(x)$, $y=g(x)$의 그래프는 다음 그림과 같다.

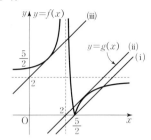

(i) 직선 $y=g(x)$가 점 $\left(\dfrac{5}{2},\ 0\right)$을 지나는 경우

$y=x+t$에서 $0=\dfrac{5}{2}+t$ $\qquad \therefore t=-\dfrac{5}{2}$

(ii) 직선 $y=g(x)$가 곡선 $y=f(x)$와 $x>\dfrac{5}{2}$에서 접하는 경우

$x>\dfrac{5}{2}$에서 $f(x)=\dfrac{2x-5}{x-2}$이므로

$\dfrac{2x-5}{x-2}=x+t$, $2x-5=x^2+(t-2)x-2t$

$\therefore x^2+(t-4)x-2t+5=0$

이 이차방정식이 중근을 가져야 하므로 판별식을 D라 하면

$D=(t-4)^2-4(-2t+5)=0$

$t^2-4=0$, $(t-2)(t+2)=0$

$\therefore t=2$ 또는 $t=-2$

그런데 직선 $y=g(x)$가 곡선 $y=f(x)$와 $x>\dfrac{5}{2}$에서 접하려면 직선 $y=g(t)$의 y절편인 t가 음수이어야 하므로

$t=-2$

(iii) 직선 $y=g(x)$가 곡선 $y=f(x)$와 $x<2$에서 접하는 경우

$x<2$에서 $f(x)=\dfrac{2x-5}{x-2}$이고, 직선 $y=g(x)$가 곡선 $y=f(x)$와 $x<2$에서 접하려면 y절편인 t가 양수이어야 한다.

즉, (ii)에서 $t=2$

(i), (ii), (iii)에서 두 함수 $y=f(x)$, $y=g(x)$의 그래프가 만나는 교점의 개수 $h(t)$는

$$h(t)=\begin{cases}1 & \left(t<-\dfrac{5}{2}\right) \\ 2 & \left(t=-\dfrac{5}{2}\right) \\ 3 & \left(-\dfrac{5}{2}<t<-2\right) \\ 2 & (t=-2) \\ 1 & (-2<t<2) \\ 2 & (t=2) \\ 3 & (t>2)\end{cases}$$

이므로 함수 $y=h(t)$의 그래프는 다음 그림과 같다.

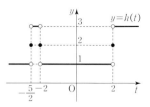

따라서 $\displaystyle\lim_{t\to k+}h(t)>h(k)$를 만족시키는 k의 값은

$\underbrace{\qquad\qquad\qquad\qquad}_{t=k\text{에서의 우극한이 } t=k\text{에서의 함숫값보다 큰 경우이다.}}$

$-\dfrac{5}{2}$, 2이므로 그 합은

$-\dfrac{5}{2}+2=-\dfrac{1}{2}$ $\qquad\qquad$ 답 $-\dfrac{1}{2}$

03 해결단계

● 단계	두 함수 $f(x)$, $g(x)$의 주기와 대칭성을 파악한다.
❷ 단계	정의역이 $\{x\,|-2\leq x\leq 6\}$이므로 등식의 성립여부를 따져 보아야 할 정수 a는 -1, 0, 1, 2, 3, 4, 5임을 파악한다.
❸ 단계	$\displaystyle\lim_{x\to a+}f(g(x))=\lim_{x\to a-}g(f(x))$를 만족시키는 a의 값을 모두 구한 후, 개수를 구한다.

$f(2-x)=f(2+x)$이므로 함수 $y=f(x)$의 그래프는 직선 $x=2$에 대하여 대칭이고, $g(x-2)=g(x+2)$에서 $g(x)=g(x+4)$이므로 함수 $g(x)$는 주기가 4인 함수이다.

즉, $-2\leq x\leq 6$에서 두 함수 $y=f(x)$, $y=g(x)$의 그래프는 다음 그림과 같다.

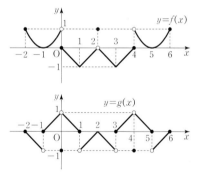

이때, 두 함수의 정의역이 모두 $\{x\,|-2\leq x\leq 6\}$이므로

$\displaystyle\lim_{x\to a+}f(g(x))=\lim_{x\to a-}g(f(x))$

의 성립 여부를 따져 보아야 할 정수 a의 값은 -1, 0, 1, 2, 3, 4, 5이다.

(i) $a=-1$일 때,

$g(x)=t$로 놓으면 $x\to-1+$일 때 $t\to0+$이므로

$\displaystyle\lim_{x\to-1+}f(g(x))=\lim_{t\to0+}f(t)=0$

$f(x)=s$로 놓으면 $x\to-1-$일 때 $s\to0+$이므로

$\displaystyle\lim_{x\to-1-}g(f(x))=\lim_{s\to0+}g(s)=1$

$\therefore \displaystyle\lim_{x\to-1+}f(g(x))\neq\lim_{x\to-1-}g(f(x))$

(ii) $a=0$일 때,

$g(x)=t$로 놓으면 $x\to0+$일 때 $t\to1-$이므로

$\displaystyle\lim_{x\to0+}f(g(x))=\lim_{t\to1-}f(t)=-1$

$f(x)=s$로 놓으면 $x\to0-$일 때 $s\to1-$이므로

$\displaystyle\lim_{x\to0-}g(f(x))=\lim_{s\to1-}g(s)=0$

$$\therefore \lim_{x \to 0+} f(g(x)) \neq \lim_{x \to 0-} g(f(x))$$

(iii) $a=1$일 때,

$g(x)=t$로 놓으면 $x \to 1+$일 때 $t \to -1+$이므로

$$\lim_{x \to 1+} f(g(x)) = \lim_{t \to -1+} f(t) = 0$$

$f(x)=s$로 놓으면 $x \to 1-$일 때 $s \to -1+$이므로

$$\lim_{x \to 1-} g(f(x)) = \lim_{s \to -1+} g(s) = 0$$

$$\therefore \lim_{x \to 1+} f(g(x)) = \lim_{x \to 1-} g(f(x))$$

(iv) $a=2$일 때,

$g(x)=t$로 놓으면 $x \to 2+$일 때 $t \to 0-$이므로

$$\lim_{x \to 2+} f(g(x)) = \lim_{t \to 0-} f(t) = 1$$

$f(x)=s$로 놓으면 $x \to 2-$일 때 $s \to 0-$이므로

$$\lim_{x \to 2-} g(f(x)) = \lim_{s \to 0-} g(s) = 1$$

$$\therefore \lim_{x \to 2+} f(g(x)) = \lim_{x \to 2-} g(f(x))$$

(v) $a=3$일 때,

$g(x)=t$로 놓으면 $x \to 3+$일 때 $t \to 0+$이므로

$$\lim_{x \to 3+} f(g(x)) = \lim_{t \to 0+} f(t) = 0$$

$f(x)=s$로 놓으면 $x \to 3-$일 때 $s \to -1+$이므로

$$\lim_{x \to 3-} g(f(x)) = \lim_{s \to -1+} g(s) = 0$$

$$\therefore \lim_{x \to 3+} f(g(x)) = \lim_{x \to 3-} g(f(x))$$

(vi) $a=4$일 때,

$g(x)=t$로 놓으면 $x \to 4+$일 때 $t \to 1-$이므로

$$\lim_{x \to 4+} f(g(x)) = \lim_{t \to 1-} f(t) = -1$$

$f(x)=s$로 놓으면 $x \to 4-$일 때 $s \to 0-$이므로

$$\lim_{x \to 4-} g(f(x)) = \lim_{s \to 0-} g(s) = 1$$

$$\therefore \lim_{x \to 4+} f(g(x)) \neq \lim_{x \to 4-} g(f(x))$$

(vii) $a=5$일 때,

$g(x)=t$로 놓으면 $x \to 5+$일 때 $t \to -1+$이므로

$$\lim_{x \to 5+} f(g(x)) = \lim_{t \to -1+} f(t) = 0$$

$f(x)=s$로 놓으면 $x \to 5-$일 때 $s \to 0+$이므로

$$\lim_{x \to 5-} g(f(x)) = \lim_{s \to 0+} g(s) = 1$$

$$\therefore \lim_{x \to 5+} f(g(x)) \neq \lim_{x \to 5-} g(f(x))$$

(i) ~ (vii)에서 주어진 조건을 만족시키는 정수 a는 1, 2, 3의 3개이다. 답 3

---

blacklabel 특강 참고

$a=2, 3, 4, 5$일 때, 그래프를 확장하지 않고 $f(2-x)=f(2+x)$, $g(x-2)=g(x+2)$를 이용하여 구할 수도 있다.

예 $a=4$일 때,

$g(x-2)=g(x+2)$에서 $g(x)=g(x+4)$이므로

$$\lim_{x \to 4+} g(x) = \lim_{x \to 0+} g(x)$$

$g(x)=t$로 놓으면 $x \to 0+$일 때 $t \to 1-$이므로

$$\lim_{x \to 4+} f(g(x)) = \lim_{x \to 0+} f(g(x)) = \lim_{t \to 1-} f(t) = -1$$

$f(2-x)=f(2+x)$에서 $f(x)=f(4-x)$이므로

$$\lim_{x \to 4-} f(x) = \lim_{x \to 0+} f(x)$$

$f(x)=s$로 놓으면 $x \to 0+$일 때 $s \to 0-$이므로

$$\lim_{x \to 4-} g(f(x)) = \lim_{x \to 0+} g(f(x)) = \lim_{s \to 0-} g(s) = 1$$

$$\therefore \lim_{x \to 4+} f(g(x)) \neq \lim_{x \to 4-} g(f(x))$$

---

04 해결단계

❶ 단계	주어진 극한값이 존재하도록 하는 a, b의 조건을 파악한다.
❷ 단계	❶단계의 조건에 따라 경우를 나누고 b, c가 자연수임을 이용하여 b^2+c^2의 값을 구한다.
❸ 단계	b^2+c^2의 최댓값과 최솟값을 구한 후, 그 합을 구한다.

$$\lim_{x \to 2} \frac{ax^2-2x-4}{(x-a)(x-b)} = c^2 \quad \cdots\cdots \bigcirc$$

에서 $x \to 2$일 때의 극한값이 존재해야 하므로 $a=2$ 또는 $b=2$일 때에 대하여 다음과 같이 경우를 나누어 생각할 수 있다.

(i) $a=2$일 때, $\bigcirc$에서

$$c^2 = \lim_{x \to 2} \frac{ax^2-2x-4}{(x-a)(x-b)}$$
$$= \lim_{x \to 2} \frac{2x^2-2x-4}{(x-2)(x-b)}$$
$$= \lim_{x \to 2} \frac{2(x^2-x-2)}{(x-2)(x-b)}$$
$$= \lim_{x \to 2} \frac{2(x-2)(x+1)}{(x-2)(x-b)}$$
$$= \lim_{x \to 2} \frac{2(x+1)}{x-b}$$

이때, 극한값이 존재하려면 $b \neq 2$이어야 하고, $\lim_{x \to 2} 2(x+1) = 6$이므로 c가 자연수이려면

$2-b=6$, $c^2=1$ $\quad \therefore b=-4$, $c=1$

그런데 b가 자연수라는 조건에 모순이다.

(ii) $b=2$일 때, $\bigcirc$에서

$$c^2 = \lim_{x \to 2} \frac{ax^2-2x-4}{(x-a)(x-b)}$$
$$= \lim_{x \to 2} \frac{ax^2-2x-4}{(x-a)(x-2)}$$

이때, 극한값이 존재하고 $x \to 2$일 때 (분모) $\to 0$이므로 (분자) $\to 0$이어야 한다.

즉, $\lim_{x \to 2}(ax^2-2x-4)=0$에서

$4a-8=0$ $\quad \therefore a=2$

$a=2$, $b=2$를 $\bigcirc$에 대입하면

$$c^2 = \lim_{x \to 2} \frac{2x^2-2x-4}{(x-2)(x-2)} = \lim_{x \to 2} \frac{2(x+1)}{x-2}$$

이므로 극한값이 존재한다는 조건에 모순이다.

(iii) $a \neq 2$, $b \neq 2$일 때, $\bigcirc$에서

$$\lim_{x \to 2} \frac{ax^2-2x-4}{(x-a)(x-b)} = \frac{4a-8}{(2-a)(2-b)}$$
$$= \frac{-4(2-a)}{(2-a)(2-b)}$$
$$= \frac{-4}{2-b} = c^2$$

이때, c가 자연수이려면

$2-b=-4$, $c^2=1$ 또는 $2-b=-1$, $c^2=4$

즉, $b=6$, $c=1$ 또는 $b=3$, $c=2$이므로

$b^2+c^2=36+1=37$ 또는 $b^2+c^2=9+4=13$

(i), (ii), (iii)에서 b^2+c^2의 최댓값은 37, 최솟값은 13이므로 그 합은

$37+13=50$ 답 50

05 해결단계

❶ 단계	$(n+1)^2 \leq x < (n+2)^2$을 변형하여 n의 값의 범위를 x를 이용하여 나타낸다.
❷ 단계	❶단계의 부등식으로부터 $\dfrac{10f(x)}{\sqrt{x+3}}$의 범위를 구한다.
❸ 단계	함수의 극한의 대소 관계를 이용하여 $\displaystyle\lim_{x \to \infty} \dfrac{10f(x)}{\sqrt{x+3}}$의 값을 구한다.

$(n+1)^2 \leq x < (n+2)^2$에서

$n+1 \leq \sqrt{x} < n+2 \ (\because x>0)$

$n+1 \leq \sqrt{x}$에서 $n \leq \sqrt{x}-1$

$\sqrt{x} < n+2$에서 $\sqrt{x}-2 < n$

$\therefore \sqrt{x}-2 < n \leq \sqrt{x}-1$

이때, $f(x)=n$이므로

$\sqrt{x}-2 < f(x) \leq \sqrt{x}-1$

$\dfrac{10}{\sqrt{x+3}} > 0$이므로 위의 부등식의 각 변에 $\dfrac{10}{\sqrt{x+3}}$을 곱하면

$$\dfrac{10(\sqrt{x}-2)}{\sqrt{x+3}} < \dfrac{10f(x)}{\sqrt{x+3}} \leq \dfrac{10(\sqrt{x}-1)}{\sqrt{x+3}} \qquad \cdots\cdots \bigcirc$$

이때,

$$\lim_{x \to \infty} \dfrac{10(\sqrt{x}-2)}{\sqrt{x+3}} = \lim_{x \to \infty} \dfrac{10\left(1-\dfrac{2}{\sqrt{x}}\right)}{\sqrt{1+\dfrac{3}{x}}} = 10,$$

$$\lim_{x \to \infty} \dfrac{10(\sqrt{x}-1)}{\sqrt{x+3}} = \lim_{x \to \infty} \dfrac{10\left(1-\dfrac{1}{\sqrt{x}}\right)}{\sqrt{1+\dfrac{3}{x}}} = 10$$

이므로 $\bigcirc$에서 함수의 극한의 대소 관계에 의하여

$$\lim_{x \to \infty} \dfrac{10f(x)}{\sqrt{x+3}} = 10 \qquad\qquad \text{답} \ 10$$

● 다른풀이 ●

$(n+1)^2 \leq x < (n+2)^2$이므로

$(n+1)^2+3 \leq x+3 < (n+2)^2+3$

$\sqrt{(n+1)^2+3} \leq \sqrt{x+3} < \sqrt{(n+2)^2+3}$

$$\dfrac{1}{\sqrt{(n+2)^2+3}} < \dfrac{1}{\sqrt{x+3}} \leq \dfrac{1}{\sqrt{(n+1)^2+3}}$$

이때, $f(x)=n>0$이므로 위의 부등식의 각 변에 $f(x)=n$을 곱하면

$$\dfrac{n}{\sqrt{(n+2)^2+3}} < \dfrac{f(x)}{\sqrt{x+3}} \leq \dfrac{n}{\sqrt{(n+1)^2+3}} \qquad \cdots\cdots \bigcirc\!\!\!\bigcirc$$

$(n+1)^2 \leq x < (n+2)^2$에서 $x \to \infty$이면 $n \to \infty$이므로

$$\lim_{n \to \infty} \dfrac{n}{\sqrt{(n+2)^2+3}} = \lim_{n \to \infty} \dfrac{1}{\sqrt{\left(1+\dfrac{2}{n}\right)^2+\dfrac{3}{n^2}}} = 1$$

$$\lim_{n \to \infty} \dfrac{n}{\sqrt{(n+1)^2+3}} = \lim_{n \to \infty} \dfrac{1}{\sqrt{\left(1+\dfrac{1}{n}\right)^2+\dfrac{3}{n^2}}} = 1$$

즉, $\bigcirc\!\!\!\bigcirc$에서 함수의 극한의 대소 관계에 의하여

$$\lim_{x \to \infty} \dfrac{f(x)}{\sqrt{x+3}} = 1$$

$$\therefore \lim_{x \to \infty} \dfrac{10f(x)}{\sqrt{x+3}} = 10 \lim_{x \to \infty} \dfrac{f(x)}{\sqrt{x+3}} = 10$$

06 해결단계

❶ 단계	직선 AB의 방정식을 구한 후, $f(a)$를 a, b를 이용하여 나타낸다.
❷ 단계	$\overline{AB}=\sqrt{2}$임을 이용하여 a, b에 대한 식을 세운다.
❸ 단계	$a+b=u$, $a-b=v$로 치환하고 ❷단계에서 구한 식을 이용하여 $f(a)$를 u에 대한 식으로 나타낸다.
❹ 단계	$a \to 0$일 때 $u \to 1$임을 파악한 후, $\displaystyle\lim_{a \to 0} f(a)$의 값을 구한다.

두 점 $A(a, a^2)$, $B(b, b^2)$을 지나는 직선의 방정식은

$y - a^2 = \dfrac{b^2-a^2}{b-a}(x-a)$

$y = (b+a)(x-a)+a^2$

$\therefore y = (a+b)x - ab$

위의 직선과 직선 $y=x$의 교점의 x좌표는

$(a+b)x - ab = x$, $(a+b-1)x = ab$

$x = \dfrac{ab}{a+b-1} \qquad \therefore f(a) = \dfrac{ab}{a+b-1}$

한편, $\overline{AB}=\sqrt{2}$에서 $\overline{AB}^2=2$이므로

$(b-a)^2+(b^2-a^2)^2 = 2$

$(b-a)^2+(b-a)^2(b+a)^2 = 2 \qquad \cdots\cdots \bigcirc$

$a+b=u$, $a-b=v \qquad \cdots\cdots \bigcirc\!\!\!\bigcirc$

로 놓으면

$v^2+v^2u^2 = 2$, $v^2(1+u^2) = 2$

$\therefore v^2 = \dfrac{2}{1+u^2} \qquad \cdots\cdots \bigcirc\!\!\!\bigcirc\!\!\!\bigcirc$

또한, $u^2 = a^2+2ab+b^2$, $v^2 = a^2-2ab+b^2$이므로

$u^2 - v^2 = 4ab$

$\therefore ab = \dfrac{u^2-v^2}{4}$

$\quad = \dfrac{u^2 - \dfrac{2}{1+u^2}}{4} \ (\because \bigcirc\!\!\!\bigcirc\!\!\!\bigcirc)$

$\quad = \dfrac{u^2(1+u^2)-2}{4(1+u^2)}$

$\quad = \dfrac{u^4+u^2-2}{4(1+u^2)} \qquad \cdots\cdots ㉣$

$\bigcirc$에 $a=0$을 대입하면

$b^2+b^4 = 2$, $b^4+b^2-2 = 0$

$(b^2+2)(b^2-1)=0$, $b^2=1 \ (\because b^2>0)$

$\therefore b=1 \ (\because a<b)$

즉, $a \to 0$이면 $b \to 1$이므로 $u \to 1$

$\therefore \displaystyle\lim_{a \to 0} f(a) = \lim_{a \to 0} \dfrac{ab}{a+b-1}$

$\quad = \displaystyle\lim_{u \to 1} \dfrac{\dfrac{u^4+u^2-2}{4(u^2+1)}}{u-1} \ (\because \bigcirc\!\!\!\bigcirc, ㉣)$

$\quad = \displaystyle\lim_{u \to 1} \dfrac{u^4+u^2-2}{4(u-1)(u^2+1)}$

$\quad = \displaystyle\lim_{u \to 1} \dfrac{(u-1)(u^3+u^2+2u+2)}{4(u-1)(u^2+1)}$

$\quad = \displaystyle\lim_{u \to 1} \dfrac{u^3+u^2+2u+2}{4(u^2+1)}$

$\quad = \dfrac{6}{8} = \dfrac{3}{4} \qquad\qquad \text{답} \ \dfrac{3}{4}$

07 해결단계

❶ 단계	$\lim\limits_{x \to a} \dfrac{g(x+1)}{f(x-1)g(x)}$의 값이 존재하지 않도록 하는 조건을 파악하여 함수 $f(x-1)g(x)$의 식을 세운다.
❷ 단계	$f(x)$가 일차항의 계수가 2인 일차함수임을 이용하여 경우를 나누고, 극한값이 존재하지 않는 실수 a의 값이 -1, 0, 1뿐인 경우를 찾는다.
❸ 단계	$f(x)$, $g(x)$를 각각 구한 후, $f(3)+g(3)$의 값을 구한다.

$$\lim_{x \to a} \frac{g(x+1)}{f(x-1)g(x)} \qquad \cdots\cdots \text{㉠}$$

$\lim\limits_{x \to a} f(x-1)g(x)=0$, $\lim\limits_{x \to a} g(x+1) \neq 0$일 때 ㉠의 극한값이 존재하지 않는다.

이때, ㉠의 극한값은 $a=-1$, 0, 1일 때만 존재하지 않으므로

$f(x-1)g(x)=2x(x+1)(x-1)(x-k)$ (k는 상수)

라 할 수 있다.

(ⅰ) $f(x-1)=2(x+1)$일 때,

$g(x)=x(x-1)(x-k)$이므로

$g(x+1)=x(x+1)(x+1-k)$

이때,

$$\lim_{x \to a} \frac{g(x+1)}{f(x-1)g(x)}$$
$$=\lim_{x \to a} \frac{x(x+1)(x+1-k)}{2x(x+1)(x-1)(x-k)}$$
$$=\lim_{x \to a} \frac{(x+1-k)}{2(x-1)(x-k)}$$

의 극한값이 a의 값이 1, k일 때 존재하지 않을 수 있다.

(ⅱ) $f(x-1)=2x$일 때,

$g(x)=(x+1)(x-1)(x-k)$이므로

$g(x+1)=x(x+2)(x+1-k)$

이때,

$$\lim_{x \to a} \frac{g(x+1)}{f(x-1)g(x)}$$
$$=\lim_{x \to a} \frac{x(x+2)(x+1-k)}{2x(x+1)(x-1)(x-k)}$$
$$=\lim_{x \to a} \frac{(x+2)(x+1-k)}{2(x+1)(x-1)(x-k)} \qquad \cdots\cdots \text{㉡}$$

이므로 극한값은 a의 값이 -1, 1, k일 때 존재하지 않을 수 있고, 주어진 조건을 만족시키려면 $k=0$이어야 한다.

그런데 $k=0$이면 ㉡에서

$$\lim_{x \to a} \frac{g(x+1)}{f(x-1)g(x)}=\lim_{x \to a} \frac{(x+2)(x+1)}{2x(x+1)(x-1)}$$
$$=\lim_{x \to a} \frac{(x+2)}{2x(x-1)}$$

즉, 극한값이 존재하지 않는 실수 a의 값은 0, 1이다.

(ⅲ) $f(x-1)=2(x-1)$일 때,

$g(x)=x(x+1)(x-k)$이므로

$g(x+1)=(x+1)(x+2)(x+1-k)$

이때,

$$\lim_{x \to a} \frac{g(x+1)}{f(x-1)g(x)}$$

$$=\lim_{x \to a} \frac{(x+1)(x+2)(x+1-k)}{2x(x+1)(x-1)(x-k)}$$
$$=\lim_{x \to a} \frac{(x+2)(x+1-k)}{2x(x-1)(x-k)} \qquad \cdots\cdots \text{㉢}$$

이므로 극한값은 a의 값이 0, 1, k일 때 존재하지 않을 수 있고, 주어진 조건을 만족시키려면 $k=-1$이어야 한다.

㉢에 $k=-1$을 대입하면

$$\lim_{x \to a} \frac{g(x+1)}{f(x-1)g(x)}=\lim_{x \to a} \frac{(x+2)(x+2)}{2x(x-1)(x+1)}$$
$$=\lim_{x \to a} \frac{(x+2)^2}{2x(x-1)(x+1)}$$

즉, 극한값이 존재하지 않는 실수 a의 값은 -1, 0, 1뿐이다.

(ⅳ) $f(x-1)=2(x-k)$일 때,

$g(x)=x(x+1)(x-1)$이므로

$g(x+1)=x(x+1)(x+2)$

이때,

$$\lim_{x \to a} \frac{g(x+1)}{f(x-1)g(x)}$$
$$=\lim_{x \to a} \frac{x(x+1)(x+2)}{2x(x+1)(x-1)(x-k)}$$
$$=\lim_{x \to a} \frac{(x+2)}{2(x-1)(x-k)}$$

이므로 극한값은 a의 값이 1, k일 때 존재하지 않을 수 있다.

(ⅰ)~(ⅳ)에서

$f(x-1)=2(x-1)$,

$g(x)=x(x+1)(x-k)=x(x+1)^2$ ($\because k=-1$)

이므로

$f(3)+g(3)=2 \times 3 + 3 \times 4^2$
$\qquad\qquad =6+48=54$ **답 54**

이것이 수능   p. 15

1 ②	**2** 10	**3** ⑤	**4** 208

1 해결단계

❶ 단계	조건 ㈎를 이용하여 함수 $f(x)$의 최고차항을 구한다.
❷ 단계	조건 ㈏를 이용하여 $f(x)$의 계수를 모두 구하여 함수 $f(x)$를 구한다.
❸ 단계	$f(1)$의 값을 구한다.

조건 ㈎에서 $\lim\limits_{x \to \infty} \dfrac{f(x)}{x^2}=-1$이므로 $f(x)$는 이차항의 계수가 -1인 이차함수이다.

$f(x)=-x^2+ax+b$ (a, b는 상수)라 하면 조건 ㈏에서

$\lim\limits_{x \to 0} \dfrac{f(x)-3}{x^2}=-1$로 극한값이 존재하고 $x \to 0$일 때

(분모) $\to 0$이므로 (분자) $\to 0$이어야 한다.

즉, $\lim\limits_{x \to 0} \{f(x)-3\}=0$에서 $f(0)=3$이므로

$b=3$

$\therefore f(x)=-x^2+ax+3$

또한,

$\lim\limits_{x \to 0} \dfrac{f(x)-3}{x^2}=\lim\limits_{x \to 0} \dfrac{-x^2+ax}{x^2}$

$\qquad\qquad\quad =\lim\limits_{x \to 0} \dfrac{-x+a}{x}=-1$

에서 극한값이 존재하고 $x \to 0$일 때 (분모) $\to 0$이므로 (분자) $\to 0$이어야 한다.

즉, $\lim\limits_{x \to 0} (-x+a)=0$에서 $a=0$

따라서 $f(x)=-x^2+3$이므로

$f(1)=-1+3=2$ 　　　　　　　　　답 ②

2 해결단계

❶단계	$x \to \infty$일 때의 극한을 이용하여 함수 $f(x)$의 최고차항을 구한다.
❷단계	❶단계의 $f(x)$를 $x \to 1$일 때의 극한에 대입하여 $f(x)$의 계수를 모두 구하고 함수 $f(x)$를 구한다.
❸단계	함수 $f(x)$를 $\lim\limits_{x \to \infty} xf\left(\dfrac{1}{x}\right)$에 대입하여 극한값을 구한다.

$f(x)$가 다항함수이므로 $\lim\limits_{x \to \infty} \dfrac{f(x)-x^3}{x^2}=-11$에서

$f(x)-x^3=-11x^2+ax+b$ (a, b는 상수)라 할 수 있으므로

$f(x)=x^3-11x^2+ax+b$ 　　　……㉠

한편, $\lim\limits_{x \to 1} \dfrac{f(x)}{x-1}=-9$에서 극한값이 존재하고 $x \to 1$일 때, (분모) $\to 0$이므로 (분자) $\to 0$이어야 한다.

즉, $\lim\limits_{x \to 1} f(x)=0$에서 $f(1)=0$이므로

$1-11+a+b=0$ 　　$\therefore b=10-a$

위의 식을 ㉠에 대입하여 정리하면

$f(x)=x^3-11x^2+ax+10-a$

$\qquad =(x-1)(x^2-10x+a-10)$

위의 식을 $\lim\limits_{x \to 1} \dfrac{f(x)}{x-1}=-9$에 대입하면

$\lim\limits_{x \to 1} \dfrac{f(x)}{x-1}=\lim\limits_{x \to 1} \dfrac{(x-1)(x^2-10x+a-10)}{x-1}$

$\qquad\qquad\quad =\lim\limits_{x \to 1} (x^2-10x+a-10)$

$\qquad\qquad\quad =a-19=-9$

$\therefore a=10$, $b=10-10=0$

$\therefore f(x)=x^3-11x^2+10x$

$\lim\limits_{x \to \infty} xf\left(\dfrac{1}{x}\right)$에서 $\dfrac{1}{x}=t$로 놓으면 $x \to \infty$일 때

$t \to 0+$이므로

$\lim\limits_{x \to \infty} xf\left(\dfrac{1}{x}\right)=\lim\limits_{t \to 0+} \dfrac{f(t)}{t}$

$\qquad\qquad\quad =\lim\limits_{t \to 0+} \dfrac{t^3-11t^2+10t}{t}$

$\qquad\qquad\quad =\lim\limits_{t \to 0+} (t^2-11t+10)$

$\qquad\qquad\quad =10$ 　　　　　　　답 10

3 해결단계

❶단계	함수 $f(x)=x^2-2$의 역함수 $g(x)$를 구한 후, 직선 $x=t$와 두 곡선 $y=f(x)$, $y=g(x)$의 교점 P, Q의 좌표를 각각 구한다.
❷단계	$h(t)$를 구한 후, $\lim\limits_{t \to 2+} \dfrac{h(t)}{t-2}$의 값을 구한다.

직선 $x=t$와 곡선 $f(x)=x^2-2$가 만나는 점이 P이므로

$P(t, t^2-2)$

함수 $g(x)$는 $f(x)=x^2-2$의 역함수이므로

$y=x^2-2$라 하면

$x^2=y+2$, $x=\sqrt{y+2}$ ($\because x \geq 0$)

x와 y를 서로 바꾸면 $y=\sqrt{x+2}$

직선 $x=t$와 곡선 $g(x)=\sqrt{x+2}$가 만나는 점이 Q이므로

$Q(t, \sqrt{t+2})$

따라서 선분 PQ의 길이 $h(t)$는

$h(t)=t^2-2-\sqrt{t+2}$

$\therefore \lim\limits_{t \to 2+} \dfrac{h(t)}{t-2}=\lim\limits_{t \to 2+} \dfrac{t^2-2-\sqrt{t+2}}{t-2}$

$\qquad\quad =\lim\limits_{t \to 2+} \dfrac{(t^2-2-\sqrt{t+2})(t^2-2+\sqrt{t+2})}{(t-2)(t^2-2+\sqrt{t+2})}$

$\qquad\quad =\lim\limits_{t \to 2+} \dfrac{t^4-4t^2+4-(t+2)}{(t-2)(t^2-2+\sqrt{t+2})}$

$\qquad\quad =\lim\limits_{t \to 2+} \dfrac{t^4-4t^2-t+2}{(t-2)(t^2-2+\sqrt{t+2})}$

$\qquad\quad =\lim\limits_{t \to 2+} \dfrac{(t-2)(t^3+2t^2-1)}{(t-2)(t^2-2+\sqrt{t+2})}$

$\qquad\quad =\lim\limits_{t \to 2+} \dfrac{t^3+2t^2-1}{t^2-2+\sqrt{t+2}}=\dfrac{15}{4}$ 　답 ⑤

• 다른풀이 •

$\lim\limits_{t \to 2+} \dfrac{h(t)}{t-2}$

$=\lim\limits_{t \to 2+} \dfrac{t^2-2-\sqrt{t+2}}{t-2}$

$=\lim\limits_{t \to 2+} \dfrac{(t^2-4)+(2-\sqrt{t+2})}{t-2}$

$=\lim\limits_{t \to 2+} \left\{ (t+2)+\dfrac{2-\sqrt{t+2}}{t-2} \right\}$

$=\lim\limits_{t \to 2+} \left\{ (t+2)+\dfrac{(2-\sqrt{t+2})(2+\sqrt{t+2})}{(t-2)(2+\sqrt{t+2})} \right\}$

$=\lim\limits_{t \to 2+} \left\{ (t+2)+\dfrac{2-t}{(t-2)(2+\sqrt{t+2})} \right\}$

$=\lim\limits_{t \to 2+} \left\{ (t+2)-\dfrac{1}{2+\sqrt{t+2}} \right\}$

$=4-\dfrac{1}{4}=\dfrac{15}{4}$

4 해결단계

❶단계	$\overline{CI}=t$로 두고 네 선분 BI, AI, CH, HI의 길이를 각각 구한다.
❷단계	❶단계에서 구한 선분의 길이를 이용하여 삼각형 IQC의 둘레의 길이 L, 넓이 S를 구한다.
❸단계	점 P가 점 B로 가까워질 때의 $\dfrac{L^2}{S}$의 극한값을 구하여 a, b를 구한 후, a^2+b^2의 값을 구한다.

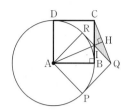

위의 그림과 같이 점 I에서 선분 QC에 내린 수선의 발을 H라 하자.

$\overline{CI}=t$라 하면 $\overline{BI}=1-t$

$\overline{AB}=1$이고, $\triangle ABI$가 직각삼각형이므로

$\overline{AI}=\sqrt{(1-t)^2+1^2}=\sqrt{t^2-2t+2}$

두 삼각형 ABI와 CHI는 AA 닮음이므로

$\overline{AI}:\overline{AB}=\overline{CI}:\overline{CH}$에서 $\sqrt{t^2-2t+2}:1=t:\overline{CH}$

$\therefore \overline{CH}=\dfrac{t}{\sqrt{t^2-2t+2}}$

$\overline{AI}:\overline{BI}=\overline{CI}:\overline{HI}$에서 $\sqrt{t^2-2t+2}:(1-t)=t:\overline{HI}$

$\therefore \overline{HI}=\dfrac{t(1-t)}{\sqrt{t^2-2t+2}}$

$\triangle IQC$는 이등변삼각형이고 이 삼각형의 둘레의 길이가 L, 넓이가 S이므로

$L=\overline{CI}+\overline{QI}+\overline{CQ}=2\overline{CI}+2\overline{CH}$

$\quad =2t+2\times\dfrac{t}{\sqrt{t^2-2t+2}}$

$\quad =\dfrac{2t(\sqrt{t^2-2t+2}+1)}{\sqrt{t^2-2t+2}}$

$S=\dfrac{1}{2}\times\overline{CQ}\times\overline{HI}=\dfrac{1}{2}\times 2\overline{CH}\times\overline{HI}=\overline{CH}\times\overline{HI}$

$\quad =\dfrac{t}{\sqrt{t^2-2t+2}}\times\dfrac{t(1-t)}{\sqrt{t^2-2t+2}}$

$\quad =\dfrac{t^2(1-t)}{t^2-2t+2}$

점 P가 점 B에 한없이 가까워지면 $t\to 0+$이므로

$\displaystyle\lim_{t\to 0+}\dfrac{L^2}{S}=\lim_{t\to 0+}\dfrac{\left\{\dfrac{2t(\sqrt{t^2-2t+2}+1)}{\sqrt{t^2-2t+2}}\right\}^2}{\dfrac{t^2(1-t)}{t^2-2t+2}}$

$\quad =\displaystyle\lim_{t\to 0+}\dfrac{\dfrac{4t^2(t^2-2t+3+2\sqrt{t^2-2t+2})}{t^2-2t+2}}{\dfrac{t^2(1-t)}{t^2-2t+2}}$

$\quad =\displaystyle\lim_{t\to 0+}\dfrac{4(t^2-2t+3+2\sqrt{t^2-2t+2})}{1-t}$

$\quad =4(3+2\sqrt{2})=12+8\sqrt{2}$

따라서 $a=12$, $b=8$이므로

$a^2+b^2=144+64=208$ 답 208

02 함수의 연속

01 ②	02 ①	03 2	04 ③	05 ④
06 21	07 ④	08 ②	09 ②	10 ②
11 ②	12 최댓값 : 2, 최솟값 : -2		13 ④	14 ②

01 ㄱ. $\displaystyle\lim_{x\to 2}f(x)=\lim_{x\to 2}\dfrac{x^2-4}{x-2}=\lim_{x\to 2}\dfrac{(x-2)(x+2)}{x-2}$

$\qquad\qquad\qquad =\displaystyle\lim_{x\to 2}(x+2)=2+2=4$

그런데 $f(2)=3$이므로 $\displaystyle\lim_{x\to 2}f(x)\neq f(2)$

따라서 함수 $f(x)$는 $x=2$에서 불연속이다.

ㄴ. $\displaystyle\lim_{x\to 0-}g(x)=\lim_{x\to 0-}\dfrac{x}{|x|}=\lim_{x\to 0-}\dfrac{x}{-x}=-1$

$\displaystyle\lim_{x\to 0+}g(x)=\lim_{x\to 0+}\dfrac{x}{|x|}=\lim_{x\to 0+}\dfrac{x}{x}=1$

$\therefore \displaystyle\lim_{x\to 0-}g(x)\neq\lim_{x\to 0+}g(x)$

따라서 $\displaystyle\lim_{x\to 0}g(x)$의 값이 존재하지 않으므로 함수 $g(x)$는 $x=0$에서 불연속이다.

ㄷ. $h(x)=\dfrac{x^2-x-2}{x^2+1}$에서 모든 실수 x에 대하여

$x^2+1\neq 0$이므로 함수 $h(x)=\dfrac{x^2-x-2}{x^2+1}$는 실수 전체의 집합에서 연속이다.

그러므로 실수 전체의 집합에서 연속인 함수는 ㄷ뿐이다.

답 ②

02 함수 $f(x)$가 $x=1$에서 연속이려면

$\displaystyle\lim_{x\to 1-}f(x)=\lim_{x\to 1+}f(x)=f(1)$, 즉

$\displaystyle\lim_{x\to 1-}(2x-1)=\lim_{x\to 1+}\dfrac{a\sqrt{x+1}-b}{x-1}=1$이어야 한다.

$\displaystyle\lim_{x\to 1+}\dfrac{a\sqrt{x+1}-b}{x-1}=1$에서 극한값이 존재하고 $x\to 1+$

일 때 (분모)$\to 0$이므로 (분자)$\to 0$이어야 한다.

즉, $\displaystyle\lim_{x\to 1+}(a\sqrt{x+1}-b)=0$이므로

$a\sqrt{2}-b=0$ $\therefore b=a\sqrt{2}$ ……㉠

$\displaystyle\lim_{x\to 1+}\dfrac{a\sqrt{x+1}-b}{x-1}$

$=\displaystyle\lim_{x\to 1+}\dfrac{a\sqrt{x+1}-a\sqrt{2}}{x-1}$ ($\because$ ㉠)

$=\displaystyle\lim_{x\to 1+}\dfrac{a(\sqrt{x+1}-\sqrt{2})}{x-1}$

$=\displaystyle\lim_{x\to 1+}\dfrac{a(\sqrt{x+1}-\sqrt{2})(\sqrt{x+1}+\sqrt{2})}{(x-1)(\sqrt{x+1}+\sqrt{2})}$

$=\displaystyle\lim_{x\to 1+}\dfrac{a(x-1)}{(x-1)(\sqrt{x+1}+\sqrt{2})}$

$=\displaystyle\lim_{x\to 1+}\dfrac{a}{\sqrt{x+1}+\sqrt{2}}$

$=\dfrac{a}{2\sqrt{2}}=1$

$\therefore a=2\sqrt{2}$

이것을 ㉠에 대입하면

$b=2\sqrt{2}\times\sqrt{2}=4$

$\therefore a+b=2\sqrt{2}+4$

답 ①

03 $f(x)=a[x^2]-2[x-2]+x$에서

(i) $1.9\leq x<2$일 때,

$3.61\leq x^2<4$, $-0.1\leq x-2<0$이므로

$[x^2]=3$, $[x-2]=-1$

$\therefore \lim_{x\to2-}f(x)=3a-2\times(-1)+2=3a+4$

(ii) $2\leq x<2.1$일 때,

$4\leq x^2<4.41$, $0\leq x-2<0.1$이므로

$[x^2]=4$, $[x-2]=0$

$\therefore \lim_{x\to2+}f(x)=4a-2\times0+2=4a+2$

함수 $f(x)$가 $x=2$에서 연속이려면

$\lim_{x\to2-}f(x)=\lim_{x\to2+}f(x)=f(2)$이어야 하므로

$3a+4=4a+2$ $\therefore a=2$

답 2

04 함수 $f(x)$가 실수 전체의 집합에서 연속이므로 $x=0$에서 연속이어야 한다.

즉, $\lim_{x\to0-}f(x)=\lim_{x\to0+}f(x)=f(0)$이어야 하므로

$\lim_{x\to0-}(ax+1)=\lim_{x\to0+}(3x^2+2ax+b)=b$

$\therefore b=1$

또한, 함수 $f(x)$는 $x=1$에서 연속이어야 하므로

$\lim_{x\to1-}f(x)=\lim_{x\to1+}f(x)=f(1)$이어야 하고,

$f(x+2)=f(x)$이므로 $f(1)=f(-1)$

즉, $\lim_{x\to1-}(3x^2+2ax+1)=-a+1$이므로

$3+2a+1=-a+1$, $3a=-3$

$\therefore a=-1$

$\therefore a+b=-1+1=0$

답 ③

05 함수 $y=f(-x)$의 그래프는 함수 $y=f(x)$의 그래프를 y축에 대하여 대칭이동한 것과 같으므로 두 함수 $y=f(x)$, $y=f(-x)$의 그래프는 다음 그림과 같다.

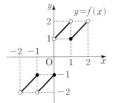 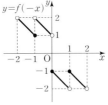

ㄱ. $\lim_{x\to0-}f(x)=-1$, $\lim_{x\to0+}f(x)=1$이므로

$\lim_{x\to0}f(x)$의 값은 존재하지 않는다. (거짓)

ㄴ. $\lim_{x\to0-}f(x)=-1$, $\lim_{x\to0-}f(-x)=1$이므로

$\lim_{x\to0-}\{f(x)+f(-x)\}=-1+1=0$,

$\lim_{x\to0+}f(x)=1$, $\lim_{x\to0+}f(-x)=-1$이므로

$\lim_{x\to0+}\{f(x)+f(-x)\}=1+(-1)=0$

즉,

$\lim_{x\to0-}\{f(x)+f(-x)\}=\lim_{x\to0+}\{f(x)+f(-x)\}$

이므로

$\lim_{x\to0}\{f(x)+f(-x)\}$의 값이 존재한다. (참)

ㄷ. $\lim_{x\to1-}f(x)=2$, $\lim_{x\to1-}f(-x)=-2$이므로

$\lim_{x\to1-}\{f(x)+f(-x)\}=2+(-2)=0$

$\lim_{x\to1+}f(x)=1$, $\lim_{x\to1+}f(-x)=-1$이므로

$\lim_{x\to1+}\{f(x)+f(-x)\}=1+(-1)=0$

$\therefore \lim_{x\to1}\{f(x)+f(-x)\}=0$

또한, $f(1)+f(-1)=1+(-1)=0$

즉, $\lim_{x\to1}\{f(x)+f(-x)\}=f(1)+f(-1)$이므로

함수 $f(x)+f(-x)$는 $x=1$에서 연속이다. (참)

따라서 옳은 것은 ㄴ, ㄷ이다.

답 ④

• 다른풀이 •

ㄴ. $-x=t$로 놓으면 $x\to0-$일 때 $t\to0+$이고,

$x\to0+$일 때 $t\to0-$이므로

$\lim_{x\to0-}\{f(x)+f(-x)\}=\lim_{x\to0-}f(x)+\lim_{t\to0+}f(t)$

$=-1+1=0$

$\lim_{x\to0+}\{f(x)+f(-x)\}=\lim_{x\to0+}f(x)+\lim_{t\to0-}f(t)$

$=1+(-1)=0$

$\therefore \lim_{x\to0}\{f(x)+f(-x)\}=0$ (참)

ㄷ. $-x=t$로 놓으면 $x\to1-$일 때 $t\to-1+$이고,

$x\to1+$일 때 $t\to-1-$이므로

$\lim_{x\to1-}\{f(x)+f(-x)\}=\lim_{x\to1-}f(x)+\lim_{t\to-1+}f(t)$

$=2+(-2)=0$

$\lim_{x\to1+}\{f(x)+f(-x)\}=\lim_{x\to1+}f(x)+\lim_{t\to-1-}f(t)$

$=1+(-1)=0$

$\therefore \lim_{x\to1}\{f(x)+f(-x)\}=0$

또한, $f(1)+f(-1)=1+(-1)=0$이므로

$f(1)+f(-1)=\lim_{x\to1}\{f(x)+f(-x)\}$

따라서 함수 $f(x)+f(-x)$는 $x=1$에서 연속이다.

(참)

---

blacklabel 특강 참고

두 함수 $y=f(x)$, $y=f(-x)$의 그래프를 이용하여 함수 $y=f(x)+f(-x)$의 그래프를 나타내면 다음 그림과 같다.

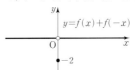

ㄴ. 위의 그림에서 $\lim_{x\to0}\{f(x)+f(-x)\}$의 값이 존재한다. (참)

ㄷ. 위의 그림에서 $\lim_{x\to1}\{f(x)+f(-x)\}=0$,

$f(1)+f(-1)=0$이므로 함수 $f(x)+f(-x)$는 $x=1$에서 연속이다. (참)

06 $f(x)=\begin{cases}x+3 & (x\le a)\\ x^2-x & (x>a)\end{cases}$, $g(x)=x-(2a+7)$이므로

$f(x)g(x)=\begin{cases}(x+3)\{x-(2a+7)\} & (x\le a)\\ (x^2-x)\{x-(2a+7)\} & (x>a)\end{cases}$

함수 $f(x)g(x)$가 실수 전체의 집합에서 연속이려면 $x=a$에서 연속이어야 한다.

즉, $\lim\limits_{x\to a-}f(x)g(x)=\lim\limits_{x\to a+}f(x)g(x)=f(a)g(a)$이므로

$\lim\limits_{x\to a-}f(x)g(x)=\lim\limits_{x\to a-}(x+3)\{x-(2a+7)\}$
$=(a+3)(-a-7)$,

$\lim\limits_{x\to a+}f(x)g(x)=\lim\limits_{x\to a+}(x^2-x)\{x-(2a+7)\}$
$=(a^2-a)(-a-7)$,

$f(a)g(a)=(a+3)(-a-7)$에서

$(a+3)(-a-7)=(a^2-a)(-a-7)$

$(a^2-2a-3)(-a-7)=0$

$(a+1)(a-3)(a+7)=0$

$\therefore a=-7$ 또는 $a=-1$ 또는 $a=3$

따라서 모든 실수 a의 값의 곱은

$-7\times(-1)\times3=21$ **답 21**

• 다른풀이 •

함수 $g(x)$는 모든 실수 x에 대하여 연속이므로 두 함수 $f(x)$, $g(x)$의 곱 $f(x)g(x)$가 실수 전체의 집합에서 연속이려면 함수 $f(x)$가 $x=a$에서 연속이거나 함수 $f(x)$가 $x=a$에서 불연속일 때 $x=a$에서의 함수 $g(x)$의 함숫값이 0이어야 한다.

(i) 함수 $f(x)$가 $x=a$에서 연속일 때,

$\lim\limits_{x\to a-}f(x)=\lim\limits_{x\to a-}(x+3)=a+3$,

$\lim\limits_{x\to a+}f(x)=\lim\limits_{x\to a+}(x^2-x)=a^2-a$,

$f(a)=a+3$

이므로

$a+3=a^2-a$, $a^2-2a-3=0$

$(a+1)(a-3)=0$

$\therefore a=-1$ 또는 $a=3$

(ii) 함수 $f(x)$가 $x=a$에서 불연속일 때

(i)에 의하여 $a\ne-1$이고 $a\ne3$

이때, 위의 a의 값의 범위에서 $g(a)=0$이므로

$g(a)=a-(2a+7)=-a-7=0$

$\therefore a=-7$

(i), (ii)에서 모든 실수 a의 값의 곱은

$-1\times3\times(-7)=21$

07 $x<2$일 때, $f(x)=x^2-8x+20=(x-4)^2+4>0$이고,

$x\ge2$일 때, $f(x)=2>0$이므로

함수 $f(x)$는 실수 전체의 집합에서 $f(x)>0$이다.

그런데 $f(x)$는 $x\ne2$에서 연속이고 $g(x)$는 실수 전체의 집합에서 연속이므로 함수 $\dfrac{g(x)}{f(x)}$가 실수 전체의 집합에서 연속이려면 $x=2$에서 연속이어야 한다.

즉, $\lim\limits_{x\to2-}\dfrac{g(x)}{f(x)}=\lim\limits_{x\to2+}\dfrac{g(x)}{f(x)}=\dfrac{g(2)}{f(2)}$이므로

$\lim\limits_{x\to2-}\dfrac{g(x)}{f(x)}=\lim\limits_{x\to2-}\dfrac{ax+2}{x^2-8x+20}=\dfrac{2a+2}{8}=\dfrac{a+1}{4}$,

$\lim\limits_{x\to2+}\dfrac{g(x)}{f(x)}=\lim\limits_{x\to2+}\dfrac{ax+2}{2}=\dfrac{2a+2}{2}=a+1$,

$\dfrac{g(2)}{f(2)}=\dfrac{2a+2}{2}=a+1$

에서 $\dfrac{a+1}{4}=a+1$

$a+1=4a+4$, $3a=-3$

$\therefore a=-1$ **답 ④**

08 ㄱ. $f(0)=0$이므로 $g(f(0))=g(0)=0$ (참)

ㄴ. $f(x)=t$로 놓으면 $x\to0-$일 때 $t\to1+$이고,

$x\to0+$일 때 $t\to1+$이므로

$\lim\limits_{x\to0-}g(f(x))=\lim\limits_{t\to1+}g(t)=0$

$\lim\limits_{x\to0+}g(f(x))=\lim\limits_{t\to1+}g(t)=0$

$\therefore \lim\limits_{x\to0}g(f(x))=0$

이때, ㄱ에서 $g(f(0))=0$이므로

$\lim\limits_{x\to0}g(f(x))=g(f(0))$

따라서 합성함수 $g(f(x))$는 $x=0$에서 연속이다.

(참)

ㄷ. $g(x)=s$로 놓으면 $x\to0-$일 때 $s\to0+$이고,

$x\to0+$일 때 $s\to0-$이므로

$\lim\limits_{x\to0-}f(g(x))=\lim\limits_{s\to0+}f(s)=1$

$\lim\limits_{x\to0+}f(g(x))=\lim\limits_{s\to0-}f(s)=1$

$\therefore \lim\limits_{x\to0}f(g(x))=1$

그런데 $f(g(0))=f(0)=0$이므로

$\lim\limits_{x\to0}f(g(x))\ne f(g(0))$

따라서 합성함수 $f(g(x))$는 $x=0$에서 불연속이다.

(거짓)

그러므로 옳은 것은 ㄱ, ㄴ이다. **답 ②**

09 $f(x)=\begin{cases}\dfrac{|x|}{x^2} & (x\ne0)\\ 0 & (x=0)\end{cases}=\begin{cases}-\dfrac{1}{x} & (x<0)\\ 0 & (x=0)\\ \dfrac{1}{x} & (x>0)\end{cases}$이므로

$xf(x)=\begin{cases}-1 & (x<0)\\ 0 & (x=0)\\ 1 & (x>0)\end{cases}$

따라서 함수 $y=xf(x)$의 그래프는
오른쪽 그림과 같으므로 함수
$xf(x)$는 $x=0$을 제외한 모든 실수
에서 연속이다. 즉, 불연속이 되는
점의 개수는 1이다.　　　　　　답 ②

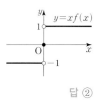

10 $g(x)=\begin{cases} |x| & (0<|x|\leq1) \\ -1 & (x=0) \\ 0 & (|x|>1) \end{cases} = \begin{cases} 0 & (x<-1) \\ -x & (-1\leq x<0) \\ -1 & (x=0) \\ x & (0<x\leq1) \\ 0 & (x>1) \end{cases}$

에서

$g(f(x))=\begin{cases} 0 & (f(x)<-1) \\ -f(x) & (-1\leq f(x)<0) \\ -1 & (f(x)=0) \\ f(x) & (0<f(x)\leq1) \\ 0 & (f(x)>1) \end{cases}$

$=\begin{cases} 0 & (x<-3) \\ -x-2 & (-3\leq x<-2) \\ -1 & (x=-2) \\ x+2 & (-2<x<-1) \\ -x & (-1\leq x<0) \\ -1 & (x=0) \\ x & (0<x<1) \\ -x+2 & (1\leq x<2) \\ -1 & (x=2) \\ x-2 & (2<x\leq3) \\ 0 & (x>3) \end{cases}$

함수 $y=(g\circ f)(x)$의 그래프는 다음 그림과 같다.

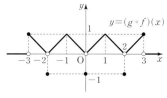

따라서 함수 $(g\circ f)(x)$는 $x=-3$, -2, 0, 2, 3에서
불연속이므로 불연속인 점은 5개이다.　　　답 ②

11 두 함수 $f(x)$, $\dfrac{f(x)}{g(x)}$가 $x=a$에서 연속이므로

$\lim_{x\to a}f(x)=f(a)$, $\lim_{x\to a}\dfrac{f(x)}{g(x)}=\dfrac{f(a)}{g(a)}$

ㄱ. 함수 $f(x)$가 $x=a$에서 연속이므로

$\lim_{x\to a}\{f(x)\}^2=\lim_{x\to a}f(x)\cdot\lim_{x\to a}f(x)$
$=\{f(a)\}^2$

즉, 함수 $\{f(x)\}^2$은 $x=a$에서 연속이다. (참)

ㄴ. 두 함수 $\{f(x)\}^2$, $\dfrac{f(x)}{g(x)}$가 $x=a$에서 연속이므로

$\lim_{x\to a}f(x)\left\{f(x)-\dfrac{1}{g(x)}\right\}$
$=\lim_{x\to a}\left[\{f(x)\}^2-\dfrac{f(x)}{g(x)}\right]$
$=\{f(a)\}^2-\dfrac{f(a)}{g(a)}$

즉, 함수 $f(x)\left\{f(x)-\dfrac{1}{g(x)}\right\}$은 $x=a$에서 연속이
다. (참)

ㄷ. (반례) $f(x)=0$, $g(x)=\begin{cases} -1 & (x<1) \\ 1 & (x\geq1) \end{cases}$이라 하면

$\dfrac{f(x)}{g(x)}=0$이므로 두 함수 $f(x)$, $\dfrac{f(x)}{g(x)}$는 각각

$x=1$에서 연속이지만 함수 $g(x)$는 $x=1$에서 불연
속이다. (거짓)

따라서 옳은 것은 ㄱ, ㄴ이다.　　　　　　답 ②

12 $g(x)=\sqrt{x}-1=t$로 놓으면 $1\leq x\leq9$에서
$0\leq\sqrt{x}-1\leq2$이므로 $0\leq t\leq2$이고,
$(f\circ g)(x)=f(g(x))$
$\qquad\qquad\quad=f(t)$
$\qquad\qquad\quad=-t^2+4t-2$
$\qquad\qquad\quad=-(t-2)^2+2$ (단, $0\leq t\leq2$)

함수 $g(x)$는 닫힌구간 $[1, 9]$에서 연속이고, 함수 $f(x)$
는 닫힌구간 $[0, 2]$에서 연속이므로 연속함수의 성질에
의하여 합성함수 $(f\circ g)(x)$는 닫힌구간 $[1, 9]$에서 연
속이다.

따라서 최대 · 최소 정리에 의하여 합성함수 $(f\circ g)(x)$
는 닫힌구간 $[1, 9]$에서 최댓값과 최솟값을 갖는다.

이때, 함수 $y=f(t)$의 그래프는
오른쪽 그림과 같으므로 함수
$f(t)$는 $t=2$, 즉 $x=9$일 때 최댓
값 2를 갖고, $t=0$, 즉 $x=1$일 때
최솟값 -2를 갖는다.

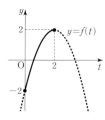

즉, 합성함수 $(f\circ g)(x)$는 닫힌
구간 $[1, 9]$에서 최댓값 2, 최솟값 -2를 갖는다.

답 최댓값 : 2, 최솟값 : -2

13 $f(x)=x^3-2x^2+x-1$이라 하면 함수 $f(x)$는 실수 전
체의 집합에서 연속이고,
$f(-2)=-8-8-2-1=-19<0$,
$f(-1)=-1-2-1-1=-5<0$,
$f(0)=-1<0$,
$f(1)=1-2+1-1=-1<0$,
$f(2)=8-8+2-1=1>0$,
$f(3)=27-18+3-1=11>0$

이므로 사잇값 정리에 의하여 $f(c)=0$인 c가 열린구간 $(1, 2)$에 적어도 하나 존재한다.

따라서 방정식 $x^3-2x^2+x-1=0$은 열린구간 $(1, 2)$에서 적어도 하나의 실근을 갖는다.   답 ④

• 다른풀이 •

$f(x)=x^3-2x^2+x-1$이라 하면

$f'(x)=3x^2-4x+1=(3x-1)(x-1)$

$f'(x)=0$에서 $x=\dfrac{1}{3}$ 또는 $x=1$

함수 $f(x)$의 증가와 감소를 표로 나타내면 다음과 같다.

x	$\cdots$	$\dfrac{1}{3}$	$\cdots$	1	$\cdots$
$f'(x)$	$+$	0	$-$	0	$+$
$f(x)$	↗	$-\dfrac{23}{27}$	↘	-1	↗

함수 $y=f(x)$의 그래프는 오른쪽 그림과 같으므로 $x>1$에서 근의 존재 여부를 조사하면 된다.

이때, $f(2)=1>0$이므로 방정식 $f(x)=0$은 열린구간 $(1, 2)$에서 오직 하나의 실근을 갖는다.

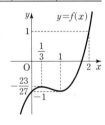

14 $f(x)=2x$, 즉 $f(x)-2x=0$에서 $g(x)=f(x)-2x$라 하면 $f(x)$가 모든 실수 x에서 연속이므로 $g(x)$도 닫힌구간 $[1, 4]$에서 연속이다.

이때, $g(1)=f(1)-2\times1=5-2=3>0$,

$g(2)=f(2)-2\times2=2-4=-2<0$,

$g(3)=f(3)-2\times3=-3-6=-9<0$,

$g(4)=f(4)-2\times4=10-8=2>0$

이므로 사잇값 정리에 의하여 방정식 $g(x)=0$, 즉 $f(x)=2x$는 열린구간 $(1, 2)$, $(3, 4)$에서 각각 적어도 하나의 실근을 가진다.

따라서 방정식 $f(x)=2x$는 열린구간 $(1, 4)$에서 적어도 2개의 실근을 가지므로 n의 최댓값은 2이다.   답 ②

01 함수 $f(x)=\begin{cases} g(x) & (x\neq0) \\ 1 & (x=0) \end{cases}$ 이 $x=0$에서 연속이려면

$\displaystyle\lim_{x\to0}f(x)=f(0)$, 즉 $\displaystyle\lim_{x\to0}g(x)=1$이어야 한다.

ㄱ. $\displaystyle\lim_{x\to0}g(x)=\lim_{x\to0}\dfrac{\sqrt{1+x}-\sqrt{1-x}}{x}$

$=\displaystyle\lim_{x\to0}\dfrac{(\sqrt{1+x}-\sqrt{1-x})(\sqrt{1+x}+\sqrt{1-x})}{x(\sqrt{1+x}+\sqrt{1-x})}$

$=\displaystyle\lim_{x\to0}\dfrac{2x}{x(\sqrt{1+x}+\sqrt{1-x})}$

$=\displaystyle\lim_{x\to0}\dfrac{2}{\sqrt{1+x}+\sqrt{1-x}}=\dfrac{2}{1+1}=1$

따라서 함수 $f(x)$는 $x=0$에서 연속이다.

ㄴ. $\displaystyle\lim_{x\to0}g(x)=\lim_{x\to0}\dfrac{x}{\sqrt{1+x}-1}$

$=\displaystyle\lim_{x\to0}\dfrac{x(\sqrt{1+x}+1)}{(\sqrt{1+x}-1)(\sqrt{1+x}+1)}$

$=\displaystyle\lim_{x\to0}\dfrac{x(\sqrt{1+x}+1)}{x}$

$=\displaystyle\lim_{x\to0}(\sqrt{1+x}+1)=1+1=2$

따라서 $\displaystyle\lim_{x\to0}g(x)\neq1$이므로 함수 $f(x)$는 $x=0$에서 불연속이다.

ㄷ. $\displaystyle\lim_{x\to0-}g(x)=\lim_{x\to0-}\dfrac{[x]}{x}=\lim_{x\to0-}\dfrac{-1}{x}=\infty$

$\displaystyle\lim_{x\to0+}g(x)=\lim_{x\to0+}\dfrac{[x]}{x}=\lim_{x\to0+}\dfrac{0}{x}=0$

$\therefore \displaystyle\lim_{x\to0-}g(x)\neq\lim_{x\to0+}g(x)$

따라서 $\displaystyle\lim_{x\to0}g(x)$의 값이 존재하지 않으므로 함수 $f(x)$는 $x=0$에서 불연속이다.

그러므로 함수 $f(x)$가 $x=0$에서 연속이 되도록 하는 함수 $g(x)$는 ㄱ뿐이다.   답 ①

02 $(\sqrt{x^2+x+1}-\sqrt{x^2+3})f(x)=x^2+ax+8$에서

$x=2$일 때, $0\times f(2)=4+2a+8$

$2a+12=0$ $\therefore a=-6$

$x\neq2$일 때, $f(x)=\dfrac{x^2-6x+8}{\sqrt{x^2+x+1}-\sqrt{x^2+3}}$

함수 $f(x)$가 $x=2$에서 연속이므로

$f(2)=\displaystyle\lim_{x\to2}f(x)$

$=\displaystyle\lim_{x\to2}\dfrac{x^2-6x+8}{\sqrt{x^2+x+1}-\sqrt{x^2+3}}$

$=\displaystyle\lim_{x\to2}\dfrac{(x^2-6x+8)(\sqrt{x^2+x+1}+\sqrt{x^2+3})}{(\sqrt{x^2+x+1}-\sqrt{x^2+3})(\sqrt{x^2+x+1}+\sqrt{x^2+3})}$

$=\displaystyle\lim_{x\to2}\dfrac{(x-2)(x-4)(\sqrt{x^2+x+1}+\sqrt{x^2+3})}{x-2}$

$=\displaystyle\lim_{x\to2}(x-4)(\sqrt{x^2+x+1}+\sqrt{x^2+3})$

$=-2\times2\sqrt{7}=-4\sqrt{7}$ 답 $-4\sqrt{7}$

03 함수 $g(x)$가 실수 전체의 집합에서 연속이므로

$\displaystyle\lim_{x\to1}\dfrac{f(x)-4x}{x^2-1}=a$, $\displaystyle\lim_{x\to-1}\dfrac{f(x)-4x}{x^2-1}=a$ ⋯⋯㉠

이때, $\displaystyle\lim_{x\to 1}\frac{f(x)-4x}{x^2-1}=a$에서 극한값이 존재하고

$x\to 1$일 때 (분모) $\to 0$이므로 (분자) $\to 0$이어야 한다.

즉, $\displaystyle\lim_{x\to 1}\{f(x)-4x\}=0$에서 $f(1)-4=0$

$\therefore f(1)=4$

같은 방법으로 $\displaystyle\lim_{x\to -1}\frac{f(x)-4x}{x^2-1}=a$에서

$f(-1)+4=0$, 즉 $f(-1)=-4$

또한, $\displaystyle\lim_{x\to\infty}g(x)=3$에서 $\displaystyle\lim_{x\to\infty}\frac{f(x)-4x}{x^2-1}=3$이므로 함수 $f(x)$는 이차항의 계수가 3인 이차함수이다.

따라서 $f(x)=3x^2+px+q$ (p, q는 상수)라 하면

$f(1)=3+p+q=4$에서 $p+q=1$ ......ⓛ

$f(-1)=3-p+q=-4$에서 $-p+q=-7$ ......ⓒ

ⓛ, ⓒ을 연립하여 풀면 $p=4$, $q=-3$

$\therefore f(x)=3x^2+4x-3$

한편, ㉠에서

$a=\displaystyle\lim_{x\to 1}\frac{f(x)-4x}{x^2-1}=\lim_{x\to 1}\frac{3x^2-3}{x^2-1}$

$=\displaystyle\lim_{x\to 1}\frac{3(x^2-1)}{x^2-1}=3$

$\therefore f(a)=f(3)=27+12-3=36$ 　　　답 36

04 함수 $y=[x]$의 그래프는 오른쪽 그림과 같으므로 함수 $y=[x]$는 x가 정수일 때 불연속이고 나머지 구간에서는 연속이다.

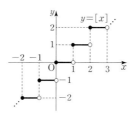

따라서 주어진 함수 $f(x)$가 실수 전체의 집합에서 연속이려면 임의의 정수 n에 대하여 $x=n$에서 연속이어야 한다. 즉,

$\displaystyle\lim_{x\to n-}f(x)=\lim_{x\to n+}f(x)=f(n)$ (단, n은 정수)

이어야 한다.

(ⅰ) $\displaystyle\lim_{x\to n-}[x]=n-1$이므로

$\displaystyle\lim_{x\to n-}f(x)=\lim_{x\to n-}\{[x]^2+(ax+b)[x]\}$
$=(n-1)^2+(an+b)(n-1)$
$=(a+1)n^2+(-a+b-2)n-b+1$

(ⅱ) $\displaystyle\lim_{x\to n+}[x]=n$이므로

$\displaystyle\lim_{x\to n+}f(x)=\lim_{x\to n+}\{[x]^2+(ax+b)[x]\}$
$=n^2+(an+b)n=(a+1)n^2+bn$

(ⅲ) $f(n)=n^2+(an+b)n=(a+1)n^2+bn$

(ⅰ), (ⅱ), (ⅲ)에서

$(a+1)n^2+bn=(a+1)n^2+(-a+b-2)n-b+1$

$(-a-2)n-b+1=0$

위의 등식은 정수 n에 대한 항등식이므로

$-a-2=0$, $-b+1=0$ 　　$\therefore a=-2$, $b=1$

$\therefore a^2-b^2=(-2)^2-1^2=3$ 　　　답 3

05 ㄱ. $\displaystyle\lim_{x\to 1-}f(x)g(x)=-1\times 1=-1$

$\displaystyle\lim_{x\to 1+}f(x)g(x)=2\times(-2)=-4$

$\therefore \displaystyle\lim_{x\to 1-}f(x)g(x)\neq\lim_{x\to 1+}f(x)g(x)$

따라서 $\displaystyle\lim_{x\to 1}f(x)g(x)$의 값은 존재하지 않는다.

(거짓)

ㄴ. $\displaystyle\lim_{x\to 1-}\frac{f(x)}{g(x)}=\frac{-1}{1}=-1$

$\displaystyle\lim_{x\to 1+}\frac{f(x)}{g(x)}=\frac{2}{-2}=-1$

$\therefore \displaystyle\lim_{x\to 1}\frac{f(x)}{g(x)}=-1$ (참)

ㄷ. $\displaystyle\lim_{x\to 1-}\{f(x)+g(x)\}=-1+1=0$

$\displaystyle\lim_{x\to 1+}\{f(x)+g(x)\}=2+(-2)=0$

$\therefore \displaystyle\lim_{x\to 1}\{f(x)+g(x)\}=0$

이때, $f(1)+g(1)=0+0=0$이므로

$\displaystyle\lim_{x\to 1}\{f(x)+g(x)\}=f(1)+g(1)$이다.

따라서 함수 $f(x)+g(x)$는 $x=1$에서 연속이다.

(참)

그러므로 옳은 것은 ㄴ, ㄷ이다. 　　　답 ④

06 함수 $y=f(-x)$의 그래프는 함수 $y=f(x)$의 그래프를 y축에 대하여 대칭이동한 것과 같으므로 오른쪽 그림과 같다.

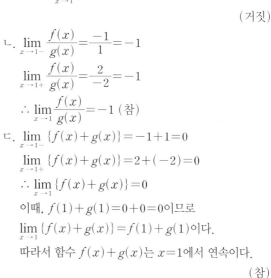

ㄱ. $\displaystyle\lim_{x\to -1-}g(x)$

$=\displaystyle\lim_{x\to -1-}f(x)f(-x)$

$=1\times(-1)=-1$

$\displaystyle\lim_{x\to -1+}g(x)=\lim_{x\to -1+}f(x)f(-x)$

$=-1\times 1=-1$

$\therefore \displaystyle\lim_{x\to -1}g(x)=-1$ (거짓)

ㄴ. $\displaystyle\lim_{x\to 1-}h(x)=\lim_{x\to 1-}\{f(x)+f(-x)\}$

$=1+(-1)=0$

$\displaystyle\lim_{x\to 1+}h(x)=\lim_{x\to 1+}\{f(x)+f(-x)\}$

$=-1+1=0$

$\therefore \displaystyle\lim_{x\to 1}h(x)=0$

또한, $h(1)=f(1)+f(-1)=1+(-1)=0$이므로

$\displaystyle\lim_{x\to 1}h(x)=h(1)$

따라서 함수 $h(x)$는 $x=1$에서 연속이다. (참)

ㄷ. 함수 $f(x)$가 $x=-1$, $x=1$에서 불연속이므로 두 함수 $g(x)$, $h(x)$가 실수 전체의 집합에서 연속이려면 $x=-1$, $x=1$에서 각각 연속이어야 한다.

ㄱ에서 $\displaystyle\lim_{x\to -1}g(x)=-1$이고,

$g(-1)=f(-1)f(1)=-1\times 1=-1$이므로

$\displaystyle\lim_{x\to -1}g(x)=g(-1)$

즉, 함수 $g(x)$는 $x=-1$에서 연속이다.

이때, $g(x)=f(x)f(-x)$에서

$g(-x)=f(-x)f(x)=g(x)$

이므로 함수 $g(x)$는 $x=1$에서도 연속이다.

또한, ㄴ에서 함수 $h(x)$는 $x=1$에서 연속이고,

$h(-x)=f(-x)+f(x)=h(x)$

이므로 함수 $h(x)$는 $x=-1$에서도 연속이다.

따라서 두 함수 $g(x)$, $h(x)$가 실수 전체의 집합에서 각각 연속이므로 함수 $g(x)+h(x)$도 실수 전체의 집합에서 연속이다. (참)

그러므로 옳은 것은 ㄴ, ㄷ이다 　　　　　　답 ⑤

• 다른풀이 •

ㄱ. $-x=t$로 놓으면 $x \to -1-$일 때 $t \to 1+$이고,

$x \to -1+$일 때 $t \to 1-$이므로

$g(x)=f(x)f(-x)$에서

$\displaystyle \lim_{x \to -1-} g(x) = \lim_{x \to -1-} f(x)f(-x)$
$\displaystyle = \lim_{x \to -1-} f(x) \cdot \lim_{t \to 1+} f(t)$
$= 1 \times (-1) = -1$

$\displaystyle \lim_{x \to -1+} g(x) = \lim_{x \to -1+} f(x)f(-x)$
$\displaystyle = \lim_{x \to -1+} f(x) \cdot \lim_{t \to 1-} f(t)$
$= -1 \times 1 = -1$

$\displaystyle \therefore \lim_{x \to -1} g(x) = -1$ (거짓)

ㄴ. $-x=t$로 놓으면 $x \to 1-$일 때 $t \to -1+$이고,

$x \to 1+$일 때 $t \to -1-$이므로

$h(x)=f(x)+f(-x)$에서

$\displaystyle \lim_{x \to 1-} h(x) = \lim_{x \to 1-} \{f(x)+f(-x)\}$
$\displaystyle = \lim_{x \to 1-} f(x) + \lim_{t \to -1+} f(t)$
$= 1 + (-1) = 0$

$\displaystyle \lim_{x \to 1+} h(x) = \lim_{x \to 1+} \{f(x)+f(-x)\}$
$\displaystyle = \lim_{x \to 1+} f(x) + \lim_{t \to -1-} f(t)$
$= -1 + 1 = 0$

$\displaystyle \therefore \lim_{x \to 1} h(x) = 0$

또한, $h(1)=f(1)+f(-1)=1+(-1)=0$

따라서 $\displaystyle \lim_{x \to 1} h(x) = h(1)$이므로 함수 $h(x)$는 $x=1$에서 연속이다. (참)

07 두 함수 $f(x)$, $f(x)+k$는 $x=0$에서만 불연속이므로 함수 $f(x)\{f(x)+k\}$가 실수 전체의 집합에서 연속이려면 $x=0$에서 연속이어야 한다. 즉,

$\displaystyle \lim_{x \to 0-} f(x)\{f(x)+k\} = \lim_{x \to 0+} f(x)\{f(x)+k\}$
$= f(0)\{f(0)+k\}$

이어야 한다.

$\displaystyle \lim_{x \to 0-} f(x)\{f(x)+k\} = \lim_{x \to 0-} \sqrt{4-x}(\sqrt{4-x}+k)$
$= 2(2+k)$
$= 4+2k$,

$\displaystyle \lim_{x \to 0+} f(x)\{f(x)+k\} = \lim_{x \to 0+} \frac{2x-6}{x+2}\left(\frac{2x-6}{x+2}+k\right)$
$= -3(-3+k)$
$= 9-3k$,

$f(0)\{f(0)+k\} = a(a+k) = a^2+ak$

이므로

$4+2k = 9-3k = a^2+ak$

$4+2k = 9-3k$에서 $5k=5$ 　 $\therefore k=1$

$4+2k = a^2+ak$에서 $a^2+a-6=0$

$(a+3)(a-2)=0$ 　 $\therefore a=-3$ 또는 $a=2$

따라서 모든 실수 a의 값의 곱은

$-3 \times 2 = -6$ 　　　　　　　　　　　　답 -6

08 이차방정식 $x^2-2ax+a=0$의 판별식을 D라 하면

$\dfrac{D}{4} = a^2-a = a(a-1)$

(ⅰ) $\dfrac{D}{4}<0$, 즉 $0<a<1$일 때,

실근이 존재하지 않으므로 $f(a)=0$

(ⅱ) $\dfrac{D}{4}=0$, 즉 $a=0$ 또는 $a=1$일 때,

중근을 가지므로 $f(0)=f(1)=1$

(ⅲ) $\dfrac{D}{4}>0$, 즉 $a<0$ 또는 $a>1$일 때,

서로 다른 두 실근을 가지므로 $f(a)=2$

(ⅰ), (ⅱ), (ⅲ)에서

$f(a) = \begin{cases} 0 & (0<a<1) \\ 1 & (a=0 \text{ 또는 } a=1) \\ 2 & (a<0 \text{ 또는 } a>1) \end{cases}$

따라서 함수 $y=f(a)$의 그래프는 오른쪽 그림과 같다.

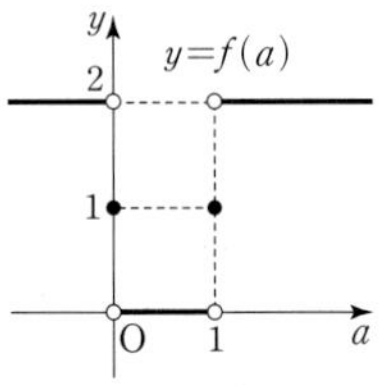

ㄱ. 그래프에서 $\displaystyle \lim_{a \to 1+} f(a) = 2$

$a-1=t$로 놓으면 $a \to 1+$일 때

$t \to 0+$이므로

$\displaystyle \lim_{a \to 1+} f(a-1) = \lim_{t \to 0+} f(t) = 0$

$\displaystyle \therefore \lim_{a \to 1+} \{f(a)+f(a-1)\} = 2+0 = 2$ (거짓)

ㄴ. 함수 $g(a)$가 연속이므로

$\displaystyle \lim_{a \to 1-} g(a) = \lim_{a \to 1+} g(a) = g(1)$

함수 $f(a)g(a)$가 $a=1$에서 연속이려면

$\displaystyle \lim_{a \to 1-} f(a)g(a) = \lim_{a \to 1+} f(a)g(a) = f(1)g(1)$

이어야 한다. 즉,

$\displaystyle \lim_{a \to 1-} f(a)g(a) = \lim_{a \to 1-} f(a) \cdot \lim_{a \to 1-} g(a)$
$= 0 \times g(1) = 0$

$\displaystyle \lim_{a \to 1+} f(a)g(a) = \lim_{a \to 1+} f(a) \cdot \lim_{a \to 1+} g(a) = 2g(1)$

$f(1)g(1)=1\times g(1)=g(1)$

따라서 $2g(1)=0=g(1)$이므로

$g(1)=0$ (참)

ㄷ. 방정식 $f(a)-a=0$, 즉 $f(a)=a$의 서로 다른 실근
의 개수는 두 함수 $y=f(a)$, $y=a$의 그래프의 서로
다른 교점의 개수와 같다.

두 함수 $y=f(a)$, $y=a$의 그
래프는 오른쪽 그림과 같이 서
로 다른 두 점에서 만나므로 주
어진 방정식의 서로 다른 실근
의 개수는 2이다. (참)

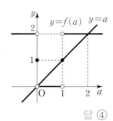

그러므로 옳은 것은 ㄴ, ㄷ이다. 답 ④

● 다른풀이 ●

ㄷ. $h(a)=f(a)-a$라 하면

$$h(a)=\begin{cases} -a & (0<a<1) \\ 1-a & (a=0 \text{ 또는 } a=1) \\ 2-a & (a<0 \text{ 또는 } a>1) \end{cases}$$

이므로 함수 $y=h(a)$의 그래프는
오른쪽 그림과 같다.

이때, 방정식 $h(a)=0$의 서로 다
른 실근은 $y=h(a)$의 그래프와 a
축의 교점의 a좌표와 같으므로 방
정식 $h(a)=0$, 즉 $f(a)-a=0$의
서로 다른 실근은 1, 2의 2개이다. (참)

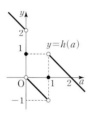

blacklabel 특강 참고

$x=a$에서 연속인 함수 $f(x)$와 불연속인 함수 $g(x)$에 대하여 함수
$f(x)g(x)$가 $x=a$에서 연속이 되려면, 즉
$\lim\limits_{x\to a-} f(x)g(x)=\lim\limits_{x\to a+} f(x)g(x)=f(a)g(a)$
가 성립되려면 $f(a)=0$이어야 한다.

09 자연수 n에 대하여

(i) $x=2^n$일 때,

$g(x)=[\log_2 x]+[\log_{\frac{1}{2}} x]$

$=[\log_2 2^n]+[\log_{\frac{1}{2}} 2^n]=n+(-n)=0$

(ii) $2^n<x<2^{n+1}$일 때,

$n<\log_2 x<n+1$, $-n-1<\log_{\frac{1}{2}} x<-n$이므로

$g(x)=[\log_2 x]+[\log_{\frac{1}{2}} x]$

$=n+(-n-1)=-1$

$$\text{즉, } g(x)=\begin{cases} 0 & (x\le 1) \\ -1 & (1<x<2) \\ 0 & (x=2) \\ -1 & (2<x<4) \\ 0 & (x=4) \\ -1 & (4<x<8) \\ 0 & (x=8) \\ -1 & (x>8) \end{cases} \text{이므로}$$

함수 $y=g(x)$의 그래프는 다음 그림과 같다.

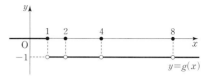

한편, 조건 ㈎에서 $\lim\limits_{x\to\infty} \dfrac{f(x)}{x^4+x-1}=3$이므로 함수 $f(x)$
는 최고차항의 계수가 3인 사차함수이다.

또한, 함수 $g(x)$가 $x=1$, $x=2$, $x=4$, $x=8$에서 불연
속이고, 조건 ㈏에서 함수 $f(x)g(x)$가 모든 실수 x에
대하여 연속이므로 함수 $f(x)g(x)$는 $x=1$, $x=2$,
$x=4$, $x=8$에서 각각 연속이어야 한다.

$\lim\limits_{x\to 1-} f(x)g(x)=\lim\limits_{x\to 1+} f(x)g(x)=f(1)g(1)$에서

$f(1)\times 0=f(1)\times(-1)=f(1)\times 0$

$\therefore f(1)=0$

$\lim\limits_{x\to 2-} f(x)g(x)=\lim\limits_{x\to 2+} f(x)g(x)=f(2)g(2)$에서

$f(2)\times(-1)=f(2)\times(-1)=f(2)\times 0$

$\therefore f(2)=0$

$\lim\limits_{x\to 4-} f(x)g(x)=\lim\limits_{x\to 4+} f(x)g(x)=f(4)g(4)$에서

$f(4)\times(-1)=f(4)\times(-1)=f(4)\times 0$

$\therefore f(4)=0$

$\lim\limits_{x\to 8-} f(x)g(x)=\lim\limits_{x\to 8+} f(x)g(x)=f(8)g(8)$에서

$f(8)\times(-1)=f(8)\times(-1)=f(8)\times 0$

$\therefore f(8)=0$

따라서 $f(x)=3(x-1)(x-2)(x-4)(x-8)$이므로

$f(5)=3\times 4\times 3\times 1\times(-3)=-108$ 답 -108

10 ㄱ. 함수 $f(x)$가 $x\ne 1$인 실수 전체의 집합에서 연속이고
$g(x)$는 실수 전체의 집합에서 연속이므로 함수
$f(x)+g(x)$가 실수 전체의 집합에서 연속이 되려면
함수 $f(x)+g(x)$는 $x=1$에서 연속이어야 한다.

이때, $a+b=1$이므로 $g(x)=x^2+ax+b$에서
$g(1)=1+a+b=2$이고 $b=1-a$

$\therefore f(x)=\begin{cases} x^2+1-a & (x<1) \\ 2-ax & (x\ge 1) \end{cases}$

$\lim\limits_{x\to 1-} \{f(x)+g(x)\}=\lim\limits_{x\to 1-} \{x^2+1-a+g(x)\}$
$=2-a+2=4-a$

$\lim\limits_{x\to 1+} \{f(x)+g(x)\}=\lim\limits_{x\to 1+} \{2-ax+g(x)\}$
$=2-a+2=4-a$

$f(1)+g(1)=2-a+2=4-a$

즉, $\lim\limits_{x\to 1-} \{f(x)+g(x)\}=\lim\limits_{x\to 1+} \{f(x)+g(x)\}$
$=f(1)+g(1)$

이므로 함수 $f(x)+g(x)$는 $x=1$에서 연속이다.
따라서 함수 $f(x)+g(x)$는 실수 전체의 집합에서
연속이다. (참)

ㄴ. ㄱ과 마찬가지로 함수 $f(x)g(x)$가 실수 전체의 집합에서 연속이려면 함수 $f(x)g(x)$는 $x=1$에서 연속이여야 한다.

$a+b=-1$이므로 $g(1)=1+a+b=0$

이때,

$$\lim_{x \to 1-} f(x)g(x) = \lim_{x \to 1-} (x^2+b)g(x)$$
$$= (1+b)g(1) = 0,$$
$$\lim_{x \to 1+} f(x)g(x) = \lim_{x \to 1+} (2-ax)g(x)$$
$$= (2-a)g(1) = 0,$$
$$f(1)g(1) = 0$$

에서

$$\lim_{x \to 1-} f(x)g(x) = \lim_{x \to 1+} f(x)g(x) = f(1)g(1)$$

즉, 함수 $f(x)g(x)$는 $x=1$에서 연속이므로 함수 $f(x)g(x)$는 실수 전체의 집합에서 연속이다. (참)

ㄷ. 함수 $\dfrac{f(x)}{g(x)}$가 실수 전체의 집합에서 연속이려면 함수 $f(x)$가 실수 전체의 집합에서 연속이고 모든 실수 x에 대하여 $g(x) \neq 0$이어야 한다.

함수 $f(x)$가 실수 전체의 집합에서 연속이려면 $x=1$에서 연속이어야 하므로

$$\lim_{x \to 1-} f(x) = \lim_{x \to 1+} f(x) = f(1)$$에서

$1+b = 2-a = 2-a$ ∴ $a+b=1$ ……㉠

또한, 모든 실수 x에 대하여 $g(x) \neq 0$이어야 하므로 이차방정식 $x^2+ax+b=0$이 허근을 가져야 한다.

즉, 이 이차방정식의 판별식을 D라 하면

$D = a^2-4b < 0$ ……㉡

㉠에서 $b=1-a$를 ㉡에 대입하여 풀면

$a^2 - 4(1-a) < 0$, $a^2+4a-4 < 0$

∴ $-2-2\sqrt{2} < a < -2+2\sqrt{2}$

그런데 $2 < 2\sqrt{2} < 3$이므로

$-5 < -2-2\sqrt{2} < -4$, $0 < -2+2\sqrt{2} < 1$

따라서 구하는 정수 a는 -4, -3, -2, -1, 0의 5개이다. (참)

그러므로 ㄱ, ㄴ, ㄷ 모두 옳다.   답 ⑤

11 함수 $f(x)$는 $x \neq 0$인 실수 전체의 집합에서 연속이므로 함수 $f(x-a)$는 $x \neq a$인 실수 전체의 집합에서 연속이다.

이때, 함수 $f(x)f(x-a)$는 $x \neq 0$, $x \neq a$인 실수 전체의 집합에서 연속이므로 함수 $f(x)f(x-a)$가 실수 전체의 집합에서 연속이려면 함수 $f(x)f(x-a)$가 $x=0$, $x=a$에서 각각 연속이어야 한다.

(i) $a < 0$일 때,

함수 $f(x)f(x-a)$가 $x=0$에서 연속이어야 하므로

$$\lim_{x \to 0-} f(x)f(x-a) = \lim_{x \to 0+} f(x)f(x-a)$$
$$= f(0)f(-a)$$

즉, $2 \times f(-a) = -2 \times f(-a)$에서

$f(-a) = 0$

이때, $-a > 0$이므로

$f(-a) = \dfrac{1}{4}(-a-1)(-a-2)(-a-4) = 0$에서

$a = -1$ 또는 $a = -2$ 또는 $a = -4$ ……㉠

또한, 함수 $f(x)f(x-a)$가 $x=a$에서 연속이어야 하므로

$$\lim_{x \to a-} f(x)f(x-a) = \lim_{x \to a+} f(x)f(x-a)$$
$$= f(a)f(0)$$

즉, $f(a) \times 2 = f(a) \times (-2)$에서 $f(a) = 0$

이때, $a < 0$이므로

$f(a) = a+2 = 0$에서 $a = -2$ ……㉡

㉠, ㉡에서 $a = -2$

(ii) $a = 0$일 때,

함수 $f(x)f(x-a)$, 즉 $\{f(x)\}^2$은 $x=0$에서 연속이어야 한다.

이때,

$$\lim_{x \to 0-} \{f(x)\}^2 = 2^2 = 4,$$
$$\lim_{x \to 0+} \{f(x)\}^2 = (-2)^2 = 4,$$
$$\{f(0)\}^2 = (-2)^2 = 4$$

에서 $\lim_{x \to 0-} \{f(x)\}^2 = \lim_{x \to 0+} \{f(x)\}^2 = \{f(0)\}^2$이므로 함수 $\{f(x)\}^2$은 $x=0$에서 연속이다.

따라서 함수 $\{f(x)\}^2$은 실수 전체의 집합에서 연속이므로 $a=0$은 주어진 조건을 만족시킨다.

(iii) $a > 0$일 때,

함수 $f(x)f(x-a)$가 $x=0$에서 연속이어야 하므로

$$\lim_{x \to 0-} f(x)f(x-a) = \lim_{x \to 0+} f(x)f(x-a)$$
$$= f(0)f(-a)$$

즉, $2 \times f(-a) = -2 \times f(-a)$에서

$f(-a) = 0$

이때, $-a < 0$이므로

$f(-a) = -a+2 = 0$에서 $a=2$ ……㉢

또한, 함수 $f(x)f(x-a)$가 $x=a$에서 연속이어야 하므로

$$\lim_{x \to a-} f(x)f(x-a) = \lim_{x \to a+} f(x)f(x-a)$$
$$= f(a)f(0)$$

즉, $f(a) \times 2 = f(a) \times (-2)$에서 $f(a) = 0$

이때, $a > 0$이므로

$f(a) = \dfrac{1}{4}(a-1)(a-2)(a-4) = 0$에서

$a=1$ 또는 $a=2$ 또는 $a=4$ ……㉣

㉢, ㉣에서 $a=2$

(i), (ii), (iii)에서 구하는 a의 값은

$a=-2$ 또는 $a=0$ 또는 $a=2$

따라서 $a_1 = -2$, $a_2 = 0$, $a_3 = 2$이고 $n=3$이므로

$$\sum_{k=1}^{n} n|a_k| = \sum_{k=1}^{3} 3|a_k| = 3(|a_1| + |a_2| + |a_3|)$$
$$= 3(2+0+2) = 12$$ 답 12

12 함수 $f(x)=\begin{cases}-(x-2)^2+4 & (x<4) \\ -\dfrac{1}{2}(x-6)^2+2 & (x\geq4)\end{cases}$ 의 그래프는 다음 그림과 같다.

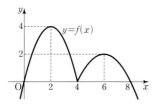

함수 $g(x)$는 $x\neq a$인 실수 전체의 집합에서 연속이므로 함수 $g(x)$가 실수 전체의 집합에서 연속이려면 함수 $g(x)$는 $x=a$에서 연속이어야 한다.

즉, $\displaystyle\lim_{x\to a-}f(x-t)=\lim_{x\to a+}f(x)=f(a)$이므로 $f(a-t)=f(a)$

이때, $h(t)$는 함수 $g(x)$가 실수 전체의 집합에서 연속이 되도록 하는 실수 a의 개수이므로 $h(t)$는 방정식 $f(a-t)=f(a)$를 만족시키는 실수 a의 개수와 같다.

즉, 두 함수 $y=f(x-t)$, $y=f(x)$의 교점의 개수와 같고, 함수 $y=f(x-t)$의 그래프는 함수 $y=f(x)$의 그래프를 x축의 방향으로 t만큼 평행이동한 것과 같으므로 t의 값의 범위에 따라 두 함수 $y=f(x)$, $y=f(x-t)$의 그래프를 그리면 다음과 같다.

(i) $t<-4$일 때,

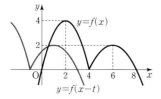

(ii) $t=-4$일 때,

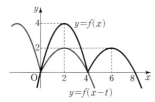

(iii) $-4<t<0$일 때,

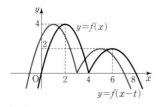

(iv) $0<t<4$일 때,

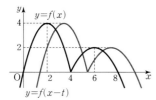

(v) $t=4$일 때,

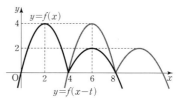

(vi) $t>4$일 때,

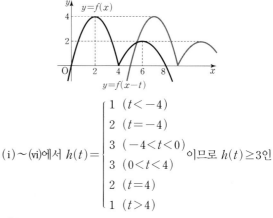

(i)~(vi)에서 $h(t)=\begin{cases}1 & (t<-4) \\ 2 & (t=-4) \\ 3 & (-4<t<0) \\ 3 & (0<t<4) \\ 2 & (t=4) \\ 1 & (t>4)\end{cases}$ 이므로 $h(t)\geq3$인

정수 t는 -3, -2, -1, 1, 2, 3의 6개이다.　답 ③

13 ㄱ. $g(x)=t$로 놓으면

$x\to1-$일 때 $t\to1-$이므로
$\displaystyle\lim_{x\to1-}(f\circ g)(x)=\lim_{x\to1-}f(g(x))=\lim_{t\to1-}f(t)=0$

$x\to1+$일 때 $t=-1$이므로
$\displaystyle\lim_{x\to1+}(f\circ g)(x)=\lim_{x\to1+}f(g(x))=f(-1)=0$

$\therefore \displaystyle\lim_{x\to1}(f\circ g)(x)=0$ (참)

ㄴ. $(f\circ g)(1)=f(g(1))=f(0)=1$이고,

ㄱ에서 $\displaystyle\lim_{x\to1}(f\circ g)(x)=0$이므로
$\displaystyle\lim_{x\to1}(f\circ g)(x)\neq(f\circ g)(1)$

따라서 합성함수 $(f\circ g)(x)$는 $x=1$에서 불연속이다. (거짓)

ㄷ. 함수 $f(x)$는 실수 전체의 집합에서 연속이고, $x<1$에서 함수 $g(x)$는 $x=-1$에서만 불연속이므로 합성함수 $(f\circ g)(x)$가 $x=-1$에서 연속인지 조사하면 된다.

$g(x)=t$로 놓으면

$x\to-1-$일 때 $t=1$이므로
$\displaystyle\lim_{x\to-1-}(f\circ g)(x)=\lim_{x\to-1-}f(g(x))=f(1)=0$

$x\to-1+$일 때 $t\to-1+$이므로
$\displaystyle\lim_{x\to-1+}(f\circ g)(x)=\lim_{x\to-1+}f(g(x))$
$\qquad\qquad\qquad\qquad=\lim_{t\to-1+}f(t)=0$

$\therefore \displaystyle\lim_{x\to-1}(f\circ g)(x)=0$

이때, $(f \circ g)(-1) = f(g(-1)) = f(1) = 0$이므로

$\lim\limits_{x \to -1} (f \circ g)(x) = (f \circ g)(-1)$

따라서 합성함수 $(f \circ g)(x)$는 $x = -1$에서 연속이므로 $x < 1$에서 연속이다. (참)

그러므로 옳은 것은 ㄱ, ㄷ이다.　　　　　　답 ③

• 다른풀이 •

$f(x) = \begin{cases} x+1 & (x \le 0) \\ -x+1 & (x > 0) \end{cases}$,

$g(x) = \begin{cases} 1 & (x \le -1) \\ x & (-1 < x < 1) \\ 0 & (x = 1) \\ -1 & (x > 1) \end{cases}$ 이므로

$x \le -1$일 때, $(f \circ g)(x) = f(g(x)) = f(1) = 0$

$-1 < x < 1$일 때, $(f \circ g)(x) = f(g(x)) = f(x)$

$x = 1$일 때, $(f \circ g)(x) = f(g(x)) = f(0) = 1$

$x > 1$일 때, $(f \circ g)(x) = f(g(x)) = f(-1) = 0$

즉, 함수 $y = (f \circ g)(x)$의 그래프는 다음 그림과 같다.

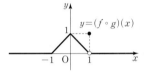

위의 그래프에서

ㄱ. $\lim\limits_{x \to 1} (f \circ g)(x) = 0$ (참)

ㄴ. ㄱ에서 $\lim\limits_{x \to 1} (f \circ g)(x) = 0$이고, $(f \circ g)(0) = 1$이므로 합성함수 $(f \circ g)(x)$는 $x = 1$에서 불연속이다. (거짓)

ㄷ. 합성함수 $(f \circ g)(x)$는 $x < 1$에서 연속이다. (참)

따라서 옳은 것은 ㄱ, ㄷ이다.

14 합성함수 $(g \circ f)(x)$가 실수 전체의 집합에서 연속이므로 $x = 1$에서 연속이어야 한다.

즉, $\lim\limits_{x \to 1-} (g \circ f)(x) = \lim\limits_{x \to 1+} (g \circ f)(x) = (g \circ f)(1)$ 이어야 한다.

$\begin{aligned} \lim\limits_{x \to 1-} (g \circ f)(x) &= \lim\limits_{x \to 1-} g(f(x)) \\ &= \lim\limits_{x \to 1-} g(x+1) \\ &= \lim\limits_{x \to 1-} |x+1-2a| \\ &= |1+1-2a| = |2-2a|, \end{aligned}$

$\begin{aligned} \lim\limits_{x \to 1+} (g \circ f)(x) &= \lim\limits_{x \to 1+} g(f(x)) \\ &= \lim\limits_{x \to 1+} g(x^2+2x+2) \\ &= \lim\limits_{x \to 1+} |x^2+2x+2-2a| \\ &= |1+2+2-2a| = |5-2a|, \end{aligned}$

$(g \circ f)(1) = g(f(1)) = g(5) = |5-2a|$

이므로 $|2-2a| = |5-2a|$

$2-2a = -(5-2a)$, $4a = 7$

$\therefore a = \dfrac{7}{4}$　　　　　　답 $\dfrac{7}{4}$

단계	채점 기준	배점
(가)	합성함수 $(g \circ f)(x)$가 실수 전체의 집합에서 연속이기 위한 조건을 구한 경우	30%
(나)	$x=1$에서 합성함수 $(g \circ f)(x)$의 좌극한과 우극한 및 함숫값을 이용하여 a에 대한 식을 구한 경우	40%
(다)	(나)의 식을 이용하여 a의 값을 구한 경우	30%

15 두 함수 $f(x)$, $g(x)$가 $x = 0$에서만 불연속이므로 주어진 함수가 실수 전체의 집합에서 연속이려면 $x = 0$에서 연속이어야 한다.

ㄱ. $p(x) = f(x^2) + \{g(x)\}^2$이라 하자.

$x \to 0-$일 때 $x^2 \to 0+$이고, $x \to 0+$일 때 $x^2 \to 0+$이므로

$\begin{aligned} \lim\limits_{x \to 0-} p(x) &= \lim\limits_{x \to 0-} [f(x^2) + \{g(x)\}^2] \\ &= 0 + (-1)^2 = 1 \end{aligned}$

$\begin{aligned} \lim\limits_{x \to 0+} p(x) &= \lim\limits_{x \to 0+} [f(x^2) + \{g(x)\}^2] \\ &= 0 + 1^2 = 1 \end{aligned}$

$\therefore \lim\limits_{x \to 0} p(x) = 1$

또한, $p(0) = f(0) + \{g(0)\}^2 = 1 + 0^2 = 1$이므로

$\lim\limits_{x \to 0} p(x) = p(0)$

따라서 함수 $p(x) = f(x^2) + \{g(x)\}^2$은 $x = 0$에서 연속이므로 실수 전체의 집합에서 연속이다.

ㄴ. $q(x) = f(x)g(x)$라 하자.

$\begin{aligned} \lim\limits_{x \to 0-} q(x) &= \lim\limits_{x \to 0-} f(x)g(x) \\ &= 0 \times (-1) = 0 \end{aligned}$

$\begin{aligned} \lim\limits_{x \to 0+} q(x) &= \lim\limits_{x \to 0+} f(x)g(x) \\ &= 0 \times 1 = 0 \end{aligned}$

$\therefore \lim\limits_{x \to 0} q(x) = 0$

또한, $q(0) = f(0)g(0) = 1 \times 0 = 0$이므로

$\lim\limits_{x \to 0} q(x) = q(0)$

따라서 함수 $q(x) = f(x)g(x)$는 $x = 0$에서 연속이므로 실수 전체의 집합에서 연속이다.

ㄷ. (반례) $f(x) = \begin{cases} -x & (x < 0) \\ 1 & (x = 0) \\ x & (x > 0) \end{cases}$라 하면

$f(2x-1) = \begin{cases} -2x+1 & \left(x < \dfrac{1}{2}\right) \\ 1 & \left(x = \dfrac{1}{2}\right) \\ 2x-1 & \left(x > \dfrac{1}{2}\right) \end{cases}$

이때, 함수 $y=f(2x-1)$의 그래프는 오른쪽 그림과 같으므로 $x=\dfrac{1}{2}$에서 불연속이다.

그러므로 옳은 것은 ㄱ, ㄴ이다. 답 ②

16 함수 $y=f(x)$가 $x=0$, $x=1$, $x=2$에서 불연속이므로 합성함수 $(g \circ f)(x)$가 실수 전체의 집합에서 연속이려면 $x=0$, $x=1$, $x=2$에서 각각 연속이어야 한다.

(i) $x=0$에서 연속일 때,

$f(x)=t$로 놓으면 $x \to 0-$일 때 $t \to 0+$이고, $x \to 0+$일 때 $t \to 2-$이므로

$$\lim_{x \to 0-}(g \circ f)(x)=\lim_{x \to 0-}g(f(x))$$
$$=\lim_{t \to 0+}g(t)=g(0),$$
$$\lim_{x \to 0+}(g \circ f)(x)=\lim_{x \to 0+}g(f(x))$$
$$=\lim_{t \to 2-}g(t)=g(2),$$
$$(g \circ f)(0)=g(f(0))=g(0)$$

에서 $g(0)=g(2)$

(ii) $x=1$에서 연속일 때,

$f(x)=t$로 놓으면 $x \to 1-$일 때 $t \to 0+$이고, $x \to 1+$일 때 $t \to -1+$이므로

$$\lim_{x \to 1-}(g \circ f)(x)=\lim_{x \to 1-}g(f(x))$$
$$=\lim_{t \to 0+}g(t)=g(0),$$
$$\lim_{x \to 1+}(g \circ f)(x)=\lim_{x \to 1+}g(f(x))$$
$$=\lim_{t \to -1+}g(t)=g(-1),$$
$$(g \circ f)(1)=g(f(1))=g(0)$$

에서 $g(-1)=g(0)$

(iii) $x=2$에서 연속일 때,

$f(x)=t$로 놓으면 $x \to 2-$일 때 $t \to 1-$이고, $x \to 2+$일 때 $t \to 0+$이므로

$$\lim_{x \to 2-}(g \circ f)(x)=\lim_{x \to 2-}g(f(x))$$
$$=\lim_{t \to 1-}g(t)=g(1),$$
$$\lim_{x \to 2+}(g \circ f)(x)=\lim_{x \to 2+}g(f(x))$$
$$=\lim_{t \to 0+}g(t)=g(0),$$
$$(g \circ f)(2)=g(f(2))=g(1)$$

에서 $g(1)=g(0)$

(i), (ii), (iii)에서

$g(-1)=g(0)=g(1)=g(2)=4 \ (\because g(0)=4)$

이때, 함수 $g(x)$는 최고차항의 계수가 1인 사차함수이므로

$g(x)=x(x+1)(x-1)(x-2)+4$

$\therefore g(3)=3 \times 4 \times 2 \times 1+4=28$ 답 28

17 $f(x)=\begin{cases} x+1 & (x \leq 1) \\ x & (x>1) \end{cases}$, $g(x)=|x-a|+|x-b|$

........㉠

ㄱ. ㉠에서

$$f(x)g(x)=\begin{cases} (x+1)(|x-a|+|x-b|) & (x \leq 1) \\ x(|x-a|+|x-b|) & (x>1) \end{cases}$$

이므로 함수 $f(x)g(x)$가 실수 전체의 집합에서 연속이 되려면 $x=1$에서 연속이어야 한다. 즉,

$$\lim_{x \to 1-}f(x)g(x)=\lim_{x \to 1+}f(x)g(x)=f(1)g(1)$$

이어야 하므로

$$\lim_{x \to 1-}f(x)g(x)$$
$$=\lim_{x \to 1-}(x+1)(|x-a|+|x-b|)$$
$$=2(|1-a|+|1-b|),$$
$$\lim_{x \to 1+}f(x)g(x)$$
$$=\lim_{x \to 1+}x(|x-a|+|x-b|)$$
$$=|1-a|+|1-b|,$$
$$f(1)g(1)=2(|1-a|+|1-b|)$$

에서 $2(|1-a|+|1-b|)=|1-a|+|1-b|$

$|1-a|+|1-b|=0$

$1-a=0$, $1-b=0$ $\therefore a=b=1$

그런데 $a<b$이므로 함수 $f(x)g(x)$가 실수 전체의 집합에서 연속이 되도록 하는 상수 a, b는 존재하지 않는다. (참)

ㄴ. (반례) $a=2$, $b=3$이면 $g(x)=|x-2|+|x-3|$

이때,

$$\lim_{x \to 1-}(g \circ f)(x)=\lim_{x \to 1-}g(f(x))=\lim_{x \to 1-}g(x+1)$$
$$=g(2)=1,$$
$$\lim_{x \to 1+}(g \circ f)(x)=\lim_{x \to 1+}g(f(x))=\lim_{x \to 1+}g(x)$$
$$=g(1)=3$$

에서 $\lim_{x \to 1}(g \circ f)(x)$의 값이 존재하지 않으므로 합성함수 $(g \circ f)(x)$는 $x=1$에서 불연속이다. (거짓)

ㄷ. ㉠에서

$g(x)=|x-a|+|x-b|$

$$=\begin{cases} -2x+a+b & (x<a) \\ b-a & (a \leq x \leq b) \\ 2x-a-b & (x>b) \end{cases}$$

$$(f \circ g)(x)=f(g(x))=\begin{cases} g(x)+1 & (g(x) \leq 1) \\ g(x) & (g(x)>1) \end{cases}$$

........㉡

이때, $a<b$이고 a, b는 모두 정수이므로

$b-a \geq 1$

(i) $b-a=1$일 때,

$x<a$에서 $g(x)=-2x+a+b$
$$=-2(x-a)+b-a$$
$$=-2(x-a)+1>1,$$

$a \leq x \leq b$에서 $g(x)=1$,

$x>b$에서 $g(x)=2x-a-b$
$$=2(x-b)+b-a$$
$$=2(x-b)+1>1$$

이므로 ㉡에 의하여

$$f(g(x))=\begin{cases}-2(x-a)+1 & (x<a)\\2 & (a\le x\le b)\\2(x-b)+1 & (x>b)\end{cases}$$

그런데 위의 함수 $f(g(x))$는 $x=a$, $x=b$에서 각각 불연속이다.

(ii) $b-a=n$ ($n\ge2$인 자연수)일 때,

$x<a$에서 $g(x)=-2x+a+b$

$\qquad\qquad\quad=-2(x-a)+b-a$

$\qquad\qquad\quad=-2(x-a)+n>n$,

$a\le x\le b$에서 $g(x)=n$,

$x>b$에서 $g(x)=2x-a-b$

$\qquad\qquad=2(x-b)+b-a$

$\qquad\qquad=2(x-b)+n>n$

이므로 모든 실수 x에 대하여 $g(x)\ge2$이다.

즉, ㉡에 의하여 $f(g(x))=g(x)$이고 함수 $g(x)$는 실수 전체의 집합에서 연속이므로 함수 $(f\circ g)(x)$는 실수 전체의 집합에서 연속이다.

(i), (ii)에서 $b-a=n$ ($n\ge2$인 자연수)일 때, 함수 $(f\circ g)(x)$가 실수 전체의 집합에서 연속이므로 함수 $(f\circ g)(x)$가 실수 전체의 집합에서 연속이 되도록 하는 상수 a, b는 무수히 많다. (참)

따라서 옳은 것은 ㄱ, ㄷ이다.　　　　　　답 ③

• 다른풀이 •

ㄴ. $b-a=1$에서 $b=a+1$이므로

$\quad g(x)=|x-a|+|x-a-1|$　　　……㉢

함수 $f(x)$가 $x=1$에서 불연속이므로 합성함수 $(g\circ f)(x)$가 실수 전체의 집합에서 연속이려면 $x=1$에서 연속이어야 한다. 즉,

$\displaystyle\lim_{x\to1-}(g\circ f)(x)=\lim_{x\to1+}(g\circ f)(x)=g(f(1))$

이어야 하므로

$\displaystyle\lim_{x\to1-}(g\circ f)(x)=\lim_{x\to1-}g(f(x))$

$\qquad\qquad\qquad=\lim_{x\to1-}g(x+1)=g(2)$,

$\displaystyle\lim_{x\to1+}(g\circ f)(x)=\lim_{x\to1+}g(f(x))$

$\qquad\qquad\qquad=\lim_{x\to1+}g(x)=g(1)$,

$(g\circ f)(1)=g(f(1))=g(2)$

에서 $g(1)=g(2)$

㉢에서 $|1-a|+|-a|=|2-a|+|1-a|$

$|-a|=|2-a|$, $-a=-2+a$

$\therefore a=1$

즉, $a=1$, $b=2$일 때만 함수 $(g\circ f)(x)$가 실수 전체의 집합에서 연속이다. (거짓)

18 ㄱ. (반례) $f(x)=\begin{cases}-1 & (x<0)\\1 & (x\ge0)\end{cases}$, $g(x)=\begin{cases}1 & (x<0)\\-1 & (x\ge0)\end{cases}$

이라 하면 두 함수 $f(x)$, $g(x)$는 각각 $x=0$에서 불

연속이지만 $f(x)+g(x)=0$이므로 함수 $f(x)+g(x)$는 실수 전체의 집합에서 연속이다.

　　　　　　　　　　　　　　　　(거짓)

ㄴ. 함수 $f(x)$가 $x=0$에서 연속이므로

$\quad\displaystyle\lim_{x\to0}f(x)=f(0)$

(i) $f(0)<0$일 때,

$\displaystyle\lim_{x\to0}|f(x)|$

$=\displaystyle\lim_{x\to0}\{-f(x)\}$

$=-f(0)=|f(0)|$

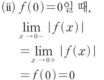

(ii) $f(0)=0$일 때,

$\displaystyle\lim_{x\to0-}|f(x)|$

$=\displaystyle\lim_{x\to0+}|f(x)|$

$=f(0)=0$

$\therefore\displaystyle\lim_{x\to0}|f(x)|=|f(0)|$

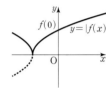

(iii) $f(0)>0$일 때,

$\displaystyle\lim_{x\to0}|f(x)|$

$=\displaystyle\lim_{x\to0}f(x)$

$=f(0)=|f(0)|$

(i), (ii), (iii)에서 $\displaystyle\lim_{x\to0}|f(x)|=|f(0)|$이므로 함수 $|f(x)|$도 $x=0$에서 연속이다. (참)

ㄷ. (반례) $f(x)=\begin{cases}-1 & (x<0)\\1 & (x\ge0)\end{cases}$이면 $|f(x)|=1$이므로 함수 $|f(x)|$는 $x=0$에서 연속이지만 함수 $f(x)$는 $x=0$에서 불연속이다. (거짓)

따라서 옳은 것은 ㄴ뿐이다.　　　　　답 ①

19 $\displaystyle\lim_{x\to0}\dfrac{f(x)}{x}=1$로 극한값이 존재하고, $x\to0$일 때 (분모) $\to0$이므로 (분자) $\to0$이어야 한다.

즉, $\displaystyle\lim_{x\to0}f(x)=0$

이때, $f(0)=0$이므로 $\displaystyle\lim_{x\to0}f(x)=f(0)$

따라서 함수 $f(x)$는 $x=0$에서 연속이다.

ㄱ. $h(x)=f(x)+g(x)$라 하면

$\quad\displaystyle\lim_{x\to0}\{f(x)+g(x)\}=f(0)+g(0)$에서

$\quad\displaystyle\lim_{x\to0}h(x)=h(0)$이므로 함수 $h(x)$는 $x=0$에서 연속이다.

두 함수 $h(x)$, $f(x)$가 $x=0$에서 연속이므로 함수 $g(x)=h(x)-f(x)$도 $x=0$에서 연속이다. (참)

ㄴ. (반례) $f(x)=x$, $g(x)=\begin{cases}-1 & (x\ge0)\\1 & (x<0)\end{cases}$이면

$f(x)g(x)=\begin{cases}-x & (x\ge0)\\x & (x<0)\end{cases}$이므로

$\displaystyle\lim_{x\to0-}f(x)g(x)=\lim_{x\to0-}x=0$,

$\displaystyle\lim_{x\to0+}f(x)g(x)=\lim_{x\to0+}(-x)=0$,

$f(0)g(0)=0\times(-1)=0$

에서 $\lim\limits_{x\to 0}f(x)g(x)=f(0)g(0)$이지만 함수 $g(x)$
는 $x=0$에서 연속이 아니다. (거짓)

ㄷ. (반례) $f(x)=\begin{cases}0 & (x\leq 1)\\ 1 & (x>1)\end{cases}$, $g(x)=x+1$이면

두 함수 $f(x)$, $g(x)$는 각각 $x=0$에서 연속이지만

$(f\circ g)(x)=f(g(x))$
$$=\begin{cases}0\ (g(x)\leq 1)\\ 1\ (g(x)>1)\end{cases}=\begin{cases}0\ (x\leq 0)\\ 1\ (x>0)\end{cases}$$

에서 합성함수 $(f\circ g)(x)$는 $x=0$에서 불연속이다.
　(거짓)

따라서 옳은 것은 ㄱ뿐이다.　　　　　　　　 답 ①

20 함수 $y=f(x)$의 그래프는 조건 (나)에서 모든 실수 x에
대하여 $f(1-x)=f(1+x)$이므로 직선 $x=1$에 대하여
대칭이고, 조건 (다)에서 모든 실수 x에 대하여
$f(-x)=f(x)$이므로 y축에 대하여 대칭이다.

또한, 조건 (가)에서 $-1\leq x\leq 1$일 때 $f(x)=3x^2$이므로
$0<x<10$에서 함수 $y=f(x)$의 그래프는 다음 그림과
같다.

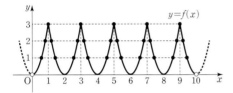

이때, 함수 $y=[f(x)]$는 $f(x)$의 값이 정수일 때 불연
속이고 나머지 구간에서는 연속이므로 $f(x)=1,\ 2,\ 3$일
때 불연속이다.

따라서 구하는 불연속인 점의 개수는 25이다.　 답 25

blacklabel 특강 　풀이첨삭

함수 $y=[f(x)]$의 그래프는 다음 그림과 같다.

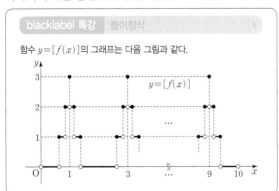

21 $y=-x^2-x+12$

$=-\left(x^2+x+\dfrac{1}{4}\right)+\dfrac{49}{4}$

$=-\left(x+\dfrac{1}{2}\right)^2+\dfrac{49}{4}$

이므로 닫힌구간 $[-4,\ 3]$에서 x가
정수가 아닐 때 함수
$y=-x^2-x+12$의 그래프는 오른
쪽 그림과 같다.

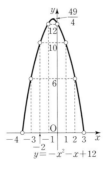

이때, 함수

$f(x)=\begin{cases}-x^2-x+12 & (x\text{가 정수가 아닐 때})\\ x+k & (x\text{가 정수일 때})\end{cases}$

에 대하여 닫힌구간 $[-4,\ 3]$에서 불연속인 x의 개수가
6이 되어야 하므로 직선 $y=x+k$가 위의 그림의 불연속
점 8개 중에서 2개의 점을 지나야 한다.

(i) 직선 $y=x+k$가 두 점 $(-2,\ 10)$, $(0,\ 12)$를 지나는
경우
$10=-2+k$에서 $k=12$

(ii) 직선 $y=x+k$가 두 점 $(-3,\ 6)$, $(1,\ 10)$을 지나는
경우
$6=-3+k$에서 $k=9$

(iii) 직선 $y=x+k$가 두 점 $(-4,\ 0)$, $(2,\ 6)$을 지나는
경우
$0=-4+k$에서 $k=4$

(i), (ii), (iii)에서 모든 자연수 k의 값은 4, 9, 12이므로 그
합은
$4+9+12=25$　　　　　　　　　　　　　 답 25

22 ㄱ. $g(0)$은 함수 $\{f(x)\}^2$의 불연속인 점의 개수이고, 함
수 $f(x)$가 $x=-1$, $x=1$에서만 불연속이므로 함수
$x=-1$, $x=1$에서만 함수 $\{f(x)\}^2$의 연속성을 조
사하면 된다.

(i) $x=-1$에서의 연속성
$\lim\limits_{x\to -1-}\{f(x)\}^2=\lim\limits_{x\to -1-}(-1)^2=1$,
$\lim\limits_{x\to -1+}\{f(x)\}^2=\lim\limits_{x\to -1+}(2-x^2)^2$
$=1^2=1$,
$\{f(-1)\}^2=(-1)^2=1$
에서 $\lim\limits_{x\to -1}\{f(x)\}^2=\{f(-1)\}^2$이므로 함수
$\{f(x)\}^2$은 $x=-1$에서 연속이다.

(ii) $x=1$에서의 연속성
$\lim\limits_{x\to 1-}\{f(x)\}^2=\lim\limits_{x\to 1-}(2-x^2)^2$
$=1^2=1$,
$\lim\limits_{x\to 1+}\{f(x)\}^2=\lim\limits_{x\to 1+}(-1)^2=1$,
$\{f(1)\}^2=(-1)^2=1$
에서 $\lim\limits_{x\to 1}\{f(x)\}^2=\{f(1)\}^2$이므로 함수
$\{f(x)\}^2$은 $x=1$에서 연속이다.

(i), (ii)에서 함수 $\{f(x)\}^2$은 $x=-1$, $x=1$에서도
연속이므로 실수 전체의 집합에서 연속이다.
따라서 불연속인 점은 없으므로
$g(0)=0$ (참)

ㄴ. $g(1)$은 함수 $f(x+1)f(x-1)$의 불연속인 점의 개
수이다.

함수

$$f(x)=\begin{cases} 2-x^2 & (|x|<1) \\ -1 & (|x|\geq 1) \end{cases}$$ 의

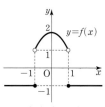

그래프는 오른쪽 그림과 같다.

이때, 두 함수 $y=f(x+1)$,

$y=f(x-1)$의 그래프는 함수 $y=f(x)$의 그래프를

x축의 방향으로 각각 -1만큼, 1만큼 평행이동한 것

이므로 다음 그림과 같다.

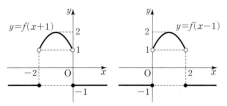

한편, 함수 $f(x)$가 $x=-1$, $x=1$에서만 불연속이므

로 $x+1=-1$, $x+1=1$, $x-1=-1$, $x-1=1$, 즉

$x=-2$, $x=0$, $x=2$에서만 함수 $f(x+1)f(x-1)$

의 연속성을 조사하면 된다.

(i) $x=-2$에서의 연속성

$$\lim_{x\to-2-} f(x+1)f(x-1)=-1\times(-1)=1,$$
$$\lim_{x\to-2+} f(x+1)f(x-1)=1\times(-1)=-1$$

에서

$$\lim_{x\to-2-} f(x+1)f(x-1)$$
$$\neq \lim_{x\to-2+} f(x+1)f(x-1)$$

이므로 함수 $f(x+1)f(x-1)$은 $x=-2$에서 불

연속이다.

(ii) $x=0$에서의 연속성

$$\lim_{x\to0-} f(x+1)f(x-1)=1\times(-1)=-1,$$
$$\lim_{x\to0+} f(x+1)f(x-1)=-1\times1=-1$$

에서 $\lim_{x\to0} f(x+1)f(x-1)=-1$

그런데 $f(1)f(-1)=-1\times(-1)=1$이므로

$$\lim_{x\to0} f(x+1)f(x-1)\neq f(1)f(-1)$$

따라서 함수 $f(x+1)f(x-1)$은 $x=0$에서 불연

속이다.

(iii) $x=2$에서의 연속성

$$\lim_{x\to2-} f(x+1)f(x-1)=-1\times1=-1,$$
$$\lim_{x\to2+} f(x+1)f(x-1)=-1\times(-1)=1$$

에서

$$\lim_{x\to2-} f(x+1)f(x-1)$$
$$\neq \lim_{x\to2+} f(x+1)f(x-1)$$

이므로 함수 $f(x+1)f(x-1)$은 $x=2$에서 불연

속이다.

(i), (ii), (iii)에서 함수 $f(x+1)f(x-1)$은 $x=-2$,

$x=0$, $x=2$에서 불연속이므로

$g(1)=3$ (참)

ㄷ. $y=f(x+a)f(x-a)$

$\quad =f(x-a)f(x+a)$

$\quad =f(x+(-a))f(x-(-a))$

이므로 $g(a)=g(-a)$이다.

즉, 함수 $y=g(a)$의 그래프는 y축에 대하여 대칭이

므로 $a>0$에서의 연속성만 조사하면 된다.

이때, 함수 $y=f(x+a)f(x-a)$는

$x+a=-1$, $x+a=1$, $x-a=-1$, $x-a=1$, 즉

$x=-1-a$, $x=1-a$, $x=-1+a$, $x=1+a$

에서 불연속일 수 있고, 두 함수 $y=f(x+a)$,

$y=f(x-a)$의 그래프는 함수 $y=f(x)$의 그래프를

x축의 방향으로 각각 $-a$만큼, a만큼 평행이동한 것

이므로 $a>1$일 때와 $0<a<1$일 때로 나누어 그래프

를 그리면 각각 [그림 1], [그림 2]와 같다.

(i) $a>1$일 때,

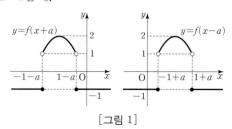

[그림 1]

$x=-1-a$, $x=1-a$일 때, 함수 $f(x+a)$는 불

연속이고, 함수 $f(x-a)$는 연속이면서 함숫값이

0이 아니므로 함수 $f(x+a)f(x-a)$는

$x=-1-a$, $x=1-a$에서 연속이 아니다.

$x=-1+a$, $x=1+a$일 때, 함수 $f(x+a)$는 연

속이면서 함숫값이 0이 아니고, 함수 $f(x-a)$는

불연속이므로 함수 $f(x+a)f(x-a)$는

$x=-1+a$, $x=1+a$에서 연속이 아니다.

즉, $a>1$일 때 함수 $f(x+a)f(x-a)$의 불연속

인 점의 개수는 4이므로 $g(a)=4$이다.

(ii) $0<a<1$일 때,

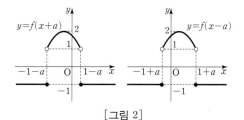

[그림 2]

(i)과 같은 방법으로 함수 $f(x+a)f(x-a)$는

$x=-1-a$, $x=1-a$, $x=-1+a$, $x=1+a$에

서 모두 연속이 아니다.

즉, $0<a<1$일 때 함수 $f(x+a)f(x-a)$의 불

연속인 점의 개수는 4이므로 $g(a)=4$이다.

(i), (ii)와 ㄱ, ㄴ에서 $a\geq0$일 때,

$$g(a)=\begin{cases} 0 & (a=0) \\ 4 & (0<a<1) \\ 3 & (a=1) \\ 4 & (a>1) \end{cases}$$

이고 함수 $y=g(a)$의 그래프
는 y축에 대하여 대칭이므로 오
른쪽 그림과 같다.

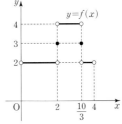

따라서 함수 $g(a)$의 불연속인
점은 $a=-1$, $a=0$, $a=1$의 3
개이다. (거짓)
그러므로 옳은 것은 ㄱ, ㄴ이다.　　　　　　　　　　 답 ③

23 (ⅰ) $0<x<2$일 때, 원 O가 삼각형 ABC와 만나는 서로
　　　다른 점의 개수는 2이므로
　　　　$f(x)=2 \ (0<x<2)$

　　(ⅱ) $x=2$일 때, 오른쪽 그림과 같이
　　　원 O가 삼각형 ABC와 만나는
　　　서로 다른 점의 개수는 3이므로
　　　　$f(2)=3$

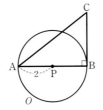

　　한편, 오른쪽 그림과 같이 원 O가
　　선분 AC에 접할 때, 그 접점을
　　H라 하면 삼각형 AHP와 삼각형
　　ABC는 AA 닮음이므로
　　$\overline{AC}:\overline{BC}=\overline{AP}:\overline{HP}$에서

　　$5:3=x:2$
　　$3x=10$　　∴ $x=\dfrac{10}{3}$

　　(ⅲ) $2<x<\dfrac{10}{3}$일 때, 원 O가 삼각형 ABC와 만나는 서
　　　로 다른 점의 개수는 4이므로
　　　　$f(x)=4 \left(2<x<\dfrac{10}{3}\right)$

　　(ⅳ) $x=\dfrac{10}{3}$일 때, 원 O가 삼각형 ABC와 만나는 서로 다
　　　른 점의 개수는 3이므로 $f\left(\dfrac{10}{3}\right)=3$

　　(ⅴ) $\dfrac{10}{3}<x<4$일 때, 원 O가 삼각형 ABC와 만나는 서
　　　로 다른 점의 개수는 2이므로
　　　　$f(x)=2 \left(\dfrac{10}{3}<x<4\right)$

　　(ⅰ)~(ⅴ)에서
　　$f(x)=\begin{cases} 2 \ (0<x<2) \\ 3 \ (x=2) \\ 4 \left(2<x<\dfrac{10}{3}\right) \\ 3 \left(x=\dfrac{10}{3}\right) \\ 2 \left(\dfrac{10}{3}<x<4\right) \end{cases}$

　　이므로 함수 $y=f(x)$의 그래프는 다음 그림과 같다.

함수 $f(x)$가 $x=2$, $x=\dfrac{10}{3}$에서 불연속이므로 모든 실
수 a의 값의 합은 $2+\dfrac{10}{3}=\dfrac{16}{3}$
따라서 $p=3$, $q=16$이므로
$p+q=19$　　　　　　　　　　　　　　　　　　 답 19

24 해결단계

❶단계	두 집합 A, B가 나타내는 도형을 파악한 후, 위치 관계를 이용하여 함수 $f(k)$를 구한다.
❷단계	함수 $f(x)g(x)$의 불연속인 점이 1개이기 위한 조건을 구한 후, 경우에 따른 이차함수 $g(x)$를 구한다.
❸단계	$g(3)$의 최댓값을 구한다.

집합 $A=\{(a, b) \,|\, a^2+b^2=2a+4b-4\}$에서
$a^2+b^2=2a+4b-4$
∴ $(a-1)^2+(b-2)^2=1$
즉, 좌표평면에서 집합 A가 나타내는 도형은 중심이
$(1, 2)$이고 반지름의 길이가 1인 원이다.
또한, 좌표평면에서 집합 $B=\{(a, b) \,|\, 3a-4b=k\}$가
나타내는 도형은 직선 $3a-4b=k$이다.
$f(k)$는 원 $(a-1)^2+(b-2)^2=1$과 직선 $3a-4b=k$의
교점의 개수이므로 원 $(a-1)^2+(b-2)^2=1$의 중심
$(1, 2)$와 직선 $3a-4b=k$, 즉 $3a-4b-k=0$ 사이의 거
리를 d라 할 때

(ⅰ) $d<1$이면 원과 직선이 두 점에서 만난다.
　　$\dfrac{|3-8-k|}{\sqrt{3^2+(-4)^2}}<1$에서 $\dfrac{|-5-k|}{5}<1$
　　$|5+k|<5$, $-5<5+k<5$
　　∴ $-10<k<0$
　　즉, $-10<k<0$일 때, $f(k)=2$

(ⅱ) $d=1$이면 원과 직선이 접한다. (한 점에서 만난다.)
　　$\dfrac{|3-8-k|}{\sqrt{3^2+(-4)^2}}=1$에서 $|5+k|=5$
　　∴ $k=-10$ 또는 $k=0$
　　즉, $k=-10$ 또는 $k=0$일 때, $f(k)=1$

(ⅲ) $d>1$이면 원과 직선이 만나지 않는다.
　　$\dfrac{|3-8-k|}{\sqrt{3^2+(-4)^2}}>1$에서 $|5+k|>5$
　　∴ $k<-10$ 또는 $k>0$
　　즉, $k<-10$ 또는 $k>0$일 때, $f(k)=0$

(ⅰ), (ⅱ), (ⅲ)에서

$$f(k)=\begin{cases} 0 & (k<-10) \\ 1 & (k=-10) \\ 2 & (-10<k<0) \\ 1 & (k=0) \\ 0 & (k>0) \end{cases}$$

함수 $f(k)$가 $k=-10$, $k=0$일 때 불연속이고, 이차함수 $g(x)$에 대하여 함수 $f(x)g(x)$의 불연속인 점의 개수가 1이므로

$g(-10)=0$ 또는 $g(0)=0$

이어야 한다.

① $g(-10)=0$인 경우

조건 (나)에서 $g(1)=0$이고 조건 (가)에서 최고차항의 계수가 1이므로

$g(x)=(x-1)(x+10)$

$\therefore g(3)=2\times 13=26$

② $g(0)=0$인 경우

조건 (나)에서 $g(1)=0$이고 조건 (가)에서 최고차항의 계수가 1이므로

$g(x)=x(x-1)$

$\therefore g(3)=3\times 2=6$

①, ②에서 $g(3)$의 최댓값은 26이다. 답 26

25 ㄱ. 방정식 $f(x+1)-f(x)=0$이 $-1<x<1$에서 적어도 하나의 실근을 가지므로 $f(x)=f(x+1)$을 만족시키는 실수 x가 존재한다. (거짓)

ㄴ. $h(x)=f(x+1)-f(x)$라 하면 주어진 조건에 의하여 방정식 $h(x)=0$은 $-1<x<1$에서 적어도 하나의 실근을 갖는다.

이때, $h(x)$는 일차함수이므로

$h(-1)<0$, $h(1)>0$ 또는 $h(-1)>0$, $h(1)<0$

즉, $h(-1)h(1)<0$이므로

$\{f(0)-f(-1)\}\{f(2)-f(1)\}<0$ (참)

ㄷ. $f(0)>0$, $f(-1)<0$이면 ㄴ에서

$f(0)-f(-1)>0$이므로 $f(2)-f(1)<0$이다.

그런데 $f(2)<0$, $f(1)<0$이고, $|f(2)|>|f(1)|$

이면 $f(2)-f(1)<0$이지만 $f(2)f(1)>0$이다.

따라서 방정식 $f(x)=0$은 $1<x<2$에서 실근을 갖지 않을 수도 있다. (거짓)

그러므로 옳은 것은 ㄴ뿐이다. 답 ②

26 ㄱ. 조건 (나)에서 함수 $f(x)$는 일대일대응이 아니므로 역함수가 존재하지 않는다. (참)

ㄴ. (반례) 함수 $f(x)$가

$$f(x)=\begin{cases} 6x-7 & \left(1\le x<\dfrac{3}{2}\right) \\ -2x+5 & \left(\dfrac{3}{2}\le x<3\right) \end{cases}, \quad f(x)=f(x+2)$$

를 만족시키면 함수 $y=f(x)$의 그래프는 다음 그림과 같으므로 함수 $f(x)$는 두 조건 (가), (나)를 만족시킨다.

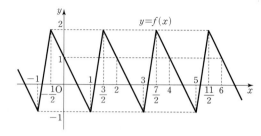

그런데 닫힌구간 $[1, 2]$에서 함수 $f(x)$는 $x=\dfrac{3}{2}$일 때 최댓값 2를 갖는다. (거짓)

ㄷ. 함수 $f(x)$는 정수 k에 대하여 두 닫힌구간 $[2k, 2k+1]$, $[2k+1, 2k+2]$에서 각각 연속이고, $f(2k)=1$, $f(2k+1)=-1$, $f(2k+2)=1$이므로 $f(2k)f(2k+1)<0$, $f(2k+1)f(2k+2)<0$

즉, 사잇값 정리에 의하여 $f(c)=0$을 만족시키는 c가 두 열린구간 $(2k, 2k+1)$, $(2k+1, 2k+2)$에 각각 적어도 하나씩 존재한다.

따라서 방정식 $f(x)=0$은 $2m$개의 열린구간 $(0, 1)$, $(1, 2)$, $\cdots$, $(2m-1, 2m)$에서 각각 적어도 하나씩의 실근을 가지므로 열린구간 $(0, 2m)$에서 적어도 $2m$개의 실근을 갖는다. (참)

그러므로 옳은 것은 ㄱ, ㄷ이다. 답 ③

27 조건 (가)에서 $-1\le x_1<x_2\le 1$이면 $f(x_1)\ne f(x_2)$이므로 닫힌구간 $[-1, 1]$에서 함수 $f(x)$는 증가하거나 감소해야 한다. ······㉠

$f(x)+f(-x)=4x^2+5$에 $x=1$을 대입하면

$f(1)+f(-1)=9$

$\therefore f(-1)=9-f(1)$ ······㉡

이때, ㉠에 의하여 방정식 $f(x)=0$이 열린구간 $(-1, 1)$에서 적어도 하나의 실근을 가지려면 $f(-1)f(1)<0$이어야 한다.

위의 부등식에 ㉡을 대입하면

$\{9-f(1)\}\times f(1)<0$

$k>0$이므로 $f(1)>0$이고, 위의 부등식의 양변을 $f(1)$로 나누면

$9-f(1)<0$ $\therefore f(1)>9$

$f(1)>k$일 때, 방정식 $f(x)=0$이 열린구간 $(-1, 1)$에서 적어도 하나의 실근을 가지므로

$k\ge 9$

따라서 양수 k의 최솟값은 9이다. 답 9

28 a의 값의 범위에 따른 함수 $y=f(x)$의 그래프는 다음 그림과 같다.

(i) $0<a<2$인 경우

함수 $y=f(x)$의 그래프는 오른쪽 그림과 같다. 함수 $f(x)$가 닫힌구간 $\left[0, 1+\dfrac{a}{2}\right]$에서 연속이고 $f(0)>0$,

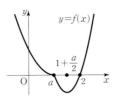

$f\left(1+\dfrac{a}{2}\right)<0$이므로 사잇값 정리에 의하여 0과

$1+\dfrac{a}{2}$ 사이에 $f(c)=0$인 c가 적어도 하나 존재한다.

한편, 조건 ㈐에서 점 $(2, f(2))$, $(a, f(a))$,

$\left(1+\dfrac{a}{2}, f\left(1+\dfrac{a}{2}\right)\right)$를 꼭짓점으로 하는 삼각형의 넓

이가 $\dfrac{1}{8}$이므로

$$\dfrac{1}{2}\times(2-a)\times\left\{-\left(1+\dfrac{a}{2}-2\right)\left(1+\dfrac{a}{2}-a\right)\right\}=\dfrac{1}{8}$$

$$\dfrac{(2-a)^3}{8}=\dfrac{1}{8}, \quad (2-a)^3=1$$

$$2-a=1 \qquad \therefore a=1$$

(ii) $a>2$인 경우

함수 $y=f(x)$의 그래프는 오른쪽 그림과 같다.

그런데 조건 ㈎에서 0과

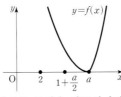

$1+\dfrac{a}{2}$ 사이에 $f(c)=0$인

c가 적어도 하나 존재해야 하므로 조건을 만족시키지 않는다.

└ 두 점 $(2, 0)$, $(a, 0)$을 이은 선분의 중점의 x좌표

(i), (ii)에서 $f(x)=\begin{cases}(x-1)^2 & (x\le 1) \\ (x-2)(x-1) & (x>1)\end{cases}$

$\therefore f(3a)=f(3)=1\times 2=2$ 답 ①

29 ㄱ. $g(x)=f(x)-ax$라 하면 $f(a)=b^2$, $f(b)=a^2$에서

$g(a)=f(a)-a^2=b^2-a^2$,

$g(b)=f(b)-ab=a^2-ab$

이므로

$$g(a)g(b)=(b^2-a^2)(a^2-ab)$$
$$=-a(a+b)(a-b)^2<0 \ (\because b>a>0)$$

따라서 사잇값 정리에 의하여 방정식 $g(x)=0$, 즉 $f(x)=ax$는 열린구간 (a, b)에서 적어도 하나의 실근을 갖는다.

ㄴ. (반례) $g(x)=f(x)-x$, $a=3$, $b=4$라 하면

$f(3)=4^2=16$, $f(4)=3^2=9$

$g(a)=g(3)=f(3)-3=16-3=13$

$g(b)=g(4)=f(4)-4=9-4=5$

$g(a)>0$, $g(b)>0$에서 $g(a)g(b)>0$이므로 방정식 $g(x)=0$, 즉 $f(x)=x$는 열린구간 (a, b)에서 실근을 갖지 않을 수도 있다.

ㄷ. $g(x)=f(x)-\dfrac{a+b}{2}x$라 하면 $f(a)=b^2$, $f(b)=a^2$에서

$$g(a)=f(a)-\dfrac{a+b}{2}\times a=b^2-\dfrac{1}{2}a^2-\dfrac{1}{2}ab$$

$$g(b)=f(b)-\dfrac{a+b}{2}\times b=a^2-\dfrac{1}{2}b^2-\dfrac{1}{2}ab$$

$$g(a)g(b)=\left(b^2-\dfrac{1}{2}a^2-\dfrac{1}{2}ab\right)\left(a^2-\dfrac{1}{2}b^2-\dfrac{1}{2}ab\right)$$

$$=\dfrac{1}{4}(2b^2-ab-a^2)(2a^2-ab-b^2)$$

$$=\dfrac{1}{4}(2b+a)(b-a)(2a+b)(a-b)$$

$$=-\dfrac{1}{4}(b-a)^2(2a+b)(2b+a)<0$$

$$(\because b>a>0)$$

따라서 사잇값 정리에 의하여 방정식 $g(x)=0$, 즉

$f(x)=\dfrac{a+b}{2}x$는 열린구간 (a, b)에서 적어도 하나

의 실근을 갖는다.

그러므로 적어도 하나의 실근을 갖는 방정식은 ㄱ, ㄷ이다.

답 ③

• 다른풀이 •

ㄷ. $g(x)=f(x)-\dfrac{a+b}{2}x$라 하자.

$0<a<b$에서 $a^2<b^2$, $a^2<ab$, $ab<b^2$이므로

$$g(a)=f(a)-\dfrac{a+b}{2}\times a=b^2-\dfrac{a^2}{2}-\dfrac{ab}{2}$$

$$=\dfrac{1}{2}(b^2-a^2)+\dfrac{1}{2}(b^2-ab)>0$$

$a^2<b^2$에서 $b^2-a^2>0$ $ab<b^2$에서 $b^2-ab>0$

$$g(b)=f(b)-\dfrac{a+b}{2}\times b=a^2-\dfrac{ab}{2}-\dfrac{b^2}{2}$$

$$=\dfrac{1}{2}(a^2-ab)+\dfrac{1}{2}(a^2-b^2)<0$$

$a^2<ab$에서 $a^2-ab<0$ $a^2<b^2$에서 $a^2-b^2<0$

$$\therefore g(a)g(b)<0$$

따라서 사잇값 정리에 의하여 방정식 $g(x)=0$, 즉

$f(x)=\dfrac{a+b}{2}x$는 열린구간 (a, b)에서 적어도 하나

의 실근을 갖는다.

30 조건 ㈎에서 $f(-2)=f(4)$이므로

$4a-2b+c+a=16a+4b+c+a$

$6b=-12a$ $\therefore b=-2a$ $\cdots\cdots\ ㉠$

즉, $f(x)=a(x-1)^2+c=ax^2-2ax+c+a$

조건 ㈏에서 $c+2a>b$이므로

$c+2a>-2a\ (\because ㉠)$ $\therefore c+4a>0$ $\cdots\cdots\ ㉡$

조건 ㈐에서 열린구간 $(2, 3)$에서 방정식 $f(x)=0$이 실근을 가지므로

$f(2)f(3)<0$에서

$(a+c)(4a+c)<0\ (\because ㉠)$

㉡에서 $c+4a>0$이므로 $a+c<0$

$\therefore -4a<c<-a$ $\cdots\cdots\ ㉢$

이때, $a>0$이어야 정수 c가 존재한다.

$a+b+c=a+(-2a)+c=c-a$이고

$-5a<c-a<-2a\ (\because ㉢)$

$$\therefore -5a < a+b+c < -2a$$

a, b, c가 정수이므로 최댓값은 $a=1$일 때

$$M=-3$$

$$\therefore M^2=9 \qquad \text{답 } 9$$

Step 3 1등급을 넘어서는 **종합 사고력 문제**   p. 24

01 ①	02 -72	03 $\dfrac{3}{2}$	04 ③	05 14
06 5				

---

01 해결단계

❶단계	함수 $y=f(x)$의 그래프를 이용하여 두 함수 $y=g(x)$, $y=h(x)$의 그래프를 그린다.
❷단계	❶단계에서 그린 두 함수 $y=g(x)$, $y=h(x)$의 그래프를 이용하여 ㄱ, ㄴ, ㄷ의 참, 거짓을 판별한다.

(i) $x\neq0$일 때, $f(x)\leq0$이므로

$$g(x)=\frac{f(x)+|f(x)|}{2}=\frac{f(x)-f(x)}{2}=0$$

$$h(x)=\frac{f(x)-|f(x)|}{2}=\frac{f(x)+f(x)}{2}=f(x)$$

(ii) $x=0$일 때, $f(0)=1$이므로

$$g(0)=\frac{f(0)+|f(0)|}{2}=\frac{1+1}{2}=1$$

$$h(0)=\frac{f(0)-|f(0)|}{2}=\frac{1-1}{2}=0$$

(i), (ii)에서

$$g(x)=\begin{cases} 0 & (x\neq0) \\ 1 & (x=0) \end{cases}, \quad h(x)=\begin{cases} f(x) & (x\neq0) \\ 0 & (x=0) \end{cases}$$

이므로 $-1\leq x\leq2$에서 두 함수 $y=g(x)$, $y=h(x)$의 그래프는 각각 다음 그림과 같다.

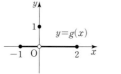 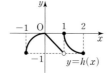

ㄱ. $\displaystyle\lim_{x\to1-}h(x)=-1$, $\displaystyle\lim_{x\to1+}h(x)=0$이므로

$$\lim_{x\to1-}h(x)\neq\lim_{x\to1+}h(x)$$

따라서 $\displaystyle\lim_{x\to1}h(x)$의 값은 존재하지 않는다. (거짓)

ㄴ. 닫힌구간 $[-1, 2]$에 속하는 임의의 실수 a에 대하여

$$\lim_{x\to a}g(x)=0$$이므로

$$\lim_{x\to a}(h\circ g)(x)=\lim_{x\to a}h(g(x))=h(0)=0$$

이때, $g(a)=\begin{cases} 0 & (a\neq0) \\ 1 & (a=0) \end{cases}$에서

$$(h\circ g)(a)=h(g(a))=\begin{cases} h(0) & (a\neq0) \\ h(1) & (a=0) \end{cases}$$

이므로 $(h\circ g)(a)=0$

$$\therefore \lim_{x\to a}(h\circ g)(x)=(h\circ g)(a)$$

따라서 함수 $(h\circ g)(x)$는 닫힌구간 $[-1, 2]$에서 연속이다. (참)

ㄷ. $h(x)=t$로 놓으면 $x\to0$일 때, $t\to0-$이므로

$$\lim_{x\to0}(g\circ h)(x)=\lim_{x\to0}g(h(x))$$
$$=\lim_{t\to0-}g(t)=0$$

그런데 $(g\circ h)(0)=g(h(0))=g(0)=1$이므로

$$\lim_{x\to0}(g\circ h)(x)\neq(g\circ h)(0) \text{ (거짓)}$$

그러므로 옳은 것은 ㄴ뿐이다.   답 ①

---

02 해결단계

❶단계	주어진 삼차방정식을 인수분해한다.
❷단계	삼차방정식의 서로 다른 실근의 개수가 3, 2, 1일 때의 t의 값 또는 범위를 각각 구한다.
❸단계	함수 $f(t)$를 구한 후, 삼차함수 $g(x)$에 대하여 함수 $f(x)g(x)$가 모든 실수 x에 대하여 연속일 조건을 구한다.
❹단계	함수 $g(x)$를 구한 후, $f(2)g(2)$의 값을 구한다.

$$x^3+(8-t)x^2+(t^2-8t)x-t^3=0 \qquad \cdots\cdots \text{㉠}$$

에서 $(x-t)(x^2+8x+t^2)=0$

$$\therefore x=t \text{ 또는 } x^2+8x+t^2=0$$

(i) 삼차방정식 ㉠이 서로 다른 세 실근을 가질 때,

이차방정식 $x^2+8x+t^2=0$이 서로 다른 두 실근을 가져야 하므로 이 이차방정식의 판별식을 D라 하면

$$\frac{D}{4}=16-t^2>0$$에서 $t^2-16<0$

$$(t-4)(t+4)<0 \qquad \therefore -4<t<4$$

또한, $x=t$는 이차방정식 $x^2+8x+t^2=0$의 근이 아니어야 하므로

$$2t^2+8t\neq0, \; 2t(t+4)\neq0$$

$$\therefore t\neq0 \text{이고 } t\neq-4$$

따라서 $-4<t<0$ 또는 $0<t<4$일 때, $f(t)=3$

(ii) 삼차방정식 ㉠이 서로 다른 두 실근을 가질 때,

이차방정식 $x^2+8x+t^2=0$이 $x\neq t$인 중근을 갖거나 $x=t$와 $x\neq t$인 근을 가지면 된다.

이차방정식 $x^2+8x+t^2=0$이 $x\neq t$인 중근을 가지려면

$$\frac{D}{4}=16-t^2=0$$에서 $t=4$ 또는 $t=-4$

그런데 $t=-4$이면 $x^2+8x+16=0$에서 $x=-4$를 중근으로 가지므로 삼차방정식 ㉠이 $x=-4$를 삼중근으로 갖는다.

즉, $t=4$

이차방정식 $x^2+8x+t^2=0$이 $x=t$와 $x\neq t$인 근을 가지려면

$$2t^2+8t=0, \; 2t(t+4)=0$$

$$\therefore t=0 \;(\because t\neq-4)$$

따라서 $t=0$ 또는 $t=4$일 때, $f(t)=2$

(iii) 삼차방정식 ㉠이 하나의 실근을 가질 때,

이차방정식 $x^2+8x+t^2=0$이 허근을 갖거나 $x=t$인 중근을 가지면 된다.

이차방정식 $x^2+8x+t^2=0$이 허근을 가지려면

$\dfrac{D}{4}=16-t^2<0$에서 $t^2-16>0$

$(t+4)(t-4)>0$ $\qquad \therefore t<-4$ 또는 $t>4$

또한, $t=-4$이면 삼차방정식 ㉠이 $x=-4$의 삼중근을 갖는다.

따라서 $t\leq-4$ 또는 $t>4$일 때, $f(t)=1$

(ⅰ), (ⅱ), (ⅲ)에서

$$f(t)=\begin{cases} 1 & (t\leq-4) \\ 3 & (-4<t<0) \\ 2 & (t=0) \\ 3 & (0<t<4) \\ 2 & (t=4) \\ 1 & (t>4) \end{cases}$$

즉, 함수 $f(x)$는 $x=-4$, $x=0$, $x=4$에서 불연속이므로 함수 $f(x)g(x)$가 모든 실수 x에 대하여 연속이려면 $g(-4)=g(0)=g(4)=0$이어야 한다.

그런데 $g(x)$는 최고차항의 계수가 1인 삼차함수이므로

$g(x)=x(x-4)(x+4)$

$\therefore f(2)g(2)=3\times(-24)=-72$ 　　　답 -72

03 해결단계

❶단계	함수 $y=f(x)$의 그래프를 이용하여 함수 $y=(f\circ g)(x)$의 그래프를 그린다.
❷단계	함수 $(f\circ g)(x)$가 연속 또는 불연속이 될 조건을 구한 후, 각 조건에 따라 방정식 $(f\circ g)(x)=0$이 열린구간 $\left(\dfrac{1}{2},\dfrac{1}{2}+a\right)$에서 적어도 하나의 실근을 갖기 위한 a의 값 또는 범위를 구한다.
❸단계	❷단계에서 구한 것을 이용하여 조건을 만족시키는 a의 값의 범위를 구한 후, k의 값을 구한다.

$f(x)=\begin{cases} x(x+1) & (-1<x\leq0) \\ x(1-x) & (0<x\leq1) \end{cases}$ 이고, 조건 ㈏의

$f(x+1)=f(x-1)$에서 $f(x)=f(x+2)$이므로 함수 $f(x)$는 주기가 2이다.

즉, 함수 $y=f(x)$의 그래프는 다음 그림과 같다.

이때, $g(x)=\begin{cases} x & (x\neq1) \\ a & (x=1) \end{cases}$ 에서

$(f\circ g)(x)=f(g(x))=\begin{cases} f(x) & (x\neq1) \\ f(a) & (x=1) \end{cases}$ 이므로

$x\neq1$인 모든 실수 x에 대하여 함수 $y=(f\circ g)(x)$의 그래프는 다음 그림과 같다.

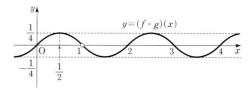

함수 $(f\circ g)(x)$가 모든 실수 x에 대하여 연속이려면 $f(g(1))=0$, 즉 $f(a)=0$이어야 한다.

함수 $y=g(x)$의 그래프는 x좌표가 정수인 점에서 x축과 만나므로

a가 정수일 때, $f(a)=0$

a가 정수가 아닐 때, $f(a)\neq0$

(ⅰ) $f(a)=0$일 때,

함수 $(f\circ g)(x)$는 모든 실수 x에 대하여 연속이므로 방정식 $(f\circ g)(x)=0$이 열린구간 $\left(\dfrac{1}{2},\dfrac{1}{2}+a\right)$ 에서 적어도 하나의 실근을 가지려면 $\dfrac{1}{2}+a>1$, 즉 $a>\dfrac{1}{2}$이어야 한다.

그런데 a는 $a>1$인 정수이어야 하므로 조건을 만족시키는 a의 값은

$a=2, 3, 4, \cdots$

(ⅱ) $f(a)\neq0$일 때,

함수 $(f\circ g)(x)$는 $x=1$에서 불연속이고 $(f\circ g)(2)=f(g(2))=f(2)=f(0)=0$이므로 방정식 $(f\circ g)(x)=0$이 적어도 하나의 실근을 가지려면 $\dfrac{1}{2}+a>2$, 즉 $a>\dfrac{3}{2}$이어야 한다.

이때, a는 정수가 아니므로 조건을 만족시키는 a의 값의 범위는

$\dfrac{3}{2}<a<2$ 또는 $2<a<3$ 또는 $\cdots$

(ⅰ), (ⅱ)에서 주어진 조건을 만족시키는 실수 a의 값의 범위는 $a>\dfrac{3}{2}$이므로

$k=\dfrac{3}{2}$ 　　　답 $\dfrac{3}{2}$

04 해결단계

❶단계	주어진 극한값을 이용하여 함수 $f(x)$를 $f(x)=x^2Q(x)$ ($Q(x)$는 다항함수) 꼴로 나타낸다.
❷단계	❶단계에서 구한 함수 $f(x)$를 이용하여 ㄱ, ㄴ, ㄷ의 참, 거짓을 판별한다.

$\displaystyle\lim_{x\to0}\dfrac{f(x)}{x^2-x}=0$ $\quad\cdots\cdots$ ㉠

에서 극한값이 존재하고 $x\to0$일 때 (분모)$\to0$이므로 (분자)$\to0$이어야 한다.

즉, $\displaystyle\lim_{x\to0}f(x)=0$이고, 다항함수 $f(x)$는 실수 전체의 집합에서 연속이므로 $f(0)=0$

$f(x)=xQ_1(x)$ (단, $Q_1(x)$는 다항함수)

라 하고 ㉠에 대입하면

$$\lim_{x \to 0} \frac{xQ_1(x)}{x(x-1)} = \lim_{x \to 0} \frac{Q_1(x)}{x-1} = 0$$

이때, 극한값이 0으로 존재하고 $x \to 0$일 때

(분모) $\to -1$이므로 (분자) $\to 0$이어야 한다.

즉, $\lim_{x \to 0} Q_1(x) = 0$이므로 $Q_1(0) = 0$

이때, $Q_1(x)$는 다항함수이므로

$Q_1(x) = xQ(x)$ (단, $Q(x)$는 다항함수)

라 하면

$f(x) = x^2 Q(x)$

ㄱ. $f(0) = 0^2 \times Q(0) = 0$이므로 함수 $y = f(x)$의 그래
프는 점 $(0, 0)$을 지난다. (참)

ㄴ. (반례) $f(x) = x^2$이라 하자.

$x^2 = t$로 놓으면 $x \to 0-$일 때 $t \to 0+$, $x \to 0+$일

때 $t \to 0+$이므로

$$\lim_{x \to 0-} [f(x)] = \lim_{x \to 0-} [x^2] = \lim_{t \to 0+} [t] = 0,$$

$$\lim_{x \to 0+} [f(x)] = \lim_{x \to 0+} [x^2] = \lim_{t \to 0+} [t] = 0$$

에서 $\lim_{x \to 0} [f(x)] = 0$

또한, $[f(0)] = [0] = 0$이므로

$$\lim_{x \to 0} [f(x)] = [f(0)]$$

따라서 함수 $[f(x)]$는 $x = 0$에서 연속이다. (거짓)

ㄷ. $g(x) = [|f(x)|]$라 하면

$f(0) = 0$이므로 $g(0) = [|f(0)|] = [0] = 0$

한편,

$$\lim_{x \to 0} f(x) = \lim_{x \to 0} x^2 Q(x) \ (\text{단, } Q(x)\text{는 다항함수})$$

$$= \lim_{x \to 0} x^2 \times \lim_{x \to 0} Q(x)$$

$$= 0 \times Q(0) = 0$$

이고, 모든 실수 x에 대하여 $|f(x)| \ge 0$이므로

$|f(x)| = t$로 놓으면 $x \to 0$일 때 $t \to 0+$

$\therefore \lim_{x \to 0} g(x) = \lim_{x \to 0} [|f(x)|] = \lim_{t \to 0+} [t] = 0$

따라서 $\lim_{x \to 0} g(x) = g(0)$이므로 함수 $g(x)$, 즉

$[|f(x)|]$는 $x = 0$에서 연속이다. (참)

그러므로 옳은 것은 ㄱ, ㄷ이다.   답 ③

05 해결단계

❶단계	주어진 극한값으로부터 함수 $f(x)$의 인수를 구한 후, 함수 $f(x)$를 인수와 임의의 다항함수 $Q(x)$를 이용하여 나타낸다.
❷단계	❶단계에서 구한 $f(x)$를 주어진 식에 대입하여 $x = 1, 2, 3, \cdots, 10$일 때의 $Q(x)$의 값의 부호를 구한다.
❸단계	❶단계에서 구한 함수 $f(x)$의 인수와 ❷단계에서 구한 $Q(x)$의 값의 부호를 이용하여 방정식 $f(x) = 0$이 닫힌구간 $[1, 10]$에서 적어도 m개의 서로 다른 실근을 가질 때, m의 최댓값을 구한다.

$\lim_{x \to n} \dfrac{f(x)}{(x-n)^n} = n$ ……㉠에서 극한값이 존재하고

$x \to n$일 때 (분모) $\to 0$이므로 (분자) $\to 0$이어야 한다.

즉, $\lim_{x \to n} f(x) = 0$에서 $f(n) = 0$ ($\because f(x)$는 다항함수)

이므로 $f(x) = (x-n)f_1(x)$ ($f_1(x)$는 다항함수)라 하고

이 식을 ㉠에 대입하면

$$\lim_{x \to n} \frac{f(x)}{(x-n)^n} = \lim_{x \to n} \frac{(x-n)f_1(x)}{(x-n)^n}$$

$$= \lim_{x \to n} \frac{f_1(x)}{(x-n)^{n-1}} = n$$

$\lim_{x \to n} \dfrac{f_1(x)}{(x-n)^{n-1}} = n$에서 극한값이 존재하고 $x \to n$

일 때 (분모) $\to 0$이므로 (분자) $\to 0$이어야 한다.

즉, $\lim_{x \to n} f_1(x) = 0$에서 $f_1(n) = 0$ ($\because f_1(x)$는 다항함수)

이므로 $f_1(x) = (x-n)f_2(x)$ ($f_2(x)$는 다항함수)라

하면

$f(x) = (x-n)^2 f_2(x)$

이와 같은 과정을 반복하면

$f(x) = (x-n)^n f_n(x)$ (단, $f_n(x)$는 다항함수)

이때, ㉠이 $n = 1, 2, 3, \cdots, 10$에 대하여 각각 성립하므로

$f(x) = (x-1)(x-2)^2(x-3)^3 \times \cdots \times (x-10)^{10} Q(x)$

(단, $Q(x)$는 다항함수)

라 할 수 있고, $f(x) = 0$에서

$x = 1, 2, 3, \cdots, 10$ 또는 $Q(x) = 0$

(i) $n = 1$일 때,

$$\lim_{x \to 1} \frac{f(x)}{x-1}$$

$$= \lim_{x \to 1} \frac{(x-1)(x-2)^2 \times \cdots \times (x-10)^{10} Q(x)}{x-1}$$

$$= \lim_{x \to 1} (x-2)^2(x-3)^3 \times \cdots \times (x-10)^{10} Q(x)$$

$$= (-1)^2 \times (-2)^3 \times (-3)^4 \times \cdots \times (-9)^{10} Q(1) = 1$$

이때, $(-1)^2 \times (-2)^3 \times (-3)^4 \times \cdots \times (-9)^{10} > 0$이
_{양수 5개, 음수 4개의 곱}
므로

$Q(1) > 0$

(ii) $n = 2$일 때,

$$\lim_{x \to 2} \frac{f(x)}{(x-2)^2}$$

$$= \lim_{x \to 2} \frac{(x-1)(x-2)^2 \times \cdots \times (x-10)^{10} Q(x)}{(x-2)^2}$$

$$= \lim_{x \to 2} (x-1)(x-3)^3 \times \cdots \times (x-10)^{10} Q(x)$$

$$= 1 \times (-1)^3 \times (-2)^4 \times \cdots \times (-8)^{10} Q(2) = 2$$

이때, $1 \times (-1)^3 \times (-2)^4 \times \cdots \times (-8)^{10} > 0$이므로
_{양수 5개, 음수 4개의 곱}
$Q(2) > 0$

(iii) $n = 3$일 때,

$$\lim_{x \to 3} \frac{f(x)}{(x-3)^3}$$

$$= \lim_{x \to 3} \frac{(x-1)(x-2)^2(x-3)^3 \times \cdots \times (x-10)^{10} Q(x)}{(x-3)^3}$$

$$= \lim_{x \to 3} (x-1)(x-2)^2(x-4)^4 \times \cdots \times (x-10)^{10} Q(x)$$

$$= 2 \times 1^2 \times (-1)^4 \times \cdots \times (-7)^{10} Q(3) = 3$$

이때, $2 \times 1^2 \times (-1)^4 \times \cdots \times (-7)^{10} < 0$이므로
_{양수 6개, 음수 3개의 곱}
$Q(3) < 0$

(iv) $n = 4$일 때,

$$\lim_{x \to 4} \frac{f(x)}{(x-4)^4}$$

$$=\lim_{x \to 4}\frac{(x-1)(x-2)^2\times\cdots\times(x-10)^{10}Q(x)}{(x-4)^4}$$
$$=\lim_{x \to 4}\{(x-1)(x-2)^2(x-3)^3\times(x-5)^5\times\cdots$$
$$\times(x-10)^{10}Q(x)\}$$
$$=3\times2^2\times1^3\times(-1)^5\times\cdots\times(-6)^{10}Q(4)=4$$

이때, $3\times2^2\times1^3\times(-1)^5\times\cdots\times(-6)^{10}<0$이므로

$Q(4)<0$

양수 6개, 음수 3개의 곱

$\vdots$

(v) $n=10$일 때,

$$\lim_{x \to 10}\frac{f(x)}{(x-10)^{10}}$$
$$=\lim_{x \to 10}\frac{(x-1)(x-2)^2\times\cdots\times(x-10)^{10}Q(x)}{(x-10)^{10}}$$
$$=\lim_{x \to 10}(x-1)(x-2)^2\times\cdots\times(x-9)^9Q(x)$$
$$=9\times8^2\times7^3\times\cdots\times1^9Q(10)=10$$

이때, $9\times8^2\times7^3\times\cdots\times1^9>0$이므로 $Q(10)>0$

(i)~(v)에서

$Q(1)>0$, $Q(2)>0$, $Q(3)<0$, $Q(4)<0$, $Q(5)>0$,
$Q(6)>0$, $Q(7)<0$, $Q(8)<0$, $Q(9)>0$, $Q(10)>0$

$\qquad\qquad\qquad\qquad\qquad\qquad\cdots\cdots$ ㉡

$Q(x)$는 다항함수이므로 모든 실수 x에서 연속이고, ㉡
에서 $Q(2)Q(3)<0$, $Q(4)Q(5)<0$, $Q(6)Q(7)<0$,
$Q(8)Q(9)<0$이므로 사잇값 정리에 의하여 방정식
$Q(x)=0$은 네 열린구간 $(2, 3)$, $(4, 5)$, $(6, 7)$, $(8, 9)$
에서 각각 적어도 하나씩의 실근을 갖는다.

따라서 방정식 $f(x)=0$은 닫힌구간 $[1, 10]$에서 적어도
$10+4=14$(개)의 서로 다른 실근을 가지므로 m의 값은
14이다.

답 14

06 해결단계

❶단계	원 $x^2+y^2=r^2$과 직선 $y=x+1$의 위치 관계를 기준으로 경우를 나누어 원 $x^2+y^2=r^2$과 직선 $y=x+1$로 이루어진 도형과 직선 $x+y=t$의 교점의 개수인 $f(t)$의 불연속인 점의 개수를 각각 구한다.
❷단계	함수 $f(t)$의 불연속인 점의 개수가 3인 경우를 찾아 이때 의 함수 $f(t)$를 구한다.
❸단계	함수 $f(t)\{f(t)-k\}$의 불연속인 점의 개수가 최소가 되 도록 하는 실수 k의 값을 구한다.

좌표평면에서 세 집합 A, B, C는 각각 직선 $y=x+1$,
원 $x^2+y^2=r^2$, 직선 $x+y=t$를 나타내는 도형이므로 집
합 $(A\cup B)\cap C$의 원소의 개수인 $f(t)$는 직선 $y=x+1$
과 원 $x^2+y^2=r^2$으로 이루어진 도형과 직선 $x+y=t$, 즉
$y=-x+t$의 교점의 개수이다.

원 $x^2+y^2=r^2$의 중심 $(0, 0)$과 직선 $y=x+1$, 즉
$x-y+1=0$ 사이의 거리를 d라 하면

$$d=\frac{|1|}{\sqrt{1^2+(-1)^2}}=\frac{1}{\sqrt{2}}=\frac{\sqrt{2}}{2}$$

이때, 원 $x^2+y^2=r^2$의 반지름의 길이 r와 d의 대소 관계
에 따라 원 $x^2+y^2=r^2$과 직선 $y=x+1$의 교점의 개수가

달라지므로 다음과 같이 경우를 나누어 $f(t)$의 연속성을
살펴보자.

(i) $r<\dfrac{\sqrt{2}}{2}$일 때,

원 $x^2+y^2=r^2$과 직선
$y=x+1$이 만나지 않으
므로 오른쪽 그림과 같이
직선 $y=-x+t$가 원
$x^2+y^2=r^2$과 접할 때, 즉
직선 ㉠ 또는 ㉡이 되도록
하는 t의 값에서 함수
$f(t)$는 불연속이다.

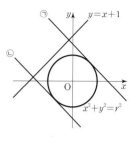

그런데 함수 $f(t)$는 세 점에서 불연속이어야 하므로
모순이다.

(ii) $r=\dfrac{\sqrt{2}}{2}$일 때,

원 $x^2+y^2=\dfrac{1}{2}$과 직선
$y=x+1$이 한 점에서
만나므로 오른쪽 그림과
같이 직선 $y=-x+t$가
원 $x^2+y^2=\dfrac{1}{2}$과 접할

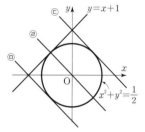

때와 원 $x^2+y^2=\dfrac{1}{2}$과 직선 $y=x+1$의 접점을 지날
때, 즉 직선 ㉢ 또는 ㉣ 또는 ㉤이 되도록 하는 t의 값
에서 함수 $f(t)$는 불연속이다.

(iii) $r>\dfrac{\sqrt{2}}{2}$일 때,

원 $x^2+y^2=r^2$과 직선
$y=x+1$이 서로 다른
두 점에서 만나므로 오
른쪽 그림과 같이 직선
$y=-x+t$가
원 $x^2+y^2=r^2$과 접할
때와 원 $x^2+y^2=r^2$과

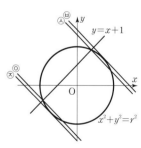

직선 $y=x+1$의 교점을 지날 때, 즉 직선 ㉥ 또는 ㉦
또는 ㉧ 또는 ㉨이 되도록 하는 t의 값에서 함수 $f(t)$
는 불연속이다.

그런데 함수 $f(t)$는 세 점에서 불연속이어야 하므로
모순이다.

(i), (ii), (iii)에서 $r=\dfrac{\sqrt{2}}{2}$이므로 이때의 함수 $f(t)$를 구해
보자.

직선 $x+y=t$, 즉 $x+y-t=0$이 원 $x^2+y^2=\dfrac{1}{2}$과 접하
면(㉢ 또는 ㉤) 원의 중심 $(0, 0)$과 직선 사이의 거리가

반지름의 길이인 $\dfrac{1}{\sqrt{2}}$이어야 하므로

$$\frac{|-t|}{\sqrt{1^2+1^2}}=\frac{1}{\sqrt{2}} \qquad \therefore t=-1 \text{ 또는 } t=1$$

또한, 직선 $y=x+1$과 원 $x^2+y^2=\dfrac{1}{2}$의 접점을 구하면

$x^2+(x+1)^2=\dfrac{1}{2}$에서 $2x^2+2x+\dfrac{1}{2}=0$

$4x^2+4x+1=0$, $(2x+1)^2=0$

$\therefore x=-\dfrac{1}{2}$

$\therefore \left(-\dfrac{1}{2},\ \dfrac{1}{2}\right)$

즉, 직선 $x+y=t$가 점 $\left(-\dfrac{1}{2},\ \dfrac{1}{2}\right)$을 지나면(ㄹ)

$t=0$

$$\therefore f(t)=\begin{cases} 1 & (t<-1) \\ 2 & (t=-1) \\ 3 & (-1<t<0) \\ 2 & (t=0) \\ 3 & (0<t<1) \\ 2 & (t=1) \\ 1 & (t>1) \end{cases}$$

함수 $f(t)$가 $t=-1$, $t=0$, $t=1$에서만 불연속이므로 $t=-1$, $t=0$, $t=1$에서 함수 $f(t)\{f(t)-k\}$의 연속성을 조사하면 된다.

① $t=-1$에서 함수 $f(t)\{f(t)-k\}$가 연속이려면

$\displaystyle\lim_{t\to-1-}f(t)\{f(t)-k\}=1-k$,

$\displaystyle\lim_{t\to-1+}f(t)\{f(t)-k\}=3(3-k)=9-3k$,

$f(-1)\{f(-1)-k\}=2(2-k)=4-2k$

에서 $1-k=9-3k=4-2k$

$1-k=9-3k$에서 $2k=8$

$\therefore k=4$

$1-k=4-2k$에서 $k=3$

즉, 조건을 만족시키는 k의 값은 존재하지 않으므로 함수 $f(t)\{f(t)-k\}$는 $t=-1$에서 불연속이다.

② $t=0$에서 함수 $f(t)\{f(t)-k\}$가 연속이려면

$\displaystyle\lim_{t\to0-}f(t)\{f(t)-k\}=3(3-k)=9-3k$,

$\displaystyle\lim_{t\to0+}f(t)\{f(t)-k\}=3(3-k)=9-3k$,

$f(0)\{f(0)-k\}=2(2-k)=4-2k$

에서 $9-3k=4-2k$

$\therefore k=5$

즉, $k=5$이면 함수 $f(t)\{f(t)-k\}$는 $t=0$에서 연속이다.

③ $t=1$에서 함수 $f(t)\{f(t)-k\}$가 연속이려면

$\displaystyle\lim_{t\to1-}f(t)\{f(t)-k\}=3(3-k)=9-3k$,

$\displaystyle\lim_{t\to1+}f(t)\{f(t)-k\}=1-k$,

$f(1)\{f(1)-k\}=2(2-k)=4-2k$

에서 $9-3k=1-k=4-2k$

①과 마찬가지로 k의 값이 존재하지 않는다.

즉, 함수 $f(t)\{f(t)-k\}$는 $t=1$에서 불연속이다.

①, ②, ③에서 함수 $f(t)\{f(t)-k\}$가 불연속인 점의 개수가 최소가 되려면 $k=5$이어야 한다.　　　　답 5

---

blacklabel 특강 참고

두 도형이 만나는 점의 개수 또는 방정식의 실근의 개수와 같이 자연수를 치역으로 하는 함수에서 연속성을 파악할 때는 도형이나 그래프를 움직이면서 연속 또는 불연속인 경우를 추측해야 한다. 두 도형 또는 그래프의 위치 관계가 바뀔 때 교점 또는 실근의 개수가 바뀌고, 개수는 1, 2, 3의 자연수이므로 이때 함수가 불연속이다. 따라서 한 도형 또는 그래프가 다른 도형 또는 그래프의 꼭짓점을 지나거나 접할 때를 기준으로 불연속인 점을 생각하면 접근이 쉬워진다.

이 문제에서도 두 도형 $y=x+1$, $x^2+y^2=r^2$으로 이루어진 도형과 직선 $x+y=t$가 만나는 점의 개수를 $f(t)$라 정의하였는데 r의 값의 범위에 따라 그래프의 개형이 달라지므로 각각의 경우에 대하여 불연속인 점의 개수를 따져야 한다. 즉, 위와 같은 방법으로 불연속인 경우를 추측해 보면 직선 $x+y=t$가 ① 원 $x^2+y^2=r^2$과 직선 $y=x+1$의 교점을 지날 때 또는 ② 원 $x^2+y^2=r^2$과 접할 때이고, 실제로 구해 보면 ①, ②의 두 가지 경우에서 함수 $f(t)$가 불연속임을 알 수 있다.

이것이 수능 ・ p. 25

1 ①	2 24	3 56	4 ③

---

1 해결단계

❶단계	연속의 정의를 이용하여 식을 세운 후, 극한의 성질을 이용하여 a를 c에 대한 식으로 나타낸다.
❷단계	❶단계에서 구한 식과 a, c 사이의 관계식을 이용하여 b를 c에 대한 식으로 나타낸다.
❸단계	$a+b+c$를 c에 대한 식으로 나타낸 후, 최솟값을 구한다.

함수 $f(x)$가 $x=c$에서 연속이 되려면 $\displaystyle\lim_{x\to c}f(x)=f(c)$ 이어야 하므로

$\displaystyle\lim_{x\to c}\dfrac{x^2-a}{\sqrt{x^2+b}-\sqrt{c^2+b}}=4c$ ……㉠

이때, ㉠에서 극한값이 존재하고 $x\to c$일 때, (분모)$\to0$이므로 (분자)$\to0$이어야 한다.

즉, $\displaystyle\lim_{x\to c}(x^2-a)=0$에서 $a=c^2$이므로 이것을 ㉠에 대입하면

$\displaystyle\lim_{x\to c}\dfrac{x^2-c^2}{\sqrt{x^2+b}-\sqrt{c^2+b}}$

$=\displaystyle\lim_{x\to c}\dfrac{(x^2-c^2)(\sqrt{x^2+b}+\sqrt{c^2+b})}{(\sqrt{x^2+b}-\sqrt{c^2+b})(\sqrt{x^2+b}+\sqrt{c^2+b})}$

$=\displaystyle\lim_{x\to c}\dfrac{(x^2-c^2)(\sqrt{x^2+b}+\sqrt{c^2+b})}{x^2-c^2}$

$=\displaystyle\lim_{x\to c}(\sqrt{x^2+b}+\sqrt{c^2+b})$

$=2\sqrt{c^2+b}=4c$

$\sqrt{c^2+b}\geq0$이므로 $c\geq0$이고, 위의 식의 양변을 제곱하면

$4c^2+4b=16c^2$, $12c^2=4b$　　$\therefore b=3c^2$

따라서

$a+b+c=4c^2+c\ (\because a=c^2,\ b=3c^2)$

이고 $c\geq0$에서 $4c^2+c\geq0$

즉, $a+b+c$는 $c=0$일 때 최솟값 0을 갖는다.　　답 ①

2 해결단계

❶단계	조건 ㈎를 이용하여 함수 $f(x)$를 미정계를 이용하여 나타낸다.
❷단계	조건 ㈏를 이용하여 미정계수의 값을 구한 후, 함수 $f(x)$를 구한다.
❸단계	$f(4)$의 값을 구한다.

조건 ㈎에서 함수 $\dfrac{x}{f(x)}$가 $x=1$, $x=2$에서 불연속이고,

$f(x)$는 이차함수이므로

$f(x)=a(x-1)(x-2)$ (단, $a\neq0$)

라 할 수 있다.

위의 식을 조건 ㈏에 대입하면

$$\lim_{x\to2}\frac{f(x)}{x-2}=\lim_{x\to2}\frac{a(x-1)(x-2)}{x-2}$$
$$=\lim_{x\to2}a(x-1)=4$$

$\therefore a=4$

따라서 $f(x)=4(x-1)(x-2)$이므로

$f(4)=4\times3\times2=24$

답 24

3 해결단계

❶단계	조건 ㈎를 이용하여 실수 a의 값의 범위를 구한다.
❷단계	조건 ㈏의 함수 $f(x)g(x)$가 $x=a$에서 연속임을 이용하여 조건에 맞는 a의 값을 모두 구한 후, 그 곱을 구한다.

조건 ㈎에서 방정식 $f(x)=0$은 열린구간 $(0,\ 2)$에서 적어도 하나의 실근을 가지므로

$f(0)f(2)<0$에서 $a(a-12)<0$

$\therefore 0<a<12$ ……㉠

조건 ㈏에서 함수 $f(x)g(x)$가 $x=a$에서 연속이고,

$\displaystyle\lim_{x\to a-}f(x)g(x)$
$=\displaystyle\lim_{x\to a-}(x^2-8x+a)f(x+4)$
$=(a^2-8a+a)\{(a+4)^2-8(a+4)+a\}$
$=a(a-7)(a^2+a-16)$,

$\displaystyle\lim_{x\to a+}f(x)g(x)=\lim_{x\to a+}(x^2-8x+a)(2x+5a)$
$=(a^2-8a+a)(2a+5a)$
$=7a^2(a-7)$,

$f(a)g(a)=(a^2-7a)\times7a=7a^2(a-7)$

이므로

$7a^2(a-7)=a(a-7)(a^2+a-16)$

$a(a-7)(a^2-6a-16)=0$

$a(a-7)(a-8)(a+2)=0$

$\therefore a=7$ 또는 $a=8$ (∵ ㉠)

따라서 모든 실수 a의 값의 곱은

$7\times8=56$

답 56

4 해결단계

❶단계	$k=1$, $k=-1$, $k\neq1$이고 $k\neq-1$인 경우로 나누어 함수 $f(x)f(kx)$의 $x=2$에서의 연속성을 파악하고, $x=2$에서 연속이기 위한 k의 조건을 구한다.
❷단계	❶단계에서 구한 조건에 따라 k의 값을 모두 구한 후, 그 곱을 구한다.

(i) $k=1$인 경우

$\displaystyle\lim_{x\to2-}f(x)f(x)=-2\times(-2)=4$,

$\displaystyle\lim_{x\to2+}f(x)f(x)=-6\times(-6)=36$

이므로 $\displaystyle\lim_{x\to2}f(x)f(x)$의 값이 존재하지 않는다.

즉, 함수 $f(x)f(x)$는 $x=2$에서 불연속이다.

(ii) $k=-1$인 경우

$-x=t$로 놓으면

$x\to2-$일 때 $t\to-2+$,

$x\to2+$일 때 $t\to-2-$이므로

$\displaystyle\lim_{x\to2-}f(x)f(-x)=\lim_{x\to2-}f(x)\cdot\lim_{t\to-2+}f(t)$
$=-2\times(-2)=4$,

$\displaystyle\lim_{x\to2+}f(x)f(-x)=\lim_{x\to2+}f(x)\cdot\lim_{t\to-2-}f(t)$
$=-6\times(-6)=36$

이므로 $\displaystyle\lim_{x\to2}f(x)f(-x)$의 값이 존재하지 않는다.

즉, 함수 $f(x)f(-x)$는 $x=2$에서 불연속이다.

(iii) $k\neq-1$, $k\neq1$인 경우

함수 $f(kx)$는 $x=2$에서 연속이므로 함수

$f(x)f(kx)$가 $x=2$에서 연속이 되려면

$\displaystyle\lim_{x\to2-}f(x)f(kx)=\lim_{x\to2+}f(x)f(kx)$
$=f(2)f(2k)$

$-2f(2k)=-6f(2k)=-2f(2k)$

$\therefore f(2k)=0$

(i), (ii), (iii)에서 함수 $f(x)f(kx)$가 $x=2$에서 연속이 되도록 하는 상수 k는 $f(2k)=0$을 만족시킨다.

이때, $f(x)=0$을 만족시키는 x의 값은

$\dfrac{1}{2}x^2-8=0$에서 $x^2=16$

$\therefore x=-4$ 또는 $x=4$

$-x^2+2=0$에서 $x^2=2$

$\therefore x=-\sqrt2$ 또는 $x=\sqrt2$

따라서 $f(2k)=0$을 만족시키는 k의 값은

$-2,\ 2,\ -\dfrac{\sqrt2}{2},\ \dfrac{\sqrt2}{2}$

이므로 그 곱은

$-2\times2\times\left(-\dfrac{\sqrt2}{2}\right)\times\dfrac{\sqrt2}{2}=2$

답 ③

II 미분

03 미분계수와 도함수

01 자연수 n에 대하여 구간 $[n, n+1]$에서 함수 $y=f(x)$의 평균변화율이 $n+1$이므로

$$\frac{f(n+1)-f(n)}{(n+1)-n}=n+1$$

$$\therefore f(n+1)-f(n)=n+1$$

따라서 함수 $y=f(x)$의 구간 $[1, 100]$에서의 평균변화율은

$$\frac{f(100)-f(1)}{100-1}$$

$$=\frac{\{f(100)-f(99)\}+\{f(99)-f(98)\}+\cdots+\{f(2)-f(1)\}}{99}$$

$$=\frac{100+99+\cdots+2}{99}=\frac{\frac{99(2+100)}{2}}{99}$$

$$=\frac{102}{2}=51$$

답 51

02 다항함수 $f(x)$에 대하여 x의 값이 0에서 a까지 변할 때의 평균변화율이 $2a^2+3a$이므로

$$\frac{f(a)-f(0)}{a-0}=2a^2+3a, \quad f(a)-f(0)=2a^3+3a^2$$

$$f(a)=2a^3+3a^2+f(0)$$

이때, $f(0)$은 상수이므로 $f(x)=2x^3+3x^2+f(0)$

따라서 $f'(x)=6x^2+6x$이므로

$$f'(1)=6+6=12$$

답 ②

03 $f(a+h)-f(a)<f'(a)\times h$에서

$$\frac{f(a+h)-f(a)}{h}<f'(a) \ (\because h>0)$$

이므로 함수 $f(x)$에 대하여 x의 값이 a에서 $a+h$까지 변할 때의 평균변화율이 $x=a$에서의 미분계수인 $f'(a)$보다 작아야 한다.

즉, 함수 $y=f(x)$의 그래프 위의 두 점 $(a, f(a))$, $(a+h, f(a+h))$를 지나는 직선의 기울기가 점 $(a, f(a))$에서의 접선의 기울기보다 작아야 하므로 오른쪽 그림과 같이 $x>0$에서 함수 $y=f(x)$의 그래프가 위로 볼록해야 한다.

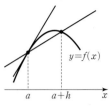

따라서 주어진 조건을 만족시키는 함수는 ② $f(x)=\sqrt{x}$이다.

답 ②

04 두 함수 $f(x)=x^5+x^3+x$, $g(x)=x^6+x^4+x^2$에 대하여 $f(1)=g(1)=3$이므로

$$\lim_{h\to 0}\frac{f(1+2h)-g(1-h)}{3h}$$

$$=\lim_{h\to 0}\frac{f(1+2h)-f(1)-g(1-h)+g(1)}{3h}$$

$$=\lim_{h\to 0}\left\{\frac{f(1+2h)-f(1)}{2h}\times\frac{2}{3}\right.$$

$$\left.-\frac{g(1-h)-g(1)}{-h}\times\left(-\frac{1}{3}\right)\right\}$$

$$=\frac{2}{3}\lim_{h\to 0}\frac{f(1+2h)-f(1)}{2h}+\frac{1}{3}\lim_{h\to 0}\frac{g(1-h)-g(1)}{-h}$$

$$=\frac{2}{3}f'(1)+\frac{1}{3}g'(1)$$

이때, $f'(x)=5x^4+3x^2+1$, $g'(x)=6x^5+4x^3+2x$이므로

$$f'(1)=5+3+1=9, \quad g'(1)=6+4+2=12$$

$$\therefore (주어진 \ 식)=\frac{2}{3}\times 9+\frac{1}{3}\times 12=10$$

답 ⑤

05

$$\lim_{x\to 3}\frac{27f(x^2)-x^3f(9)}{x-3}$$

$$=\lim_{x\to 3}\frac{27f(x^2)-27f(9)-x^3f(9)+27f(9)}{x-3}$$

$$=\lim_{x\to 3}\frac{27\{f(x^2)-f(9)\}-f(9)(x^3-27)}{x-3}$$

$$=\lim_{x\to 3}\left\{\frac{27\{f(x^2)-f(9)\}}{x-3}-f(9)(x^2+3x+9)\right\}$$

$$=\lim_{x\to 3}\left\{\frac{f(x^2)-f(9)}{x^2-9}\times 27(x+3)\right.$$

$$\left.-f(9)(x^2+3x+9)\right\}$$

$$=162f'(9)-27f(9)$$

$$=162\times(-2)-27f(9)=27$$

$$-12-f(9)=1$$

$$\therefore f(9)=-13$$

답 −13

---

blacklabel 특강 필수 원리

미분계수의 정의에 의하여 $f'(a)=\lim\limits_{x\to a}\frac{f(x)-f(a)}{x-a}$ 이므로 주어진 식을 $\lim\limits_{\blacktriangle\to a}\frac{f(\blacktriangle)-f(a)}{\blacktriangle-a}$ 꼴로 변형하여 해결한다.

06 $\lim\limits_{n\to\infty}\dfrac{n}{2}\left\{f\left(2+\dfrac{1}{3n}\right)-f(2)\right\}$ 에서 $\dfrac{1}{3n}=h$로 놓으면

$n=\dfrac{1}{3h}$ 이고, $n\to\infty$일 때 $h\to0+$ 이므로

$\lim\limits_{n\to\infty}\dfrac{n}{2}\left\{f\left(2+\dfrac{1}{3n}\right)-f(2)\right\}$

$=\lim\limits_{h\to0+}\dfrac{1}{6h}\{f(2+h)-f(2)\}$

$=\dfrac{1}{6}\lim\limits_{h\to0+}\dfrac{f(2+h)-f(2)}{h}=\dfrac{1}{6}f'(2)$

한편, $f(x)=x^3+3x+1$에서 $f'(x)=3x^2+3$이므로

$f'(2)=3\times2^2+3=15$

$\therefore \lim\limits_{n\to\infty}\dfrac{n}{2}\left\{f\left(2+\dfrac{1}{3n}\right)-f(2)\right\}=\dfrac{1}{6}f'(2)$

$\qquad\qquad\qquad\qquad\qquad=\dfrac{1}{6}\times15=\dfrac{5}{2}$ 　답 $\dfrac{5}{2}$

07 함수 $y=f(x)$의 그래프 위의 한 점 $\mathrm{P}(3,\ -1)$에서의 접선의 기울기가 4이므로

$f(3)=-1,\ f'(3)=4$

$\therefore \lim\limits_{h\to0}\dfrac{f(3+3h)+1}{h}=\lim\limits_{h\to0}\dfrac{f(3+3h)-f(3)}{h}$

$\qquad\qquad\qquad\qquad=\lim\limits_{h\to0}\dfrac{f(3+3h)-f(3)}{3h}\times3$

$\qquad\qquad\qquad\qquad=3f'(3)$

$\qquad\qquad\qquad\qquad=3\times4=12$ 　답 ④

08 ㄱ. $\lim\limits_{h\to0}\dfrac{f(1+h)-f(1)}{h}=0$에서 $f'(1)=0$

즉, 함수 $f(x)$는 $x=1$에서 미분가능하므로 $x=1$에서 연속이다.

따라서 $\lim\limits_{x\to1}f(x)=f(1)$이다. (참)

ㄴ. $\lim\limits_{h\to0}\dfrac{f(1+h)-f(1)}{h}=0$에서 $f'(1)=0$

$\lim\limits_{h\to0}\dfrac{f(1+h)-f(1-h)}{2h}$

$=\lim\limits_{h\to0}\dfrac{f(1+h)-f(1)-f(1-h)+f(1)}{2h}$

$=\lim\limits_{h\to0}\left\{\dfrac{1}{2}\times\dfrac{f(1+h)-f(1)}{h}\right.$

$\qquad\qquad\qquad\left.+\dfrac{1}{2}\times\dfrac{f(1-h)-f(1)}{-h}\right\}$

$=\dfrac{1}{2}f'(1)+\dfrac{1}{2}f'(1)$

$=f'(1)=0$ (참)

ㄷ. $f(x)=|x-1|$이므로

$\lim\limits_{h\to0}\dfrac{f(1+h)-f(1-h)}{2h}$

$=\lim\limits_{h\to0}\dfrac{|1+h-1|-|1-h-1|}{2h}$

$=\lim\limits_{h\to0}\dfrac{|h|-|-h|}{2h}=0\ (\because |h|=|-h|)$ (참)

따라서 ㄱ, ㄴ, ㄷ 모두 옳다. 　답 ⑤

09 (i) 함수 $y=f(x)$는 $x=2$, $x=3$에서 불연속이므로

$\quad m=2$

(ii) 불연속인 점과 뾰족한 점에서 미분가능하지 않다.

$\quad$ 함수 $f(x)$는 $x=1$, $x=2$, $x=3$에서 미분가능하지 않으므로 $n=3$

(i), (ii)에서

$m+n=2+3=5$ 　답 5

10 함수 $f(x)$는 $x=1$에서 미분가능하므로 $x=1$에서 연속이어야 한다.

즉, $\lim\limits_{x\to1}f(x)=f(1)$이므로

$\lim\limits_{x\to1-}f(x)=\lim\limits_{x\to1+}f(x)=f(1)$

$\lim\limits_{x\to1-}(x^3+3x^2+bx)=\lim\limits_{x\to1+}(ax^2+2bx+3)=a+2b+3$

$1+3+b=a+2b+3$

$\therefore a+b=1$ 　……㉠

또한, $x=1$에서의 미분계수가 존재해야 한다.

즉, $f'(x)=\begin{cases}3x^2+6x+b & (x<1)\\ 2ax+2b & (x>1)\end{cases}$에서

$\lim\limits_{x\to1-}f'(x)=\lim\limits_{x\to1+}f'(x)$이므로

$\lim\limits_{x\to1-}(3x^2+6x+b)=\lim\limits_{x\to1+}(2ax+2b)$

$3+6+b=2a+2b,\ 2a+b=9$ 　……㉡

㉠, ㉡을 연립하여 풀면

$a=8,\ b=-7$

$\therefore a-b=8-(-7)=15$ 　답 15

• 다른풀이 •

함수 $f(x)$가 $x=1$에서 연속이므로

$\lim\limits_{x\to1-}f(x)=\lim\limits_{x\to1+}f(x)=f(1)$

에서 $a+b=1$ 　……㉢

또한, $x=1$에서 미분계수가 존재해야 하므로

$\lim\limits_{x\to1-}\dfrac{f(x)-f(1)}{x-1}$

$=\lim\limits_{x\to1-}\dfrac{(x^3+3x^2+bx)-(a+2b+3)}{x-1}$

$=\lim\limits_{x\to1-}\dfrac{(x^3+3x^2+bx)-(b+4)}{x-1}\ (\because ㉢)$

$=\lim\limits_{x\to1-}\dfrac{(x-1)(x^2+4x+b+4)}{x-1}$

$=\lim\limits_{x\to1-}(x^2+4x+b+4)=b+9$ 　……㉣

$\lim\limits_{x\to1+}\dfrac{f(x)-f(1)}{x-1}$

$=\lim\limits_{x\to1+}\dfrac{(ax^2+2bx+3)-(a+2b+3)}{x-1}$

$=\lim\limits_{x\to1+}\dfrac{(x-1)(ax+a+2b)}{x-1}$

$=\lim\limits_{x\to1+}(ax+a+2b)=2a+2b$ 　……㉤

㉣, ㉤에서 $2a+2b=b+9$, 즉 $2a+b=9$

위의 식과 ㉢을 연립하여 풀면

$a=8,\ b=-7$ 　$\therefore a-b=8-(-7)=15$

11 $\dfrac{1}{n}=t$로 놓으면 $n=\dfrac{1}{t}$이고 $n \to \infty$일 때 $t \to 0+$이므로

$$\lim_{n \to \infty} n\left\{f\left(x+\dfrac{1}{n}\right)-f\left(x-\dfrac{1}{n}\right)\right\}$$

$$=\lim_{t \to 0+} \dfrac{f(x+t)-f(x-t)}{t}$$

$$=\lim_{t \to 0+} \dfrac{f(x+t)-f(x)-f(x-t)+f(x)}{t}$$

$$=\lim_{t \to 0+} \left\{\dfrac{f(x+t)-f(x)}{t}+\dfrac{f(x-t)-f(x)}{-t}\right\}$$

$$=f'(x)+f'(x) \ (\because f(x)\text{는 다항함수})$$

$$=2f'(x)=2x+4$$

따라서 $f'(x)=x+2$이므로

$$f'(1)=3 \hspace{4cm} \text{답 ③}$$

12 $f(x+y)=f(x)+f(y)+2xy-1 \quad \cdots\cdots \text{㉠}$

㉠에 $x=0$, $y=0$을 대입하면

$$f(0)=f(0)+f(0)-1 \qquad \therefore f(0)=1$$

㉠에 $x=1$을 대입하면

$$f(1+y)=f(1)+f(y)+2y-1$$

$$\therefore f(1+y)-f(1)=f(y)+2y-1$$

이때, $f'(1)=1$이므로

$$f'(1)=\lim_{y \to 0} \dfrac{f(1+y)-f(1)}{y}$$

$$=\lim_{y \to 0} \dfrac{f(y)+2y-1}{y}$$

$$=\lim_{y \to 0} \dfrac{f(y)+2y-f(0)}{y} \ (\because f(0)=1)$$

$$=\lim_{y \to 0} \left\{\dfrac{f(y)-f(0)}{y}+2\right\}$$

$$=f'(0)+2=1$$

$$\therefore f'(0)=-1 \hspace{3cm} \text{답 ③}$$

• 다른풀이 •

$$f(x+y)=f(x)+f(y)+2xy-1 \quad \cdots\cdots \text{㉡}$$

$f'(1)=1$이므로

$$f'(1)=\lim_{h \to 0} \dfrac{f(1+h)-f(1)}{h}$$

$$=\lim_{h \to 0} \dfrac{f(1)+f(h)+2h-1-f(1)}{h} \ (\because \text{㉡})$$

$$=\lim_{h \to 0} \left\{\dfrac{f(h)-1}{h}+2\right\}=1$$

$$\therefore \lim_{h \to 0} \dfrac{f(h)-1}{h}=1-2=-1 \quad \cdots\cdots \text{㉢}$$

$$\therefore f'(0)=\lim_{h \to 0} \dfrac{f(0+h)-f(0)}{h}$$

$$=\lim_{h \to 0} \dfrac{f(0)+f(h)-1-f(0)}{h} \ (\because \text{㉡})$$

$$=\lim_{h \to 0} \dfrac{f(h)-1}{h}=-1 \ (\because \text{㉢})$$

13 다항함수 $f(x)$의 최고차항을 $ax^n \ (a\neq 0)$이라 하면 도함수 $f'(x)$의 최고차항은 anx^{n-1}이다.

조건 ㈎의 $2f(x)=xf'(x)-4$에서 좌변과 우변은 모두

n차식이므로 최고차항의 계수를 비교하면

$$2a=an, \ a(n-2)=0$$

$$\therefore n=2 \ (\because a\neq 0)$$

즉, $f(x)$는 이차함수이므로

$f(x)=ax^2+bx+c \ (a, b, c\text{는 상수}, a\neq 0)$라 하면

$$f'(x)=2ax+b$$

이것을 $2f(x)=xf'(x)-4$에 대입하면

$$2ax^2+2bx+2c=2ax^2+bx-4$$

위의 식이 x에 대한 항등식이므로

$$2b=b, \ 2c=-4$$

$$\therefore b=0, \ c=-2$$

또한, 조건 ㈏에서 $f(1)=1$이므로

$$f(1)=a+b+c=1$$

$$a+0+(-2)=1 \qquad \therefore a=3$$

$$\therefore f(x)=3x^2-2$$

$$\therefore f(5)=3\times 25-2=73 \hspace{2cm} \text{답 ③}$$

14 함수 $y=f(x)$의 그래프가 점 $(2, 6)$에서 원점을 지나는 직선에 접하므로 두 점 $(0, 0)$, $(2, 6)$을 지나는 직선이 점 $(2, 6)$에서의 접선과 같다.

$$f(2)=6, \ f'(2)=\dfrac{6-0}{2-0}=3$$

$g(x)=x^3 f(x)$에서

$$g'(x)=3x^2 f(x)+x^3 f'(x)$$

$$\therefore g'(2)=12f(2)+8f'(2)$$

$$=12\times 6+8\times 3=96 \hspace{1cm} \text{답 ④}$$

15 $\lim\limits_{x \to 3} \dfrac{f(x)-2}{x-3}=5$에서 극한값이 존재하고 $x \to 3$일 때 (분모)$\to 0$이므로 (분자)$\to 0$이어야 한다.

즉, $\lim\limits_{x \to 3}\{f(x)-2\}=0$이므로 $f(3)=2$

$$\lim_{x \to 3} \dfrac{f(x)-2}{x-3}=\lim_{x \to 3} \dfrac{f(x)-f(3)}{x-3}=5\text{이므로}$$

$$f'(3)=5$$

한편, $f(x)=f(-x)$이므로 $f(-3)=f(3)=2$

또한,

$$f'(-x)=\lim_{h \to 0} \dfrac{f(-x+h)-f(-x)}{h}$$

$$=\lim_{h \to 0} \dfrac{f(x-h)-f(x)}{h} \ (\because f(x)=f(-x))$$

$$=-\lim_{h \to 0} \dfrac{f(x-h)-f(x)}{-h}$$

$$=-f'(x)$$

이므로 $f'(-3)=-f'(3)=-5$

따라서 $g(x)=\{f(x)\}^3$에서

$$g'(x)=3\{f(x)\}^2\times f'(x)\text{이므로}$$

$$g'(-3)=3\{f(-3)\}^2\times f'(-3)$$

$$=3\times 2^2\times(-5)=-60 \hspace{1cm} \text{답} -60$$

16 $\lim\limits_{x \to 2} \dfrac{f(x)-a}{x-2}=1$에서 극한값이 존재하고 $x \to 2$일 때

(분모) $\to 0$이므로 (분자) $\to 0$이어야 한다.

즉, $\lim\limits_{x \to 2} \{f(x)-a\}=0$이므로 $f(2)=a$

$\lim\limits_{x \to 2} \dfrac{f(x)-a}{x-2}=1$에서 $\lim\limits_{x \to 2} \dfrac{f(x)-f(2)}{x-2}=1$

$\therefore f'(2)=1$

이때, 다항식 $f(x)$를 $(x-2)^2$으로 나눈 나머지가

$bx+3$이므로

$f(x)=(x-2)^2 Q(x)+bx+3$ (단, $Q(x)$는 다항식)

$\qquad\qquad\qquad\qquad\qquad\qquad\qquad$ ……㉠

㉠에 $x=2$를 대입하면

$f(2)=2b+3=a$ $\qquad\qquad\qquad$ ……㉡

㉠의 양변을 x에 대하여 미분하면

$f'(x)=2(x-2)Q(x)+(x-2)^2 Q'(x)+b$

위의 식에 $x=2$를 대입하면

$f'(2)=b=1$

$b=1$을 ㉡에 대입하면

$a=2 \times 1+3=5$

$\therefore ab=5 \times 1=5$ $\qquad\qquad\qquad\qquad$ 답 ⑤

Step 2 1등급을 위한 **최고의 변별력 문제** pp. 31~35

01 ⑤	02 ②	03 ③	04 ⑤	05 ⑤
06 $\dfrac{13}{5}$	07 $\dfrac{1}{3}$	08 ③	09 ②	10 ⑤
11 ②	12 ②	13 ③	14 ③	15 2
16 -2	17 90	18 550	19 ①	20 13
21 6	22 19	23 19	24 9	25 ②
26 ①	27 16	28 $-\dfrac{2}{5}$	29 ①	30 5
31 24	32 7	33 -11	34 ⑤	35 104

---

01 함수 $f(x)=x^2+2x$에 대하여

$m=\dfrac{f(b)-f(a)}{b-a}$

$\quad =\dfrac{(b^2+2b)-(a^2+2a)}{b-a}$

$\quad =\dfrac{b^2-a^2+2b-2a}{b-a}$

$\quad =\dfrac{(b-a)(b+a)+2(b-a)}{b-a}$

$\quad =a+b+2$

이때, $a+b=2c$이므로 $m=2c+2$ $\quad$ ……㉠

ㄱ. $m=0$이면 $\dfrac{f(b)-f(a)}{b-a}=0$에서

$\quad f(a)=f(b)$

이때, 함수 $f(x)=x^2+2x$의 그

래프는 오른쪽 그림과 같고,

$a<b$이므로

$a<-1,\ b>-1$ (참)

ㄴ. $c>-1$이면

$\quad 2c>-2,\ 2c+2>0$

$\quad \therefore m>0\ (\because ㉠)$ (참)

ㄷ. $f(x)=x^2+2x$에서 $f'(x)=2x+2$

$\quad \therefore f'(c)=2c+2$

이때, ㉠에서 $m=2c+2$이므로 $f'(c)=m$ (참)

따라서 ㄱ, ㄴ, ㄷ 모두 옳다. $\qquad\qquad$ 답 ⑤

---

02 함수 $f(x)=x^3-x+1$에 대하여

$\dfrac{f(a)-f(-1)}{a+1}=\dfrac{a^3-a+1-1}{a+1}=\dfrac{a(a^2-1)}{a+1}$

$\qquad\qquad\qquad =\dfrac{a(a+1)(a-1)}{a+1}=a(a-1)$

$f'(x)=3x^2-1$이므로 $f'(a)=3a^2-1$

이때, $\dfrac{f(a)-f(-1)}{a+1}=f'(a)$에서

$a(a-1)=3a^2-1,\ 2a^2+a-1=0$

$(a+1)(2a-1)=0$ $\qquad$ 평균변화율이 존재하려면 $a \neq -1$이어야 한다.

$\therefore a=\dfrac{1}{2}\ (\because a \neq -1)$ $\qquad \therefore A=\left\{\dfrac{1}{2}\right\}$

따라서 조건을 만족시키는 집합 A의 원소의 개수는 1이다.

$\qquad\qquad\qquad\qquad\qquad\qquad\qquad\qquad$ 답 ②

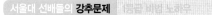

서울대 선배들의 강추문제 1등급 비밀 노하우

함수 $f(x)$에 대하여 x의 값이 -1에서 a까지 변할 때의 평균변화율

은 $\dfrac{f(a)-f(-1)}{a+1}$이다. 그런데 $\dfrac{f(a)-f(-1)}{a+1}=f'(a)$이므로

함수 $y=f(x)$의 그래프 위의 점

$(a, f(a))$에서의 접선이 점 $(-1, 1)$을

지나야 한다.

이때, 점 $(-1, 1)$을 지나면서 함수

$y=f(x)$의 그래프에 접하는 직선은 하

나밖에 없으므로 집합 A의 원소의 개수

는 1임을 알 수 있다.

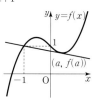

---

03 ㄱ. 이차함수 $y=f(x)$의 그래프가 직선 $x=3$에 대하여

대칭이므로 $f(3+x)=f(3-x)$이다.

이때, $x=4$이면 $f(7)=f(-1)$이므로

(평균변화율)$=\dfrac{f(7)-f(-1)}{7-(-1)}=0$ (참)

ㄴ. 이차함수 $y=f(x)$의 그래프가 직선 $x=3$에 대하여

대칭이므로

$f(x)=p(x-3)^2+q$ (단, p, q는 상수, $p \neq 0$)

$\qquad\qquad\qquad\qquad\qquad\qquad$ ……㉠

㉠의 양변을 x에 대하여 미분하면

$f'(x)=2p(x-3)$이고 $a+b=6$에서 $b=6-a$이므로

$f'(a)=2p(a-3)$,

$f'(b)=f'(6-a)=-2p(a-3)$

$\therefore f'(a)+f'(b)=2p(a-3)-2p(a-3)=0$ (참)

ㄷ. ㄴ에서

$$\sum_{k=1}^{15} f'(k-3) = \sum_{k=1}^{15} 2p(k-6) = 2p \sum_{k=1}^{15} (k-6)$$

$$= 2p\left(\frac{15 \times 16}{2} - 6 \times 15\right)$$

$$= 60p \neq 0 \ (\because p \neq 0) \ (거짓)$$

따라서 옳은 것은 ㄱ, ㄴ이다.　　　답 ③

• 다른풀이 •

ㄱ. $f(-1) = p(-1-3)^2 + q = 16p + q$

$f(7) = p(7-3)^2 + q = 16p + q$

즉, $f(-1) = f(7)$이므로

(평균변화율) $= \dfrac{f(7) - f(-1)}{7 - (-1)} = 0$ (참)

04　다음 그림에서 x좌표가 a, b, c, d, e, f인 점에서의 접선의 기울기를 살펴보면 $0 < g'(b) < g'(a)$, $g'(c) = 0$, $g'(d) < 0$, $0 < g'(e) < g'(f)$이다.

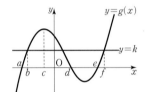

① $g'(a) > g'(d)$ (거짓)

② $g'(b) > g'(c)$ (거짓)

③ 두 점 $(a, g(a))$, $(f, g(f))$를 지나는 직선의 기울기는 양수이므로

$\dfrac{g(f) - g(a)}{f - a} > 0 > g'(d)$ (거짓)

④ 두 점 $(d, g(d))$, $(f, g(f))$를 지나는 직선의 기울기는 점 $(f, g(f))$에서의 접선의 기울기보다 작으므로

$\dfrac{g(f) - g(d)}{f - d} < g'(f)$ (거짓)

⑤ 두 점 $(b, g(b))$, $(e, g(e))$를 지나는 직선의 기울기는 음수이므로

$\dfrac{g(e) - g(b)}{e - b} < 0 < g'(b)$ (참)

따라서 옳은 것은 ⑤이다.　　　답 ⑤

05　ㄱ. 함수 $y = f(x)$의 그래프 위의 점 (b, b)에서의 접선의 기울기는 두 점 $(0, 0)$, (b, b)를 지나는 직선의 기울기보다 크므로

$f'(b) > 1$ (참)

ㄴ. $0 < a < b$이고, 주어진 그래프에서 $0 < f'(a) < f'(b)$이므로

$af'(a) < bf'(b)$

$\therefore \dfrac{f'(a)}{b} < \dfrac{f'(b)}{a}$ (참)

ㄷ. $0 < a < b$이므로 산술평균과 기하평균의 관계에 의하여

$a < \sqrt{ab} < \dfrac{a+b}{2} < b$

이때, 함수 $y = f(x)$의 그래프에서 x의 값이 a에서 b까지 변하는 동안 접선의 기울기는 점점 커지므로

$f'(\sqrt{ab}) < f'\left(\dfrac{a+b}{2}\right)$ (참)

따라서 ㄱ, ㄴ, ㄷ 모두 옳다.　　　답 ⑤

06　$\lim_{x \to 0} f(x) \neq 0$이면 $\lim_{x \to 0} \dfrac{f(x) + 7x}{2f(x) - 4x} = \dfrac{1}{2}$이므로 조건을 만족시키지 않는다.

즉, $\lim_{x \to 0} f(x) = 0$이고 함수 $f(x)$가 연속함수이므로

$\lim_{x \to 0} f(x) = f(0) = 0$

$$\lim_{x \to 0} \frac{f(x) + 7x}{2f(x) - 4x} = \lim_{x \to 0} \frac{\dfrac{f(x)}{x} + 7}{2 \times \dfrac{f(x)}{x} - 4}$$

$$= \lim_{x \to 0} \frac{\dfrac{f(x) - f(0)}{x - 0} + 7}{2 \times \dfrac{f(x) - f(0)}{x - 0} - 4}$$

$$= \frac{f'(0) + 7}{2f'(0) - 4} = 8$$

$8\{2f'(0) - 4\} = f'(0) + 7$, $15f'(0) = 39$

$\therefore f'(0) = \dfrac{13}{5}$

따라서 함수 $y = f(x)$의 그래프 위의 점 $(0, f(0))$에서의 접선의 기울기는 $f'(0) = \dfrac{13}{5}$이다.　　　답 $\dfrac{13}{5}$

07　$f(0) = \dfrac{0}{g(0) + 4} = 0$이므로

$$f'(0) = \lim_{h \to 0} \frac{f(h) - f(0)}{h}$$

$$= \lim_{h \to 0} \frac{\dfrac{h}{g(h) + 4}}{h} = \lim_{h \to 0} \frac{1}{g(h) + 4}$$

이때, 함수 $g(x)$가 $x = 0$에서 연속이므로

$\lim_{h \to 0} g(h) = g(0)$

$\therefore f'(0) = \lim_{h \to 0} \dfrac{1}{g(h) + 4} = \dfrac{1}{g(0) + 4}$

$= \dfrac{1}{-1 + 4} = \dfrac{1}{3}$　　　답 $\dfrac{1}{3}$

08　$F(x) = \{f(x)\}^m$, $G(x) = \{g(x)\}^n$이라 하면

$F(1) = \{f(1)\}^m = 1$, $G(1) = \{g(1)\}^n = 1$이고

$F'(x) = m\{f(x)\}^{m-1} \times f'(x)$,

$G'(x) = n\{g(x)\}^{n-1} \times g'(x)$

조건 (나)에서

$$\lim_{x \to 1} \frac{\{f(x)\}^m - \{g(x)\}^n}{x-1}$$

$$=\lim_{x \to 1} \frac{F(x) - G(x)}{x-1}$$

$$=\lim_{x \to 1} \frac{F(x) - F(1)}{x-1} - \lim_{x \to 1} \frac{G(x) - G(1)}{x-1}$$

$$=F'(1) - G'(1)$$

$$=m\{f(1)\}^{m-1} \times f'(1) - n\{g(1)\}^{n-1} \times g'(1)$$

$$=2m - 3n = 50 \ (\because 조건 \ (가)) \quad \cdots\cdots \ \bigcirc$$

이때, $m+n=100$이므로 $\bigcirc$과 연립하여 풀면

$$m=70, \ n=30$$

$$\therefore \ \frac{n}{m} = \frac{3}{7} \qquad\qquad\qquad 답 \ ③$$

09 $f(x) = x^{2n+1}$, $g(x) = x^{2n-1}$이라 하면

$f(3) = 3^{2n+1}$, $g(3) = 3^{2n-1}$이므로

$$\lim_{x \to 3} \frac{x^{2n+1} - 3^{2n+1}}{x^{2n-1} - 3^{2n-1}} = \lim_{x \to 3} \frac{f(x) - f(3)}{g(x) - g(3)}$$

$$=\lim_{x \to 3} \frac{\dfrac{f(x) - f(3)}{x-3}}{\dfrac{g(x) - g(3)}{x-3}}$$

$$=\frac{f'(3)}{g'(3)} = 11$$

$f(x) = x^{2n+1}$, $g(x) = x^{2n-1}$에서

$f'(x) = (2n+1)x^{2n}$, $g'(x) = (2n-1)x^{2n-2}$이므로

$f'(3) = (2n+1)3^{2n}$, $g'(3) = (2n-1)3^{2n-2}$

$\dfrac{f'(3)}{g'(3)} = 11$에서 $\dfrac{(2n+1)3^{2n}}{(2n-1)3^{2n-2}} = 11$

$\dfrac{9(2n+1)}{2n-1} = 11$, $9(2n+1) = 11(2n-1)$

$18n + 9 = 22n - 11$, $4n = 20$ $\quad \therefore n = 5$ $\qquad 답 \ ②$

10 ㄱ. $f(-x) = -f(x)$의 양변에 $x=0$을 대입하면

$$f(0) = -f(0) \qquad \therefore \ f(0) = 0$$

$f(-x) = -f(x)$에서 $f(-2) = -f(2)$이므로

$$\frac{f(2) - f(-2)}{2-(-2)} = \frac{2f(2)}{4} = \frac{f(2)}{2}$$

$$=\frac{f(2) - f(0)}{2-0}$$

즉, 함수 $f(x)$에서 x의 값이 -2에서 2까지 변할 때의 평균변화율과 0에서 2까지 변할 때의 평균변화율은 같다. (참)

ㄴ. 모든 실수 x에 대하여 $g(-x) = g(x)$이므로

$$g'(x) = \lim_{h \to 0} \frac{g(x+h) - g(x)}{h}$$

$$=-\lim_{h \to 0} \frac{g(-x-h) - g(-x)}{-h}$$

$$=-g'(-x)$$

이때, $a+b=0$에서 $a=-b$이므로

$$g'(a) = g'(-b) = -g'(b)$$

$$\therefore \ g'(a) + g'(b) = 0 \ (참)$$

ㄷ. $F(-x) = f(-x)g(-x)$

$$\qquad\qquad = -f(x)g(x) = -F(x)$$

이므로

$$F'(x) = \lim_{h \to 0} \frac{F(x+h) - F(x)}{h}$$

$$=\lim_{h \to 0} \frac{-F(-x-h) + F(-x)}{h}$$

$$=\lim_{h \to 0} \frac{F(-x-h) - F(-x)}{-h}$$

$$=F'(-x) \ (참)$$

따라서 ㄱ, ㄴ, ㄷ 모두 옳다. $\qquad 답 \ ⑤$

•다른풀이•

ㄷ. 모든 실수 x에 대하여 $f(-x) = -f(x)$이므로

$$f'(x) = \lim_{h \to 0} \frac{f(x+h) - f(x)}{h}$$

$$=\lim_{h \to 0} \frac{-f(-x-h) + f(-x)}{h}$$

$$=\lim_{h \to 0} \frac{f(-x-h) - f(-x)}{-h}$$

$$=f'(-x)$$

ㄴ에서 $g'(x) = -g'(-x)$이므로

$$g'(-x) = -g'(x)$$

이때, $F(x) = f(x)g(x)$에서

$F'(x) = f'(x)g(x) + f(x)g'(x)$이므로

$$F'(-x) = f'(-x)g(-x) + f(-x)g'(-x)$$

$$=f'(x)g(x) - f(x) \times \{-g'(x)\}$$

$$=f'(x)g(x) + f(x)g'(x)$$

$$=F'(x) \ (참)$$

11 ㄱ. $F'(0) = \lim_{h \to 0} \dfrac{F(0+h) - F(0)}{h}$

$$=\lim_{h \to 0} \frac{h^2 f(h)}{h}$$

$$=\lim_{h \to 0} hf(h) = 0$$

따라서 함수 $F(x) = x^2 f(x)$는 $x=0$에서 미분계수가 존재하므로 $x=0$에서 미분가능하다.

ㄴ. $G'(0) = \lim_{h \to 0} \dfrac{G(0+h) - G(0)}{h}$

$$=\lim_{h \to 0} \frac{\dfrac{1}{h^{2020}f(h) - 1} - \dfrac{1}{-1}}{h}$$

$$=\lim_{h \to 0} \frac{\dfrac{h^{2020}f(h)}{h^{2020}f(h) - 1}}{h}$$

$$=\lim_{h \to 0} \frac{h^{2020}f(h)}{h\{h^{2020}f(h) - 1\}}$$

$$=\lim_{h \to 0} \frac{h^{2019}f(h)}{h^{2020}f(h) - 1} = 0$$

따라서 함수 $G(x) = \dfrac{1}{x^{2020}f(x) - 1}$은 $x=0$에서 미분계수가 존재하므로 $x=0$에서 미분가능하다.

ㄷ. $f(x) = \begin{cases} -x & (x<0) \\ x & (x\geq 0) \end{cases}$ 라 하면

$H(x) = \begin{cases} -x|x-1| & (x<0) \\ x|x-1| & (x\geq 0) \end{cases}$ 이므로

$\lim\limits_{h \to 0-} \dfrac{H(0+h)-H(0)}{h}$

$= \lim\limits_{h \to 0-} \dfrac{-h|h-1|}{h}$

$= \lim\limits_{h \to 0-} (-|h-1|) = -1$,

$\lim\limits_{h \to 0+} \dfrac{H(0+h)-H(0)}{h}$

$= \lim\limits_{h \to 0+} \dfrac{h|h-1|}{h}$

$= \lim\limits_{h \to 0+} |h-1| = 1$

따라서 $H(x) = |x-1|f(x)$는 $x=0$에서 미분계수가 존재하지 않으므로 $x=0$에서 미분가능하지 않다.

그러므로 $x=0$에서 미분가능한 함수는 ㄱ, ㄴ이다.　답 ②

12 $f(x) = x^2 - x$이므로 함수 $g(x) = |f(x)| = |x^2-x|$의 그래프는 오른쪽 그림과 같다.

이때, $g(1) = f(1) = 0$이고

$g(x) = |f(x)|$

$= \begin{cases} f(x) & (x<0 \text{ 또는 } x>1) \\ -f(x) & (0 \leq x \leq 1) \end{cases}$

$= \begin{cases} x^2-x & (x<0 \text{ 또는 } x>1) \\ -x^2+x & (0 \leq x \leq 1) \end{cases}$

ㄱ. $\lim\limits_{h \to 0-} \dfrac{g(h)}{h} = \lim\limits_{h \to 0-} \dfrac{h^2-h}{h}$

$\qquad = \lim\limits_{h \to 0-} (h-1) = -1$

$\lim\limits_{h \to 0+} \dfrac{g(h)}{h} = \lim\limits_{h \to 0+} \dfrac{-h^2+h}{h}$

$\qquad = \lim\limits_{h \to 0+} (-h+1) = 1$

$\therefore \lim\limits_{h \to 0-} \dfrac{g(h)}{h} \neq \lim\limits_{h \to 0+} \dfrac{g(h)}{h}$

즉, $\lim\limits_{h \to 0} \dfrac{g(h)}{h}$의 값이 존재하지 않는다. (거짓)

ㄴ. $h^2 = k$로 놓으면 $h \to 0$일 때 $k \to 0+$이므로

$\lim\limits_{h \to 0} \dfrac{g(1+h^2)-g(1)}{h^2}$

$= \lim\limits_{k \to 0+} \dfrac{g(1+k)-g(1)}{k}$

$= \lim\limits_{k \to 0+} \dfrac{f(1+k)-f(1)}{k} = f'(1)$ (참)

ㄷ. $f'(x) = 2x-1$에서 $2f'(1) = 2 \times 1 = 2$

$\lim\limits_{h \to 0-} \dfrac{g(1+h)-g(1-h)}{h}$

$= \lim\limits_{h \to 0-} \dfrac{-f(1+h)-f(1-h)}{h}$

$= -\lim\limits_{h \to 0-} \dfrac{f(1+h)-f(1)}{h}$

$\qquad + \lim\limits_{h \to 0-} \dfrac{f(1-h)-f(1)}{-h}$

$= -f'(1) + f'(1) = 0$

$\lim\limits_{h \to 0+} \dfrac{g(1+h)-g(1-h)}{h}$

$= \lim\limits_{h \to 0+} \dfrac{f(1+h)+f(1-h)}{h}$

$= \lim\limits_{h \to 0+} \dfrac{f(1+h)-f(1)}{h} - \lim\limits_{h \to 0+} \dfrac{f(1-h)-f(1)}{-h}$

$= f'(1) - f'(1) = 0$

$\therefore \lim\limits_{h \to 0} \dfrac{g(1+h)-g(1-h)}{h} = 0$

즉, $\lim\limits_{h \to 0} \dfrac{g(1+h)-g(1-h)}{h} \neq 2f'(1)$이다. (거짓)

따라서 옳은 것은 ㄴ뿐이다.　답 ②

• 다른풀이 •

ㄴ. $f(x) = x^2 - x$에서 $f'(x) = 2x-1$

$\therefore f'(1) = 1$

$g(x) = |f(x)| = |x^2-x|$이므로

$\lim\limits_{h \to 0} \dfrac{g(1+h^2)-g(1)}{h^2}$

$= \lim\limits_{h \to 0} \dfrac{|(1+h^2)^2-(1+h^2)|}{h^2}$ $(\because g(1)=0)$

$= \lim\limits_{h \to 0} \dfrac{|h^4+h^2|}{h^2} = \lim\limits_{h \to 0} \dfrac{h^2|1+h^2|}{h^2}$

$= \lim\limits_{h \to 0} |1+h^2| = 1$

$\therefore \lim\limits_{h \to 0} \dfrac{g(1+h^2)-g(1)}{h^2} = f'(1)$ (참)

ㄷ. $\lim\limits_{h \to 0-} \dfrac{g(1+h)-g(1-h)}{h}$

$= \lim\limits_{h \to 0-} \dfrac{|(1+h)^2-(1+h)|-|(1-h)^2-(1-h)|}{h}$

$= \lim\limits_{h \to 0-} \dfrac{|h^2+h|-|h^2-h|}{h}$

$= \lim\limits_{h \to 0-} \dfrac{-(h^2+h)-(h^2-h)}{h}$

$= \lim\limits_{h \to 0-} \dfrac{-2h^2}{h} = \lim\limits_{h \to 0-} (-2h) = 0$,

$\lim\limits_{h \to 0+} \dfrac{g(1+h)-g(1-h)}{h}$

$= \lim\limits_{h \to 0+} \dfrac{|(1+h)^2-(1+h)|-|(1-h)^2-(1-h)|}{h}$

$= \lim\limits_{h \to 0+} \dfrac{|h^2+h|-|h^2-h|}{h}$

$= \lim\limits_{h \to 0+} \dfrac{h^2+h+(h^2-h)}{h}$

$= \lim\limits_{h \to 0+} \dfrac{2h^2}{h} = \lim\limits_{h \to 0+} 2h = 0$

$\therefore \lim\limits_{h \to 0} \dfrac{g(1+h)-g(1-h)}{h} = 0$

그런데 $2f'(1) = 2$이므로

$\lim\limits_{h \to 0} \dfrac{g(1+h)-g(1-h)}{h} \neq 2f'(1)$ (거짓)

13 $f(x)=x^2-4x$에 대하여

$g(x)=f(|x|)$이므로

함수 $y=g(x)$의 그래프는 오른쪽

그림과 같다.

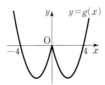

ㄱ. 함수 $y=g(x)$는 모든 실수에서 연속이므로 임의의

실수 t에 대하여 $\lim\limits_{x \to t}g(x)=g(t)$ (참)

ㄴ. (반례) $t=0$이면

$$\lim\limits_{h \to 0-}\frac{g(h)-g(0)}{h}=\lim\limits_{h \to 0-}\frac{h^2-4|h|}{h}$$

$$=\lim\limits_{h \to 0-}\frac{h^2+4h}{h}$$

$$=\lim\limits_{h \to 0-}(h+4)=4,$$

$$\lim\limits_{h \to 0+}\frac{g(h)-g(0)}{h}=\lim\limits_{h \to 0+}\frac{h^2-4|h|}{h}$$

$$=\lim\limits_{h \to 0+}\frac{h^2-4h}{h}$$

$$=\lim\limits_{h \to 0+}(h-4)=-4$$

에서 $\lim\limits_{h \to 0}\dfrac{g(h)-g(0)}{h}$의 값은 존재하지 않는다.

(거짓)

ㄷ. $g(x)=x^2-4|x|$이므로 $t\neq0$인 모든 실수 t에 대하

여 함수 $g(t)$는 미분가능하다.

$t=0$이면

$$\lim\limits_{h \to 0-}\frac{g(h)-g(-h)}{2h}$$

$$=\lim\limits_{h \to 0-}\frac{h^2-4|h|-(h^2-4|-h|)}{2h}$$

$$=\lim\limits_{h \to 0-}\frac{-4|h|+4|-h|}{2h}=0\ (\because |h|=|-h|),$$

$$\lim\limits_{h \to 0+}\frac{g(h)-g(-h)}{2h}$$

$$=\lim\limits_{h \to 0+}\frac{h^2-4|h|-(h^2-4|-h|)}{2h}$$

$$=\lim\limits_{h \to 0+}\frac{-4|h|+4|-h|}{2h}=0\ (\because |h|=|-h|)$$

$$\therefore \lim\limits_{h \to 0}\frac{g(h)-g(-h)}{2h}=0$$

따라서 임의의 실수 t에 대하여

$\lim\limits_{h \to 0}\dfrac{g(t+h)-g(t-h)}{2h}$의 값이 존재한다. (참)

그러므로 옳은 것은 ㄱ, ㄷ이다. 답 ③

14 ㄱ. $h_1(x)=\dfrac{g(x)}{f(x)}$라 하면

$\lim\limits_{x \to 2}f(x)=1$, $\lim\limits_{x \to 2}g(x)=0$이므로

$\lim\limits_{x \to 2}h_1(x)=\lim\limits_{x \to 2}\dfrac{g(x)}{f(x)}=0$

또한, $h_1(2)=\dfrac{g(2)}{f(2)}=\dfrac{0}{2}=0$이므로

$\lim\limits_{x \to 2}h_1(x)=h_1(2)$

따라서 함수 $h_1(x)$, 즉 $\dfrac{g(x)}{f(x)}$는 $x=2$에서 연속이다.

(참)

ㄴ. $h_2(x)=(g \circ f)(x)$라 하고 $f(x)=t$로 놓으면

$x \to 1-$일 때 $t=0$이고 $x \to 1+$일 때 $t=1$이므로

$\lim\limits_{x \to 1-}h_2(x)=\lim\limits_{x \to 1-}g(f(x))=g(0)=-1$,

$\lim\limits_{x \to 1+}h_2(x)=\lim\limits_{x \to 1+}g(f(x))=g(1)=-1$

$\therefore \lim\limits_{x \to 1}h_2(x)=-1$

또한, $h_2(1)=(g \circ f)(1)=g(f(1))=g(1)=-1$

이므로

$\lim\limits_{x \to 1}h_2(x)=h_2(1)$

따라서 함수 $h_2(x)$, 즉 $(g \circ f)(x)$는 $x=1$에서 연

속이다. (참)

ㄷ. $h_3(x)=f(x)g(x)$라 하면 두 함수 $f(x)$, $g(x)$가

각각 $x=4$에서 연속이므로 함수 $h_2(x)$도 $x=4$에서

연속이다.

$3<x<4$에서 $f(x)=x-3$, $g(x)=-x+4$

$4\leq x<5$에서 $f(x)=x-3$, $g(x)=x-4$

즉, $h_3(x)=\begin{cases}(x-3)(-x+4)\ (3<x<4)\\(x-3)(x-4)\quad (4\leq x<5)\end{cases}$

$$\lim\limits_{x \to 4-}\frac{h_3(x)-h_3(4)}{x-4}=\lim\limits_{x \to 4-}\frac{(x-3)(-x+4)}{x-4}$$

$$=\lim\limits_{x \to 4-}\frac{-(x-3)(x-4)}{x-4}$$

$$=\lim\limits_{x \to 4-}\{-(x-3)\}=-1,$$

$$\lim\limits_{x \to 4+}\frac{h_3(x)-h_3(4)}{x-4}=\lim\limits_{x \to 4+}\frac{(x-3)(x-4)}{x-4}$$

$$=\lim\limits_{x \to 4+}(x-3)=1$$

따라서 함수 $h_3(x)$, 즉 $f(x)g(x)$는 $x=4$에서 미분

계수가 존재하지 않으므로 $x=4$에서 미분가능하지 않

다. (거짓)

그러므로 옳은 것은 ㄱ, ㄴ이다. 답 ③

15 $g(x)=(x^n+k)f(x)$라 하면

$g(x)=\begin{cases}(x^n+k)(x^2-2)\ (x<0)\\(x^n+k)(x+5)\ (x\geq0)\end{cases}$

(i) 함수 $g(x)$가 $x=0$에서 연속이어야 하므로

$\lim\limits_{x \to 0-}g(x)=\lim\limits_{x \to 0+}g(x)=g(0)$이어야 한다.

$\lim\limits_{x \to 0-}g(x)=\lim\limits_{x \to 0-}(x^n+k)(x^2-2)=-2k$,

$\lim\limits_{x \to 0+}g(x)=\lim\limits_{x \to 0+}(x^n+k)(x+5)=5k$,

$g(0)=5k$에서 $-2k=5k$ $\therefore k=0$

$\therefore g(x)=\begin{cases}x^n(x^2-2)\ (x<0)\\x^n(x+5)\ (x\geq0)\end{cases}$

(ii) $x=0$에서의 미분계수가 존재해야 하므로

① $n=1$일 때,

$g(x)=\begin{cases}x(x^2-2)\ (x<0)\\x(x+5)\ (x\geq0)\end{cases}$에서

$g'(x)=\begin{cases}3x^2-2\ (x<0)\\2x+5\ (x>0)\end{cases}$

$\lim\limits_{x \to 0-}g'(x)=\lim\limits_{x \to 0-}(3x^2-2)=-2$,

$\lim\limits_{x \to 0+} g'(x) = \lim\limits_{x \to 0+} (2x+5) = 5$이므로

$\lim\limits_{x \to 0} g'(x)$의 값이 존재하지 않는다.

② $n \geq 2$일 때,

$g(x) = \begin{cases} x^n(x^2-2) & (x<0) \\ x^n(x+5) & (x \geq 0) \end{cases}$

$= \begin{cases} x^{n+2}-2x^n & (x<0) \\ x^{n+1}+5x^n & (x \geq 0) \end{cases}$에서

$g'(x) = \begin{cases} (n+2)x^{n+1}-2nx^{n-1} & (x<0) \\ (n+1)x^n+5nx^{n-1} & (x>0) \end{cases}$

$\lim\limits_{x \to 0-} g'(x) = \lim\limits_{x \to 0-} \{(n+2)x^{n+1}-2nx^{n-1}\} = 0$

$\lim\limits_{x \to 0+} g'(x) = \lim\limits_{x \to 0+} \{(n+1)x^n+5nx^{n-1}\} = 0$

즉, $\lim\limits_{x \to 0-} g'(x) = \lim\limits_{x \to 0+} g'(x)$이므로 $x=0$에서의 미분계수가 존재한다.

①, ②에서 $n \geq 2$이면 $x=0$에서의 미분계수가 존재한다.

(i), (ii)에서 자연수 n의 최솟값은 2이다.   답 2

16 $f(x) = [x](x^2+ax+b)$에서

$f(x) = \begin{cases} 0 & (0 \leq x < 1) \\ x^2+ax+b & (1 \leq x < 2) \end{cases}$

함수 $f(x)$가 $x=1$에서 연속이어야 하므로

$\lim\limits_{x \to 1-} f(x) = \lim\limits_{x \to 1+} f(x) = f(1)$에서

$\lim\limits_{x \to 1-} 0 = \lim\limits_{x \to 1+} (x^2+ax+b) = 1+a+b$

$0 = 1+a+b$ $\therefore a+b = -1$ …… ㉠

또한, 함수 $f(x)$가 $x=1$에서 미분가능하려면 $f'(1)$이 존재해야 한다.

$f'(x) = \begin{cases} 0 & (0 < x < 1) \\ 2x+a & (1 < x < 2) \end{cases}$이므로

$\lim\limits_{x \to 1-} f'(x) = \lim\limits_{x \to 1+} f'(x)$에서

$0 = 2+a$ $\therefore a = -2$

이것을 ㉠에 대입하면

$-2+b = -1$ $\therefore b = 1$

$\therefore ab = (-2) \times 1 = -2$ 답 -2

17 조건 (나)에서 $f(x) = f(x+4)$이므로

$f(-1) = f(-1+4) = f(3)$

이때, 조건 (가)에서

$f(x) = ax^3+bx^2-3x+1 (-1 \leq x \leq 3)$이므로

$-a+b+4 = 27a+9b-8$

$\therefore 7a+2b = 3$ …… ㉠

또한, 함수 $f(x)$는 모든 실수 x에서 미분가능하고

$f'(x) = 3ax^2+2bx-3$이므로

$f'(-1) = f'(3)$에서

$3a-2b-3 = 27a+6b-3$

$\therefore 3a+b = 0$ …… ㉡

㉠, ㉡을 연립하여 풀면 $a=3$, $b=-9$

$\therefore a^2+b^2 = 3^2+(-9)^2 = 9+81 = 90$ 답 90

18 $g(x) = |f(x)-4x-5|+f(x)+4x+5$이므로

$f(x) < 4x+5$이면 $g(x) = 8x+10$,

$f(x) \geq 4x+5$이면 $g(x) = 2f(x)$

함수 $g(x)$가 모든 실수 x에서 미분가능하므로 함수 $g(x)$는 모든 실수 x에서 연속이다.

두 함수 $y=2f(x)$와 $y=8x+10$의 그래프가 만나는 점의 x좌표를 k라 하면 $x=k$에서 함수 $g(x)$는 연속이고 미분계수 $g'(k)$가 존재한다.

(i) $x=k$에서 연속일 때,

$8k+10 = 2(2k^3+ak+5)$

$\therefore 4k^3+2(a-4)k = 0$ …… ㉠

(ii) $g'(k)$가 존재할 때,

$f(x) < 4x+5$이면 $g'(x) = 8$,

$f(x) > 4x+5$이면 $g'(x) = 2f'(x) = 2(6x^2+a)$

이므로

$\lim\limits_{x \to k-} g'(x) = \lim\limits_{x \to k+} g'(x)$에서

$8 = 2(6k^2+a)$, $4 = 6k^2+a$

$\therefore a = 4-6k^2$

이것을 ㉠에 대입하면

$4k^3+2(-6k^2)k = 0$, $k^3 = 0$

$\therefore k=0$, $a=4$

(i), (ii)에서 $f(x) = 2x^3+4x+5$이므로

$g(x) = |f(x)-4x-5|+f(x)+4x+5$

$= |2x^3|+2x^3+8x+10$

$\therefore g(5) = |2 \times 5^3|+2 \times 5^3+8 \times 5+10$

$= 250+250+50 = 550$ 답 550

• 다른풀이 •

$g(x) = |f(x)-4x-5|+f(x)+4x+5$에 대하여 함수 $g(x)$가 모든 실수 x에서 미분가능하려면 함수 $y = |f(x)-4x-5|$가 모든 실수 x에서 미분가능해야 한다.

$h(x) = |f(x)-4x-5| = |2x^3+(a-4)x|$라 하면

$h(x)=0$에서 $2x^3+(a-4)x = 0$

$x(2x^2+a-4) = 0$ …… ㉡

(i) $a < 4$일 때,

방정식 ㉡은 서로 다른 세 실근을 가지므로 함수 $y=h(x)$의 그래프는 오른쪽 그림과 같고 모든 실수에서 미분가능하지 않다.

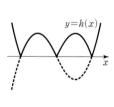

(ii) $a \geq 4$일 때,

방정식 ㉡의 근은 $x=0$뿐이므로 함수 $y=h(x)$는 $x \neq 0$인 모든 실수에서 미분가능하다.

$x=0$에서 미분가능해야 하므로

$h(x) = \begin{cases} -2x^3-(a-4)x & (x<0) \\ 2x^3+(a-4)x & (x \geq 0) \end{cases}$

에서

$$h'(x)=\begin{cases}-6x^2-a+4\ (x<0)\\ 6x^2+a-4\quad (x>0)\end{cases}$$

$\displaystyle\lim_{x\to 0-}h'(x)=\lim_{x\to 0+}h'(x)$이어야 하므로

$\displaystyle\lim_{x\to 0-}(-6x^2-a+4)=\lim_{x\to 0+}(6x^2+a-4)$

$-a+4=a-4\qquad\therefore a=4$

(i), (ii)에서 $a=4$이므로 $f(x)=2x^3+4x+5$

19 $|x^2-2x|=0$에서

$x(x-2)=0\qquad\therefore x=0$ 또는 $x=2$

함수 $y=-x^2+2x=-(x-1)^2+1$에서 최댓값이 1이므로 직선 $y=1$과 함수 $y=x^2-2x$가 만나는 점의 x좌표를 구하면

$x^2-2x=1\qquad\therefore x=1-\sqrt2$ 또는 $x=1+\sqrt2$

즉, 함수 $y=|x^2-2x|$의 그래프는 오른쪽 그림과 같다.

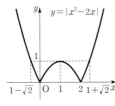

닫힌구간 $[t,\,t+2]$에서 함수 $y=|x^2-2x|$의 최댓값이 $g(t)$이고, 구간의 길이가 2이므로

$t\le 1-\sqrt2$일 때, $g(t)=t^2-2t$

$1-\sqrt2<t<\sqrt2-1$일 때, $g(t)=1$

$t\ge\sqrt2-1$일 때, $g(t)=(t+2)^2-2(t+2)=t^2+2t$

ㄱ. 함수 $y=g(t)$의 그래프는 오른쪽 그림과 같으므로 y축에 대하여 대칭이다.

즉, $g(-t)=g(t)$이다. (참)

ㄴ. 함수 $g(t)$는 $t=1-\sqrt2$, $t=\sqrt2-1$에서 미분가능하지 않으므로 k의 개수는 2이다. (거짓)

ㄷ. $g'(t)=\begin{cases}2t-2\ (t<1-\sqrt2)\\ 0\qquad (1-\sqrt2<t<\sqrt2-1)\\ 2t+2\ (t>\sqrt2-1)\end{cases}$이므로

$|g'(t)|=2$에서 $|2t-2|=2$ 또는 $|2t+2|=2$

$|2t-2|=2$에서 $2t-2=\pm2$

$\therefore t=0$ 또는 $t=2$

그런데 $t<1-\sqrt2$이므로 조건을 만족시키지 않는다.

$|2t+2|=2$에서 $2t+2=\pm2$

$\therefore t=0$ 또는 $t=-2$

그런데 $t>\sqrt2-1$이므로 조건을 만족시키지 않는다.

즉, $|g'(t)|=2$를 만족시키는 t는 존재하지 않는다. (거짓)

따라서 옳은 것은 ㄱ뿐이다. 답 ①

20 다항함수 $f(x)$의 최고차항을 $ax^n\ (a\ne0)$이라 하면 $f'(x)$의 최고차항은 anx^{n-1}이다.

조건 (나)의 $(f\circ f)(x)=f(x)f'(x)+5$에서 좌변과 우변의 최고차항의 차수가 같으므로

$n^2=n+(n-1),\ n^2-2n+1=0$

$(n-1)^2=0\qquad\therefore n=1$

즉, $f(x)$는 일차함수이므로

$f(x)=ax+b\ (a,\ b$는 상수, $a\ne0)$라 하면

$f'(x)=a$

이것을 $(f\circ f)(x)=f(x)f'(x)+5$에 대입하면

$a(ax+b)+b=a(ax+b)+5$

$a^2x+ab+b=a^2x+ab+5$

위의 식이 x에 대한 항등식이므로

$b=5$

이때, 조건 (가)에서 $f(1)=9$이므로

$a+b=a+5=9\qquad\therefore a=4$

따라서 $f(x)=4x+5$이므로

$f(2)=4\times2+5=13$ 답 13

21 다항함수 $f(x)$의 최고차항을 $ax^n\ (a\ne0)$이라 하면 $f'(x)$의 최고차항은 anx^{n-1}이다.

$(x^k-2)f'(x)=f(x)$ $\cdots\cdots$ ㉠

(i) ㉠의 좌변과 우변의 최고차항의 차수가 같으므로

$k+n-1=n\qquad\therefore k=1$

(ii) ㉠의 좌변과 우변의 최고차항의 계수가 같으므로

$an=a,\ a(n-1)=0$

$\therefore n=1\ (\because a\ne0)$

즉, $f(x)$는 일차함수이므로

$f(x)=ax+b\ (a,\ b$는 상수, $a\ne0)$라 하면

$f'(x)=a$

(i), (ii)에서 $f(x)=a(x-2)\ (\because$ ㉠$)$

이때, $f(4)=3$이므로 $2a=3\qquad\therefore a=\dfrac{3}{2}$

따라서 $f(x)=\dfrac{3}{2}(x-2)$이므로

$f(6)=\dfrac{3}{2}\times4=6$ 답 6

22 다항함수 $f(x)$의 최고차항을 $ax^n\ (a\ne0,\ a\ne1)$이라 하자.

조건 (가)에서 $\displaystyle\lim_{x\to\infty}\dfrac{\{f(x)\}^2-f(x^2)}{x^3f(x)}=4$로 극한값이 존재하므로 분자와 분모의 차수가 같아야 한다.

즉, $2n=n+3$이므로 $n=3$

또한, 분자와 분모의 최고차항의 계수의 비가 4이어야 하므로

$\dfrac{a^2-a}{a}=4,\ a-1=4\ (\because a\ne0)$

$\therefore a=5$

즉, $f(x)=5x^3+bx^2+cx+d\ (b,\ c,\ d$는 상수$)$라 하면

$f'(x)=15x^2+2bx+c$ $\cdots\cdots$ ㉠

조건 (나)에서 $\displaystyle\lim_{x\to0}\dfrac{f'(x)}{x}=4$이므로

$\displaystyle\lim_{x\to0}\dfrac{15x^2+2bx+c}{x}=4$

위의 식에서 극한값이 존재하고, $x \to 0$일 때

(분모) $\to 0$이므로 (분자) $\to 0$이어야 한다.

즉, $\lim_{x \to 0}(15x^2+2bx+c)=0$이어야 하므로 $c=0$

$\lim_{x \to 0}\dfrac{15x^2+2bx}{x}=\lim_{x \to 0}(15x+2b)=\lim_{x \to 0}\dfrac{x(15x+2b)}{x}$

$\qquad\qquad\qquad\qquad =2b=4$

$\therefore b=2$

따라서 $f'(x)=15x^2+4x$ ($\because$ ㉠)이므로

$f'(1)=15+4=19$ 답 19

23 조건 ㈏에서 $\lim_{x \to \infty}\dfrac{f(x)+5g(x)}{x^3+1}=5$로 극한값이 존재하

므로 분자와 분모의 차수가 같아야 한다.

즉, 함수 $f(x)+5g(x)$는 최고차항의 계수가 5인 삼차

함수이다.

이때, 두 다항함수 $f(x)$, $g(x)$의 최고차항의 계수가 모

두 1이므로 $f(x)$는 이차 이하의 함수이고, $g(x)$는 삼차

함수이다.

(i) $f(x)$가 상수함수일 때,

　$f(x)=1$이므로 $f'(x)=0$

　그런데 $f'(1)=7$이어야 하므로 모순이다.

　즉, $f(x)$는 상수함수가 아니다.

(ii) $f(x)$가 일차함수일 때,

　$f(x)=x+a$ (a는 상수)라 하면 $f'(x)=1$

　그런데 $f'(1)=7$이어야 하므로 모순이다.

　즉, $f(x)$는 일차함수가 아니다.

(iii) $f(x)$가 이차함수일 때,

　$f(x)=x^2+bx+c$ (b, c는 상수)라 하면

　$f'(x)=2x+b$ $\quad \therefore f'(1)=2+b$

　이때, $f'(1)=7$이므로 $2+b=7$ $\quad \therefore b=5$

　$\therefore f(x)=x^2+5x+c$

(i), (ii), (iii)에서 $f(x)=x^2+5x+c$이므로

조건 ㈎의 $f(x)+g(x)=x^3+4x^2-7$에서

$g(x)=x^3+4x^2-7-f(x)$

$\qquad =x^3+4x^2-7-(x^2+5x+c)$

$\qquad =x^3+3x^2-5x-7-c$

따라서 $g'(x)=3x^2+6x-5$이므로

$g'(2)=3 \times 2^2+6 \times 2-5=19$ 답 19

24 모든 실수 x에 대하여 두 다항함수 $f(x)$, $g(x)$가 각각

$f(-x)=-f(x)$, $g(-x)=-g(x)$를 만족시키므로

두 다항함수 $f(x)$, $g(x)$는 모두 x의 홀수 차수의 항으

로만 이루어진 함수이다.

두 홀수 m, n에 대하여 두 함수 $f(x)$, $g(x)$의 최고차

항을 각각 x^m, x^n이라 하면, $f'(x)$, $g'(x)$의 최고차항은

각각 mx^{m-1}, nx^{n-1}이다.

이때, $\lim_{x \to \infty}\dfrac{f'(x)}{x^2 g'(x)}=3$으로 극한값이 존재하므로 분자

와 분모의 차수가 같다.

즉, $m-1=n+1$이므로 $m=n+2$ $\qquad$ ……㉠

또한, 분자와 분모의 최고차항의 계수의 비가 3이므로

$\dfrac{m}{n}=3$에서 $m=3n$ $\qquad\qquad$ ……㉡

㉠, ㉡에서 $m=3$, $n=1$

따라서 $f(x)$는 삼차함수이고, $g(x)$는 일차함수이다.

$f(x)=x^3+ax$ (a는 상수), $g(x)=x$라 하면

$\lim_{x \to 0}\dfrac{f(x)g(x)}{x^2}=\lim_{x \to 0}\dfrac{x(x^3+ax)}{x^2}$

$\qquad\qquad\qquad =\lim_{x \to 0}(x^2+a)=a$

즉, $a=-1$이므로

$f(x)=x^3-x$, $g(x)=x$

$\therefore f(2)+g(3)=2^3-2+3=9$ 답 9

---

blacklabel 특강 참고

우함수와 기함수

(1) $f(-x)=f(x)$: 함수 $f(x)$는 우함수로, $f(x)$가 다항함수이면 함수 $f(x)$는 x의 짝수 차수의 항으로만 이루어진 함수이다.

(2) $f(-x)=-f(x)$: 함수 $f(x)$는 기함수로, $f(x)$가 다항함수이면 함수 $f(x)$는 x의 홀수 차수의 항으로만 이루어진 함수이다.

---

25 ㄱ. 다항함수 $f(x)$의 최고차항을 ax^n ($a \neq -1$, $a \neq 0$)

이라 하면 $f'(x)$의 최고차항은 anx^{n-1}이다.

$f(x)f'(x)=2f(x)+f'(x)+2x^3+x^2-x-2$에서

좌변의 최고차항의 차수는 $n+(n-1)=2n-1$이고,

우변의 최고차항의 차수는 n 또는 3이다.

그런데 우변의 최고차항의 차수가 n ($n \geq 3$)이면

$2n-1=n$에서 $n=1$이므로 모순이다.

따라서 우변의 최고차항의 차수는 3이므로

$2n-1=3$ $\quad \therefore n=2$

즉, $f(x)$는 이차함수이다. (참)

ㄴ. $f(x)f'(x)=2f(x)+f'(x)+2x^3+x^2-x-2$의

양변에 $x=-1$을 대입하면

$f(-1)f'(-1)$

$=2f(-1)+f'(-1)-2+1+1-2$

$f(-1)f'(-1)-2f(-1)-f'(-1)+2=0$

$f(-1)\{f'(-1)-2\}-\{f'(-1)-2\}=0$

$\therefore \{f(-1)-1\}\{f'(-1)-2\}=0$ (참)

ㄷ. ㄱ에서 $f(x)$가 이차함수이므로 $f(x)=ax^2+bx+c$

(a, b, c는 상수, $a \neq -1$, $a \neq 0$)라 하면

$f'(x)=2ax+b$이므로

$f(x)f'(x)$

$=(ax^2+bx+c)(2ax+b)$

$=2a^2x^3+3abx^2+(b^2+2ac)x+bc$ $\quad$ ……㉠

$2f(x)+f'(x)+2x^3+x^2-x-2$

$=2(ax^2+bx+c)+(2ax+b)+2x^3+x^2-x-2$

$=2x^3+(2a+1)x^2+(2a+2b-1)x+b+2c-2$

$\qquad\qquad\qquad\qquad\qquad\qquad$ ……㉡

㉠=㉡은 x에 대한 항등식이므로

$2a^2=2$, $3ab=2a+1$, $b^2+2ac=2a+2b-1$,

$bc=b+2c-2$

위의 식을 연립하여 풀면 $a=1,\ b=1,\ c=1$

$\therefore f(x)=x^2+x+1$

$\therefore f(2)=2^2+2+1=7$ (거짓)

그러므로 옳은 것은 ㄱ, ㄴ이다.   답 ③

• 다른풀이 •

ㄱ. $f(x)f'(x)=2f(x)+f'(x)+2x^3+x^2-x-2$에서

$f(x)f'(x)-2f(x)-f'(x)+2=2x^3+x^2-x$

$\{f(x)-1\}\{f'(x)-2\}=x(x+1)(2x-1)$

                     ……ⓒ

이때, $f(x)$를 n차다항식이라 하면 $f(x)-1$은 n차,

$f'(x)-2$는 $(n-1)$차다항식이므로

$n+(n-1)=3,\ 2n=4$ $\therefore n=2$

따라서 $f(x)$는 이차함수이다. (참)

ㄴ. ⓒ의 양변에 $x=-1$을 대입하면

$\{f(-1)-1\}\{f'(-1)-2\}=0$ (참)

26 $f(x+y)=f(x)+f(y)+4xy$ ……㉠

ㄱ. ㉠에 $x=0,\ y=0$을 대입하면

$f(0+0)=f(0)+f(0)+0$ $\therefore f(0)=0$

㉠에 $y=-x$를 대입하면

$f(x-x)=f(x)+f(-x)+4x(-x)$

$f(0)=f(x)+f(-x)-4x^2$

$\therefore f(x)+f(-x)=4x^2$ (참)

ㄴ. $f'(x)=\lim_{h\to0}\dfrac{f(x+h)-f(x)}{h}$

$\qquad\quad=\lim_{h\to0}\dfrac{f(x)+f(h)+4xh-f(x)}{h}$ ($\because$ ㉠)

$\qquad\quad=\lim_{h\to0}\left\{\dfrac{f(h)-f(0)}{h}+4x\right\}$

$\qquad\quad=f'(0)+4x$

$f'(0)=2$이므로 $f'(x)=2+4x$ (거짓)

ㄷ. ㄴ에서 $f'(x)=4x+2$이므로 이 식에 x 대신 $-x$를 대입하면 $f'(-x)=-4x+2$

$\therefore f'(x)+f'(-x)=4x+2+(-4x+2)$

$\qquad\qquad\qquad\quad=4$ (거짓)

따라서 옳은 것은 ㄱ뿐이다.   답 ①

27   조건 ㈎에서 $f(x-y)=f(x)-f(y)+xy(x-y)$의

양변에 $x=0,\ y=0$을 대입하면

$f(0)=f(0)-f(0)+0$ $\therefore f(0)=0$

조건 ㈏에서 $f'(0)=8$이므로

$f'(0)=\lim_{h\to0}\dfrac{f(h)-f(0)}{h}=\lim_{h\to0}\dfrac{f(h)}{h}=8$ ……㉠

$f'(a)$

$=\lim_{h\to0}\dfrac{f(a+h)-f(a)}{h}$

$=\lim_{h\to0}\dfrac{f(a)-f(-h)+a\times(-h)\times(a+h)-f(a)}{h}$

$=\lim_{h\to0}\left\{\dfrac{f(-h)}{-h}-a^2-ah\right\}=8-a^2$ ($\because$ ㉠)

조건 ㈐에서 $f'(a)=0$이므로

$8-a^2=0$ $\therefore a^2=8$

같은 방법으로 $f'(b)=0$이므로 $b^2=8$

$\therefore a^2+b^2=8+8=16$ 답 16

단계	채점 기준	배점
㈎	조건 ㈎에서 주어진 식에 $x=0$, $y=0$을 대입하여 $f(0)$의 값을 구한 경우	30%
㈏	미분계수의 정의에 따라 $f'(a)$(또는 $f'(b)$)를 구한 경우	50%
㈐	$f'(a)=f'(b)=0$을 이용하여 a^2+b^2의 값을 구한 경우	20%

28 $g(x+y)=g(x)+g(y)+2xy$의 양변에 $x=0,\ y=0$을

대입하면

$g(0)=g(0)+g(0)+0$ $\therefore g(0)=0$

$g'(x)=\lim_{h\to0}\dfrac{g(x+h)-g(x)}{h}$

$\qquad\quad=\lim_{h\to0}\dfrac{g(x)+g(h)+2xh-g(x)}{h}$

$\qquad\quad=\lim_{h\to0}\dfrac{g(h)+2xh}{h}$

$\qquad\quad=\lim_{h\to0}\left\{\dfrac{g(h)-g(0)}{h-0}+2x\right\}$

$\qquad\quad=g'(0)+2x$

$g'(3)=\dfrac{21}{5}$이므로 $g'(0)+6=\dfrac{21}{5}$

$\therefore g'(0)=-\dfrac{9}{5}$

즉, $g'(x)=2x-\dfrac{9}{5}$

한편, 함수 $f(x)$가 $x=1$에서 연속이므로

$\lim_{x\to1}f(x)=f(1)$에서

$\lim_{x\to1}\dfrac{g(x)-2kx}{x-1}=5k+3$

위의 식에서 극한값이 존재하고 $x\to1$일 때

(분모)$\to0$이므로 (분자)$\to0$이어야 한다.

즉, $\lim_{x\to1}\{g(x)-2kx\}=0$이므로

$g(1)=2k$

또한,

$\lim_{x\to1}\dfrac{g(x)-2kx}{x-1}=\lim_{x\to1}\dfrac{g(x)-2kx+2k-g(1)}{x-1}$

$\qquad\qquad\qquad\quad=\lim_{x\to1}\dfrac{g(x)-g(1)-2k(x-1)}{x-1}$

$\qquad\qquad\qquad\quad=\lim_{x\to1}\left\{\dfrac{g(x)-g(1)}{x-1}-2k\right\}$

$\qquad\qquad\qquad\quad=g'(1)-2k=5k+3$

이때, $g'(x)=2x-\dfrac{9}{5}$에서 $g'(1)=\dfrac{1}{5}$이므로

$\dfrac{1}{5}-2k=5k+3,\ 7k=-\dfrac{14}{5}$ $\therefore k=-\dfrac{2}{5}$ 답 $-\dfrac{2}{5}$

29 $x\{f(x+y)-f(x-y)\}=4y\{f(x)+g(y)\}$ 의 양변에
$y=h$를 대입하면
$$x\{f(x+h)-f(x-h)\}=4h\{f(x)+g(h)\}$$
$$\therefore x\times\frac{f(x+h)-f(x-h)}{2h}=2\{f(x)+g(h)\}$$
$$\cdots\cdots\text{㉠}$$

이때, 두 다항함수 $f(x)$, $g(x)$는 실수 전체의 집합에서
연속이면서 미분가능하므로 ㉠의 좌변에서
$$\lim_{h\to0}\left\{x\times\frac{f(x+h)-f(x-h)}{2h}\right\}$$
$$=\lim_{h\to0}\left\{x\times\frac{f(x+h)-f(x)-f(x-h)+f(x)}{2h}\right\}$$
$$=\frac{x}{2}\lim_{h\to0}\left\{\frac{f(x+h)-f(x)}{h}+\frac{f(x-h)-f(x)}{-h}\right\}$$
$$=\frac{x}{2}\times2f'(x)=xf'(x)$$
㉠의 우변에서
$$\lim_{h\to0}2\{f(x)+g(h)\}=2\{f(x)+g(0)\}$$
$$=2\{f(x)+1\}\ (\because g(0)=1)$$
$$\therefore xf'(x)=2\{f(x)+1\}\qquad\cdots\cdots\text{㉡}$$
이때, 다항함수 $f(x)$의 최고차항을 $ax^n\ (a\neq0)$이라 하
면 $f'(x)$의 최고차항은 anx^{n-1}이므로 $xf'(x)$의 최고차
항의 계수는 an이고, $2\{f(x)+1\}$의 최고차항의 계수는
$2a$이다.
즉, $an=2a$이므로 $a(n-2)=0$
$$\therefore n=2\ (\because a\neq0)$$
즉, $f(x)$는 이차함수이므로
$$f(x)=ax^2+bx+c\ (\text{단, } a,\ b,\ c\text{는 상수, } a\neq0)$$
라 하면 $f'(x)=2ax+b$
㉡에서 $x(2ax+b)=2(ax^2+bx+c+1)$
$$2ax^2+bx=2ax^2+2bx+2c+2$$
위의 식이 x에 대한 항등식이므로
$$b=2b,\ 0=2c+2\qquad\therefore b=0,\ c=-1$$
또한, $f(1)=4$이므로 $a+b+c=4$ $\quad\therefore a=5$
따라서 $f(x)=5x^2-1$이므로 $f'(x)=10x$
$$\therefore f'(2)=10\times2=20$$
답 ①

• 다른풀이 •

$x\{f(x+y)-f(x-y)\}=4y\{f(x)+g(y)\}\quad\cdots\cdots\text{㉢}$
㉢의 양변에 $x=0$을 대입하면
$$4y\{f(0)+g(y)\}=0$$
위의 식이 모든 실수 y에 대하여 성립해야 하므로
$$g(y)=-f(0)$$
즉, 함수 $g(x)$는 상수함수이므로
$$g(x)=1\ (\because g(0)=1)$$
$$\therefore f(0)=-g(y)=-1$$
㉢의 양변에 $x=1$, $y=1$을 대입하면
$$f(2)-f(0)=4\{f(1)+g(1)\}$$
$$f(2)-(-1)=4(4+1)$$
$$\therefore f(2)=19$$

한편, $y\neq0$이라 하고 ㉢의 양변을 y로 나누면
$$\frac{x\{f(x+y)-f(x-y)\}}{y}=4\{f(x)+g(y)\}$$
위의 식의 양변에 $x=2$를 대입하면
$$\frac{2\{f(2+y)-f(2-y)\}}{y}=4\{f(2)+g(y)\}$$
$$\frac{f(2+y)-f(2-y)}{y}=2\{f(2)+g(y)\}$$
위의 식의 양변에 $\lim\limits_{y\to0}$을 취하면
$$\lim_{y\to0}\frac{f(2+y)-f(2-y)}{y}=\lim_{y\to0}2\{f(2)+g(y)\}$$
$$\lim_{y\to0}\left\{\frac{f(2+y)-f(2)}{y}+\frac{f(2-y)-f(2)}{-y}\right\}$$
$$=\lim_{y\to0}2\{f(2)+g(y)\}$$
$$2f'(2)=2\{f(2)+g(0)\}$$
$$\therefore f'(2)=f(2)+g(0)=19+1=20$$

30 해결단계

❶단계	주어진 식에 $y=0$을 대입한 결과와 $f(0)\geq1$을 이용하여 $f(0)$의 값을 구한다.
❷단계	주어진 식과 도함수의 정의를 이용하여 $f'(x)$를 구한다.
❸단계	$f'(2)$의 값을 구한다.

$f(x+y)\geq f(x)+f(y)-(xy-1)^2$에서
$$f(x+y)-f(x)\geq f(y)-(xy-1)^2\quad\cdots\cdots\text{㉠}$$
위의 식의 양변에 $y=0$을 대입하면
$$f(x)-f(x)\geq f(0)-(-1)^2\qquad\therefore f(0)\leq1$$
그런데 $f(0)\geq1$이므로 $f(0)=1$
㉠에서 $f(x+y)-f(x)\geq f(y)-x^2y^2+2xy-1$이므로
(i) $h<0$일 때, $y=h$를 대입하고 양변을 h로 나누면
$$\frac{f(x+h)-f(x)}{h}\leq\frac{f(h)-1}{h}+2x-x^2h\text{에서}$$
$$\frac{f(x+h)-f(x)}{h}\leq\frac{f(h)-f(0)}{h-0}+2x-x^2h$$
$$\lim_{h\to0-}\frac{f(x+h)-f(x)}{h}$$
$$\leq\lim_{h\to0-}\left\{\frac{f(h)-f(0)}{h-0}+2x-x^2h\right\}$$
함수 $f(x)$가 미분가능하므로 $f'(x)\leq f'(0)+2x$
$$\therefore f'(x)\leq2x+1\ (\because f'(0)=1)$$
(ii) $h>0$일 때, $y=h$를 대입하고 양변을 h로 나누면
$$\frac{f(x+h)-f(x)}{h}\geq\frac{f(h)-1}{h}+2x-x^2h\text{에서}$$
$$\frac{f(x+h)-f(x)}{h}\geq\frac{f(h)-f(0)}{h-0}+2x-x^2h$$
$$\lim_{h\to0+}\frac{f(x+h)-f(x)}{h}$$
$$\geq\lim_{h\to0+}\left\{\frac{f(h)-f(0)}{h-0}+2x-x^2h\right\}$$
함수 $f(x)$가 미분가능하므로 $f'(x)\geq f'(0)+2x$
$$\therefore f'(x)\geq2x+1\ (\because f'(0)=1)$$
(i), (ii)에서 $f'(x)=2x+1$
$$\therefore f'(2)=2\times2+1=5$$
답 5

31 $F(x)=f(x)g(x)$라 하자.

조건 ㈎에서 $F(0)=f(0)g(0)=1\times 4=4$

조건 ㈏에서 $\lim\limits_{x\to 0}\dfrac{F(x)-F(0)}{x}=F'(0)=0$

$F'(x)=f'(x)g(x)+f(x)g'(x)$이므로

$\begin{aligned}F'(0)&=f'(0)g(0)+f(0)g'(0)\\&=(-6)\times 4+1\times g'(0)\\&=-24+g'(0)=0\end{aligned}$

$\therefore g'(0)=24$

답 24

32 $f(x)=(x-n)(x-2n)(x-4n)$이므로

$\begin{aligned}f'(x)&=(x-2n)(x-4n)+(x-n)(x-4n)\\&\quad+(x-n)(x-2n)\end{aligned}$

$\therefore \dfrac{f'(x)}{f(x)}=\dfrac{1}{x-n}+\dfrac{1}{x-2n}+\dfrac{1}{x-4n}$

$\dfrac{1}{x-2n}+\dfrac{1}{x-4n}<\dfrac{f'(x)}{f(x)}<\dfrac{1}{x-n}+\dfrac{1}{x-2n}$에서

$\dfrac{1}{x-2n}+\dfrac{1}{x-4n}<\dfrac{1}{x-n}+\dfrac{1}{x-2n}+\dfrac{1}{x-4n}$

$\qquad\qquad\qquad\qquad<\dfrac{1}{x-n}+\dfrac{1}{x-2n}$

$\dfrac{1}{x-2n}+\dfrac{1}{x-4n}<\dfrac{1}{x-n}+\dfrac{1}{x-2n}+\dfrac{1}{x-4n}$에서

$0<\dfrac{1}{x-n},\ x-n>0 \qquad \therefore x>n \qquad \cdots\cdots \text{㉠}$

$\dfrac{1}{x-n}+\dfrac{1}{x-2n}+\dfrac{1}{x-4n}<\dfrac{1}{x-n}+\dfrac{1}{x-2n}$에서

$\dfrac{1}{x-4n}<0,\ x-4n<0 \qquad \therefore x<4n \qquad \cdots\cdots \text{㉡}$

또한, 부등식에서 분모는 0이 될 수 없으므로

$x\ne n$이고 $x\ne 2n$이고 $x\ne 4n$ $\qquad\cdots\cdots$ ㉢

㉠, ㉡, ㉢에서

$n<x<2n$ 또는 $2n<x<4n$

위의 부등식을 만족시키는 자연수 x의 개수가 19이므로

$(2n-n-1)+(4n-2n-1)=19,\ 3n=21$

$\therefore n=7$

답 7

33 다항식 $ax^{n+1}+bx^n+1$을 $(x-1)^2$으로 나눈 몫을 $Q(x)$라 하면

$ax^{n+1}+bx^n+1=(x-1)^2 Q(x) \qquad \cdots\cdots \text{㉠}$

㉠의 양변을 x에 대하여 미분하면

$a(n+1)x^n+bnx^{n-1}=2(x-1)Q(x)+(x-1)^2 Q'(x)$

$\qquad\qquad\qquad\qquad\qquad\qquad \cdots\cdots \text{㉡}$

㉠, ㉡의 양변에 각각 $x=1$을 대입하면

$a+b+1=0 \qquad\cdots\cdots$ ㉢

$a(n+1)+bn=0 \qquad\cdots\cdots$ ㉣

㉢에서 $a=-b-1$이므로 이것을 ㉣에 대입하면

$(-b-1)(n+1)+bn=0,\ -b-n-1=0$

$\therefore b=-n-1$

따라서 $f(n)=-n-1$이므로

$f(10)=-11$

답 -11

34 $\lim\limits_{x\to\infty}\dfrac{f(x)}{x^m}=1$에서 함수 $f(x)$의 최고차항은 x^m이므로 함수 $f'(x)$의 최고차항은 mx^{m-1}이다.

즉, $\lim\limits_{x\to\infty}\dfrac{f'(x)}{x^{m-1}}=a$에서 $m=a \qquad \cdots\cdots \text{㉠}$

ㄱ. $\lim\limits_{x\to 0}\dfrac{f(x)}{x^n}=b$에서 다항함수 $g(x)$에 대하여

$f(x)=x^n g(x)$라 할 수 있으므로 $m\ge n$ (참)

ㄴ. ㉠에서 $f(x)=x^n g(x)$이므로

$\begin{aligned}\lim\limits_{x\to 0}\dfrac{f(x)}{x^n}&=\lim\limits_{x\to 0}\dfrac{x^n g(x)}{x^n}\\&=\lim\limits_{x\to 0}g(x)\\&=g(0)=b \qquad\cdots\cdots \text{㉡}\end{aligned}$

또한, $f'(x)=nx^{n-1}g(x)+x^n g'(x)$이므로

$\begin{aligned}\lim\limits_{x\to 0}\dfrac{f'(x)}{x^{n-1}}&=\lim\limits_{x\to 0}\dfrac{nx^{n-1}g(x)+x^n g'(x)}{x^{n-1}}\\&=\lim\limits_{x\to 0}\{ng(x)+xg'(x)\}\\&=ng(0)=9\end{aligned}$

$\therefore g(0)=\dfrac{9}{n} \qquad\cdots\cdots \text{㉢}$

㉡, ㉢에서 $\dfrac{9}{n}=b \qquad\cdots\cdots \text{㉣}$

이때, ㉠의 $m\ge n$에서 $\dfrac{m}{n}\ge 1$이므로

$ab=m\times\dfrac{9}{n}$ ($\because$ ㉠, ㉣)

$\qquad=9\times\dfrac{m}{n}\ge 9$ (참)

ㄷ. $f(x)$가 삼차함수이면

$a=m=3$이므로 $am=9$

㉣에서 $bn=9$

$\therefore am=bn$ (참)

따라서 ㄱ, ㄴ, ㄷ 모두 옳다.

답 ⑤

35 조건 ㈏의 $-x^2-3\le f(x)-4x\le x^2+3$에서

$-x^2+4x-3\le f(x)\le x^2+4x+3 \qquad\cdots\cdots \text{㉠}$

이므로 $f(x)$는 이차 이하의 다항함수이다.

조건 ㈎의 $f(-x)=-f(x)$에서 다항함수 $f(x)$는 홀수 차수의 항으로만 이루어진 함수이므로

$f(x)=ax$ (단, $a\ne 0$)

라 할 수 있다.

㉠에서 직선 $f(x)=ax$는 두 함수 $y=-x^2+4x-3$, $y=x^2+4x+3$의 그래프 사이에 위치해야 하므로

$x^2+4x+3=ax$에서 $x^2+(4-a)x+3=0$

위의 이차방정식의 판별식을 D라 하면

$D=(4-a)^2-12=0,\ (a-4)^2=12$

$\therefore a=4\pm 2\sqrt{3}$

이때, 두 함수 $y=-x^2+4x-3$, $y=x^2+4x+3$의 그래프가 서로 원점에 대하여 대칭이므로 다음 그림과 같이 두 직선 $y=(4+2\sqrt{3})x$, $y=(4-2\sqrt{3})x$는 두 이차함수의 공통인 접선이다.

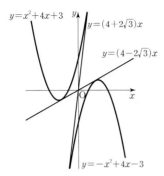

$$\therefore\ 4-2\sqrt{3}\leq a\leq 4+2\sqrt{3}\ \quad\cdots\cdots\ \text{ⓛ}$$

한편, $f(x)=ax$에 대하여

$$g(x)=(2x-3)^3f(x)=ax(2x-3)^3$$

이므로

$$g'(x)=a(2x-3)^3+ax\times3(2x-3)^2\times2$$

$$\therefore\ g'(2)=a+12a=13a$$

ⓛ의 각 변에 13을 곱하면

$$52-26\sqrt{3}\leq 13a\leq 52+26\sqrt{3}$$

따라서 $g'(2)$의 최댓값은 $M=52+26\sqrt{3}$, 최솟값은

$m=52-26\sqrt{3}$이므로 $M+m=104$　　　　답 104

Step 3 1등급을 넘어서는 **종합 사고력 문제**　　　　p. 36

01 54	02 $\dfrac{1}{2}$	03 24	04 110	05 ⑤
06 6	07 8			

---

01 해결단계

❶단계	주어진 식에서 좌변과 우변의 최고차항을 비교하여 함수 $f(x)$의 최고차항을 구한다.
❷단계	$f(x)=x^4+ax^3+bx^2+cx+d$라 하고 $g(x)$, $h(x)$를 각각 구한다.
❸단계	❷단계에서 구한 식을 주어진 식에 대입하여 $f(x)$를 구하고, $f(-1)$의 값을 구한다.

$g(x)$는 $f(x)$의 도함수, $h(x)$는 $g(x)$의 도함수이므로

$$g(x)=f'(x),\ h(x)=g'(x)$$

$f(x)+h(x)=2g(x)+x^4+1$에서 좌변 $f(x)+h(x)$의 최고차항은 $f(x)$의 최고차항과 같고 $g(x)$의 차수는 $f(x)$보다 작으므로 우변 $2g(x)+x^4+1$의 최고차항은 x^4이다.

따라서 $f(x)$는 최고차항이 x^4인 사차함수이므로

$f(x)=x^4+ax^3+bx^2+cx+d$ (a, b, c, d는 상수)라 하면

$$g(x)=f'(x)=4x^3+3ax^2+2bx+c$$

$$h(x)=g'(x)=12x^2+6ax+2b$$

이것을 주어진 식에 대입하면

$$f(x)+h(x)$$

$$=x^4+ax^3+(b+12)x^2+(6a+c)x+2b+d\ \quad\cdots\cdots\ \text{㉠}$$

$$2g(x)+x^4+1$$

$$=x^4+8x^3+6ax^2+4bx+2c+1\ \quad\cdots\cdots\ \text{㉡}$$

㉠=㉡은 x에 대한 항등식이므로

$$a=8,\ b+12=6a,\ 6a+c=4b,\ 2b+d=2c+1$$

$$\therefore\ a=8,\ b=36,\ c=96,\ d=121$$

따라서 $f(x)=x^4+8x^3+36x^2+96x+121$이므로

$$f(-1)=1-8+36-96+121=54\ \quad\quad\text{답 } 54$$

02 해결단계

❶단계	조건 ㈐를 이용하여 $f_1'(0)$과 $f_2'(0)$ 사이의 관계를 구한다.
❷단계	미분계수의 정의를 이용하여 조건 ㈏의 등식의 우변을 미분계수로 표현한다.
❸단계	❷단계에서 구한 식을 정리한 후, 이차방정식의 근과 계수의 관계를 이용하여 k의 값을 구한다.

조건 ㈐에서 $f_1'(0)\times f_2'(0)=-1$　　　$\cdots\cdots$ ㉠

조건 ㈏에서

$$f_i'(0)=\lim_{x\to0}\frac{f_i(x)+2kx}{f_i(x)+kx}\ (i=1,\ 2)$$

$$=\lim_{x\to0}\frac{\dfrac{f_i(x)}{x}+2k}{\dfrac{f_i(x)}{x}+k}$$

$$=\lim_{x\to0}\frac{\dfrac{f_i(x)-f_i(0)}{x}+2k}{\dfrac{f_i(x)-f_i(0)}{x}+k}\ (\because\ \text{조건 ㈎})$$

$$=\frac{f_i'(0)+2k}{f_i'(0)+k}$$

즉, $f_i'(0)\{f_i'(0)+k\}=f_i'(0)+2k$이므로

$$\{f_i'(0)\}^2+(k-1)f_i'(0)-2k=0\ \quad\cdots\cdots\ \text{ⓛ}$$

이때, ⓛ은 $f_1'(0)$, $f_2'(0)$을 두 근으로 갖는 이차방정식이므로 이차방정식의 근과 계수의 관계에 의하여

$$f_1'(0)\times f_2'(0)=-2k=-1\ (\because\ \text{㉠})$$

$$\therefore\ k=\frac{1}{2}\quad\quad\quad\quad\text{답 }\frac{1}{2}$$

03 해결단계

❶단계	$0<t\leq1$, $1<t\leq2$, $2<t\leq3$으로 나누어 주어진 도형과 정사각형이 서로 겹치는 부분의 넓이 $f(t)$를 구한다.
❷단계	❶단계에서 구한 함수 $f(t)$를 이용하여 $f'(t)$를 구한 후, $\sum\limits_{k=1}^{6}2f'\left(\dfrac{2k-1}{4}\right)$의 값을 구한다.

(i) $0<t\leq1$일 때,

$f(t)$는 사다리꼴의 넓이이므로

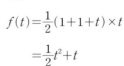

$$f(t)=\frac{1}{2}(1+1+t)\times t$$

$$=\frac{1}{2}t^2+t$$

$$\therefore\ f'(t)=t+1\ (0<t<1)$$

(ii) $1<t\leq2$일 때,

$f(t)$는 오각형의 넓이이므로

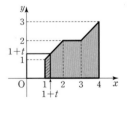

$$f(t)=\frac{1}{2}(1+2)\times1$$

$$+(1+t-2)\times2$$

$$=2t-\frac{1}{2}$$

$$\therefore f'(t)=2 \ (1<t<2)$$

(iii) $2<t\le3$일 때,

$f(t)$는 육각형의 넓이이고, 오른쪽 그림에서 두 점 A, B를 지나는 직선의 방정식은 $y=x-1$이므로

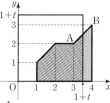

$$f(t)=\frac{1}{2}(1+2)\times1+1\times2+\frac{1}{2}(2+t)(1+t-3)$$

$$=\frac{3}{2}+2+\frac{1}{2}(t+2)(t-2)$$

$$=\frac{1}{2}t^2+\frac{3}{2}$$

$$\therefore f'(t)=t \ (2<t<3)$$

(i), (ii), (iii)에서

$$f'(t)=\begin{cases} t+1 & (0<t<1) \\ 2 & (1<t<2) \\ t & (2<t<3) \end{cases}$$

$$\therefore \sum_{k=1}^{6} 2f'\left(\frac{2k-1}{4}\right)$$

$$=2\left\{f'\left(\frac{1}{4}\right)+f'\left(\frac{3}{4}\right)+f'\left(\frac{5}{4}\right)+f'\left(\frac{7}{4}\right)\right.$$
$$\left.+f'\left(\frac{9}{4}\right)+f'\left(\frac{11}{4}\right)\right\}$$

$$=2\left\{\left(\frac{1}{4}+1\right)+\left(\frac{3}{4}+1\right)+2+2+\frac{9}{4}+\frac{11}{4}\right\}$$

$$=2(3+4+5)=24$$

답 24

04 해결단계

❶단계	함수 $f(x)$의 미분불가능한 점을 찾아 경우를 나누어 각 경우에 따라 함수 $g(x)$를 구한다.
❷단계	$\sum_{k=0}^{10} g(k)$의 값을 구한다.

$$f(x)=|x^2-5x+6|=|(x-2)(x-3)|$$

$$=\begin{cases} x^2-5x+6 & (x\le2 \text{ 또는 } x\ge3) \\ -x^2+5x-6 & (2<x<3) \end{cases}$$

(i) $x\ne2,\ x\ne3$일 때,

함수 $f(x)$는 미분가능하므로

$g(x)$

$$=\lim_{h\to0}\frac{f(x+h)-f(x-h)}{h}$$

$$=\lim_{h\to0}\frac{f(x+h)-f(x)-f(x-h)+f(x)}{h}$$

$$=\lim_{h\to0}\left\{\frac{f(x+h)-f(x)}{h}+\frac{f(x-h)-f(x)}{-h}\right\}$$

$$=f'(x)+f'(x)=2f'(x)$$

(ii) $x=2$일 때,

$$g(2)=\lim_{h\to0}\frac{f(2+h)-f(2-h)}{h}$$

$$=\lim_{h\to0}\frac{|h(-1+h)|-|-h(-1-h)|}{h}$$

$$=\lim_{h\to0}\frac{|h|(1-h)-|h|(1+h)}{h}$$

$$=\lim_{h\to0}\frac{-2h|h|}{h}$$

$$=\lim_{h\to0}(-2|h|)=0$$

(iii) $x=3$일 때,

$$g(3)=\lim_{h\to0}\frac{f(3+h)-f(3-h)}{h}$$

$$=\lim_{h\to0}\frac{|(1+h)h|-|(1-h)(-h)|}{h}$$

$$=\lim_{h\to0}\frac{|h|(1+h)-|h|(1-h)}{h}$$

$$=\lim_{h\to0}\frac{2h|h|}{h}$$

$$=\lim_{h\to0}2|h|=0$$

(i), (ii), (iii)에서

$$g(x)=\begin{cases} 4x-10 & (x<2 \text{ 또는 } x>3) \\ -4x+10 & (2<x<3) \\ 0 & (x=2 \text{ 또는 } x=3) \end{cases}$$

$$\therefore \sum_{k=0}^{10} g(k)$$

$$=g(0)+g(1)+g(2)+g(3)+\sum_{k=4}^{10}(4k-10)$$

$$=(-10)+(-6)+0+0+\frac{7(6+30)}{2}$$

$$=-16+126=110$$

답 110

05 해결단계

❶단계	조건 ㈎, ㈏에서 주어진 식의 양변에 $x=0$, $h=0$을 대입하여 ㄱ의 참, 거짓을 판별한다.
❷단계	조건 ㈎에서 주어진 식과 미분계수의 정의를 이용하여 ㄴ의 참, 거짓을 판별한다.
❸단계	조건 ㈏에서 주어진 식과 도함수의 정의를 이용하여 ㄷ의 참, 거짓을 판별한다.

ㄱ. 조건 ㈎의 $f(x)\ge x+1$의 양변에 $x=0$을 대입하면

$$f(0)\ge1 \qquad\cdots\cdots \text{㉠}$$

조건 ㈏의 $f(x+h)\ge f(x)f(h)$의 양변에 $x=0$, $h=0$을 대입하면

$$f(0)\ge\{f(0)\}^2,\ f(0)\{f(0)-1\}\le0$$

$$\therefore 0\le f(0)\le1 \qquad\cdots\cdots \text{㉡}$$

㉠, ㉡에서 $f(0)=1$ (참)

ㄴ. 조건 ㈎의 $f(x)\ge x+1$의 양변에 $x=h$를 대입하면

$$f(h)\ge h+1$$

ㄱ에서 $f(0)=1$이므로

$$f(h)-f(0)\ge h$$

(i) $h<0$일 때,

$$\frac{f(h)-f(0)}{h}\le1\text{이므로 } \lim_{h\to0-}\frac{f(h)-f(0)}{h}\le1$$

(ii) $h>0$일 때,

$$\frac{f(h)-f(0)}{h}\ge1\text{이므로 } \lim_{h\to0+}\frac{f(h)-f(0)}{h}\ge1$$

이때, 함수 $f(x)$는 실수 전체의 집합에서 미분가능

하므로 $f'(0)=1$ (참)

ㄷ. 조건 ㈏의 $f(x+h) \geq f(x)f(h)$에서

$f(x+h)-f(x) \geq f(x)f(h)-f(x)$

$\therefore f(x+h)-f(x) \geq f(x)\{f(h)-1\}$

(i) $h<0$일 때,

$\dfrac{f(x+h)-f(x)}{h} \leq f(x) \times \dfrac{f(h)-1}{h}$

$\displaystyle\lim_{h \to 0-} \dfrac{f(x+h)-f(x)}{h}$

$\qquad\qquad \leq \displaystyle\lim_{h \to 0-} \left\{f(x) \times \dfrac{f(h)-1}{h}\right\}$

$\therefore \displaystyle\lim_{h \to 0-} \dfrac{f(x+h)-f(x)}{h} \leq f(x)f'(0)$

$\qquad\qquad\qquad\qquad = f(x) \times 1 \ (\because \text{ㄴ})$

$\qquad\qquad\qquad\qquad = f(x)$

(ii) $h>0$일 때,

$\dfrac{f(x+h)-f(x)}{h} \geq f(x) \times \dfrac{f(h)-1}{h}$

$\displaystyle\lim_{h \to 0+} \dfrac{f(x+h)-f(x)}{h}$

$\qquad\qquad \geq \displaystyle\lim_{h \to 0+} \left\{f(x) \times \dfrac{f(h)-1}{h}\right\}$

$\therefore \displaystyle\lim_{h \to 0+} \dfrac{f(x+h)-f(x)}{h} \geq f(x)f'(0)$

$\qquad\qquad\qquad\qquad = f(x) \times 1 \ (\because \text{ㄴ})$

$\qquad\qquad\qquad\qquad = f(x)$

이때, 함수 $f(x)$는 실수 전체의 집합에서 미분가능

하므로 $f'(x)=f(x)$ (참)

따라서 ㄱ, ㄴ, ㄷ 모두 옳다.　　　　　　답 ⑤

06 해결단계

❶단계	함수 $f(x)$를 이용하여 함수 $g(x)$의 그래프의 개형을 파악한다.
❷단계	함수 $g(x)$가 한 점에서만 미분가능하지 않도록 하는 양수 t의 값을 모두 구한 후, 그 합을 구한다.

$g(x)=\begin{cases} f(x) & (x \leq 0 \text{ 또는 } x \geq t) \\ \dfrac{f(t)}{t}x & (0<x<t) \end{cases}$ 에서 원점 O와 점

P$(t, f(t))$에 대하여 $\dfrac{f(t)}{t}$는 직선 OP의 기울기이므로

$y=\dfrac{f(t)}{t}x$는 직선 OP의 방정식이다.

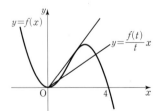

즉, 함수 $y=g(x)$의 그래프는 $x \leq 0$ 또는 $x \geq t$에서 함수 $y=f(x)$의 그래프이고, $0<x<t$에서는 선분 OP이다.

이때, 함수 $g(x)$가 오직 한 점에서만 미분가능하지 않으므로 $x=0$ 또는 $x=t$ 둘 중 한 점에서만 미분가능하지

않아야 한다.

(i) $x=0$에서 미분가능하지 않을 때,

$x=t$에서 미분가능하므로 직선 OP는 점 P에서의 함수 $y=f(x)$의 접선과 같아야 한다.

즉, $f'(t)=\dfrac{f(t)}{t}$이어야 하므로

$-3t^2+8t=\dfrac{-t^3+4t^2}{t}$ 　$\begin{smallmatrix} f(x)=-x^3+4x^2\text{에서} \\ f'(x)=-3x^2+8x \end{smallmatrix}$

$-3t^2+8t=-t^2+4t \ (\because t \neq 0)$

$2t^2-4t=0, \ 2t(t-2)=0$

$\therefore t=2 \ (\because t>0)$

이때, 직선 OP의 방정식은 $y=4x$이고 $f'(0)=0$이므로 $t=2$이면 함수 $g(x)$는 $x=0$에서 미분가능하지

않다.

(ii) $x=t$에서 미분가능하지 않을 때,

$x=0$에서 미분가능하므로 직선 OP는 원점 O에서의 함수 $y=f(x)$의 접선과 같아야 한다.

즉, $f'(0)=\dfrac{f(t)}{t}$이어야 하고 $f'(x)=-3x^2+8x$에

서 $f'(0)=0$이므로

$0=\dfrac{-t^3+4t^2}{t}, \ -t^2+4t=0 \ (\because t \neq 0)$

$-t(t-4)=0 \qquad \therefore t=4 \ (\because t>0)$

이때, 직선 OP의 방정식은 $y=0$이고 $f'(4)=-16$이

므로 $t=4$이면 함수 $g(x)$는 $x=t$에서 미분가능하지

않다.

(i), (ii)에서 구하는 양수 t의 값의 합은

$2+4=6$　　　　　　　　　　　　　　　　답 6

• 다른풀이 •

$g(x)=\begin{cases} f(x) & (x \leq 0 \text{ 또는 } x \geq t) \\ \dfrac{f(t)}{t}x & (0<x<t) \end{cases}$

$\quad = \begin{cases} -x^3+4x^2 & (x \leq 0 \text{ 또는 } x \geq t) \\ (-t^2+4t)x & (0<x<t) \end{cases}$

이므로

$g'(x)=\begin{cases} -3x^2+8x & (x<0 \text{ 또는 } x>t) \\ -t^2+4t & (0<x<t) \end{cases}$

이때, 함수 $g(x)$는 $x=0$ 또는 $x=t$ 둘 중 한 점에서만

미분가능하지 않아야 한다.

(i) $x=0$에서 미분가능하지 않을 때,

$\displaystyle\lim_{x \to 0-} g'(x) \neq \displaystyle\lim_{x \to 0+} g'(x)$이어야 하므로

$-t^2+4t \neq 0, \ -t(t-4) \neq 0$

$\therefore t \neq 0$이고 $t \neq 4$

$\displaystyle\lim_{x \to t-} g'(x) = \displaystyle\lim_{x \to t+} g'(x)$이어야 하므로

$-t^2+4t=-3t^2+8t, \ 2t^2-4t=0$

$2t(t-2)=0 \qquad \therefore t=0$ 또는 $t=2$

따라서 $t=2$이다.

(ii) $x=t$에서 미분가능하지 않을 때,

$\displaystyle\lim_{x \to 0-} g'(x) = \displaystyle\lim_{x \to 0+} g'(x)$이어야 하므로

$-t^2+4t=0$, $-t(t-4)=0$

$\therefore t=0$ 또는 $t=4$

$\lim\limits_{x \to t-} g'(x) \neq \lim\limits_{x \to t+} g'(x)$이어야 하므로

$-t^2+4t \neq 3t^2+8t$, $2t^2-4t \neq 0$

$2t(t-2) \neq 0$ $\therefore t \neq 0$이고 $t \neq 2$

따라서 $t=4$이다.

(i), (ii)에서 구하는 양수 t의 값의 합은

$2+4=6$

07 해결단계

❶단계	주어진 $f(x)$를 이용하여 $\dfrac{f(p)-f(-2)}{p+2}=f'(c)$를 c에 대한 식으로 정리한다.
❷단계	❶단계에서 구한 식이 서로 다른 두 실근을 갖기 위한 p의 값의 범위를 구한다.
❸단계	m, n의 값을 구한 후, $m+n$의 값을 구한다.

$f(x)=4x^3-8x^2+7x-3$에서

$f'(x)=12x^2-16x+7$

$\dfrac{f(p)-f(-2)}{p+2}$

$=\dfrac{(4p^3-8p^2+7p-3)-(-32-32-14-3)}{p+2}$

$=\dfrac{4p^3-8p^2+7p+78}{p+2}$

$=\dfrac{(p+2)(4p^2-16p+39)}{p+2}$

$=4p^2-16p+39$

이므로

$\dfrac{f(p)-f(-2)}{p+2}=f'(c)$에서

$4p^2-16p+39=12c^2-16c+7$

$12c^2-16c-(4p^2-16p+32)=0$

$g(c)=12c^2-16c-(4p^2-16p+32)$라 하면

$\dfrac{f(p)-f(-2)}{p+2}=f'(c)$를 만족시키는 상수 c의 값이 서로 다른 2개만 존재해야 하므로 방정식 $g(c)=0$이 $-2<c<p$에서 2개의 실근을 가지면 된다.

$g(c)=12c^2-16c-(4p^2-16p+32)$

$=12\left(c-\dfrac{2}{3}\right)^2-4p^2+16p-\dfrac{112}{3}$

이므로

(i) $p \leq \dfrac{2}{3}$일 때,

함수 $y=g(c)$의 그래프가 오른쪽 그림과 같으므로 $-2<c<p$에서 방정식 $g(c)=0$은 서로 다른 두 근을 가질 수 없다.

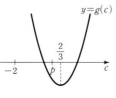

(ii) $p > \dfrac{2}{3}$일 때,

방정식 $g(c)=0$이 서로 다른 두 실근을 가지려면 함수 $y=g(c)$의 그래프는 오른쪽 그림과 같아야 하므로

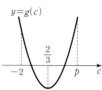

$g(-2)>0$, $g\left(\dfrac{2}{3}\right)<0$, $g(p)>0$이어야 한다.

$g(-2)>0$에서

$g(-2)=48+32-(4p^2-16p+32)$

$\quad\quad\;\; =-4p^2+16p+48>0$

$p^2-4p-12<0$, $(p-6)(p+2)<0$

$\therefore -2<p<6$ ……㉠

$g\left(\dfrac{2}{3}\right)<0$에서

$g\left(\dfrac{2}{3}\right)=-4p^2+16p-\dfrac{112}{3}<0$

$4p^2-16p+\dfrac{112}{3}=4(p-2)^2+\dfrac{64}{3}>0$

이므로 항상 $g\left(\dfrac{2}{3}\right)<0$을 만족시킨다. ……㉡

$g(p)>0$에서

$g(p)=8p^2-32>0$, $(p+2)(p-2)>0$

$\therefore p<-2$ 또는 $p>2$ ……㉢

㉠, ㉡, ㉢에서 $2<p<6$

(i), (ii)에서 $2<p<6$이므로

$m=2$, $n=6$

$\therefore m+n=8$ 답 8

---

blacklabel 특강 참고

$\dfrac{f(p)-f(-2)}{p+2}=f'(c)$ $(-2<c<p)$는 두 점 $(p, f(p))$, $(-2, f(-2))$를 잇는 직선과 점 $(c, f(c))$에서의 접선이 평행함을 의미한다. 즉, 주어진 문제는 두 점 $(p, f(p))$, $(-2, f(-2))$를 잇는 직선과 평행한 접선을 갖는 점이 2개만 존재하도록 하는 p의 값의 범위를 구하는 문제이다.

이때, 두 점 $(p, f(p))$, $(-2, f(-2))$를 잇는 직선은

(i) 점 $(-2, f(-2))$에서 곡선 $y=f(x)$에 그은 접선

(ii) 점 $(-2, f(-2))$에서의 접선

두 직선 (i), (ii) 사이에 존재해야 하므로 p의 값은 점 $(-2, f(-2))$에서 곡선 $y=f(x)$에 그은 접선의 접점의 x좌표보다 크고 점 $(-2, f(-2))$에서의 접선과 곡선 $y=f(x)$의 교점의 x좌표보다 작다.

이것이 수능 p. 37

1 ⑤	2 ②	3 ④	4 5

1 해결단계

❶단계	$g(x)=x^n+3x-4$라 하고 함수 $f(n)$을 함수 $g(x)$의 미분계수를 이용하여 구한다.
❷단계	$\sum\limits_{n=1}^{10} f(n)$의 값을 구한다.

Answer

$g(x)=x^n+3x-4$라 하면

$g(1)=0$이므로

$$f(n)=\lim_{x \to 1}\frac{x^n+3x-4}{x-1}=\lim_{x \to 1}\frac{g(x)-g(1)}{x-1}=g'(1)$$

$g'(x)=nx^{n-1}+3$이므로

$g'(1)=n+3$

$$\therefore \sum_{n=1}^{10} f(n)=\sum_{n=1}^{10}(n+3)=\frac{10\times 11}{2}+30=85 \qquad \text{답 ⑤}$$

2 해결단계

❶단계	함수 $f(x)$가 $x=a$에서 미분가능하면 $\lim_{h \to 0}\dfrac{f(a+h)-f(a)}{h}=f'(a)$가 성립함을 이용한다.
❷단계	$f'(a)$의 값이 존재하지 않아도 $\lim_{h \to 0}\dfrac{f(a+h^2)-f(a)}{h^2}$가 존재할 수 있음에 유의한다.

ㄱ, ㄴ, ㄷ의 각 조건을 순서대로 p, q, r라 하고
조건 s를 '함수 $f(x)$가 미분가능하다.'라 하자.

ㄱ. $[p \longrightarrow s]$ (반례) $f(x)=|x-a|$일 때,

$$\lim_{h \to 0}\frac{f(a+h^2)-f(a)}{h^2}=\lim_{h \to 0}\frac{|h^2|}{h^2}=1$$

이므로 극한값이 존재하지만 함수 $y=f(x)$의 그래프는 $x=a$에서 뾰족하므로 미분가능하지 않다. (거짓)

$[s \longrightarrow p]$ 함수 $f(x)$가 $x=a$에서 미분가능하면

$$\lim_{h \to 0}\frac{f(a+h^2)-f(a)}{h^2}=\lim_{t \to 0+}\frac{f(a+t)-f(a)}{t}$$
$$=f'(a) \text{ (참)}$$

$h^2=t$로 놓으면
$h \to 0$일 때,
$t \to 0+$

따라서 $s \Longrightarrow p$이므로 p는 s이기 위한 필요조건이다.

ㄴ. $[q \longrightarrow s]$

$$\lim_{h \to 0}\frac{f(a+h^3)-f(a)}{h^3}=\lim_{t \to 0}\frac{f(a+t)-f(a)}{t}$$

$h^3=t$로 놓으면
$h \to 0$일 때,
$t \to 0$

즉, $\lim_{h \to 0}\dfrac{f(a+h^3)-f(a)}{h^3}$의 값이 존재하면

$$\lim_{t \to 0}\frac{f(a+t)-f(a)}{t}=f'(a)\text{의 값이 존재한다. (참)}$$

$[s \longrightarrow q]$ 함수 $f(x)$가 $x=a$에서 미분가능하면

$$\lim_{h \to 0}\frac{f(a+h^3)-f(a)}{h^3}=\lim_{t \to 0}\frac{f(a+t)-f(a)}{t}$$
$$=f'(a) \text{ (참)}$$

따라서 $q \Longleftrightarrow s$이므로 q는 s이기 위한 필요충분조건이다.

ㄷ. $[r \longrightarrow s]$ (반례) $f(x)=|x-a|$일 때,

$$\lim_{h \to 0}\frac{f(a+h)-f(a-h)}{2h}=\lim_{h \to 0}\frac{|h|-|-h|}{2h}=0$$

이므로 극한값이 존재하지만 함수 $y=f(x)$의 그래프는 $x=a$에서 뾰족하므로 미분가능하지 않다. (거짓)

$[s \longrightarrow r]$ 함수 $f(x)$가 $x=a$에서 미분가능하면

$$\lim_{h \to 0}\frac{f(a+h)-f(a-h)}{2h}$$

$$=\lim_{h \to 0}\frac{1}{2}\left\{\frac{f(a+h)-f(a)}{h}+\frac{f(a-h)-f(a)}{-h}\right\}$$

$$=\frac{1}{2}\{f'(a)+f'(a)\}=f'(a) \text{ (참)}$$

따라서 $s \Longrightarrow r$이므로 r는 s이기 위한 필요조건이다.
그러므로 미분가능하기 위한 필요충분조건인 것은 ㄴ뿐이다. 답 ②

3 해결단계

❶단계	극한의 성질을 이용하여 함수 $f(x)$를 미정계수를 이용하여 나타낸다.
❷단계	❶단계에서 구한 $f(x)$를 주어진 극한에 대입하여 미정계수의 값을 구한 후, $f(3)$의 값을 구한다.

$\lim_{x \to 2}\dfrac{f(x)}{(x-2)\{f'(x)\}^2}=\dfrac{1}{4}$에서 극한값이 존재하고

$x \to 2$일 때, (분모)$\to 0$이므로 (분자)$\to 0$이어야 한다.

즉, $\lim_{x \to 2}f(x)=0$에서 $f(2)=0$

$f(x)=(x-1)(x-2)(x+a)$ (a는 상수)라 할 수 있으므로

$$f'(x)=(x-2)(x+a)+(x-1)(x+a)$$
$$+(x-1)(x-2) \qquad \cdots\cdots \ ⊙$$

$$\lim_{x \to 2}\frac{f(x)}{(x-2)\{f'(x)\}^2}=\lim_{x \to 2}\frac{(x-1)(x+a)}{\{f'(x)\}^2}$$

$$=\frac{2+a}{\{f'(2)\}}$$

⊙에서 $f'(2)=a+2$이므로 $\quad$ $a=-2$이면 주어진 극한값이 존재하지 않는다.

$$\frac{a+2}{(a+2)^2}=\frac{1}{4}\text{에서 } \frac{1}{a+2}=\frac{1}{4} \qquad \therefore a=2$$

따라서 $f(x)=(x-1)(x-2)(x+2)$이므로

$f(3)=2\times 1\times 5=10 \qquad \text{답 ④}$

4 해결단계

❶단계	인수정리를 이용하여 함수 $f(x)$를 구한다.
❷단계	$f'(x)$를 구한 후, $f'(2)=-4$를 이용하여 a의 값을 구한다.
❸단계	$f'(a)$의 값을 구한다.

조건 ㈎에서 $f(a)=f(2)=f(6)=k$ (k는 상수)라 하면

$f(a)-k=f(2)-k=f(6)-k=0$

이때, $g(x)=f(x)-k$라 하면 삼차함수 $f(x)$의 x^3의 계수가 1이고 $g(a)=g(2)=g(6)=0$이므로

$g(x)=(x-a)(x-2)(x-6)$

$\therefore f(x)=(x-a)(x-2)(x-6)+k$

$f'(x)$
$=(x-2)(x-6)+(x-a)(x-6)+(x-a)(x-2)$

조건 ㈏에서 $f'(2)=-4$이므로

$-4(2-a)=-4, \ 2-a=1$

$\therefore a=1$

$\therefore f'(a)=(a-2)(a-6)$
$=(-1)\times(-5)=5 \qquad \text{답 5}$

064 블랙라벨 수학Ⅱ

04 도함수의 활용(1)

01 5	02 ③	03 ②	04 ⑤	05 ⑤
06 ③	07 ⑤	08 8	09 ②	10 ①
11 ⑤	12 ④	13 21	14 1	15 ③

01 $f(x)=2x^3+3x^2-8x+1$에서 $f'(x)=6x^2+6x-8$

점 (a, b)에서의 접선의 기울기가 4이므로

$f'(a)=4$에서 $6a^2+6a-8=4$

$6a^2+6a-12=0$, $a^2+a-2=0$

$(a+2)(a-1)=0$ ∴ $a=1$ ($∵ a>0$)

$b=f(1)=2+3-8+1=-2$

∴ $a^2+b^2=1^2+(-2)^2=5$　　　　　답 5

02 $f(x)=-x^3+3x^2+5x-4$에서

$f'(x)=-3x^2+6x+5=-3(x-1)^2+8$

이므로 $f'(x)$는 $x=1$에서 최댓값 8을 갖는다.

즉, 접선의 기울기의 최댓값은 8이고, 이때의 접점의 좌표는 (1, 3)이다.

위의 점에서의 접선의 방정식은

$y-3=8(x-1)$ ∴ $y=8x-5$

∴ $g(x)=8x-5$

∴ $g(1)=8-5=3$　　　　　답 ③

03 $f(x)=x^3-2$라 하면 $f'(x)=3x^2$

접점의 좌표를 (t, t^3-2)라 하면 이 점에서의 접선의 기울기는 $f'(t)=3t^2$이므로 접선의 방정식은

$y-(t^3-2)=3t^2(x-t)$ ∴ $y=3t^2x-2t^3-2$

위의 직선이 점 $(0, -4)$를 지나므로

$-4=-2t^3-2$, $2t^3-2=0$

$2(t-1)(t^2+t+1)=0$

∴ $t=1$ $\left(∵ t^2+t+1=\left(t+\dfrac{1}{2}\right)^2+\dfrac{3}{4}>0\right)$

즉, 접선의 방정식은 $y=3x-4$이고, 접선이 점 $(a, 0)$을 지나므로 $0=3a-4$, $3a=4$ ∴ $a=\dfrac{4}{3}$　　　　　답 ②

04 $f(x)=2x^3+ax$, $g(x)=bx^2+c$라 하면

$f'(x)=6x^2+a$, $g'(x)=2bx$

두 곡선 $y=f(x)$, $y=g(x)$가 점 $(-1, 0)$을 지나므로

$f(-1)=0$에서

$-2-a=0$ ∴ $a=-2$ ……㉠

$g(-1)=0$에서

$b+c=0$ ……㉡

또한, 점 $(-1, 0)$에서 두 곡선이 공통인 접선을 가지므로 $f'(-1)=g'(-1)$에서

$6+a=-2b$ ……㉢

㉠, ㉡, ㉢을 연립하여 풀면

$a=-2$, $b=-2$, $c=2$

∴ $a-b+c=-2-(-2)+2=2$　　　　　답 ⑤

05 곡선 $y=x^2-\dfrac{1}{2}x$와 직선 $y=mx$의 두 교점이 A, B이므로

$x^2-\dfrac{1}{2}x=mx$에서 $x^2-\left(\dfrac{1}{2}+m\right)x=0$

$x\left\{x-\left(\dfrac{1}{2}+m\right)\right\}=0$ ∴ $x=0$ 또는 $x=\dfrac{1}{2}+m$

A$(0, 0)$이라 하면 $y=x^2-\dfrac{1}{2}x$에서 $y'=2x-\dfrac{1}{2}$이므로

점 A에서의 접선의 기울기는 $-\dfrac{1}{2}$이고 접선의 방정식은

$y=-\dfrac{1}{2}x$이다.

즉, 점 B에서의 접선의 기울기는 2이므로

$2x-\dfrac{1}{2}=2$에서 $2x=\dfrac{5}{2}$ ∴ $x=\dfrac{5}{4}$

즉, B$\left(\dfrac{5}{4}, \dfrac{15}{16}\right)$이므로 접선의 방정식은

$y-\dfrac{15}{16}=2\left(x-\dfrac{5}{4}\right)$ ∴ $y=2x-\dfrac{25}{16}$

이때, 두 직선 $y=-\dfrac{1}{2}x$, $y=2x-\dfrac{25}{16}$의 교점이 C이므로 x좌표는

$-\dfrac{1}{2}x=2x-\dfrac{25}{16}$, $\dfrac{5}{2}x=\dfrac{25}{16}$ ∴ $x=\dfrac{5}{8}$

∴ C$\left(\dfrac{5}{8}, -\dfrac{5}{16}\right)$

$\overline{AC}=\sqrt{\left(\dfrac{5}{8}\right)^2+\left(-\dfrac{5}{16}\right)^2}=\sqrt{\dfrac{125}{256}}=\dfrac{5\sqrt{5}}{16}$

$\overline{BC}=\sqrt{\left(\dfrac{5}{4}-\dfrac{5}{8}\right)^2+\left(\dfrac{15}{16}+\dfrac{5}{16}\right)^2}=\sqrt{\dfrac{500}{256}}=\dfrac{5\sqrt{5}}{8}$

△ABC는 ∠C=90°인 직각삼각형이므로

$△ABC=\dfrac{1}{2}\times\dfrac{5\sqrt{5}}{16}\times\dfrac{5\sqrt{5}}{8}=\dfrac{125}{256}$　　　　　답 ⑤

06 $f(x)=x^3-4x^2+7$이 다항함수이므로 닫힌구간 $[0, a]$에서 연속이고 열린구간 $(0, a)$에서 미분가능하다.

이때, 롤의 정리가 성립하려면

$f(0)=f(a)$이어야 하므로

$a^3-4a^2+7=7$에서 $a^3-4a^2=0$

$a^2(a-4)=0$ ∴ $a=4$ ($∵ a\neq0$)

즉, $f(0)=f(4)$이므로 롤의 정리에 의하여 열린구간 $(0, 4)$에 $f'(c)=0$을 만족시키는 c가 존재한다.

$f(x)=x^3-4x^2+7$에서 $f'(x)=3x^2-8x$이므로

$3c^2-8c=0$, $3c\left(c-\dfrac{8}{3}\right)=0$

∴ $c=\dfrac{8}{3}$ ($∵ 0<c<4$)

따라서 옳은 설명은 한 사람은 A, D이다.　　　　　답 ③

함수 $f(x)=2x^2$이 닫힌구간 $[a, a+h]$에서 연속이고 열린구간 $(a, a+h)$에서 미분가능하므로 $\dfrac{f(a+h)-f(a)}{h}=f'(a+\theta h)$ $(a<a+\theta h<a+h)$인 θ가 존재한다.

07 $f(x)=2x^2$에서 $f'(x)=4x$이므로
$f(a+h)-f(a)=hf'(a+\theta h)$에서
$2(a+h)^2-2a^2=h\times 4(a+\theta h)$
$4ah+2h^2=4ah+4\theta h^2,\ 4\theta h^2=2h^2$
$4\theta=2$ $\qquad \therefore \theta=\dfrac{1}{2}$ 답 ⑤

---

blacklabel 특강 참고

$\dfrac{f(a+h)-f(a)}{h}=f'\left(a+\dfrac{1}{2}h\right)$**의 기하적 의미**

열린구간 $(a, a+h)$에서
두 점 $(a, f(a))$, $(a+h, f(a+h))$를
지나는 직선과 기울기가 같은 접선이 존재하고 접점의 x좌표는 $a+\dfrac{1}{2}h$이다.

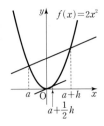

---

08 $f(x)=x^3+3x^2-9x+3$에서
$f'(x)=3x^2+6x-9=3(x^2+2x-3)$
$\qquad\qquad =3(x+3)(x-1)$
함수 $f(x)$는 구간 $[a, b]$에서 감소하므로 $f'(x)\leq 0$의
해는 $a\leq x\leq b$이다.
$3(x+3)(x-1)\leq 0$에서 $-3\leq x\leq 1$
따라서 $a=-3$, $b=1$이므로
$a^2-b^2=(-3)^2-1=8$ 답 8

09 함수 $f(x)$의 역함수가 존재하려면 함수 $f(x)$는 일대일
대응이어야 하므로 실수 전체의 집합에서 증가 또는 감소
해야 한다.
이때, 주어진 함수 $f(x)$의 최고차항의 계수가 양수이므로
$f(x)$는 증가함수이어야 한다.
즉, 모든 실수 x에 대하여 $f'(x)\geq 0$이어야 하고
$f(x)=x^3+2x^2+kx+3$에서 $f'(x)=3x^2+4x+k$이므로
이차방정식 $3x^2+4x+k=0$의 판별식을 D라 하면
$\dfrac{D}{4}=4-3k\leq 0$에서 $3k\geq 4$ $\qquad \therefore k\geq \dfrac{4}{3}$
따라서 구하는 정수 k의 최솟값은 2이다. 답 ②

---

blacklabel 특강 참고

삼차함수 $f(x)$가 실수 전체의 집합에서 증가(감소)한다.
⟺ 삼차함수 $f(x)$는 실수 전체의 집합에서 일대일대응이다.
⟺ 삼차함수 $f(x)$의 역함수가 존재한다.
⟺ 삼차함수 $f(x)$의 도함수 $f'(x)$가 모든 실수 x에서
$f'(x)\geq 0$ $(f'(x)\leq 0)$이다.

---

10 $f(x)=\dfrac{1}{3}x^3-\dfrac{1}{2}(a+1)x^2+ax-\dfrac{1}{3}$에서
$f'(x)=x^2-(a+1)x+a=(x-a)(x-1)$
$f'(x)=0$에서 $x=a$ 또는 $x=1$
$a<0$이므로 함수 $f(x)$의 증가와 감소를 표로 나타내면

다음과 같다.

x	$\cdots$	a	$\cdots$	1	$\cdots$
$f'(x)$	$+$	0	$-$	0	$+$
$f(x)$	↗	극대	↘	극소	↗

함수 $f(x)$는 $x=1$일 때 극솟값 -1을 가지므로
$f(1)=-1$에서
$\dfrac{1}{3}-\dfrac{1}{2}(a+1)+a-\dfrac{1}{3}=-1,\ \dfrac{1}{2}a=-\dfrac{1}{2}$
$\therefore a=-1$
따라서 $f(x)=\dfrac{1}{3}x^3-x-\dfrac{1}{3}$이므로 구하는 극댓값은
$f(a)=f(-1)=-\dfrac{1}{3}+1-\dfrac{1}{3}=\dfrac{1}{3}$ 답 ①

11 $f(x)=x^3+ax^2+9x+b$에서 $f'(x)=3x^2+2ax+9$
함수 $f(x)$가 $x=1$에서 극댓값 0을 가지므로
$f(1)=0,\ f'(1)=0$
$f(1)=0$에서 $1+a+9+b=0$
$\therefore a+b=-10$ $\qquad \cdots\cdots$ ㉠
$f'(1)=0$에서 $3+2a+9=0$ $\qquad \therefore a=-6$
이것을 ㉠에 대입하면
$-6+b=-10$ $\qquad \therefore b=-4$
$\therefore ab=-6\times(-4)=24$ 답 ⑤

12 $f(x)=x^4+4x^3+2ax^2$에서
$f'(x)=4x^3+12x^2+4ax=4x(x^2+3x+a)$
사차함수 $f(x)$가 극댓값을 가지려면 방정식 $f'(x)=0$이
서로 다른 세 실근을 가져야 한다.
즉, 이차방정식 $x^2+3x+a=0$이 0이 아닌 서로 다른 두
실근을 가져야 하므로 판별식을 D라 하면
$D=9-4a>0$이고, $a\neq 0$이므로
$4a<9$에서 $a<\dfrac{9}{4}$
$a<0$ 또는 $0<a<\dfrac{9}{4}$ 답 ④

---

blacklabel 특강 필수 원리

사차함수 $f(x)$의 극값

사차함수 $f(x)$의 도함수 $f'(x)$는 삼차함수이므로 삼차방정식
$f'(x)=0$이
(1) 서로 다른 세 실근을 가지면 사차함수 $f(x)$는 3개의 극값
(2) 중근과 다른 한 실근을 가지면 사차함수 $f(x)$는 1개의 극값
(3) 삼중근을 가지면 사차함수 $f(x)$는 1개의 극값
(4) 한 실근과 두 허근을 가지면 사차함수 $f(x)$는 1개의 극값
을 갖는다.

---

13 $f(x)=x^3-6x^2+ax-1$에서 $f'(x)=3x^2-12x+a$
함수 $f(x)$가 $-2<x<3$에서 극댓값과 극솟값을 모두
가지려면 이 구간에서 이차방정식 $f'(x)=0$, 즉

$3x^2-12x+a=0$이 서로 다른 두 개의 실근을 가져야 하므로 판별식을 D라 하면

(i) $\dfrac{D}{4}=36-3a>0$에서

$\quad 3a<36 \qquad \therefore a<12$

(ii) $f'(-2)=12+24+a>0$

$\quad \therefore a>-36$

(iii) $f'(3)=27-36+a>0$

$\quad \therefore a>9$

(i), (ii), (iii)에서 조건을 만족시키는 상수 a의 값의 범위는

$9<a<12$

따라서 $m=9$, $n=12$이므로

$m+n=9+12=21$

답 21

14 주어진 도함수 $y=g'(x)$의 그래프에서

$g'(0)=0$, $g'(b)=0$, $g'(d)=0$, $g'(f)=0$

(i) $x=0$, $x=f$의 좌우에서 $g'(x)$의 부호가 양($+$)에서 음($-$)으로 바뀌므로 함수 $g(x)$는 $x=0$, $x=f$에서 극댓값을 갖는다.

(ii) $x=b$의 좌우에서 $g'(x)$의 부호가 음($-$)에서 양($+$)으로 바뀌므로 함수 $g(x)$는 $x=b$에서 극솟값을 갖는다.

(iii) $x=d$의 좌우에서 $g'(x)$의 부호는 양($+$)에서 양($+$), 즉 바뀌지 않으므로 극값을 갖지 않는다.

(i), (ii), (iii)에서 $m=2$, $n=1$이므로

$m-n=2-1=1$

답 1

15 $g(1)=g'(1)$이고 $x=1$에서 극솟값을 가지므로

$g(1)=g'(1)=0$

함수 $g(x)$는 $x=1$에서 미분가능하고 $g(x)=|f(x)|$이므로 $f(1)=f'(1)=0$

이때, 조건 (나)에서 함수 $g(x)$는 $x=-1$, $x=0$, $x=1$에서 극솟값을 가지므로 함수 $y=g(x)$의 그래프는 다음 그림과 같아야 한다.

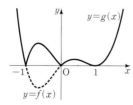

따라서 $f(x)=x(x+1)(x-1)^2$이므로

$g(x)=|x(x+1)(x-1)^2|$

$\therefore g(2)=|2\times 3\times 1|=6$

답 ③

---

blacklabel 특강 참고

절댓값 기호를 포함한 함수에서의 극대, 극소

함수에서 극대, 극소는

(1) 미분계수가 0이고 그 좌우에서 미분계수의 부호가 바뀌는 점

(2) 뾰족한 점

에서 존재한다.

함수 $y=|f(x)|$의 그래프는 함수 $y=f(x)$의 그래프의 $y\ge 0$인 부분은 남기고, $y<0$인 부분을 x축에 대하여 대칭이동하여 그리므로 함수의 그래프와 x축이 만나는 점에서 위의 (1), (2)를 만족시키는 경우가 생길 수 있다.

따라서 함수 $|f(x)|$에서 극대인 점과 극소인 점을 찾을 때는 함수 $f(x)$의 극대인 점과 극소인 점 또는 함수 $y=f(x)$의 그래프가 x축과 만나는 점에서 확인한다.

Step 2 1등급을 위한 **최고의 변별력 문제**   pp. 41~45

01 45	**02** $y=-3x-1$	**03** ③		
04 $y=2x-\dfrac{9}{4}$		**05** $\dfrac{\sqrt{30}}{3}$	**06** ④	**07** ①
08 ⑤	**09** ④	**10** ③	**11** 26	**12** $0<a<3$
13 ③	**14** ④	**15** $-\dfrac{5}{4}$	**16** ②	**17** $\dfrac{9}{4}$
18 ④	**19** ②	**20** ④	**21** ④	**22** 225
23 8	**24** ④	**25** 10	**26** $-\dfrac{3}{5}$	**27** ②
28 ⑤	**29** ⑤	**30** 16	**31** 18	**32** 11
33 82	**34** ⑤	**35** 6		

01 $f(x)=x^3-3x^2+3x$에서 $f'(x)=3x^2-6x+3$

원점을 지나고 곡선 $y=f(x)$에 접하는 직선과 곡선 $y=f(x)$의 접점의 좌표를 $(t,\ t^3-3t^2+3t)$라 하면 접선의 기울기는 $f'(t)=3t^2-6t+3$이므로 접선의 방정식은

$y-(t^3-3t^2+3t)=(3t^2-6t+3)(x-t)$

$\therefore y=(3t^2-6t+3)x-2t^3+3t^2 \quad\cdots\cdots\ ㉠$

위의 직선이 원점을 지나므로

$-2t^3+3t^2=0$, $t^2(2t-3)=0$

$\therefore t=0$ 또는 $t=\dfrac{3}{2}$

이것을 각각 ㉠에 대입하여 정리하면 원점을 지나고 곡선 $y=f(x)$에 접하는 두 직선의 방정식은

$y=3x$ 또는 $y=\dfrac{3}{4}x$

위의 두 직선과 곡선 $y=f(x)$의 교점 중 원점이 아닌 점의 x좌표는

(i) 직선 $y=3x$일 때,

$\quad x^3-3x^2+3x=3x$에서 $x^3-3x^2=0$

$\quad x^2(x-3)=0 \qquad \therefore x=3\ (\because x\ne 0)$

(ii) 직선 $y=\dfrac{3}{4}x$일 때,

$\quad x^3-3x^2+3x=\dfrac{3}{4}x$에서 $4x^3-12x^2+9x=0$

$\quad x(2x-3)^2=0 \qquad \therefore x=\dfrac{3}{2}\ (\because x\ne 0)$

(i), (ii)에서 $S=3+\dfrac{3}{2}=\dfrac{9}{2}$

$\therefore 10S=10\times\dfrac{9}{2}=45$ 답 45

02 $f(x)=x^3+3x^2$이라 하면 $f'(x)=3x^2+6x$

접점의 좌표를 $(t,\ t^3+3t^2)$이라 하면 접선의 기울기는

$f'(t)=3t^2+6t$이므로 접선의 방정식은

$y-(t^3+3t^2)=(3t^2+6t)(x-t)$

$\therefore y=(3t^2+6t)x-2t^3-3t^2$ ……㉠

위의 접선과 곡선 $y=f(x)$의 교점의 x좌표는

$x^3+3x^2=(3t^2+6t)x-2t^3-3t^2$에서

$x^3+3x^2-(3t^2+6t)x+2t^3+3t^2=0$

$(x-t)\{x^2+(3+t)x+(-2t^2-3t)\}=0$

$(x-t)^2(x+2t+3)=0$

$\therefore x=t$ 또는 $x=-2t-3$

그런데 접점 이외의 다른 교점이 존재하지 않으므로

$t=-2t-3,\ 3t=-3$ $\therefore t=-1$

이것을 ㉠에 대입하여 정리하면

$y=-3x-1$ 답 $y=-3x-1$

단계	채점 기준	배점
(가)	접점의 좌표를 $(t,\ t^3+3t^2)$이라 하고 접선의 방정식을 t를 이용하여 나타낸 경우	40%
(나)	주어진 곡선과 접선의 교점의 x좌표를 구한 경우	30%
(다)	접점 이외의 다른 교점이 존재하지 않기 위한 t의 값을 구한 후, 접선의 방정식을 구한 경우	30%

서울대 선배들의 강추문제 1등급 비법 노하우

해당 문제에서 $f(x)=x^3+3x^2$이라 하고 이 곡선의 접선을 $g(x)=mx+n$이라 하면 곡선 $y=f(x)$와 직선 $y=g(x)$가 접점 이외의 다른 교점을 갖지 않으므로 방정식 $f(x)=g(x)$는 삼중근을 가져야 한다. 이 삼중근을 t라 하면 방정식 $f(x)=g(x)$, 즉 $x^3+3x^2-mx-n=0$의 실근의 합은 삼차방정식의 근과 계수의 관계에 의하여 -3이므로 $3t=-3$에서 $t=-1$이다. 따라서 문제에서 조건을 만족시키는 접선은 함수 $f(x)$의 그래프의 $x=-1$에서의 접선이다.

03 $f(x)=x^3-3x^2+2x$라 하면 $f'(x)=3x^2-6x+2$

접선의 기울기가 m이므로 $f'(x)=m$에서

$3x^2-6x+2=m$

$\therefore 3x^2-6x+2-m=0$ ……㉠

ㄱ. 두 점 P, Q의 x좌표를 각각 α, β라 하면 α, β는 이차방정식 ㉠의 서로 다른 두 실근이므로 이차방정식의 근과 계수의 관계에 의하여

$\alpha+\beta=-\dfrac{-6}{3}=2$ (참)

ㄴ. ㉠에서 α, β가 이차방정식 ㉠의 서로 다른 두 실근이므로 ㉠의 판별식을 D_1이라 하면

$\dfrac{D_1}{4}=9-3(2-m)>0$에서

$3+3m>0,\ 3m>-3$ $\therefore m>-1$ (참)

ㄷ. 기울기가 m으로 같은 두 접선은 평행하므로 두 접선

사이의 거리와 $\overline{PQ}$가 같아지려면 두 접점 P$(\alpha,\ \alpha^3-3\alpha^2+2\alpha)$, Q$(\beta,\ \beta^3-3\beta^2+2\beta)$를 지나는 직선과 접선이 수직이어야 한다.

즉, 기울기의 곱은 -1이어야 하므로

$m\times\dfrac{(\alpha^3-3\alpha^2+2\alpha)-(\beta^3-3\beta^2+2\beta)}{\alpha-\beta}=-1$

$m\times\dfrac{(\alpha^3-\beta^3)-3(\alpha^2-\beta^2)+2(\alpha-\beta)}{\alpha-\beta}=-1$

$m\{\alpha^2+\alpha\beta+\beta^2-3(\alpha+\beta)+2\}=-1$

$m\{(\alpha+\beta)^2-\alpha\beta-3(\alpha+\beta)+2\}=-1$ ……㉡

한편, α, β는 이차방정식 ㉠의 서로 다른 두 실근이므로 이차방정식의 근과 계수의 관계에 의하여

$\alpha+\beta=2,\ \alpha\beta=\dfrac{2-m}{3}$

이것을 ㉡에 각각 대입하면

$m\left(4-\dfrac{2-m}{3}-6+2\right)=-1$

$m(m-2)=-3,\ m^2-2m+3=0$

위의 이차방정식의 판별식을 D_2라 하면

$\dfrac{D_2}{4}=1^2-3=-2<0$이므로 위의 이차방정식을 만족시키는 실수 m이 존재하지 않는다.

즉, 두 접선 사이의 거리와 $\overline{PQ}$가 같아지는 실수 m은 존재하지 않는다. (거짓)

따라서 옳은 것은 ㄱ, ㄴ이다.   답 ③

• 다른풀이 •

ㄴ. 접선의 기울기가 m이므로

$y'=3x^2-6x+2$

$=3(x^2-2x+1)-1$

$=3(x-1)^2-1$

이때, 두 점 P, Q는 서로 다른 점이므로 x좌표가 같을 수 없다.

$\therefore m>-1$ (참)

04 $f(x)=x^4-3x^2+2x$라 하면 $f'(x)=4x^3-6x+2$

접점의 좌표를 $(t,\ t^4-3t^2+2t)$라 하면 접선의 기울기는

$f'(t)=4t^3-6t+2$이므로 접선의 방정식은

$y-(t^4-3t^2+2t)=(4t^3-6t+2)(x-t)$

$\therefore y=(4t^3-6t+2)x-3t^4+3t^2$ ……㉠

위의 접선과 곡선 $y=f(x)$의 교점의 x좌표는

$x^4-3x^2+2x=(4t^3-6t+2)x-3t^4+3t^2$에서

$x^4-3x^2-(4t^3-6t)x+3t^4-3t^2=0$

$(x-t)\{x^3+tx^2+(t^2-3)x-3t^3+3t\}=0$

$(x-t)^2(x^2+2tx+3t^2-3)=0$

이때, 직선 ㉠과 곡선 $y=f(x)$가 서로 다른 두 점에서 접하려면 위의 방정식이 서로 다른 두 중근을 가져야 한다.

즉, x에 대한 이차방정식 $x^2+2tx+3t^2-3=0$이 $x\neq t$인 중근을 가져야 하므로 판별식을 D라 하면

$\dfrac{D}{4}=t^2-(3t^2-3)=0$에서

$t^2=\dfrac{3}{2}$ $\quad\therefore t=\pm\sqrt{\dfrac{3}{2}}$

이것을 ㉠에 대입하여 정리하면

$y=2x-\dfrac{9}{4}$ 답 $y=2x-\dfrac{9}{4}$

서울대 선배들의 강추문제 | **1등급 비법 노하우**

$f(x)=x^4-3x^2+2x$라 하고 곡선 $y=f(x)$ 위의 서로 다른 두 점에서 접하는 직선의 방정식을 $g(x)=mx+n$, 서로 다른 두 접점의 x좌표를 α, β라 하자.

방정식 $f(x)=g(x)$, 즉 $x^4-3x^2+(2-m)x-n=0$은 두 개의 중근 α, β를 갖고, 사차방정식의 근과 계수의 관계에 의하여 실근의 합은 0이므로 $2(\alpha+\beta)=0$이다.

즉, $\beta=-\alpha$이고 두 접점 $(\alpha, f(\alpha))$, $(-\alpha, f(-\alpha))$에서의 접선이 같으려면 기울기도 같아야 하므로 $f'(\alpha)=f'(-\alpha)$이다.

$f(x)=x^4-3x^2+2x$에서 $f'(x)=4x^3-6x+2$이므로

$4\alpha^3-6\alpha+2=-4\alpha^3+6\alpha+2$

$8\alpha^3-12\alpha=0$, $4\alpha(2\alpha^2-3)=0$

$\therefore \alpha=0$ 또는 $\alpha=\pm\sqrt{\dfrac{3}{2}}$

그런데 $\alpha=0$이면 접선 $y=g(x)$가 곡선 $y=f(x)$의 서로 다른 두 점에서 접하지 않으므로 $\alpha=\pm\sqrt{\dfrac{3}{2}}$

---

05 $f(x)=\dfrac{1}{3}x^3-\dfrac{4}{3}x$에서 $f'(x)=x^2-\dfrac{4}{3}$

점 P의 x좌표를 t ($t>0$)라 하면 점 P에서의 접선 l의 기울기는

점 P는 제4사분면 위에 있으므로

$f'(t)=t^2-\dfrac{4}{3}$

또한, 접선 m과 삼차함수 $y=f(x)$의 그래프의 접점을 Q라 하고, 점 Q의 좌표를 $\left(\alpha, \dfrac{1}{3}\alpha^3-\dfrac{4}{3}\alpha\right)$라 하면 접선 m의 기울기는 $f'(\alpha)=\alpha^2-\dfrac{4}{3}$이므로 접선 m의 방정식은

$y-\left(\dfrac{1}{3}\alpha^3-\dfrac{4}{3}\alpha\right)=\left(\alpha^2-\dfrac{4}{3}\right)(x-\alpha)$

$\therefore y=\left(\alpha^2-\dfrac{4}{3}\right)x-\dfrac{2}{3}\alpha^3$

위의 직선은 점 $P\left(t, \dfrac{1}{3}t^3-\dfrac{4}{3}t\right)$를 지나므로

$\dfrac{1}{3}t^3-\dfrac{4}{3}t=\left(\alpha^2-\dfrac{4}{3}\right)t-\dfrac{2}{3}\alpha^3$

$t^3-3\alpha^2t+2\alpha^3=0$, $(t-\alpha)^2(t+2\alpha)=0$

$\therefore t=-2\alpha$ $(\because t\neq\alpha)$ ……㉠

한편, 두 직선 l, m은 서로 수직이므로

$f'(t)\times f'(\alpha)=-1$에서 $\left(t^2-\dfrac{4}{3}\right)\left(\alpha^2-\dfrac{4}{3}\right)=-1$

㉠에서 $\alpha=-\dfrac{1}{2}t$이므로

$\left(t^2-\dfrac{4}{3}\right)\left(\dfrac{1}{4}t^2-\dfrac{4}{3}\right)=-1$

$\dfrac{1}{4}t^4-\dfrac{5}{3}t^2+\dfrac{25}{9}=0$, $\left(\dfrac{1}{2}t^2-\dfrac{5}{3}\right)^2=0$

$t^2=\dfrac{10}{3}$ $\quad\therefore t=\sqrt{\dfrac{10}{3}}=\dfrac{\sqrt{30}}{3}$ $(\because t>0)$

따라서 구하는 점 P의 x좌표는 $\dfrac{\sqrt{30}}{3}$이다. 답 $\dfrac{\sqrt{30}}{3}$

• 다른풀이 •

$f(x)=\dfrac{1}{3}x^3-\dfrac{4}{3}x$에서 $f'(x)=x^2-\dfrac{4}{3}$

$P\left(t, \dfrac{1}{3}t^3-\dfrac{4}{3}t\right)$ $(t>0)$라 하면 점 P에서의 접선의 기울기는 $f'(t)=t^2-\dfrac{4}{3}$이므로 접선 l과 수직인 직선 m의 기울기를 m'이라 하면

$m'\times\left(t^2-\dfrac{4}{3}\right)=-1$ ……㉡

이고 직선 m의 방정식은

$y-\left(\dfrac{1}{3}t^3-\dfrac{4}{3}t\right)=m'(x-t)$

$\therefore y=m'x-m't+\dfrac{1}{3}t^3-\dfrac{4}{3}t$

직선 m과 함수 $y=f(x)$의 그래프가 점 P가 아닌 점에서 접하므로

$m'x-m't+\dfrac{1}{3}t^3-\dfrac{4}{3}t=\dfrac{1}{3}x^3-\dfrac{4}{3}x$

$x^3-(3m'+4)x-t^3+4t+3m't=0$

$(x-t)(x^2+tx+t^2-4-3m')=0$

이차방정식 $x^2+tx+t^2-4-3m'=0$이 $x\neq t$인 중근을 가져야 하므로 판별식을 D라 하면

$D=t^2-4(t^2-4-3m')=0$

$-3t^2+16+12m'=0$

$\therefore m'=\dfrac{1}{4}t^2-\dfrac{4}{3}$

이것을 ㉡에 대입하면

$\left(\dfrac{1}{4}t^2-\dfrac{4}{3}\right)\left(t^2-\dfrac{4}{3}\right)=-1$

$\dfrac{1}{4}t^4-\dfrac{5}{3}t^2+\dfrac{16}{9}=-1$, $\dfrac{1}{4}t^4-\dfrac{5}{3}t^2+\dfrac{25}{9}=0$

$\left(\dfrac{1}{2}t^2-\dfrac{5}{3}\right)^2=0$, $t^2=\dfrac{10}{3}$ $\quad\therefore t=\dfrac{\sqrt{30}}{3}$ $(\because t>0)$

---

06 곡선 $y=x(x-1)(x+2)$, 즉 $y=x^3+x^2-2x$에서

$y'=3x^2+2x-2$

이 곡선 위의 점 $P_n(x_n, x_n^3+x_n^2-2x_n)$에서의 접선의 기울기는 $3x_n^2+2x_n-2$이므로 접선의 방정식은

$y-(x_n^3+x_n^2-2x_n)=(3x_n^2+2x_n-2)(x-x_n)$

$\therefore y=(3x_n^2+2x_n-2)x-2x_n^3-x_n^2$

이 접선과 곡선 $y=x^3+x^2-2x$가 만나는 P_n이 아닌 점이 P_{n+1}이므로

$x^3+x^2-2x=(3x_n^2+2x_n-2)x-2x_n^3-x_n^2$

$x^3+x^2-(3x_n^2+2x_n)x+2x_n^3+x_n^2=0$

$(x-x_n)^2(x+2x_n+1)=0$

$\therefore x=x_n$ 또는 $x=-2x_n-1$

$$\therefore x_{n+1}=-2x_n-1 \quad \cdots\cdots \text{㉠}$$

ㄱ. $\text{P}_1(1, 0)$이므로 $x_1=1$

$x_2=-2x_1-1=-3$

$\therefore x_3=-2x_2-1=-2\times(-3)-1=5$ (참)

ㄴ. ㉠에 $n=99$를 대입하면

$x_{100}=-2x_{99}-1$

$\therefore 2x_{99}+x_{100}=-1$ (거짓)

ㄷ. $x_{n+1}=-2x_n-1$에서

$$x_{n+1}+\frac{1}{3}=-2\left(x_n+\frac{1}{3}\right)$$

수열 $\left\{x_n+\dfrac{1}{3}\right\}$은 첫째항이 $x_1+\dfrac{1}{3}=\dfrac{4}{3}$이고 공비가

-2인 등비수열이므로

$$x_n+\frac{1}{3}=\frac{4}{3}\times(-2)^{n-1}$$

$$\therefore x_n=\frac{4}{3}\times(-2)^{n-1}-\frac{1}{3}$$

$$\therefore x_{99}=\frac{4}{3}\times(-2)^{98}-\frac{1}{3}$$

$$=\frac{4\times2^{98}-1}{3}=\frac{2^{100}-1}{3}$$ (참)

따라서 옳은 것은 ㄱ, ㄷ이다. 답 ④

07 $f(x)=x^2+2$라 하면 $f'(x)=2x$

오른쪽 그림과 같이 원의 중심을

$\text{C}(0, a)$ $(0<a<2)$, 반지름의 길이

를 r $(r>0)$라 하면

$a+r=2 \quad \cdots\cdots \text{㉠}$

또한, 원점에서 곡선 $y=f(x)$에 그

은 접선의 접점의 좌표를 (t, t^2+2)

라 하면 접선의 기울기는 $f'(t)=2t$이므로 접선의 방정

식은

$y-(t^2+2)=2t(x-t)$

$\therefore y=2tx-t^2+2 \quad \cdots\cdots \text{㉡}$

직선 ㉡이 원점을 지나므로

$0=-t^2+2, t^2=2 \quad \therefore t=\pm\sqrt{2}$

이것을 ㉡에 대입하면 접선의 방정식은

$y=\pm2\sqrt{2}x \quad \cdots\cdots \text{㉢}$

이때, 원이 직선 ㉢에 접하므로 원의 중심 C와 직선 ㉢ 사

이의 거리는 원의 반지름의 길이인 r와 같아야 한다. 즉,

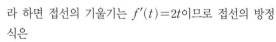

$$\frac{|-a|}{\sqrt{(\pm2\sqrt{2})^2+(-1)^2}}=r, \frac{|a|}{3}=r$$

$\therefore a=3r$ ($\because a>0, r>0$) $\quad \cdots\cdots \text{㉣}$

㉠, ㉣을 연립하여 풀면

$r=\dfrac{1}{2}, a=\dfrac{3}{2}$

따라서 구하는 원의 넓이는

$$\pi r^2=\pi\times\left(\frac{1}{2}\right)^2=\frac{\pi}{4}$$ 답 ①

08 $f(x)=x^3-2x$라 하면 $f'(x)=3x^2-2$

점 $\text{A}(-1, 1)$에서의 접선의 기울기는 $f'(-1)=1$이므

로 접선의 방정식은

$y-1=x+1 \quad \therefore y=x+2$

위의 직선과 곡선 $y=f(x)$의 교점의 x좌표는

$x^3-2x=x+2$에서 $x^3-3x-2=0$

$(x+1)^2(x-2)=0 \quad \therefore x=-1$ 또는 $x=2$

$\therefore \text{B}(2, 4)$

한편, 점 $\text{C}(1, -1)$에서의 접선의 기울기는 $f'(1)=1$이

므로 접선의 방정식은

$y+1=x-1 \quad \therefore y=x-2$

위의 직선과 곡선 $y=f(x)$의 교점의 x좌표는

$x^3-2x=x-2$에서 $x^3-3x+2=0$

$(x+2)(x-1)^2=0 \quad \therefore x=-2$ 또는 $x=1$

$\therefore \text{D}(-2, -4)$

이때, 오른쪽 그림과 같이

두 점 A, C가 원점에 대하

여 대칭이고 두 점 B, D도

원점에 대하여 대칭이므로

$\overline{\text{OA}}=\overline{\text{OC}}, \overline{\text{OB}}=\overline{\text{OD}}$

즉, 두 대각선이 서로 다른

것을 이등분하므로

$\square\text{ADCB}$는 평행사변형이다.

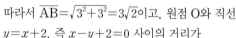

따라서 $\overline{\text{AB}}=\sqrt{3^2+3^2}=3\sqrt{2}$이고, 원점 O와 직선

$y=x+2$, 즉 $x-y+2=0$ 사이의 거리가

$\dfrac{|2|}{\sqrt{1^2+(-1)^2}}=\sqrt{2}$이므로 사각형 ADCB의 넓이는

$3\sqrt{2}\times2\sqrt{2}=12$ 답 ⑤

09 $y=x^3$에서 $y'=3x^2$

점 $\text{A}(-1, -1)$에서의 접선의 기울기가 3이므로 접선의

방정식은

$y-(-1)=3\{x-(-1)\}$

$\therefore y=3x+2$

위의 직선이 곡선 $y=x^3$과 만나는 점 중 점 A가 아닌 점

이 B이므로

$x^3=3x+2, x^3-3x-2=0$

$(x+1)^2(x-2)=0 \quad \therefore x=-1$ 또는 $x=2$

즉, $\text{B}(2, 8)$

선분 AB를 지름으로 하는 원의 넓이가 S_1이므로

$\overline{\text{AB}}=\sqrt{\{2-(-1)\}^2+\{8-(-1)\}^2}=\sqrt{3^2+9^2}$

$=\sqrt{90}=3\sqrt{10}$

$\therefore S_1=\pi\times\left(\dfrac{3\sqrt{10}}{2}\right)^2=\dfrac{45}{2}\pi$

이때, S_1의 값이 변하지 않으므로 S_1-S_2의 값이 최소이

려면 S_2의 값이 최대이어야 한다.

즉, S_2의 값이 최대가 되도록 하는 점 P는 원 C의 내부에 있는 곡선 $y=x^3$ 위의 점 중에서 직선 AB와 가장 멀리 떨어져 있으므로 점 P에서의 접선은 직선 AB와 평행해야 한다.

$3x^2=3$에서 $x^2=1$ $\therefore x=-1$ 또는 $x=1$

이때, 점 P가 원 C의 내부에 있으려면 $-1<x<2$이어야 하므로 $P(1, 1)$

점 P와 선분 AB 사이의 거리를 지름으로 하는 원을 C_2라 하자.

원 C_2의 지름의 길이는 점 $P(1, 1)$과 직선 $y=3x+2$, 즉 $3x-y+2=0$ 사이의 거리와 같으므로 원 C_2의 반지름의 길이를 r라 하면

$2r=\dfrac{|3-1+2|}{\sqrt{3^2+(-1)^2}}=\dfrac{4}{\sqrt{10}}$

$\therefore r=\dfrac{2}{\sqrt{10}}$

따라서 S_2의 최댓값은 $\pi \times \left(\dfrac{2}{\sqrt{10}}\right)^2=\dfrac{2}{5}\pi$이므로

S_1-S_2의 최솟값은

$\dfrac{45}{2}\pi - \dfrac{2}{5}\pi = \dfrac{225-4}{10}\pi = \dfrac{221}{10}\pi$ 답 ④

• 다른풀이 •

$y=x^3$에서 $y'=3x^2$

점 $A(-1, -1)$에서의 접선의 기울기가 3이므로 접선의 방정식은

$y-(-1)=3\{x-(-1)\}$ $\therefore y=3x+2$

이 직선이 곡선 $y=x^3$과 만나는 점 중 점 A가 아닌 점이 B이므로

$x^3=3x+2$, $x^3-3x-2=0$

$(x+1)^2(x-2)=0$ $\therefore x=-1$ 또는 $x=2$

즉, $B(2, 8)$이므로

$\overline{AB}=\sqrt{\{2-(-1)\}^2+\{8-(-1)\}^2}=3\sqrt{10}$

$\therefore S_1=\pi \times \left(\dfrac{3\sqrt{10}}{2}\right)^2=\dfrac{45}{2}\pi$

점 P는 원 C의 내부에서 곡선 $y=x^3$ 위를 움직이므로 $P(a, a^3)$ $(-1<a<2)$이라 하면 점 P와 직선 $y=3x+2$, 즉 $3x-y+2=0$ 사이의 거리를 d라 하면

$d=\dfrac{|3a-a^3+2|}{\sqrt{3^2+(-1)^2}}=\dfrac{|-a^3+3a+2|}{\sqrt{10}}$

d를 지름으로 하는 원의 넓이가 S_2이고 S_1-S_2, 즉 $\dfrac{45}{2}\pi-S_2$의 값이 최소이려면 S_2의 값이 최대이어야 한다.

즉, d의 값이 최대이어야 하므로

$f(a)=-a^3+3a+2$라 하면 $f'(a)=-3a^2+3$

$f'(a)=0$에서 $-3a^2+3=0$

$-3(a+1)(a-1)=0$ $\therefore a=1 (\because -1<a<2)$

함수 $f(a)$의 증가와 감소를 표로 나타내면 다음과 같다.

a	(-1)	$\cdots$	1	$\cdots$	(2)
$f'(a)$		$+$	0	$-$	
$f(a)$		↗	극대	↘	

함수 $f(a)$는 $a=1$일 때 극대이면서 최대이므로 최댓값은 $f(1)=-1+3+2=4$

즉, d의 최댓값은 $\dfrac{4}{\sqrt{10}}$이므로 d를 지름으로 하는 원의 넓이 S_2의 최댓값은

$\pi \times \left(\dfrac{1}{2} \times \dfrac{4}{\sqrt{10}}\right)^2=\dfrac{2}{5}\pi$

따라서 S_1-S_2의 최솟값은

$\dfrac{45}{2}\pi - \dfrac{2}{5}\pi = \dfrac{221}{10}\pi$

10 $f(x)=x^2$이라 하면 $f'(x)=2x$

점 $P(2a, 4a^2)$에서의 접선의 기울기는 $f'(2a)=4a$이므로 접선 l의 방정식은

$y-4a^2=4a(x-2a)$ $\therefore y=4ax-4a^2$

접선 l이 x축과 만나는 점 A의 x좌표는

$4ax-4a^2=0$ $\therefore x=a (\because a>0)$

$\therefore A(a, 0)$

한편, 점 A를 지나고 접선 l에 수직인 직선의 방정식은

$y=-\dfrac{1}{4a}(x-a)$ $\therefore y=-\dfrac{1}{4a}x+\dfrac{1}{4}$

위의 직선의 y절편은 $\dfrac{1}{4}$이므로 $B\left(0, \dfrac{1}{4}\right)$

이때, 삼각형 OAB에 내접하는 원의 반지름의 길이가 $r(a)$이므로 삼각형 OAB의 넓이는

$\dfrac{1}{2} \times \overline{OA} \times \overline{OB}=\dfrac{1}{2}(\overline{OA}+\overline{AB}+\overline{OB}) \times r(a)$에서

$\dfrac{1}{2} \times a \times \dfrac{1}{4}=\dfrac{1}{2}\left\{a+\sqrt{a^2+\left(\dfrac{1}{4}\right)^2}+\dfrac{1}{4}\right\} \times r(a)$

$\therefore r(a)=\dfrac{a}{4\left(a+\dfrac{1}{4}+\sqrt{a^2+\dfrac{1}{16}}\right)}$

$\therefore \lim_{a \to \infty} r(a)=\lim_{a \to \infty} \dfrac{a}{4\left(a+\dfrac{1}{4}+\sqrt{a^2+\dfrac{1}{16}}\right)}$

$=\lim_{a \to \infty} \dfrac{1}{4\left(1+\dfrac{1}{4a}+\sqrt{1+\dfrac{1}{16a^2}}\right)}$

$=\dfrac{1}{4 \times 2}=\dfrac{1}{8}$ 답 ③

11 (다각형 OABPC의 넓이)
= (사다리꼴 OABC의 넓이) − (삼각형 BCP의 넓이)
$\qquad\qquad\qquad \cdots\cdots$ ㉠

이고

(사다리꼴 OABC의 넓이)$=\dfrac{1}{2} \times (5+9) \times 4=28$

$\qquad\qquad\qquad \cdots\cdots$ ㉡

이므로 삼각형 BCP의 넓이가 최소일 때 다각형

OABPC의 넓이는 최대이다.

이때, 선분 BC를 삼각형 BCP의 밑변으로 생각하면 직선 BC와 점 P 사이의 거리가 높이이므로 점 P에서의 접선이 직선 BC와 평행할 때 삼각형 BCP의 넓이가 최소이다.

$y=-\dfrac{1}{4}x^3+4x$에서 $y'=-\dfrac{3}{4}x^2+4$이므로 점 P의 x좌표를 $a \ (0 \le a \le 4)$라 하면 접선의 기울기는 $-\dfrac{3}{4}a^2+4$

직선 BC의 기울기는 $\dfrac{9-5}{4-0}=1$이므로

$$-\dfrac{3}{4}a^2+4=1, \ \dfrac{3}{4}a^2=3$$

$a^2=4$ $\quad \therefore a=2 \ (\because 0 \le a \le 4)$

즉, P(2, 6)이므로 점 P에서의 접선의 방정식은

$y-6=1(x-2)$ $\quad \therefore y=x+4$

접선 $y=x+4$, 즉 $x-y+4=0$과 점 C(0, 5) 사이의 거리를 d라 하면

$$d=\dfrac{|0-5+4|}{\sqrt{1^2+(-1)^2}}=\dfrac{1}{\sqrt{2}}$$

따라서 △BCP는 밑변의 길이가

$\overline{BC}=\sqrt{4^2+(9-5)^2}=4\sqrt{2}$이고 높이가 $d=\dfrac{1}{\sqrt{2}}$인 삼각형이므로 넓이는

$$\dfrac{1}{2} \times 4\sqrt{2} \times \dfrac{1}{\sqrt{2}}=2 \qquad \cdots\cdots ©$$

㉠, ㉡, ©에서 다각형 OABPC의 넓이의 최댓값은

$28-2=26$ 답 26

• 다른풀이 •

$P\left(a, \ -\dfrac{1}{4}a^3+4a\right) \ (0 \le a \le 4)$라 하고, 점 P에서 x축에 내린 수선의 발을 H라 하면

(다각형 OABPC의 넓이)

$=\square OHPC+\square ABPH$

$=\dfrac{1}{2}\left(5-\dfrac{1}{4}a^3+4a\right) \times a+\dfrac{1}{2}\left(-\dfrac{1}{4}a^3+4a+9\right)(4-a)$

$=\dfrac{1}{2}(-a^3+12a+36)=-\dfrac{1}{2}a^3+6a+18$

$f(a)=-\dfrac{1}{2}a^3+6a+18$이라 하면

$f'(a)=-\dfrac{3}{2}a^2+6$

$f'(a)=0$에서 $-\dfrac{3}{2}a^2+6=0$

$a^2=4$ $\quad \therefore a=2 \ (\because 0 \le a \le 4)$

함수 $f(a)$의 증가와 감소를 표로 나타내면 다음과 같다.

a	0	$\cdots$	2	$\cdots$	4
$f'(a)$		$+$	0	$-$	
$f(a)$	18	↗	극대	↘	10

따라서 함수 $f(a)$는 $a=2$일 때 극대이면서 최대이므로 다각형 OABPC의 넓이의 최댓값은

$f(2)=-4+12+18=26$

12 함수 $f(x)=\dfrac{1}{3}x^3-x^2+1$이 실수 전체의 집합에서 연속이고 미분가능하므로 평균값 정리에 의하여

$$\dfrac{f(x_2)-f(x_1)}{x_2-x_1}=f'(c)$$

인 c가 열린구간 $(x_1, \ x_2)$에 적어도 하나 존재한다.

이때, $2 \le x_1 < c < x_2 \le 3$이므로 $2 < c < 3$

한편, $f'(x)=x^2-2x=(x-1)^2-1$에서

$f'(c)=(c-1)^2-1$

$2 < c < 3$이므로 $0 < f'(c) < 3$

$\therefore 0 < a < 3$ 답 $0 < a < 3$

13 함수 $f(x)$가 실수 전체의 집합에서 미분가능하므로 연속이다.

따라서 $g(x)=(x^2+1)f(x)$는 닫힌구간 $[0, \ 3]$에서 연속이고, 열린구간 $(0, \ 3)$에서 미분가능한 함수이다.

이때, $g(0)=f(0)=1$, $g(3)=10f(3)=10$이므로 평균값 정리에 의하여

$$g'(c)=\dfrac{g(3)-g(0)}{3-0}=\dfrac{10-1}{3}=3$$

인 c가 열린구간 $(0, \ 3)$에 적어도 하나 존재한다. 답 ③

> **서울대 선배들의 강추문제** 1등급 비법 노하우
>
> 이 문제는 평균값 정리를 이용하는 문제로 $g(x)=(x^2+1)f(x)$를 보고 곱의 미분법을 생각하여 $g'(x)=2xf(x)+(x^2+1)f'(x)$를 이용하는 문제로 오해하기 쉽다. 그러나 이 문제는 $g(0)$, $g(3)$의 값을 알면 풀기 쉬운 문제이다.

---

14 다항함수는 모든 실수 x에서 연속이고 미분가능한 함수이므로 다항함수 $f(x)$는 닫힌구간 $[3, \ 5]$에서 연속이고 열린구간 $(3, \ 5)$에서 미분가능하다.

즉, 평균값 정리에 의하여

$$\dfrac{f(5)-f(3)}{5-3}=f'(c)$$

인 c가 열린구간 $(3, \ 5)$에 적어도 하나 존재한다.

이때, 조건 (나)에서 $|f'(x)| \le \dfrac{3}{2}$이므로

$$\left|\dfrac{f(5)-f(3)}{5-3}\right| \le \dfrac{3}{2}$$

$\left|\dfrac{1-a}{2}\right| \le \dfrac{3}{2}$ ($\because$ 조건 (가))

$|1-a| \le 3, \ -3 \le a-1 \le 3$

$\therefore -2 \le a \le 4$

따라서 조건을 만족시키는 정수 a의 최댓값은 4이다. 답 ④

15 최고차항의 계수가 양수인 사차함수 $f(x)$의 도함수 $f'(x)$는 삼차함수이고, 이 함수가 세 점 $(a, \ 0)$, $(b, \ 0)$, $(2b, \ 0)$을 지나므로

$f'(x)=k(x-a)(x-b)(x-2b)$ (단, $k>0$)
라 할 수 있다.
함수 $f(x)$가 $x\le-2$와 $3\le x\le5$에서 각각 감소하려면
이 구간에서 $f'(x)\le0$이어야 하므로 함수 $y=f'(x)$의
그래프가 다음 그림과 같아야 한다.

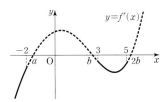

즉, $-2\le a<0$이고 $b\le3$, $5\le2b$이므로
$0<-a\le2$, $\dfrac{5}{2}\le b\le3$
이때, $\dfrac{b}{a}$의 값이 최대이려면 $-\dfrac{b}{a}$, 즉 $\dfrac{b}{-a}$의 값이 최소
이어야 하므로 $-a$가 최대, b가 최소이어야 한다.
따라서 $\dfrac{b}{a}$의 최댓값은 $-a=2$, $b=\dfrac{5}{2}$, 즉 $a=-2$,
$b=\dfrac{5}{2}$일 때이므로

$\dfrac{\frac{5}{2}}{-2}=-\dfrac{5}{4}$

답 $-\dfrac{5}{4}$

16 $f(x)=x^3+6x^2+15|x-2a|+3$에서
(i) $x<2a$일 때,
  $f(x)=x^3+6x^2-15(x-2a)+3$이므로
  $f'(x)=3x^2+12x-15=3(x+5)(x-1)$
  이때, 함수 $f(x)$가 $x<2a$에
  서 증가하려면 $x<2a$에서
  $f'(x)\ge0$이어야 하므로
  $2a\le-5$ $\therefore a\le-\dfrac{5}{2}$

  (그림: $y=f'(x)$, $2a$ -5 1 x)

(ii) $x\ge2a$일 때,
  $f(x)=x^3+6x^2+15(x-2a)+3$이므로
  $f'(x)=3x^2+12x+15=3(x+2)^2+3>0$
  즉, 함수 $f(x)$는 $x\ge2a$에서 증가한다.
(i), (ii)에서 $a\le-\dfrac{5}{2}$

답 ②

17 다항함수 $f(x)$는 모든 실수에서 연속이고 미분가능하므
로 평균값 정리에 의하여 $\dfrac{f(x_2)-f(x_1)}{x_2-x_1}=f'(c)$를 만족
시키는 c가 열린구간 (x_1, x_2)에 적어도 하나 존재한다.
조건 ㈏에서 $\dfrac{f(x_2)-f(x_1)}{x_2-x_1}\le4$이므로
$f'(c)\le4$
함수 $f(x)$가 2차 이상의 다항함수이면 $f'(x)$는 일차 이
상의 다항함수이므로 $f'(x)>4$ 또는 $f'(x)<0$이 되는
x의 값이 존재한다.
또한, 조건 ㈎에서 함수 $f(x)$는 모든 실수 x에서 증가하
므로 상수함수일 수 없다.

즉, $f(x)$는 일차함수이므로
$f(x)=mx+k$ ($0<m\le4$, m, k는 상수)
이때, 곡선 $y=x^2$과 함수 $y=f(x)$의 그래프가 한 점에서
만 만나므로 이차방정식 $x^2=mx+k$, 즉 $x^2-mx-k=0$
이 중근을 가져야 한다.
이 방정식의 판별식을 D라 하면
$D=m^2+4k=0$ $\therefore k=-\dfrac{m^2}{4}$
$f(x)=mx-\dfrac{m^2}{4}$이므로
$f\left(\dfrac{3}{2}\right)=\dfrac{3}{2}m-\dfrac{m^2}{4}$
$\qquad=-\dfrac{1}{4}(m-3)^2+\dfrac{9}{4}$ ($0<m\le4$)

따라서 함수 $y=\dfrac{3}{2}m-\dfrac{m^2}{4}$의 그래
프가 오른쪽 그림과 같으므로
$f\left(\dfrac{3}{2}\right)$의 최댓값은 $m=3$일 때 $\dfrac{9}{4}$
이다.

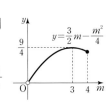

답 $\dfrac{9}{4}$

18 $f(x)=x^3-(a+2)x^2+ax$에서
$f'(x)=3x^2-2(a+2)x+a$
곡선 $y=f(x)$ 위의 점 $(t, f(t))$에서의 접선의 방정식은
$y-\{t^3-(a+2)t^2+at\}=\{3t^2-2(a+2)t+a\}(x-t)$
위의 접선이 y축과 만나는 점의 좌표가 $(0, g(t))$이므로
$g(t)-t^3+(a+2)t^2-at=-3t^3+2(a+2)t^2-at$
$\therefore g(t)=-2t^3+(a+2)t^2$
이때, 함수 $g(t)$가 구간 $[0, 5]$에서 증가하므로 이 구간
에서 $g'(t)\ge0$이어야 한다.
$g'(t)=-6t^2+2(a+2)t=-2t\{3t-(a+2)\}$
에서 함수 $y=g'(t)$의 그래프가
오른쪽 그림과 같아야 하므로
$\dfrac{a+2}{3}\ge5$
$a+2\ge15$ $\therefore a\ge13$
따라서 구하는 a의 최솟값은 13이다.

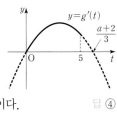

답 ④

19 $f(x)=x^3-ax^2+(a^2-2a)x$에서
$f'(x)=3x^2-2ax+(a^2-2a)$
함수 $f(x)$가 극댓값과 극솟값을 모두 가지려면 방정식
$f'(x)=0$이 서로 다른 두 실근을 가져야 하므로 이차방
정식 $3x^2-2ax+(a^2-2a)=0$의 판별식을 D라 하면
$\dfrac{D}{4}=a^2-3(a^2-2a)>0$에서 $2a^2-6a<0$
$a(a-3)<0$ $\therefore 0<a<3$ ……㉠
한편, $g(x)=\dfrac{1}{3}x^3+ax^2+(5a-4)x+2$에서

$g'(x)=x^2+2ax+(5a-4)$

함수 $g(x)$가 극값을 갖지 않으려면 방정식 $g'(x)=0$이 중근 또는 허근을 가져야 하므로 이차방정식 $x^2+2ax+(5a-4)=0$의 판별식을 D'이라 하면

$\dfrac{D'}{4}=a^2-(5a-4)\leq0$에서 $a^2-5a+4\leq0$

$(a-1)(a-4)\leq0$ $\therefore 1\leq a\leq4$ ……ⓛ

㉠, ㉡을 동시에 만족시키는 실수 a의 값의 범위는

$1\leq a<3$

따라서 조건을 만족시키는 모든 정수 a의 값의 합은

$1+2=3$ 답 ②

20 삼차함수 $f(x)=x^3+px^2+qx$에서 $y=f(x)$의 그래프가 x좌표가 α $(\alpha\neq0)$인 점에서 x축에 접한다고 하면 이 그래프는 원점을 지나므로

$f(x)=x(x-\alpha)^2$ ……㉠

이라 할 수 있다.

$f'(x)=(x-\alpha)^2+2x(x-\alpha)=(x-\alpha)(3x-\alpha)$

$f'(x)=0$에서 $x=\alpha$ 또는 $x=\dfrac{\alpha}{3}$

이때, 함수 $f(x)$의 극솟값이 -4 이므로 함수 $y=f(x)$의 그래프의 개형은 오른쪽 그림과 같다.

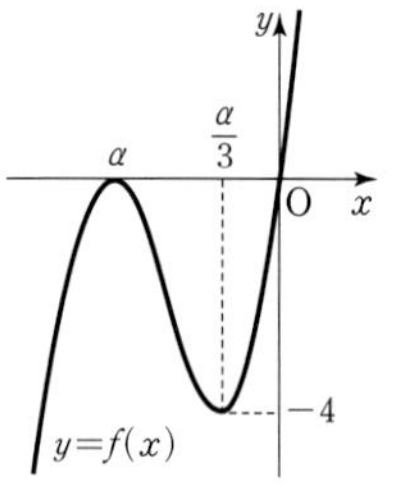

함수 $f(x)$는 $x=\dfrac{\alpha}{3}$일 때 극솟값 -4를 가지므로

$f\left(\dfrac{\alpha}{3}\right)=\dfrac{\alpha}{3}\left(\dfrac{\alpha}{3}-\alpha\right)^2=\dfrac{4}{27}\alpha^3$

$\qquad\qquad =-4$

$\alpha^3=-27$ $\therefore \alpha=-3$ ($\because \alpha$는 실수)

이것을 ㉠에 대입하면

$f(x)=x(x+3)^2=x^3+6x^2+9x$

$\therefore p=6, q=9$ $\therefore p+q=15$ 답 ④

21 $f(x)=x^3+6ax^2-12x+1$에서

$f'(x)=3x^2+12ax-12$

함수 $y=f(x)$의 그래프의 극대가 되는 점과 극소가 되는 점의 x좌표를 각각 α, β라 하면 α, β는 방정식 $f'(x)=0$의 두 근이므로 이차방정식의 근과 계수의 관계에 의하여

$\alpha+\beta=-4a, \alpha\beta=-4$ ……㉠

이때, 두 점 P, Q의 x좌표는 극대가 되는 점과 극소가 되는 점을 이은 선분을 각각 $1:2$, $2:1$로 내분하는 점의 x좌표와 같으므로 $\dfrac{2\alpha+\beta}{3}$, $\dfrac{\alpha+2\beta}{3}$이다.

선분 PQ가 y축과 만나려면 두 점 P, Q의 x좌표의 부호가 서로 다르거나 두 점 P, Q의 x좌표 중에서 하나가 0이어야 하므로

$\dfrac{2\alpha+\beta}{3}\times\dfrac{\alpha+2\beta}{3}\leq0$에서 $2\alpha^2+5\alpha\beta+2\beta^2\leq0$

$2(\alpha+\beta)^2+\alpha\beta\leq0$

㉠을 위의 부등식에 대입하면

$32a^2-4\leq0, a^2\leq\dfrac{1}{8}$

$\therefore -\dfrac{\sqrt{2}}{4}\leq a\leq\dfrac{\sqrt{2}}{4}$ 답 ④

22 $f(x)=(4x^2-1)(2x-1)^n$

$\qquad =(2x+1)(2x-1)(2x-1)^n$

$\qquad =(2x+1)(2x-1)^{n+1}$

에서

$f'(x)=2(2x-1)^{n+1}+2(2x+1)(n+1)(2x-1)^n$

$\qquad =2(2x-1)^n\{2x-1+(n+1)(2x+1)\}$

$\qquad =2(2x-1)^n\{(2n+4)x+n\}$

$f'(x)=0$에서 $x=\dfrac{1}{2}$ 또는 $x=-\dfrac{n}{2n+4}$

이때, 자연수 n에 대하여 $-\dfrac{n}{2n+4}<0$이고 함수 $f(x)$의 증가와 감소를 표로 나타내면 다음과 같다.

(i) n이 홀수일 때,

x	$\cdots$	$-\dfrac{n}{2n+4}$	$\cdots$	$\dfrac{1}{2}$	$\cdots$
$f'(x)$	$+$	0	$-$	0	$+$
$f(x)$	↗	극대	↘	극소	↗

(ii) n이 짝수일 때,

x	$\cdots$	$-\dfrac{n}{2n+4}$	$\cdots$	$\dfrac{1}{2}$	$\cdots$
$f'(x)$	$-$	0	$+$	0	$+$
$f(x)$	↘	극소	↗		↗

(i), (ii)에서 함수 $f(x)$가 $x=\dfrac{1}{2}$에서 극소이려면 n이 홀수이어야 한다.

따라서 구하는 자연수 n의 값의 합은 30 이하의 홀수의 합이므로

$1+3+5+\cdots+29=\dfrac{15(1+29)}{2}=225$ 답 225

23 $f(x)=\dfrac{1}{4}x^4+\dfrac{1}{3}ax^3+\dfrac{1}{2}bx^2+2x$에서

$f'(x)=x^3+ax^2+bx+2$ ……㉠

함수 $f(x)$는 $x=-2$에서 극값을 가지므로 $f'(-2)=0$이고, $f'(c)=0$ $(c\neq-2)$이면 $x=c$에서 극값을 갖지 않으므로 $x=c$의 좌우에서 $f'(x)$의 부호가 바뀌지 않아야 한다.

즉, $f'(x)$는 $(x-c)^2$을 인수로 가져야 하므로

$f'(x)=(x+2)(x-c)^2$

$\qquad =x^3+(2-2c)x^2+(c^2-4c)x+2c^2$ ……㉡

이라 할 수 있다.

㉠=㉡이므로

$a=2-2c, b=c^2-4c, 2=2c^2$

그런데 $a\neq0$이므로 $a=2-2c$에서

$2-2c\neq0$ $\therefore c\neq1$

$\therefore a=4,\ b=5,\ c=-1$

$\therefore a+b+c=4+5+(-1)=8$ 답 8

blacklabel 특강 필수 개념

함수 $f(x)$의 도함수 $f'(x)$가 $(x-c)^n$ (n은 짝수)의 인수를 가지면 $f'(c)=0$이지만 $x=c$에서는 극값을 갖지 않는다.

24 $f(x)=\begin{cases} ax^2+bx+c & (0\le x\le 1) \\ -ax^2+dx+e & (1<x\le 2) \end{cases}$에서

$f(0)=0$이므로 $c=0$

$f(2)=4$이므로 $-4a+2d+e=4$ ……㉠

열린구간 $(0,\ 2)$에서 미분가능하려면 연속이어야 하므로

$a+b=-a+d+e$에서 $b=-2a+d+e$ ……㉡

또한, $x=1$에서의 미분계수가 존재해야 하므로

$f'(x)=\begin{cases} 2ax+b & (0<x<1) \\ -2ax+d & (1<x<2) \end{cases}$에서

$2a+b=-2a+d$에서 $b=-4a+d$ ……㉢

㉡=㉢이므로 $-2a+d+e=-4a+d$

$2a+e=0 \quad \therefore e=-2a$

이것을 ㉠에 대입하면

$-6a+2d=4$에서 $d=3a+2$

$e=-2a,\ d=3a+2$를 ㉡에 대입하면

$b=-2a+3a+2-2a=2-a$

$\therefore f(x)=\begin{cases} ax^2+(2-a)x & (0\le x\le 1) \\ -ax^2+(3a+2)x-2a & (1<x\le 2) \end{cases}$

한편, $a<0$이므로 극댓값은 함수 $f(x)=ax^2+(2-a)x$에서 갖는다.

$f'(x)=2ax+2-a$이므로

$f'(x)=0$에서 $x=\dfrac{a-2}{2a}$

함수 $f(x)$의 극댓값이 존재하므로

$0<\dfrac{a-2}{2a}<1$이고 $f\left(\dfrac{a-2}{2a}\right)=\dfrac{9}{4}$이어야 한다.

$a<0$이므로 $0<\dfrac{a-2}{2a}<1$의 각 변에 $2a$를 곱하면

$0>a-2>2a \quad \therefore a<-2$

또한, $f\left(\dfrac{a-2}{2a}\right)=\dfrac{9}{4}$에서

$a\times\left(\dfrac{a-2}{2a}\right)^2+(2-a)\left(\dfrac{a-2}{2a}\right)=\dfrac{9}{4}$

$\dfrac{(a-2)^2}{4a}-\dfrac{(a-2)^2}{2a}=\dfrac{9}{4}$

$a\ne 0$이므로 위의 식의 양변에 $4a$를 곱하면

$(a-2)^2-2(a-2)^2=9a$

$-a^2+4a-4=9a,\ a^2+5a+4=0$

$(a+1)(a+4)=0 \quad \therefore a=-4\ (\because a<-2)$ 답 ④

25 두 함수 $f(x),\ g(x)$가 모두 삼차함수이고

$f(x)g(x)=(x-1)^2(x-2)^2(x-3)^2$

이때, $g(x)$의 최고차항의 계수가 3이고 $f(x)g(x)$의 최고차항의 계수는 1이므로 $f(x)$의 최고차항의 계수는 $\dfrac{1}{3}$이다.

또한, $g(x)$가 $x=2$에서 극댓값을 가지므로 $g(x)$는 $(x-2)^2$을 인수로 갖는다.

즉, $g(x)=3(x-2)^2(x-\alpha)$라 하면 $\alpha=1$ 또는 $\alpha=3$이다.

(i) $\alpha=1$일 때,

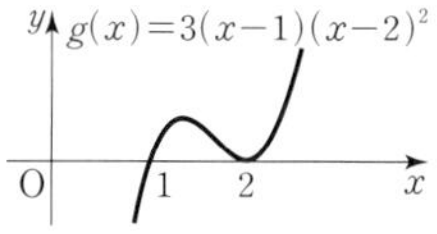

함수 $g(x)=3(x-1)(x-2)^2$의 그래프는 오른쪽 그림과 같다.

이때, 함수 $g(x)$는 $x=2$에서 극솟값을 가지므로 주어진 조건을 만족시키지 않는다.

(ii) $\alpha=3$일 때,

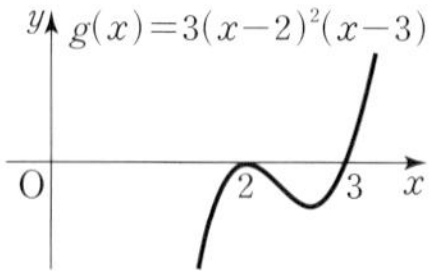

함수 $g(x)=3(x-2)^2(x-3)$의 그래프는 오른쪽 그림과 같다.

이때, 함수 $g(x)$는 $x=2$에서 극댓값을 가지므로 주어진 조건을 만족시킨다.

(i), (ii)에서 $g(x)=3(x-2)^2(x-3)$이므로

$f(x)=\dfrac{1}{3}(x-1)^2(x-3)$

$\therefore f'(x)=\dfrac{1}{3}\times 2(x-1)\times(x-3)+\dfrac{1}{3}(x-1)^2$

$=\dfrac{1}{3}(x-1)(3x-7)$

따라서 $f'(0)=\dfrac{1}{3}\times(-1)\times(-7)=\dfrac{7}{3}$이므로

$p=3,\ q=7 \quad \therefore p+q=10$ 답 10

blacklabel 특강 풀이첨삭

다항함수 $f(x)$가 $(x-\alpha)^2$을 인수로 가지면

$f(x)=(x-\alpha)^2g(x)$ (단, $g(x)$는 다항식)

로 나타낼 수 있다. 이때,

$f'(x)=2(x-\alpha)g(x)+(x-\alpha)^2g'(x)$

$=(x-\alpha)\{2g(x)+(x-\alpha)g'(x)\}$

이므로 방정식 $f'(x)=0$은 $x=\alpha$를 갖는다.

즉, $f'(\alpha)=0$이므로 다항함수 $f(x)$는 $x=\alpha$에서 극값을 갖는다.

26 해결단계

❶ 단계	조건 (나)에서 함수 $g(t)$가 $t=0$에서 미분가능하지 않음을 파악한다.
❷ 단계	조건 (가)를 이용하여 사차함수 $f(x)$가 세 개의 극값을 가짐을 파악하고 $f(-2)$와 $f(2)$의 대소 관계에 따라 함수 $y=f(x)$의 그래프의 개형을 그린다.
❸ 단계	❷단계의 각 경우에 대하여 함수 $g(t)$가 한 점에서 미분가능하지 않은 경우를 찾고 이때의 함수 $f(x)$의 방정식을 구한다.
❹ 단계	$\dfrac{f'(-3)}{f'(3)}$의 값을 구한다.

조건 (나)에서 함수 $g(t)$는 $t=0$에서 미분가능하지 않고, 조건 (가)에서 사차함수 $f(x)$가 $x=-2,\ x=2$에서 극댓값을 가지려면 $-2<x<2$에서 극솟값을 가져야 한다.

이때, $x\le t$에서 함수 $f(x)$의 최댓값이 $g(t)$이므로 $f(-2)$와 $f(2)$의 대소 관계에 따라 다음과 같이 경우를

나누어 생각할 수 있다.

(ⅰ) $f(-2) > f(2)$인 경우

함수 $y=f(x)$의 그래프가
오른쪽 그림과 같으므로
$t \leq -2$에서 $g(t)=f(t)$
$t > -2$에서 $g(t)=f(-2)$
이때,

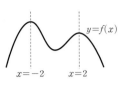

$t < -2$에서 $g'(t)=f'(t)$,
$t > -2$에서 $g'(t)=0$
이고, $f'(-2)=0$이므로 함수 $g(t)$는 모든 실수 t에
대하여 미분가능하다.

(ⅱ) $f(-2)=f(2)$인 경우

함수 $y=f(x)$의 그래프가
오른쪽 그림과 같으므로
$t \leq -2$에서 $g(t)=f(t)$
$t > -2$에서 $g(t)=f(-2)$
따라서 (ⅰ)과 마찬가지로 함수 $g(t)$는 모든 실수 t에
대하여 미분가능하다.

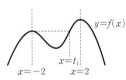

(ⅲ) $f(-2) < f(2)$인 경우

함수 $y=f(x)$의 그래프
가 오른쪽 그림과 같으므
로 함수 $y=f(x)$의 그래
프와 직선 $y=f(-2)$의
교점 중에서 $-2 < x < 2$인 점의 x좌표를 t_1이라 하면
$t \leq -2$에서 $g(t)=f(t)$
$-2 < t \leq t_1$에서 $g(t)=f(-2)$
$t_1 < t \leq 2$에서 $g(t)=f(t)$
$t > 2$에서 $g(t)=f(2)$
이때,

$t < -2$에서 $g'(t)=f'(t)$,
$-2 < t < t_1$에서 $g'(t)=0$,
$t_1 < t < 2$에서 $g'(t)=f'(t)$,
$t > 2$에서 $g'(t)=0$
이고, $f'(-2)=0$, $f'(2)=0$이므로 함수 $g(t)$는
$t=t_1$에서만 미분가능하지 않다.
$\therefore t_1=0$

함수 $y=f(x)$의 그래프와 직선 $y=f(-2)$의 교점
중에서 x좌표가 -2와 0이 아닌 나머지 점의 x좌표를
t_2라 하면
$f(x)-f(-2)=ax(x+2)^2(x-t_2)$ (단, $a<0$)
$\therefore f(x)=ax(x+2)^2(x-t_2)+f(-2)$
$f'(x)=a(x+2)^2(x-t_2)+2ax(x+2)(x-t_2)$
$\qquad +ax(x+2)^2$
$\qquad =a(x+2)\{4x^2+(4-3t_2)x-2t_2\}$
사차함수 $f(x)$는 $x=2$에서 극댓값을 가지므로
$f'(2)=0$에서 $4a(16+8-6t_2-2t_2)=0$
$24-8t_2=0$ $\therefore t_2=3$
$\therefore f'(x)=a(x+2)(4x^2-5x-6)$

(ⅰ), (ⅱ), (ⅲ)에서

$$\frac{f'(-3)}{f'(3)} = \frac{a \times (-1) \times 45}{a \times 5 \times 15} = -\frac{3}{5}$$

답 $-\dfrac{3}{5}$

27 주어진 사차함수 $f(x)=ax^4+bx^3+cx^2+dx+e$의 그
래프에서 $a>0$이고 y절편이 양수이므로 $e>0$이다.
또한, $f'(x)=4ax^3+3bx^2+2cx+d$에서 방정식
$f'(x)=0$의 세 근을 α, β, γ라 하면 $x=\alpha$, $x=\beta$, $x=\gamma$
에서 함수 $f(x)$는 극값을 갖는다.
이때, 주어진 사차함수 $y=f(x)$의 그래프에서 α, β, γ는
모두 양수이므로 방정식 $4ax^3+3bx^2+2cx+d=0$에서
삼차방정식의 근과 계수의 관계에 의하여

$\alpha+\beta+\gamma = -\dfrac{3b}{4a} > 0$ $\therefore b<0$ $(\because a>0)$

$\alpha\beta+\beta\gamma+\gamma\alpha = \dfrac{c}{2a} > 0$ $\therefore c>0$ $(\because a>0)$

$\alpha\beta\gamma = -\dfrac{d}{4a} > 0$ $\therefore d<0$ $(\because a>0)$

ㄱ. $a>0$, $b<0$이므로 $ab<0$ (참)
ㄴ. $b<0$, $c>0$이므로 $bc<0$ (거짓)
ㄷ. $c>0$, $d<0$이므로 $cd<0$ (참)
ㄹ. $d<0$, $e>0$이므로 $de<0$ (거짓)
따라서 옳은 것은 ㄱ, ㄷ이다. 답 ②

28 ㄱ. 방정식 $f'(x)=0$을 만족시키는 x의 값을
α, 4, β $(\alpha<4<\beta)$라 하자.

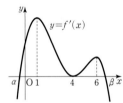

$x=\alpha$, $x=\beta$의 좌우에서 $f'(x)$의 부호는 각각 한 차
례씩 바뀌므로 함수 $f(x)$는 서로 다른 두 점에서 극
값을 갖는다. (거짓)

ㄴ. $4<x<6$에서 $f'(x)$의 값이 증가하므로 함수
$y=f(x)$의 그래프는 이 구간에서 아래로 볼록하다.
따라서 $4<x_1<x_2<6$인 임의의 두 실수 x_1, x_2에 대
하여 $f\left(\dfrac{x_1+x_2}{2}\right) < \dfrac{f(x_1)+f(x_2)}{2}$이다. (참)

ㄷ. $f(0)=0$일 때,
함수 $y=f(x)$의 그래프
의 개형은 오른쪽 그림과
같으므로 함수 $y=f(x)$
의 그래프와 직선
$y=a$ $(a>0)$가 서로 다
른 두 점에서 만나면 함
수 $f(x)$의 극댓값은 a이다. (참)

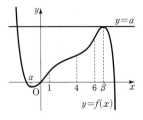

따라서 옳은 것은 ㄴ, ㄷ이다. 답 ⑤

29 ㄱ. (반례) $f(x)=-x^2$이면 함수 $f(x)$는 $x=0$에서 극 댓값을 갖지만 $|f(x)|=x^2$이므로 함수 $|f(x)|$는 $x=0$에서 극솟값을 갖는다. (거짓)

ㄴ. 함수 $f(x)$가 $x=0$에서 극댓값을 가지므로

$$\lim_{h \to 0+} \frac{f(0+h)-f(0)}{h}<0 \quad \cdots\cdots \text{㉠}$$

이때, $\lim_{h \to 0+} \frac{f(|0+h|)-f(|0|)}{h}<0 \; (\because \text{㉠})$

$$\lim_{h \to 0-} \frac{f(|0+h|)-f(|0|)}{h}$$

$-h$로 치환하면
$h \to 0-$일 때 $t \to 0+$

$$=\lim_{h \to 0-} \frac{f(0-h)-f(0)}{h}$$

$$=\lim_{t \to 0+} \frac{f(0+t)-f(0)}{-t}$$

$$>0 \; (\because \text{㉠})$$

즉, 함수 $f(|x|)$는 $x=0$에서 극댓값을 갖는다. (참)

ㄷ. $g(x)=f(x)-x^2|x|$라 하면

$$g(x)=\begin{cases} f(x)+x^3 & (x<0) \\ f(x)-x^3 & (x\geq0) \end{cases} \text{에서}$$

$$g'(x)=\begin{cases} f'(x)+3x^2 & (x<0) \\ f'(x)-3x^2 & (x>0) \end{cases}$$

함수 $f(x)$가 $x=0$에서 극댓값을 가지므로

$\lim_{x \to 0-} f'(x)>0$에서 $\lim_{x \to 0-} g'(x)>0$

$\lim_{x \to 0+} f'(x)<0$에서 $\lim_{x \to 0+} g'(x)<0$

즉, 함수 $g(x)=f(x)-x^2|x|$는 $x=0$에서 극댓값을 갖는다. (참)

따라서 옳은 것은 ㄴ, ㄷ이다. 답 ⑤

30 $f(x)=x^3+6x^2$에서 $f'(x)=3x^2+12x=3x(x+4)$

$f'(x)=0$에서 $x=-4$ 또는 $x=0$

함수 $f(x)$의 증가와 감소를 표로 나타내면 다음과 같다.

x	$\cdots$	-4	$\cdots$	0	$\cdots$
$f'(x)$	$+$	0	$-$	0	$+$
$f(x)$	↗	극대	↘	극소	↗

삼차함수 $f(x)$는 $x=-4$일 때 극댓값 $f(-4)=-64+96=32$, $x=0$일 때 극솟값 $f(0)=0$을 가지므로 함수 $y=f(x)$의 그래 프는 오른쪽 그림과 같다.

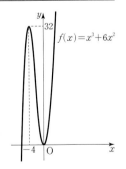

곡선 $y=f(x)$ 위의 서로 다른 두 점 P, Q의 x좌표를 각각 p, q 라 하면 두 점 P, Q에서의 접선 이 서로 평행하므로

$f'(p)=f'(q)$, 즉 $3p^2+12p=3q^2+12q$

$p^2-q^2+4(p-q)=0$, $(p-q)(p+q+4)=0$

$\therefore p+q=-4 \; (\because p \neq q)$

이때, 선분 PQ의 중점 M의 x좌표는

$\frac{p+q}{2}=\frac{-4}{2}=-2$이므로 y좌표 a는

$a=f(-2)=-8+24=16$

즉, 함수 $y=|f(x)-16|$의 그래프는 다음 그림과 같다.

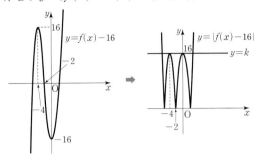

따라서 함수 $y=|f(x)-16|$의 그래프와 직선 $y=k$가 서로 다른 네 점에서 만나려면 $k=16$이어야 한다. 답 16

단계	채점 기준	배점
(가)	두 점 P, Q에서의 접선이 서로 평행함을 이용하여 두 점 P, Q의 x좌표 사이의 관계식을 구한 경우	30%
(나)	선분 PQ의 중점 M의 좌표를 구한 경우	20%
(다)	함수 $y=|f(x)-a|$의 그래프를 그린 후 직선 $y=k$와 서로 다른 네 점에서 만나도록 하는 k의 값을 구한 경우	50%

31 $f(x)=x^3-6x^2+32$에서

$f'(x)=3x^2-12x=3x(x-4)$

$f'(x)=0$에서 $x=0$ 또는 $x=4$

함수 $f(x)$의 증가와 감소를 표로 나타내면 다음과 같다.

x	$\cdots$	0	$\cdots$	4	$\cdots$
$f'(x)$	$+$	0	$-$	0	$+$
$f(x)$	↗	극대	↘	극소	↗

함수 $f(x)$는 $x=0$일 때 극댓값 $f(0)=32$, $x=4$일 때 극솟값 $f(4)=64-96+32=0$을 가지므로 함수 $y=f(x)$의 그래프는 오른쪽 그림과 같다.

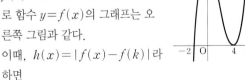

이때, $h(x)=|f(x)-f(k)|$라 하면

$$h(x)=\begin{cases} f(x)-f(k) & (f(x)\geq f(k)) \\ f(k)-f(x) & (f(x)<f(k)) \end{cases}$$

(i) $k=1, 2, 3, 5$일 때,

$0<f(k)<32$이므로 함수 $y=h(x)$의 그래프의 개형은 오른쪽 그림과 같다.

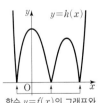

이때, 뾰족한 점에서 미분가 능하지 않으므로 $g(k)=3$

함수 $y=f(x)$의 그래프와 직선 $y=f(k)$의 교점의 x좌표

(ii) $k=4$일 때,

$f(4)=0$이므로 함수 $y=h(x)$의 그래프의 개형은 오른쪽 그림과 같다.

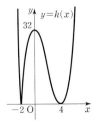

이때, 뾰족한 점에서 미분가능하지 않으므로 $g(4)=1$

(iii) $k=6$일 때,

$f(6)=32$이므로 함수 $y=h(x)$ 의 그래프의 개형은 오른쪽 그림 과 같다.

이때, 뾰족한 점에서 미분가능하 지 않으므로 $g(6)=1$

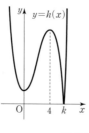

(iv) $k>6$일 때,

$f(k)>32$이므로 함수 $y=h(x)$ 의 그래프의 개형은 오른쪽 그림 과 같다.

이때, 뾰족한 점에서 미분가능하 지 않으므로 $g(k)=1$

(i)~(iv)에서

$\sum_{k=1}^{10} g(k)=3\times4+1\times6=18$　　　　답 18

32　$f(x)=|x^3-3ax^2+4|$에서

$g(x)=x^3-3ax^2+4$라 하면

$g'(x)=3x^2-6ax=3x(x-2a)$

$g'(x)=0$에서 $x=0$ 또는 $x=2a$

이때, $a=0$이면 $g'(x)=3x^2$으로 극값이 존재하지 않으 므로 $a\neq0$이다.

(i) $a>0$일 때,

함수 $g(x)$의 증가와 감소를 표로 나타내면 다음과 같다.

x	$\cdots$	0	$\cdots$	$2a$	$\cdots$
$g'(x)$	$+$	0	$-$	0	$+$
$g(x)$	↗	극대	↘	극소	↗

함수 $g(x)$는 $x=0$일 때 극댓값 $g(0)=4$, $x=2a$일 때 극솟값 $g(2a)=-4a^3+4$를 갖는다.

이때, 함수 $f(x)=|g(x)|$ 가 한 개의 극댓값과 두 개의 극솟값을 가지므로 함수 $y=f(x)$의 그래프는 오른쪽 그림과 같다.

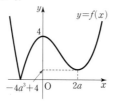

그런데 극댓값이 $x=0$일 때 4이므로 조건을 만족시키 지 않는다.

(ii) $a<0$일 때,

함수 $g(x)$의 증가와 감소를 표로 나타내면 다음과 같다.

x	$\cdots$	$2a$	$\cdots$	0	$\cdots$
$g'(x)$	$+$	0	$-$	0	$+$
$g(x)$	↗	극대	↘	극소	↗

함수 $g(x)$는 $x=2a$일 때 극댓값 $g(2a)=-4a^3+4$, $x=0$일 때 극솟값 $g(0)=4$를 갖는다.

이때, 함수 $f(x)=|g(x)|$ 가 한 개의 극댓값과 두 개 의 극솟값을 가지므로 함수 $y=f(x)$의 그래프는 오른 쪽 그림과 같다.

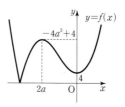

극댓값이 36이므로

$-4a^3+4=36$에서 $4a^3=-32$

$a^3=-8$　　$\therefore a=-2\ (\because a$는 실수$)$

(i), (ii)에서 $f(x)=|x^3+6x^2+4|$이므로

$f(1)=|1+6+4|=11$　　　　　　　　답 11

33　$f(x)=x^3+3x^2-24x+2$에서

$f'(x)=3x^2+6x-24=3(x+4)(x-2)$

$f'(x)=0$에서 $x=-4$ 또는 $x=2$

함수 $f(x)$의 증가와 감소를 표로 나타내면 다음과 같다.

x	$\cdots$	-4	$\cdots$	2	$\cdots$
$f'(x)$	$+$	0	$-$	0	$+$
$f(x)$	↗	극대	↘	극소	↗

함수 $f(x)$는 $x=-4$일 때 극댓값 $f(-4)=82$, $x=2$일 때 극솟값 $f(2)=-26$을 가지므로 함수 $y=f(x)$의 그래프는 오른쪽 그림 과 같다.

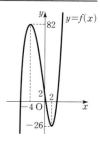

한편, 함수 $g(x)=f(|x|-a)$의 그래프는 함수 $y=f(x)$의 그래프 를 x축의 방향으로 a만큼 평행이동한 후, $x\geq0$인 부분만 남기고 이 부분을 y축에 대하여 대칭이동한 것이다.

이때, 조건 ㈎에서 함수 $g(x)$는 $x=0$에서 미분가능해야 하므로 $a=4$ 또는 $a=-2$이어야 한다.

(i) $a=4$일 때,

함수 $y=g(x)$의 그래프는 함 수 $y=f(x)$의 그래프를 x축의 방향으로 4만큼 평행이동한 후, $x\geq0$인 부분만 남기고 이 부분 을 y축에 대하여 대칭이동한 것 이므로 오른쪽 그림과 같다.

따라서 함수 $g(x)$는 극댓값 $g(0)=f(-4)=82$를 갖는다.

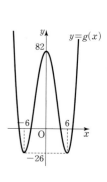

(ii) $a=-2$일 때,

함수 $y=g(x)$의 그래프는 함수 $y=f(x)$의 그래프를 x축의 방향 으로 -2만큼 평행이동한 후, $x\geq0$ 인 부분만 남기고 이 부분을 y축에 대하여 대칭이동한 것이므로 오른 쪽 그림과 같다.

따라서 함수 $g(x)$는 극댓값을 갖지 않는다.

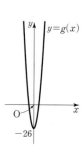

그런데 조건 ㈏에 의하여 함수 $g(x)$는 극댓값을 가지므 로 (i), (ii)에서 함수 $g(x)$의 극댓값은 82이다.　　답 82

34 $f(x)$는 최고차항의 계수가 1인 사차함수이므로 함수 $g(x)=f(x)-f(1)$도 최고차항의 계수가 1이고 x축과 $x=1$에서 만나는 사차함수이다.

이때, 함수 $|g(x)|$가 $x=3$에서만 미분가능하지 않으려면 함수 $y=|g(x)|$의 그래프는 오른쪽 그림과 같아야 한다.

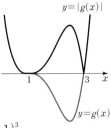

즉, $g(x)=(x-1)^3(x-3)$이라 할 수 있으므로

$$g'(x)=3(x-1)^2(x-3)+(x-1)^3$$
$$=(x-1)^2(4x-10)$$
$$=2(x-1)^2(2x-5)$$

$g'(x)=0$에서 $x=1$ 또는 $x=\dfrac{5}{2}$

함수 $g(x)$의 증가와 감소를 표로 나타내면 다음과 같다.

x	$\cdots$	1	$\cdots$	$\dfrac{5}{2}$	$\cdots$
$g'(x)$	$-$	0	$-$	0	$+$
$g(x)$	$\searrow$		$\searrow$	극소	$\nearrow$

따라서 함수 $y=|g(x)|$의 그래프는 다음 그림과 같다.

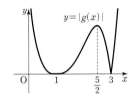

ㄱ. 위의 그림에서 함수 $|g(x)|$는 $x=\dfrac{5}{2}$에서 극댓값을 갖는다. (참)

ㄴ. 방정식 $g(x)=0$을 만족시키는 x의 개수는 방정식 $|g(x)|=0$을 만족시키는 x의 개수와 같으므로 1, 3의 2개이다. (참)

ㄷ. $g(x)=f(x)-f(1)$에서 $f(x)=g(x)+f(1)$이므로 함수 $y=f(x)$의 그래프는 함수 $y=g(x)$의 그래프를 y축의 방향으로 $f(1)$만큼 평행이동한 것과 같다.

즉, 두 함수 $f(x)$, $g(x)$의 증가, 감소가 같고,

함수 $g(x)$는 $x\le\dfrac{5}{2}$에서 감소하므로

함수 $f(x)$도 $x\le\dfrac{5}{2}$에서 감소한다. (참)

따라서 ㄱ, ㄴ, ㄷ 모두 옳다. 답 ⑤

35 $g(x)=f(x)-|f'(x)|$이고 조건 (나)에서
$f(a)=g(a)=0$이므로
$g(a)=f(a)-|f'(a)|$, $|f'(a)|=0$
$\therefore f'(a)=0$ (단, $a>1$)

즉, $f(x)=(x-a)^2(x-k)$ (k는 상수)라 할 수 있으므로

$$f'(x)=2(x-a)(x-k)+(x-a)^2$$
$$=(x-a)(3x-2k-a)$$

$f'(x)=0$에서 $x=a$ 또는 $x=\dfrac{2k+a}{3}$

(i) $a<\dfrac{2k+a}{3}$일 때,

함수 $f(x)$의 증가와 감소를 표로 나타내면 다음과 같다.

x	$\cdots$	a	$\cdots$	$\dfrac{2k+a}{3}$	$\cdots$
$f'(x)$	$+$	0	$-$	0	$+$
$f(x)$	$\nearrow$	극대	$\searrow$	극소	$\nearrow$

따라서 함수 $f(x)$는 $x=a$일 때 극댓값 $f(a)=0$을 갖는다. 그런데 조건 (다)에서 함수 $f(x)$의 극댓값이 4이므로 모순이다.

(ii) $a=\dfrac{2k+a}{3}$일 때,

함수 $f(x)$의 증가와 감소를 표로 나타내면 다음과 같다.

x	$\cdots$	a	$\cdots$
$f'(x)$	$+$	0	$+$
$f(x)$	$\nearrow$		$\nearrow$

함수 $f(x)$는 증가함수이므로 극댓값을 갖지 않는다.

(iii) $a>\dfrac{2k+a}{3}$일 때,

함수 $f(x)$의 증가와 감소를 표로 나타내면 다음과 같다.

x	$\cdots$	$\dfrac{2k+a}{3}$	$\cdots$	a	$\cdots$
$f'(x)$	$+$	0	$-$	0	$+$
$f(x)$	$\nearrow$	극대	$\searrow$	극소	$\nearrow$

함수 $f(x)$는 $x=\dfrac{2k+a}{3}$일 때 극댓값 $f\left(\dfrac{2k+a}{3}\right)=4$를 가지므로

$$\left(\dfrac{2k+a}{3}-a\right)^2\left(\dfrac{2k+a}{3}-k\right)=4$$
$$\left(\dfrac{2k-2a}{3}\right)^2\times\dfrac{a-k}{3}=4,\ \dfrac{4(a-k)^3}{27}=4$$
$$(a-k)^3=27,\ a-k=3$$
$$\therefore k=a-3$$

(i), (ii), (iii)에서
$f(x)=(x-a)^2(x-a+3)$이고,
$f'(x)=3(x-a)(x-a+2)$
조건 (가)에서 $g(1)=4$이므로
$f(1)-|f'(1)|$
$=(1-a)^2(4-a)-|3(1-a)(3-a)|$
$=\begin{cases}(1-a)^2(4-a)+3(1-a)(3-a)\ (1<a<3)\\(1-a)^2(4-a)-3(1-a)(3-a)\ (a\ge3)\end{cases}$
$=4$

① $1<a<3$일 때,

$(1-a)^2(4-a)+3(1-a)(3-a)=4$에서

$a^3-9a^2+21a-9=0$

$(a-3)(a^2-6a+3)=0$

∴ $a=3$ 또는 $a=3+\sqrt{6}$ 또는 $a=3-\sqrt{6}$

그런데 $1<a<3$을 만족시키는 a의 값은 존재하지 않는다.

② $a\geq3$일 때,

$(1-a)^2(4-a)-3(1-a)(3-a)=4$에서

$a^3-3a^2-3a+9=0$

$(a+\sqrt{3})(a-\sqrt{3})(a-3)=0$

∴ $a=3$ ($\because a\geq3$)

①, ②에서 $a=3$이므로

$f(x)=x(x-3)^2$

∴ $af(2)=3f(2)=3\times2\times(2-3)^2=6$　　　답 6

Step 3　1등급을 넘어서는 **종합 사고력 문제**　　p. 46

01 11　　　02 32　　　03 ⑤

04 $f(x)=-6x^3+9x^2-3x+1$　　05 18　　06 36

01　해결단계

❶단계	$a^2+ab+b^2-3(a+b)$를 $\dfrac{b^3-3b^2-(a^3-3a^2)}{b-a}$으로 변형한다.
❷단계	$f(x)=x^3-3x^2$이라 하고 $m=\dfrac{f(b)-f(a)}{b-a}$임을 구한다.
❸단계	평균값 정리를 이용하여 집합 S의 원소 중 정수의 개수를 구한다.

$m=a^2+ab+b^2-3(a+b)$

$=\dfrac{(b-a)(a^2+ab+b^2)-3(b-a)(a+b)}{b-a}$

$=\dfrac{b^3-a^3-3(b^2-a^2)}{b-a}$

$=\dfrac{(b^3-3b^2)-(a^3-3a^2)}{b-a}$

$f(x)=x^3-3x^2$이라 하면 위의 식에서

$m=\dfrac{f(b)-f(a)}{b-a}$

이때, 함수 $f(x)=x^3-3x^2$은 실수 전체의 집합에서 연속이고 미분가능하므로 평균값 정리에 의하여

$m=\dfrac{f(b)-f(a)}{b-a}=f'(c)$　　　……㉠

인 c가 열린구간 (a, b)에 적어도 하나 존재한다.

이때, $1\leq a<c<b\leq3$이므로 $1<c<3$

한편, $f'(x)=3x^2-6x=3(x-1)^2-3$에서

$f'(c)=3(c-1)^2-3$

$1<c<3$이므로 $-3<f'(c)<9$

∴ $-3<m<9$ ($\because$ ㉠)

따라서 집합 S의 원소 중 정수는 -2, -1, 0, $\cdots$, 8의 11개이다.　　　답 11

02　해결단계

❶단계	주어진 부등식을 만족시키려면 접선이 곡선 위에 놓여야 함을 이해한다.
❷단계	$0<t\leq1$에서 접선의 y절편이 0 이상이 되는 t의 값의 범위를 구한다.
❸단계	함수 $y=f(x)$의 그래프가 직선 $x=1$에 대하여 대칭임을 이용하여 주어진 부등식을 만족시키는 실수 t의 값의 범위를 구하여 $36pq$의 값을 구한다.

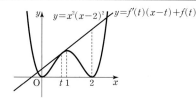

직선 $y=f'(t)(x-t)+f(t)$는 곡선 $y=f(x)$ 위의 점 $(t, f(t))$에서의 접선이므로 $0\leq x\leq2$인 모든 실수 x에 대하여 부등식 $f(x)\leq f'(t)(x-t)+f(t)$를 만족시키려면 위의 그림과 같이 $0\leq x\leq2$에서 접선이 곡선 $y=f(x)$의 위쪽에 놓여야 한다.

즉, 접점은 곡선의 위로 볼록한 부분의 점이다.

또한, $f(0)=0$이므로 $0<t\leq1$에서 접선의 y절편은 0 이상이어야 한다.

$f(x)=x^2(x-2)^2$에서

$f'(x)=2x(x-2)^2+2x^2(x-2)$

$\qquad=4x(x-1)(x-2)$

점 $(t, f(t))$에서의 접선의 기울기는

$f'(t)=4t(t-1)(t-2)$이므로 접선의 방정식은

$y-t^2(t-2)^2=4t(t-1)(t-2)(x-t)$

∴ $y=4t(t-1)(t-2)x+t^2(t-2)(-3t+2)$

위의 접선의 y절편이 0 이상이어야 하므로

$t^2(t-2)(-3t+2)\geq0$에서 $\dfrac{2}{3}\leq t\leq2$

그런데 $0<t\leq1$이므로 $\dfrac{2}{3}\leq t\leq1$

이때, 곡선 $f(x)=x^2(x-2)^2$은 직선 $x=1$에 대하여 대칭이므로 $1\leq t\leq\dfrac{4}{3}$에서도 주어진 부등식을 만족시킨다.

따라서 주어진 부등식을 만족시키는 실수 t의 값의 범위는

$\dfrac{2}{3} \le t \le \dfrac{4}{3}$ $\therefore p=\dfrac{2}{3},\ q=\dfrac{4}{3}$

$\therefore 36pq = 36 \times \dfrac{2}{3} \times \dfrac{4}{3} = 32$ 답 32

03 해결단계

❶단계	두 도함수 $y=f'(x)$, $y=g'(x)$의 그래프를 이용하여 두 함수 $y=f(x)$, $y=g(x)$의 그래프의 개형을 각각 그린다.
❷단계	ㄱ은 도함수의 기하적인 의미를 이용하여 참, 거짓을 판별한다.
❸단계	ㄴ, ㄷ은 ❶단계에서 구한 그래프를 이용하여 함숫값의 대소 관계를 구한 후, 참, 거짓을 판별한다.

주어진 두 도함수 $y=f'(x)$, $y=g'(x)$의 그래프에서 방정식 $f'(x)=0$의 실근은 1, 4이고 방정식 $g'(x)=0$의 실근은 4이므로 두 함수 $f(x)$, $g(x)$의 증가와 감소를 각각 표로 나타내면 다음과 같다.

x	$\cdots$	1	$\cdots$	4	$\cdots$
$f'(x)$	$+$	0	$-$	0	$+$
$f(x)$	↗	극대	↘	극소	↗

x	$\cdots$	4	$\cdots$
$g'(x)$	$-$	0	$+$
$g(x)$	↘	극소	↗

$f(1)=f(6)=0$, $g(4)=0$이므로 두 함수 $y=f(x)$, $y=g(x)$의 그래프의 개형은 다음 그림과 같다.

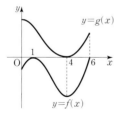

ㄱ. $3<x<4$에서 $f'(x)<g'(x)<0$이므로 함수 $f(x)$가 함수 $g(x)$보다 더 크게 감소한다.
  $\therefore f(a)-f(b)>g(a)-g(b)$ (참)

ㄴ. $0<x<1$에서 함수 $f(x)$는 $y<0$이면서 증가하므로
  $f(a)<f(b)<0$ ……㉠
  함수 $g(x)$는 $y>0$이면서 감소하므로
  $0<g(b)<g(a)$
  ㉠에서 $0<-f(b)<-f(a)$이므로
  $0<-f(b)g(b)<-f(a)g(a)$
  $\therefore f(a)g(a)<f(b)g(b)$ (참)

ㄷ. $1<x<4$에서 함수 $f(x)$는 $y<0$이면서 감소하므로
  $f(b)<f(a)<0$ ……㉡
  함수 $g(x)$는 $y>0$이면서 감소하므로
  $0<g(b)<g(a)$
  ㉡에서 $0<-f(a)<-f(b)$이므로
  $0<-f(a)g(b)<-f(b)g(a)$
  $\therefore f(a)g(b)>f(b)g(a)$ (참)

따라서 ㄱ, ㄴ, ㄷ 모두 옳다.   답 ⑤

04 해결단계

❶단계	$f(x)=ax^3+bx^2+cx+d\ (a\ne0)$라 하고, 두 조건 ㈎, ㈏를 이용하여 a, b, c, d 사이의 관계식을 구한다.
❷단계	α, β가 방정식 $f'(x)=0$의 두 근임을 알고, 근과 계수의 관계를 이용하여 $\alpha+\beta$, $\alpha\beta$의 값을 각각 구한다.
❸단계	$|f(\alpha)-f(\beta)|=|\alpha-\beta|$를 간단히 정리한다.
❹단계	함수 $f(x)$의 각 항의 계수를 구한 후, 함수 $f(x)$를 구한다.

$f(x)=ax^3+bx^2+cx+d\ (a\ne0,\ a,\ b,\ c,\ d$는 상수$)$라 하면 조건 ㈎에서 $f(0)=1$이므로 $d=1$
또한, $f'(x)=3ax^2+2bx+c$이고, 조건 ㈏에서
$f'(0)=-3$, $f'(1)=-3$이므로
$c=-3$, $3a+2b=0$
$\therefore c=-3,\ b=-\dfrac{3}{2}a$ ……㉠

조건 ㈐에서 α, β는 방정식 $f'(x)=0$의 두 근이므로 이차방정식의 근과 계수의 관계에 의하여
$\alpha+\beta=-\dfrac{2b}{3a}=1,\ \alpha\beta=\dfrac{c}{3a}=-\dfrac{1}{a}\ (\because ㉠)$ ……㉡

$|f(\alpha)-f(\beta)|$
$=\left| a(\alpha^3-\beta^3)-\dfrac{3}{2}a(\alpha^2-\beta^2)-3(\alpha-\beta) \right|\ (\because ㉠)$
$=|\alpha-\beta|\left| a(\alpha^2+\alpha\beta+\beta^2)-\dfrac{3}{2}a(\alpha+\beta)-3 \right|$
$=|\alpha-\beta|$

이때, $|\alpha-\beta|\ne0$이므로
$\left| a(\alpha^2+\alpha\beta+\beta^2)-\dfrac{3}{2}a(\alpha+\beta)-3 \right|=1$
$\left| a\{(\alpha+\beta)^2-\alpha\beta\}-\dfrac{3}{2}a(\alpha+\beta)-3 \right|=1$

㉡을 위의 식에 대입하면
$\left| a\left(1+\dfrac{1}{a}\right)-\dfrac{3}{2}a-3 \right|=1$
$\left| -\dfrac{1}{2}a-2 \right|=1,\ -\dfrac{1}{2}a-2=\pm1$
$\dfrac{1}{2}a=-3$ 또는 $\dfrac{1}{2}a=-1$
$\therefore a=-6$ 또는 $a=-2$ ……㉢

한편, 방정식 $f'(x)=0$이 서로 다른 두 실근을 가지므로 이차방정식 $3ax^2+2bx+c=0$의 판별식을 D라 하면
$\dfrac{D}{4}=b^2-3ac>0$에서
$\left(-\dfrac{3}{2}a\right)^2+9a>0\ (\because ㉠)$
$\dfrac{9}{4}a^2+9a>0,\ a(a+4)>0$
$\therefore a<-4$ 또는 $a>0$ ……㉣

㉢, ㉣에서 $a=-6$
이것을 ㉠에 대입하면
$b=-\dfrac{3}{2}\times(-6)=9$
$\therefore f(x)=-6x^3+9x^2-3x+1$
  답 $f(x)=-6x^3+9x^2-3x+1$

05 해결단계

❶단계	주어진 그래프를 이용하여 $f'(x)=a(x+1)(x-1)$, $g'(x)=bx(x-2)$로 나타낸다.
❷단계	함수 $f(x)+g(x)$가 극솟값을 갖고, 극댓값을 갖지 않음을 이용하여 a, b 사이의 관계식을 구한다.
❸단계	❷단계에서 구한 관계식을 이용하여 두 함수 $f(x)+g(x)$, $f(x)-g(x)$의 극소인 점의 x좌표 α, β를 각각 구한 후, $24(\beta-\alpha)^2$의 값을 구한다.

주어진 그래프에서 삼차함수 $f(x)$의 도함수 $f'(x)$는 아래로 볼록한 이차함수이고 $f'(-1)=f'(1)=0$이므로 $f'(x)=a(x+1)(x-1)\ (a>0)$이라 할 수 있다.
삼차함수 $g(x)$의 도함수 $g'(x)$는 위로 볼록한 이차함수이고 $g'(0)=g'(2)=0$이므로 $g'(x)=bx(x-2)$ $(b<0)$라 할 수 있다.
이때, 함수 $f(x)+g(x)$가 삼차 이하의 함수이므로 극솟값을 갖고 극댓값을 갖지 않으려면 함수 $f(x)+g(x)$는 최고차항의 계수가 양수인 이차함수이어야 한다. 즉,
$$\begin{aligned} f'(x)+g'(x)&=a(x+1)(x-1)+bx(x-2)\\ &=ax^2-a+bx^2-2bx\\ &=(a+b)x^2-2bx-a \quad \cdots\cdots \text{㉠}\end{aligned}$$
에서 $a+b=0$, $-2b>0$
$\therefore b=-a,\ b<0$
위의 식을 ㉠에 대입하면
$$f'(x)+g'(x)=2ax-a=a(2x-1)$$
$f'(x)+g'(x)=0$에서 $x=\dfrac{1}{2}\ (\because a\neq 0)$이므로 함수 $f(x)+g(x)$의 증가와 감소를 표로 나타내면 다음과 같다.

x	$\cdots$	$\dfrac{1}{2}$	$\cdots$
$f'(x)+g'(x)$	$-$	0	$+$
$f(x)+g(x)$	↘	극소	↗

함수 $f(x)+g(x)$는 $x=\dfrac{1}{2}$에서 극솟값을 가지므로
$\alpha=\dfrac{1}{2}$
한편,
$$\begin{aligned} f'(x)-g'(x)&=a(x+1)(x-1)+ax(x-2)\\ &=ax^2-a+ax^2-2ax\\ &=2ax^2-2ax-a\\ &=a(2x^2-2x-1)\end{aligned}$$
이므로 $f'(x)-g'(x)=0$에서 $x=\dfrac{1\pm\sqrt{3}}{2}\ (\because a\neq 0)$
함수 $f(x)-g(x)$의 증가와 감소를 표로 나타내면 다음과 같다.

x	$\cdots$	$\dfrac{1-\sqrt{3}}{2}$	$\cdots$	$\dfrac{1+\sqrt{3}}{2}$	$\cdots$
$f'(x)-g'(x)$	$+$	0	$-$	0	$+$
$f(x)-g(x)$	↗	극대	↘	극소	↗

즉, 함수 $f(x)-g(x)$는 $x=\dfrac{1+\sqrt{3}}{2}$에서 극솟값을 가지므로 $\beta=\dfrac{1+\sqrt{3}}{2}$

$$\begin{aligned}\therefore 24(\beta-\alpha)^2&=24\left(\dfrac{1+\sqrt{3}}{2}-\dfrac{1}{2}\right)^2=24\left(\dfrac{\sqrt{3}}{2}\right)^2\\ &=24\times\dfrac{3}{4}=18\end{aligned}$$

답 18

06 해결단계

❶단계	두 함수 $y=f(x)$, $g(x)=|f(x)-a|$의 그래프 사이의 관계를 파악한다.
❷단계	❶단계의 관계를 이용하여 두 함수 $y=f(x)$, $y=|g(x)-b|$의 그래프 사이의 관계를 파악한다.
❸단계	❷단계의 관계를 이용하여 두 조건 ㈎, ㈏를 만족시키는 a, b의 경우를 구한다.
❹단계	$a+b$의 값을 구한다.

$f(x)=-3x^4+4x^3+12x^2+4$에서
$f'(x)=-12x^3+12x^2+24x=-12x(x+1)(x-2)$
$f'(x)=0$에서 $x=-1$ 또는 $x=0$ 또는 $x=2$
함수 $f(x)$의 증가와 감소를 표로 나타내면 다음과 같다.

x	$\cdots$	-1	$\cdots$	0	$\cdots$	2	$\cdots$
$f'(x)$	$+$	0	$-$	0	$+$	0	$-$
$f(x)$	↗	극대	↘	극소	↗	극대	↘

함수 $f(x)$는 $x=-1$, $x=2$일 때 각각 극댓값 $f(-1)=9$, $f(2)=36$을 갖고 $x=0$일 때 극솟값 $f(0)=4$를 가지므로 그 그래프는 다음 그림과 같다.

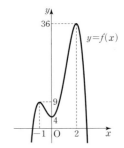

함수 $g(x)=|f(x)-a|$의 그래프는 함수 $y=f(x)$의 그래프를 직선 $y=a$에서 접어 올린 다음 직선 $y=a$를 x축으로 본 그래프와 같다.
이때, 직선 $y=a$와 함수 $y=f(x)$의 그래프의 교점이 함수 $y=f(x)$의 극점이 아니면 접힌 점은 모두 꺾이게 되어 미분가능하지 않다.
마찬가지로 함수 $y=|g(x)-b|$의 그래프는 함수 $y=g(x)$의 그래프를 직선 $y=b$에서 접어 올린 다음 직선 $y=b$를 x축으로 본 그래프이다.
즉, 함수 $y=|g(x)-b|$의 그래프는 함수 $y=f(x)$의 그래프를 세 직선 $y=a$, $y=a+b$, $y=a-b$에서 모두 접은 것과 같다.
조건 ㈎에 의하여 두 직선 $y=a+b$, $y=a-b$와 함수 $y=f(x)$의 그래프의 교점이 4개이고, 조건 ㈏에 의하여 세 직선 $y=a$, $y=a+b$, $y=a-b$와 함수 $y=f(x)$의 그래프의 교점 중 네 점에서는 꺾어져서 미분가능하지 않은 점이어야 하고, 나머지 점은 함수 $y=f(x)$의 극점이어야 한다.
따라서 위의 조건을 모두 만족시키는 세 직선 $y=a$, $y=a+b$, $y=a-b$의 위치는 다음 두 그림과 같아야 한다.

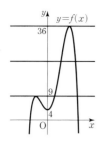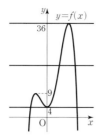

세 직선은 위에서 부터 차례대로 $y=a+b$, $y=a$, $y=a-b$이므로 구하는 $a+b$의 값은 36이다.　답 36

• 다른풀이 •

$a\leq35$인 자연수 a에 대하여 함수 $g(x)=|f(x)-a|$는 두 개 또는 네 개의 점에서 미분가능하지 않는다.
이때, 함수 $g(x)$가 네 개의 점에서 미분가능하지 않는다면 함수 $|g(x)-b|$의 미분가능하지 않은 네 점이 모두 함수 $g(x)$의 미분가능하지 않은 점이므로 함수 $y=g(x)$의 그래프와 직선 $y=b$의 교점에서 함수 $|g(x)-b|$는 모두 미분가능해야 한다.
즉, 함수 $y=g(x)$의 그래프와 직선 $y=b$의 교점에서 함수 $g(x)$의 미분계수가 0이어야 하는데 오른쪽 그림과 같이 교점 중에서 미분계수가 0이 아닌 점이 반드시 존재한다. 따라서 함수 $g(x)$는 두 개의 점에서 미분가능하지 않아야 한다.

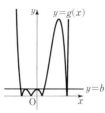

(i) $1\leq a\leq4$일 때,
함수 $y=g(x)$의 그래프와 직선 $y=b$가 서로 다른 네 점에서 만나려면 오른쪽 그림과 같아야 하고, 함수 $|g(x)-b|$는 6개의 점에서 미분가능하지 않으므로 조건을 만족시키지 않는다.

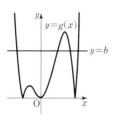

(ii) $9\leq a\leq35$일 때,
함수 $y=g(x)$의 그래프와 직선 $y=b$가 서로 다른 네 점에서 만나면서 함수 $|g(x)-b|$가 네 점에서 미분가능하지 않으려면 함수 $y=g(x)$의 그래프와 직선 $y=b$가 [그림 1] 또는 [그림 2]와 같아야 한다.
즉, $g(0)=g(2)=b$ 또는 $g(-1)=g(2)=b$에서
$a=20$, $b=16$ 또는
$a=\dfrac{45}{2}$, $b=\dfrac{27}{2}$
그런데 a는 자연수이므로
$a=20$, $b=16$
(i), (ii)에서 $a+b=20+16=36$

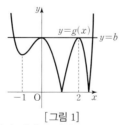
[그림 1]

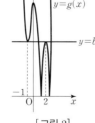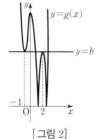
[그림 2]

1 97　　2 ⑤　　3 147　　4 ⑤

1 해결단계

❶단계	조건 ㈎, ㈏를 이용하여 $f(2)$와 $g(2)$, $f'(2)$와 $g'(2)$ 사이의 관계식을 각각 구한다.
❷단계	❶단계에서 구한 식을 연립하여 $g(2)$, $g'(2)$의 값을 구하고 곡선 $y=g(x)$ 위의 점 $(2, g(2))$에서의 접선의 방정식을 구한다.
❸단계	a, b의 값을 각각 구한 후, a^2+b^2의 값을 구한다.

조건 ㈏에서 극한값이 존재하고 $x\to2$일 때 (분모)$\to0$이므로 (분자)$\to0$이어야 한다. 즉,
$\lim\limits_{x\to2}\{f(x)-g(x)\}=0$에서 $f(2)=g(2)$
조건 ㈎에 $x=2$를 대입하면
$g(2)=8f(2)-7$에서
$g(2)=8g(2)-7$ ($\because f(2)=g(2)$)
$-7g(2)=-7$　　$\therefore g(2)=f(2)=1$
또한, 조건 ㈏에서
$\lim\limits_{x\to2}\dfrac{f(x)-g(x)}{x-2}$
$=\lim\limits_{x\to2}\dfrac{\{f(x)-f(2)\}-\{g(x)-g(2)\}}{x-2}$
$=f'(2)-g'(2)=2$　……㉠
조건 ㈎의 양변을 미분하면
$g'(x)=3x^2f(x)+x^3f'(x)$
위의 식에 $x=2$를 대입하면
$g'(2)=12f(2)+8f'(2)$
$g'(2)=12\times1+8\{g'(2)+2\}$
　　　　($\because$ ㉠에서 $f'(2)=g'(2)+2$)
　　$=8g'(2)+28$
$-7g'(2)=28$　　$\therefore g'(2)=-4$
구하는 접선의 방정식은
$y-1=-4(x-2)$　　$\therefore y=-4x+9$
따라서 $a=-4$, $b=9$이므로
$a^2+b^2=(-4)^2+9^2=97$　답 97

2 해결단계

❶단계	도함수의 그래프를 이용하여 함수 $f(x)$를 구한다.
❷단계	함수 $g(x)$가 $x\leq k$에서 점 $(k, f(k))$를 지나고 기울기가 1인 직선임을 이용하여 k의 값을 구한다.
❸단계	❷단계에서 구한 k의 값에 따라 두 함수 $y=f(x)$, $y=g(x)$의 그래프가 만나는 서로 다른 점의 개수인 $h(k)$의 값을 구한다.
❹단계	❸단계에서 구한 $h(k)$의 값을 이용하여 자연수 k의 값에 따른 $h(k)$의 값을 구한 후, $\sum\limits_{k=1}^{7}h(k)$의 값을 구한다.

$f(0)=0$이므로

$f(x)=ax^3+bx^2+cx$ ($a\neq0$, a, b, c는 상수)라 하면

$f'(x)=3ax^2+2bx+c$

이때, 위의 도함수가 x축과 $x=1$, $x=3$에서 만나므로

$f'(x)=3a(x-1)(x-3)$

또한, 점 $(0, 1)$을 지나므로

$9a=1$　　∴ $a=\dfrac{1}{9}$

즉, $f'(x)=\dfrac{1}{3}(x-1)(x-3)=\dfrac{1}{3}x^2-\dfrac{4}{3}x+1$이므로

$b=-\dfrac{2}{3}$, $c=1$

∴ $f(x)=\dfrac{1}{9}x^3-\dfrac{2}{3}x^2+x$

$x\leq k$에서 함수 $y=g(x)$의 그래프는 기울기가 1인 직선의 일부이므로 곡선 $y=f(x)$ 위의 점 $(k, f(k))$에서의 접선의 기울기가 1이 되는 k의 값을 구하면

$\dfrac{1}{3}(k-1)(k-3)=1$, $\dfrac{1}{3}k^2-\dfrac{4}{3}k=0$

$k(k-4)=0$　　∴ $k=0$ 또는 $k=4$

(ⅰ) $k=0$일 때,

$f(0)=0$이므로

$x\leq0$에서 $g(x)=x+f(0)=x$

$g'(x)=1$이고 $f'(0)=1$이므로 $x=0$에서 직선 $g(x)=x$가 곡선 $y=f(x)$에 접한다.

$\dfrac{1}{9}x^3-\dfrac{2}{3}x^2+x=x$, $x^3-6x^2=0$

$x^2(x-6)=0$　　∴ $x=0$ 또는 $x=6$　……㉠

따라서 $x\leq0$에서 두 함수 $y=f(x)$, $y=g(x)$의 그래프가 오른쪽 그림과 같으므로 두 그래프가 만나는 서로 다른 점의 개수는 $h(0)=1$이다.

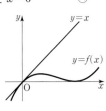

(ⅱ) $k=4$일 때,

$x\leq4$에서 $g(x)=(x-4)+f(4)$

$g'(x)=1$이고 $f'(4)=1$이므로 $x=4$에서 직선

$g(x)=(x-4)+f(4)$, 즉 $y=x-\dfrac{32}{9}$가 곡선

$y=f(x)$에 접한다.

$\dfrac{1}{9}x^3-\dfrac{2}{3}x^2+x=x-\dfrac{32}{9}$, $x^3-6x^2+32=0$

$(x+2)(x-4)^2=0$

∴ $x=-2$ 또는 $x=4$

따라서 $x\leq4$에서 두 함수 $y=f(x)$, $y=g(x)$의 그래프가 오른쪽 그림과 같으므로 두 그래프가 만나는 서로 다른 점의 개수는 $h(4)=2$이다.

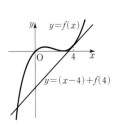

(ⅲ) $k=6$일 때,

㉠에서 $f(6)=6$이므로 $x\leq6$에서

$g(x)=(x-6)+f(6)=x$

따라서 $x\leq6$에서 두 함수 $y=f(x)$, $y=g(x)$의 그래프는 오른쪽 그림과 같으므로 두 그래프가 만나는 서로 다른 점의 개수는 $h(6)=2$이다.

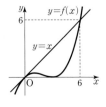

(ⅰ), (ⅱ), (ⅲ)에서

$0<k\leq4$일 때, $h(k)=2$

$4<k<6$일 때, $h(k)=3$

$k=6$일 때, $h(k)=2$

$k>6$일 때, $h(k)=1$

∴ $\displaystyle\sum_{k=1}^{7}h(k)=2\times4+3\times1+2\times1+1\times1=14$　　답 ⑤

3 해결단계

❶단계	함수 $g(t)$의 불연속인 점이 2개가 되도록 하는 함수 $y=f(x)$의 그래프의 개형을 찾는다.
❷단계	함수 $y=f(x)$의 그래프를 이용하여 함수 $f(x)$를 구한 후 $f(-2)$의 값을 구한다.

최고차항의 계수가 1인 사차함수 $y=f(x)$의 그래프가 다음과 같을 때의 함수 $y=g(t)$의 그래프를 그려 불연속인 점의 개수를 찾아보자.

(ⅰ)

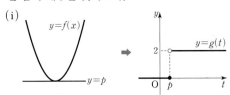

즉, 함수 $g(t)$의 불연속인 점은 한 개이다.

(ⅱ)

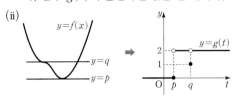

즉, 함수 $g(t)$는 $t=p$, $t=q$에서 불연속이므로 불연속인 점이 두 개이다.

그런데 $p=3$, $q=19$일 때 $f(0)=3$이면 $f'(3)>0$이므로 조건을 만족시키지 않는다.

(ⅲ)

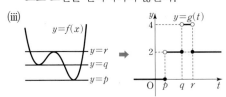

즉, 함수 $g(t)$의 불연속인 점은 세 개이다.

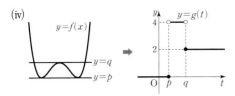

(iv)

즉, 함수 $g(t)$는 $t=p$, $t=q$에서 불연속이므로 불연속인 점이 두 개이고, $f(0)=3$일 때 $f'(3)<0$을 만족시키는 경우가 존재한다.

이때, $p=3$, $q=19$이므로 (iv)의 그래프에서 함수 $f(x)$의 극솟값이 3, 극댓값이 19이고, $f(0)=3$, $f'(3)<0$이므로 함수 $y=f(x)$의 그래프는 오른쪽 그림과 같다.

$\therefore f(x)=x^2(x-k)^2+3$

$f'(x)=2x(x-k)^2+2x^2(x-k)$
$\qquad =2x(x-k)(2x-k)$

$f'(x)=0$에서 $x=0$ 또는 $x=\dfrac{k}{2}$ 또는 $x=k$이므로 함수

$f(x)$는 $x=\dfrac{k}{2}$에서 극댓값 19를 갖는다.

$f\left(\dfrac{k}{2}\right)=19$에서 $\dfrac{k^2}{4}\times\dfrac{k^2}{4}+3=19$

$k^4=256$ $\qquad \therefore k=4$

따라서 $f(x)=x^2(x-4)^2+3$이므로

$f(-2)=(-2)^2\times(-2-4)^2+3=147$ 　　답 147

---

4 해결단계

❶단계	두 조건 (개, (내를 만족시키는 함수 $f(x)$의 식을 미지수를 이용하여 나타낸다.
❷단계	미지수의 값의 범위를 이용하여 $\dfrac{f'(0)}{f(0)}$의 최솟값 m과 최댓값 M을 각각 구한 후, Mm의 값을 구한다.

조건 (개에 의하여 $f(-1)=0$

또한, 조건 (내에서 함수 $y=f(x)$의 그래프는 닫힌구간 $[3, 5]$에서 x축과 만나야 하고, 조건 (개에서 $x=-1$에서만 함수 $|f(x)|$가 미분가능하지 않으므로 닫힌구간 $[3, 5]$에서 함수 $y=f(x)$의 그래프는 x축과 접해야 한다.

즉, $f(x)=k(x+1)(x-\alpha)^2$ $(k\neq0,\ 3\leq\alpha\leq5)$이라 할 수 있으므로

$f'(x)=k(x-\alpha)^2+2k(x+1)(x-\alpha)$

$\dfrac{f'(0)}{f(0)}=\dfrac{k\alpha^2-2k\alpha}{k\alpha^2}=1-\dfrac{2}{\alpha}$

이때, $3\leq\alpha\leq5$이므로 $\dfrac{f'(0)}{f(0)}$은 $\alpha=3$일 때 최솟값

$m=\dfrac{1}{3}$, $\alpha=5$일 때 최댓값 $M=\dfrac{3}{5}$을 갖는다.

$\therefore Mm=\dfrac{3}{5}\times\dfrac{1}{3}=\dfrac{1}{5}$ 　　답 ⑤

---

05 도함수의 활용(2)

Step 1 출제율 100% 우수 기출 대표 문제 　　pp. 49~50

01 ⑤	02 ③	03 6	04 ③	05 ④
06 ③	07 ②	08 5	09 ①	10 ④
11 $a<1$	12 ①	13 ④	14 18	15 8π cm³/s

01 $f(x)=-x^3+3x^2$에서

$f'(x)=-3x^2+6x=-3x(x-2)$

$f'(x)=0$에서 $x=0$ 또는 $x=2$

닫힌구간 $[-1, 4]$에서 함수 $f(x)$의 증가와 감소를 표로 나타내면 다음과 같다.

x	-1	$\cdots$	0	$\cdots$	2	$\cdots$	4
$f'(x)$		$-$	0	$+$	0	$-$	
$f(x)$	4	$\searrow$	0	$\nearrow$	4	$\searrow$	-16

닫힌구간 $[-1, 4]$에서 함수 $f(x)$는 $x=-1$, 2일 때 최댓값 $M=4$, $x=4$일 때 최솟값 $m=-16$을 갖는다.

$\therefore M-m=4-(-16)=20$ 　　답 ⑤

02 도함수 $y=f'(x)$의 그래프와 x축의 교점의 x좌표가 -2, 0, 2이므로 닫힌구간 $[-2, 2]$에서 함수 $f(x)$의 증가와 감소를 표로 나타내면 다음과 같다.

x	-2	$\cdots$	0	$\cdots$	2
$f'(x)$	0	$-$	0	$+$	0
$f(x)$		$\searrow$	극소	$\nearrow$	

닫힌구간 $[-2, 2]$에서 함수 $f(x)$는 $x=0$일 때 극소이면서 최소이므로 함수 $f(x)$의 최솟값은 $f(0)$이다. 　　답 ③

03 $f(x)=ax^3-6ax^2+b$에서

$f'(x)=3ax^2-12ax=3ax(x-4)$

$f'(x)=0$에서 $x=0$ $(\because a>0, -1\leq x\leq2)$

닫힌구간 $[-1, 2]$에서 함수 $f(x)$의 증가와 감소를 표로 나타내면 다음과 같다.

x	-1	$\cdots$	0	$\cdots$	2
$f'(x)$		$+$	0	$-$	
$f(x)$	$-7a+b$	$\nearrow$	b	$\searrow$	$-16a+b$

이때, a, b는 양수이므로 함수 $f(x)$는 $x=0$일 때 최댓값 b, $x=2$일 때 최솟값 $-16a+b$를 갖는다.

즉, $b=3$, $-16a+b=-29$이므로

$a=2$, $b=3$

$\therefore ab=2\times3=6$ 　　답 6

04 점 P의 좌표를 $(t, t(t-2)^2)$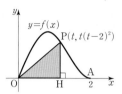
$(0<t<2)$이라 하면
$\overline{\text{OH}}=t$, $\overline{\text{PH}}=t(t-2)^2$
삼각형 POH의 넓이를 $S(t)$라
하면

$S(t)=\dfrac{1}{2}\times t\times t(t-2)^2=\dfrac{1}{2}t^2(t-2)^2$

$S'(t)=t(t-2)^2+t^2(t-2)=2t(t-1)(t-2)$

$S'(t)=0$에서 $t=1$ $(\because 0<t<2)$

$0<t<2$에서 함수 $S(t)$의 증가와 감소를 표로 나타내면
다음과 같다.

t	(0)	$\cdots$	1	$\cdots$	(2)
$S'(t)$		$+$	0	$-$	
$S(t)$		$\nearrow$	극대	$\searrow$	

$0<t<2$에서 함수 $S(t)$는 $t=1$일 때 극대이면서 최대이
므로 구하는 최댓값은

$S(1)=\dfrac{1}{2}\times 1\times 1=\dfrac{1}{2}$ 답 ③

05 $f(x)=2x^3+3x^2-12x+a$라 하면
$f'(x)=6x^2+6x-12=6(x+2)(x-1)$
$f'(x)=0$에서 $x=-2$ 또는 $x=1$
함수 $f(x)$의 증가와 감소를 표로 나타내면 다음과 같다.

x	$\cdots$	-2	$\cdots$	1	$\cdots$
$f'(x)$	$+$	0	$-$	0	$+$
$f(x)$	$\nearrow$	극대	$\searrow$	극소	$\nearrow$

함수 $f(x)$는 $x=-2$일 때 극댓값, $x=1$일 때 극솟값을
가지므로 삼차방정식 $f(x)=0$이 서로 다른 두 실근만을
가지려면 함수 $y=f(x)$의 그래프의 개형이 다음 그림과
같아야 한다.

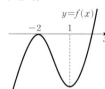 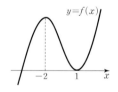

즉, $f(-2)=0$ 또는 $f(1)=0$이어야 하므로

(i) $f(-2)=0$인 경우
   $-16+12+24+a=0$, $a+20=0$
   $\therefore a=-20$

(ii) $f(1)=0$인 경우
   $2+3-12+a=0$, $a-7=0$
   $\therefore a=7$

(i), (ii)에서 $a=7$ $(\because a>0)$ 답 ④

• 다른풀이 •

삼차방정식 $f(x)=0$이 서로 다른 두 실근만을 가지려면
한 실근과 중근을 가져야 하므로
$f(-2)f(1)=0$에서 $(a+20)(a-7)=0$

$\therefore a=-20$ 또는 $a=7$
이때, $a>0$이므로 $a=7$이다.

06 $f(x)=5x^3+15x^2-6$에서
$f'(x)=15x^2+30x=15x(x+2)$
$f'(x)=0$에서 $x=-2$ 또는 $x=0$
함수 $f(x)$의 증가와 감소를 표로 나타내면 다음과 같다.

x	$\cdots$	-2	$\cdots$	0	$\cdots$
$f'(x)$	$+$	0	$-$	0	$+$
$f(x)$	$\nearrow$	극대	$\searrow$	극소	$\nearrow$

함수 $f(x)$는 $x=-2$일 때 극댓값 $f(-2)=14$, $x=0$
일 때 극솟값 $f(0)=-6$을 갖는다.

함수 $y=|f(x)|$의 그래프는 오른쪽 그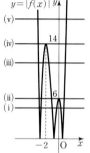
림과 같고 방정식 $|f(x)|=n$의 서로
다른 실근의 개수는 함수 $y=|f(x)|$
의 그래프와 직선 $y=n$의 교점의 개수
와 같으므로

(i) $1\le n\le 5$일 때, $a_n=6$
(ii) $n=6$일 때, $a_n=5$
(iii) $7\le n\le 13$일 때, $a_n=4$
(iv) $n=14$일 때, $a_n=3$
(v) $n\ge 15$일 때, $a_n=2$

(i)~(v)에서 $m\ge 15$일 때

$\displaystyle\sum_{n=1}^{m}a_n=6\times 5+5\times 1+4\times 7+3\times 1+2(m-14)$

$\qquad\qquad=66+2(m-14)$

$\qquad\qquad=2m+38=100$

$2m=62$ $\therefore m=31$ 답 ③

07 $x^3-3x^2-9x+1-k=0$에서
$x^3-3x^2-9x+1=k$
$f(x)=x^3-3x^2-9x+1$이라 하면
$f'(x)=3x^2-6x-9=3(x+1)(x-3)$
$f'(x)=0$에서 $x=-1$ 또는 $x=3$
함수 $f(x)$의 증가와 감소를 표로 나타내면 다음과 같다.

x	$\cdots$	-1	$\cdots$	3	$\cdots$
$f'(x)$	$+$	0	$-$	0	$+$
$f(x)$	$\nearrow$	극대	$\searrow$	극소	$\nearrow$

함수 $f(x)$를 $x=-1$일 때 극댓값 $f(-1)=6$, $x=3$일
때 극솟값 $f(3)=-26$을 갖는다.

주어진 방정식이 한 개의 양의 실
근과 서로 다른 두 개의 음의 실근
을 가지려면 오른쪽 그림과 같이
함수 $y=f(x)$의 그래프와 직선
$y=k$의 교점의 x좌표가 한 개는
양수이고, 다른 두 개는 음수가 되
어야 하므로

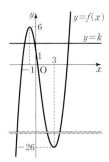

$1<k<6$

따라서 구하는 정수 k는 2, 3, 4, 5의 4개이다.   답 ②

08 $f(x)=x^3+x+1$이라 하면 $f'(x)=3x^2+1$

접점의 좌표를 $(a,\ a^3+a+1)$이라 하면 이 점에서의 접
선의 기울기는 $f'(a)=3a^2+1$이므로 접선의 방정식은

$y-(a^3+a+1)=(3a^2+1)(x-a)$

$\therefore y=(3a^2+1)x-2a^3+1$

위의 직선이 점 $(1,\ k)$를 지나므로

$-2a^3+3a^2+2=k$ ……㉠

점 $(1,\ k)$에서 곡선 $y=x^3+x+1$에 서로 다른 세 개의
접선을 그을 수 있으므로 삼차방정식 ㉠은 서로 다른 세
실근을 갖는다.

$g(a)=-2a^3+3a^2+2$라 하면

$g'(a)=-6a^2+6a=-6a(a-1)$

$g'(a)=0$에서 $a=0$ 또는 $a=1$

함수 $g(a)$의 증가와 감소를 표로 나타내면 다음과 같다.

a	$\cdots$	0	$\cdots$	1	$\cdots$
$g'(a)$	$-$	0	$+$	0	$-$
$g(a)$	↘	극소	↗	극대	↘

함수 $g(a)$는 $a=0$일 때 극솟값 $g(0)=2$, $a=1$일 때 극
댓값 $g(1)=3$을 갖는다.

삼차방정식 ㉠이 서로 다른 세 실
근을 가지려면 오른쪽 그림과 같
이 함수 $y=g(a)$의 그래프와 직
선 $y=k$가 서로 다른 세 점에서
만나야 하므로

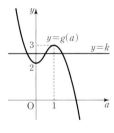

$2<k<3$

따라서 $m=2$, $n=3$이므로

$m+n=5$ 답 5

09 $3x^4+4x^3-12x^2-k=0$에서

$3x^4+4x^3-12x^2=k$

$f(x)=3x^4+4x^3-12x^2$이라 하면

$f'(x)=12x^3+12x^2-24x=12x(x+2)(x-1)$

$f'(x)=0$에서 $x=-2$ 또는 $x=0$ 또는 $x=1$

함수 $f(x)$의 증가와 감소를 표로 나타내면 다음과 같다.

x	$\cdots$	-2	$\cdots$	0	$\cdots$	1	$\cdots$
$f'(x)$	$-$	0	$+$	0	$-$	0	$+$
$f(x)$	↘	극소	↗	극대	↘	극소	↗

함수 $f(x)$는 $x=-2$일 때 극솟값 $f(-2)=-32$,
$x=0$일 때 극댓값 $f(0)=0$, $x=1$일 때 극솟값
$f(1)=-5$를 갖는다.

이때, 주어진 사차방정식이 서로
다른 두 개의 음의 실근만을 가지
려면 오른쪽 그림과 같이 함수
$y=f(x)$의 그래프와 직선 $y=k$
의 교점이 두 개이고, 이 두 교점의
x좌표가 모두 음수이어야 한다.

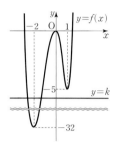

따라서 구하는 실수 k의 값의 범
위는

$-32<k<-5$ 답 ①

10 $f(x)=2x^3+3x^2-12x+a$라 하면

$f'(x)=6x^2+6x-12=6(x+2)(x-1)$

$f'(x)=0$에서 $x=1$ ($\because x\geq0$)

$x\geq0$에서 함수 $f(x)$의 증가와 감소를 표로 나타내면 다
음과 같다.

x	0	$\cdots$	1	$\cdots$
$f'(x)$		$-$	0	$+$
$f(x)$		↘	극소	↗

$x\geq0$에서 함수 $f(x)$는 $x=1$일 때 극소이면서 최소이므
로 함수 $f(x)$의 최솟값은

$f(1)=2+3-12+a=a-7$

이때, $x\geq0$에서 $f(x)\geq0$이려면 $a-7\geq0$이어야 하므로

$a\geq7$

따라서 실수 a의 최솟값은 7이다.   답 ④

11 $h(x)=f(x)-g(x)$라 하면

$h(x)=(x^3-2x^2-x+3)-(-2x^2+2x+a)$

    $=x^3-3x+3-a$

$h'(x)=3x^2-3=3(x+1)(x-1)$

$h'(x)=0$에서 $x=1$ ($\because 0<x<2$)

열린구간 $(0,\ 2)$에서 함수 $h(x)$의 증가와 감소를 표로
나타내면 다음과 같다.

x	(0)	$\cdots$	1	$\cdots$	(2)
$h'(x)$		$-$	0	$+$	
$h(x)$		↘	극소	↗	

열린구간 $(0,\ 2)$에서 함수 $h(x)$는 $x=1$일 때 극소이면
서 최소이므로 함수 $h(x)$의 최솟값은 $h(1)=1-a$

열린구간 $(0,\ 2)$에서 $f(x)>g(x)$, 즉 $h(x)>0$이려면

$1-a>0$이어야 하므로

$a<1$ 답 $a<1$

12 두 점 P, Q의 시각 t일 때의 위치가 각각 $f(t)=2t^2-2t$, $g(t)=t^2-8t$이므로 두 점 P, Q의 시각 t일 때의 속도는 각각 $f'(t)=4t-2$, $g'(t)=2t-8$이다.

이때, 두 점 P, Q가 서로 반대 방향으로 움직이려면 $f'(t)g'(t)<0$이어야 하므로

$(4t-2)(2t-8)<0$, $(2t-1)(t-4)<0$

$\therefore \dfrac{1}{2}<t<4$　　　　　　　　　　답 ①

13 ㄱ. 점 P는 원점을 출발한 후 2초까지 수직선의 양의 방향으로 움직이므로 $t=2$일 때, 점 P의 위치는 원점이 아니다. (거짓)

ㄴ. $0<t<2$, $5<t<6$일 때 $v(t)>0$이므로 점 P는 수직선의 양의 방향으로 움직이고, $2<t<5$일 때 $v(t)<0$이므로 점 P는 수직선의 음의 방향으로 움직인다.
따라서 $1<t<3$에서 점 P의 움직이는 방향이 바뀐다. (참)

ㄷ. $t=2$의 좌우에서 $v(t)$의 부호가 양$(+)$에서 음$(-)$으로 바뀌고, $t=5$의 좌우에서 $v(t)$의 부호가 음$(-)$에서 양$(+)$으로 바뀌므로 점 P는 출발한 후 6초 동안 움직이는 방향을 2번 바꾼다. (참)

따라서 옳은 것은 ㄴ, ㄷ이다.　　　　　　　답 ④

14 정사각형 ABCD에서 점 P는 A를 출발하여 B를 향해 매초 2씩, 점 Q는 B를 출발하여 C를 향해 매초 3씩 움직이므로 t초 후의 두 선분 AP, CQ의 길이는 각각

$\overline{AP}=2t$, $\overline{CQ}=20-3t$

두 삼각형 APD, QCD의 넓이는 각각

$\triangle APD=\dfrac{1}{2}\times 20\times 2t=20t$,

$\triangle QCD=\dfrac{1}{2}\times 20\times(20-3t)=200-30t$

$\therefore \square DPBQ=\square ABCD-(\triangle APD+\triangle QCD)$
$=20^2-(20t+200-30t)$
$=200+10t$

사각형 DPBQ의 넓이가 정사각형 ABCD의 넓이의 $\dfrac{11}{20}$이 되는 순간은

$200+10t=\dfrac{11}{20}\times 400$에서

$200+10t=220$, $10t=20$　　　$\therefore t=2$(초)

삼각형 PBQ에서 $\overline{PB}=20-2t$, $\overline{BQ}=3t$이므로 t초 후의 삼각형 PBQ의 넓이를 $S(t)$라 하면

$S(t)=\dfrac{1}{2}\times(20-2t)\times 3t=30t-3t^2$

$S'(t)=30-6t$

따라서 $t=2$일 때의 삼각형 PBQ의 넓이의 순간변화율은
$S'(2)=30-6\times 2=18$　　　　　　　　답 18

• 다른풀이 •

사각형 DPBQ의 넓이가 정사각형 ABCD의 넓이의 $\dfrac{11}{20}$이 되는 순간에 두 삼각형 APD, QCD의 넓이의 합은 정사각형 ABCD의 넓이의 $\dfrac{9}{20}$가 되므로

$20t+200-30t=\dfrac{9}{20}\times 400$

$200-10t=180$　　　$\therefore t=2$(초)

15 컵에 담긴 물의 수면의 높이를 h cm, 수면의 반지름의 길이를 r cm라 하면 수면의 높이가 매초 2 cm씩 높아지므로 t초 후의 수면의 높이는 $h=2t$(cm)

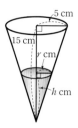

$5:r=15:h$에서 $r=\dfrac{h}{3}$이므로

$r=\dfrac{2}{3}t$(cm)

t초 후의 물의 부피를 $V(t)$ cm^{3}라 하면

$V(t)=\dfrac{1}{3}\pi r^2 h=\dfrac{1}{3}\pi\times\left(\dfrac{2}{3}t\right)^2\times 2t=\dfrac{8}{27}\pi t^3$(cm^3)

$V'(t)=\dfrac{8}{9}\pi t^2$

$h=6$일 때 $t=3$이므로 구하는 부피의 변화율은

$V'(3)=\dfrac{8}{9}\pi\times 3^2=8\pi$(cm^3/s)　　답 8π cm^3/s

Step 2	1등급을 위한 **최고의 변별력 문제**			pp. 51~55

01 ⑤	02 ⑤	03 2	04 ①	05 15
06 ②	07 ②	08 $\dfrac{75\sqrt{3}}{4}$	09 16	
10 $-1\le a<0$		11 ③	12 ⑤	13 ③
14 122	15 ⑤	16 ③	17 ⑤	18 -12
19 1	20 ④	21 ①	22 16	23 ③
24 90	25 ⑤	26 13	27 111	28 15
29 $\dfrac{2\sqrt{5}}{5}$	30 150 cm^3/s		31 48 cm^2/s	
32 6	33 3	34 18π cm^3/s		

01 $f(x)=x^3-6x^2+9x+k$에서

$f'(x)=3x^2-12x+9=3(x-1)(x-3)$

$f'(x)=0$에서 $x=1$ 또는 $x=3$

함수 $f(x)$의 증가와 감소를 표로 나타내면 다음과 같다.

x	$\cdots$	1	$\cdots$	3	$\cdots$
$f'(x)$		$+$	0	$-$	0	$+$
$f(x)$		↗	극대	↘	극소	↗

함수 $f(x)$는 $x=1$일 때 극댓값 $f(1)=k+4$, $x=3$일 때 극솟값 $f(3)=k$를 갖는다.

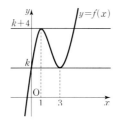

이때, 함수 $y=f(x)$의 그래프가 직선 $y=3$과 서로 다른 두 점에서 만나려면 위의 그림과 같이 함수 $f(x)$의 극댓값 또는 극솟값이 3이어야 하므로

$k+4=3$ 또는 $k=3$ $\therefore k=-1$ 또는 $k=3$

그런데 $k>0$이므로 $k=3$

한편, 닫힌구간 $[0, a]$에서 함수 $f(x)$의 최댓값과 최솟값의 차가 4이고, $0 \le x \le a$에서 함수 $f(x)$의 최솟값은 3이므로 최댓값은 7이어야 한다.

$f(x)=7$에서 $x^3-6x^2+9x+3=7$

$x^3-6x^2+9x-4=0$, $(x-1)^2(x-4)=0$

$\therefore x=1$ 또는 $x=4$

$\therefore 1 \le a \le 4$

따라서 $k+a$의 최댓값은 a가 최대일 때, 즉 $a=4$일 때이므로

$k+a=3+4=7$ 답 ⑤

---

02 $f(x)=\dfrac{1}{3}x^3+2ax^2+(a^3+a^2+4)x$에서

$f'(x)=x^2+4ax+a^3+a^2+4$
$\quad\quad=(x+2a)^2+a^3-3a^2+4$

곡선 $y=f(x)$ 위의 한 점 $(x, f(x))$에서의 접선의 기울기는 $f'(x)$이고, $f'(x)$는 $x=-2a$일 때 최솟값 a^3-3a^2+4를 가지므로

$g(a)=a^3-3a^2+4$

$g'(a)=3a^2-6a=3a(a-2)$

$g'(a)=0$에서 $a=0$ 또는 $a=2$

$0 \le a \le 3$에서 함수 $g(a)$의 증가와 감소를 표로 나타내면 다음과 같다.

a	0	$\cdots$	2	$\cdots$	3
$g'(a)$	0	$-$	0	$+$	
$g(a)$	4	$\searrow$	0	$\nearrow$	4

$0 \le a \le 3$에서 함수 $g(a)$는 $a=0$, 3일 때 최댓값 4, $a=2$일 때 최솟값 0을 가지므로

$M=4$, $m=0$ $\therefore M+m=4+0=4$ 답 ⑤

---

03 $g(x)=x^2-4x+3=(x-2)^2-1$이므로 $g(x)=t$로 놓으면 임의의 실수 x에 대하여 $t \ge -1$

이때, $f(x)=x^3-3x+4$에서

$(f \circ g)(x)=f(g(x))=f(t)$
$\quad\quad\quad\quad=t^3-3t+4$

$f'(t)=3t^2-3=3(t+1)(t-1)$

$f'(t)=0$에서 $t=-1$ 또는 $t=1$

$t \ge -1$에서 함수 $f(t)$의 증가와 감소를 표로 나타내면 다음과 같다.

t	-1	$\cdots$	1	$\cdots$
$f'(t)$	0	$-$	0	$+$
$f(t)$		$\searrow$	극소	$\nearrow$

$t \ge -1$에서 함수 $f(t)$는 $t=1$일 때 극소이면서 최소이므로 함수 $f(t)$의 최솟값은

$f(1)=1-3+4=2$

즉, 합성함수 $(f \circ g)(x)$의 최솟값은 2이다. 답 2

단계	채점 기준	배점
(가)	함수 $g(x)$의 식을 정리하여 $g(x)=t$로 놓고 t의 값의 범위를 구한 경우	30%
(나)	$(f \circ g)(x)$를 t에 대한 함수로 나타내어 이 함수의 도함수를 구한 경우	30%
(다)	함수 $f(t)$, 즉 $(f \circ g)(x)$의 최솟값을 구한 경우	40%

---

04 해결단계

❶단계	함수 $f(x)$의 도함수를 구하여 $f'(x)=0$인 x의 값을 찾아 함수 $y=f(x)$의 그래프의 개형을 그린다.
❷단계	$0<a<1$, $a \ge 1$로 나누어 $g(t)$를 구한 후, $g'(t)$를 구하여 미분가능성을 살펴보고, a의 최댓값을 구한다.

$f(x)=-3x^4+4(a-1)x^3+6ax^2$ $(a>0)$에서

$f'(x)=-12x^3+12(a-1)x^2+12ax$
$\quad\quad=-12x\{x^2-(a-1)x-a\}$
$\quad\quad=-12x(x+1)(x-a)$

$f'(x)=0$에서 $x=-1$ 또는 $x=0$ 또는 $x=a$

함수 $f(x)$의 증가와 감소를 표로 나타내면 다음과 같다.

x	$\cdots$	-1	$\cdots$	0	$\cdots$	a	$\cdots$
$f'(x)$	$+$	0	$-$	0	$+$	0	$-$
$f(x)$	$\nearrow$	$2a+1$	$\searrow$	0	$\nearrow$	a^4+2a^3	$\searrow$

이때,

$f(a)-f(-1)=a^4+2a^3-2a-1=(a+1)^3(a-1)$

이므로

$0<a<1$이면 $f(a)-f(-1)<0$에서 $f(a)<f(-1)$

$a \ge 1$이면 $f(a)-f(-1) \ge 0$에서 $f(a) \ge f(-1)$

(i) $0<a<1$일 때,

함수 $y=f(x)$의 그래프는 오른쪽 그림과 같으므로

$t<-1$이면

$g(t)=f(t)$
$\quad\quad=-3t^4+4(a-1)t^3+6at^2$

$t \ge -1$이면

$g(t)=f(-1)=2a+1$

$\therefore g'(t)=\begin{cases} -12t^3+12(a-1)t^2+12at & (t<-1) \\ 0 & (t>-1) \end{cases}$

이때, $\lim\limits_{t \to -1-} g'(t) = \lim\limits_{t \to -1+} g'(t) = 0$이므로 함수

$g(t)$는 $t=-1$에서 미분가능하다.

따라서 $0 < a < 1$일 때 함수 $g(t)$는 실수 전체의 집합

에서 미분가능하다.

(ii) $a \geq 1$일 때,

$f(-1) = f(\alpha)$ $(0 < \alpha \leq a)$

라 하면 함수 $y = f(x)$의 그

래프는 오른쪽 그림과 같으

므로

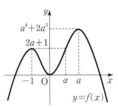

$t < -1$이면

$g(t) = f(t) = -3t^4 + 4(a-1)t^3 + 6at^2$

$-1 \leq t < \alpha$이면

$g(t) = f(-1) = 2a+1$

$\alpha \leq t < a$이면

$g(t) = f(t) = -3t^4 + 4(a-1)t^3 + 6at^2$

$t \geq a$이면

$g(t) = f(a) = a^4 + 2a^3$

$\therefore g'(t) = \begin{cases} -12t^3 + 12(a-1)t^2 + 12at & (t < -1) \\ 0 & (-1 < t < \alpha) \\ -12t^3 + 12(a-1)t^2 + 12at & (\alpha < t < a) \\ 0 & (t > a) \end{cases}$

이때, $\lim\limits_{t \to -1-} g'(t) = \lim\limits_{t \to -1+} g'(t) = 0$이므로 함수

$g(t)$는 $t=-1$에서 미분가능하고,

$\lim\limits_{t \to a-} g'(t) = \lim\limits_{t \to a+} g'(t) = 0$이므로 함수 $g(t)$는

$t=a$에서 미분가능하다.

또한, 함수 $g(t)$가 실수 전체의 집합에서 미분가능하

려면 $t=\alpha$에서 미분가능해야 하므로

$\lim\limits_{t \to \alpha-} g'(t) = \lim\limits_{t \to \alpha+} g'(t)$이어야 한다. 즉,

$\lim\limits_{t \to \alpha-} 0 = \lim\limits_{t \to \alpha+} \{-12t^3 + 12(a-1)t + 12at\}$

$-12\alpha^3 + 12(a-1)\alpha^2 + 12a\alpha = 0$

$-12\alpha\{\alpha^2 - (a-1)\alpha - a\} = 0$

$-12\alpha(\alpha+1)(\alpha-a) = 0$

$\therefore \alpha = a$ $(\because 0 < \alpha \leq a)$

따라서 $f(\alpha) = f(a)$이고 $f(-1) = f(\alpha)$이므로

$f(a) = f(-1)$이다. 즉,

$a^4 + 2a^3 = 2a+1$에서 $a^4 + 2a^3 - 2a - 1 = 0$

$(a+1)^3(a-1) = 0$

$\therefore a = 1$ $(\because a \geq 1)$

$\therefore \alpha = a = 1$

$\therefore g'(t) = \begin{cases} -12t^3 + 12t & (t < -1) \\ 0 & (-1 < t < 1) \\ 0 & (t > 1) \end{cases}$

$g'(-1) = 0$, $g'(1) = 0$이므로 $a=1$일 때 함수 $g(t)$

는 실수 전체의 집합에서 미분가능하다.

(i), (ii)에서 함수 $g(t)$가 실수 전체의 집합에서 미분가능

하기 위한 a의 값의 범위는 $0 < a \leq 1$

따라서 구하는 실수 a의 최댓값은 1이다.   답 ①

05

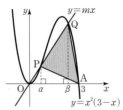

삼차함수 $y = x^2(3-x)$의 그래프와 직선 $y = mx$의 교점

의 x좌표는

$x^2(3-x) = mx$, $x(x^2 - 3x + m) = 0$

$\therefore x = 0$ 또는 $x^2 - 3x + m = 0$

두 점 P, Q의 x좌표를 각각 α, β $(0 < \alpha < \beta)$라 하면 α,

β는 이차방정식 $x^2 - 3x + m = 0$의 두 근이므로 이차방정

식의 근과 계수의 관계에 의하여

$\alpha + \beta = 3$, $\alpha\beta = m$

이차방정식 $x^2 - 3x + m = 0$은 서로 다른 두 실근을 가지

므로 위의 이차방정식의 판별식을 D라 하면

$D = 9 - 4m > 0$ $\therefore 0 < m < \dfrac{9}{4}$

삼각형 PAQ의 넓이를 S라 하면

$S = \triangle OAQ - \triangle OAP$

$= \dfrac{1}{2} \times 3 \times m\beta - \dfrac{1}{2} \times 3 \times m\alpha$

$= \dfrac{3}{2} m(\beta - \alpha)$

이때, $\beta - \alpha = \sqrt{(\alpha+\beta)^2 - 4\alpha\beta} = \sqrt{9 - 4m}$이므로

$S = \dfrac{3}{2} m\sqrt{9 - 4m} = \dfrac{3}{2}\sqrt{-4m^3 + 9m^2}$

$f(m) = -4m^3 + 9m^2$이라 하면

$f'(m) = -12m^2 + 18m = -6m(2m-3)$

$f'(m) = 0$에서 $m = \dfrac{3}{2}$ $\left(\because 0 < m < \dfrac{9}{4}\right)$

$0 < m < \dfrac{9}{4}$에서 함수 $f(m)$의 증가와 감소를 표로 나타

내면 다음과 같다.

m	(0)	$\cdots$	$\dfrac{3}{2}$	$\cdots$	$\left(\dfrac{9}{4}\right)$
$f'(m)$		$+$	0	$-$	
$f(m)$		$\nearrow$	극대	$\searrow$	

$0 < m < \dfrac{9}{4}$에서 함수 $f(m)$은 $m = \dfrac{3}{2}$일 때 극대이면서

최대이므로 삼각형 PAQ의 넓이도 $m = \dfrac{3}{2}$일 때 최대가

된다.

$\therefore 10m = 10 \times \dfrac{3}{2} = 15$ 답 15

06 $\overline{AP} = x$ $(0 \leq x \leq 1)$라 하면 $\overline{DP} = 1 - x$이므로

$\overline{BP} = \sqrt{\overline{AP}^2 + \overline{AB}^2} = \sqrt{x^2 + 1}$

$\overline{CP} = \sqrt{\overline{DP}^2 + \overline{CD}^2}$

$= \sqrt{(1-x)^2 + 1} = \sqrt{x^2 - 2x + 2}$

$\therefore \overline{BP} \times \overline{CP} = \sqrt{(x^2+1)(x^2-2x+2)}$

$f(x)=(x^2+1)(x^2-2x+2)$라 하면
$f'(x)=2x(x^2-2x+2)+(x^2+1)(2x-2)$
$\qquad =4x^3-6x^2+6x-2$
$\qquad =2(2x-1)(x^2-x+1)$

이때, $x^2-x+1=\left(x-\dfrac{1}{2}\right)^2+\dfrac{3}{4}>0$이므로

$f'(x)=0$에서 $x=\dfrac{1}{2}$

$0\le x\le 1$에서 함수 $f(x)$의 증가와 감소를 표로 나타내면 다음과 같다.

x	0	$\cdots$	$\dfrac{1}{2}$	$\cdots$	1
$f'(x)$		$-$	0	$+$	
$f(x)$	2	$\searrow$	극소	$\nearrow$	2

$0\le x\le 1$에서 함수 $f(x)$는 $x=\dfrac{1}{2}$일 때 극소이면서 최소이므로 함수 $f(x)$의 최솟값은

$f\left(\dfrac{1}{2}\right)=\left(\dfrac{1}{4}+1\right)\left(\dfrac{1}{4}-1+2\right)=\dfrac{25}{16}$

따라서 구하는 $\overline{BP}\times\overline{CP}$의 최솟값은

$\sqrt{\dfrac{25}{16}}=\dfrac{5}{4}$

답 ②

07 원뿔의 반지름의 길이를 r라 하자. 오른쪽 그림과 같이 구의 중심 O에서 선분 AB에 내린 수선의 발을 H라 하면 △OBH는 직각삼각형이므로

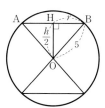

$r=\sqrt{\overline{OB}^2-\overline{OH}^2}$

$\quad =\sqrt{5^2-\left(\dfrac{h}{2}\right)^2}=\sqrt{25-\dfrac{h^2}{4}}$

$\therefore V=2\times\dfrac{1}{3}\pi r^2\times\dfrac{h}{2}=\dfrac{1}{3}\pi r^2 h$

$\qquad =\dfrac{1}{3}\pi h\left(25-\dfrac{h^2}{4}\right)=-\dfrac{\pi}{12}(h^3-100h)$

위의 식의 양변을 h에 대하여 미분하면

$\dfrac{dV}{dh}=-\dfrac{\pi}{12}(3h^2-100)$

$\dfrac{dV}{dh}=0$에서 $3h^2-100=0$

$h^2=\dfrac{100}{3}$ $\qquad\therefore h=\dfrac{10\sqrt{3}}{3}\ (\because h>0)$

$h>0$에서 함수 V의 증가와 감소를 표로 나타내면 다음과 같다.

h	(0)	$\cdots$	$\dfrac{10\sqrt{3}}{3}$	$\cdots$
$\dfrac{dV}{dh}$		$+$	0	$-$
V		$\nearrow$	극대	$\searrow$

$h>0$에서 함수 V는 $h=\dfrac{10\sqrt{3}}{3}$일 때 극대이면서 최대이므로 두 원뿔의 부피의 합 V가 최대일 때의 높이의 합 h의 값은 $\dfrac{10\sqrt{3}}{3}$이다.

답 ②

08 오른쪽 그림과 같이 두 점 B, C에서 선분 AD에 내린 수선의 발을 각각 E, F라 하고 $\overline{AE}=a\ (a>0)$라 하면

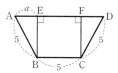

$\overline{DF}=a\ (0<a<5)$이므로 $\overline{BE}=\overline{CF}=\sqrt{25-a^2}$
$\overline{EF}=5$이므로 하수도관의 단면인 등변사다리꼴 ABCD의 넓이를 S라 하면

$S=\dfrac{1}{2}(2a+5+5)\sqrt{25-a^2}$

$\quad =(a+5)\sqrt{25-a^2}=\sqrt{(a+5)^2(25-a^2)}$

$\quad =\sqrt{-(a+5)^3(a-5)}\ (0<a<5)$

$f(a)=-(a+5)^3(a-5)\ (a>0)$라 하면

$f'(a)=-3(a+5)^2(a-5)-(a+5)^3$

$\qquad =-(a+5)^2(4a-10)$

$f'(a)=0$에서 $a=\dfrac{5}{2}\ (\because a>0)$

$a>0$에서 함수 $f(a)$의 증가와 감소를 표로 나타내면 다음과 같다.

a	(0)	$\cdots$	$\dfrac{5}{2}$	$\cdots$	(5)
$f'(a)$		$+$	0	$-$	
$f(a)$		$\nearrow$	극대	$\searrow$	

함수 $f(a)$는 $a=\dfrac{5}{2}$일 때 극대이면서 최대이므로 함수 $f(a)$의 최댓값은

$f\left(\dfrac{5}{2}\right)=-\left(\dfrac{15}{2}\right)^3\left(-\dfrac{5}{2}\right)=\left(\dfrac{15}{2}\right)^2\times\left(\dfrac{5}{2}\right)^2\times 3$

$\qquad =3\times\left(\dfrac{75}{4}\right)^2$

따라서 구하는 넓이의 최댓값은

$\sqrt{3\times\left(\dfrac{75}{4}\right)^2}=\dfrac{75\sqrt{3}}{4}$

답 $\dfrac{75\sqrt{3}}{4}$

09 용기에서 넘친 물의 부피가 최대이려면 오른쪽 그림과 같이 물체의 밑면인 정사각형이 용기의 단면인 원에 내접해야 한다.

정육면체 모양의 물체의 한 모서리의 길이를 x m라 하면 정사각형의 대각선의 길이가 $\sqrt{2}x$ m이고, 이 길이가 원의 지름의 길이와 같으므로 원의 반지름의 길이는 $\dfrac{\sqrt{2}}{2}x$ m이다.

또한, 오른쪽 그림과 같이 물체가 용기에 잠긴 부분의 높이를 a m라 하면

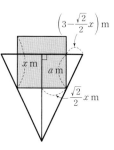

$\left(3-\dfrac{\sqrt{2}}{2}x\right):3=a:6$

$3a=6\left(3-\dfrac{\sqrt{2}}{2}x\right)$

$\therefore a=6-\sqrt{2}x\ (\text{m})$

넘친 물의 부피는 물체가 잠긴 부분의 부피와 같으므로
넘친 물의 부피를 $V(x)$라 하면
$V(x)=x^2(6-\sqrt{2}x)=-\sqrt{2}x^3+6x^2 (\mathrm{m}^3)$
$V'(x)=-3\sqrt{2}x^2+12x=-3x(\sqrt{2}x-4)$
$V'(x)=0$에서 $x=2\sqrt{2}$ $(\because x>0)$
$x>0$에서 함수 $V(x)$의 증가와 감소를 표로 나타내면 다음과 같다.

x	(0)	$\cdots$	$2\sqrt{2}$	$\cdots$
$V'(x)$		$+$	0	$-$
$V(x)$		↗	극대	↘

함수 $V(x)$는 $x=2\sqrt{2}$일 때 극대이면서 최대이므로 부피의 최댓값은
$V(2\sqrt{2})=-\sqrt{2}\times(2\sqrt{2})^3+6\times(2\sqrt{2})^2$
$\qquad\qquad =-32+48=16 (\mathrm{m}^3)$
$\therefore p=16$ 　　　　　　　　　　　　 답 16

10 두 점 $A(-1, -1)$, $B(1, 1)$을 지나는 직선 AB의 방정식은 $y-1=\dfrac{1-(-1)}{1-(-1)}(x-1)$에서 $y=x$이므로 곡선
$y=2x^3+3x^2+x+a$와 선분 AB가 서로 다른 두 점에서 만나려면 $-1\le x\le 1$에서 삼차방정식
$2x^3+3x^2+x+a=x$, 즉 $-2x^3-3x^2=a$가 서로 다른 두 실근을 가져야 한다.
$f(x)=-2x^3-3x^2$이라 하면
$f'(x)=-6x^2-6x=-6x(x+1)$
$f'(x)=0$에서 $x=-1$ 또는 $x=0$
$-1\le x\le 1$에서 함수 $f(x)$의 증가와 감소를 표로 나타내면 다음과 같다.

x	-1	$\cdots$	0	$\cdots$	1
$f'(x)$	0	$+$	0	$-$	
$f(x)$	-1	↗	극대	↘	-5

$-1\le x\le 1$에서 함수 $f(x)$는 $x=0$일 때 극댓값 $f(0)=0$을 갖는다.
$-1\le x\le 1$에서 삼차방정식 $-2x^3-3x^2=a$가 서로 다른 두 실근을 가지려면 오른쪽 그림과 같이 함수 $y=f(x)$의 그래프와 직선 $y=a$가 서로 다른 두 점에서 만나야 하므로
$-1\le a<0$

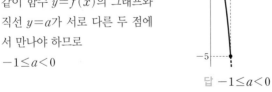

답 $-1\le a<0$

11 삼차방정식 $x^3-3x=t-2$의 실근의 개수는 곡선
$y=x^3-3x+2$와 직선 $y=t$의 교점의 개수와 같다.
$g(x)=x^3-3x+2$라 하면
$g'(x)=3x^2-3=3(x+1)(x-1)$
$g'(x)=0$에서 $x=-1$ 또는 $x=1$
함수 $g(x)$의 증가와 감소를 표로 나타내면 다음과 같다.

x	$\cdots$	-1	$\cdots$	1	$\cdots$
$g'(x)$	$+$	0	$-$	0	$+$
$g(x)$	↗	극대	↘	극소	↗

함수 $g(x)$는 $x=-1$일 때 극댓값 $f(-1)=4$, $x=1$일 때 극솟값 $f(1)=0$을 갖는다.
함수 $y=g(x)$의 그래프는 오른쪽 그림과 같으므로 함수 $y=g(x)$의 그래프와 직선 $y=t$의 교점은
$t<0$ 또는 $t>4$일 때 1개,
$0<t<4$일 때 3개,
$t=0$ 또는 $t=4$일 때 2개이다.

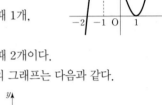

즉, 함수 $y=f(t)$의 그래프는 다음과 같다.

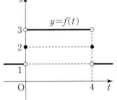

이때, 방정식 $f(t)=a(t-2)^2$이 실근을 갖지 않으려면 다음 그림과 같이 두 함수 $y=f(t)$, $y=a(t-2)^2$의 그래프가 만나지 않아야 하므로 함수 $y=a(t-2)^2 (a>0)$의 그래프가 점 $(0, 1)$을 지날 때 a의 값은 최소가 된다.

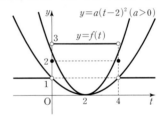

즉, $1=a(0-2)^2$에서 $a=\dfrac{1}{4}$

따라서 조건을 만족시키는 a의 최솟값은 $\dfrac{1}{4}$이다. 　답 ③

12 함수 $y=f'(x)$의 그래프에서 $f'(-1)=0$, $f'(k)=0$, $f'(3)=0$이므로 함수 $f(x)$의 증가와 감소를 표로 나타내면 다음과 같다.

x	$\cdots$	-1	$\cdots$	k		3	$\cdots$
$f'(x)$	$-$	0	$+$	0	$-$	0	$+$
$f(x)$	↘	극소	↗	극대	↘	극소	↗

함수 $f(x)$는 $x=-1$일 때 극솟값 0, $x=k$일 때 극댓값 3, $x=3$일 때 극솟값 -1을 가지므로 함수 $y=f(x)$의 그래프의 개형은 다음 그림과 같다.

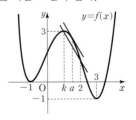

ㄱ. 위의 그래프에서 $\dfrac{f(k)-f(2)}{k-2}=f'(a)$인 a가 열린

구간 $(k,\ 2)$에 하나 존재하므로 열린구간 $(k,\ a)$에

속하는 임의의 실수 c에 대하여

$\dfrac{f(k)-f(2)}{k-2}<f'(c)$가 성립함을 알 수 있다. (참)

ㄴ. 위의 그래프에서 함수 $f(x)$의 최솟값은 -1이다.

　　　　　　　　　　　　　　　　　　　(참)

ㄷ. 위의 그래프에서 함수 $y=f(x)$의 그래프는 x축과

서로 다른 세 점에서 만나므로 방정식 $f(x)=0$은 서

로 다른 세 실근을 갖는다. (참)

따라서 ㄱ, ㄴ, ㄷ 모두 옳다.　　　　　　　　　답 ⑤

---

blacklabel 특강　필수 원리

도함수 $y=f'(x)$의 그래프로부터 $y=f(x)$의 그래프의 모양 알기

(1) 삼차함수 $y=f(x)$의 그래프

이차방정식 $f'(x)=0$의 근에 따라 다음과 같다.

① 서로 다른 두 실근　② 중근　③ 두 허근

(2) 사차함수 $y=f(x)$의 그래프

삼차방정식 $f'(x)=0$의 근에 따라 다음과 같다.

① 서로 다른 세 실근　② 서로 다른 두 실근(중근과 다른 한 실근)

③ 삼중근　④ 한 실근과 두 허근

---

13 삼차방정식 $f(x)=0$의 서로 다른 세 양의 실근을 α, β,

$\gamma\ (\alpha<\beta<\gamma)$라 하면

$f(x)=a(x-\alpha)(x-\beta)(x-\gamma)\ (a>0)$라 할 수 있다.

ㄱ. $a>0$이고 α, β, γ 모두 양수이므로

$g(0)=f(0)=-a\alpha\beta\gamma<0$ (참)

ㄴ. $g(x)=f(x)+xf'(x)=\{xf(x)\}'$

$=\{ax(x-\alpha)(x-\beta)(x-\gamma)\}'$ ……㉠

함수 $y=ax(x-\alpha)(x-\beta)(x-\gamma)$의 그래프는 다음

그림과 같고, 방정식 $g(x)=0$의 세 근은 ㉠에서 함

수 $y=ax(x-\alpha)(x-\beta)(x-\gamma)$의 그래프의 극대

또는 극소인 점의 x좌표와 같다.

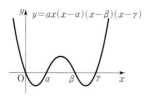

즉, 방정식 $g(x)=0$의 근은 0과 α, α와 β, β와 γ 사

이에 각각 하나씩 존재하므로 서로 다른 세 양의 실근

을 갖는다. (참)

ㄷ. ㄴ에서 방정식 $g(x)=0$은 0과 α, α와 β, β와 γ 사이

에 각각 하나씩 서로 다른 세 개의 양의 실근을 갖고,

방정식 $f(x)=0$의 근은 α, β, γ이므로 두 방정식의

공통근은 존재하지 않는다. (거짓)

따라서 옳은 것은 ㄱ, ㄴ이다.　　　　　　　　　답 ③

• 다른풀이 •

삼차방정식 $f(x)=0$의 서로 다른 세 양의 실근을 α, β,

$\gamma\ (\alpha<\beta<\gamma)$라 하면

$f(x)=a(x-\alpha)(x-\beta)(x-\gamma)\ (a>0)$

$f'(x)=a(x-\beta)(x-\gamma)+a(x-\alpha)(x-\gamma)$

$\qquad+a(x-\alpha)(x-\beta)$

$\therefore g(x)=a\{(x-\alpha)(x-\beta)(x-\gamma)+x(x-\alpha)(x-\beta)$

$\qquad\qquad+x(x-\beta)(x-\gamma)+x(x-\alpha)(x-\gamma)\}$

ㄱ. $g(0)=-a\alpha\beta\gamma<0$ (참)

ㄴ. ㄱ에서 $g(0)<0$이고,

$g(\alpha)=a\alpha(\alpha-\beta)(\alpha-\gamma)>0$,

$g(\beta)=a\beta(\beta-\alpha)(\beta-\gamma)<0$,

$g(\gamma)=a\gamma(\gamma-\alpha)(\gamma-\beta)>0\ (\because\ 0<\alpha<\beta<\gamma)$

이므로 최고차항의 계수가 양수인 삼차함수 $g(x)$의

그래프는 다음 그림과 같다.

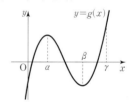

방정식 $g(x)=0$의 실근은 함수 $y=g(x)$의 그래프

와 x축의 교점의 x좌표와 같으므로 서로 다른 세 양

의 실근을 갖는다. (참)

ㄷ. 방정식 $f(x)=0$의 세 실근은 α, β, γ이고, ㄴ에서

$g(\alpha)>0$, $g(\beta)<0$, $g(\gamma)>0$이므로 두 방정식

$f(x)=0$, $g(x)=0$의 공통근은 존재하지 않는다.

　　　　　　　　　　　　　　　　　　　(거짓)

따라서 옳은 것은 ㄱ, ㄴ이다.

14　해결단계

❶단계	함수 $f(x)$의 그래프를 그린 후, y축의 방향으로 평행이동하여 방정식 $f(x)+b=0$이 서로 다른 두 실근을 갖도록 하는 b의 값을 구한다.
❷단계	❶단계에서 구한 경우에 따라 함수 $y=f(x)+b$의 그래프를 x축의 방향으로 a만큼 평행이동하여 방정식 $f(x-a)+b=0$이 서로 다른 두 양의 실근을 갖도록 하는 a의 값의 범위를 구한다.
❸단계	$b-a$의 최댓값을 구한다.

$h(x)=f(x)+b$라 하면 방정식 $h(x)=0$의 근은 방정

식 $f(x)=-b$의 근과 같다.

$f(x)=2x^3-3x^2-36x-46$에서

$f'(x)=6x^2-6x-36=6(x+2)(x-3)$

$f'(x)=0$에서 $x=-2$ 또는 $x=3$

함수 $f(x)$의 증가와 감소를 표로 나타내면 다음과 같다.

x	$\cdots$	-2	$\cdots$	3	$\cdots$
$f'(x)$	$+$	0	$-$	0	$+$
$f(x)$	$\nearrow$	극대	$\searrow$	극소	$\nearrow$

함수 $f(x)$는 $x=-2$일 때 극댓값 $f(-2)=-2$, $x=3$일 때 극솟값 $f(3)=-127$을 가지므로 그래프는 다음 그림과 같다.

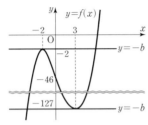

이때, 방정식 $h(x)=0$, 즉 $f(x)=-b$가 서로 다른 두 실근을 가지므로

$-b=-2$ 또는 $-b=-127$

$\therefore b=2$ 또는 $b=127$

(i) $b=2$일 때,

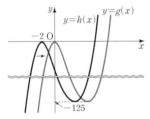

함수 $y=h(x)$의 그래프를 x축의 방향으로 a만큼 평행이동한 곡선이 $y=g(x)$이므로 방정식 $g(x)=0$이 서로 다른 두 양의 실근만을 가지려면 위의 그림과 같이 $a>2$이어야 한다.

따라서 두 정수 a, b에 대하여 $b-a$의 최댓값은

$a=3$, $b=2$일 때,

$b-a=2-3=-1$

(ii) $b=127$일 때,

함수 $y=f(x)$의 그래프와 직선 $y=-b$, 즉 $y=-127$의 교점의 x좌표는 $f(x)=-127$에서

$2x^3-3x^2-36x-46=-127$

$2x^3-3x^2-36x+81=0$, $(x-3)^2(2x+9)=0$

$\therefore x=3$ 또는 $x=-\dfrac{9}{2}$

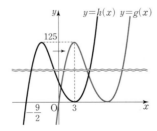

함수 $y=h(x)$의 그래프를 x축의 방향으로 a만큼 평행이동한 곡선이 $y=g(x)$이므로 방정식 $g(x)=0$이 서로 다른 두 양의 실근만을 가지려면 위의 그림과 같

이 $a>\dfrac{9}{2}$이어야 한다.

따라서 두 정수 a, b에 대하여 $b-a$의 최댓값은

$a=5$, $b=127$일 때,

$b-a=127-5=122$

(i), (ii)에서 구하는 $b-a$의 최댓값은 122이다.　　답 122

• 다른풀이 •

함수 $y=f(x)$의 그래프를 x축의 방향으로 a만큼, y축의 방향으로 b만큼 평행이동한 곡선이 $y=g(x)$이므로

$g(x)=f(x-a)+b$

$\qquad =2(x-a)^3-3(x-a)^2-36(x-a)-46+b$

$g'(x)=6(x-a)^2-6(x-a)-36$

$\qquad =6\{(x-a)^2-(x-a)-6\}$

$\qquad =6(x-a+2)(x-a-3)$

$g'(x)=0$에서 $x=a-2$ 또는 $x=a+3$

함수 $g(x)$의 증가와 감소를 표로 나타내면 다음과 같다.

x	$\cdots$	$a-2$	$\cdots$	$a+3$	$\cdots$
$g'(x)$	$+$	0	$-$	0	$+$
$g(x)$	$\nearrow$	극대	$\searrow$	극소	$\nearrow$

함수 $g(x)$는 $x=a-2$일 때 극댓값을 갖고 $x=a+3$일 때 극솟값을 가지므로 삼차방정식 $g(x)=0$이 서로 다른 두 양의 실근만을 가지려면 함수 $g(x)$의 극댓값 또는 극솟값이 0이 되어야 한다.

(i) (극댓값)$=0$인 경우

함수 $y=g(x)$의 그래프가 오른쪽 그림과 같아야 하므로

$a-2>0$, $g(a-2)=0$

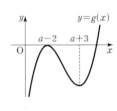

$g(a-2)$

$=-16-12+72-46+b$

$=b-2=0$

$\therefore a>2$, $b=2$

따라서 $b-a$의 최댓값은 $a=3$, $b=2$일 때, -1이다.

(ii) (극솟값)$=0$인 경우

오른쪽 그림과 같이 함수 $y=g(x)$의 그래프가 x축과 만나서 생기는 점의 x좌표 중에서 $a+3$이 아닌 것을 t_1이라 하면

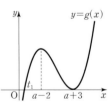

$t_1>0$, $g(a+3)=0$

$g(a+3)=54-27-108-46+b$

$\qquad\qquad =-127+b=0$

$\therefore b=127$

즉, $g(x)=2(x-a)^3-3(x-a)^2-36(x-a)+81$

이므로

$2(x-a)^3-3(x-a)^2-36(x-a)+81$

$=2(x-t_1)(x-a-3)^2$

위의 식이 x에 대한 항등식이므로 $x=a$를 대입하면

$81=2(a-t_1)\times9$, $a-t_1=\dfrac{9}{2}$

$\therefore t_1=a-\dfrac{9}{2}$

$t_1>0$이므로 $a>\dfrac{9}{2}$

따라서 $b-a$의 최댓값은 $a=5$, $b=127$일 때, 122이다.

(i), (ii)에서 구하는 $b-a$의 최댓값은 122이다.

15 도함수 $y=f'(x)$의 그래프에서 방정식 $f'(x)=0$의 근은 $x=0$ 또는 $x=2$이므로 함수 $f(x)$의 증가와 감소를 표로 나타내면 다음과 같다.

x	$\cdots$	0	$\cdots$	2	$\cdots$
$f'(x)$	$+$	0	$-$	0	$+$
$f(x)$	$\nearrow$	극대	$\searrow$	극소	$\nearrow$

함수 $f(x)$는 $x=0$일 때 극댓값을 갖고 $x=2$일 때 극솟값을 갖는다.

ㄱ. $f(0)<0$이므로 함수 $y=f(x)$의 그래프는 오른쪽 그림과 같다.

즉, $f(2)<f(0)<0$이므로 $|f(0)|<|f(2)|$ (참)

ㄴ. $f(0)f(2)\geq0$을 만족시키는 두 함수 $y=f(x)$, $y=|f(x)|$의 그래프를 그리면 다음과 같다.

(i) $f(0)>0$, $f(2)>0$일 때,

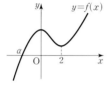 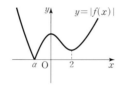

함수 $y=f(x)$의 그래프가 x축과 만나는 점의 x좌표를 α라 하면 함수 $|f(x)|$는 $x=\alpha$, $x=2$에서 극소이므로 α의 값의 개수는 2이다.

(ii) $f(2)=0$일 때,

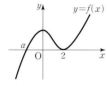 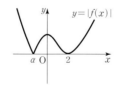

함수 $y=f(x)$의 그래프가 x축과 만나는 점 중 $(2,0)$이 아닌 점의 x좌표를 α라 하면 함수 $|f(x)|$는 $x=\alpha$, $x=2$에서 극소이므로 α의 값의 개수는 2이다.

(iii) $f(0)=0$일 때,

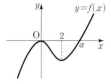 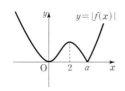

함수 $y=f(x)$의 그래프가 x축과 만나는 점 중 원

점이 아닌 점의 x좌표를 α라 하면 함수 $|f(x)|$는 $x=0$, $x=\alpha$에서 극소이므로 α의 값의 개수는 2이다.

(iv) $f(0)<0$, $f(2)<0$일 때,

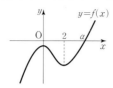 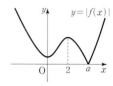

함수 $y=f(x)$의 그래프가 x축과 만나는 점의 x좌표를 α라 하면 함수 $|f(x)|$는 $x=0$, $x=\alpha$에서 극소이므로 α의 값의 개수는 2이다.

(i)~(iv)에서 극소인 α의 값의 개수는 2이다. (참)

ㄷ. $f(0)+f(2)=0$에서 $f(2)=-f(0)$이므로 함수 $y=f(x)$의 그래프는 오른쪽 그림과 같다.

따라서 함수 $y=|f(x)|$의 그래프는 다음 그림과 같으므로 방정식 $|f(x)|=f(0)$의 서로 다른 실근의 개수는 4이다. (참)

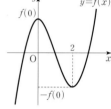

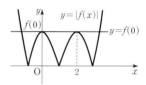

그러므로 ㄱ, ㄴ, ㄷ 모두 옳다. 　답 ⑤

16 실수 t에 대하여 곡선 $y=f(x)$와 직선 $y=-x+t$의 교점의 개수는 방정식 $f(x)=-x+t$, 즉 $f(x)+x=t$의 실근의 개수와 같으므로 곡선 $y=f(x)+x$와 직선 $y=t$의 교점의 개수와 같다.

이때, $h(x)=f(x)+x$라 하면 $h(x)$도 삼차함수이다.

ㄱ. $h(x)=x^3+x$에서 $h'(x)=3x^2+1>0$이므로 $h(x)$는 증가함수이다.

즉, 곡선 $y=h(x)$와 직선 $y=t$의 교점의 개수는 항상 1이므로 함수 $g(t)=1$로 상수함수이다. (참)

ㄴ. $g(1)=2$이므로 함수 $y=h(x)$는 증가함수가 아니다.

즉, 함수 $y=h(x)$의 그래프는 다음 그림과 같으므로 $g(t)=3$인 경우가 존재한다. (참)

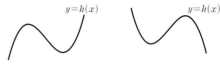

ㄷ. (반례) $f(x)=x^3-x$라 하면 $h(x)=x^3$은 증가함수이므로 모든 실수 t에 대하여 $g(t)=1$이다.

그런데 $f'(x)=3x^2-1$이고, $f'(x)=0$에서 $x=\pm\dfrac{1}{\sqrt{3}}$이므로 함수 $f(x)$는 $x=\pm\dfrac{1}{\sqrt{3}}$에서 극값을 갖는다. (거짓)

따라서 옳은 것은 ㄱ, ㄴ이다.　　　　　　답 ③

17 최고차항의 계수가 양수인 사차함수 $f(x)$에 대하여 방정식 $f'(x)=0$의 세 실근이 α, β, γ이므로
$$f'(x)=a(x-\alpha)(x-\beta)(x-\gamma)\ (단,\ a>0)$$
라 하고, 함수 $f(x)$의 증가와 감소를 표로 나타내면 다음과 같다.

x	$\cdots$	α	$\cdots$	β	$\cdots$	γ	$\cdots$
$f'(x)$	$-$	0	$+$	0	$-$	0	$+$
$f(x)$	$\searrow$	극소	$\nearrow$	극대	$\searrow$	극소	$\nearrow$

함수 $f(x)$는 $x=\beta$일 때 극댓값을 갖고, $x=\alpha$, $x=\gamma$일 때 극솟값을 갖는다.
이때, $f(\alpha)+f(\beta)+f(\gamma)<0$이려면 $f(\alpha)$, $f(\gamma)$ 중에서 작은 값은 반드시 음수이어야 한다.

ㄱ. (반례) $f(\alpha)=-1$,
$\quad f(\beta)=1$, $f(\gamma)=-1$
이면
$\quad f(\alpha)+f(\beta)+f(\gamma)$
$\quad =-1<0$이지만 함수
$y=f(x)$의 그래프가 오른쪽 그림과 같으므로 방정식 $f(x)=0$은 서로 다른 네 실근을 갖는다. (거짓)
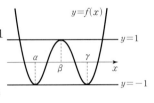

ㄴ. $f(\alpha)>0$이므로
$\quad f(\beta)>0$, $f(\gamma)<0$
즉, 함수 $y=f(x)$의 그래프는 오른쪽 그림과 같으므로 방정식 $f(x)=0$은 β보다 큰 실근을 갖는다. (참)
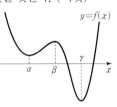

ㄷ. $f(\beta)>0$이면 함수 $y=f(x)$의 그래프는 오른쪽 그림의 세 경우 중에 하나이다.
$\quad x>\alpha$에서 함수 $y=f(x)$가 x축과 만나는 점이 항상 존재하므로 방정식 $f(x)=0$은 α보다 큰 실근을 적어도 한 개 갖는다. (참)
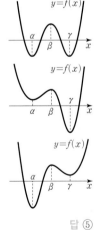

따라서 옳은 것은 ㄴ, ㄷ이다.　　　　　　답 ⑤

18 $f(x)=x^4+x^2-6x$에서
$$f'(x)=4x^3+2x-6=2(x-1)(2x^2+2x+3)$$
이때, $2x^2+2x+3=2\left(x+\dfrac{1}{2}\right)^2+\dfrac{5}{2}>0$이므로
$$f'(x)=0에서\ x=1$$

함수 $f(x)$의 증가와 감소를 표로 나타내면 다음과 같다.

x	$\cdots$	1	$\cdots$
$f'(x)$	$-$	0	$+$
$f(x)$	$\searrow$	극소	$\nearrow$

함수 $f(x)$는 $x=1$일 때 극소이면서 최소이므로 함수 $f(x)$의 최솟값은
$$f(1)=1+1-6=-4$$
한편, $g(x)=-2x^2-8x+a=-2(x+2)^2+8+a$에서 함수 $g(x)$는 $x=-2$일 때 최댓값 $8+a$를 가지므로 임의의 두 실수 x_1, x_2에 대하여 $f(x_1)\geq g(x_2)$이려면
$(f(x)$의 최솟값$)\geq(g(x)$의 최댓값$)$이어야 한다.
즉, $-4\geq8+a$에서 $a\leq-12$
따라서 구하는 실수 a의 최댓값은 -12이다.　답 -12

단계	채점 기준	배점
(가)	$f(x)$에서 f'를 구한 후, 방정식 $f'(x)=0$을 만족시키는 x의 값을 구한 경우	20%
(나)	함수 $f(x)$의 최솟값을 구한 경우	30%
(다)	함수 $g(x)$의 최댓값을 구한 경우	20%
(라)	임의의 두 실수 x_1, x_2에 대하여 $f(x_1)\geq g(x_2)$이려면 $(f(x)$의 최솟값$)\geq(g(x)$의 최댓값$)$임을 파악한 후, 실수 a의 최댓값을 구한 경우	30%

19 함수 $y=x^{n+1}-n(n-3)$의 그래프가 직선 $y=(n+1)x$보다 항상 윗부분에 있어야 하므로 $x>0$에서 부등식
$x^{n+1}-n(n-3)>(n+1)x$를 만족시켜야 한다.
$x^{n+1}-(n+1)x-n(n-3)>0$에서
$f(x)=x^{n+1}-(n+1)x-n(n-3)$이라 하면
$f'(x)=(n+1)x^n-(n+1)=(n+1)(x^n-1)$
$f'(x)=0$에서 $x=1$ $(\because x>0)$
$x>0$에서 함수 $f(x)$의 증가와 감소를 표로 나타내면 다음과 같다.

x	(0)	$\cdots$	1	$\cdots$
$f'(x)$		$-$	0	$+$
$f(x)$		$\searrow$	극소	$\nearrow$

$x>0$에서 함수 $f(x)$는 $x=1$일 때 극소이면서 최소이므로 함수 $f(x)$의 최솟값은
$$f(1)=1-(n+1)-n(n-3)=-n^2+2n$$
$x>0$일 때, 주어진 부등식이 항상 성립하려면 $x>0$에서 $(f(x)$의 최솟값$)>0$이어야 하므로
$-n^2+2n>0$, $n(n-2)<0$
$\therefore 0<n<2$
따라서 구하는 자연수 n의 값은 1이다.　　　답 1

20 $f(x)=-x^3-2x$이므로
$f(f(x))=-\{f(x)\}^3-2f(x)$
$f(-3x^2-11x+2)\leq-\{f(x)\}^3-2f(x)$에서
$f(-3x^2-11x+2)\leq f(f(x))$　　　$\cdots\cdots$㉠
이때, $f'(x)=-3x^2-2<0$이므로 함수 $f(x)$는 감소함

수이므로 ㉠에서 $-3x^2-11x+2 \geq f(x)$

$-3x^2-11x+2 \geq -x^3-2x$

$x^3-3x^2-9x+2 \geq 0$

$g(x)=x^3-3x^2-9x+2$라 하면

$g'(x)=3x^2-6x-9=3(x+1)(x-3)$

$g'(x)=0$에서 $x=-1$ 또는 $x=3$

함수 $g(x)$의 증가와 감소를 표로 나타내면 다음과 같다.

x	$\cdots$	-1	$\cdots$	3	$\cdots$
$g'(x)$	$+$	0	$-$	0	$+$
$g(x)$	↗	극대	↘	극소	↗

함수 $g(x)$는 $x=-1$일 때 극댓값

$g(-1)=7$을 갖고, $x=3$일 때 극솟값

$g(3)=-25$를 가지므로 함수

$y=g(x)$의 그래프는 오른쪽 그림과

같다.

정수 k에 대하여 $x \geq k$에서 부등식

$g(x) \geq 0$이 성립해야 하므로

$x>3$에서 함수 $y=g(x)$와 x축의 교점의 x좌표를 a라

하면 $a \leq k$이어야 한다.

이때, $g(4)=64-48-36+2=-18<0$,

$g(5)=125-75-45+2=7>0$이므로

$4<a<5$

따라서 정수 k의 최솟값은 5이다. 답 ④

21 부등식 $x^3-2 \geq 3k(x^2-2)$, 즉 $x^3-3kx^2+6k-2 \geq 0$에서

$f(x)=x^3-3kx^2+6k-2$라 하면

$f'(x)=3x^2-6kx=3x(x-2k)$

$f'(x)=0$에서 $x=0$ 또는 $x=2k$

(i) $k \leq 0$일 때,

$x \geq 0$에서 함수 $f(x)$의 증가와 감소를 표로 나타내면

다음과 같다.

x	0	$\cdots$
$f'(x)$	0	$+$
$f(x)$	$6k-2$	↗

$x \geq 0$에서 함수 $f(x)$는 $x=0$일 때 최소이므로 함수

$f(x)$의 최솟값은

$f(0)=6k-2$

$x \geq 0$일 때, 주어진 부등식이 항상 성립하려면 $x \geq 0$

에서 $(f(x)$의 최솟값$) \geq 0$이어야 하므로

$6k-2 \geq 0$ $\therefore k \geq \dfrac{1}{3}$

그런데 $k \leq 0$이므로 주어진 조건을 만족시키는 정수 k

는 존재하지 않는다.

(ii) $k>0$일 때,

$x \geq 0$에서 함수 $f(x)$의 증가와 감소를 표로 나타내면

다음과 같다.

x	0	$\cdots$	$2k$	$\cdots$
$f'(x)$	0	$-$	0	$+$
$f(x)$	$6k-2$	↘	극소	↗

$x \geq 0$에서 함수 $f(x)$는 $x=2k$일 때 극소이면서 최소

이므로 함수 $f(x)$의 최솟값은

$f(2k)=8k^3-12k^3+6k-2=-4k^3+6k-2$

$x \geq 0$일 때, 주어진 부등식이 항상 성립하려면 $x \geq 0$

에서 $(f(x)$의 최솟값$) \geq 0$이어야 하므로

$-4k^3+6k-2 \geq 0$ $\therefore 2k^3-3k+1 \leq 0$

$g(k)=2k^3-3k+1$

$=(k-1)(2k^2+2k-1)$

$=2(k-1)\left\{k-\left(\dfrac{-1-\sqrt{3}}{2}\right)\right\}\left\{k-\left(\dfrac{-1+\sqrt{3}}{2}\right)\right\}$

이라 하면 $k>0$에서 함수 $y=g(k)$의 그래프는 다음

그림과 같다.

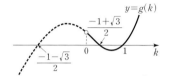

따라서 $g(k) \leq 0$을 만족시키는 k의 값의 범위는

$\dfrac{-1+\sqrt{3}}{2} \leq k \leq 1$이다.

(i), (ii)에서 구하는 정수 k는 1의 1개이다. 답 ①

22 $f(x)=\dfrac{2x+1}{x^3-24x+3a}$에서 함수 $y=2x+1$은 실수 전체

의 집합에서 연속이므로 함수 $f(x)=\dfrac{2x+1}{x^3-24x+3a}$이

구간 $[0, \infty)$에서 연속이려면 구간 $[0, \infty)$에서 함수

$y=x^3-24x+3a$가 연속이고 0이 아니어야 한다.

이때, 다항함수 $y=x^3-24x+3a$는 항상 연속이므로 구

간 $[0, \infty)$에서 항상 $x^3-24x+3a>0$ 또는

$x^3-24x+3a<0$이어야 한다.

그런데 $\displaystyle\lim_{x \to \infty}(x^3-24x+3a)=\infty$이므로 구간 $[0, \infty)$에

서 $x^3-24x+3a>0$이어야 한다.

$g(x)=x^3-24x+3a$라 하면

$g'(x)=3x^2-24=3(x-2\sqrt{2})(x+2\sqrt{2})$

$g'(x)=0$에서 $x=2\sqrt{2}$ $(\because x \geq 0)$

함수 $g(x)$의 증가와 감소를 표로 나타내면 다음과 같다.

x	0	$\cdots$	$2\sqrt{2}$	$\cdots$
$g'(x)$		$-$	0	$+$
$g(x)$	$3a$	↘	극소	↗

구간 $[0, \infty)$에서 함수 $g(x)$는 $x=2\sqrt{2}$일 때 극소이면

서 최소이므로 최솟값은

$g(2\sqrt{2})=16\sqrt{2}-48\sqrt{2}+3a=3a-32\sqrt{2}$

이때, 구간 $[0, \infty)$에서 부등식 $x^3-24x+3a>0$, 즉

$g(x)>0$이 항상 성립하려면 $(g(x)$의 최솟값$)>0$이어

야 하므로

$3a-32\sqrt{2}>0, \; 3a>32\sqrt{2}$

$\therefore a>\dfrac{32\sqrt{2}}{3}$

$=15\times\times\times$

따라서 자연수 a의 최솟값은 16이다.   답 16

23 ㄱ. $t=3$일 때, $v(3)=-2$이므로

(속력)$=|$(속도)$|=|-2|=2$ (참)

ㄴ. $0<t<6$일 때, $t=2$의 좌우에서 $v(t)$의 부호가 양 ($+$)에서 음($-$)으로 바뀌고, $t=4$의 좌우에서 $v(t)$ 의 부호가 음($-$)에서 양($+$)으로 바뀌므로 점 P는 $0<t<6$일 때, 운동 방향을 두 번 바꾼다. (참)

ㄷ. 주어진 속도 $v(t)$의 그래프에서 시각 t에서의 접선의 기울기 $v'(t)$가 시각 t에서의 가속도이다.

$t=\dfrac{3}{2}$일 때의 접선의 기울기 $v'\left(\dfrac{3}{2}\right)<0$이고, $t=4$ 일 때의 접선의 기울기 $v'(4)>0$이므로 $t=\dfrac{3}{2}$일 때 의 점 P의 가속도는 $t=4$일 때의 점 P의 가속도보다 작다. (거짓)

따라서 옳은 것은 ㄱ, ㄴ이다.   답 ③

서울대 선배들의 강추문제 1등급 비법 노하우

거리, 속력, 속도, 가속도에 대한 문제는 학교시험, 수능, 모의평가에서 자주 출제된다. 이와 같은 문제는

(1) (거리)$=$(속력)$\times$(시간)

(2) (방향성을 가진 속력)$=$(속도)

(3) 거리 $\xrightarrow{\text{미분}}$ 속도 $\xrightarrow{\text{미분}}$ 가속도

임을 이용하면 쉽게 해결할 수 있다. 주어진 문제의 그래프에서

ㄱ. $t=3$일 때, 속도는 -2이므로 방향성을 생각하지 않으면 속력은 2이다.

ㄴ. 속도 $v(t)$는 방향성을 가지고 있고 $t=2$, $t=4$에서 $v(t)$의 부호가 바뀌므로 운동 방향을 두 번 바꾼다.

ㄷ. 속도를 미분하면 가속도이므로

$\left(t=\dfrac{3}{2}\text{일 때의 가속도}\right)<0<(t=4\text{일 때의 가속도})$

---

24 $f(x)=x^3$이라 하면 $f'(x)=3x^2$

점 P에서 곡선 $y=x^3$에 그은 접선의 접점을 R(s, s^3) $(s\neq0)$이라 하면 이 점에서의 접선의 기울기는 $f'(s)=3s^2$이므로 접선의 방정식은

$y-s^3=3s^2(x-s)$ $\therefore y=3s^2x-2s^3$

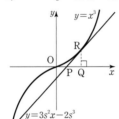

점 P의 좌표를 $(x, 0)$이라 하면 위의 직선이 점 P$(x, 0)$ 을 지나므로

$0=3s^2x-2s^3$ $\therefore s=\dfrac{3}{2}x \; (\because s\neq0)$

그런데 시각 t에서 점 P의 x좌표가 $2t^3+t^2$이므로

$s=\dfrac{3}{2}(2t^3+t^2)=3t^3+\dfrac{3}{2}t^2$

이때, x축 위의 점 Q의 x좌표, 즉 점 Q의 위치가 s이므로 시각 t에서의 점 Q의 속도는

$\dfrac{ds}{dt}=9t^2+3t$

따라서 $t=3$일 때 점 Q의 속도는

$9\times3^2+3\times3=90$ 답 90

25 ㄱ. $x(t)$는 점 P의 시각 t에서의 위치이므로 $x'(t)$, 즉 접선의 기울기의 부호가 바뀌는 지점에서 운동 방향을 바꾼다.

$t=20$의 좌우에서 접선의 기울기의 부호가 양($+$)에서 음($-$)으로 바뀌고, $40<t<50$의 좌우에서 접선의 기울기의 부호가 음($-$)에서 양($+$)으로 바뀌므로 점 P는 움직이는 동안 운동 방향을 두 번 바꾼다. (참)

ㄴ. $0<t<20$에서 점 P는 x축의 양의 방향으로 움직이므로 출발 후 20초까지 움직인 거리는

$x(20)-x(0)=20$ $\cdots\cdots$ ㉠

한편, $50<t<60$에서 점 P는 일정한 속도로 움직이므로 이때의 함수 $y=x(t)$의 그래프는 직선이다.

두 점 $(60, 0)$, $(50, -40)$을 지나는 직선의 방정식은

$y=\dfrac{0-(-40)}{60-50}(x-60)$ $\therefore y=4(x-60)$

또한, $50<t<60$에서 점 P는 x축의 음의 방향으로 움직이므로 50초부터 55초까지 움직인 거리는

$x(55)-x(50)=4\times(-5)-4\times(-10)$

$\qquad\qquad\qquad\quad=20$ $\cdots\cdots$ ㉡

㉠, ㉡에서 출발 후 20초까지 움직인 거리와 50초부터 55초까지 움직인 거리는 같다. (참)

ㄷ. $40<t<50$일 때 점 P는 정지한 상태이므로 속력은 0 이다.

$t=30$일 때의 속력은 $|x'(30)|$이므로 $x'(30)\neq0$

따라서 $t=30$일 때의 속력은 $40<t<50$일 때의 속력 보다 크다. (참)

그러므로 ㄱ, ㄴ, ㄷ 모두 옳다.   답 ⑤

26 주어진 조건을 만족시키는 세 직선 m_1, m_2, m_3을

$m_1 : x=0, \; m_2 : x=2, \; m_3 : x=3$

이라 하고, 세 직선 m_1, m_2, m_3과 x축의 교점을 각각 O, P, Q라 하면 다음 그림과 같다.

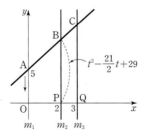

점 A는 x축으로부터 5만큼 떨어진 곳에서 출발하여 x축을 향해 매초 $\frac{1}{2}$의 속도로 직선 m_1을 따라 움직이므로

t초 후 점 A의 좌표는 $\left(0, 5-\frac{1}{2}t\right)$이고 $\overline{AO}=5-\frac{1}{2}t$

점 A가 점 B보다 x축으로부터 멀리 떨어져 있어야 하므로

$\overline{AO}>\overline{BP}$에서 $5-\frac{1}{2}t>t^2-\frac{21}{2}t+29$

$t^2-10t+24<0$, $(t-4)(t-6)<0$

$\therefore 4<t<6$ $\therefore a=4,\ b=6$

한편, 두 점 $A\left(0, 5-\frac{1}{2}t\right)$, $B\left(2, t^2-\frac{21}{2}t+29\right)$를 지나는 직선의 방정식은

$y-\left(5-\frac{1}{2}t\right)=\dfrac{t^2-\frac{21}{2}t+29-\left(5-\frac{1}{2}t\right)}{2}x$

$\therefore y=\left(\frac{1}{2}t^2-5t+12\right)x+5-\frac{1}{2}t$

이 직선이 직선 $m_3 : x=3$과 만나는 점이 C이므로

$C\left(3, \frac{3}{2}t^2-\frac{31}{2}t+41\right)$

즉, $\overline{CQ}=\frac{3}{2}t^2-\frac{31}{2}t+41$이므로 t초 후의 점 C의 속도와 가속도를 각각 $v(t)$, $a(t)$라 하면

$v(t)=3t-\frac{31}{2}$, $a(t)=3$

즉, $k=3$

$\therefore a+b+k=4+6+3=13$ 답 13

27 $x(t)=2t^3-24t^2+90t$라 하면 시각 t에서의 점 P의 속도는

$x'(t)=6t^2-48t+90=6(t-3)(t-5)$

운동 방향이 바뀔 때의 속도가 0이므로

$x'(t)=0$에서 $t=3$ 또는 $t=5$

$t=3$의 좌우에서 $x'(t)$의 부호가 양($+$)에서 음($-$)으로 바뀌므로 처음으로 점 P가 운동 방향을 바꾸는 시각은 $t=3$이고 이때의 위치는

$x(3)=54-216+270=108$

$\therefore a=108$

$t>3$에서 다시 점 P가 $x=108$의 위치로 돌아오는 시각은

$x(t)=108$에서 $2t^3-24t^2+90t=108$

$t^3-12t^2+45t-54=0$

$(t-3)^2(t-6)=0$ $\therefore t=6\ (\because t>3)$

다시 돌아오기까지 걸린 시간은

$b=6-3=3$

$\therefore a+b=108+3=111$ 답 111

28 두 점 P, Q의 시각 t에서의 위치를 각각 $P(t)$, $Q(t)$라 하면 $P(t)=t^4-8t^3+18t^2$, $Q(t)=mt$

두 점 P, Q의 시각 t에서의 속도는 각각

$P'(t)=4t^3-24t^2+36t$, $Q'(t)=m$

이때, 두 점 P, Q의 속도가 같게 되는 때가 3회 있으려면 삼차방정식 $4t^3-24t^2+36t=m$이 0 이상의 서로 다른 세 실근을 가져야 한다.

$f(t)=4t^3-24t^2+36t$라 하면

$f'(t)=12t^2-48t+36=12(t-1)(t-3)$

$f'(t)=0$에서 $t=1$ 또는 $t=3$

$t\geq0$에서 함수 $f(t)$의 증가와 감소를 표로 나타내면 다음과 같다.

t	0	$\cdots$	1	$\cdots$	3	$\cdots$
$f'(t)$		$+$	0	$-$	0	$+$
$f(t)$	0	$\nearrow$	극대	$\searrow$	극소	$\nearrow$

함수 $f(x)$는 $x=1$일 때 극댓값 $f(1)=16$, $x=3$일 때 극솟값 $f(3)=0$을 갖는다.

삼차방정식 $4t^3-24t^2+36t=m$이 0 이상의 서로 다른 세 실근을 가지려면 오른쪽 그림과 같이 곡선 $y=f(t)$와 직선 $y=m$이 서로 다른 세 점에서 만나야 하므로

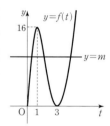

$0<m<16$

따라서 구하는 정수 m은 1, 2, 3, $\cdots$, 15의 15개이다.

답 15

29 점 P는 x축의 양의 방향으로 매초 2의 속력으로, 점 Q는 y축의 양의 방향으로 매초 1의 속력으로 움직이므로 t초 후 두 점 P, Q는 각각

$P(2t, 0)$, $Q(0, t)$

이때, 두 점 P, Q를 지나는 직선의 방정식은

$\frac{x}{2t}+\frac{y}{t}=1$ $\therefore y=-\frac{1}{2}x+t$ ……㉠

점 R는 직선 ㉠과 직선 $y=2x$의 교점이므로 점 R의 x좌표는 $-\frac{1}{2}x+t=2x$에서

$\frac{5}{2}x=t$ $\therefore x=\frac{2}{5}t$

$\therefore R\left(\frac{2}{5}t, \frac{4}{5}t\right)$

$\overline{OR}=l$이라 하면

$l=\sqrt{\left(\frac{2}{5}t\right)^2+\left(\frac{4}{5}t\right)^2}=\sqrt{\frac{20}{25}t^2}=\frac{2\sqrt{5}}{5}t$

$\therefore \frac{dl}{dt}=\frac{2\sqrt{5}}{5}$

따라서 선분 OR의 길이의 변화율은 $\frac{2\sqrt{5}}{5}$이다.   답 $\frac{2\sqrt{5}}{5}$

30 정육면체의 한 모서리의 길이를 l, 한 면의 넓이를 S, 부피를 V라 하면 길이가 1 cm인 모서리의 길이가 매초 2 cm씩 증가하므로 t초 후의 한 모서리의 길이 l은

$l=1+2t\,(cm)$

$\therefore S=(1+2t)^2\,(cm^2)$, $V=(1+2t)^3\,(cm^3)$

이때, 정육면체의 한 면의 넓이가 $25\,\text{cm}^2$가 되는 시각은

$(1+2t)^2=25$에서

$1+2t=5$ $\quad\therefore t=2$

한편, $\dfrac{dV}{dt}=3(1+2t)^2\times2=6(1+2t)^2$이므로 $t=2$일

때 구하는 부피의 변화율은

$6(1+2\times2)^2=150\,(\text{cm}^3/\text{s})$ 답 $150\,\text{cm}^3/\text{s}$

31 점 P가 점 A를 출발한 지 t초 후의 두 선분 AP, PB의

길이는 각각

$\overline{\text{AP}}=2t\,(\text{cm}),\ \overline{\text{PB}}=20-2t\,(\text{cm})\ (0\le t\le10)$

이때, 두 선분 AP, PB를 각각 한 변으로 하는 정사각형

의 넓이는

$4t^2\,(\text{cm}^2),\ (20-2t)^2\,(\text{cm}^2)$

이므로 두 정사각형의 넓이의 합 S는

$S=4t^2+(20-2t)^2=8t^2-80t+400\,(\text{cm}^2)$

$\therefore \dfrac{dS}{dt}=16t-80$

따라서 점 P가 점 A를 출발한 후 8초가 되는 순간의 넓

이 S의 변화율은

$16\times8-80=48\,(\text{cm}^2/\text{s})$ 답 $48\,\text{cm}^2/\text{s}$

32 주어진 원기둥의 t초 후의 밑면의 반지름의 길이와 높이

는 각각

$5+t\,(\text{cm}),\ 25-2t\,(\text{cm})\ \left(0\le t<\dfrac{25}{2}\right)$

따라서 원기둥의 부피를 V라 하면

$V=\pi(5+t)^2(25-2t)\,(\text{cm}^3)$

$\therefore \dfrac{dV}{dt}=2\pi(5+t)(25-2t)-2\pi(5+t)^2$

$=2\pi(5+t)(20-3t)$

원기둥의 부피가 감소하려면 부피의 증가율이 음수이어

야 하므로

$\dfrac{dV}{dt}\le0$에서 $2\pi(5+t)(20-3t)\le0$

이때, $t\ge0$에서 $5+t>0$이므로

$20-3t\le0,\ 3t\ge20$ $\quad\therefore t\ge\dfrac{20}{3}$

즉, 처음으로 감소하는 시각은 $\dfrac{20}{3}$초이므로 자연수 k의

값은 6이다. 답 6

33 두 점 P, Q가 출발한 지 t초 후의 두 선분 BP, BQ의 길

이는 각각

$\overline{\text{BP}}=2t,\ \overline{\text{BQ}}=4-t\ (0\le t\le2)$

삼각형 PBQ의 넓이를 $f(t)$라 하면

$f(t)=\dfrac{1}{2}\times\overline{\text{BP}}\times\overline{\text{BQ}}\times\sin60\degree$

$=\dfrac{1}{2}\times2t\times(4-t)\times\dfrac{\sqrt3}{2}=-\dfrac{\sqrt3}{2}t(t-4)$

이때, 정삼각형 ABC의 넓이는 $\dfrac{\sqrt3}{4}\times4^2=4\sqrt3$이므로 삼

각형 PBQ의 넓이가 삼각형 ABC의 넓이의 $\dfrac{3}{8}$이 될 때

의 t의 값은

$-\dfrac{\sqrt3}{2}t(t-4)=\dfrac{3}{8}\times4\sqrt3$에서

$t^2-4t+3=0,\ (t-1)(t-3)=0$

$\therefore t=1\ (\because 0\le t\le2)$

한편, $f(t)=-\dfrac{\sqrt3}{2}t^2+2\sqrt3t$에서

$f'(t)=-\sqrt3t+2\sqrt3$

따라서 $t=1$일 때 삼각형 PBQ의 넓이의 변화율은

$a=f'(1)=-\sqrt3+2\sqrt3=\sqrt3$

$\therefore a^2=(\sqrt3)^2=3$ 답 3

34 원뿔대 모양의 그릇에 담긴 물의 수면의 높이가 매초

$\dfrac{1}{2}\,\text{cm}$씩 증가하도록 물을 부었으므로 수면의 높이를 h라

하면

$h=\dfrac{1}{2}t\,\text{cm}$

수면의 높이가 그릇의 높이 $12\,\text{cm}$의 $\dfrac{1}{2}$이 되는 순간의

시각은

$\dfrac{1}{2}t=\dfrac{1}{2}\times12$ $\quad\therefore t=12$

한편, 오른쪽 그림과 같이 원뿔대

를 만들면

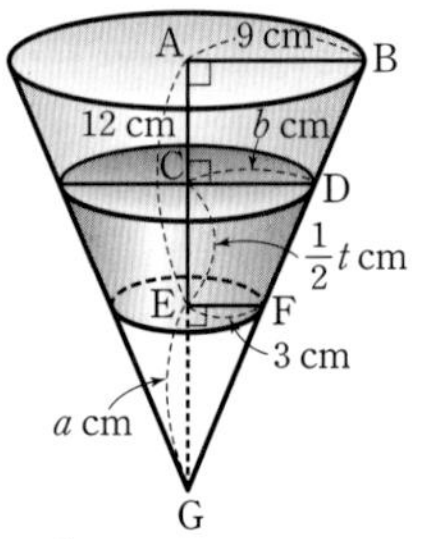

$\overline{\text{AB}}=9\,\text{cm},\ \overline{\text{EF}}=3\,\text{cm},$

$\overline{\text{AE}}=12\,\text{cm},\ \overline{\text{CE}}=\dfrac{1}{2}t\,\text{cm}$

$\overline{\text{EG}}=a\,\text{cm}$라 하면

$\triangle\text{AGB}\backsim\triangle\text{EGF}$이므로

$\overline{\text{AB}}:\overline{\text{EF}}=\overline{\text{AG}}:\overline{\text{EG}},\ 9:3=(12+a):a$

$3(12+a)=9a,\ 6a=36$ $\quad\therefore a=6\,(\text{cm})$

또한, $\overline{\text{CD}}=b\,\text{cm}$라 하면 $\triangle\text{CGD}\backsim\triangle\text{EGF}$이므로

$\overline{\text{CD}}:\overline{\text{EF}}=\overline{\text{CG}}:\overline{\text{EG}},\ b:3=\left(\dfrac{1}{2}t+6\right):6$

$3\left(\dfrac{1}{2}t+6\right)=6b$ $\quad\therefore b=\dfrac{1}{4}t+3\,(\text{cm})$

용기에 담긴 물의 부피를 V라 하면

$V=\dfrac{1}{3}\pi\left(\dfrac{1}{4}t+3\right)^2\left(\dfrac{1}{2}t+6\right)-\dfrac{1}{3}\pi\times3^2\times6$

$=\dfrac{\pi}{3}\left(\dfrac{1}{4}t+3\right)^2\left(\dfrac{1}{2}t+6\right)-18\pi$

$\dfrac{dV}{dt}=\dfrac{\pi}{3}\left\{\dfrac{1}{2}\left(\dfrac{1}{4}t+3\right)\left(\dfrac{1}{2}t+6\right)+\dfrac{1}{2}\left(\dfrac{1}{4}t+3\right)^2\right\}$

따라서 $t=12$일 때 부피의 변화율은

$\dfrac{\pi}{3}\left(\dfrac{1}{2}\times6\times12+\dfrac{1}{2}\times6^2\right)=\dfrac{\pi}{3}\times54=18\pi\,(\text{cm}^3/\text{s})$

답 $18\pi\,\text{cm}^3/\text{s}$

01 $\dfrac{5-\sqrt{2}}{4}$	02 ⑤	03 $-\dfrac{2\sqrt{6}}{9}$ 04 ①	05 ③
06 -3	07 65	08 384 cm^3/s	

01 해결단계

❶단계	$x+y=1$, $x^2+y^2+z^2=1$을 연립하여 x에 대한 이차방정식을 만든 후 실근을 가질 조건을 구한다.
❷단계	주어진 식을 이용하여 $x^3+y^3+z^3$을 z에 대한 함수로 나타낸다.
❸단계	함수 $f(z)$의 최댓값과 최솟값을 구한 후, 그 합을 구한다.

$x+y=1$에서 $y=1-x$

이것을 $x^2+y^2+z^2=1$에 대입하면

$x^2+(1-x)^2+z^2=1$, $2x^2-2x+z^2=0$ ·······㉠

x에 대한 이차방정식 ㉠이 실근을 가지므로 ㉠의 판별식을 D라 하면

$\dfrac{D}{4}=1-2z^2\geq0$에서

$2z^2\leq1$ $\therefore -\dfrac{\sqrt{2}}{2}\leq z\leq\dfrac{\sqrt{2}}{2}$

한편, $x^2+y^2+z^2=1$에서

$\begin{aligned}x^2+y^2+z^2&=(x+y)^2+z^2-2xy\\&=1+z^2-2xy\,(\because x+y=1)\\&=1\end{aligned}$

$z^2-2xy=0$ $\therefore xy=\dfrac{z^2}{2}$

$\begin{aligned}x^3+y^3+z^3&=(x+y)^3-3xy(x+y)+z^3\\&=1-\dfrac{3}{2}z^2+z^3\,(\because x+y=1)\end{aligned}$

$f(z)=z^3-\dfrac{3}{2}z^2+1$이라 하면

$f'(z)=3z^2-3z=3z(z-1)$

$f'(z)=0$에서 $z=0\left(\because -\dfrac{\sqrt{2}}{2}\leq z\leq\dfrac{\sqrt{2}}{2}\right)$

$-\dfrac{\sqrt{2}}{2}\leq z\leq\dfrac{\sqrt{2}}{2}$에서 함수 $f(z)$의 증가와 감소를 표로 나타내면 다음과 같다.

z	$-\dfrac{\sqrt{2}}{2}$	$\cdots$	0	$\cdots$	$\dfrac{\sqrt{2}}{2}$
$f'(z)$		$+$	0	$-$	
$f(z)$	$\dfrac{1-\sqrt{2}}{4}$	↗	극대	↘	$\dfrac{1+\sqrt{2}}{4}$

$-\dfrac{\sqrt{2}}{2}\leq z\leq\dfrac{\sqrt{2}}{2}$에서 함수 $f(z)$는 $z=0$일 때 극대이면서

최대이므로 최댓값 $f(0)=1$, $z=-\dfrac{\sqrt{2}}{2}$일 때 최솟값

$\dfrac{1-\sqrt{2}}{4}$를 갖는다.

따라서 구하는 최댓값과 최솟값의 합은

$1+\dfrac{1-\sqrt{2}}{4}=\dfrac{5-\sqrt{2}}{4}$ 답 $\dfrac{5-\sqrt{2}}{4}$

02 해결단계

❶단계	곡선 $y=f(x)$ 위의 한 점과 점 $P(t,0)$ 사이의 거리를 구한다.
❷단계	두 점 P, Q 사이의 거리가 최소임을 이용하여 t와 s 사이의 관계식을 구한다.
❸단계	$t\to0$이면 $s\to0$임을 파악한 후, $\displaystyle\lim_{t\to0}\dfrac{t}{s}$의 값을 구한다.

곡선 $y=f(x)$ 위의 한 점을 $R(x,f(x))$라 하고 두 점 $P(t,0)$, R 사이의 거리를 d라 하면

$d=\sqrt{(x-t)^2+\{f(x)\}^2}$

$g(x)=(x-t)^2+\{f(x)\}^2$이라 하면 $g(x)$가 최소일 때 d의 값도 최소이고, 곡선 $y=f(x)$ 위의 점 중에서 점 P에 가장 가까운 거리에 있는 점이 $Q(s,f(s))$이므로 $x=s$일 때 함수 $g(x)$가 최소이다.

이때, 다항함수 $f(x)$에 대하여 함수 $g(x)$는 최고차항의 차수가 짝수이므로 극솟값이 가장 작은 극소인 점에서 최솟값을 갖는다.

즉, $x=s$에서 함수 $g(x)$는 극소이므로 $g'(s)=0$

$g'(x)=2(x-t)+2f(x)f'(x)$이므로

$2(s-t)+2f(s)f'(s)=0$

$2t=2s+2f(s)f'(s)$ $\therefore t=s+f(s)f'(s)$

한편, $f(0)=0$이므로 $t\to0$일 때, 점 $P(t,0)$에 가장 가까운 곡선 $y=f(x)$ 위의 점은 $(0,0)$이므로 $s\to0$이다.

$\begin{aligned}\therefore \lim_{t\to0}\dfrac{t}{s}&=\lim_{s\to0}\dfrac{s+f(s)f'(s)}{s}\\&=\lim_{s\to0}\left\{1+\dfrac{f(s)}{s}\times f'(s)\right\}\\&=\lim_{s\to0}\left\{1+\dfrac{f(s)-f(0)}{s-0}\times f'(s)\right\}\\&=1+\{f'(0)\}^2\\&=1+a^2\,(\because f'(0)=a)\end{aligned}$ 답 ⑤

서울대 선배들의 강추문제 1등급 비법 노하우

$h\to0+$일 때, 구간 $[a-h,a+h]$에서의 함수 $y=f(x)$의 그래프는 $x=a$에서의 함수 $y=f(x)$의 접선으로 생각할 수 있다.

이 문제에서 $t\to0$이므로 함수 $f(x)$를 $x=0$에서의 접선인 $y=ax$로 생각하면 점 Q는 곡선 $y=f(x)$ 위의 점 중 점 P와 가장 가까운 점이므로 오른쪽 그림과 같다.

점 Q에서 x축에 내린 수선의 발을 H라 하면 $\triangle OQP$가 직각삼각형이므로 $\overline{OQ}^2=\overline{OH}\times\overline{OP}$에서

$s^2+a^2s^2=st$ $\therefore \dfrac{t}{s}=1+a^2\,(\because s\neq0,\,t\neq0)$

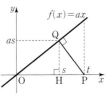

03 해결단계

❶단계	a의 값의 범위를 나누어 함수 $f(x)$의 증가와 감소를 표로 나타낸 후, $f(x)$의 최댓값 $g(a)$를 구한다.
❷단계	함수 $g(a)$의 증가와 감소를 표로 나타내어 $g(a)$의 최솟값을 구한다.

$f(x)=-x^3+\dfrac{3}{2}ax^2-a$에서

$f'(x)=-3x^2+3ax=-3x(x-a)$

$f'(x)=0$에서 $x=0$ 또는 $x=a$

(i) $a<0$일 때,

$0 \leq x \leq 1$에서 함수 $f(x)$의 증가와 감소를 표로 나타내면 다음과 같다.

x	0	$\cdots$	1
$f'(x)$	0	$-$	
$f(x)$	$-a$	$\searrow$	$\dfrac{a}{2}-1$

$0 \leq x \leq 1$에서 함수 $f(x)$는 $x=0$일 때 최대이므로 함수 $f(x)$의 최댓값은

$g(a)=f(0)=-a$

(ii) $a=0$일 때,

$f(x)=-x^3$

즉, $f(x)$는 감소함수이므로 $0 \leq x \leq 1$에서 함수 $f(x)$는 $x=0$일 때 최대이고, 최댓값은

$g(0)=f(0)=0$

(iii) $0<a<1$일 때,

$0 \leq x \leq 1$에서 함수 $f(x)$의 증가와 감소를 표로 나타내면 다음과 같다.

x	0	$\cdots$	a	$\cdots$	1
$f'(x)$	0	$+$	0	$-$	
$f(x)$	$-a$	$\nearrow$	극대	$\searrow$	$\dfrac{a}{2}-1$

$0 \leq x \leq 1$에서 함수 $f(x)$는 $x=a$일 때 극대이면서 최대이므로 함수 $f(x)$의 최댓값은

$g(a)=f(a)=-a^3+\dfrac{3}{2}a^3-a=\dfrac{a^3}{2}-a$

(iv) $a \geq 1$일 때,

$0 \leq x \leq 1$에서 함수 $f(x)$의 증가와 감소를 표로 나타내면 다음과 같다.

x	0	$\cdots$	1
$f'(x)$	0	$+$	
$f(x)$	$-a$	$\nearrow$	$\dfrac{a}{2}-1$

$0 \leq x \leq 1$에서 함수 $f(x)$는 $x=1$일 때 최대이므로 함수 $f(x)$의 최댓값은

$g(a)=f(1)=\dfrac{a}{2}-1$

(i)~(iv)에서

$$g(a)=\begin{cases} -a & (a \leq 0) \\ \dfrac{a^3}{2}-a & (0<a<1) \\ \dfrac{a}{2}-1 & (a \geq 1) \end{cases}$$

$g(a)=\dfrac{a^3}{2}-a$에서

$g'(a)=\dfrac{3}{2}a^2-1$

$g'(a)=0$에서 $a=\dfrac{\sqrt{6}}{3}$ $(\because 0<a<1)$

$0<a<1$에서 함수 $g(a)$의 증가와 감소를 표로 나타내면 다음과 같다.

a	(0)	$\cdots$	$\dfrac{\sqrt{6}}{3}$	$\cdots$	(1)
$g'(a)$		$-$	0	$+$	
$g(a)$		$\searrow$	극소	$\nearrow$	

$0<a<1$에서 함수 $g(a)$는 $a=\dfrac{\sqrt{6}}{3}$일 때 극솟값을 갖는다.

따라서 함수 $y=g(a)$의 그래프는 오른쪽 그림과 같으므로 함수 $g(a)$는 $a=\dfrac{\sqrt{6}}{3}$일 때 최소이고 최솟값은

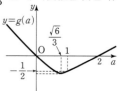

$g\left(\dfrac{\sqrt{6}}{3}\right)=\dfrac{1}{2}\times\left(\dfrac{\sqrt{6}}{3}\right)^3-\dfrac{\sqrt{6}}{3}$

$\qquad =-\dfrac{2\sqrt{6}}{9}$

답 $-\dfrac{2\sqrt{6}}{9}$

04 해결단계

❶단계	a의 값의 범위에 따라 함수 $y=f(x)$의 그래프의 개형을 그린다.
❷단계	$a\neq2$, $a\neq4$일 때의 그래프에서 접선의 기울기를 이용하여 ㄱ의 참, 거짓을 판별한다.
❸단계	ㄴ, ㄷ은 반례를 찾아 참, 거짓을 판별한다.

함수 $y=f(x)$의 그래프는 a의 값의 범위에 따라 다음과 같이 5가지의 경우로 나눌 수 있다.

(i) $a<2$일 때,　　　　(ii) $a=2$일 때,

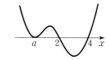　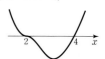

(iii) $2<a<4$일 때,　　(iv) $a=4$일 때,

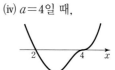

(v) $a>4$일 때,

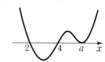

ㄱ. $a\neq2$, $a\neq4$이면 함수 $y=f(x)$의 그래프는 위의 (i), (iii), (v) 중 하나와 같다.

　이때, 세 가지 경우 모두 $f'(2)<0$, $f'(4)>0$이므로 $f'(4)-f'(2)>0$ (참)

ㄴ. (반례) $a=0$이면 함수 $y=f(x)$의 그래프가 (i)과 같으므로 방정식 $f'(x)=0$은 0을 포함한 서로 다른 세 실근을 갖는다.

　즉, 방정식 $x^3 f'(x)=0$도 서로 다른 세 실근을 갖는다. 그런데 함수 $f(x)$는 $x=0$에서 극값을 가지므로 $f'(0)=0$이다. (거짓)

ㄷ. (반례) $a=2$이면 함수 $y=f(x)$의 그래프가 (ii)와 같으므로

$f(x)=(x-2)^3(x-4)$

$f'(x)=3(x-2)^2(x-4)+(x-2)^3$

$\qquad =(x-2)^2(4x-14)$

함수 $y=f'(x)$의 그래프는
오른쪽 그림과 같으므로 방
정식 $f'(x)=1$은 오직 한
개의 실근을 갖는다.

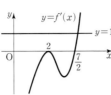

그런데 $f'(x)=0$에서

$x=2$ 또는 $x=\dfrac{7}{2}$이고,

$f\left(\dfrac{7}{2}\right)=-\dfrac{27}{16}<-1$이므

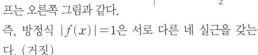

로 함수 $y=|f(x)|$의 그래
프는 오른쪽 그림과 같다.

즉, 방정식 $|f(x)|=1$은 서로 다른 네 실근을 갖는
다. (거짓)

따라서 옳은 것은 ㄱ뿐이다.　　　　　　　　　　답 ①

● 다른풀이 ●

$f(x)=(x-2)(x-4)(x-a)^2$에서

$f'(x)=(x-4)(x-a)^2+(x-2)(x-a)^2$

$\qquad +2(x-2)(x-4)(x-a)$　　……㉠

ㄱ. ㉠에서

$\qquad f'(4)=(4-2)(4-a)^2=2(a^2-8a+16)$

$\qquad\qquad =2a^2-16a+32$

$\qquad f'(2)=(2-4)(2-a)^2=-2(a^2-4a+4)$

$\qquad\qquad =-2a^2+8a-8$

$\qquad f'(4)-f'(2)=(2a^2-16a+32)-(-2a^2+8a-8)$

$\qquad\qquad =4a^2-24a+40$

$\qquad\qquad =4(a^2-6a+9)+4$

$\qquad\qquad =4(a-3)^2+4>0$

$\qquad \therefore f'(4)-f'(2)>0$ (참)

ㄴ. 방정식 $x^3 f'(x)=0$이 서로 다른 세 실근을 가지므로
방정식 $f'(x)=0$은 0을 포함한 서로 다른 세 실근을
갖거나 0이 아닌 서로 다른 두 실근을 가져야 한다.
이때, 방정식 $f'(x)=0$이 0을 포함한 서로 다른 세
실근을 가지면 $f'(0)=0$이다. (거짓)

05 해결단계

❶단계	주어진 부등식을 $h(x)\leq0$ 꼴로 변형한 후, 함수 $h(x)$의 그래프를 그린다.
❷단계	$x\leq t$에서 부등식 $h(x)\leq0$을 만족시키려면 함수 $h(x)$의 최댓값이 0보다 작거나 같아야 함을 파악한 후, 함수 $f(t)$를 구한다.
❸단계	❷단계에서 그린 함수 $y=f(t)$의 그래프를 이용하여 ㄱ, ㄴ, ㄷ의 참 거짓을 판별한다.

$x^3-3x^2-9x\leq p$에서 $x^3-3x^2-9x-p\leq0$

$h(x)=x^3-3x^2-9x-p$라 하자.

$x\leq t$에서 주어진 부등식이 성립하려면, 즉 $h(x)\leq0$이려
면 함수 $h(x)$의 최댓값이 0보다 작거나 같아야 한다.

$h'(x)=3x^2-6x-9=3(x+1)(x-3)$

$h'(x)=0$에서 $x=-1$ 또는 $x=3$

함수 $h(x)$의 증가와 감소를 표로 나타내면 다음과 같다.

x	$\cdots$	-1	$\cdots$	3	$\cdots$
$h'(x)$	$+$	0	$-$	0	$+$
$h(x)$	↗	극대	↘	극소	↗

함수 $h(x)$는 $x=-1$일 때 극댓값 $h(-1)=5-p$,
$x=3$일 때 극솟값 $h(3)=-27-p$를 갖는다.

다음 그림과 같이 함수 $y=h(x)$의 그래프와 직선
$y=5-p$의 교점의 x좌표 중 -1이 아닌 것을 t_1, 직선
$y=-27-p$의 교점의 x좌표 중 3이 아닌 것을 t_2라 하자.

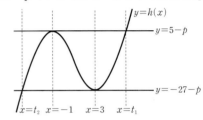

$h(x)=5-p$에서 $x^3-3x^2-9x-p=5-p$

$x^3-3x^2-9x-5=0$, $(x+1)^2(x-5)=0$

$\therefore x=-1$ 또는 $x=5$

즉, $t_1=5$이다.

$h(x)=-27-p$에서 $x^3-3x^2-9x-p=-27-p$

$x^3-3x^2-9x+27=0$, $(x-3)^2(x+3)=0$

$\therefore x=-3$ 또는 $x=3$

즉, $t_2=-3$이다.

$x\leq t$에서 (함수 $h(x)$의 최댓값)≤0을 만족시키는 p의
최솟값이 $f(t)$이므로 t의 값의 범위에 따라 다음과 같다.

(i) $t\leq-1$일 때,

　　$x\leq t$에서 함수 $h(x)$의 최댓값은 $h(t)$이므로

　　$h(t)\leq0$에서 $t^3-3t^2-9t-p\leq0$

　　$p\geq t^3-3t^2-9t$　　$\therefore f(t)=t^3-3t^2-9t$

(ii) $-1<t\leq5$일 때,

　　$x\leq t$에서 함수 $h(x)$의 최댓값은 $h(-1)$이므로

　　$h(-1)\leq0$에서 $5-p\leq0$

　　$p\geq5$　　$\therefore f(t)=5$

(iii) $t>5$일 때,

　　$x\leq t$에서 함수 $h(x)$의 최댓값은 $h(t)$이므로

　　$h(t)\leq0$에서 $t^3-3t^2-9t-p\leq0$

　　$p\geq t^3-3t^2-9t$　　$\therefore f(t)=t^3-3t^2-9t$

(i), (ii), (iii)에서

$f(t)=\begin{cases} t^3-3t^2-9t & (t\leq-1) \\ 5 & (-1<t\leq5) \\ t^3-3t^2-9t & (t>5) \end{cases}$

ㄱ. $f'(t)=\begin{cases} 3t^2-6t-9 & (t<-1) \\ 0 & (-1<t<5) \\ 3t^2-6t-9 & (t>5) \end{cases}$에서

$$3t^2-6t-9=3(t^2-2t-3)$$
$$=3(t-3)(t+1)$$

이므로 함수 $y=3x^2-6x-9$의

그래프는 오른쪽 그림과 같다.

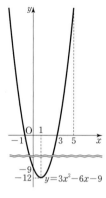

이때, $t<-1$에서 $f'(t)>0$

$-1<t<0$에서 $f'(t)=0$이

다. 또한,

$$\lim_{t\to-1-}f'(t)$$
$$=\lim_{t\to-1-}(3t^2-6t-9)=0,$$
$$\lim_{t\to-1+}f'(t)=\lim_{t\to-1+}0=0$$

이므로

$$f'(-1)=0$$

즉, $t<0$에서 $f'(t)\geq0$이다. (참)

ㄴ. ㄱ의 $f'(t)$에서

$$\lim_{t\to5-}f'(t)=\lim_{t\to5-}0=0,$$
$$\lim_{t\to5+}f'(t)=\lim_{t\to5+}(3t^2-6t-9)=36$$

에서 $\lim_{t\to5-}f'(t)\neq\lim_{t\to5+}f'(t)$이므로 $t=5$에서의 미분

계수가 존재하지 않는다.

따라서 함수 $f(t)$는 $t=5$에서 미분가능하지 않다.

(거짓)

ㄷ. $f(t)-mt+m+1=0$에서 $f(t)=mt-m-1$

$\therefore f(t)=m(t-1)-1$

함수 $y=mt-m-1$의 그래프는 실수 m의 값에 관

계없이 항상 점 $(1,-1)$을 지나는 직선이다.

함수 $y=x^3-3x^2-9x$의 그래프는 함수 $y=h(x)$의

그래프를 y축의 방향으로 p만큼 평행이동한 그래프

이므로 $x=-1$일 때 극댓값 5, $x=3$일 때 극솟값

-27을 갖는다.

두 함수 $y=f(x)$,

$y=mx-m-1$의 그래프는

오른쪽 그림과 같으므로 방정

식 $f(t)=m(t-1)-1$이 세

실근을 가지려면 직선

$y=mx-m-1$의 기울기가

점 $(5,5)$를 지날 때보다 커야한다.

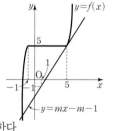

$\dfrac{5-(-1)}{5-1}=\dfrac{3}{2}$이므로 $m>\dfrac{3}{2}$

따라서 정수 m의 최솟값은 2이다. (참)

그러므로 옳은 것은 ㄱ, ㄷ이다.　　　　　　답 ③

06 해결단계

❶단계	삼차방정식 $x^3-3x-p=0$의 실근은 곡선 $y=x^3-3x$와 직선 $y=p$의 교점의 x좌표임을 이해한다.
❷단계	p의 값의 범위를 나누어 그래프를 통해 주어진 방정식의 실근을 구하고 $f(p)$를 구한다.
❸단계	❷단계에서 구한 $f(p)$를 비교하여 $f(p)$의 최솟값을 찾는다.

삼차방정식 $x^3-3x-p=0$, 즉 $x^3-3x=p$에서

$g(x)=x^3-3x$라 하면

$g'(x)=3x^2-3=3(x+1)(x-1)$

$g'(x)=0$에서 $x=-1$ 또는 $x=1$

함수 $g(x)$의 증가와 감소를 표로 나타내면 다음과 같다.

x	$\cdots$	-1	$\cdots$	1	$\cdots$
$g'(x)$	$+$	0	$-$	0	$+$
$g(x)$	$\nearrow$	극대	$\searrow$	극소	$\nearrow$

함수 $g(x)$는 $x=-1$일 때 극댓값 $g(-1)=2$, $x=1$일

때 극솟값 $g(1)=-2$를 가지므로 다음과 같이 p의 값의

범위를 나누어 생각할 수 있다.

(i) $p=-2$, $p=2$일 때,

오른쪽 그림과 같이 함수

$y=g(x)$의 그래프와 직선

$y=p$는 서로 다른 두 점에서

만나므로 삼차방정식

$x^3-3x=p$는 서로 다른 두

실근을 갖는다.

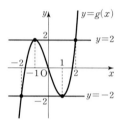

위의 삼차방정식의 근은 $p=-2$일 때 $x=-2$ 또는

$x=1$이고, $p=2$일 때 $x=-1$ 또는 $x=2$이므로

$f(p)=-2$

(ii) $|p|>2$일 때,

오른쪽 그림과 같이 함수

$y=g(x)$의 그래프와 직선

$y=p$는 한 점에서 만나므로

삼차방정식 $x^3-3x=p$는 실

근 α를 갖고, $|\alpha|>2$이다.

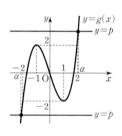

이때, 실근이 한 개이면 그 근

의 제곱이 $f(p)$이므로

$f(p)=\alpha^2>4$

(iii) $|p|<2$일 때,

오른쪽 그림과 같이 함수

$y=g(x)$의 그래프와 직선

$y=p$는 서로 다른 세 점에서

만난다.

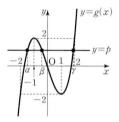

삼차방정식 $x^3-3x=p$의 서

로 다른 세 실근을 α, β, γ

$(\alpha<\beta<\gamma)$라 하면 삼차방정식의 근과 계수의 관계에

의하여

$\alpha+\beta+\gamma=0$　　　　……㉠

$\alpha\beta+\beta\gamma+\gamma\alpha=-3$　　　……㉡

이때, 실근 중에서 최대인 것과 최소인 것의 곱이

$f(p)$이므로

$f(p)=\alpha\gamma$

$=-3-\alpha\beta-\beta\gamma\ (\because$ ㉡$)$

$=-3-\beta(\alpha+\gamma)$

$=-3-\beta(-\beta)\ (\because$ ㉠$)$

$=\beta^2-3\geq-3\ (\because \beta^2\geq0)$

(i), (ii), (iii)에서 $f(p)$의 최솟값은 -3이다.　　답 -3

07 해결단계

❶단계	주어진 방정식을 $g(x)$를 이용하여 정리한 후, 인수분해하여 $g(x)$에 대한 방정식을 구한다.
❷단계	함수 $f(x)$의 역함수가 $g(x)$이면 $f(g(x))=x$임을 이용하여 ❶단계에서 구한 방정식을 $f(x)$에 대한 방정식으로 변형한다.
❸단계	❷단계에서 구한 방정식이 $0 \le x \le 1$에서 실근을 갖기 위한 k의 값의 범위를 구하여 m, M의 값을 구한 후, m^2+M^2의 값을 구한다.

$f(x)=x^3-3x^2+6x+k$에서 $f'(x)=3x^2-6x+6$

$4f'(x)+12x-18=(f' \circ g)(x)$에서

$4f'(x)+12x-18=f'(g(x))$

$4(3x^2-6x+6)+12x-18=3\{g(x)\}^2-6g(x)+6$

$12x^2-12x+6=3\{g(x)\}^2-6g(x)+6$

$\{g(x)\}^2-2g(x)=4x^2-4x$

$\{g(x)\}^2-4x^2-2g(x)+4x=0$

$\{g(x)-2x\}\{g(x)+2x\}-2\{g(x)-2x\}=0$

$\{g(x)-2x\}\{g(x)+2x-2\}=0$

$\therefore g(x)-2x=0$ 또는 $g(x)+2x-2=0$

(i) $g(x)-2x=0$, 즉 $g(x)=2x$일 때

 $f(2x)=x$이므로

 $8x^3-12x^2+12x+k=x$

 $k=-8x^3+12x^2-11x$　……㉠

 $h_1(x)=-8x^3+12x^2-11x$라 하면

 $h_1{}'(x)=-24x^2+24x-11=-24\left(x-\dfrac{1}{2}\right)^2-5<0$

이므로 함수 $h_1(x)$는 감소함수이다.

닫힌구간 $[0,\ 1]$에서 함수 $y=h_1(x)$의 그래프는 오른쪽 그림과 같으므로 방정식 ㉠이 닫힌구간 $[0,\ 1]$에서 실근을 가지려면 $-7 \le k \le 0$

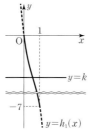

(ii) $g(x)+2x-2=0$, 즉 $g(x)=-2x+2$일 때

 $f(-2x+2)=x$이므로

 $(-2x+2)^3-3(-2x+2)^2+6(-2x+2)+k=x$

 $-8x^3+12x^2-13x+8+k=0$

 $k=8x^3-12x^2+13x-8$　……㉡

 $h_2(x)=8x^3-12x^2+13x-8$이라 하면

 $h_2{}'(x)=24x^2-24x+13=24\left(x-\dfrac{1}{2}\right)^2+7>0$

이므로 함수 $h_2(x)$는 증가함수이다.

닫힌구간 $[0,\ 1]$에서 함수 $y=h_2(x)$의 그래프는 오른쪽 그림과 같으므로 방정식 ㉡이 닫힌구간 $[0,\ 1]$에서 실근을 가지려면 $-8 \le k \le 1$

(i), (ii)에서 조건을 만족시키는 k의 값의 범위는 $-8 \le k \le 1$이므로

$m=-8$, $M=1$

$\therefore m^2+M^2=(-8)^2+1^2=65$　　　답 65

08 해결단계

❶단계	구에 내접하는 사각뿔의 부피가 최대가 되도록 하는 관계식을 구한다.
❷단계	구의 반지름의 길이가 매초 $2\,cm$의 비율로 증가함을 이용하여 반지름의 길이를 t로 나타낸 후, ❶단계에서 구한 식과 연립하여 사각뿔의 밑면의 한 변의 길이와 높이를 모두 t로 나타낸다.
❸단계	구의 반지름의 길이가 $9\,cm$가 될 때의 시각을 구한 후, 이 시각에서의 사각뿔의 부피의 변화율을 구한다.

다음 그림과 같이 구의 중심을 O, 사각뿔의 꼭짓점을 M, 밑면의 네 꼭짓점을 P, Q, R, S, 밑면의 중심을 H라 하고 사각뿔의 밑면의 한 변의 길이를 x, 높이를 h라 하자.

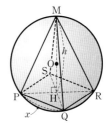

사각뿔의 밑면은 한 변의 길이가 x인 정사각형이므로

$\overline{PR}=\sqrt{2}x$

구의 반지름의 길이를 r라 하면 오른쪽 그림의 $\triangle OPH$에서

$\overline{OP}=r$, $\overline{PH}=\dfrac{\sqrt{2}}{2}x$이므로

$\overline{OH}=\sqrt{r^2-\dfrac{1}{2}x^2}$

$\overline{OH}+\overline{OM}=\overline{MH}$에서

$\sqrt{r^2-\dfrac{1}{2}x^2}+r=h$

$\sqrt{r^2-\dfrac{1}{2}x^2}=h-r$, $r^2-\dfrac{1}{2}x^2=h^2-2hr+r^2$

$\therefore x^2=2(2hr-h^2)$　　……㉠

사각뿔의 부피를 V라 하면

$V=\dfrac{1}{3}x^2h=\dfrac{1}{3}\times 2(2hr-h^2)h$

$\quad=\dfrac{2}{3}(-h^3+2rh^2)$

$\dfrac{dV}{dh}=\dfrac{2}{3}(-3h^2+4rh)$

$\dfrac{dV}{dh}=0$에서 $-3h^2+4rh=0$

$-3h\left(h-\dfrac{4}{3}r\right)=0$　　$\therefore h=\dfrac{4}{3}r\ (\because h>0)$

함수 $V(h)$의 증가와 감소를 표로 나타내면 다음 그림과
같다.

h	(0)	$\cdots$	$\dfrac{4}{3}r$	$\cdots$
$\dfrac{dV}{dh}$		$+$	0	$-$
V		$\nearrow$	극대	$\searrow$

부피 V는 $h=\dfrac{4}{3}r$일 때 극대이면서 최대이므로 사각뿔의

부피가 최대가 되려면 $h=\dfrac{4}{3}r$

$x^2=2\left\{2r\times\dfrac{4}{3}r-\left(\dfrac{4}{3}r\right)^2\right\}$ $(\because \text{㉠})$

$\qquad =\dfrac{16}{9}r^2$

에서 $x=\dfrac{4}{3}r$

한편, 구의 반지름의 길이 r는 매초 $2\,\mathrm{cm}$의 비율로 증가
하므로

$r=3+2t\,(\mathrm{cm})$

구의 반지름의 길이가 $9\,\mathrm{cm}$가 되는 시각은

$3+2t=9,\ 2t=6$ $\qquad \therefore t=3$

또한, $h=\dfrac{4}{3}(3+2t)\,(\mathrm{cm})$, $x=\dfrac{4}{3}(3+2t)\,(\mathrm{cm})$이므로

사각뿔의 부피는

$V=\dfrac{1}{3}\times\left\{\dfrac{4}{3}(3+2t)\right\}^2\times\dfrac{4}{3}(3+2t)=\dfrac{64}{81}(3+2t)^3$

$\dfrac{dV}{dt}=\dfrac{64}{81}\times3(3+2t)^2\times2=\dfrac{128}{27}(3+2t)^2$

따라서 $t=3$일 때의 사각뿔의 부피의 변화율은

$\dfrac{128}{27}\times9^2=384\,(\mathrm{cm^3/s})$ $\qquad$ 답 $384\,\mathrm{cm^3/s}$

이것이 수능 $\qquad$ p. 57

1 ① $\qquad$ 2 ② $\qquad$ 3 ② $\qquad$ 4 ⑤

---

1 해결단계

❶단계	두 정사각형의 내부의 공통부분의 넓이를 t에 대한 함수로 나타낸다.
❷단계	❶단계에서 구한 함수를 미분하여 극값을 조사한다.
❸단계	증감표를 이용하여 넓이의 최댓값을 구한다.

정사각형 EFGH의 두 대각선의 교점이 곡선 $y=x^2$ 위에
있으므로 두 대각선의 교점의 좌표를 $(t,\ t^2)$이라 하면

$\mathrm{E}\left(t-\dfrac{1}{2},\ t^2+\dfrac{1}{2}\right)$

또한, 정사각형 ABCD의 두 대각선의 교점의 좌표가

$(0,\ 1)$이므로 점 C의 좌표는 $\left(\dfrac{1}{2},\ \dfrac{1}{2}\right)$이다.

두 정사각형 내부의 공통부분의 가로, 세로의 길이는 각각

$\dfrac{1}{2}-\left(t-\dfrac{1}{2}\right)=1-t,\ t^2+\dfrac{1}{2}-\dfrac{1}{2}=t^2$

이므로 공통부분의 넓이를 $S(t)$라 하면

$S(t)=(1-t)\times t^2=-t^3+t^2$

$S'(t)=-3t^2+2t=-t(3t-2)$

$S'(t)=0$에서 $t=0$ 또는 $t=\dfrac{2}{3}$

$t\geq0$에서 함수 $S(t)$의 증가와 감소를 표로 나타내면 다
음과 같다.

t	0	$\cdots$	$\dfrac{2}{3}$	$\cdots$
$S'(t)$	0	$+$	0	$-$
$S(t)$	0	$\nearrow$	극대	$\searrow$

$t\geq0$에서 함수 $S(t)$는 $t=\dfrac{2}{3}$일 때 극대이면서 최대이므
로 구하는 공통부분의 넓이의 최댓값은

$S\left(\dfrac{2}{3}\right)=-\left(\dfrac{2}{3}\right)^3+\left(\dfrac{2}{3}\right)^2$

$\qquad =-\dfrac{8}{27}+\dfrac{4}{9}=\dfrac{4}{27}$ $\qquad$ 답 ①

2 해결단계

❶단계	주어진 정사각형을 좌표평면 위에 놓고 각 꼭짓점의 좌표를 구한다.
❷단계	직선 AF와 점 E를 꼭짓점으로 하고 두 점 A, D를 지나는 포물선의 방정식을 각각 구한 후, 교점 G의 좌표를 구한다.
❸단계	두 점 P와 Q의 좌표를 미지수를 이용하여 나타낸 후, 삼각형 AQP의 넓이를 구한다.
❹단계	삼각형 AQP의 넓이의 최댓값을 구한다.

주어진 그림을 꼭짓점 B를 원점으로, 직선 BC를 x축, 직
선 BA를 y축으로 하는 좌표평면 위에 나타내면 다음과
같다.

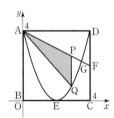

정사각형의 한 변의 길이가 4이고 선분 BC와 CD의 중점
이 E, F이므로

$\mathrm{A}(0,\ 4),\ \mathrm{C}(4,\ 0),\ \mathrm{D}(4,\ 4),\ \mathrm{E}(2,\ 0),\ \mathrm{F}(4,\ 2)$

직선 AF의 방정식은

$y=\dfrac{2-4}{4-0}x+4$ $\qquad \therefore y=-\dfrac{1}{2}x+4$

점 E를 꼭짓점으로 하고 두 점 A, D를 지나는 포물선의
방정식은

$y=a(x-2)^2$ (단, $a>0$)

이 곡선이 점 $\mathrm{A}(0,\ 4)$를 지나므로 $4=4a$ $\qquad \therefore a=1$

즉, 포물선 $y=(x-2)^2$과 직선 $y=-\dfrac{1}{2}x+4$가 만나는

점의 x좌표는

$(x-2)^2=-\dfrac{1}{2}x+4,\ x^2-\dfrac{7}{2}x=0$

$x\left(x-\dfrac{7}{2}\right)=0$ $\qquad \therefore x=0$ 또는 $x=\dfrac{7}{2}$

즉, 점 G의 x좌표는 $\dfrac{7}{2}$이다.

점 P의 x좌표를 $t\left(0<t<\dfrac{7}{2}\right)$라 하면

$P\left(t,\ -\dfrac{1}{2}t+4\right)$, $Q(t,\ (t-2)^2)$이고, 삼각형 AQP의

넓이를 $S(t)$라 하면

$S(t)=\dfrac{1}{2}\times t\times\left\{\left(-\dfrac{1}{2}t+4\right)-(t-2)^2\right\}$

$\qquad=-\dfrac{1}{4}(2t^3-7t^2)$

$S'(t)=-\dfrac{1}{4}(6t^2-14t)=-\dfrac{1}{2}t(3t-7)$

$S'(t)=0$에서 $t=\dfrac{7}{3}\ (\because t>0)$

함수 $S(t)$의 증가와 감소를 표로 나타내면 다음과 같다.

t	(0)	$\cdots$	$\dfrac{7}{3}$	$\cdots$
$S'(t)$		$+$	0	$-$
$S(t)$		$\nearrow$	극대	$\searrow$

함수 $S(t)$는 $t=\dfrac{7}{3}$에서 극대이면서 최대이므로 넓이의

최댓값은

$S\left(\dfrac{7}{3}\right)=-\dfrac{1}{4}\left\{2\times\left(\dfrac{7}{3}\right)^3-7\times\left(\dfrac{7}{3}\right)^2\right\}=\dfrac{343}{108}$　　답 ②

3 해결단계

❶단계	조건 ㈎를 만족시키는 사차함수의 방정식을 경우를 나누어 미지수를 이용하여 나타낸다.
❷단계	❶단계에서 구한 각 경우에 따라 조건 ㈏를 만족시키는 미지수의 값의 범위를 구한 후, $f(1)$의 최댓값을 각각 구한다.
❸단계	❷단계에서 구한 $f(1)$의 값 중 최댓값을 찾는다.

조건 ㈎에서 음수 a에 대하여

$f(x)=ax^2(x-2)(x-3)$ 또는

$f(x)=ax(x-2)^2(x-3)$ 또는

$f(x)=ax(x-2)(x-3)^2$이라 하면

$f(1)=2a$ 또는 $f(1)=-2a$ 또는 $f(1)=-4a$

(i) $f(x)=ax^2(x-2)(x-3)$인 경우

$a<0$이므로 $f(1)=2a<0$

(ii) $f(x)=ax(x-2)^2(x-3)$인 경우

$x<0$ 또는 $x>3$에서 $f(x)<|x(x-2)(x-3)|$이므로

$g(x)=f(x)$

이때, 사차함수 $y=f(x)$의 그래프가 [그림 1]과 같으면 x좌표가 2인 점을 제외한 두 그래프의 교점에서 함수 $y=g(x)$의 그래프가 미분가능하지 않으므로 함수 $y=f(x)$의 그래프는 [그림 2]와 같아야 한다.

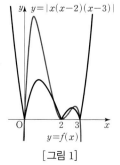
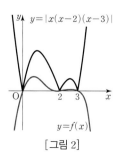

[그림 1]　　　　　[그림 2]

즉, $0\le x\le3$에서 $f(x)\le|x(x-2)(x-3)|$이어야 한다.

① $0\le x<2$일 때,

$f(x)\le|x(x-2)(x-3)|$에서

$f(x)\le x(x-2)(x-3)$

$ax(x-2)^2(x-3)\le x(x-2)(x-3)$

$x(x-2)(x-3)\{a(x-2)-1\}\le0$

$a(x-2)-1\le0,\ ax-2a-1\le0$

$\therefore ax\le2a+1$

$0\le x<2$에서 위의 부등식이 항상 성립하려면 ax 의 값이 최대일 때 부등식이 성립하면 된다.

$a<0$에서 ax는 $x=0$일 때 최댓값을 가지므로

$0\le2a+1$　　$\therefore a\ge-\dfrac{1}{2}$

② $2<x\le3$일 때,

$f(x)\le|x(x-2)(x-3)|$에서

$f(x)\le-x(x-2)(x-3)$

$ax(x-2)^2(x-3)\le-x(x-2)(x-3)$

$x(x-2)(x-3)\{a(x-2)+1\}\le0$

$a(x-2)+1\ge0,\ ax-2a+1\ge0$

$\therefore ax\ge2a-1$

$2<x\le3$에서 위의 부등식이 항상 성립하려면 ax 의 값이 최소일 때 부등식이 성립하면 된다.

$a<0$에서 ax는 $x=3$일 때 최솟값을 가지므로

$3a\ge2a-1$　　$\therefore a\ge-1$

①, ②에서 $-\dfrac{1}{2}\le a$

그런데 $a<0$이므로 $-\dfrac{1}{2}\le a<0$

$f(1)=-2a$이므로 $0<f(1)\le1$

따라서 $f(1)$의 최댓값은 1이다.

(iii) $f(x)=ax(x-2)(x-3)^2$인 경우

$x<0$ 또는 $x>2$에서 $f(x)\le|x(x-2)(x-3)|$이므로

$g(x)=f(x)$

이때, 사차함수 $y=f(x)$의 그래프가 [그림 3]과 같으면 x좌표가 2와 3인 점을 제외한 두 그래프의 교점에서 함수 $y=g(x)$의 그래프가 미분가능하지 않으므로 함수 $y=f(x)$의 그래프는 [그림 4]와 같아야 한다.

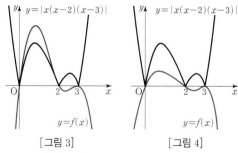

[그림 3]　　　　　[그림 4]

$0\le x\le2$에서 $f(x)\le|x(x-2)(x-3)|$,

즉 $f(x)\le x(x-2)(x-3)$이어야 한다.

$$ax(x-2)(x-3)^2 \leq x(x-2)(x-3)$$
$$x(x-2)(x-3)\{a(x-3)-1\} \leq 0$$
$$a(x-3)-1 \leq 0, \ ax-3a-1 \leq 0$$
$$\therefore ax \leq 3a+1$$

$0 \leq x \leq 2$에서 위의 부등식이 항상 성립하려면 ax의 값이 최대일 때 부등식이 성립하면 된다.

$a < 0$에서 ax는 $x=0$일 때 최댓값을 가지므로

$$0 \leq 3a+1 \quad \therefore a \geq -\frac{1}{3}$$

그런데 $a < 0$이므로 $-\frac{1}{3} \leq a < 0$

$f(1) = -4a$이므로 $0 < -4a \leq \frac{4}{3}$

따라서 $f(1)$의 최댓값은 $\frac{4}{3}$이다.

(i), (ii), (iii)에서 $f(1)$의 최댓값은 $\frac{4}{3}$이다. 답 ②

4 해결단계

❶단계	조건 ㈎, ㈏를 이용하여 삼차함수 $f(x)$를 미지수를 이용하여 나타낸다.
❷단계	$g(x) = f(x) - f'(x)$로 놓은 후, $x \geq -1$에서 부등식 $g(x) \geq 0$이기 위한 조건을 찾는다.
❸단계	$f(2)$의 최솟값을 구한다.

조건 ㈎에서 함수 $f(x)$는 최고차항의 계수가 1인 삼차함수이므로 $f(x) = x^3 + ax^2 + bx + c$ $(a, b, c$는 상수)라 하면 $f'(x) = 3x^2 + 2ax + b$이고, 조건 ㈏에서 $f(0) = f'(0)$이므로

$$c = b$$
$$\therefore f(x) = x^3 + ax^2 + bx + b$$

조건 ㈐에서 $x \geq -1$인 모든 실수 x에 대하여 $f(x) \geq f'(x)$, 즉 $f(x) - f'(x) \geq 0$이므로 $g(x) = f(x) - f'(x)$라 하면

$$g(x) = (x^3 + ax^2 + bx + b) - (3x^2 + 2ax + b)$$
$$= x^3 + (a-3)x^2 + (b-2a)x$$
$$g'(x) = 3x^2 + 2(a-3)x + (b-2a)$$

이때, $g(0) = 0$이므로 조건 ㈐를 만족시키기 위해서는 함수 $g(x)$가 $x=0$에서 극솟값을 가져야 한다.

즉, $g'(0) = 0$이어야 하므로

$$g'(0) = b - 2a = 0 \quad \therefore b = 2a$$
$$\therefore g(x) = x^3 + (a-3)x^2$$

또한, $g(-1) \geq 0$이어야 하므로

$$g(-1) = -1 + a - 3$$
$$= a - 4 \geq 0$$
$$\therefore a \geq 4$$

따라서 $f(x) = x^3 + ax^2 + 2ax + 2a$ $(a \geq 4)$이므로

$$f(2) = 8 + 4a + 4a + 2a$$
$$= 10a + 8$$
$$\geq 10 \times 4 + 8 = 48$$

즉, 구하는 최솟값은 48이다. 답 ⑤

III 적분

06 정적분

Step 1 출제율 100% **우수 기출 대표 문제** pp. 61~62

01 ⑤	02 6	03 ③	04 ④	05 1
06 ⑤	07 ⑤	08 ①	09 20	10 70
11 ②	12 49	13 ②	14 8	15 ③
16 ③				

01 $f(x) = \int xg(x)\,dx$에서 $f'(x) = xg(x)$

$\dfrac{d}{dx}\{f(x) - g(x)\} = 4x^3 + 2x$에서

$$f'(x) - g'(x) = 4x^3 + 2x$$
$$\therefore xg(x) - g'(x) = 4x^3 + 2x \quad \cdots\cdots\ \bigcirc$$

이때, 함수 $g(x)$는 최고차항의 계수가 4인 이차함수이므로 $g(x) = 4x^2 + ax + b$ $(a, b$는 상수)라 하면 $g'(x) = 8x + a$이므로 $\bigcirc$에서

$$x(4x^2 + ax + b) - (8x + a) = 4x^3 + 2x$$
$$4x^3 + ax^2 + (b-8)x - a = 4x^3 + 2x$$

위의 식이 x에 대한 항등식이므로 $a = 0$, $b - 8 = 2$에서 $a = 0$, $b = 10$

따라서 $g(x) = 4x^2 + 10$이므로

$$g(1) = 4 + 10 = 14$$ 답 ⑤

02 $f(x) = \int \left\{ \dfrac{d}{dx}(8x - x^2) \right\} dx$

$$= 8x - x^2 + C$$
$$= -(x^2 - 8x + 16) + 16 + C$$
$$= -(x-4)^2 + 16 + C \ (단, C는 적분상수)$$

함수 $f(x)$의 최댓값이 10이므로 $16 + C = 10$에서 $C = -6$

따라서 $f(x) = -x^2 + 8x - 6$이므로

$$f(2) = -4 + 16 - 6 = 6$$ 답 6

03 $f(x) = \int f'(x)\,dx$이므로 $f'(x) = \begin{cases} 4x & (x<1) \\ 1 & (x>1) \end{cases}$에서

$$f(x) = \begin{cases} 2x^2 + C_1 & (x<1) \\ x + C_2 & (x \geq 1) \end{cases} \ (단, C_1, C_2는 적분상수)$$

이때, 함수 $y = f(x)$의 그래프가 점 $(0, 1)$을 지나므로

$$f(0) = C_1 = 1$$

또한, 함수 $f(x)$는 $x=1$에서 연속이므로

$$\lim_{x \to 1^-} f(x) = \lim_{x \to 1^+} f(x) = f(1)$$에서

$\lim\limits_{x \to 1-}(2x^2+1)=\lim\limits_{x \to 1+}(x+C_2)=1+C_2$

$1+C_2=3$ $\therefore C_2=2$

따라서 $f(x)=\begin{cases} 2x^2+1 & (x<1) \\ x+2 & (x \geq 1) \end{cases}$이므로

$f(-2)=8+1=9,\ f(2)=2+2=4$

$\therefore f(-2)+f(2)=9+4=13$ 답 ③

04 조건 ㈏에서 $f(x+y)=f(x)+f(y)+3xy$이므로 이 식의 양변에 $x=0,\ y=0$을 대입하면

$f(0)=f(0)+f(0)+0$ $\therefore f(0)=0$ ……㉠

한편, 조건 ㈎에서 $f'(0)=1$이므로

$f'(0)=\lim\limits_{h \to 0}\dfrac{f(0+h)-f(0)}{h}$

$=\lim\limits_{h \to 0}\dfrac{f(0)+f(h)+0-f(0)}{h}$ (∵ 조건 ㈏)

$=\lim\limits_{h \to 0}\dfrac{f(h)}{h}=1$ ……㉡

도함수의 정의에 의하여

$f'(x)=\lim\limits_{h \to 0}\dfrac{f(x+h)-f(x)}{h}$

$=\lim\limits_{h \to 0}\dfrac{f(x)+f(h)+3xh-f(x)}{h}$ (∵ 조건 ㈏)

$=\lim\limits_{h \to 0}\dfrac{f(h)+3xh}{h}=\lim\limits_{h \to 0}\left\{3x+\dfrac{f(h)}{h}\right\}$

$=3x+\lim\limits_{h \to 0}\dfrac{f(h)}{h}=3x+1$ (∵ ㉡)

$\therefore f(x)=\int f'(x)\,dx=\int(3x+1)\,dx$

$=\dfrac{3}{2}x^2+x+C$ (단, C는 적분상수)

㉠에서 $f(0)=0$이므로 $C=0$

$\therefore f(x)=\dfrac{3}{2}x^2+x$

$\therefore f(4)=24+4=28$ 답 ④

05 주어진 도함수 $y=f'(x)$의 그래프는 x축과의 교점의 x좌표가 -3, 1이고, 아래로 볼록한 포물선이므로 이차함수 $f'(x)$를

$f'(x)=a(x+3)(x-1)=a(x^2+2x-3)$ (단, $a>0$)

이라 할 수 있다.

$f(x)=\int f'(x)\,dx=\int a(x^2+2x-3)\,dx$

$=\dfrac{1}{3}ax^3+ax^2-3ax+C$ (단, C는 적분상수)

$f'(x)=0$에서 $x=-3$ 또는 $x=1$

함수 $f(x)$의 증가와 감소를 표로 나타내면 다음과 같다.

x	$\cdots$	-3	$\cdots$	1	$\cdots$
$f'(x)$	$+$	0	$-$	0	$+$
$f(x)$	↗	극대	↘	극소	↗

함수 $f(x)$는 $x=-3$에서 극댓값 5를 갖고, $x=1$에서 극솟값 -3을 가지므로

$f(-3)=-9a+9a+9a+C=5$에서

$9a+C=5$ ……㉠

$f(1)=\dfrac{1}{3}a+a-3a+C=-3$에서

$-\dfrac{5}{3}a+C=-3$ ……㉡

㉠, ㉡을 연립하여 풀면 $a=\dfrac{3}{4},\ C=-\dfrac{7}{4}$

$\therefore f(x)=\dfrac{1}{4}x^3+\dfrac{3}{4}x^2-\dfrac{9}{4}x-\dfrac{7}{4}$

$\therefore f(-1)=-\dfrac{1}{4}+\dfrac{3}{4}+\dfrac{9}{4}-\dfrac{7}{4}=1$ 답 1

06 $f(n)=\displaystyle\int_0^1 \dfrac{1}{n}x^n\,dx=\dfrac{1}{n}\int_0^1 x^n\,dx$

$=\dfrac{1}{n}\left[\dfrac{1}{n+1}x^{n+1}\right]_0^1$

$=\dfrac{1}{n(n+1)}=\dfrac{1}{n}-\dfrac{1}{n+1}$

$\therefore \displaystyle\sum_{n=1}^{100}f(n)=\sum_{n=1}^{100}\left(\dfrac{1}{n}-\dfrac{1}{n+1}\right)$

$=\left(1-\dfrac{1}{2}\right)+\left(\dfrac{1}{2}-\dfrac{1}{3}\right)+\cdots+\left(\dfrac{1}{100}-\dfrac{1}{101}\right)$

$=1-\dfrac{1}{101}=\dfrac{100}{101}$ 답 ⑤

07 $\displaystyle\int_2^4 \dfrac{x^2(x^2+2x+4)}{x+2}\,dx+\int_4^2 \dfrac{4(y^2+2y+4)}{y+2}\,dy$

$=\displaystyle\int_2^4 \dfrac{x^2(x^2+2x+4)}{x+2}\,dx-\int_2^4 \dfrac{4(x^2+2x+4)}{x+2}\,dx$

$=\displaystyle\int_2^4 \left\{\dfrac{x^2(x^2+2x+4)}{x+2}-\dfrac{4(x^2+2x+4)}{x+2}\right\}dx$

$=\displaystyle\int_2^4 \dfrac{(x^2-4)(x^2+2x+4)}{x+2}\,dx$

$=\displaystyle\int_2^4 \dfrac{(x+2)(x-2)(x^2+2x+4)}{x+2}\,dx$

$=\displaystyle\int_2^4 (x-2)(x^2+2x+4)\,dx$

$=\displaystyle\int_2^4 (x^3-8)\,dx$

$=\left[\dfrac{1}{4}x^4-8x\right]_2^4$

$=(64-32)-(4-16)$

$=32-(-12)=44$ 답 ⑤

08 $f(x)=-x(x+a)(x-a)\ (a>0)$에서 함수 $y=f(x)$의 그래프와 x축의 교점의 x좌표는 $-a,\ 0,\ a$이고, 함수 $f(x)$가 $x=b$에서 극대이므로 $0<b<a$이다.

이때, 함수 $y=f(x-b)$의 그래프는 함수 $y=f(x)$의 그래프를 x축의 방향으로 b만큼 평행이동한 것이므로 두 함수 $y=f(x),\ y=f(x-b)$의 그래프는 다음 그림과 같다.

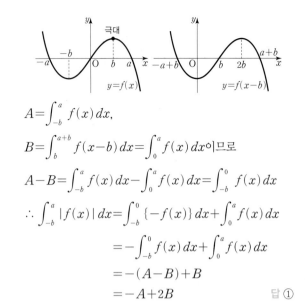

$$A = \int_{-b}^{a} f(x)\,dx,$$

$$B = \int_{b}^{a+b} f(x-b)\,dx = \int_{0}^{a} f(x)\,dx \text{이므로}$$

$$A - B = \int_{-b}^{a} f(x)\,dx - \int_{0}^{a} f(x)\,dx = \int_{-b}^{0} f(x)\,dx$$

$$\therefore \int_{-b}^{a} |f(x)|\,dx = \int_{-b}^{0} \{-f(x)\}\,dx + \int_{0}^{a} f(x)\,dx$$

$$= -\int_{-b}^{0} f(x)\,dx + \int_{0}^{a} f(x)\,dx$$

$$= -(A-B) + B$$

$$= -A + 2B$$

답 ①

09 조건 (개)에서 모든 실수 x에 대하여 $f(-x) = -f(x)$이므로 $f(x)$는 그래프가 원점에 대하여 대칭인 기함수이고, $xf(x)$는 우함수, $x^2 f(x)$는 기함수이다.

즉, $\displaystyle\int_{-1}^{1} xf(x)\,dx = 2\int_{0}^{1} xf(x)\,dx$,

$$\int_{-1}^{1} x^2 f(x)\,dx = \int_{-1}^{1} f(x)\,dx = 0 \text{이다.}$$

$$\therefore \int_{-1}^{1} (x-1)(x+2)f(x)\,dx$$

$$= \int_{-1}^{1} (x^2 + x - 2)f(x)\,dx$$

$$= \int_{-1}^{1} x^2 f(x)\,dx + \int_{-1}^{1} xf(x)\,dx - 2\int_{-1}^{1} f(x)\,dx$$

$$= 0 + 2\int_{0}^{1} xf(x)\,dx - 0$$

$$= 2 \times 10 \ (\because \text{조건 (내)})$$

$$= 20$$

답 20

---

blacklabel 특강 | 필수 원리

기함수와 우함수의 곱

(기함수)×(기함수)=(우함수)

(우함수)×(기함수)=(기함수)

(우함수)×(우함수)=(우함수)

---

10 조건 (개)에서 모든 실수 x에 대하여 $f(2-x) = f(2+x)$이므로 함수 $y = f(x)$의 그래프는 직선 $x = 2$에 대하여 대칭이다.

이때, 조건 (대)에서 $\displaystyle\int_{2}^{3} f(x)\,dx = 5$이므로

$$\int_{2}^{3} f(x)\,dx = \int_{1}^{2} f(x)\,dx = 5$$

$$\therefore \int_{1}^{3} f(x)\,dx = \int_{1}^{2} f(x)\,dx + \int_{2}^{3} f(x)\,dx = 10$$

한편, 조건 (내)에서 모든 실수 x에 대하여 $f(x+2) = f(x)$이므로 $f(x)$는 주기가 2인 주기함수이다.

$$\therefore \int_{-3}^{-1} f(x)\,dx = \int_{-1}^{1} f(x)\,dx = \int_{1}^{3} f(x)\,dx$$

$$= \cdots = \int_{9}^{11} f(x)\,dx = 10$$

$$\therefore \int_{-3}^{11} f(x)\,dx$$

$$= \int_{-3}^{-1} f(x)\,dx + \int_{-1}^{1} f(x)\,dx + \cdots + \int_{9}^{11} f(x)\,dx$$

$$= 7\int_{1}^{3} f(x)\,dx = 7 \times 10 = 70$$

답 70

11 $\displaystyle\int_{0}^{1} f(t)\,dt = k$ (단, k는 상수)   ······㉠

로 놓으면

$$f(x) = 3x^2 - 4x + 2\int_{0}^{1} f(t)\,dt$$

$$= 3x^2 - 4x + 2k$$

이것을 ㉠에 대입하면

$$\int_{0}^{1} f(t)\,dt = \int_{0}^{1} (3t^2 - 4t + 2k)\,dt$$

$$= \Big[t^3 - 2t^2 + 2kt \Big]_{0}^{1}$$

$$= 1 - 2 + 2k$$

$$= 2k - 1 = k$$

$$\therefore k = 1$$

$$\therefore f(x) = 3x^2 - 4x + 2$$

따라서 방정식 $f(x) = 0$, 즉 $3x^2 - 4x + 2 = 0$의 모든 근의 곱은 이차방정식의 근과 계수의 관계에 의하여 $\dfrac{2}{3}$이다.

답 ②

12 $\displaystyle\int_{1}^{x} f(t)\,dt = x^4 - 2x + a$의 양변에 $x = 1$을 대입하면

$$0 = 1 - 2 + a \quad \therefore a = 1$$

$$\int_{1}^{x} f(t)\,dt = x^4 - 2x + 1 \text{의 양변을 } x\text{에 대하여 미분하면}$$

$$f(x) = 4x^3 - 2$$

따라서 $f'(x) = 12x^2$이므로

$$f'(2) + a = 12 \times 4 + 1 = 48 + 1 = 49$$

답 49

13 주어진 이차함수 $y = f(x)$의 그래프는 x축과의 교점의 x좌표는 1, 5이고, 위로 볼록한 포물선이므로 이차함수 $f(x)$를 $f(x) = a(x-1)(x-5)$ $(a < 0)$라 할 수 있다.

$g(x) = \displaystyle\int_{x}^{x+2} f(t)\,dt$의 양변을 x에 대하여 미분하면

$$g'(x) = f(x+2) - f(x)$$

$$= a(x+1)(x-3) - a(x-1)(x-5)$$

$$= a\{(x^2 - 2x - 3) - (x^2 - 6x + 5)\}$$

$$= a(4x - 8) = 4a(x-2)$$

$g'(x) = 0$에서 $x = 2$

$a < 0$이므로 함수 $g(x)$의 증가와 감소를 표로 나타내면 다음과 같다.

x	$\cdots$	2	$\cdots$
$g'(x)$	$+$	0	$-$
$g(x)$	↗	극대	↘

따라서 함수 $g(x)$는 $x=2$일 때 극대이면서 최대이므로 구하는 최댓값은 $g(2)$이다. 답 ②

• 다른풀이 •

$\int_{x}^{x+2} f(t)\,dt$의 값은 $f(t)\geq0$이면 양수($+$),

$f(t)<0$이면 음수($-$)이고, 그 절댓값은 함수 $y=f(t)$의 그래프와 두 직선 $t=x$, $t=x+2$ 및 t축으로 둘러싸인 도형의 넓이와 같다.

따라서 함수 $g(x)=\int_{x}^{x+2} f(t)\,dt$가 최대이려면

$f(t)\geq0$이면서 함수 $y=f(t)$의 그래프와 두 직선 $t=x$, $t=x+2$ 및 t축으로 둘러싸인 도형의 넓이가 최대이어야 한다.

이때, 주어진 그래프에서 함수 $y=f(t)$는 $t=3$에 대하여 대칭인 이차함수이므로 $t=3$일 때 최댓값을 갖고 $1\leq t\leq5$에서 $f(t)\geq0$이다.

즉, 두 직선 $t=x$, $t=x+2$가 직선 $t=3$에 대하여 대칭이면 구하는 넓이가 최대가 되므로

$\dfrac{x+x+2}{2}=3$에서 $x=2$

그러므로 함수 $g(x)$의 최댓값은 $g(2)$이다.

14 $\int_{0}^{x} |t-2|\,dt=2x$에서

(i) $x<2$일 때,

$$\int_{0}^{x} |t-2|\,dt=\int_{0}^{x} (-t+2)\,dt$$
$$=\Big[-\frac{1}{2}t^2+2t\Big]_{0}^{x}$$
$$=-\frac{1}{2}x^2+2x=2x$$

$-\dfrac{1}{2}x^2=0$ ∴ $x=0$

(ii) $x\geq2$일 때,

$$\int_{0}^{x} |t-2|\,dt=\int_{0}^{2} (-t+2)\,dt+\int_{2}^{x} (t-2)\,dt$$
$$=\Big[-\frac{1}{2}t^2+2t\Big]_{0}^{2}+\Big[\frac{1}{2}t^2-2t\Big]_{2}^{x}$$
$$=(-2+4)+\Big(\frac{1}{2}x^2-2x\Big)-(2-4)$$
$$=\frac{1}{2}x^2-2x+4=2x$$

$\dfrac{1}{2}x^2-4x+4=0$, $x^2-8x+8=0$

∴ $x=4+2\sqrt{2}$ $(\because x\geq2)$

(i), (ii)에서 양수인 실근은 $x=4+2\sqrt{2}$이므로

$m=4$, $n=2$

∴ $mn=4\times2=8$ 답 8

blacklabel 특강 오답피하기

주어진 등식 $\int_{0}^{x} |t-2|\,dt=2x$는 방정식이므로 양변을 x에 대하여 미분하여 $|x-2|=2$로 풀면 안 된다.

이때, 양변을 x에 대하여 미분하여 풀려면 주어진 등식이 항등식이어야 함에 주의하자.

15 $\int_{2}^{x} (x-t)f(t)\,dt=2x^3-3x^2-12x+20$에서

$x\int_{2}^{x} f(t)\,dt-\int_{2}^{x} tf(t)\,dt=2x^3-3x^2-12x+20$

위의 식의 양변을 x에 대하여 미분하면

$\int_{2}^{x} f(t)\,dt+xf(x)-xf(x)=6x^2-6x-12$

∴ $\int_{2}^{x} f(t)\,dt=6x^2-6x-12$

위의 식의 양변을 x에 대하여 미분하면

$f(x)=12x-6$

∴ $f(2)=24-6=18$ 답 ③

16 $F'(x)=f(x)$라 하면

$$\lim_{x\to2}\frac{1}{x^2-4}\int_{2}^{x} f(t)\,dt=\lim_{x\to2}\frac{1}{x^2-4}\Big[F(t)\Big]_{2}^{x}$$
$$=\lim_{x\to2}\frac{F(x)-F(2)}{x^2-4}$$
$$=\lim_{x\to2}\frac{F(x)-F(2)}{x-2}\times\frac{1}{x+2}$$
$$=\frac{1}{4}F'(2)=\frac{1}{4}f(2)$$
$$=\frac{1}{4}(12+6-2)$$
$$=\frac{1}{4}\times16=4$$ 답 ③

Step 2 1등급을 위한 **최고의 변별력 문제** pp. 63~67

01 -10	02 ⑤	03 ②	04 ①	05 ④
06 ⑤	07 ③	08 ⑤	09 $\dfrac{17}{3}$	10 3
11 14	12 ⑤	13 $\dfrac{3}{2}$	14 ④	15 19
16 167	17 5	18 ④	19 3	20 2
21 ⑤	22 72	23 ①	24 70	25 ③
26 50	27 -4	28 8	29 -23	30 $\dfrac{17}{27}$
31 2	32 ⑤	33 ⑤		

01 $F'(x)=f(x)$이므로 $F(x)=xf(x)-4x^2(x+1)$의 양변을 x에 대하여 미분하면

$f(x)=f(x)+xf'(x)-8x(x+1)-4x^2$

$xf'(x)=12x^2+8x$ ∴ $f'(x)=12x+8$

∴ $f(x)=\int f'(x)\,dx=\int(12x+8)\,dx$

$=6x^2+8x+C$ (단, C는 적분상수)

이때, $f(1)=6$이므로

$6+8+C=6$ $\therefore C=-8$

따라서 $f(x)=6x^2+8x-8$이므로

$f(-1)=6-8-8=-10$ 답 -10

02   $\int \{f(x)-2g(x)\}\,dx=f(x)+g(x)$에서

$f(x)-2g(x)=f'(x)+g'(x)$

$2g(x)+g'(x)=f(x)-f'(x)$

$f(x)=2x^2+4x+3$에서 $f'(x)=4x+4$이므로

$2g(x)+g'(x)=2x^2-1$ $\cdots\cdots$ ㉠

즉, $g(x)$는 x^2의 계수가 1인 이차함수이므로

$g(x)=x^2+ax+b$ (a, b는 상수)라 하면

$g'(x)=2x+a$

이것을 ㉠에 대입하여 정리하면

$2x^2+(2a+2)x+2b+a=2x^2-1$

위의 식이 x에 대한 항등식이므로

$2a+2=0$, $2b+a=-1$

$\therefore a=-1$, $b=0$

따라서 $g(x)=x^2-x$이므로

$g(4)=16-4=12$ 답 ⑤

• 다른풀이 •

$\int \{f(x)-2g(x)\}\,dx=f(x)+g(x)$ $\cdots\cdots$ ㉡

다항함수 $g(x)$의 차수를 n이라 하자.

$n>2$이면 ㉡의 좌변의 차수는 $n+1$, 우변의 차수는 n이 되어 모순이고,

$n<2$이면 ㉡의 좌변의 차수는 3, 우변의 차수는 2가 되어 모순이다.

즉, $n=2$이고 ㉡에서 $f(x)-2g(x)$는 일차식이므로

$g(x)=x^2+ax+b$ (a, b는 상수)이다.

$\int \{f(x)-2g(x)\}\,dx=\int \{(4-2a)x+(3-2b)\}\,dx$
$=(2-a)x^2+(3-2b)x+C$

(단, C는 적분상수)

$f(x)+g(x)=3x^2+(a+4)x+(b+3)$

이고 ㉡은 x에 대한 항등식이므로

$2-a=3$, $3-2b=a+4$, $C=b+3$

$\therefore a=-1$, $b=0$, $C=3$

따라서 $g(x)=x^2-x$이므로

$g(4)=16-4=12$

03   $f(x)$가 이차함수이고 $f(x)g(x)=-2x^4+8x^3$이므로 $g(x)$도 이차함수이다.

이때, $g(x)=\int \{x^2+f(x)\}\,dx$이므로 $x^2+f(x)$는 일차함수이다.

즉, $x^2+f(x)=ax+b$ ($a\neq0$, a, b는 상수) $\cdots\cdots$ ㉠ 라 하면

$g(x)=\int \{x^2+f(x)\}\,dx$
$=\int (ax+b)\,dx$
$=\dfrac{a}{2}x^2+bx+C$ (단, C는 적분상수)

또한, ㉠에서 $f(x)=-x^2+ax+b$이므로

$f(x)g(x)=(-x^2+ax+b)\left(\dfrac{a}{2}x^2+bx+C\right)$
$=-\dfrac{a}{2}x^4+\left(\dfrac{a^2}{2}-b\right)x^3+\left(\dfrac{3}{2}ab-C\right)x^2$
$\qquad +(aC+b^2)x+bC$

그런데 $f(x)g(x)=-2x^4+8x^3$이므로

$-\dfrac{a}{2}=-2$, $\dfrac{a^2}{2}-b=8$, $\dfrac{3}{2}ab-C=0$,

$aC+b^2=0$, $bC=0$

$\therefore a=4$, $b=0$, $C=0$

따라서 $g(x)=2x^2$이므로 $g(1)=2$ 답 ②

04   $f(x)=x(x+6)^5=\{(x+6)-6\}(x+6)^5$
$=(x+6)^6-6(x+6)^5$

$\therefore F(x)=\int f(x)\,dx$
$=\int \{(x+6)^6-6(x+6)^5\}\,dx$
$=\int (x+6)^6\,dx-\int 6(x+6)^5\,dx$
$=\dfrac{1}{7}(x+6)^7-(x+6)^6+C$

(단, C는 적분상수)

이때, $F(-7)=-1$이므로

$-\dfrac{1}{7}-1+C=-1$ $\therefore C=\dfrac{1}{7}$

따라서 $F(x)=\dfrac{1}{7}(x+6)^7-(x+6)^6+\dfrac{1}{7}$이므로

$F(-5)=\dfrac{1}{7}-1+\dfrac{1}{7}=-\dfrac{5}{7}$ 답 ①

서울대 선배들의 강추문제   1등급 비법 노하우

이 문제는 학교시험, 수능, 모의평가에서 보기 어려웠던 새로운 유형의 문제로 새로운 관점에서 풀어 볼 수 있다.

이 문제에서 $(x+6)^5$은 전개하기 어렵지만 함수 $f(x)$가 6차식이므로 함수 $F(x)$는 7차식, 즉 $F(x)=(x+6)^6(ax+b)+c$ (a, b, c는 상수)라 할 수 있다.

이때, $F'(x)=f(x)$에서 $(x+6)^5\{7ax+6(a+b)\}=x(x+6)^5$이므로 $a=\dfrac{1}{7}$, $b=-\dfrac{1}{7}$이고, $F(-7)=-1$에서 $c=\dfrac{1}{7}$이다.

따라서 $F(x)=\dfrac{1}{7}(x+6)^6(x-1)+\dfrac{1}{7}$이므로

$F(-5)=-\dfrac{5}{7}$

---

05   조건 ㈎에서 모든 실수 x, y에 대하여

$f(x+y)=f(x)+f(y)+2xy-1$이므로 이 식의 양변에 $x=0$, $y=0$을 대입하면

$f(0)=f(0)+f(0)-1$ $\therefore f(0)=1$

$$f'(x)=\lim_{h\to 0}\frac{f(x+h)-f(x)}{h}$$
$$=\lim_{h\to 0}\frac{f(x)+f(h)+2xh-1-f(x)}{h}$$
$$(\because \text{조건 (가)})$$
$$=\lim_{h\to 0}\frac{f(h)-1+2xh}{h}$$
$$=\lim_{h\to 0}\left\{\frac{f(h)-1}{h}+2x\right\}$$
$$=\lim_{h\to 0}\left\{\frac{f(h)-f(0)}{h-0}+2x\right\}(\because f(0)=1)$$
$$=f'(0)+2x$$
$$\therefore f(x)=\int f'(x)\,dx$$
$$=\int\{2x+f'(0)\}\,dx=x^2+f'(0)x+C$$
$$(\text{단, } C\text{는 적분상수})$$

이때, $f(0)=1$이므로 $C=1$
즉, $f(x)=x^2+f'(0)x+1$, $f'(x)=2x+f'(0)$이므로
$$\lim_{x\to 1}\frac{f(x)-f'(x)}{x^2-1}$$
$$=\lim_{x\to 1}\frac{\{x^2+f'(0)x+1\}-\{2x+f'(0)\}}{x^2-1}$$
$$=\lim_{x\to 1}\frac{x^2+\{f'(0)-2\}x+1-f'(0)}{x^2-1}$$
$$=\lim_{x\to 1}\frac{(x-1)\{x+f'(0)-1\}}{(x-1)(x+1)}$$
$$=\lim_{x\to 1}\frac{x+f'(0)-1}{x+1}$$
$$=\frac{f'(0)}{2}=9\ (\because \text{조건 (나)})$$
$$\therefore f'(0)=9\times 2=18$$
답 ④

06 $f(x+y)=f(x)+f(y)+4xy$ ……㉠
㉠의 양변에 $x=0$, $y=0$을 대입하면
$f(0)=f(0)+f(0)+0$ $\therefore f(0)=0$
$$f'(x)=\lim_{h\to 0}\frac{f(x+h)-f(x)}{h}$$
$$=\lim_{h\to 0}\frac{f(x)+f(h)+4xh-f(x)}{h}(\because ㉠)$$
$$=\lim_{h\to 0}\frac{f(h)+4xh}{h}$$
$$=\lim_{h\to 0}\left\{\frac{f(h)}{h}+4x\right\}$$
$$=\lim_{h\to 0}\left\{\frac{f(0+h)-f(0)}{h}+4x\right\}(\because f(0)=0)$$
$$=4x+f'(0)$$
$f'(0)=k$ (k는 상수)로 놓으면 $f'(x)=4x+k$이므로
$$F(x)=\int(x-2)f'(x)\,dx$$
$$=\int(x-2)(4x+k)\,dx$$

위의 식의 양변을 x에 대하여 미분하면
$$F'(x)=(x-2)(4x+k)\qquad ……ⓛ$$
이때, 함수 $F(x)$의 극값이 존재하지 않으므로 이차방정식 $F'(x)=0$은 중근 또는 허근을 가져야 한다.
그런데 ⓛ에서 방정식 $F'(x)=0$의 한 근이 2이므로 방정식 $4x+k=0$의 근도 2이어야 한다.
$$\therefore k=-8=f'(0)$$
$$f(x)=\int f'(x)\,dx=\int(4x-8)\,dx$$
$$=2x^2-8x+C\ (\text{단, } C\text{는 적분상수})$$
이때, $f(0)=0$이므로 $C=0$
따라서 $f(x)=2x^2-8x$이므로
$$f(5)=50-40=10$$
답 ⑤

07 $f(x)$가 삼차함수이므로 $f'(x)$는 이차함수이다.
도함수 $y=f'(x)$의 그래프는 x축과의 교점의 x좌표가 -2, 2이고, 위로 볼록한 포물선이므로
$$f'(x)=a(x+2)(x-2)\ (\text{단, } a<0)$$
라 할 수 있다.
이때, 도함수 $y=f'(x)$의 그래프가 점 $(0, 3)$을 지나므로
$$f'(0)=3에서 -4a=3 \quad \therefore a=-\frac{3}{4}$$
즉, $f'(x)=-\frac{3}{4}(x+2)(x-2)=-\frac{3}{4}x^2+3$이므로
$$f(x)=\int f'(x)\,dx$$
$$=\int\left(-\frac{3}{4}x^2+3\right)dx$$
$$=-\frac{1}{4}x^3+3x+C\ (\text{단, } C\text{는 적분상수})$$
$f(0)=0$이므로 $C=0$
$$\therefore f(x)=-\frac{1}{4}x^3+3x$$
방정식 $f(x)=kx$에서 $-\frac{1}{4}x^3+3x=kx$
$x^3+4(k-3)x=0$, $x\{x^2+4(k-3)\}=0$
위의 방정식이 서로 다른 세 실근을 갖기 위해서는 이차방정식 $x^2+4(k-3)=0$이 0이 아닌 서로 다른 두 실근을 가져야 하므로 판별식을 D라 하면
$$D=-16(k-3)>0,\ 4(k-3)\neq 0$$
$$\therefore k<3$$
답 ③

08 $f(0)=0$, $f(a)=0$, $f'(a)=0$이므로
$$f(x)=x(x-a)^2$$
조건 (가)에 의하여
$$g'(x)=f(x)+xf'(x)=\{xf(x)\}'$$
$$=\{x^2(x-a)^2\}'\qquad ……㉠$$
$$\therefore g(x)=\int g'(x)\,dx=\int\{x^2(x-a)^2\}'\,dx$$
$$=x^2(x-a)^2+C\ (\text{단, } C\text{는 적분상수})$$

또한, ㉠에서
$$g'(x)=2x(x-\alpha)^2+2x^2(x-\alpha)$$
$$=2x(x-\alpha)(2x-\alpha)$$

$g'(x)=0$에서 $x=0$ 또는 $x=\dfrac{\alpha}{2}$ 또는 $x=\alpha$

함수 $g(x)$의 증가와 감소를 표로 나타내면 다음과 같다.

x	$\cdots$	0	$\cdots$	$\dfrac{\alpha}{2}$	$\cdots$	α	$\cdots$
$g'(x)$	$-$	0	$+$	0	$-$	0	$+$
$g(x)$	$\searrow$	극소	$\nearrow$	극대	$\searrow$	극소	$\nearrow$

즉, 함수 $g(x)$는 $x=0$, α일 때 극솟값을 갖고, $x=\dfrac{\alpha}{2}$일 때

극댓값을 가지므로 조건 (나)에 의하여

$g(0)=g(\alpha)=0$에서 $C=0$

$g\left(\dfrac{\alpha}{2}\right)=81$에서 $\dfrac{\alpha^4}{16}=81$, $\alpha^4=6^4$

$\therefore \alpha=6$ ($\because \alpha>0$)

따라서 $g(x)=x^2(x-6)^2$이므로

$g\left(\dfrac{\alpha}{3}\right)=g(2)=2^2\times(-4)^2=64$ 답 ⑤

• 다른풀이 •

$f(x)=x(x-\alpha)^2$이므로

$f'(x)=(x-\alpha)^2+2x(x-\alpha)$

$\therefore g'(x)=f(x)+xf'(x)$
$$=x(x-\alpha)^2+x(x-\alpha)^2+2x^2(x-\alpha)$$
$$=2x(x-\alpha)(2x-\alpha) \quad \cdots\cdots ㉡$$

$g'(x)=0$에서 $x=0$ 또는 $x=\dfrac{\alpha}{2}$ 또는 $x=\alpha$

즉, 함수 $g(x)$는 $x=0$, $x=\alpha$일 때 극솟값 0을 갖고,

$x=\dfrac{\alpha}{2}$일 때 극댓값 81을 갖는다.

$\therefore g\left(\dfrac{\alpha}{2}\right)=81$, $g(0)=g(\alpha)=0 \quad \cdots\cdots ㉢$

한편, ㉡에서 $g'(x)=4x^3-6\alpha x^2+2\alpha^2 x$이므로

$g(x)=x^4-2\alpha x^3+\alpha^2 x^2+C$ (단, C는 적분상수)

$\therefore C=0$, $\alpha=6$ ($\because ㉢$)

따라서 $g(x)=x^2(x-6)^2$이므로

$g\left(\dfrac{\alpha}{3}\right)=g(2)=64$

09 $f'(x)=4x^3-4x^2-8x=4x(x+1)(x-2)$이므로

$f'(x)=0$에서 $x=-1$ 또는 $x=0$ 또는 $x=2$

함수 $f(x)$의 증가와 감소를 표로 나타내면 다음과 같다.

x	$\cdots$	-1	$\cdots$	0	$\cdots$	2	$\cdots$
$f'(x)$	$-$	0	$+$	0	$-$	0	$+$
$f(x)$	$\searrow$	극소	$\nearrow$	극대	$\searrow$	극소	$\nearrow$

즉, 사차함수 $f(x)$는 $x=-1$, 2일 때 극솟값을 갖고,

$x=0$일 때 극댓값을 갖는다.

이때,

$$f(x)=\int f'(x)dx$$
$$=\int(4x^3-4x^2-8x)dx$$
$$=x^4-\dfrac{4}{3}x^3-4x^2+C \text{ (단, C는 적분상수)}$$

이므로

$$f(-1)=-\dfrac{5}{3}+C, \quad f(0)=C, \quad f(2)=-\dfrac{32}{3}+C$$

$\therefore f(2)<f(-1)<f(0)$

한편, 함수 $g(x)$가 두 조건 (가), (나)를 모두 만족시키면서 세 점 $A(\alpha,\ g(\alpha))$, $B(\beta,\ g(\beta))$, $C(\gamma,\ g(\gamma))$가 한 직선 위에 있으려면 함수 $y=g(x)$의 그래프는 다음과 같아야 한다.

(i) $f(-1)<2<f(0)$, 즉 $2<C<\dfrac{11}{3}$일 때,

세 점 A, B, C가 한 직선 위에 있으려면

$g(-1)<g(0)<g(2)$이어야 하므로 함수 $y=g(x)$의 그래프가 오른쪽 그림과 같다. 이 때, 세 점 $A\left(-1,\ \dfrac{11}{3}-C\right)$,

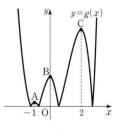

$B(0,\ -2+C)$, $C\left(2,\ \dfrac{38}{3}-C\right)$에 대하여

(직선 AB의 기울기)$=$(직선 BC의 기울기)이므로

$$\dfrac{(-2+C)-\left(\dfrac{11}{3}-C\right)}{0-(-1)}=\dfrac{\left(\dfrac{38}{3}-C\right)-(-2+C)}{2-0}$$

$$2\left(2C-\dfrac{17}{3}\right)=\dfrac{44}{3}-2C$$

$$4C-\dfrac{34}{3}=\dfrac{44}{3}-2C, \quad 6C=26 \quad \therefore C=\dfrac{13}{3}$$

그런데 $2<C<\dfrac{11}{3}$이므로 조건을 만족시키지 않는다.

(ii) $f(2)<2<f(-1)$, 즉 $\dfrac{11}{3}<C<\dfrac{38}{3}$일 때,

세 점 A, B, C가 한 직선 위에 있으려면

$g(-1)<g(0)<g(2)$이어야 하므로 함수 $y=g(x)$의 그래프가 오른쪽 그림과 같다. 이때,

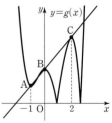

세 점 $A\left(-1,\ -\dfrac{11}{3}+C\right)$, $B(0,\ -2+C)$,

$C\left(2,\ \dfrac{38}{3}-C\right)$에 대하여

(직선 AB의 기울기)$=$(직선 BC의 기울기)이므로

$$\dfrac{(-2+C)-\left(-\dfrac{11}{3}+C\right)}{0-(-1)}=\dfrac{\left(\dfrac{38}{3}-C\right)-(-2+C)}{2-0}$$

$$2\times\dfrac{5}{3}=\dfrac{44}{3}-2C, \quad 2C=\dfrac{34}{3} \quad \therefore C=\dfrac{17}{3}$$

(i), (ii)에서 $f(x)=x^4-\dfrac{4}{3}x^3-4x^2+\dfrac{17}{3}$이므로

$f(0)=\dfrac{17}{3}$ 답 $\dfrac{17}{3}$

---

blacklabel 특강 참고

절댓값 기호를 포함한 함수 $|f(x)|$의 극대 또는 극소인 점은 함수 $f(x)$의 극대 또는 극소인 점과 함수 $y=f(x)$의 그래프가 x축과 만나는 점에서 존재할 수 있고, x축과 만나는 점에서 극값을 갖는 경우 뾰족한 점이 된다.
그런데 함수 $g(x)=|f(x)-2|$가 조건 ㈎에서 $x=\alpha,\ \beta,\ \gamma$에서 극값을 갖고 조건 ㈏에서 $g(\alpha)\neq0,\ g(\beta)\neq0,\ g(\gamma)\neq0$이므로 $x=\alpha,\ \beta,\ \gamma$인 점에서 함수 $g(x)$는 뾰족한 점이 아닌 극대 또는 극소인 점을 갖는다. 즉, 이 점에서 함수 $f(x)$도 극값을 가져야 하고 방정식 $f'(x)=0$에서 $x=-1,\ 0,\ 2$이므로 $\alpha=-1,\ \beta=0,\ \gamma=2$이다.
한편, 함수 $g(x)=|f(x)-2|$의 그래프 위의 세 극점 $A(-1,\ g(-1)),\ B(0,\ g(0)),\ C(2,\ g(2))$가 한 직선 위에 있으므로 $g(-1)<g(0)<g(2)$ 또는 $g(2)<g(0)<g(-1)$
이어야 한다. 즉, 함수 $y=f(x)$의 그래프와 직선 $y=2$의 위치 관계는 다음 그림의 두 가지 경우 중 하나이다.

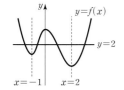 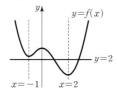

---

10 조건 ㈎에서 $\displaystyle\int_0^4|f(x)|\,dx=\int_0^4 f(x)\,dx$이므로

닫힌구간 $[0,\ 4]$에서 $f(x)\geq0$ ......㉠

또한, 조건 ㈏에서 $\displaystyle\int_4^6|f(x)|\,dx=-\int_4^6 f(x)\,dx$

이므로 닫힌구간 $[4,\ 6]$에서 $f(x)\leq0$ ......㉡

함수 $f(x)$가 연속이므로 ㉠, ㉡에서 $f(4)=0$
한편, $f(x)$는 $f(0)=0$인 이차함수이므로
$f(x)=ax^2+bx$ (단, $a,\ b$는 상수, $a\neq0$)
라 하면 $f(4)=0$에서 $16a+4b=0$
$\therefore b=-4a$
$\therefore f(x)=ax^2-4ax$

또한, 조건 ㈏에서 $\displaystyle\int_4^6 f(x)\,dx=-8$이므로

$\displaystyle\int_4^6 f(x)\,dx=\int_4^6(ax^2-4ax)\,dx$

$\qquad\qquad=\left[\dfrac{a}{3}x^3-2ax^2\right]_4^6$

$\qquad\qquad=(72a-72a)-\left(\dfrac{64}{3}a-32a\right)$

$\qquad\qquad=\dfrac{32}{3}a=-8$

$\therefore a=-\dfrac{3}{4}$

따라서 $f(x)=-\dfrac{3}{4}x^2+3x$이므로

$f(2)=-3+6=3$ 답 3

---

11 $\displaystyle\int 2xf(x)\,dx+\int x^2f'(x)\,dx$

$=\displaystyle\int\{2xf(x)+x^2f'(x)\}\,dx$

$=\displaystyle\int\{x^2f(x)\}'\,dx$

$=x^2f(x)+C$ (단, C는 적분상수)

이므로 주어진 등식은
$x^2f(x)+C=x^4-ax^3+4x^2$
이때, $f(x)$가 다항함수이므로 $C=0$
$x^2f(x)=x^4-ax^3+4x^2$
$\therefore f(x)=x^2-ax+4$

$\displaystyle\int_0^4(x^2-ax+4)\,dx=\left[\dfrac{1}{3}x^3-\dfrac{1}{2}ax^2+4x\right]_0^4$

$\qquad\qquad=\dfrac{64}{3}-8a+16$

$\qquad\qquad=\dfrac{112}{3}-8a=0$

$8a=\dfrac{112}{3}\qquad\therefore a=\dfrac{14}{3}$

$\therefore 3a=3\times\dfrac{14}{3}=14$ 답 14

● 다른풀이 ●

주어진 등식

$\displaystyle\int 2xf(x)\,dx+\int x^2f'(x)\,dx=x^4-ax^3+4x^2$

의 양변을 x에 대하여 미분하면
$2xf(x)+x^2f'(x)=4x^3-3ax^2+8x$ ......㉠
이때, $f(x)$는 다항함수이므로 이차함수이고
$f(x)=bx^2+cx+d$ ($b,\ c,\ d$는 상수, $b\neq0$)라 하면
$f'(x)=2bx+c$이므로
$2x(bx^2+cx+d)+x^2(2bx+c)=4x^3-3ax^2+8x$
$4bx^3+3cx^2+2dx=4x^3-3ax^2+8x$
위의 식이 x에 대한 항등식이므로
$4b=4,\ 3c=-3a,\ 2d=8$
$\therefore b=1,\ c=-a,\ d=4$

즉, $f(x)=x^2-ax+4$이므로 $\displaystyle\int_0^4 f(x)\,dx=0$에

대입하면

$\displaystyle\int_0^4(x^2-ax+4)\,dx=\left[\dfrac{1}{3}x^3-\dfrac{1}{2}ax^2+4x\right]_0^4$

$\qquad\qquad=\dfrac{112}{3}-8a=0$

$\therefore a=\dfrac{14}{3}\qquad\therefore 3a=14$

---

12 주어진 함수 $y=f(x)$의 그래프에 의하여 닫힌구간 $[0,\ 4]$에서 함수 $f(x)$의 증가와 감소를 표로 나타내면 다음과 같다.

x	0	$\cdots$	1	$\cdots$	4
$f'(x)$		$+$	0	$-$	0
$f(x)$	$-\dfrac{28}{27}$	$\nearrow$	1	$\searrow$	-4

$|f'(x)| = \begin{cases} f'(x) & (0 \le x < 1) \\ -f'(x) & (1 \le x \le 4) \end{cases}$ 이므로

$\displaystyle\int_0^4 |f'(x)|\,dx = \int_0^1 f'(x)\,dx + \int_1^4 \{-f'(x)\}\,dx$

$\displaystyle\qquad = \int_0^1 f'(x)\,dx - \int_1^4 f'(x)\,dx$

$\displaystyle\qquad = \Big[f(x) \Big]_0^1 - \Big[f(x) \Big]_1^4$

$\qquad = \{f(1) - f(0)\} - \{f(4) - f(1)\}$

$\qquad = 2f(1) - f(0) - f(4)$

이때, $f(0) = -\dfrac{28}{27}$, $f(1) = 1$, $f(4) = -4$이므로

$x=1$에서 극댓값 1을 가지므로

$x=4$에서 극솟값 -4를 가지므로

$27\displaystyle\int_0^4 |f'(x)|\,dx = 27\{2f(1) - f(0) - f(4)\}$

$\qquad\qquad = 27\left\{ 2 \times 1 - \left(-\dfrac{28}{27}\right) - (-4) \right\}$

$\qquad\qquad = 190$ 답 ⑤

• 다른풀이 •

$f(x)$가 삼차함수이므로 도함수 $f'(x)$는 이차함수이고, 함수 $f(x)$가 $x=1$에서 극댓값, $x=4$에서 극솟값을 가지므로

$f'(x) = a(x-1)(x-4) = a(x^2 - 5x + 4)$ (단, $a > 0$) 라 할 수 있다.

$f(x) = \displaystyle\int f'(x)\,dx = \int a(x^2 - 5x + 4)\,dx$

$\qquad = a\left(\dfrac{1}{3}x^3 - \dfrac{5}{2}x^2 + 4x \right) + C$ (단, C는 적분상수)

이때, $f(0) = -\dfrac{28}{27}$이므로 $C = -\dfrac{28}{27}$이고, $f(1) = 1$이 므로

$a\left(\dfrac{1}{3} - \dfrac{5}{2} + 4 \right) - \dfrac{28}{27} = 1$, $\dfrac{11}{6}a = \dfrac{55}{27}$

$\therefore a = \dfrac{55}{27} \times \dfrac{6}{11} = \dfrac{10}{9}$

$\therefore f'(x) = \dfrac{10}{9}(x^2 - 5x + 4)$

따라서 $0 \le x < 1$에서 $f'(x) > 0$, $1 \le x \le 4$에서 $f'(x) \le 0$이므로

$27\displaystyle\int_0^4 |f'(x)|\,dx$

$= 27 \times \dfrac{10}{9} \left\{ \displaystyle\int_0^1 (x^2 - 5x + 4)\,dx - \int_1^4 (x^2 - 5x + 4)\,dx \right\}$

$= 30\left(\Big[\dfrac{1}{3}x^3 - \dfrac{5}{2}x^2 + 4x \Big]_0^1 - \Big[\dfrac{1}{3}x^3 - \dfrac{5}{2}x^2 + 4x \Big]_1^4 \right)$

$= 30\left\{ 2\left(\dfrac{1}{3} - \dfrac{5}{2} + 4 \right) - \left(\dfrac{64}{3} - 40 + 16 \right) \right\}$

$= 190$

13

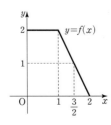

위의 함수 $y = f(x)$의 그래프에 의하여

$f(x) = \begin{cases} 2 & (0 \le x < 1) \\ -2x + 4 & (1 \le x \le 2) \end{cases}$ 이므로

$f(f(x)) = \begin{cases} 2 & (0 \le f(x) < 1) \\ -2f(x) + 4 & (1 \le f(x) \le 2) \end{cases}$

$= \begin{cases} -2 \times 2 + 4 & (0 \le x < 1) \\ -2(-2x + 4) + 4 & \left(1 \le x \le \dfrac{3}{2}\right) \\ 2 & \left(\dfrac{3}{2} < x \le 2\right) \end{cases}$

$= \begin{cases} 0 & (0 \le x < 1) \\ 4x - 4 & \left(1 \le x \le \dfrac{3}{2}\right) \\ 2 & \left(\dfrac{3}{2} < x \le 2\right) \end{cases}$

$\therefore \displaystyle\int_0^2 f(f(x))\,dx$

$= \displaystyle\int_0^1 0\,dx + \int_1^{\frac{3}{2}} (4x - 4)\,dx + \int_{\frac{3}{2}}^2 2\,dx$

$= \Big[2x^2 - 4x \Big]_1^{\frac{3}{2}} + \Big[2x \Big]_{\frac{3}{2}}^2$

$= \left\{ -\dfrac{3}{2} - (-2) \right\} + (4 - 3)$

$= \dfrac{1}{2} + 1 = \dfrac{3}{2}$ 답 $\dfrac{3}{2}$

서울대 선배들의 **강추문제** 1등급 비법 노하우

함수의 합성으로 생기는 새로운 함수의 그래프를 직관적으로 이해하는 것도 수능, 모의평가 문제를 푸는 데 중요하다. x의 값의 움직임에 따른 함숫값 $f(x)$의 움직임을 다시 x의 값의 움직임에 대입하면 합성함수 $(f \circ f)(x)$의 값의 움직임을 얻을 수 있다.

한편, 정적분은 함수의 그래프에서 영역의 넓이와 관계가 있음을 항상 기억하고 있어야 한다. 실제로 정적분 $\displaystyle\int_0^2 f(f(x))\,dx$의 값은 함수 $y = (f \circ f)(x)$의 그래프와 x축 및 두 직선 $x = 0$, $x = 2$로 둘러싸인 도형의 넓이이다. 따라서 구하는 값은 A의 넓이인 $\dfrac{3}{2}$이다.

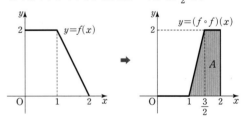

14 (i) $0 \le x < 2$일 때,

$f(x) = \displaystyle\int_0^2 |t - x|\,dt$

$= \displaystyle\int_0^x (x - t)\,dt + \int_x^2 (t - x)\,dt$

$= \Big[xt - \dfrac{1}{2}t^2 \Big]_0^x + \Big[\dfrac{1}{2}t^2 - xt \Big]_x^2$

$= \left(x^2 - \dfrac{1}{2}x^2 \right) + (2 - 2x) - \left(\dfrac{1}{2}x^2 - x^2 \right)$

$= x^2 - 2x + 2$

(ii) $x \geq 2$일 때,

$$f(x) = \int_0^2 |t-x|\,dt$$
$$= \int_0^2 (x-t)\,dt$$
$$= \left[xt - \frac{1}{2}t^2 \right]_0^2 = 2x-2$$

(i), (ii)에서

$$\int_0^4 f(x)\,dx = \int_0^2 (x^2-2x+2)\,dx + \int_2^4 (2x-2)\,dx$$
$$= \left[\frac{1}{3}x^3 - x^2 + 2x \right]_0^2 + \left[x^2 - 2x \right]_2^4$$
$$= \frac{8}{3} + 8 = \frac{32}{3}$$

답 ④

• 다른풀이 •

$g(t) = |t-x|$라 하면 $f(x)$는 함수 $y=g(t)$의 그래프와 두 직선 $t=0$, $t=2$ 및 t축으로 둘러싸인 도형의 넓이와 같다.

(i) $x < 0$일 때,

$f(x)$는 오른쪽 그림의 어두운 부분의 넓이와 같으므로

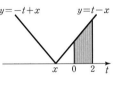

$$f(x) = \frac{1}{2}(-x+2-x) \times 2$$
$$= -2x+2$$

(ii) $0 \leq x < 2$일 때,

$f(x)$는 오른쪽 그림의 어두운 부분의 넓이와 같으므로

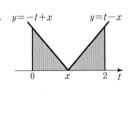

$$f(x) = \frac{1}{2} \times x \times x$$
$$\quad + \frac{1}{2} \times (2-x)^2$$
$$= x^2 - 2x + 2$$

(iii) $x \geq 2$일 때,

$f(x)$는 오른쪽 그림의 어두운 부분의 넓이와 같으므로

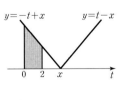

$$f(x) = \frac{1}{2} \times (x-2+x) \times 2$$
$$= 2x-2$$

(i), (ii), (iii)에서

$$\int_0^4 f(x)\,dx = \int_0^2 (x^2-2x+2)\,dx + \int_2^4 (2x-2)\,dx$$
$$= \frac{32}{3}$$

15 $f(x) = x^2 - 2|x-t|$

$$= \begin{cases} x^2 + 2x - 2t & (x < t) \\ x^2 - 2x + 2t & (x \geq t) \end{cases}$$

$$= \begin{cases} (x+1)^2 - 2t - 1 & (x < t) \\ (x-1)^2 + 2t - 1 & (x \geq t) \end{cases}$$

t의 값의 범위에 따라 함수 $f(x)$의 최댓값 $g(t)$를 구하면 다음과 같다.

(i) $t < -1$일 때,

$-1 \leq x \leq 1$에서 함수 $y=f(x)$의 그래프는 오른쪽 그림과 같으므로 $x=-1$일 때 최댓값을 갖는다. 즉,

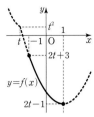

$$g(t) = f(-1) = 2t+3$$

(ii) $-1 \leq t \leq 1$일 때,

$-1 \leq x \leq 1$에서 함수 $y=f(x)$의 그래프는 오른쪽 그림과 같으므로 $x=t$일 때 최댓값을 갖는다. 즉,

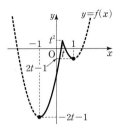

$$g(t) = f(t) = t^2$$

(iii) $t > 1$일 때,

$-1 \leq x \leq 1$에서 함수 $y=f(x)$의 그래프는 오른쪽 그림과 같으므로 $x=1$일 때 최댓값을 갖는다. 즉,

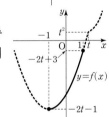

$$g(t) = f(1) = -2t+3$$

(i), (ii), (iii)에서

$$g(t) = \begin{cases} 2t+3 & (t < -1) \\ t^2 & (-1 \leq t \leq 1) \\ -2t+3 & (t > 1) \end{cases}$$이므로

$$\int_0^{\frac{3}{2}} g(t)\,dt = \int_0^1 t^2\,dt + \int_1^{\frac{3}{2}} (-2t+3)\,dt$$
$$= \left[\frac{1}{3}t^3 \right]_0^1 + \left[-t^2 + 3t \right]_1^{\frac{3}{2}}$$
$$= \frac{1}{3} + \left(-\frac{9}{4} + \frac{9}{2} \right) - (-1+3) = \frac{7}{12}$$

따라서 $p=12$, $q=7$이므로

$$p+q = 12+7 = 19$$

답 19

16 조건 (나)에서 $n=0$, $n=1$일 때, $3 \leq x \leq 6$에서 함수 $y=f(x)$의 그래프가 지나는 점의 좌표는

$(3, 7)$, $(4, 8)$, $(5, 10)$, $(6, 13)$

이때, 두 점 $(3, 7)$, $(4, 8)$을 지나는 직선의 기울기는 $\dfrac{8-7}{4-3}=1$이고, 조건 (가)에서 $f'(x) \geq 1$이므로 $3 < t < 4$를 만족시키는 곡선 $y=f(x)$ 위의 임의의 점 $(t, f(t))$에 대해 평균값 정리에 의하여

(i) $\dfrac{f(t)-f(3)}{t-3} \geq 1$에서 $f(t)-f(3) \geq t-3$

$f(t) \geq t-3+f(3)$

$\therefore f(t) \geq t+4$ ($\because f(3)=7$)

(ii) $\dfrac{f(4)-f(t)}{4-t} \geq 1$에서 $f(4)-f(t) \geq 4-t$

$f(t) \leq t+f(4)-4$

$\therefore f(t) \leq t+4$ ($\because f(4)=8$)

(ⅰ), (ⅱ)에서 $f(t)=t+4$ (단, $3<t<4$)

마찬가지로 두 점 $(5, 10)$, $(6, 13)$을 지나는 직선의 기울기는 $\dfrac{13-10}{6-5}=3$이고, 조건 ㈎에서 $f'(3)\leq3$이므로

$5<t<6$을 만족시키는 곡선 $y=f(x)$ 위의 임의의 점 $(t, f(t))$에 대해 평균값 정리에 의하여

(ⅲ) $\dfrac{f(t)-f(5)}{t-5}\leq3$에서 $f(t)-f(5)\leq3(t-5)$

$\qquad f(t)\leq3(t-5)+f(5)$

$\qquad \therefore f(t)\leq3t-5\ (\because f(5)=10)$

(ⅳ) $\dfrac{f(6)-f(t)}{6-t}\leq3$에서 $f(6)-f(t)\leq3(6-t)$

$\qquad f(t)\geq3(t-6)+f(6)$

$\qquad \therefore f(t)\geq3t-5\ (\because f(6)=13)$

(ⅲ), (ⅳ)에서 $f(t)=3t-5$ (단, $5<t<6$)

한편, 조건 ㈐에서 $k=2$일 때, 닫힌구간 $[4, 5]$에서 함수 $y=f(x)$의 그래프는 이차함수의 그래프의 일부이므로

$g(x)=px^2+qx+r\ (4\leq x\leq5)$ (p, q, r는 상수, $p\neq0$) 라 하면

$$f(x)=\begin{cases} x+4 & (3\leq x<4) \\ g(x) & (4\leq x\leq5) \\ 3x-5 & (5<x\leq6) \end{cases}$$

라 할 수 있다. 함수 $f(x)$는 실수 전체의 집합에서 미분 가능하므로

$g(4)=8$, $g(5)=10$, $g'(4)=1$, $g'(5)=3$

$g(x)=px^2+qx+r$에서 $g'(x)=2px+q$이므로

$g'(4)=1$에서 $8p+q=1$ $\qquad$ ……㉠

$g'(5)=3$에서 $10p+q=3$ $\qquad$ ……㉡

㉠, ㉡을 연립하여 풀면

$p=1$, $q=-7$

즉, $g(x)=x^2-7x+r$이고, $g(4)=8$이므로

$16-28+r=8$ $\quad \therefore r=20$

$\therefore g(x)=x^2-7x+20$ (단, $4\leq x\leq5$)

$$\therefore f(x)=\begin{cases} x+4 & (3\leq x<4) \\ x^2-7x+20 & (4\leq x\leq5) \\ 3x-5 & (5<x\leq6) \end{cases}$$

$a=\displaystyle\int_3^6 f(x)\,dx$

$=\displaystyle\int_3^4 f(x)\,dx+\int_4^5 f(x)\,dx+\int_5^6 f(x)\,dx$

$=\displaystyle\int_3^4 (x+4)\,dx+\int_4^5 (x^2-7x+20)\,dx+\int_5^6 (3x-5)\,dx$

$=\left[\dfrac{1}{2}x^2+4x\right]_3^4+\left[\dfrac{1}{3}x^3-\dfrac{7}{2}x^2+20x\right]_4^5+\left[\dfrac{3}{2}x^2-5x\right]_5^6$

$=\left(12-\dfrac{9}{2}\right)+\left(\dfrac{61}{3}-\dfrac{63}{2}+20\right)+\left(49-\dfrac{75}{2}\right)$

$=81+\dfrac{61}{3}-\dfrac{147}{2}$

$=\dfrac{167}{6}$

$\therefore 6a=6\times\dfrac{167}{6}=167$ $\qquad$ 답 167

---

blacklabel 특강 해결실마리

조건 ㈐에 의하여 닫힌구간 $[0, 1]$, $[2, 3]$, $[4, 5]$, …에서 함수 $y=f(x)$의 그래프의 개형이 이차함수의 그래프의 일부임을 알았지만 열린구간 $(1, 2)$, $(3, 4)$, $(5, 6)$, …에서의 그래프의 개형을 구하지 못해 틀린 학생들이 많았다. 해당 문항에서는 조건 ㈎와 '함수 $f(x)$는 실수 전체의 집합에서 미분가능하다.'를 활용하여 그래프의 개형을 찾아야 한다.

두 점 $(3, 7)$, $(4, 8)$을 잇는 직선의 기울기는 1이고, 함수 $f(x)$가 미분가능하므로 평균값 정리에 의하여 $3<t<4$에서 $f'(t)=1$인 $x=t$가 존재한다. 이때, $3<x<4$에서 함수 $y=f(x)$의 그래프의 개형이 곡선이면 $x=t$의 좌 또는 우에서 $f'(x)<1$인 x가 존재하여 조건 ㈎를 만족시키지 못하므로 직선이어야 한다. 마찬가지로 $5<x<6$에서의 함수 $y=f(x)$의 그래프의 개형도 두 점 $(5, 10)$, $(6, 13)$을 잇는 직선이어야 한다.

마지막으로 $f(x)$는 실수 전체의 집합에서 미분가능한 함수이므로 실수 전체의 집합에서 연속이면서 $x=4$와 $x=5$에서의 미분계수가 존재해야 한다. 즉, 닫힌구간 $[4, 5]$에서의 $f(x)$는 $f(4)=8$, $f(5)=10$, $f'(4)=1$, $f'(5)=3$을 만족시키는 이차함수이다.

---

17 $h(x)=f(x)g(x)$로 놓으면

$h(-x)=f(-x)g(-x)$

$\qquad =f(x)\{-g(x)\}\ (\because$ 조건 ㈎$)$

$\qquad =-f(x)g(x)=-h(x)$

즉, $h(-x)=-h(x)$이므로 $h(x)$는 그래프가 원점에 대하여 대칭인 기함수이다.

$h(x+4)=f(x+4)g(x+4)$

$\qquad =f(x)g(x+2)\ (\because$ 조건 ㈏$)$

$\qquad =f(x)g(x)\ (\because$ 조건 ㈏$)$

$\qquad =h(x)$

즉, $h(x+4)=h(x)$이므로 $h(x)$는 주기가 4인 주기함수이다.

$\therefore \displaystyle\int_{-2}^2 h(x)\,dx=\int_2^6 h(x)\,dx=\int_6^{10} h(x)\,dx=0$

한편, $\displaystyle\int_0^2 f(x)g(x)\,dx=5$에서 $\displaystyle\int_0^2 h(x)\,dx=5$이므로

$\displaystyle\int_0^2 h(x)\,dx=\int_4^6 h(x)\,dx=\int_8^{10} h(x)\,dx=5$

$\therefore \displaystyle\int_{-4}^{10} f(x)g(x)\,dx=\int_{-4}^{10} h(x)\,dx$

$\qquad =\displaystyle\int_{-4}^4 h(x)\,dx+\int_4^{10} h(x)\,dx$

$\qquad =0+\displaystyle\int_4^{10} h(x)\,dx$

$\qquad =\displaystyle\int_4^6 h(x)\,dx+\int_6^{10} h(x)\,dx$

$\qquad =5+0=5$ $\qquad$ 답 5

서울대 선배들의 강추문제 1등급 비법 노하우

조건 ㈎, ㈏에서 $f(x)$는 주기가 4인 우함수, $g(x)$는 주기가 2인 기함수임을 알 수 있다. 이때, 이 두 함수가 곱해진 새로운 함수 $h(x)=f(x)g(x)$는 주기가 4인 기함수이므로 $\displaystyle\int_{-2}^2 h(x)\,dx=0$이다.

정적분에 대한 문제에서 우함수, 기함수, 주기함수에 대한 성질을 이용하는 경우가 종종 있기 때문에 각각을 잘 기억해 두고 있는 것이 좋다.

18 $f(-x)=-f(x)$에서 $f(x)$는 그래프가 원점에 대하여 대칭인 기함수이므로 $f'(x)$는 우함수, $xf'(x)$는 기함수이다.

한편, $f(-x)=-f(x)$의 양변에 $x=3$을 대입하면

$f(-3)=-f(3)=-2$

$\therefore \displaystyle\int_{-3}^{3} f'(x)(2-x)\,dx$

$\quad = 2\displaystyle\int_{-3}^{3} f'(x)\,dx - \int_{-3}^{3} xf'(x)\,dx$

$\quad = 2\Big[\,f(x)\,\Big]_{-3}^{3}$

$\quad = 2\{f(3)-f(-3)\}$

$\quad = 2\times\{2-(-2)\}=8$ 　　　　답 ④

• 다른풀이 •

함수 $f(x)$가 기함수이므로 $f'(x)$는 우함수, $xf'(x)$는 기함수이다.

한편, $f(-x)=-f(x)$에 $x=0$을 대입하면

$f(0)=-f(0)$, $2f(0)=0$ 　　$\therefore f(0)=0$

$\therefore \displaystyle\int_{-3}^{3} f'(x)(2-x)\,dx$

$\quad = 2\displaystyle\int_{-3}^{3} f'(x)\,dx - \int_{-3}^{3} xf'(x)\,dx$

$\quad = 2\times 2\displaystyle\int_{0}^{3} f'(x)\,dx - 0$

$\quad = 4\displaystyle\int_{0}^{3} f'(x)\,dx$

$\quad = 4\Big[\,f(x)\,\Big]_{0}^{3}$

$\quad = 4\{f(3)-f(0)\}$

$\quad = 4(2-0)=8$

19 조건 ㈎에서 $f'(-a)=f'(a)$이므로 $f'(x)$는 우함수이다.

즉, $f'(x)$는 차수가 짝수인 항과 상수항의 합으로 이루어진 다항함수이고,

$\displaystyle\int f'(x)\,dx = f(x)+C$ (단, C는 적분상수)

이므로 $f(x)$는 차수가 홀수인 항과 상수항의 합으로 이루어진 다항함수이다.

이때, 함수 $f(x)$에서 차수가 홀수인 항으로 이루어진 다항함수를 $g(x)$, 상수항을 k라 하면

$f(x)=g(x)+k$

조건 ㈏에서

$\displaystyle\int_{-a}^{a} f(x)\,dx = \int_{-a}^{a} \{g(x)+k\}\,dx$

$\quad = \displaystyle\int_{-a}^{a} g(x)\,dx + \int_{-a}^{a} k\,dx$

$\quad = 0 + 2\displaystyle\int_{0}^{a} k\,dx$

$\quad = 2\Big[\,kx\,\Big]_{0}^{a} = 2ka$

이므로 $2ka=6a$

위의 식은 a에 대한 항등식이므로

$2k=6$ 　　$\therefore k=3$

$\therefore f(x)=g(x)+3$

한편, $g(x)$는 기함수이므로 $g(-x)=-g(x)$이고, 이 식의 양변에 $x=0$을 대입하면

$g(0)=-g(0)$, $2g(0)=0$

$\therefore g(0)=0$

$\therefore f(0)=g(0)+3=0+3=3$ 　　　　답 3

20 함수 $y=f(x)$의 그래프와 함수 $y=f(2-x)$의 그래프는 직선 $x=1$에 대하여 대칭이므로

$\displaystyle\int_{0}^{2} f(x)\,dx = \int_{0}^{2} f(2-x)\,dx$ 　　…… ㉠

$f(x)=3x^2-6x+4-f(2-x)$에서

$\displaystyle\int_{0}^{2} f(x)\,dx = \int_{0}^{2} \{3x^2-6x+4-f(2-x)\}\,dx$

$\quad = \displaystyle\int_{0}^{2} (3x^2-6x+4)\,dx - \int_{0}^{2} f(2-x)\,dx$

$\quad = \displaystyle\int_{0}^{2} (3x^2-6x+4)\,dx - \int_{0}^{2} f(x)\,dx$

$\quad\quad\quad\quad\quad\quad\quad\quad\quad (\because ㉠)$

$2\displaystyle\int_{0}^{2} f(x)\,dx = \int_{0}^{2} (3x^2-6x+4)\,dx$

$\therefore \displaystyle\int_{0}^{2} f(x)\,dx = \frac{1}{2}\int_{0}^{2} (3x^2-6x+4)\,dx$

$\quad = \frac{1}{2}\Big[\,x^3-3x^2+4x\,\Big]_{0}^{2}$

$\quad = \frac{1}{2}(8-12+8)=2$ 　　　　답 2

21 연속함수 $f(x)$가 모든 실수 x에 대하여

$f(x)+f(k-x)=k$ (k는 자연수) 　　…… ㉠

를 만족시키므로 함수 $y=f(x)$의 그래프는 점 $\left(\dfrac{k}{2},\ \dfrac{k}{2}\right)$를 지나고, 이 점에 대하여 대칭이다.

$\therefore \displaystyle\int_{0}^{k} f(x)\,dx = \int_{0}^{k} f(k-x)\,dx$

$\displaystyle\int_{0}^{k} 2f(x)\,dx = \int_{0}^{k} f(x)\,dx + \int_{0}^{k} f(x)\,dx$

$\quad = \displaystyle\int_{0}^{k} f(x)\,dx + \int_{0}^{k} f(k-x)\,dx$

$\quad = \displaystyle\int_{0}^{k} \{f(x)+f(k-x)\}\,dx$

$\quad = \displaystyle\int_{0}^{k} k\,dx \ (\because ㉠)$

$\quad = \Big[\,kx\,\Big]_{0}^{k} = k^2$

$\therefore \displaystyle\sum_{k=1}^{10} \int_{0}^{k} 2f(x)\,dx = \sum_{k=1}^{10} k^2 = \frac{10\times 11\times 21}{6} = 385$ 　답 ⑤

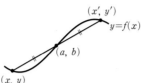

blacklabel 특강 필수 원리

(1) 연속함수 $y=f(x)$의 그래프가 점 (a, b)에 대하여 대칭이면

$$\frac{f(2a-x)+f(x)}{2}=b$$

$$\therefore f(2a-x)+f(x)=2b \text{ 또는 } f(a-x)+f(a+x)=2b$$

[증명]

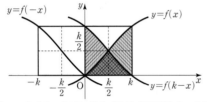

$$\frac{x+x'}{2}=a \text{에서 } x'=2a-x \quad \cdots\cdots \text{㉠}$$

$$\frac{y+y'}{2}=b \text{에서 } \frac{f(x)+f(x')}{2}=b \text{이므로 이 식에 ㉠을 대입하면}$$

$$\frac{f(x)+f(2a-x)}{2}=b$$

$$\therefore f(x)+f(2a-x)=2b, \text{ 즉 } f(a+x)+f(a-x)=2b$$

(2) 연속함수 $y=f(x)$의 그래프가 점 $\left(\dfrac{k}{2}, \dfrac{k}{2}\right)$ $(k>0)$에 대하여 대칭이면

$$\int_0^k f(x)\,dx=\int_0^k f(k-x)\,dx \quad \cdots\cdots \text{㉠}$$

[증명]

함수 $y=f(x)$의 그래프를 y축에 대하여 대칭이동한 후, x축의 방향으로 k $(k>0)$만큼 평행이동하면 함수 $y=f(-(x-k))$, 즉 $y=f(k-x)$의 그래프이므로 ㉠이 성립한다.

---

22 조건 ㈏에 의하여 $k<t\leq k+1$에서 함수 $f(x)$의 그래프는

$f(k+t)=f(k)$이면 상수함수이고

$f(k+t)=2t+f(k)$이면 기울기가 2인 직선이다.

이때, 조건 ㈐에서 함수 $f(x)$는 열린구간 $(0, 8)$에서 미분가능하지 않은 x의 개수가 2이므로

$x<a$일 때 상수함수, $x>a$일 때 기울기가 2인 직선

또는

$x<a$일 때 기울기가 2인 직선, $x>a$일 때 상수함수

를 만족시키는 a $(0<a<8)$의 개수가 2이어야 한다.

또한, 조건 ㈎에서 $f(0)=2$, $f(8)=14$이므로 함수 $y=f(x)$의 그래프는 다음과 같은 경우로 나누어 생각할 수 있다.

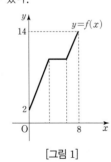

[그림 1]

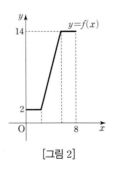

[그림 2]

(i) 함수 $y=f(x)$의 그래프가 [그림 1]과 같은 경우

$\displaystyle\int_0^8 f(x)\,dx$의 값이 최대이려면 함수 $y=f(x)$의 그래프는 오른쪽 그림과 같아야 한다.

즉,

$$f(x)=\begin{cases} 2x+2 & (0\leq x<5) \\ 12 & (5\leq x\leq 7) \\ 2x-2 & (7<x\leq 8) \end{cases}$$

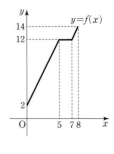

이므로

$$\int_0^8 f(x)\,dx$$

$$=\int_0^5 (2x+2)\,dx+\int_5^7 12\,dx+\int_7^8 (2x-2)\,dx$$

$$=\Big[x^2+2x\Big]_0^5+\Big[12x\Big]_5^7+\Big[x^2-2x\Big]_7^8$$

$$=35+12(7-5)+(48-35)$$

$$=35+24+13=72$$

(ii) 함수 $y=f(x)$의 그래프가 [그림 2]와 같은 경우

$\displaystyle\int_0^8 f(x)\,dx$의 값이 최대이려면 함수 $y=f(x)$의 그래프는 오른쪽 그림과 같아야 한다.

즉,

$$f(x)=\begin{cases} 2 & (0\leq x<1) \\ 2x & (1\leq x\leq 7) \\ 14 & (7<x\leq 8) \end{cases}$$

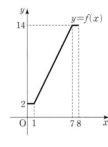

이므로

$$\int_0^8 f(x)\,dx$$

$$=\int_0^1 2\,dx+\int_1^7 2x\,dx+\int_7^8 14\,dx$$

$$=\Big[2x\Big]_0^1+\Big[x^2\Big]_1^7+\Big[14x\Big]_7^8$$

$$=2+(49-1)+14(8-7)$$

$$=2+48+14=64$$

(i), (ii)에서 구하는 최댓값은 72이다.　　　　답 72

---

23 $f(x)=x^2-ax+\displaystyle\int_2^x g(t)\,dt \quad \cdots\cdots \text{㉠}$

㉠의 양변에 $x=2$를 대입하면

$$f(2)=4-2a \left(\because \int_2^2 g(t)\,dt=0\right)$$

이때, 다항식 $f(x)$가 $(x-2)^2$으로 나누어떨어지므로 인수정리에 의하여 $f(2)=0$

즉, $4-2a=0$이므로 $2a=4$　　　$\therefore a=2$

이것을 ㉠에 대입하면

$$f(x)=x^2-2x+\int_2^x g(t)\,dt \quad \cdots\cdots \text{㉡}$$

다항식 $f(x)$를 $(x-2)^2$으로 나눈 몫을 $Q(x)$라 하면

$$f(x)=(x-2)^2 Q(x)$$

위의 식의 양변을 x에 대하여 미분하면

$f'(x)=2(x-2)Q(x)+(x-2)^2Q'(x)$

위의 식의 양변에 $x=2$를 대입하면

$f'(2)=0$ ⋯⋯ⓒ

한편, ⓛ의 양변을 x에 대하여 미분하면

$f'(x)=2x-2+g(x)$

$\therefore g(x)=f'(x)-2x+2$

따라서 다항식 $g(x)$를 $x-2$로 나눈 나머지는 나머지정리에 의하여

$g(2)=f'(2)-4+2$

$\quad=0-2\ (\because ⓒ)$

$\quad=-2$

답 ①

24 $\displaystyle\int_0^1 f(x)\,dx=A,\ \int_0^1 g(x)\,dx=B\ (A,\ B는 상수)$

⋯⋯㉠라 하면

$f(x)=20x+x\displaystyle\int_0^1 g(x)\,dx=20x+Bx$

$g(x)=30x^2+\displaystyle\int_0^1 f(x)\,dx=30x^2+A$

위의 두 식을 ㉠에 각각 대입하면

$A=\displaystyle\int_0^1 f(x)\,dx=\int_0^1 (20x+Bx)\,dx$

$\quad=\left[10x^2+\dfrac{B}{2}x^2\right]_0^1=10+\dfrac{B}{2}$

$B=\displaystyle\int_0^1 g(x)\,dx=\int_0^1 (30x^2+A)\,dx$

$\quad=\left[10x^3+Ax\right]_0^1=10+A$

즉, $A=10+\dfrac{B}{2}$, $B=10+A$이므로 두 식을 연립하여 풀면

$A=30$, $B=40$

$\therefore \displaystyle\int_0^1 \{f(x)+g(x)\}\,dx$

$\quad=\displaystyle\int_0^1 f(x)\,dx+\int_0^1 g(x)\,dx$

$\quad=A+B=30+40=70$

답 70

단계	채점 기준	배점
(개)	$\displaystyle\int_0^1 f(x)\,dx=A,\ \int_0^1 g(x)\,dx=B$로 치환하여 두 함수 $f(x),\ g(x)$를 $A,\ B$를 이용하여 나타낸 경우	30%
(내)	(개)에서 나타낸 $f(x),\ g(x)$를 $\displaystyle\int_0^1 f(x)\,dx=A,\ \int_0^1 g(x)\,dx=B$에 대입하여 $A,\ B$에 대한 식을 세운 경우	50%
(대)	$A,\ B$에 대한 연립방정식을 풀어 $A,\ B$의 값을 각각 구한 후, $\displaystyle\int_0^1 \{f(x)+g(x)\}\,dx$의 값을 구한 경우	20%

25 $f(x)=x^8+6x+1$에서 $f'(x)=8x^7+6$

$\displaystyle\lim_{x\to 0}\frac{1}{x^2+2x}\int_0^x (x-t-1)f'(t)\,dt$

$=\displaystyle\lim_{x\to 0}\frac{1}{x^2+2x}\left\{\int_0^x xf'(t)\,dt-\int_0^x (t+1)f'(t)\,dt\right\}$

$=\displaystyle\lim_{x\to 0}\frac{1}{x(x+2)}\left\{x\int_0^x f'(t)\,dt-\int_0^x (t+1)f'(t)\,dt\right\}$

$=\displaystyle\lim_{x\to 0}\int_0^x f'(t)\,dt\times\frac{1}{x+2}$

$\qquad-\displaystyle\lim_{x\to 0}\frac{1}{x}\int_0^x (t+1)f'(t)\,dt\times\frac{1}{x+2}$ ⋯⋯㉠

이때,

$\displaystyle\lim_{x\to 0}\int_0^x f'(t)\,dt=\lim_{x\to 0}\Big[f(t)\Big]_0^x$

$\qquad=\displaystyle\lim_{x\to 0}\{f(x)-f(0)\}=0$

$F'(x)=(x+1)f'(x)$라 하면

$\displaystyle\lim_{x\to 0}\frac{1}{x}\int_0^x (t+1)f'(t)\,dt=\lim_{x\to 0}\frac{1}{x}\Big[F(t)\Big]_0^x$

$\qquad=\displaystyle\lim_{x\to 0}\frac{F(x)-F(0)}{x-0}$

$\qquad=F'(0)=f'(0)$

$\therefore$ (주어진 식)$=0\times\dfrac{1}{2}-f'(0)\times\dfrac{1}{2}\ (\because ㉠)$

$\qquad=-\dfrac{1}{2}\times 6$

$\qquad\quad(\because f'(x)=8x^7+6에서 f'(0)=6)$

$\qquad=-3$

답 ③

• 다른풀이 •

$f(x)=x^8+6x+1$에서 $f'(x)=8x^7+6$

$\displaystyle\lim_{x\to 0}\frac{1}{x^2+2x}\int_0^x (x-t-1)f'(t)\,dt$에서

$\displaystyle\int_0^x (x-t-1)f'(t)\,dt=T(x)$ ⋯⋯ⓛ

라 하면 $T(0)=0$이고,

$\displaystyle\lim_{x\to 0}\frac{1}{x^2+2x}\int_0^x (x-t-1)f'(t)\,dt$

$=\displaystyle\lim_{x\to 0}\frac{T(x)-T(0)}{x-0}\times\frac{1}{x+2}$

$=\dfrac{1}{2}T'(0)$ ⋯⋯ⓒ

ⓛ에서

$T(x)=\displaystyle\int_0^x xf'(t)\,dt-\int_0^x (t+1)f'(t)\,dt$

$\quad=x\displaystyle\int_0^x f'(t)\,dt-\int_0^x (t+1)f'(t)\,dt$

이므로

$T'(x)=\displaystyle\int_0^x f'(t)\,dt+xf'(x)-(x+1)f'(x)$

$\quad=\displaystyle\int_0^x f'(t)\,dt-f'(x)$

$\therefore T'(0)=-f'(0)=-6$

$\therefore$ (주어진 식)$=\dfrac{1}{2}T'(0)\ (\because ⓒ)$

$\qquad=\dfrac{1}{2}\times(-6)=-3$

26 조건 (대)에서

$f(x+y)+f(x-y)=2\{f(x)+f(y)\}$ ⋯⋯㉠

㉠의 양변에 $x=0$, $y=0$을 대입하면

$f(0)+f(0)=2\{f(0)+f(0)\}$, $2f(0)=4f(0)$

$2f(0)=0$ ∴ $f(0)=0$ ······ⓛ

㉠의 양변에 $x=1$, $y=1$을 대입하면

$f(2)+f(0)=2\{f(1)+f(1)\}$

∴ $f(2)=4f(1)$ (∵ ⓛ)

조건 ㈎에서 $f(1)=25$이므로

$f(2)=4\times25=100$ ······㉢

한편, 조건 ㈏에서

$f(x)=\dfrac{1}{2}\displaystyle\int_x^{x+1}f(t)\,dt-\dfrac{1}{2}\displaystyle\int_x^{x-1}f(t)\,dt-\displaystyle\int_0^1 f(t)\,dt$

위의 식의 양변을 x에 대하여 미분하면

$f'(x)=\dfrac{1}{2}\{f(x+1)-f(x)\}-\dfrac{1}{2}\{f(x-1)-f(x)\}$

$\qquad=\dfrac{1}{2}\{f(x+1)-f(x-1)\}$

위의 식의 양변에 $x=1$을 대입하면

$f'(1)=\dfrac{1}{2}\{f(2)-f(0)\}$

$\qquad=\dfrac{1}{2}(100-0)$ (∵ ⓛ, ㉢)

$\qquad=50$

답 50

27 $\displaystyle\int_2^x(3t+2)f(t)\,dt=2\displaystyle\int_2^x(x+2)f(t)\,dt$에서

$\displaystyle\int_2^x(3t+2)f(t)\,dt=2x\displaystyle\int_2^x f(t)\,dt+4\displaystyle\int_2^x f(t)\,dt$

위의 식의 양변을 x에 대하여 미분하면

$(3x+2)f(x)=2\displaystyle\int_2^x f(t)\,dt+2xf(x)+4f(x)$

∴ $(x-2)f(x)=2\displaystyle\int_2^x f(t)\,dt$

위의 식의 양변을 x에 대하여 미분하면

$f(x)+(x-2)f'(x)=2f(x)$

∴ $f(x)=(x-2)f'(x)$ ······㉠

이때, 다항함수 $f(x)$의 최고차항을 ax^n ($a\neq0$인 상수)

이라 하면 도함수 $f'(x)$의 최고차항은 anx^{n-1}이므로 ㉠

에서 양변의 최고차항의 계수를 비교하면

$a=an$, $a(n-1)=0$ ∴ $n=1$ (∵ $a\neq0$)

즉, $f(x)$는 일차함수이므로 $f(x)=ax+b$ (b는 상수)

라 하자.

$f(0)=4$이므로 $b=4$

∴ $f(x)=ax+4$, $f'(x)=a$

이것을 ㉠에 대입하면

$ax+4=(x-2)\times a$

$-2a=4$ ∴ $a=-2$

∴ $f(x)=-2x+4$, $f'(x)=-2$

∴ $f(5)-f'(5)=(-10+4)-(-2)$

$\qquad\qquad\qquad=-6+2=-4$

답 -4

28 $g(x)=\displaystyle\int_0^x(x-t)f(t)\,dt$ ······㉠에서

$g(x)=x\displaystyle\int_0^x f(t)\,dt-\displaystyle\int_0^x tf(t)\,dt$

위의 식의 양변을 x에 대하여 미분하면

$g'(x)=\displaystyle\int_0^x f(t)\,dt+xf(x)-xf(x)$

$\qquad=\displaystyle\int_0^x f(t)\,dt$ ······ⓛ

㉠, ⓛ에 각각 $x=0$을 대입하면 $g(0)=0$, $g'(0)=0$

이때, $g(x)$가 삼차함수이므로

$g(x)=x^2(ax+b)=ax^3+bx^2$ (a, b는 상수, $a\neq0$)이

라 하면

$g'(x)=3ax^2+2bx$ ······㉢

위의 식을 ⓛ에 대입하면

$\displaystyle\int_0^x f(t)\,dt=3ax^2+2bx$

위의 식의 양변을 x에 대하여 미분하면

$f(x)=6ax+2b$

$f(1)=0$, $g'(1)=6$이므로

$6a+2b=0$, $3a+2b=6$ (∵ ㉢)

위의 두 식을 연립하여 풀면

$a=-2$, $b=6$

따라서 $g(x)=-2x^3+6x^2$이므로

$g(2)=-16+24=8$

답 8

• 다른풀이 •

$g(x)=\displaystyle\int_0^x(x-t)f(t)\,dt$에서

$g(x)=x\displaystyle\int_0^x f(t)\,dt-\displaystyle\int_0^x tf(t)\,dt$

위의 식의 양변을 x에 대하여 미분하면

$g'(x)=\displaystyle\int_0^x f(t)\,dt+xf(x)-xf(x)$

$\qquad=\displaystyle\int_0^x f(t)\,dt$ ······㉣

이때, $g(x)$가 삼차함수이므로 $f(x)$는 일차함수이어야

한다.

$f(1)=0$이므로 $f(x)=a(x-1)$ ($a\neq0$)이라 하고 이

것을 ㉣에 대입하면

$g'(x)=\displaystyle\int_0^x f(t)\,dt=\displaystyle\int_0^x a(t-1)\,dt$

$\qquad=a\left[\dfrac{1}{2}t^2-t\right]_0^x=a\left(\dfrac{1}{2}x^2-x\right)$

$g'(1)=6$이므로 $-\dfrac{1}{2}a=6$ ∴ $a=-12$

즉, $g'(x)=-12\left(\dfrac{1}{2}x^2-x\right)=-6x^2+12x$이므로

$g(x)=-2x^3+6x^2+C$ (단, C는 적분상수)

이때, $g(x)=\displaystyle\int_0^x(x-t)f(t)\,dt$에 $x=0$을 대입하면

$g(0)=0$이므로

$C=0$

따라서 $g(x)=-2x^3+6x^2$이므로

$g(2)=-16+24=8$

29 $g(x)=\displaystyle\int_{-x}^{x}\{f(t)-|f(t)|\}\,dt$에서

$f(t)\leq0$이면

$$g(x)=\int_{-x}^{x}\{f(t)+f(t)\}\,dt$$

$$=\int_{-x}^{x}2f(t)\,dt \qquad\qquad \cdots\cdots\;\bigcirc$$

$f(t)>0$이면

$$g(x)=\int_{-x}^{x}\{f(t)-f(t)\}\,dt=0$$

이때, 조건 (가), (다)에 의하여 $0\leq x<1$ 또는 $x>5$에서 $g(x)$가 상수함수이므로 이 구간에서 $f(t)>0$이어야 한다.

$\qquad\qquad\qquad\qquad\qquad\qquad\cdots\cdots\;\bigcirc$

한편, 함수 $f(x)=x^4+ax^2+b$는 $f(-x)=f(x)$이므로 그래프가 y축에 대하여 대칭인 우함수이고, $\bigcirc$에서 함수 $2f(x)$가 우함수이므로

$$g(x)=\int_{-x}^{x}2f(t)\,dt$$

$$=2\int_{0}^{x}2f(t)\,dt$$

$$=4\int_{0}^{x}f(t)\,dt$$

위의 식의 양변을 x에 대하여 미분하면

$$g'(x)=4f(x)$$

조건 (나)에 의하여 $1\leq x\leq5$에서 함수 $g(x)$가 감소하므로 이 구간에서 $g'(x)\leq0$, 즉 $4f(x)\leq0$이어야 한다.

$\qquad\qquad\qquad\qquad\qquad\qquad\cdots\cdots\;\bigcirc$

따라서 $\bigcirc$, $\textcircled{ㄹ}$에 의하여 사차함수 $y=f(x)$의 그래프는 다음 그림과 같아야 한다.

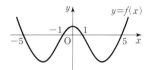

함수 $y=f(x)$의 그래프가 두 점 $(1,\,0)$, $(5,\,0)$을 지나므로

$f(1)=0$에서 $1+a+b=0$ $\qquad\qquad\cdots\cdots\;\textcircled{ㄹ}$

$f(5)=0$에서 $625+25a+b=0$ $\qquad\cdots\cdots\;\textcircled{ㅁ}$

$\textcircled{ㄹ}$, $\textcircled{ㅁ}$을 연립하여 풀면

$a=-26$, $b=25$

따라서 $f(x)=x^4-26x^2+25$이므로

$f(\sqrt{2})=4-26\times2+25=-23$ $\qquad\qquad$ 답 -23

30 해결단계

❶ 단계	$0<x\leq1$, $1<x<2$로 나누어 함수 $g(x)$의 식을 각각 구한다.
❷ 단계	함수 $g(x)$를 미분하여 $g'(x)=0$을 만족시키는 x의 값을 구한다.
❸ 단계	함수 $g(x)$의 그래프의 개형을 그려 최댓값을 구한다.

(i) $0<x\leq1$일 때,

함수 $y=f(t)$의 그래프와 직선 $y=f(x)$는 오른쪽 그림과 같으므로

$f(x)\geq f(t)$

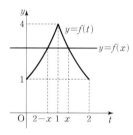

$g(x)$

$$=\int_{0}^{x}|f(x)-f(t)|\,dt$$

$$=\int_{0}^{x}\{f(x)-f(t)\}\,dt$$

$$=\int_{0}^{x}\{(x+1)^2-(t+1)^2\}\,dt$$

$$=\left[(x+1)^2 t-\frac{1}{3}(t+1)^3\right]_{0}^{x}$$

$$=\frac{1}{3}(x+1)^2(2x-1)+\frac{1}{3}$$

(ii) $1<x<2$일 때,

함수 $y=f(t)$의 그래프와 직선 $y=f(x)$는 오른쪽 그림과 같으므로

$0<t<2-x$일 때,

$f(x)\geq f(t)$

$2-x\leq t<x$일 때,

$f(x)\leq f(t)$

$g(x)$

$$=\int_{0}^{x}|f(x)-f(t)|\,dt$$

$$=\int_{0}^{2-x}\{f(x)-f(t)\}\,dt+\int_{2-x}^{x}\{f(t)-f(x)\}\,dt$$

이때, (i)에 의하여

$$\int_{0}^{2-x}\{f(x)-f(t)\}\,dt=\left[(3-x)^2 t-\frac{1}{3}(t+1)^3\right]_{0}^{2-x}$$

$$=\frac{1}{3}(3-x)^2(3-2x)+\frac{1}{3}$$

한편, 함수 $y=(x-3)^2$의 그래프는 함수 $y=(x+1)^2$의 그래프와 직선 $x=1$에 대하여 대칭이므로

$$\int_{2-x}^{x}\{f(t)-f(x)\}\,dt$$

$$=2\int_{1}^{x}\{f(t)-f(x)\}\,dt$$

$$=2\int_{1}^{x}\{(t-3)^2-(x-3)^2\}\,dt$$

$$=2\left[\frac{1}{3}(t-3)^3-(x-3)^2 t\right]_{1}^{x}$$

$$=2\left\{\frac{1}{3}(x-3)^3-x(x-3)^2\right\}-2\left\{-\frac{8}{3}-(x-3)^2\right\}$$

$$=-\frac{4}{3}x(x-3)^2+\frac{16}{3}$$

$\therefore g(x)$

$$=\frac{1}{3}(3-x)^2(3-2x)+\frac{1}{3}-\frac{4}{3}x(x-3)^2+\frac{16}{3}$$

$$=-(x-3)^2(2x-1)+\frac{17}{3}$$

(i), (ii)에서

$$g(x)=\begin{cases}\dfrac{1}{3}(x+1)^2(2x-1)+\dfrac{1}{3} & (0<x\le1)\\[2mm]-(x-3)^2(2x-1)+\dfrac{17}{3} & (1<x<2)\end{cases}$$ 이므로

$$g'(x)=\begin{cases}2x(x+1) & (0<x<1)\\-2(x-3)(3x-4) & (1<x<2)\end{cases}$$

$g'(x)=0$에서 $x=\dfrac{4}{3}$

열린구간 $(0,\ 2)$에서 함수 $g(x)$의 증가와 감소를 표로 나타내면 다음과 같다.

x	(0)	$\cdots$	1	$\cdots$	$\dfrac{4}{3}$	$\cdots$	(2)
$g'(x)$		$+$		$-$	0	$+$	
$g(x)$		↗	극대	↘	극소	↗	

따라서 함수 $g(x)$는

$x=1$일 때 극댓값 $g(1)=\dfrac{1}{3}\times2^2\times1+\dfrac{1}{3}=\dfrac{5}{3}$,

$x=\dfrac{4}{3}$일 때 극솟값 $g\left(\dfrac{4}{3}\right)=-\left(-\dfrac{5}{3}\right)^2\times\dfrac{5}{3}+\dfrac{17}{3}=\dfrac{28}{27}$

을 가지므로 극댓값과 극솟값의 차는

$$\dfrac{5}{3}-\dfrac{28}{27}=\dfrac{17}{27}$$ 답 $\dfrac{17}{27}$

31 함수 $y=f(x)$의 그래프에서

$$f(x)=\begin{cases}x+2 & (x<0)\\-2x+2 & (x\ge0)\end{cases}$$

한편, $g(x)=\displaystyle\int_{-1}^{x}f(t)\,dt$의 양변을 x에 대하여 미분하면

$g'(x)=f(x)$

주어진 함수 $y=f(x)$의 그래프는 x축과 교점의 x좌표가 -2, 1이므로 방정식 $f(x)=0$, 즉 $g'(x)=0$의 근은 $x=-2$ 또는 $x=1$

함수 $g(x)$의 증가와 감소를 표로 나타내면 다음과 같다.

x	$\cdots$	-2	$\cdots$	1	$\cdots$
$g'(x)$	$-$	0	$+$	0	$-$
$g(x)$	↘	극소	↗	극대	↘

함수 $g(x)$는 $x=-2$일 때 극솟값을 갖고 $x=1$일 때 극댓값을 갖는다.

따라서 함수 $g(x)$의 극댓값과 극솟값의 합은

$g(-2)+g(1)$

$=\displaystyle\int_{-1}^{-2}f(t)\,dt+\int_{-1}^{1}f(t)\,dt$

$=\displaystyle\int_{-1}^{-2}(t+2)\,dt+\int_{-1}^{0}(t+2)\,dt+\int_{0}^{1}(-2t+2)\,dt$

$=\left[\dfrac{1}{2}t^2+2t\right]_{-1}^{-2}+\left[\dfrac{1}{2}t^2+2t\right]_{-1}^{0}+\left[-t^2+2t\right]_{0}^{1}$

$=(2-4)-\left(\dfrac{1}{2}-2\right)-\left(\dfrac{1}{2}-2\right)+(-1+2)$

$=2$ 답 2

• 다른풀이 •

$$f(x)=\begin{cases}x+2 & (x<0)\\-2x+2 & (x\ge0)\end{cases}$$ 이므로

(ⅰ) $x<0$일 때,

$g(x)=\displaystyle\int_{-1}^{x}f(t)\,dt=\int_{-1}^{x}(t+2)\,dt$

$=\left[\dfrac{1}{2}t^2+2t\right]_{-1}^{x}$

$=\dfrac{1}{2}x^2+2x+\dfrac{3}{2}$

(ⅱ) $x\ge0$일 때,

$g(x)=\displaystyle\int_{-1}^{x}f(t)\,dt$

$=\displaystyle\int_{-1}^{0}(t+2)\,dt+\int_{0}^{x}(-2t+2)\,dt$

$=\left[\dfrac{1}{2}t^2+2t\right]_{-1}^{0}+\left[-t^2+2t\right]_{0}^{x}$

$=-x^2+2x+\dfrac{3}{2}$

(ⅰ), (ⅱ)에서 $g(x)=\begin{cases}\dfrac{1}{2}x^2+2x+\dfrac{3}{2} & (x<0)\\[2mm]-x^2+2x+\dfrac{3}{2} & (x\ge0)\end{cases}$

이때, $g'(x)=f(x)$이므로

$g'(x)=0$에서 $x=-2$ 또는 $x=1$

함수 $g(x)$의 증가와 감소를 표로 나타내면 다음과 같다.

x	$\cdots$	-2	$\cdots$	1	$\cdots$
$g'(x)$	$-$	0	$+$	0	$-$
$g(x)$	↘	극소	↗	극대	↘

함수 $g(x)$는 $x=-2$일 때 극솟값을 갖고, $x=1$일 때 극댓값을 가지므로 극댓값과 극솟값의 합은

$$g(-2)+g(1)=-\dfrac{1}{2}+\dfrac{5}{2}=2$$

32 함수 $y=f(x)$의 그래프와 x축의 교점의 x좌표가 a, b, c이므로

$f(x)=(x-a)(x-b)(x-c)$

두 함수 $y=g(x)$, $y=h(x)$의 그래프의 교점의 x좌표가 a, b, c이고 삼차함수 $g(x)$의 최고차항의 계수가 3이므로

$g(x)-h(x)=3(x-a)(x-b)(x-c)$

∴ $g(x)-h(x)=3f(x)$ ······㉠

ㄱ. $\displaystyle\int_{a}^{c}\{g(x)-h(x)\}\,dx=\int_{a}^{c}3f(x)\,dx\ (\because㉠)$

$=3\displaystyle\int_{a}^{c}f(x)\,dx$ (참)

ㄴ. $T(x)=\displaystyle\int_{a}^{x}\{g(t)-h(t)\}\,dt$라 하면

$T(a)=0$이고, $T'(x)=g(x)-h(x)$

$T'(x)=0$, 즉 $g(x)=h(x)$에서

$x=a$ 또는 $x=b$ 또는 $x=c$

함수 $T(x)$의 증가와 감소를 표로 나타내면 다음과 같다.

x	$\cdots$	a	$\cdots$	b	$\cdots$	c	$\cdots$
$T'(x)$	$-$	0	$+$	0	$-$	0	$+$
$T(x)$	$\searrow$	극소	$\nearrow$	극대	$\searrow$	극소	$\nearrow$

함수 $T(x)$는 $x=a$, $x=c$일 때 극솟값을 갖고, $x=b$일 때 극댓값을 갖는다.

이때, $\displaystyle\int_a^c f(x)\,dx<0$이므로

$$T(c)=\int_a^c \{g(t)-h(t)\}\,dt$$
$$=3\int_a^c f(t)\,dt\ (\because \text{㉠})<0$$

함수 $y=T(x)$의 그래프는 다음 그림과 같다.

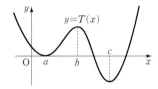

따라서 방정식 $T(x)=0$, 즉

$\displaystyle\int_a^x \{g(t)-h(t)\}\,dt=0$은 서로 다른 세 실근을 갖는다. (참)

ㄷ. $S(x)=\displaystyle\int_a^x \{f(t)-g(t)+h(t)\}\,dt$라 하면

$S(a)=0$이고,

$$S(x)=\int_a^x \{f(t)-3f(t)\}\,dt\ (\because \text{㉠})$$
$$=-2\int_a^x f(t)\,dt \qquad\cdots\cdots\text{㉡}$$

$S'(x)=-2f(x)$이므로

$S'(x)=0$에서 $x=a$ 또는 $x=b$ 또는 $x=c$

함수 $S(x)$의 증가와 감소를 표로 나타내면 다음과 같다.

x	$\cdots$	a	$\cdots$	b	$\cdots$	c	$\cdots$
$S'(x)$	$+$	0	$-$	0	$+$	0	$-$
$S(x)$	$\nearrow$	극대	$\searrow$	극소	$\nearrow$	극대	$\searrow$

함수 $S(x)$는 $x=a$, $x=c$일 때 극댓값을 갖고, $x=b$일 때 극솟값을 갖는다.

이때, $f(x)=(x-a)(x-b)(x-c)$의 x 대신 $2b-x$를 대입하면

$$f(2b-x)=(2b-x-a)(2b-x-b)(2b-x-c)$$
$$=-(x+a-2b)(x-b)(x+c-2b)$$
$$=-(x-c)(x-b)(x-a)$$
$$(\because 2b=a+c)$$
$$=-f(x)$$

$\therefore f(x)+f(2b-x)=0$

즉, 함수 $y=f(x)$의 그래프는 점 $(b,\ 0)$에 대하여 대칭이므로

$\displaystyle\int_a^b f(x)\,dx=-\int_b^c f(x)\,dx$에서 $\displaystyle\int_a^c f(x)\,dx=0$

$\therefore S(c)=0\ (\because \text{㉡})$

따라서 함수 $y=S(x)$의 그래프는 오른쪽 그림과 같으므로 함수

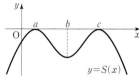

$S(x)$, 즉 $\displaystyle\int_a^x \{f(t)-g(t)+h(t)\}\,dt$의 최댓값은 0이다. (참)

그러므로 ㄱ, ㄴ, ㄷ 모두 옳다. 답 ⑤

33 $F(x)=\displaystyle\int_1^x \{f(t)-t-a\}\,dt$에서 $F(1)=0$이고

$F'(x)=f(x)-x-a$

$F'(x)=0$에서 $f(x)=x+a$

두 함수 $y=f(x)$, $y=x+a$의 그래프가 다음 그림과 같으므로 세 교점의 x좌표를 각각 α, β, γ $(\alpha<\beta<\gamma)$라 하면

$\alpha<0,\ 1<\beta<2,\ \gamma>2$

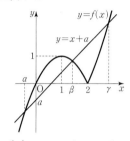

즉, $F'(x)=0$에서 $x=\alpha$ 또는 $x=\beta$ 또는 $x=\gamma$이므로 함수 $F(x)$의 증가와 감소를 표로 나타내면 다음과 같다.

x	$\cdots$	α	$\cdots$	β	$\cdots$	γ	$\cdots$
$F'(x)$	$-$	0	$+$	0	$-$	0	$+$
$F(x)$	$\searrow$	극소	$\nearrow$	극대	$\searrow$	극소	$\nearrow$

함수 $F(x)$는 $x=\alpha$, $x=\gamma$일 때 극솟값을 갖고, $x=\beta$일 때 극댓값을 갖는다.

이때, $F(2)=0$이므로 함수 $y=F(x)$의 그래프는 다음 그림과 같다.

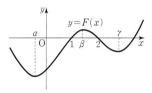

ㄱ. 위의 그래프에서 $F(0)<0$ (참)

ㄴ. 위의 그래프에서 함수 $F(x)$는 $x=\alpha$, $x=\gamma$일 때 극솟값을 갖고, $F(\alpha)<0$, $F(\gamma)<0$이다. (참)

ㄷ. $1<c<2$인 c에 대하여 $F'(c)=0$이므로 $c=\beta$

(i) $0<k<1$이면 $k\le x\le 1$에서 $F(x)\le 0$

즉, $-F(x)\ge 0$이므로

$$\int_1^k F(x)\,dx=\int_k^1 \{-F(x)\}\,dx\ge 0$$

(ii) $1\le k<\beta$이면 $1\le x\le k$에서 $F(x)\ge 0$

$\therefore \displaystyle\int_1^k F(x)\,dx\ge 0$

(i), (ii)에서 $0<k<\beta$인 모든 실수 k에 대하여

$$\int_1^k F(x)\,dx \geq 0 \text{이다. (참)}$$

따라서 ㄱ, ㄴ, ㄷ 모두 옳다. 답 ⑤

01 해결단계

❶ 단계	주어진 $y=f'(x)$의 그래프를 이용하여 $f'(x)$의 식을 구한 후, 부정적분을 이용하여 $f(x)$의 식을 구한다.
❷ 단계	함수 $f(x)$의 극댓값과 극솟값 및 $f'(x)$의 부호를 이용하여 함수 $y=f(x)$의 그래프를 그린 후, 함수 $y=|f(x)|$의 그래프를 그린다.
❸ 단계	함수 $y=|f(x)|$의 그래프와 직선 $y=k$의 위치 관계를 이용하여 방정식 $|f(x)|=k$가 서로 다른 5개의 실근을 갖도록 하는 k의 값을 구하고, $p+q$의 값을 구한다.

주어진 도함수 $y=f'(x)$의 그래프는 x축과의 교점의 x
좌표는 -2, 2, 3이고, 왼쪽 위에서 시작하여 오른쪽 아
래로 향하는 곡선이므로
$$f'(x)=a(x+2)(x-2)(x-3)$$
$$=a(x^3-3x^2-4x+12)\ (단,\ a<0)$$
라 할 수 있다.
$$\therefore f(x)=\int f'(x)\,dx$$
$$=\int a(x^3-3x^2-4x+12)\,dx$$
$$=a\left(\frac{1}{4}x^4-x^3-2x^2+12x\right)+C$$
(단, C는 적분상수)

이때, $f(-2)=4$, $f(2)=-4$이므로
$$f(-2)=a\{4-(-8)-8-24\}+C$$
$$=-20a+C=4 \quad \cdots\cdots ㉠$$
$$f(2)=a(4-8-8+24)+C$$
$$=12a+C=-4 \quad \cdots\cdots ㉡$$
㉠, ㉡을 연립하여 풀면
$$a=-\frac{1}{4},\ C=-1$$
$$\therefore f(x)=-\frac{1}{4}\left(\frac{1}{4}x^4-x^3-2x^2+12x\right)-1$$
$$=-\frac{1}{16}x^4+\frac{1}{4}x^3+\frac{1}{2}x^2-3x-1$$

한편, 주어진 $y=f'(x)$의 그래프에서 함수 $f(x)$의 증가
와 감소를 표로 나타내면 다음과 같다.

x	$\cdots$	-2	$\cdots$	2	$\cdots$	3	$\cdots$
$f'(x)$	$+$	0	$-$	0	$+$	0	$-$
$f(x)$	↗	극대	↘	극소	↗	극대	↘

함수 $f(x)$는 $x=-2$일 때 극댓값 $f(-2)=4$, $x=2$일
때 극솟값 $f(2)=-4$, $x=3$일 때 극댓값

$f(3)=-\dfrac{81}{16}+\dfrac{27}{4}+\dfrac{9}{2}-9-1=-\dfrac{61}{16}$ 을 가지므로 함
수 $y=f(x)$의 그래프는 [그림 1]과 같고,
함수 $y=f(x)$의 그래프를 이용하여 함수 $y=|f(x)|$의
그래프를 그리면 [그림 2]와 같다.

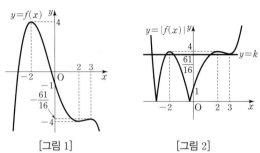

[그림 1] [그림 2]

방정식 $|f(x)|=k$의 실근은 함수 $y=|f(x)|$의 그래프
와 직선 $y=k$의 교점의 x좌표이므로 방정식 $|f(x)|=k$
가 서로 다른 5개의 실근을 갖도록 하는 k의 값은 $\dfrac{61}{16}$이다.
따라서 $p=61$, $q=16$이므로
$$p+q=61+16=77$$ 답 77

02 해결단계

❶ 단계	함수 $y=f(x)$의 그래프와 원 $x^2+y^2=1$을 이용하여 두 함수 $g(t)$, $h(t)$를 각각 구한다.
❷ 단계	함수 $p(t)$를 구한 후, $\int_0^2 p(t)\,dt$의 값을 구한다.
❸ 단계	p, q의 값을 각각 구한 후, $p+q$의 값을 구한다.

함수 $f(x)=\dfrac{1}{2}x^2-\dfrac{1}{2}$의 그래프와 원 $x^2+y^2=1$을 좌표
평면에 나타내면 다음 그림과 같다.

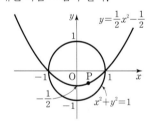

$P\left(t,\ \dfrac{1}{2}t^2-\dfrac{1}{2}\right)$이므로
$$\overline{OP}=\sqrt{t^2+\left(\frac{1}{2}t^2-\frac{1}{2}\right)^2}=\sqrt{\left(\frac{1}{2}t^2+\frac{1}{2}\right)^2}$$
$$=\frac{1}{2}(t^2+1)$$
점 P가 원 $x^2+y^2=1$의 내부에 있을 때,
$$g(t)=1-\overline{OP}=1-\frac{1}{2}(t^2+1)=-\frac{1}{2}t^2+\frac{1}{2}$$
점 P가 원 $x^2+y^2=1$의 외부에 있을 때,
$$g(t)=\overline{OP}-1=\frac{1}{2}(t^2+1)-1=\frac{1}{2}t^2-\frac{1}{2}$$
$$\therefore g(t)=\begin{cases} -\dfrac{1}{2}t^2+\dfrac{1}{2} & (0\leq t\leq 1) \\ \dfrac{1}{2}t^2-\dfrac{1}{2} & (t>1) \end{cases}$$

한편, 점 P와 y축 사이의 거리가 $h(t)$이므로 $h(t)=t$

두 함수 $y=g(t)$, $y=h(t)$의 그래프가 오른쪽 그림과 같으므로 두 함수의 그래프의 교점의 x좌표를 각각

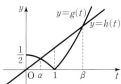

α, β $(\alpha<\beta)$라 하면

$-\dfrac{1}{2}t^2+\dfrac{1}{2}=t$에서 $t^2+2t-1=0$

$\therefore t=\sqrt{2}-1$ $(\because t\geq 0)$ $\therefore \alpha=\sqrt{2}-1$

$\dfrac{1}{2}t^2-\dfrac{1}{2}=t$에서 $t^2-2t-1=0$

$\therefore t=\sqrt{2}+1$ $(\because t>1)$ $\therefore \beta=\sqrt{2}+1$

즉, $p(t)=\begin{cases} t & (0\leq t<\sqrt{2}-1) \\ -\dfrac{1}{2}t^2+\dfrac{1}{2} & (\sqrt{2}-1\leq t<1) \\ \dfrac{1}{2}t^2-\dfrac{1}{2} & (1\leq t<\sqrt{2}+1) \\ t & (t\geq\sqrt{2}+1) \end{cases}$

$\therefore \displaystyle\int_0^2 p(t)\,dt$

$=\displaystyle\int_0^{\sqrt{2}-1} t\,dt+\int_{\sqrt{2}-1}^1 \left(-\dfrac{1}{2}t^2+\dfrac{1}{2}\right)dt$
$\qquad\qquad\qquad +\displaystyle\int_1^2 \left(\dfrac{1}{2}t^2-\dfrac{1}{2}\right)dt$

$=\left[\dfrac{1}{2}t^2\right]_0^{\sqrt{2}-1}+\left[-\dfrac{1}{6}t^3+\dfrac{1}{2}t\right]_{\sqrt{2}-1}^1+\left[\dfrac{1}{6}t^3-\dfrac{1}{2}t\right]_1^2$

$=\dfrac{1}{2}(3-2\sqrt{2})+\dfrac{1}{3}-\left\{-\dfrac{1}{6}(5\sqrt{2}-7)+\dfrac{1}{2}(\sqrt{2}-1)\right\}$
$\qquad\qquad\qquad +\dfrac{1}{3}+\dfrac{1}{3}$

$=\dfrac{11}{6}-\dfrac{2}{3}\sqrt{2}$

따라서 $p=\dfrac{11}{6}$, $q=-\dfrac{2}{3}$이므로

$30(p+q)=30\left(\dfrac{11}{6}-\dfrac{2}{3}\right)$
$\qquad\qquad =55-20=35$ 답 35

03 해결단계

❶ 단계	함수 $g(x)$의 도함수 $f(x)$를 이용하여 함수 $g(x)$의 증가와 감소를 파악한 후, ㄱ의 참, 거짓을 판별한다.
❷ 단계	도함수 $y=f(x)$의 그래프를 이용하여 함수 $y=g(x)$의 그래프를 그린 후, ㄴ, ㄷ의 참, 거짓을 판별한다.

$g(x)=\displaystyle\int f(x)\,dx$에서 함수 $f(x)$의 부정적분이 $g(x)$이므로

$\displaystyle\int_a^b f(x)\,dx=\left[g(x)\right]_a^b=g(b)-g(a)=0$

$\therefore g(a)=g(b)$ ……㉠

ㄱ. 주어진 그래프에서 $b\leq x\leq c$일 때 $f(x)<0$이므로 이 구간에서 함수 $g(x)$는 감소한다.

$\therefore g(b)>g(c)$ (참)

ㄴ. $g(a)=0$이므로 ㉠에서 $g(b)=0$

또한, $g(x)=\displaystyle\int f(x)\,dx$에서 $g'(x)=f(x)$이고

주어진 함수 $y=f(x)$의 그래프가 x축과 서로 다른 세 점에서 만나므로 x좌표를 각각 α, β, γ $(\alpha<\beta<\gamma)$라 하면 방정식 $g'(x)=0$, 즉 $f(x)=0$에서

$x=\alpha$ 또는 $x=\beta$ 또는 $x=\gamma$

함수 $g(x)$의 증가와 감소를 표로 나타내면 다음과 같다.

x	$\cdots$	α	$\cdots$	β	$\cdots$	γ	$\cdots$
$f(x)$	$-$	0	$+$	0	$-$	0	$+$
$g(x)$	$\searrow$	극소	$\nearrow$	극대	$\searrow$	극소	$\nearrow$

함수 $g(x)$는 $x=\alpha$, γ일 때 극솟값을 갖고, $x=\beta$일 때 극댓값을 가지므로 $y=g(x)$의 그래프는 오른쪽 그림과 같다.

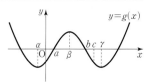

함수 $g(x)$의 부정적분을 $G(x)$라 하면 $b\leq x\leq c$에서 $g(x)<0$이므로 이 구간에서 함수 $G(x)$는 감소한다.

즉, $G(b)-G(c)>0$ ……㉡

$\displaystyle\int_a^c g(x)\,dx-\int_a^b g(x)\,dx$

$=\displaystyle\int_a^c g(x)\,dx+\int_b^a g(x)\,dx$

$=\displaystyle\int_b^c g(x)\,dx$

$=\left[G(x)\right]_b^c$

$=G(c)-G(b)<0$ $(\because ㉡)$

$\therefore \displaystyle\int_a^c g(x)\,dx<\int_a^b g(x)\,dx$ (거짓)

ㄷ. ㄴ에서 함수 $g(x)$는 $x=\beta$일 때 극댓값을 가지므로 $M=g(\beta)$

$\therefore \displaystyle\int_a^c |f(x)|\,dx$

$=\displaystyle\int_a^\beta f(x)\,dx+\int_\beta^c \{-f(x)\}\,dx$

$=\left[g(x)\right]_a^\beta+\left[-g(x)\right]_\beta^c$

$=g(\beta)-g(a)-g(c)+g(\beta)$

$=2g(\beta)-g(a)-g(c)$

$=2M-g(b)-g(c)$ $(\because ㉠)$ (참)

따라서 옳은 것은 ㄱ, ㄷ이다.   답 ④

04 해결단계

❶ 단계	$a<1$, $a\geq 1$의 경우로 나누어 함수 $f(x)$를 구한다.
❷ 단계	함수 $y=f(x)$의 그래프를 그린 후, 방정식 $f(x)=0$이 서로 다른 두 실근을 갖기 위한 조건을 구한다.
❸ 단계	모든 실수 a의 값의 합을 구한다.

$f(x)=\displaystyle\int_a^x (|t-1|-1)\,dt$에서

(i) $a<1$일 때,

① $x<1$일 때,

$$f(x)=\int_a^x(-t)\,dt=\left[-\frac{1}{2}t^2\right]_a^x$$

$$=-\frac{1}{2}(x^2-a^2)$$

② $x\geq1$일 때,

$$f(x)=\int_a^1(-t)\,dt+\int_1^x(t-2)\,dt$$

$$=\left[-\frac{1}{2}t^2\right]_a^1+\left[\frac{1}{2}t^2-2t\right]_1^x$$

$$=-\frac{1}{2}+\frac{1}{2}a^2+\left(\frac{1}{2}x^2-2x\right)-\left(\frac{1}{2}-2\right)$$

$$=\frac{1}{2}x^2-2x+\frac{1}{2}a^2+1$$

$$=\frac{1}{2}(x-2)^2+\frac{1}{2}a^2-1$$

①, ②에서 함수
$y=f(x)$의 그래프는
오른쪽 그림과 같으므
로 방정식 $f(x)=0$이
서로 다른 두 실근을 가
지려면 극값이 0이어야
한다. 즉, $f(0)=0$ 또는 $f(2)=0$

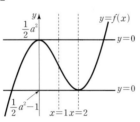

$f(0)=0$에서

$$\frac{1}{2}a^2=0 \qquad \therefore a=0$$

$f(2)=0$에서 $\frac{1}{2}a^2-1=0$

$$\therefore a=-\sqrt{2}\ (\because a<1)$$

(ii) $a\geq1$일 때,

③ $x<1$일 때,

$$f(x)=\int_a^1(t-2)\,dt+\int_1^x(-t)\,dt$$

$$=\left[\frac{1}{2}t^2-2t\right]_a^1+\left[-\frac{1}{2}t^2\right]_1^x$$

$$=\left(\frac{1}{2}-2\right)-\left(\frac{1}{2}a^2-2a\right)-\frac{1}{2}x^2+\frac{1}{2}$$

$$=-\frac{1}{2}x^2-\frac{1}{2}a^2+2a-1$$

④ $x\geq1$일 때,

$$f(x)=\int_a^x(t-2)\,dt=\left[\frac{1}{2}t^2-2t\right]_a^x$$

$$=\frac{1}{2}x^2-2x-\frac{1}{2}a^2+2a$$

$$=\frac{1}{2}(x-2)^2-\frac{1}{2}a^2+2a-2$$

③, ④에서 함수
$y=f(x)$의 그래
프는 오른쪽 그림
과 같으므로 방정
식 $f(x)=0$이 서
로 다른 두 실근을

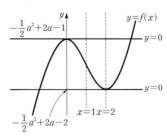

가지려면 극값이 0이어야 한다.

즉, $f(0)=0$ 또는 $f(2)=0$

$f(0)=0$에서 $-\frac{1}{2}a^2+2a-1=0$

$$a^2-4a+2=0 \qquad \therefore a=2+\sqrt{2}\ (\because a\geq1)$$

$f(2)=0$에서 $-\frac{1}{2}a^2+2a-2=0$

$$a^2-4a+4=0 \qquad \therefore a=2$$

(i), (ii)에서 조건을 만족시키는 실수 a의 값은

0, $-\sqrt{2}$, $2+\sqrt{2}$, 2이므로 그 합은

$$0+(-\sqrt{2})+(2+\sqrt{2})+2=4 \qquad \text{답 4}$$

05 해결단계

❶ 단계	k의 값의 부호에 따라 함수 $f(x)$의 증감표를 그린 후, 함수 $y=f(x)$의 극값을 모두 구한다.
❷ 단계	극값의 합이 p가 되도록 하는 k의 조건을 구한 후, 함수 $f_5(x)$, $f_{12}(x)$를 각각 구한다.
❸ 단계	$\int_{-1}^0 f_5(x)\,dx+\int_0^1 f_{12}(x)\,dx$의 값을 구한다.

$$f(x)=\begin{cases}4k(x-2) & (x\leq0)\\2x^3-9x^2+12x-8k & (x>0)\end{cases}\text{에서}$$

$$f'(x)=\begin{cases}4k & (x<0)\\6x^2-18x+12 & (x>0)\end{cases}$$

$$=\begin{cases}4k & (x<0)\\6(x-1)(x-2) & (x>0)\end{cases}$$

$f'(x)=0$에서 $x=1$ 또는 $x=2$

함수 $f(x)$의 증가와 감소를 k의 부호에 따라 표로 나타
내면 다음과 같다.

(i) $k<0$일 때,

x	$\cdots$	0	$\cdots$	1	$\cdots$	2	$\cdots$
$f'(x)$	$-$		$+$	0	$-$	0	$+$
$f(x)$	$\searrow$	극소	$\nearrow$	극대	$\searrow$	극소	$\nearrow$

함수 $f(x)$는 $x=0$일 때 극
솟값 $f(0)=-8k$, $x=1$일
때 극댓값 $f(1)=5-8k$,
$x=2$일 때 극솟값
$f(2)=4-8k$를 가지므로
$y=f(x)$의 그래프는 오른쪽
그림과 같다.

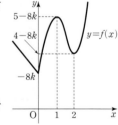

모든 극값의 합이 p가 되어야 하므로

$$-8k+5-8k+4-8k=p$$

$$9-24k=p \qquad \therefore k=\frac{9-p}{24}$$

(ii) $k>0$일 때,

x	$\cdots$	0	$\cdots$	1	$\cdots$	2	$\cdots$
$f'(x)$	$+$		$+$	0	$-$	0	$+$
$f(x)$	$\nearrow$	$-$	$\nearrow$	극대	$\searrow$	극소	$\nearrow$

함수 $f(x)$는 $x=1$일 때

극댓값 $f(1)=5-8k$,

$x=2$일 때 극솟값

$f(2)=4-8k$를 가지므로

$y=f(x)$의 그래프는 오른

쪽 그림과 같다.

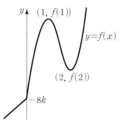

모든 극값의 합이 p가 되어야 하므로

$5-8k+4-8k=p$, $9-16k=p$

$$\therefore k=\frac{9-p}{16}$$

(i), (ii)에서

$\dfrac{9-p}{24}<0$, 즉 $p>9$일 때, $k=\dfrac{9-p}{24}$

$\dfrac{9-p}{16}>0$, 즉 $p<9$일 때, $k=\dfrac{9-p}{16}$

함수 $f_5(x)$는 $p=5$일 때이므로

$k=\dfrac{9-5}{16}=\dfrac{1}{4}$

$$\therefore f_5(x)=\begin{cases} x-2 & (x\le 0) \\ 2x^3-9x^2+12x-2 & (x>0)\end{cases}$$

함수 $f_{12}(x)$는 $p=12$일 때이므로

$k=\dfrac{9-12}{24}=-\dfrac{1}{8}$

$$\therefore f_{12}(x)=\begin{cases} -\dfrac{1}{2}(x-2) & (x\le 0) \\ 2x^3-9x^2+12x+1 & (x>0)\end{cases}$$

$\displaystyle \therefore \int_{-1}^{0} f_5(x)\,dx+\int_{0}^{1} f_{12}(x)\,dx$

$\displaystyle =\int_{-1}^{0}(x-2)\,dx+\int_{0}^{1}(2x^3-9x^2+12x+1)\,dx$

$=\left[\dfrac{1}{2}x^2-2x\right]_{-1}^{0}+\left[\dfrac{1}{2}x^4-3x^3+6x^2+x\right]_{0}^{1}$

$=-\left(\dfrac{1}{2}+2\right)+\left(\dfrac{1}{2}-3+6+1\right)=2$

답 2

06 해결단계

❶ 단계	조건 ㈎, ㈏를 이용하여 $x\ge 0$일 때 함수 $f(x)$가 위치할 수 있는 영역을 구하고, $\displaystyle \int_{0}^{t} f(x)\,dx=t^2$을 만족시키는 t의 값이 존재함을 이용하여 $0\le x\le t$ $(0<t<4)$에서 $f(x)=2x$임을 구한다.
❷ 단계	$x=0$에서 미분가능함을 이용하여 a의 값과 $x<0$에서의 함수 $f(x)$의 식을 구한다.
❸ 단계	조건 ㈐를 이용하여 $\displaystyle \int_{0}^{2} f(x)\,dx$의 값을 구하고 $0<t<2$임을 파악한 후, $t<x<2$에서의 함수 $f(x)$의 식을 구한다.
❹ 단계	$\displaystyle \int_{0}^{2} f(x)\,dx$의 값을 이용하여 구하고자 하는 실수 t의 최댓값을 구한다.
❺ 단계	p, q의 값을 구한 후, $p+q$의 값을 구한다.

함수 $f(x)$는 $x=0$에서 연속이므로

$\displaystyle \lim_{x\to 0-} f(x)=\lim_{x\to 0+} f(x)=f(0)$

조건 ㈎에서 $x<0$일 때, $f(x)=ax^2+2ax$이므로

$\displaystyle f(0)=\lim_{x\to 0-}(ax^2+2ax)=0$

조건 ㈏에서 $x_2-x_1>0$이므로 각 변을 x_2-x_1로 나누면

$\dfrac{1}{2}\le \dfrac{f(x_2)-f(x_1)}{x_2-x_1}\le 2$

$0\le x_1<x_2$인 임의의 두 점 $(x_1,\ f(x_1))$, $(x_2,\ f(x_2))$를 지나는 직선의 기울기는 항상 $\dfrac{1}{2}$ 이상 2 이하이어야 한다.

즉, $x\ge 0$에서 함수 $f(x)$는 증가하고

$\dfrac{1}{2}x\le f(x)\le 2x\ (\because f(0)=0)$ ......㉠

이때, $\displaystyle \int_{0}^{t} 2x\,dx=\Big[x^2\Big]_{0}^{t}=t^2$이고 $\displaystyle \int_{0}^{t} f(x)\,dx=t^2$인 실수 t $(0<t<4)$가 존재하므로 $0\le x\le t$인 모든 실수 x에 대하여 $f(x)=2x$이다.

또한, $\displaystyle \lim_{x\to 0+}\dfrac{f(x)-f(0)}{x-0}=\lim_{x\to 0+}\dfrac{2x}{x}=2$이고, 함수 $f(x)$가 $x=0$에서 미분가능하므로

$\displaystyle \lim_{x\to 0-}\dfrac{f(x)-f(0)}{x-0}=2$이어야 한다.

그런데 $x<0$일 때, $f(x)=ax^2+2ax$이므로

$\displaystyle \lim_{x\to 0-}\dfrac{f(x)-f(0)}{x-0}=\lim_{x\to 0-}\dfrac{ax^2+2ax}{x}$

$\displaystyle =\lim_{x\to 0-}(ax+2a)$

$=2a=2$

$\therefore a=1$, $f(x)=x^2+2x\ (x<0)$

$\displaystyle \int_{-2}^{0} f(x)\,dx=\int_{-2}^{0}(x^2+2x)\,dx$

$=\left[\dfrac{1}{3}x^3+x^2\right]_{-2}^{0}$

$=-\left(-\dfrac{8}{3}+4\right)=-\dfrac{4}{3}$

이므로 조건 ㈐에 의하여

$\displaystyle \int_{-2}^{2} f(x)\,dx=\int_{-2}^{0} f(x)\,dx+\int_{0}^{2} f(x)\,dx$

$\displaystyle =-\dfrac{4}{3}+\int_{0}^{2} f(x)\,dx=0$

$\displaystyle \therefore \int_{0}^{2} f(x)\,dx=\dfrac{4}{3}$ ......㉡

한편, $\displaystyle \int_{0}^{2} 2x\,dx=\Big[x^2\Big]_{0}^{2}=4>\dfrac{4}{3}$이므로

$\displaystyle \int_{0}^{t} f(x)\,dx=t^2$을 만족시키는 양수 t의 최댓값을 k라 하면 $0<k<2$

$k\le x\le 2$에서의 함수 $f(x)$를 $g(x)$라 하면 양수 t의 최댓값 k에 대하여

$\displaystyle \int_{k}^{2} g(x)\,dx=\int_{0}^{2} f(x)\,dx-\int_{0}^{k} f(x)\,dx$

$=\dfrac{4}{3}-k^2$

이므로 $\displaystyle \int_{k}^{2} g(x)\,dx$의 값은 최소이어야 한다.

즉, ㉠에 의하여 함수 $g(x)$는 기울기가 $\dfrac{1}{2}$이고 점 $(k,\ 2k)$를 지나는 직선이어야 한다.

$y-2k=\dfrac{1}{2}(x-k)$에서 $y=\dfrac{1}{2}x+\dfrac{3}{2}k$

$\therefore g(x) = \dfrac{1}{2}x + \dfrac{3}{2}k \ (k \le x \le 2)$

따라서 $x \le 2$에서 함수 $f(x)$는

$$f(x) = \begin{cases} x^2 + 2x & (x < 0) \\ 2x & (0 \le x < k) \\ \dfrac{1}{2}x + \dfrac{3}{2}k & (k \le x \le 2) \end{cases}$$

$\displaystyle \int_0^2 f(x)\,dx$

$\displaystyle = \int_0^k 2x\,dx + \int_k^2 \left(\dfrac{1}{2}x + \dfrac{3}{2}k \right) dx$

$= \Big[x^2 \Big]_0^k + \left[\dfrac{1}{4}x^2 + \dfrac{3}{2}kx \right]_k^2$

$= k^2 + (1 + 3k) - \left(\dfrac{1}{4}k^2 + \dfrac{3}{2}k^2 \right)$

$= -\dfrac{3}{4}k^2 + 3k + 1 = \dfrac{4}{3} \ (\because \ \textcircled{\small ㄴ})$

$9k^2 - 36k + 4 = 0$

$\therefore k = 2 - \dfrac{4}{3}\sqrt{2} \ (\because \ 0 < k < 2)$

그러므로 $p = 2$, $q = -\dfrac{4}{3}$이므로

$6pq = 6 \times 2 \times \left(-\dfrac{4}{3} \right) = -16$

답 -16

이것이 수능   p. 69

1 ①	2 137	3 ②	4 ②

---

1 해결단계

❶ 단계	주어진 조건을 이용하여 함수 $h(x)$가 기함수, 즉 원점에 대하여 대칭임을 파악한다.
❷ 단계	기함수 $h(x)$에 대하여 $h'(x)$는 우함수, $xh'(x)$는 기함수임을 파악한다.
❸ 단계	$\displaystyle \int_{-3}^{3} (x+5)h'(x)\,dx = 10$을 이용하여 $h(3)$의 값을 구한다.

$f(-x) = -f(x)$, $g(-x) = g(x)$이므로

$h(x) = f(x)g(x)$에서

$h(-x) = f(-x)g(-x)$

$\qquad = -f(x)g(x)$

$\qquad = -h(x)$

즉, $h(x)$는 그래프가 원점에 대하여 대칭인 기함수이므로

$h(0) = 0$이고, $h'(x)$는 우함수, $xh'(x)$는 기함수이다.

이때, $\displaystyle \int_{-3}^{3} (x+5)h'(x)\,dx = 10$이므로

$\displaystyle \int_{-3}^{3} \{ xh'(x) + 5h'(x) \}\,dx = \int_{-3}^{3} 5h'(x)\,dx$

$\displaystyle \qquad\qquad = 2\int_0^3 5h'(x)\,dx$

$\displaystyle \qquad\qquad = 10\int_0^3 h'(x)\,dx$

$\qquad\qquad = 10\Big[h(x) \Big]_0^3$

$\qquad\qquad = 10\{ h(3) - h(0) \}$

$\qquad\qquad = 10h(3) \ (\because \ h(0) = 0)$

$\qquad\qquad = 10$

$\therefore h(3) = 1$

답 ①

---

2 해결단계

❶ 단계	주어진 조건에 따라 함수 $g(x)$의 식을 $f(x)$를 이용하여 나타낸다.
❷ 단계	함수 $g(x)$가 열린구간 $(-1, 5)$에서 미분가능함을 이용하여 $f(0)$, $f'(0)$의 값을 각각 구한다.
❸ 단계	❷단계에서 구한 것과 조건 (나)를 이용하여 함수 $f(x)$를 구한다.
❹ 단계	$\displaystyle \int_0^4 g(x)\,dx$의 값을 구하여 p, q의 값을 구한 후, $p+q$의 값을 구한다.

함수 $g(x)$는

$$g(x) = \begin{cases} f(x+1) - 1 & (-1 \le x < 0) \\ f(x) & (0 \le x < 1) \\ f(x-1) + 1 & (1 \le x < 2) \\ f(x-2) + 2 & (2 \le x < 3) \\ f(x-3) + 3 & (3 \le x < 4) \\ f(x-4) + 4 & (4 \le x < 5) \end{cases}$$

함수 $g(x)$가 $x = 1$에서 연속이므로

$\displaystyle \lim_{x \to 1-} g(x) = \lim_{x \to 1+} g(x) = g(1)$에서

$\displaystyle \lim_{x \to 1-} f(x) = \lim_{x \to 1+} \{ f(x-1) + 1 \} = f(0) + 1$

$f(0) + 1 = f(1) = 1 \ (\because \ \text{조건 (나)})$

$\therefore f(0) = 0$, $g(1) = f(0) + 1 = 1 \quad \cdots\cdots \textcircled{\small ㄱ}$

또한, 함수 $g(x)$가 $x = 1$에서 미분가능하므로 $x = 1$에서의 미분계수가 존재한다.

$\displaystyle \lim_{x \to 1-} \dfrac{g(x) - g(1)}{x - 1} = \lim_{x \to 1-} \dfrac{f(x) - f(1)}{x - 1}$

$\displaystyle \qquad\qquad = f'(1) = 1 \ (\because \ \text{조건 (나)}),$

$\displaystyle \lim_{x \to 1+} \dfrac{g(x) - g(1)}{x - 1} = \lim_{x \to 1+} \dfrac{f(x-1) + 1 - g(1)}{x - 1}$

$\displaystyle \qquad\qquad = \lim_{x \to 1+} \dfrac{f(x-1)}{x - 1} \ (\because \ g(1) = 1)$

$\displaystyle \qquad\qquad = \lim_{x \to 0+} \dfrac{f(x)}{x} = f'(0)$

에서 $\displaystyle \lim_{x \to 1-} \dfrac{g(x) - g(1)}{x - 1} = \lim_{x \to 1+} \dfrac{g(x) - g(1)}{x - 1}$이므로

$f'(0) = 1 \quad \cdots\cdots \textcircled{\small ㄴ}$

조건 (가)에서 $f(x)$는 최고차항의 계수가 1인 사차함수이므로

$f(x)=x^4+ax^3+bx^2+cx+d$ $(a,\ b,\ c,\ d$는 상수)라 하면

$f'(x)=4x^3+3ax^2+2bx+c$

㉠, ㉡에서 $c=1,\ d=0$

또한, 조건 ㈏에서

$f(1)=1+a+b+1=1$ $\qquad$ ······㉢

$f'(1)=4+3a+2b+1=1$ $\qquad$ ······㉣

㉢, ㉣을 연립하여 풀면 $a=-2,\ b=1$

$\therefore f(x)=x^4-2x^3+x^2+x$

$\displaystyle\int_0^4 g(x)\,dx$

$\displaystyle=\int_0^1 g(x)\,dx+\int_1^2 g(x)\,dx+\int_2^3 g(x)\,dx$

$\displaystyle\qquad\qquad\qquad\qquad+\int_3^4 g(x)\,dx$

$\displaystyle=\int_0^1 f(x)\,dx+\int_1^2 \{f(x-1)+1\}\,dx$

$\displaystyle\qquad+\int_2^3 \{f(x-2)+2\}\,dx+\int_3^4 \{f(x-3)+3\}\,dx$

$\displaystyle=4\int_0^1 f(x)\,dx+\int_1^2 dx+\int_2^3 2\,dx+\int_3^4 3\,dx$

$\displaystyle=4\left[\frac{1}{5}x^5-\frac{1}{2}x^4+\frac{1}{3}x^3+\frac{1}{2}x^2\right]_0^1+\Big[x\Big]_1^2+\Big[2x\Big]_2^3+\Big[3x\Big]_3^4$

$\displaystyle=4\left(\frac{1}{5}-\frac{1}{2}+\frac{1}{3}+\frac{1}{2}\right)+1+2+3$

$\displaystyle=\frac{32}{15}+6=\frac{122}{15}$

따라서 $p=15,\ q=122$이므로

$p+q=15+122=137$ $\qquad$ 답 137

3 해결단계

❶ 단계	미분을 이용하여 $f'(x)=0$을 만족시키는 x의 값을 구한다.
❷ 단계	(극댓값)×(극솟값)≥0을 만족시키는 실수 a의 값의 범위를 구한다.
❸ 단계	❷단계의 결과를 이용하여 양수 a의 최솟값을 구한다.

$\displaystyle F(x)=\int_0^x f(t)\,dt$의 양변을 x에 대하여 미분하면

$F'(x)=f(x)=x^3-3x+a$

이때, $F(x)$는 사차함수이고, 사차함수 $F(x)$가 오직 하나의 극값을 갖기 위해서는 함수 $F(x)$의 도함수인 삼차함수 $f(x)$의 부호가 오직 한 번만 바뀌어야 한다. 즉, 삼차함수 $y=f(x)$의 그래프가 x축과 한 점에서 만나거나 접해야 한다.

$f'(x)=3x^2-3=3(x+1)(x-1)$

$f'(x)=0$에서 $x=-1$ 또는 $x=1$

함수 $f(x)$에 대하여 (극댓값)×(극솟값)≥0이어야 하고, $f(-1)=a+2,\ f(1)=a-2$이므로

$f(-1)f(1)\geq0$에서 $(a+2)(a-2)\geq0$

$\therefore a\leq-2$ 또는 $a\geq2$

따라서 조건을 만족시키는 양수 a의 최솟값은 2이다.

답 ②

4 해결단계

❶ 단계	함수 $f(x)$가 $x=\dfrac{1}{2}$에서 극값을 가지면 $f'\!\left(\dfrac{1}{2}\right)=0$임을 이용하여 a 또는 b의 값을 구한다.
❷ 단계	함수 $f(x)$를 조건 ㈏의 식에 대입하여 $a,\ b$ 사이의 관계식을 구한다.
❸ 단계	❶, ❷단계에서 구한 식을 연립하여 조건을 만족시키는 $a,$ b의 값을 각각 구한 후, $a+b$의 값을 구한다.

$\displaystyle f(x)=\int_0^x (t-a)(t-b)\,dt$에서

$f'(x)=(x-a)(x-b)$

조건 ㈎에서 함수 $f(x)$가 $x=\dfrac{1}{2}$에서 극값을 가지므로

$f'\!\left(\dfrac{1}{2}\right)=0$

$\therefore a=\dfrac{1}{2}$ 또는 $b=\dfrac{1}{2}$ $\qquad$ ······㉠

또한, 조건 ㈏에서

$f(a)-f(b)$

$\displaystyle=\int_0^a (t-a)(t-b)\,dt-\int_0^b (t-a)(t-b)\,dt$

$\displaystyle=\int_0^a (t-a)(t-b)\,dt+\int_b^0 (t-a)(t-b)\,dt$

$\displaystyle=\int_b^a (t-a)(t-b)\,dt$

$\displaystyle=\int_b^a \{t^2-(a+b)t+ab\}\,dt$

$\displaystyle=\left[\frac{1}{3}t^3-\frac{a+b}{2}t^2+abt\right]_b^a$

$\displaystyle=\frac{1}{3}(a^3-b^3)-\frac{a+b}{2}(a^2-b^2)+ab(a-b)$

$\displaystyle=\frac{a-b}{6}\{2(b^2+ab+a^2)-3(a+b)^2+6ab\}$

$\displaystyle=\frac{(b-a)^3}{6}=\frac{1}{6}$

$(b-a)^3=1,\ b-a=1$ $\qquad\therefore b=a+1$

$\therefore a=\dfrac{1}{2},\ b=\dfrac{3}{2}$ 또는 $a=-\dfrac{1}{2},\ b=\dfrac{1}{2}$ ($\because$ ㉠)

그런데 $a,\ b$는 모두 양수이므로 $a=\dfrac{1}{2},\ b=\dfrac{3}{2}$

$\therefore a+b=\dfrac{1}{2}+\dfrac{3}{2}=2$ $\qquad$ 답 ②

07 정적분의 활용

Step 1 출제율 100% **우수 기출 대표 문제** p. 71

01 2	02 ②	03 ②	04 ①	05 ③
06 ③	07 80 m	08 4		

01 곡선 $f(x)=x^3-(a+1)x^2+ax$와 x축의 교점의 x좌표는 $x^3-(a+1)x^2+ax=0$에서

$x\{x^2-(a+1)x+a\}=0$, $x(x-1)(x-a)=0$

$\therefore x=0$ 또는 $x=1$ 또는 $x=a$

이때, $a>1$이므로 곡선

$y=f(x)$는 오른쪽 그림과

같다.

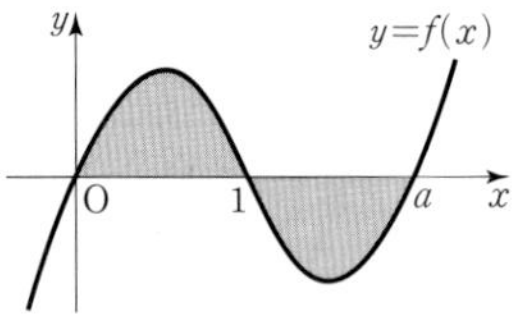

곡선 $y=f(x)$와 x축으로

둘러싸인 두 도형의 넓이가

같으므로 $\int_0^a f(x)\,dx=0$, 즉

$\int_0^a \{x^3-(a+1)x^2+ax\}\,dx$

$=\left[\dfrac{1}{4}x^4-\dfrac{1}{3}(a+1)x^3+\dfrac{a}{2}x^2\right]_0^a$

$=\dfrac{1}{4}a^4-\dfrac{1}{3}(a+1)a^3+\dfrac{1}{2}a^3=0$

에서 $\dfrac{1}{12}a^4-\dfrac{1}{6}a^3=0$, $a^4-2a^3=0$

$a^3(a-2)=0$ $\therefore a=2$ ($\because a>1$)   답 2

02

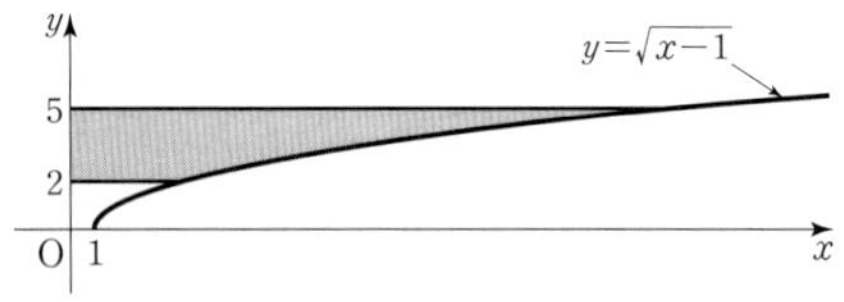

$y=\sqrt{x-1}$의 양변을 제곱하면

$y^2=x-1$ $\therefore x=y^2+1$

따라서 구하는 넓이는

$\int_2^5 (y^2+1)\,dy=\left[\dfrac{1}{3}y^3+y\right]_2^5$

$=\left(\dfrac{125}{3}+5\right)-\left(\dfrac{8}{3}+2\right)$

$=39+3=42$ 답 ②

03 곡선 $y=x^2-3$과 직선 $y=2x$

의 교점의 x좌표는

$x^2-3=2x$에서

$x^2-2x-3=0$

$(x+1)(x-3)=0$

$\therefore x=-1$ 또는 $x=3$

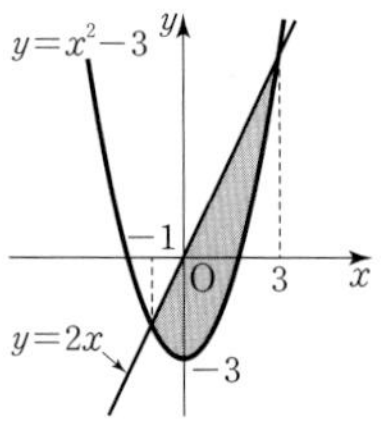

따라서 구하는 넓이는

$\int_{-1}^3 \{2x-(x^2-3)\}\,dx=\int_{-1}^3 (-x^2+2x+3)\,dx$

$=\left[-\dfrac{1}{3}x^3+x^2+3x\right]_{-1}^3$

$=(-9+9+9)-\left(\dfrac{1}{3}+1-3\right)$

$=9+\dfrac{5}{3}=\dfrac{32}{3}$ 답 ②

---

blacklabel 특강 | 필수 공식

곡선 $f(x)=ax^2+bx+c$와 직선 $g(x)=mx+n$의 교점의 x좌표가 α, β ($\alpha<\beta$)일 때, 곡선 $f(x)=ax^2+bx+c$와 직선 $g(x)=mx+n$으로 둘러싸인 도형의 넓이를 S라 하면

$S=\dfrac{|a|(\beta-\alpha)^3}{6}$

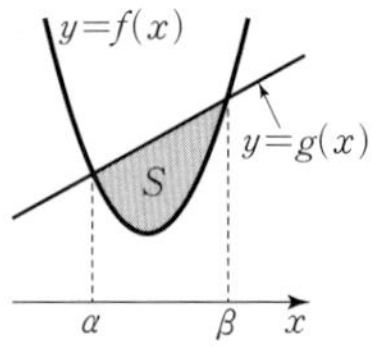

---

04 두 곡선 $y=3x^2-6x-4$,

$y=-x^2+2x+8$의 교점의 x좌표는

$3x^2-6x-4=-x^2+2x+8$에서

$4x^2-8x-12=0$, $x^2-2x-3=0$

$(x+1)(x-3)=0$

$\therefore x=-1$ 또는 $x=3$

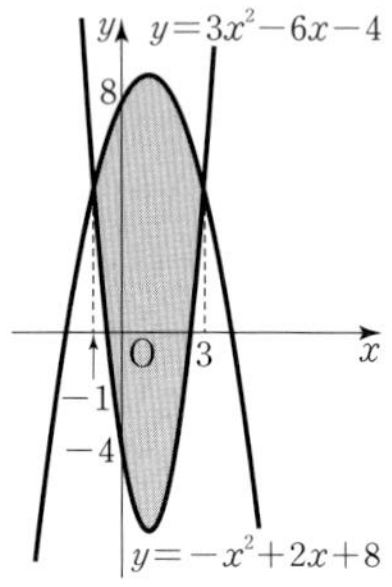

따라서 두 곡선 $y=3x^2-6x-4$,

$y=-x^2+2x+8$로 둘러싸인 도형

의 넓이는

$\int_{-1}^3 \{(-x^2+2x+8)-(3x^2-6x-4)\}\,dx$

$=\int_{-1}^3 (-4x^2+8x+12)\,dx=-4\int_{-1}^3 (x^2-2x-3)\,dx$

$=-4\left[\dfrac{1}{3}x^3-x^2-3x\right]_{-1}^3$

$=-4\left\{(9-9-9)-\left(-\dfrac{1}{3}-1+3\right)\right\}$

$=-4\times\left(-\dfrac{32}{3}\right)=\dfrac{128}{3}$

$\therefore p=3$, $q=128$

$\therefore p+q=3+128=131$ 답 ①

• 다른풀이 •

두 곡선 $y=3x^2-6x-4$, $y=-x^2+2x+8$의 교점의 x

좌표가 $x=-1$ 또는 $x=3$이므로 두 곡선

$y=3x^2-6x-4$, $y=-x^2+2x+8$로 둘러싸인 도형의

넓이는

$\int_{-1}^3 \{(-x^2+2x+8)-(3x^2-6x-4)\}\,dx$

$=\int_{-1}^3 (-4x^2+8x+12)\,dx$

$=\dfrac{|-4|}{6}\{3-(-1)\}^3=\dfrac{128}{3}$

$\therefore p=3$, $q=128$ $\therefore p+q=3+128=131$

05 $y=x^3-x^2-x+2$에서 $y'=3x^2-2x-1$

곡선 $y=x^3-x^2-x+2$ 위의 점 $(1, 1)$에서의 접선의 기

울기는

$y'_{x=1}=3-2-1=0$

이므로 접선의 방정식은

$y-1=0(x-1)$ ∴ $y=1$

이때, 곡선 $y=x^3-x^2-x+2$

와 직선 $y=1$의 교점의 x좌표

는 $x^3-x^2-x+2=1$에서

$x^3-x^2-x+1=0$, $(x+1)(x-1)^2=0$

∴ $x=-1$ 또는 $x=1$

따라서 구하는 넓이는

$\int_{-1}^{1}\{(x^3-x^2-x+2)-1\}dx$

$=\int_{-1}^{1}(x^3-x^2-x+1)dx=2\int_{0}^{1}(-x^2+1)dx$

$=2\left[-\dfrac{1}{3}x^3+x\right]_0^1=2\left(-\dfrac{1}{3}+1\right)$

$=2\times\dfrac{2}{3}=\dfrac{4}{3}$ 답 ③

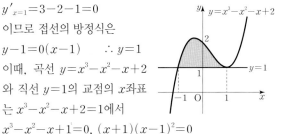

06 $g(1)=a$라 하면 $f(a)=1$이므로

$a^3+a-1=1$, $a^3+a-2=0$

$(a-1)(a^2+a+2)=0$

∴ $a=1$ $\left(∵ a^2+a+2=\left(a+\dfrac{1}{2}\right)^2+\dfrac{7}{4}>0\right)$

또한, $g(9)=b$라 하면 $f(b)=9$이므로

$b^3+b-1=9$, $b^3+b-10=0$

$(b-2)(b^2+2b+5)=0$

∴ $b=2$ $(∵ b^2+2b+5=(b+1)^2+4>0)$

함수 $y=g(x)$의 그래프는 함

수 $f(x)=x^3+x-1$의 그래프

를 직선 $y=x$에 대하여 대칭이

동한 것과 같으므로 오른쪽 그

림과 같고 어두운 부분의 넓이

는 서로 같다.

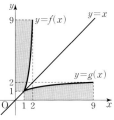

∴ $\int_{1}^{9}g(x)dx=18-1-\int_{1}^{2}f(x)dx$

$=18-1-\int_{1}^{2}(x^3+x-1)dx$

$=17-\left[\dfrac{1}{4}x^4+\dfrac{1}{2}x^2-x\right]_1^2$

$=17-\dfrac{17}{4}=\dfrac{51}{4}$ 답 ③

07 속도가 $v(t)=30-10t$ (m/s)인 로켓이 최고 높이에 도

달하는 순간의 속도는 0이므로

$v(t)=0$에서 $30-10t=0$

$10t=30$ ∴ $t=3$

이때, 지상 35 m 높이에서 로켓을 쏘아 올렸으므로 구하

는 최고 높이는

$35+\int_{0}^{3}(30-10t)dt=35+\left[30t-5t^2\right]_0^3$

$=35+(90-45)$

$=80$ (m)   답 80 m

08 주어진 그래프에서

$v(t)=\begin{cases}\dfrac{2k}{3}t & (0\le t<3)\\[2mm] -\dfrac{2k}{3}t+4k & (3\le t<6)\\[2mm] -\dfrac{k}{2}t+3k & (6\le t\le 8)\end{cases}$

점 P의 8초에서의 위치가 $\dfrac{20}{7}$이므로

$\int_{0}^{8}v(t)dt=\dfrac{20}{7}$에서

$\int_{0}^{3}\dfrac{2k}{3}t\,dt+\int_{3}^{6}\left(-\dfrac{2k}{3}t+4k\right)dt+\int_{6}^{8}\left(-\dfrac{k}{2}t+3k\right)dt$

$=\left[\dfrac{k}{3}t^2\right]_0^3+\left[-\dfrac{k}{3}t^2+4kt\right]_3^6+\left[-\dfrac{k}{4}t^2+3kt\right]_6^8$

$=3k+(12k-9k)+(8k-9k)$

$=5k=\dfrac{20}{7}$

∴ $k=\dfrac{4}{7}$

따라서 출발 후 8초 동안 점 P가 움직인 거리는

$\int_{0}^{8}|v(t)|\,dt$

$=\int_{0}^{3}\dfrac{2k}{3}t\,dt+\int_{3}^{6}\left(-\dfrac{2k}{3}t+4k\right)dt+\int_{6}^{8}\left(\dfrac{k}{2}t-3k\right)dt$

$=\left[\dfrac{k}{3}t^2\right]_0^3+\left[-\dfrac{k}{3}t^2+4kt\right]_3^6+\left[\dfrac{k}{4}t^2-3kt\right]_6^8$

$=3k+(12k-9k)+(-8k+9k)$

$=7k=7\times\dfrac{4}{7}=4$ 답 4

• 다른풀이 •

직선 $y=f(x)$와 두 직선 $x=a$, $x=b$ 및 x축으로 둘러

싸인 도형의 넓이는 $\int_{a}^{b}|f(x)|\,dx$

$f(x)\ge 0$일 때, $\int_{a}^{b}|f(x)|\,dx=\int_{a}^{b}f(x)\,dx$

$f(x)<0$일 때, $\int_{a}^{b}|f(x)|\,dx=-\int_{a}^{b}f(x)\,dx$

점 P의 8초에서의 위치가 $\dfrac{20}{7}$이므로

$\int_{0}^{8}v(t)dt=\dfrac{20}{7}$에서

$\int_{0}^{6}v(t)dt+\int_{6}^{8}v(t)dt=\dfrac{20}{7}$

$\dfrac{1}{2}\times6\times2k-\dfrac{1}{2}\times2\times k=5k=\dfrac{20}{7}$

∴ $k=\dfrac{4}{7}$

$6\le t\le 8$에서 $v(t)<0$이므로 $\int_{6}^{8}v(t)dt<0$

따라서 출발 후 8초 동안 점 P가 움직인 거리는

$\int_{0}^{8}|v(t)|\,dt=\int_{0}^{6}v(t)dt-\int_{6}^{8}v(t)dt$

$=\dfrac{1}{2}\times6\times2k+\dfrac{1}{2}\times2\times k$

$=7k=7\times\dfrac{4}{7}=4$

01 6	**02** 80	**03** 40	**04** 2	**05** $\dfrac{8}{3}$
06 ④	**07** ⑤	**08** ③	**09** $\dfrac{9}{4}$	**10** 6
11 243	**12** ②	**13** ④	**14** 16	**15** ③
16 $\dfrac{64}{3}$	**17** ⑤	**18** 13	**19** ⑤	**20** $\dfrac{3\sqrt{3}}{4}-\dfrac{\pi}{3}$
21 16	**22** 16	**23** 85	**24** ⑤	**25** ③
26 9	**27** 90 m	**28** ⑤	**29** ④	**30** 4
31 ⑤	**32** ③			

01 $f(x)=x^2-6x+a=(x-3)^2+a-9$라 하면 곡선
$y=f(x)$는 직선 $x=3$에 대하여 대칭이고, 곡선
$y=f(x)$와 x축의 교점의 x좌표를 α, β $(\alpha<\beta)$라 하면
$$\int_{\alpha}^{3} f(x)\,dx=\int_{3}^{\beta} f(x)\,dx \qquad \cdots\cdots \bigcirc$$
$$\therefore S_{A}=\int_{0}^{\alpha} f(x)\,dx,$$
$$S_{B}=\int_{\alpha}^{\beta} |f(x)|\,dx=2\int_{\alpha}^{3} |f(x)|\,dx\ (\because \bigcirc)$$
$$=-2\int_{\alpha}^{3} f(x)\,dx\ (\because \alpha<x<3에서\ f(x)<0)$$

이때, $S_{A}:S_{B}=1:2$에서 $2S_{A}=S_{B}$, 즉 $S_{A}=\dfrac{1}{2}S_{B}$이므로
$$\int_{0}^{\alpha} f(x)\,dx=-\int_{\alpha}^{3} f(x)\,dx에서$$
$$\int_{0}^{\alpha} f(x)\,dx+\int_{\alpha}^{3} f(x)\,dx=0$$
$$\therefore \int_{0}^{3} f(x)\,dx=0$$
$$\int_{0}^{3} (x^2-6x+a)\,dx=\left[\frac{1}{3}x^3-3x^2+ax\right]_{0}^{3}$$
$$=9-27+3a=0$$
$$3a=18 \qquad \therefore a=6 \qquad\qquad 답\ 6$$

02 주어진 함수 $y=f(x)$의 그래프에서
$$f(x)=\begin{cases} 2x & (x\le 9) \\ -2x+36 & (x>9) \end{cases}$$
$0\le x\le 9$에서 $0\le g(x)\le 9$이므로
$0\le x\le 9$에서 $(f\circ g)(x)=f(g(x))=2g(x)$ $\cdots\cdots\bigcirc$
한편, 닫힌구간 $[0,\ 9]$에서 곡선 $y=g(x)$와 x축 및 y축
으로 둘러싸인 도형의 넓이가 40이므로
$$\int_{0}^{9} g(x)\,dx=40$$
$$\therefore \int_{0}^{9} (f\circ g)(x)\,dx=\int_{0}^{9} 2g(x)\,dx\ (\because \bigcirc)$$
$$=2\int_{0}^{9} g(x)\,dx$$
$$=2\times 40=80 \qquad\qquad 답\ 80$$

03 $\displaystyle\int_{0}^{2013} f(x)\,dx=\int_{3}^{2013} f(x)\,dx$에서
$$\int_{0}^{3} f(x)\,dx+\int_{3}^{2013} f(x)\,dx=\int_{3}^{2013} f(x)\,dx$$

$$\therefore \int_{0}^{3} f(x)\,dx=0$$
이때, 이차함수 $f(x)$의 최고차항의 계수가 1이고,
$f(3)=0$이므로 $f(x)=(x-3)(x-a)$ (a는 상수)라
할 수 있고
$$\int_{0}^{3} f(x)\,dx=\int_{0}^{3} (x-3)(x-a)\,dx$$
$$=\int_{0}^{3} \{x^2-(a+3)x+3a\}\,dx$$
$$=\left[\frac{1}{3}x^3-\frac{a+3}{2}x^2+3ax\right]_{0}^{3}$$
$$=9-\frac{9}{2}(a+3)+9a$$
$$=\frac{9}{2}a-\frac{9}{2}=0$$
$$\therefore a=1$$
$$\therefore f(x)=(x-1)(x-3)=x^2-4x+3$$
따라서 곡선 $y=f(x)$와 x축으로
둘러싸인 도형의 넓이 S는
$$S=\int_{1}^{3} |x^2-4x+3|\,dx$$
$$=-\int_{1}^{3} (x^2-4x+3)\,dx$$
$$=-\left[\frac{1}{3}x^3-2x^2+3x\right]_{1}^{3}$$
$$=-\left\{(9-18+9)-\left(\frac{1}{3}-2+3\right)\right\}=\frac{4}{3}$$
$$\therefore 30S=30\times \frac{4}{3}=40 \qquad\qquad 답\ 40$$

04 두 도형 A, B에 대하여 (A의 넓이)$<$(B의 넓이)이므
로 오른쪽 그림과 같이
(A의 넓이)$=$(B_{1}의 넓이)가
성립하도록 도형 B를 두 도형
B_{1}, B_{2}로 나누는 직선을
$x=\alpha$ $(1<\alpha<3)$라 하면

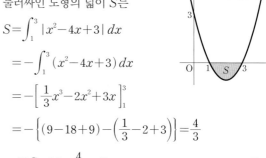

$$\int_{0}^{1} |f(x)|\,dx=\int_{1}^{\alpha} |f(x)|\,dx$$
즉, $\displaystyle\int_{0}^{1} f(x)\,dx=-\int_{1}^{\alpha} f(x)\,dx$에서
$$\int_{0}^{1} f(x)\,dx+\int_{1}^{\alpha} f(x)\,dx=0$$
$$\therefore \int_{0}^{\alpha} f(x)\,dx=0 \qquad \cdots\cdots\bigcirc$$
또한, $x\ge 3$에서 곡선 $y=f(x)$와 x축으로 둘러싸인 도
형을 C라 하고, (B_{2}의 넓이)$=$(C_{1}의 넓이)가 성립하도
록 도형 C를 두 도형 C_{1}, C_{2}로 나누는 직선을
$x=\beta$ $(\beta>3)$라 하면
$$\int_{\alpha}^{3} |f(x)|\,dx=\int_{3}^{\beta} |f(x)|\,dx$$
즉, $-\displaystyle\int_{\alpha}^{3} f(x)\,dx=\int_{3}^{\beta} f(x)\,dx$에서
$$\int_{\alpha}^{3} f(x)\,dx+\int_{3}^{\beta} f(x)\,dx=0$$

$$\therefore \int_{\alpha}^{\beta} f(x)dx=0 \qquad \cdots\cdots \text{ⓛ}$$

㉠, ㉡을 변끼리 더하면

$$\int_{0}^{\alpha} f(x)dx+\int_{\alpha}^{\beta} f(x)dx=0$$

$$\therefore \int_{0}^{\beta} f(x)dx=0 \qquad \cdots\cdots \text{ⓒ}$$

한편, $t>\beta$인 모든 t에 대하여 $f(t)>0$이므로

$$\int_{\beta}^{t} f(x)dx>0 \qquad \therefore \int_{0}^{t} f(x)dx>0$$

따라서 $\int_{0}^{x} f(t)dt=0$을 만족시키는 x는 ㉠, ㉢에 의하여

α, β의 2개이다. 답 2

서울대 선배들의 강추문제 1등급 비법 노하우

피적분함수의 그래프를 보고 적분함수의 그래프의 개형을 유추하는 문제는 수능 및 대학별고사에서 자주 출제되므로 반드시 기억해 두도록 한다. $F(x)=\int_{0}^{x} f(t)dt$라 할 때, 닫힌구간 $[0, 1]$에서 $f(x)\geq0$이므로 함수 $F(x)$는 증가하고, 닫힌구간 $[1, 3]$에서 $f(x)\leq0$이므로 함수 $F(x)$는 감소한다. 이때, $(A$의 넓이$)<(B$의 넓이$)$이므로 $\alpha\in(1, 3)$이고 $\int_{0}^{\alpha} f(x)dx=0$인 α가 존재한다. 구간 $[3, \infty)$에서 $f(x)\geq0$이므로 함수 $F(x)$는 증가하고 $\beta\in(3, \infty)$이고 $\int_{0}^{\beta} f(x)dx=0$인 β가 존재한다.

05 정사각형 OABC를 점 O가 원점, 변 OA가 x축, 변 OC가 y축 위에 오도록 좌표평면 위에 놓으면 A$(2, 0)$, B$(2, 2)$, C$(0, 2)$이다.

점 P의 좌표를 (x, y)라 하면 $0\leq x\leq2$, $0\leq y\leq2$이고 점 Q의 좌표는 $(x, 0)$이므로 $\overline{OP}+\overline{OQ}=2$에서

$$\sqrt{x^2+y^2}+x=2 \qquad \therefore \sqrt{x^2+y^2}=2-x$$

위의 등식의 양변을 제곱하면

$$x^2+y^2=x^2-4x+4, \ 4x=-y^2+4$$

$$\therefore x=-\frac{1}{4}y^2+1 \ (단, \ 0\leq y\leq2)$$

이때, 점 P가 그리는 곡선에 의하여 나누어지는 정사각형 OABC의 두 도형 중에서 작은 도형은 $0\leq y\leq2$에서 곡선 $x=-\frac{1}{4}y^2+1$과 x축 및 y축으로 둘러싸인 도형이므로 그 넓이는

$$\int_{0}^{2}\left(-\frac{1}{4}y^2+1\right)dy=\left[-\frac{1}{12}y^3+y\right]_{0}^{2}$$
$$=-\frac{2}{3}+2=\frac{4}{3}$$

따라서 구하는 큰 도형의 넓이를 S라 하면

$$S=(정사각형 \ OABC의 \ 넓이)-(작은 \ 도형의 \ 넓이)$$
$$=2^2-\frac{4}{3}=\frac{8}{3} \qquad 답 \ \frac{8}{3}$$

서울대 선배들의 강추문제 1등급 비법 노하우

함수의 식이 직접 주어지지 않는 문제에서는 함수의 식을 구할 수 있어야 한다. 이때, 움직이는 점의 좌표를 (x, y)라 하고, 주어진 조건들을 이용하여 x와 y의 관계를 찾아내는 것이 중요하다.

이 문제에서는 점 O를 원점으로 잡고, P(x, y), Q$(x, 0)$으로 두면 $\overline{OP}=2-x$이므로 피타고라스 정리에 의하여 $\overline{OP}^2=\overline{OQ}^2+\overline{QP}^2$에서 $(2-x)^2=x^2+y^2$ 따라서 $y=2\sqrt{1-x} \ (0<x<1)$이므로 정적분하여 넓이를 구할 수 있다.

06 $f(x)=\int_{0}^{1} t|t-x|dt$에서

(i) $x<0$일 때,

$0<t<1$에서 $t-x>0$이므로

$$f(x)=\int_{0}^{1} t|t-x|dt$$
$$=\int_{0}^{1} t(t-x)dt=\int_{0}^{1}(t^2-xt)dt$$
$$=\left[\frac{1}{3}t^3-\frac{x}{2}t^2\right]_{0}^{1}$$
$$=-\frac{1}{2}x+\frac{1}{3}$$

(ii) $0\leq x<1$일 때,

$0<t<x$에서 $t-x<0$, $x<t<1$에서 $t-x>0$이므로

$$f(x)=\int_{0}^{1} t|t-x|dt$$
$$=\int_{0}^{x}(-t^2+xt)dt+\int_{x}^{1}(t^2-xt)dt$$
$$=\left[-\frac{1}{3}t^3+\frac{x}{2}t^2\right]_{0}^{x}+\left[\frac{1}{3}t^3-\frac{x}{2}t^2\right]_{x}^{1}$$
$$=-\frac{1}{3}x^3+\frac{1}{2}x^3+\frac{1}{3}-\frac{1}{2}x-\left(\frac{1}{3}x^3-\frac{1}{2}x^3\right)$$
$$=\frac{1}{3}x^3-\frac{1}{2}x+\frac{1}{3}$$

(iii) $x\geq1$일 때,

$0<t<1$에서 $t-x<0$이므로

$$f(x)=\int_{0}^{1} t|t-x|dt$$
$$=\int_{0}^{1}(-t^2+xt)dt$$
$$=\left[-\frac{1}{3}t^3+\frac{x}{2}t^2\right]_{0}^{1}$$
$$=\frac{1}{2}x-\frac{1}{3}$$

(i), (ii), (iii)에서

$$f(x)=\begin{cases} -\dfrac{1}{2}x+\dfrac{1}{3} & (x<0) \\[2mm] \dfrac{1}{3}x^3-\dfrac{1}{2}x+\dfrac{1}{3} & (0\leq x<1) \\[2mm] \dfrac{1}{2}x-\dfrac{1}{3} & (x\geq1) \end{cases}$$

따라서 곡선 $y=f(x)$와 x축 및 두 직선 $x=-2$, $x=2$로 둘러싸인 도형의 넓이는

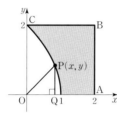

$$\int_{-2}^{2} f(x)\,dx$$

$$=\int_{-2}^{0}\left(-\frac{1}{2}x+\frac{1}{3}\right)dx+\int_{0}^{1}\left(\frac{1}{3}x^{3}-\frac{1}{2}x+\frac{1}{3}\right)dx$$

$$\qquad\qquad\qquad +\int_{1}^{2}\left(\frac{1}{2}x-\frac{1}{3}\right)dx$$

$$=\left[-\frac{1}{4}x^{2}+\frac{1}{3}x\right]_{-2}^{0}+\left[\frac{1}{12}x^{4}-\frac{1}{4}x^{2}+\frac{1}{3}x\right]_{0}^{1}$$

$$\qquad\qquad\qquad +\left[\frac{1}{4}x^{2}-\frac{1}{3}x\right]_{1}^{2}$$

$$=-\left(-1-\frac{2}{3}\right)+\left(\frac{1}{12}-\frac{1}{4}+\frac{1}{3}\right)+\left(1-\frac{2}{3}\right)$$

$$\qquad\qquad\qquad\qquad\qquad -\left(\frac{1}{4}-\frac{1}{3}\right)$$

$$=\frac{9}{4}$$

답 ④

07 $f(x)=2-\sqrt{\dfrac{k-1}{k}x+1}$

$$=2-\sqrt{\frac{k-1}{k}\left(x+\frac{k}{k-1}\right)}$$

이므로 무리함수 $y=f(x)$
의 그래프는 오른쪽 그림과
같다.

$y=2-\sqrt{\dfrac{k-1}{k}x+1}$ 에서

$y-2=-\sqrt{\dfrac{k-1}{k}x+1}$

위의 식의 양변을 제곱하면

$$y^{2}-4y+4=\frac{k-1}{k}x+1$$

$$\therefore x=\frac{k}{k-1}(y^{2}-4y+3)$$

함수 $y=f(x)$의 그래프와 x축 및 y축으로 둘러싸인 도
형의 넓이가 $g(k)$이므로

$$g(k)=\int_{0}^{1}\frac{k}{k-1}(y^{2}-4y+3)\,dy$$

$$=\frac{k}{k-1}\left[\frac{1}{3}y^{3}-2y^{2}+3y\right]_{0}^{1}$$

$$=\frac{k}{k-1}\left(\frac{1}{3}-2+3\right)=\frac{4k}{3(k-1)}$$

ㄱ. $g(2)=\dfrac{8}{3}$ (참)

ㄴ. $k>1$이므로 $\dfrac{k}{k-1}>0$

즉, $\dfrac{3k}{2(k-1)}>\dfrac{4k}{3(k-1)}\left(\because\dfrac{3}{2}>\dfrac{4}{3}\right)$이므로

$g(k)<\dfrac{3k}{2k-2}$ (참)

ㄷ. 곡선 $f(x)=2-\sqrt{\dfrac{k-1}{k}x+1}$과 y축의 교점은 점

$(0,\,1)$이고, 이 점에서의 접선 l은 함수 $f(x)$의 역함

수 $f^{-1}(x)=\dfrac{k}{k-1}(x^{2}-4x+3)$ $(x\le 2)$의 그래프

위의 점 $(1,\,0)$에서의 접선 l'을 직선 $y=x$에 대하여
대칭이동한 것과 같다.

$y=\dfrac{k}{k-1}(x^{2}-4x+3)$에서 $y'=\dfrac{k}{k-1}(2x-4)$이

므로 곡선 $y=f^{-1}(x)$의 점 $(1,\,0)$에서의 접선의 기

울기는 $-\dfrac{2k}{k-1}$이고 접선 l'의 방정식은

$$y=-\frac{2k}{k-1}(x-1)$$

즉, 곡선 $y=f(x)$ 위의 점 $(0,\,1)$에서의 접선 l은

$x=-\dfrac{2k}{k-1}(y-1)$, 즉

$y=-\dfrac{k-1}{2k}x+1$이므로

오른쪽 그림과 같고 접선 l
과 x축 및 y축으로 둘러싸
인 도형의 넓이는

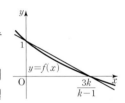

$$\frac{1}{2}\times\frac{2k}{k-1}\times 1=\frac{k}{k-1}$$

$g(k)=\dfrac{4}{3}\times\dfrac{k}{k-1}$이므로 구하는 도형의 넓이는

$\dfrac{3}{4}g(k)$이다. (참)

따라서 ㄱ, ㄴ, ㄷ 모두 옳다.

답 ⑤

• 다른풀이 •

ㄴ. $k>1$이므로 무리함수
$y=f(x)$의 그래프는 오른쪽
그림과 같이 아래로 볼록하다.
이때, 함수 $y=f(x)$의 그래
프가 x축, y축과 만나는 점

이 각각 $\left(\dfrac{3k}{k-1},\,0\right)$, $(0,\,1)$이고, 이 두 점을 지나는

직선과 x축 및 y축으로 둘러싸인 도형의 넓이는

$$\frac{1}{2}\times\frac{3k}{k-1}\times 1=\frac{3k}{2k-2}$$

위의 그래프에서 두 점 $\left(\dfrac{3k}{k-1},\,0\right)$, $(0,\,1)$을 지나는

직선과 x축 및 y축으로 둘러싸인 도형의 넓이는 곡선
$y=f(x)$와 x축 및 y축으로 둘러싸인 도형의 넓이보
다 크므로

$g(k)<\dfrac{3k}{2k-2}$ (참)

08 곡선 $y=x^{2}$과 직선 $y=ax$의 교점의 x좌표는

$x^{2}=ax$에서 $x^{2}-ax=0$

$x(x-a)=0$ $\quad\therefore x=0$ 또는 $x=a$

$$S=\int_{0}^{a}(ax-x^{2})\,dx=\left[\frac{a}{2}x^{2}-\frac{1}{3}x^{3}\right]_{0}^{a}$$

$$=\frac{a^{3}}{2}-\frac{a^{3}}{3}=\frac{1}{6}a^{3}$$

$$T=\int_a^1 (x^2-ax)\,dx=\left[\frac{1}{3}x^3-\frac{a}{2}x^2\right]_a^1$$

$$=\left(\frac{1}{3}-\frac{a}{2}\right)-\left(\frac{a^3}{3}-\frac{a^3}{2}\right)$$

$$=\frac{1}{6}a^3-\frac{1}{2}a+\frac{1}{3}$$

$S+T=f(a)$라 하면

$$f(a)=\frac{1}{3}a^3-\frac{1}{2}a+\frac{1}{3}$$

$f'(a)=a^2-\frac{1}{2}=0$에서 $a^2=\frac{1}{2}$

$\therefore a=\dfrac{\sqrt{2}}{2}\ (\because 0<a<1)$

함수 $f(a)$의 증가와 감소를 표로 나타내면 다음과 같다.

a	(0)	$\cdots$	$\dfrac{\sqrt{2}}{2}$	$\cdots$	(1)
$f'(a)$		$-$	0	$+$	
$f(a)$		$\searrow$	극소	$\nearrow$	

함수 $f(a)$는 $a=\dfrac{\sqrt{2}}{2}$에서 극소이면서 최소이므로 $f(a)$,

즉 $S+T$가 최소가 되도록 하는 실수 a의 값은 $\dfrac{\sqrt{2}}{2}$이다.

답 ③

09 $x\geq 0$일 때, 곡선 $y=ax^2\left(a>\dfrac{1}{2}\right)$과 직선 $y=1$의 교점의

x좌표는

$ax^2=1$에서 $x^2=\dfrac{1}{a}$ $\quad\therefore x=\dfrac{1}{\sqrt{a}}\ (\because x\geq 0)$

또한, 곡선 $y=\dfrac{1}{4}x^2$과 직선 $y=1$의 교점의 x좌표는

$\dfrac{1}{4}x^2=1$에서 $x^2=4$ $\quad\therefore x=2\ (\because x\geq 0)$

이때, 두 곡선 $y=ax^2\left(a>\dfrac{1}{2}\right)$, $y=\dfrac{1}{4}x^2$은 각각 y축에

대하여 대칭이므로 위의 그림과 같이 곡선

$y=ax^2\left(a>\dfrac{1}{2}\right)$과 y축 및 직선 $y=1$로 둘러싸인 도형의

넓이를 S_1, 곡선 $y=\dfrac{1}{4}x^2$과 y축 및 직선 $y=1$로 둘러싸

인 도형의 넓이를 S_2라 하면 $3S_1=S_2$이다. 즉,

$$3\int_0^{\frac{1}{\sqrt{a}}} (1-ax^2)\,dx=\int_0^2\left(1-\frac{1}{4}x^2\right)dx$$

$$3\left[x-\frac{a}{3}x^3\right]_0^{\frac{1}{\sqrt{a}}}=\left[x-\frac{1}{12}x^3\right]_0^2$$

$$3\left(\frac{1}{\sqrt{a}}-\frac{1}{3\sqrt{a}}\right)=2-\frac{2}{3},\ \frac{2}{\sqrt{a}}=\frac{4}{3}$$

$\sqrt{a}=\dfrac{3}{2}$ $\quad\therefore a=\dfrac{9}{4}$

답 $\dfrac{9}{4}$

• 다른풀이 •

곡선 $y=\dfrac{1}{4}x^2$과 직선 $y=1$로 둘러싸인 도형의 넓이를 T_1

이라 하면 교점의 x좌표는

$\dfrac{1}{4}x^2=1$에서 $x^2=4$ $\quad\therefore x=-2$ 또는 $x=2$

즉, 두 교점의 좌표는 $(-2,\ 1)$, $(2,\ 1)$이므로

$$T_1=\int_{-2}^2\left(1-\frac{1}{4}x^2\right)dx$$

$$=\frac{\left|-\dfrac{1}{4}\right|}{6}\{2-(-2)\}^3$$

$$=\frac{1}{24}\times 64=\frac{8}{3}$$

또한, 곡선 $y=ax^2\left(a>\dfrac{1}{2}\right)$과 직선 $y=1$로 둘러싸인 도

형의 넓이를 T_2라 하면 교점의 x좌표는

$ax^2=1$에서 $x^2=\dfrac{1}{a}$ $\quad\therefore x=-\dfrac{1}{\sqrt{a}}$ 또는 $x=\dfrac{1}{\sqrt{a}}$

즉, 두 교점의 좌표는 $\left(-\dfrac{1}{\sqrt{a}},\ 1\right)$, $\left(\dfrac{1}{\sqrt{a}},\ 1\right)$이므로

$$T_2=\int_{-\frac{1}{\sqrt{a}}}^{\frac{1}{\sqrt{a}}} (1-ax^2)\,dx$$

$$=\frac{|-a|}{6}\left\{\frac{1}{\sqrt{a}}-\left(-\frac{1}{\sqrt{a}}\right)\right\}^3$$

$$=\frac{a}{6}\times\frac{8}{a\sqrt{a}}\ \left(\because a>\frac{1}{2}\right)$$

$$=\frac{4}{3\sqrt{a}}$$

이때, $T_1=3T_2$이므로 $\dfrac{8}{3}=3\times\dfrac{4}{3\sqrt{a}}$

$2\sqrt{a}=3$, $4a=9$ $\quad\therefore a=\dfrac{9}{4}$

10 $f(x)+f(a-x)=2a$에서 삼차함수 $y=f(x)$의 그래프

는 점 $\left(\dfrac{a}{2},\ a\right)$에 대하여 대칭이다.

삼차함수 $y=f(x)$의 그래프와 직선 $y=x+\dfrac{a}{2}$가 서로

다른 세 점에서 만나므로 함수 $f(x)$의 최고차항의 계수

의 부호에 따라 다음 그림과 같다.

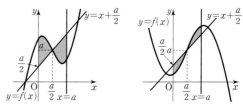

이때, 위의 그래프에서 어두운 부분의 넓이가 각각 같으

므로 $\displaystyle\int_0^a f(x)\,dx$의 값은 두 직선 $y=x+\dfrac{a}{2}$와

$x=a$ 및 x축, y축으로 둘러싸인 사다리꼴의 넓이와 같다.

$$\therefore \int_0^a f(x)\,dx = \frac{1}{2}\times\left(\frac{3}{2}a+\frac{1}{2}a\right)\times a = a^2$$

$\int_0^a \{f(x)-x\}\,dx = 18$이므로

$$\int_0^a f(x)\,dx - \int_0^a x\,dx = a^2 - \left[\frac{1}{2}x^2\right]_0^a$$
$$= a^2 - \frac{1}{2}a^2$$
$$= \frac{1}{2}a^2 = 18$$

즉, $a^2=36$에서 $a=6\ (\because a>0)$ 　　　　답 6

11 두 점 $P(t,\ t^2)$, $Q(g(t),\ \{g(t)\}^2)$을 지나는 직선의 방정식은

$$y-t^2 = \frac{\{g(t)\}^2-t^2}{g(t)-t}(x-t)$$
$$y = \{g(t)+t\}(x-t)+t^2$$
$$\therefore y = \{g(t)+t\}x - tg(t)$$

선분 PQ와 곡선 $y=f(x)$로 둘러싸인 도형의 넓이가 36이므로

$$\int_t^{g(t)} [\{g(t)+t\}x - tg(t) - x^2]\,dx$$
$$= \left[\frac{g(t)+t}{2}x^2 - tg(t)x - \frac{1}{3}x^3\right]_t^{g(t)}$$
$$= \frac{g(t)+t}{2}[\{g(t)\}^2-t^2] - tg(t)\{g(t)-t\}$$
$$\qquad\qquad - \frac{1}{3}[\{g(t)\}^3-t^3]$$
$$= \frac{g(t)-t}{6}[\{g(t)\}^2 - 2tg(t)+t^2]$$
$$= \frac{\{g(t)-t\}^3}{6} = 36$$

$\{g(t)-t\}^3 = 6^3$, $g(t)-t = 6\ (\because t<g(t))$

$\therefore g(t) = t+6$

따라서 $(f\circ g)(t) = f(g(t)) = f(t+6) = (t+6)^2$이므로

$$\int_{-6}^3 (f\circ g)(t)\,dt = \int_{-6}^3 (t+6)^2\,dt$$
$$= \left[\frac{1}{3}(t+6)^3\right]_{-6}^3$$
$$= \frac{1}{3}\times 9^3 = 243$$ 　　　　답 243

12 두 점 $A(2,0)$, $B(0,3)$을 지나는 직선의 방정식은

$y = -\frac{3}{2}x+3$이고, 이 직선과 곡선 $y=ax^2\ (a>0)$의 교점의 x좌표를 p라 하면

$$-\frac{3}{2}p+3 = ap^2 \qquad\qquad \cdots\cdots\ \text{㉠}$$

$$\therefore S_1 = \int_0^p \left\{\left(-\frac{3}{2}x+3\right)-ax^2\right\}dx$$
$$= \left[-\frac{3}{4}x^2 + 3x - \frac{1}{3}ax^3\right]_0^p$$

$$= -\frac{3}{4}p^2 + 3p - \frac{1}{3}ap^3$$
$$= -\frac{3}{4}p^2 + 3p - \frac{1}{3}p\left(-\frac{3}{2}p+3\right)\ (\because \text{㉠})$$
$$= -\frac{1}{4}p^2 + 2p \qquad\qquad \cdots\cdots\ \text{㉡}$$

한편, $S_1+S_2 = \triangle BOA = \frac{1}{2}\times 2\times 3 = 3$이고,

$S_1 : S_2 = 13 : 3$이므로

$$S_1 = \triangle BOA \times \frac{13}{16} = 3\times\frac{13}{16} = \frac{39}{16} \qquad \cdots\cdots\ \text{㉢}$$

㉡, ㉢에서 $-\frac{1}{4}p^2+2p = \frac{39}{16}$이므로

$4p^2 - 32p + 39 = 0$, $(2p-3)(2p-13) = 0$

$\therefore p = \frac{3}{2}\ \left(\because 0<p<2\right)$

이것을 ㉠에 대입하면

$$\frac{9}{4}a = -\frac{9}{4}+3 = \frac{3}{4} \qquad \therefore a = \frac{1}{3}$$ 　　　　답 ②

13 $f(x) = x^2-2x+3$이라 하면 $f'(x) = 2x-2$

접점의 좌표를 $(a,\ a^2-2a+3)$이라 하면 이 점에서의 접선의 기울기는 $f'(a) = 2a-2$이므로 접선의 방정식은

$$y-(a^2-2a+3) = (2a-2)(x-a)$$
$$\therefore y = (2a-2)x - a^2+3 \qquad \cdots\cdots\ \text{㉠}$$

㉠이 점 $(1,-2)$를 지나므로 $-2 = 2a-2-a^2+3$

$a^2-2a-3 = 0$, $(a+1)(a-3) = 0$

$\therefore a=-1$ 또는 $a=3$

이것을 각각 ㉠에 대입하면 두 접선의 방정식은

$y=-4x+2,\ y=4x-6$

위의 두 접선과 곡선 $y=f(x)$의 교점의 x좌표는 각각 접점의 x좌표이므로 -1, 3이고, 두 접선의 교점의 x좌표는 1이므로 주어진 곡선과 두 접선으로 둘러싸인 도형의 넓이 S는

$$S = \int_{-1}^1 \{(x^2-2x+3)-(-4x+2)\}\,dx$$
$$\qquad + \int_1^3 \{(x^2-2x+3)-(4x-6)\}\,dx$$
$$= \int_{-1}^1 (x^2+2x+1)\,dx + \int_1^3 (x^2-6x+9)\,dx$$
$$= 2\int_0^1 (x^2+1)\,dx + \int_1^3 (x^2-6x+9)\,dx$$
$$= 2\left[\frac{1}{3}x^3+x\right]_0^1 + \left[\frac{1}{3}x^3-3x^2+9x\right]_1^3$$
$$= 2\left(\frac{1}{3}+1\right) + \left\{(9-27+27)-\left(\frac{1}{3}-3+9\right)\right\}$$
$$= \frac{8}{3}+\frac{8}{3} = \frac{16}{3}$$
$$\therefore 12S = 12\times\frac{16}{3} = 64$$ 　　　　답 ④

blacklabel 특강 참고

이차함수 $y=x^2-2x+3$의 그래프는 직선 $x=1$에 대하여 대칭이고, 곡선 밖의 한 점 $(1, -2)$는 직선 $x=1$ 위의 점이다.

즉, 점 $(1, -2)$에서 곡선 $y=x^2-2x+3$에 그은 접선이 직선 $x=1$에 대하여 대칭이므로 곡선 $y=x^2-2x+3$과 두 접선으로 둘러싸인 도형도 직선 $x=1$에 대하여 대칭이어야 한다.

$$\therefore S=2\int_{-1}^{1}\{(x^2-2x+3)-(-4x+2)\}\,dx$$

14 $f(x)=(x+2)^2-|4x+4|$

$$=\begin{cases} x^2+8x+8 & (x<-1) \\ x^2 & (x\geq -1) \end{cases}$$

이므로 함수 $y=f(x)$의 그래프와 두 점에서 접하는 직선 $y=g(x)$는 오른쪽 그림과 같다.

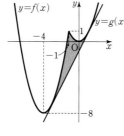

$y=x^2$에서 $y'=2x$이므로 접점의 좌표를 (a, a^2)이라 하면 이 점에서의 접선의 기울기는 $2a$이고 접선의 방정식은

$y-a^2=2a(x-a)$

$\therefore y=2ax-a^2$ ······㉠

$y=x^2+8x+8$에서 $y'=2x+8$이므로 접점의 좌표를 (b, b^2+8b+8)이라 하면 이 점에서의 접선의 기울기는 $2b+8$이고 접선의 방정식은

$y-(b^2+8b+8)=(2b+8)(x-b)$

$y=(2b+8)x-b^2+8$ ······㉡

㉠, ㉡은 같은 직선이므로

$2a=2b+8$, $a^2=b^2-8$

위의 두 식을 연립하여 풀면

$a=1$, $b=-3$

이것을 ㉠에 대입하면 $g(x)=2x-1$

$\therefore m=2$, $n=-1$

두 함수 $y=f(x)$, $y=g(x)$의 그래프로 둘러싸인 도형의 넓이는

$$S=\int_{-3}^{-1}\{(x^2+8x+8)-(2x-1)\}\,dx$$
$$+\int_{-1}^{1}\{x^2-(2x-1)\}\,dx$$
$$=\int_{-3}^{-1}(x^2+6x+9)\,dx+\int_{-1}^{1}(x^2-2x+1)\,dx$$
$$=\int_{-3}^{-1}(x^2+6x+9)\,dx+2\int_{0}^{1}(x^2+1)\,dx$$
$$=\left[\frac{1}{3}x^3+3x^2+9x\right]_{-3}^{-1}+2\left[\frac{1}{3}x^3+x\right]_{0}^{1}$$
$$=\frac{8}{3}+\frac{8}{3}=\frac{16}{3}$$

$$\therefore (m-n)S=\{2-(-1)\}\times\frac{16}{3}=16$$ 답 **16**

• 다른풀이 •

$f(x)=(x+2)^2-|4x+4|$

$$=\begin{cases} x^2+8x+8 & (x<-1) \\ x^2 & (x\geq -1) \end{cases}$$

에서 함수 $y=f(x)$의 그래프와 직선 $g(x)=mx+n$이 두 점에서 접하므로 직선 $y=g(x)$는 곡선 $y=x^2+8x+8$, $y=x^2$과 각각 한 점에서 접해야 한다.

$x^2+8x+8=mx+n$에서

$x^2+(8-m)x+8-n=0$ ······㉢

이 이차방정식이 중근을 가지므로 판별식을 D_1이라 하면

$D_1=(8-m)^2-4(8-n)=0$

$\therefore m^2-16m+4n+32=0$ ······㉣

$x^2=mx+n$에서 $x^2-mx-n=0$ ······㉤

이 이차방정식도 중근을 가지므로 판별식을 D_2라 하면

$D_2=(-m)^2+4n=0$ $\therefore 4n=-m^2$

위의 식을 ㉣에 대입하여 정리하면

$-16m+32=0$ $\therefore m=2$, $n=-1$

위의 값을 ㉢, ㉤에 대입하여 접점의 좌표를 구하면

$x^2+6x+9=0$에서 $x=-3$, $y=f(-3)=-7$

$x^2-2x+1=0$에서 $x=1$, $y=f(1)=1$

따라서 두 접점의 좌표는 $(-3, -7)$, $(1, 1)$이고 $g(x)=2x-1$이므로 구하는 넓이 S는

$$S=\int_{-3}^{-1}(x^2+6x+9)\,dx+\int_{-1}^{1}(x^2-2x+1)\,dx$$
$$=\int_{-3}^{-1}(x+3)^2\,dx+\int_{-1}^{1}(x-1)^2\,dx$$
$$=\left[\frac{1}{3}(x+3)^3\right]_{-3}^{-1}+\left[\frac{1}{3}(x-1)^3\right]_{-1}^{1}$$
$$=\frac{8}{3}+\frac{8}{3}=\frac{16}{3}$$

$$\therefore (m-n)S=3\times\frac{16}{3}=16$$

15 $a>0$이라 하자. (곡선 $y=x^3$은 원점에 대하여 대칭이므로 $a<0$일 때도 곡선 $y=x^3$과 접선 사이의 넓이는 같다.)

$f(x)=x^3$이라 하면 $f'(x)=3x^2$

곡선 $y=f(x)$ 위의 점 $A(a, a^3)$에서의 접선의 기울기는 $f'(a)=3a^2$이므로 접선의 방정식은

$y-a^3=3a^2(x-a)$ $\therefore y=3a^2x-2a^3$ ······㉠

위의 접선과 곡선 $y=f(x)$의 교점의 x좌표는

$x^3=3a^2x-2a^3$에서 $x^3-3a^2x+2a^3=0$

$(x+2a)(x-a)^2=0$ $\therefore x=-2a$ 또는 $x=a$

$\therefore B(-2a, -8a^3)$

곡선 $y=f(x)$ 위의 점 $B(-2a, -8a^3)$에서의 접선의 기울기는 $f'(-2a)=12a^2$이므로 접선의 방정식은

$y+8a^3=12a^2(x+2a)$

$\therefore y=12a^2x+16a^3$ ······㉡

위의 접선과 곡선 $y=f(x)$의 교점의 x좌표는

$x^3=12a^2x+16a^3,\ x^3-12a^2x-16a^3=0$

$(x+2a)^2(x-4a)=0$ $\therefore\ x=-2a$ 또는 $x=4a$

$\therefore\ \mathrm{C}(4a,\ 64a^3)$

이때, 직선 BC의 방정식은 ⓒ이므로 선분 BC와 곡선 $y=f(x)$ 사이의 넓이는

$\displaystyle\int_{-2a}^{4a}(12a^2x+16a^3-x^3)\,dx$

$=\left[6a^2x^2+16a^3x-\dfrac{1}{4}x^4\right]_{-2a}^{4a}$

$=(96a^4+64a^4-64a^4)-(24a^4-32a^4-4a^4)$

$=108a^4$ $\cdots\cdots$ ⓒ

직선 AB의 방정식은 ㉠이므로 선분 AB와 곡선 $y=f(x)$ 사이의 넓이는

$\displaystyle\int_{-2a}^{a}(x^3-3a^2x+2a^3)\,dx$

$=\left[\dfrac{1}{4}x^4-\dfrac{3}{2}a^2x^2+2a^3x\right]_{-2a}^{a}$

$=\left(\dfrac{1}{4}a^4-\dfrac{3}{2}a^4+2a^4\right)-(4a^4-6a^4-4a^4)$

$=\dfrac{27}{4}a^4$ $\cdots\cdots$ ㉣

따라서 구하는 값은

$\dfrac{ⓒ}{㉣}=\dfrac{108a^4}{\frac{27}{4}a^4}=108\times\dfrac{4}{27}=16$ 답 ③

16   $f(x)=x^3-4x,\ g(x)=2x^2+ax+b$에서

$f'(x)=3x^2-4,\ g'(x)=4x+a$

두 곡선 $y=f(x),\ y=g(x)$가 $x=2$인 점에서 접하므로 이 점에서의 함숫값이 같고, 접선의 기울기가 같다.

$\therefore\ f(2)=g(2),\ f'(2)=g'(2)$

$f(2)=g(2)$에서

$8-8=8+2a+b$ $\therefore\ 2a+b=-8$ $\cdots\cdots$ ㉠

$f'(2)=g'(2)$에서

$12-4=8+a$ $\therefore\ a=0,\ b=-8\ (\because\ ㉠)$

$\therefore\ g(x)=2x^2-8$

한편, 두 곡선 $f(x)=x^3-4x,\ g(x)=2x^2-8$의 교점의 x좌표는 $x^3-4x=2x^2-8$에서 $x^3-2x^2-4x+8=0$

$(x+2)(x-2)^2=0$

$\therefore\ x=-2$ 또는 $x=2$

따라서 두 곡선 $y=f(x),$ $y=g(x)$로 둘러싸인 도형의 넓이는

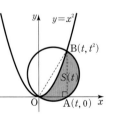

$\displaystyle\int_{-2}^{2}\{f(x)-g(x)\}\,dx$

$=\displaystyle\int_{-2}^{2}\{(x^3-4x)-(2x^2-8)\}\,dx$

$=\displaystyle\int_{-2}^{2}(x^3-2x^2-4x+8)\,dx$

$=2\displaystyle\int_{0}^{2}(-2x^2+8)\,dx$

$=2\left[-\dfrac{2}{3}x^3+8x\right]_{0}^{2}$

$=2\left(-\dfrac{16}{3}+16\right)$

$=2\times\dfrac{32}{3}=\dfrac{64}{3}$ 답 $\dfrac{64}{3}$

단계	채점 기준	배점
(가)	두 곡선 $y=f(x),\ y=g(x)$가 $x=2$인 점에서 접하므로 $f(2)=g(2),\ f'(2)=g'(2)$임을 이용하여 함수 $g(x)$의 식을 구한 경우	50%
(나)	두 곡선 $y=f(x),\ y=g(x)$의 교점의 x좌표를 구한 경우	20%
(다)	두 곡선 $y=f(x),\ y=g(x)$로 둘러싸인 도형의 넓이를 구한 경우	30%

17   오른쪽 그림과 같이 두 곡선 $y=8kx^3,$ $y=-\dfrac{1}{2k}x^3$의 교점은 $(0,\ 0)$이고, $x\geq0$에서 $k>0$일 때 곡선 $y=8kx^3$이 곡선 $y=-\dfrac{1}{2k}x^3$보다 위쪽에 있으므로 두 곡선 $y=8kx^3,$ $y=-\dfrac{1}{2k}x^3$과 직선 $x=1$로 둘러싸인 도형의 넓이는

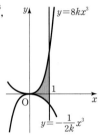

$\displaystyle\int_{0}^{1}\left\{8kx^3-\left(-\dfrac{1}{2k}x^3\right)\right\}dx=\left(8k+\dfrac{1}{2k}\right)\int_{0}^{1}x^3\,dx$

$=\left(8k+\dfrac{1}{2k}\right)\times\left[\dfrac{1}{4}x^4\right]_{0}^{1}$

$=\dfrac{1}{4}\left(8k+\dfrac{1}{2k}\right)$

$=2k+\dfrac{1}{8k}$ $\cdots\cdots$ ㉠

이때, $k>0$이므로 산술평균과 기하평균의 관계에 의하여

$2k+\dfrac{1}{8k}\geq2\sqrt{2k\times\dfrac{1}{8k}}$ $\left(\text{단, 등호는 } 2k=\dfrac{1}{8k}\text{일 때 성립}\right)$

       $=2\times\dfrac{1}{2}=1$

따라서 ㉠은 $2k=\dfrac{1}{8k}$, 즉 $k=\dfrac{1}{4}$일 때 최솟값 1을 갖는다.

$\therefore\ p=\dfrac{1}{4},\ q=1$ $\therefore\ 16p+q=4+1=5$ 답 ⑤

18   $\triangle\mathrm{OAB}$가 직각삼각형이므로 선분 OB는 원의 지름이고, 직선 OB의 방정식은 $y=tx$이다.

이때, $\overline{\mathrm{OB}}=\sqrt{t^2+t^4}$이므로 원의 반지름의 길이는 $\dfrac{\sqrt{t^2+t^4}}{2}$이다.

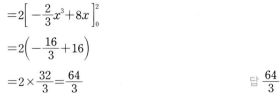

한편, $S(t)$는 반원의 넓이에서 직선 $y=tx$와 곡선 $y=x^2$으로 둘러싸인 도형의 넓이를 뺀 것과 같으므로

$S(t)=\dfrac{1}{2}\pi\times\left(\dfrac{\sqrt{t^2+t^4}}{2}\right)^2-\displaystyle\int_{0}^{t}(tx-x^2)\,dx$

$=\dfrac{(t^2+t^4)\pi}{8}-\left[\dfrac{t}{2}x^2-\dfrac{1}{3}x^3\right]_{0}^{t}$

$$=\frac{\pi}{8}t^4+\frac{\pi}{8}t^2-\left(\frac{t^3}{2}-\frac{t^3}{3}\right)$$

$$=\frac{\pi}{8}t^4-\frac{1}{6}t^3+\frac{\pi}{8}t^2$$

$$S'(t)=\frac{\pi}{2}t^3-\frac{1}{2}t^2+\frac{\pi}{4}t$$

$$\therefore S'(1)=\frac{\pi}{2}-\frac{1}{2}+\frac{\pi}{4}=\frac{3\pi-2}{4}$$

따라서 $p=3$, $q=-2$이므로
$p^2+q^2=9+4=13$ 답 13

19 이차함수 $y=3(x-1)^2$의 그래프와 이 그래프를 x축, y축 및 원점에 대하여 각각 대칭이동한 세 곡선으로 둘러싸인 도형 S는 x축, y축에 대하여 각각 대칭이므로 그 넓이는

$$(\text{도형 } S\text{의 넓이})=4\int_0^1 3(x-1)^2\,dx$$

$$=4\Big[(x-1)^3\Big]_0^1$$

$$=4\{0-(-1)\}=4$$

이차함수 $y=3(x-1)^2$의 그래프를 x축의 방향으로 -1만큼, y축의 방향으로 k만큼 평행이동하였으므로
$$y-k=3(x+1-1)^2$$
$$\therefore y=3x^2+k$$

곡선 $y=3x^2+k$가 도형 S의 넓이를 이등분하므로 오른쪽 그림의 어두운 부분의 넓이가 2이어야 한다.

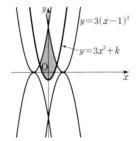

두 곡선 $y=3(x-1)^2$, $y=3x^2+k$의 교점의 x좌표는
$$3(x-1)^2=3x^2+k,$$
$$-6x+3=k$$
$$\therefore x=\frac{3-k}{6}$$

이때, 도형 S와 곡선 $y=3x^2+k$가 모두 y축에 대하여 대칭이므로 위의 그림에서 어두운 부분도 y축에 대하여 대칭이다.
즉, 두 곡선 $y=3(x-1)^2$, $y=3x^2+k$ 및 y축으로 둘러싸인 도형의 넓이가 1이어야 한다.

$$\int_0^{\frac{3-k}{6}}\{3(x-1)^2-(3x^2+k)\}\,dx$$

$$=\int_0^{\frac{3-k}{6}}(-6x+3-k)\,dx$$

$$=\Big[-3x^2+(3-k)x\Big]_0^{\frac{3-k}{6}}$$

$$=-3\left(\frac{3-k}{6}\right)^2+\frac{(3-k)^2}{6}$$

$$=\frac{(3-k)^2}{12}=1$$

$$(3-k)^2=12,\ 3-k=\pm 2\sqrt{3}$$
$$\therefore k=3\pm 2\sqrt{3}$$
그런데 곡선 $y=3x^2+k$가 도형 S의 넓이를 이등분하려면
$-3<k<3$이어야 하므로
$k=3-2\sqrt{3}$ 답 ⑤

20 원의 중심이 y축 위에 있으므로 원의 중심 C의 좌표를 $(0,\ a)$ $(a>0)$라 하면 원의 방정식은
$$x^2+(y-a)^2=1$$
$y=x^2$을 위의 식에 대입하면
$$y+(y-a)^2=1$$
$$y^2-(2a-1)y+a^2-1=0 \quad\cdots\cdots\text{㉠}$$
원이 곡선에 접하므로 위의 y에 대한 이차방정식의 판별식을 D라 하면
$D=(2a-1)^2-4(a^2-1)=0$에서
$-4a+5=0,\ 4a=5$ $\therefore a=\frac{5}{4}$

즉, 원의 방정식은 $x^2+\left(y-\frac{5}{4}\right)^2=1$이다.
이때, 원과 곡선의 접점의 y좌표는 ㉠에서
$$y^2-\left(2\times\frac{5}{4}-1\right)y+\left(\frac{5}{4}\right)^2-1=0$$
$$y^2-\frac{3}{2}y+\frac{9}{16}=0,\ \left(y-\frac{3}{4}\right)^2=0$$
$$\therefore y=\frac{3}{4}$$
이것을 $y=x^2$에 대입하면
$$x^2=\frac{3}{4}\qquad\therefore x=\pm\frac{\sqrt{3}}{2}$$

오른쪽 그림과 같이 점 A에서 x축, y축에 내린 수선의 발을 각각 H, I라 하면
$$\overline{CA}=1,$$
$$\overline{CI}=\overline{CO}-\overline{IO}$$
$$=\frac{5}{4}-\frac{3}{4}=\frac{2}{4}=\frac{1}{2}$$
직각삼각형 CIA에서
$$\overline{CA}:\overline{CI}:\overline{IA}=1:\frac{1}{2}:\frac{\sqrt{3}}{2}=2:1:\sqrt{3}$$
이므로 $\angle\text{ACI}=\frac{\pi}{3}$
이때, 원과 곡선 $y=x^2$은 y축, 즉 직선 $x=0$에 대하여 대칭이므로 원의 호 APB와 곡선 $y=x^2$으로 둘러싸인 도형의 넓이를 S라 하면
$$S=2\Big\{(\text{사다리꼴 OHAC의 넓이})$$
$$-(\text{부채꼴 CPA의 넓이})-\int_0^{\frac{\sqrt{3}}{2}}x^2\,dx\Big\}$$
$$=2\left\{\frac{1}{2}\times\left(\frac{5}{4}+\frac{3}{4}\right)\times\frac{\sqrt{3}}{2}-\frac{1}{2}\times 1^2\times\frac{\pi}{3}-\Big[\frac{1}{3}x^3\Big]_0^{\frac{\sqrt{3}}{2}}\right\}$$
$$=2\left(\frac{\sqrt{3}}{2}-\frac{\pi}{6}-\frac{\sqrt{3}}{8}\right)=\frac{3\sqrt{3}}{4}-\frac{\pi}{3}\qquad\text{답 }\frac{3\sqrt{3}}{4}-\frac{\pi}{3}$$

• 다른풀이 •

$A(a, a^2)$ $(a>0)$, $C(0, k)$ $(k>0)$라 하자.

$y=x^2$에서 $y'=2x$이므로 점 A에서의 접선의 기울기는 $y'_{x=a}=2a$이고, 두 점 A, C를 지나는 직선은 점 A에서의 접선과 수직이므로 기울기는 $-\dfrac{1}{2a}$이다.

$\dfrac{a^2-k}{a}=-\dfrac{1}{2a}$ $\therefore a^2-k=-\dfrac{1}{2}$ ······ ㉠

또한, 두 점 A, C 사이의 거리는 원의 반지름의 길이인 1과 같으므로

$a^2+(a^2-k)^2=1$

㉠을 위의 식에 대입하면

$a^2+\left(-\dfrac{1}{2}\right)^2=1$, $a^2=\dfrac{3}{4}$ $\therefore a=\dfrac{\sqrt{3}}{2}$ $(\because a>0)$

$a^2-k=-\dfrac{1}{2}$에서 $\dfrac{3}{4}-k=-\dfrac{1}{2}$ $\therefore k=\dfrac{5}{4}$

즉, $A\left(\dfrac{\sqrt{3}}{2}, \dfrac{3}{4}\right)$, $C\left(0, \dfrac{5}{4}\right)$

21 함수 $y=f(x)$의 그래프와 그 역함수 $y=g(x)$의 그래프는 직선 $y=x$에 대하여 대칭이므로 $g(5)=0$, $g(32)=3$에서 $f(0)=5$, $f(3)=32$

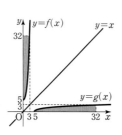

이때,

$2\displaystyle\int_{g(5)}^{g(32)} f(x)\,dx+\int_{f(0)}^{f(3)} g(x)\,dx=112$

이므로

$2\displaystyle\int_{g(5)}^{g(32)} f(x)\,dx+\int_{f(0)}^{f(3)} g(x)\,dx$

$=2\displaystyle\int_0^3 f(x)\,dx+\int_5^{32} g(x)\,dx$

$=2\displaystyle\int_0^3 f(x)\,dx+\left\{3\times 32-\int_0^3 f(x)\,dx\right\}$

$=\displaystyle\int_0^3 f(x)\,dx+96=112$

$\therefore \displaystyle\int_0^3 f(x)\,dx=112-96=16$

$\therefore \displaystyle\int_{g(5)}^{g(32)} f(x)\,dx=\int_0^3 f(x)\,dx=16$

답 16

22 조건 ㈎에서 삼차함수 $f(x)$의 그래프는 원점에 대하여 대칭이므로 $f(x)=ax^3+bx$ (a, b는 상수, $a\neq 0$)라 할 수 있다.

이때, $f(x)$가 실수 전체의 집합에서 증가하므로 $a>0$, $f'(x)\geq 0$

즉, $f'(x)=3ax^2+b\geq 0$이므로

$b\geq 0$ ······ ㉠

조건 ㈏에서 $f(4)=g(4)=4$이므로

$f(4)=64a+4b=4$

$\therefore b=-16a+1$

㉠에서 $-16a+1\geq 0$ $\therefore a\leq \dfrac{1}{16}$ ······ ㉡

조건 ㈎, ㈏에서 $f(0)=0$, $f(4)=4$, $f(-4)=-4$이므로 모든 실수에서 증가하는 삼차함수 $y=f(x)$의 그래프와 역함수 $y=g(x)$의 그래프는 다음 그림과 같다.

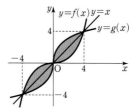

두 곡선 $y=f(x)$, $y=g(x)$로 둘러싸인 도형의 넓이는 곡선 $y=f(x)$와 직선 $y=x$로 둘러싸인 도형의 넓이의 2배이고, 곡선 $y=f(x)$와 직선 $y=x$로 둘러싸인 도형의 넓이는 닫힌구간 $[0, 4]$에서 곡선 $y=f(x)$와 직선 $y=x$로 둘러싸인 도형의 넓이의 2배이므로 구하는 넓이는

$4\displaystyle\int_0^4 \{x-(ax^3+bx)\}\,dx$

$=4\left[-\dfrac{a}{4}x^4+\dfrac{1}{2}(1-b)x^2\right]_0^4$

$=4\{-64a+8(1-b)\}$

$=4(-64a+8\times 16a)$ $(\because b=-16a+1)$

$=256a$

㉡에서 $256a\leq 16$이므로 구하는 넓이의 최댓값은 16이다.

답 16

23 $f(x)=x^3+\dfrac{n}{2}x^2+2x-4$에서

$f'(x)=3x^2+nx+2$

삼차함수 $f(x)$가 역함수를 가지려면 $f'(x)\geq 0$이어야 하므로

이차방정식 $f'(x)=0$, 즉 $3x^2+nx+2=0$이 중근이나 허근을 가져야 한다.

이 이차방정식의 판별식을 D라 하면

$D=n^2-4\times 3\times 2\leq 0$, $n^2-24\leq 0$

$\therefore -2\sqrt{6}\leq n\leq 2\sqrt{6}$

이때, n이 자연수이므로 n의 최댓값은 4이다.

$n=4$이면 $f(x)=x^3+2x^2+2x-4$

함수 $y=f(x)$의 그래프와 직선 $y=x$의 교점의 x좌표는

$x^3+2x^2+2x-4=x$, $x^3+2x^2+x-4=0$

$(x-1)(x^2+3x+4)=0$

$\therefore x=1\left(\because x^2+3x+4=\left(x+\dfrac{3}{2}\right)^2+\dfrac{7}{4}>0\right)$

또한, 함수 $y=f(x)$의 그래프와 직선 $y=-x-4$의 교점의 x좌표는

$x^3+2x^2+2x-4=-x-4$

$x^3+2x^2+3x=0$, $x(x^2+2x+3)=0$

$\therefore x=0$ $(\because x^2+2x+3=(x+1)^2+2>0)$

두 곡선 $y=f(x)$, $y=g(x)$과 직선 $y=-x-4$로 둘러싸인 도형은 다음 그림의 어두운 부분과 같다.

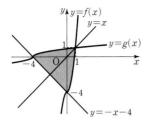

이때, 두 곡선 $y=f(x)$, $y=g(x)$는 직선 $y=x$에 대하여 대칭이므로 위의 그림에서 곡선 $y=f(x)$와 직선 $y=x$ 및 y축으로 둘러싸인 도형의 넓이와 곡선 $y=g(x)$와 직선 $y=x$ 및 x축으로 둘러싸인 도형의 넓이가 같다.

$$\therefore \text{(구하는 넓이)} = 2\int_0^1 \{x-f(x)\}\,dx + \frac{1}{2}\times 4\times 4$$
$$= 2\int_0^1 (-x^3-2x^2-x+4)\,dx+8$$
$$= 2\left[-\frac{1}{4}x^4-\frac{2}{3}x^3-\frac{1}{2}x^2+4x\right]_0^1+8$$
$$= 2\times\frac{31}{12}+8=\frac{79}{6}$$

따라서 $p=6$, $q=79$이므로
$$p+q=6+79=85$$

답 85

24 움직이기 시작한 점의 4초 후의 위치는
$$a=\int_0^4 v(t)\,dt$$
$$=\int_0^4 (t^2-4t+3)\,dt$$
$$=\left[\frac{t^3}{3}-2t^2+3t\right]_0^4$$
$$=\frac{64}{3}-32+12=\frac{4}{3}$$

4초 동안 움직인 거리는
$$b=\int_0^4 |v(t)|\,dt=\int_0^4 |t^2-4t+3|\,dt$$
$$=\int_0^1 (t^2-4t+3)\,dt-\int_1^3 (t^2-4t+3)\,dt$$
$$\qquad\qquad\qquad +\int_3^4 (t^2-4t+3)\,dt$$
$$=\left[\frac{1}{3}t^3-2t^2+3t\right]_0^1-\left[\frac{1}{3}t^3-2t^2+3t\right]_1^3$$
$$\qquad\qquad\qquad +\left[\frac{1}{3}t^3-2t^2+3t\right]_3^4$$
$$=2\left(\frac{1}{3}-2+3\right)-2(9-18+9)+\left(\frac{64}{3}-32+12\right)$$
$$=\frac{8}{3}+\frac{4}{3}=\frac{12}{3}=4$$

$$\therefore 6a+3b=6\times\frac{4}{3}+3\times 4$$
$$=8+12=20$$

답 ⑤

25 속도가 $v(t)=a-10t\,(\text{m/s})$인 물 로켓이 최고 높이에 도달하는 순간의 속도는 0이므로

$v'(t)=0$에서 $a-10t=0$ $\qquad\therefore t=\frac{1}{10}a$

최고 높이에 도달할 때까지 물 로켓이 움직인 거리는
$$\int_0^{\frac{1}{10}a} |v(t)|\,dt=\int_0^{\frac{1}{10}a} |a-10t|\,dt$$
$$=\int_0^{\frac{1}{10}a} (a-10t)\,dt$$
$$=\left[at-5t^2\right]_0^{\frac{1}{10}a}$$
$$=\frac{1}{10}a^2-\frac{1}{20}a^2$$
$$=\frac{1}{20}a^2\,(\text{m})$$

이때, 최고 높이가 20 m 이상이 되어야 하므로
$\frac{1}{20}a^2\geq 20$에서 $a^2\geq 20^2$ $\qquad\therefore a\geq 20\,(\because a>0)$

따라서 최고 높이가 20 m 이상이 되도록 하는 a의 최솟값은 20이다.

답 ③

26 점 P의 시각 t에서의 위치를 $x_P(t)$라 하면
$$x_P(t)=0+\int_0^t (x^2-2x)\,dx=\left[\frac{1}{3}x^3-x^2\right]_0^t$$
$$=\frac{1}{3}t^3-t^2$$

점 Q의 시각 t에서의 위치를 $x_Q(t)$라 하면
$$x_Q(t)=0+\int_0^t (-x^2+4x)\,dx=\left[-\frac{1}{3}x^3+2x^2\right]_0^t$$
$$=-\frac{1}{3}t^3+2t^2$$

$x_P(t)=x_Q(t)$에서 $\frac{1}{3}t^3-t^2=-\frac{1}{3}t^3+2t^2$

$\frac{2}{3}t^3-3t^2=0$, $\frac{2}{3}t^2\left(t-\frac{9}{2}\right)=0$

$\therefore t=0$ 또는 $t=\frac{9}{2}$

즉, 두 점 P, Q가 출발 후 처음으로 다시 만나는 시각은 $t=\frac{9}{2}$이다.

$0<t<\frac{9}{2}$에서 두 점 P, Q 사이의 거리는
$$|x_P(t)-x_Q(t)|=\left|\frac{1}{3}t^3-t^2-\left(-\frac{1}{3}t^3+2t^2\right)\right|$$
$$=\left|\frac{2}{3}t^3-3t^2\right|$$

$h(t)=\frac{2}{3}t^3-3t^2$이라 하면

$h'(t)=2t^2-6t$

$h'(t)=0$에서 $2t(t-3)=0$

$\therefore t=0$ 또는 $t=3$

함수 $h(t)$의 증가와 감소를 표로 나타내면 다음과 같다.

t	(0)	$\cdots$	3	$\cdots$	$\left(\frac{9}{2}\right)$
$h'(t)$		$-$	0	$+$	
$h(t)$		$\searrow$	극소	$\nearrow$	

함수 $h(t)$는 $t=3$에서 극솟값 $h(3)=18-27=-9$를 가지므로 $0<t<\dfrac{9}{2}$에서 함수 $y=h(t)$의 그래프를 이용하여 함수 $y=|h(t)|$의 그래프를 그리면 다음 그림과 같다.

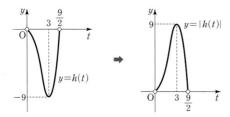

따라서 $0<t<\dfrac{9}{2}$에서 두 점 P, Q 사이의 거리의 최댓값은 $t=3$일 때 9이다.   **답** 9

27 자동차가 출발하여 처음 36 m까지 달리는 데 걸리는 시간을 a초라 하자. 이 자동차의 속도가 $v(t)=-2t^2+12t$이므로 $\displaystyle\int_0^a |v(t)|\,dt=\int_0^a |-2t^2+12t|\,dt=36$

이때,

$$\int_0^6 |v(t)|\,dt=\int_0^6 (-2t^2+12t)\,dt$$
$$=\left[-\dfrac{2}{3}t^3+6t^2\right]_0^6=72$$

에서 이 자동차는 출발 후 6초 동안 72 m를 달렸으므로 $0<a<6$이어야 한다.

$$\int_0^a (-2t^2+12t)\,dt=\left[-\dfrac{2}{3}t^3+6t^2\right]_0^a$$
$$=-\dfrac{2}{3}a^3+6a^2=36$$

$a^3-9a^2+54=0$, $(a-3)(a^2-6a-18)=0$

$\therefore a=3$ 또는 $a^2-6a-18=0$

$a^2-6a-18=0$에서 $a=3\pm3\sqrt{3}$

그런데 $0<a<6$이므로 $a=3$

$v(3)=-2\times3^2+12\times3=18(\text{m/s})$이고 시각 $t=3$부터 일정한 속도로 감소하다가 속도가 0이 되면 정지하므로 이 자동차가 출발할 때부터 정지할 때까지의 속도를 $f(t)$라 하면 함수 $y=f(t)$의 그래프는 오른쪽 그림과 같아야 한다.

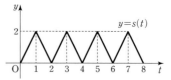

$v(t)=-2t^2+12t$
$\qquad =-2(t-3)^2+18$

에서 함수 $v(t)$는 시각 $t=0$부터 $t=3$까지 증가한다.

오른쪽 그림에서 자동차가 정지할 때의 시각을 $t=t_1$이라 하면 이 자동차의 속도가 증가하는 시간과 감소하는 시간의 비가 $1:2$이므로

$3:(t_1-3)=1:2$, $t_1-3=6$ $\therefore t_1=9$

따라서 시각 $t=3$부터 $t=9$까지의 속도는

$$y=\dfrac{0-18}{9-3}(t-9) \qquad \therefore y=-3t+27$$

즉, $f(t)=\begin{cases}-2t^2+12t & (0\le t\le3)\\ -3t+27 & (3<t\le9)\end{cases}$

그러므로 이 자동차가 출발 후 정지할 때까지 움직인 거리는

$$36+\int_3^9 (-3t+27)\,dt$$
$$=36+\dfrac{1}{2}\times(9-3)\times18=90(\text{m}) \qquad \text{**답** 90 m}$$

28 조건 ㈎에서 $s(t)=\begin{cases}2t & (0\le t<1)\\ 4-2t & (1\le t\le2)\end{cases}$ 이고, 조건 ㈏에서 $s(t)=s(t+2)$이므로 점 P의 시각 t에서의 속력 $y=s(t)$의 그래프는 다음 그림과 같다.

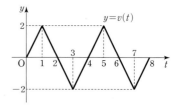

이때, 점 P의 시각 t에서의 속도를 $v(t)$라 하면 함수 $v(t)$는 연속이고, 출발 후 적어도 한 번 운동 방향을 바꾸어야 하므로 구간 $[0,2]$, $[2,4]$, $[4,6]$, $[6,8]$ 중 $v(t)=-s(t)$인 구간과 $v(t)=s(t)$인 구간이 적어도 하나씩 존재해야 한다.   ……㉠

ㄱ. 점 P가 시각 $t=0$부터 $t=8$까지 움직인 거리는

$$\int_0^8 |v(t)|\,dt=\int_0^8 s(t)\,dt$$
$$=4\times\dfrac{1}{2}\times2\times2=8 \text{ (참)}$$

ㄴ. 점 P가 출발 직후 x축의 양의 방향으로 움직인다고 가정하면 점 P가 운동 방향을 세 번 바꾸었으므로 함수 $y=v(t)$의 그래프는 다음 그림과 같다.

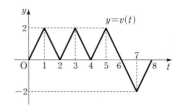

점 P의 시각 $t=8$에서의 위치는

$$0+\int_0^8 v(t)\,dt$$
$$=\int_0^2 v(t)\,dt+\int_2^4 v(t)\,dt+\int_4^6 v(t)\,dt+\int_6^8 v(t)\,dt$$
$$=2+(-2)+2+(-2)=0 \text{ (참)}$$

ㄷ. 점 P의 시각 $t=a$에서의 위치는

$$0+\int_0^a v(t)\,dt$$

$0\le a\le8$인 실수 a에 대하여 $\displaystyle\int_0^a v(t)\,dt=6$이면서 ㉠을 만족시키려면 함수 $y=v(t)$의 그래프는 다음 그림과 같아야 한다.

즉, 점 P는 운동 방향을 한 번만 바꾸어야 한다. (참)

따라서 ㄱ, ㄴ, ㄷ 모두 옳다.   답 ⑤

29 오른쪽 그림과 같이 각각의 넓이를 S_1, S_2, S_3, S_4라 하면

$$\int_0^a |v(t)|\,dt$$

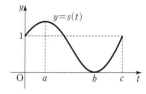

$$=\int_a^d |v(t)|\,dt$$

이므로 $S_1=S_2+S_3+S_4$ ······㉠

ㄱ. $S_1>S_2+S_3$이므로 점 P는 출발하고 나서 다시 원점을 지나지 않는다. (거짓)

ㄴ. $\int_0^c v(t)\,dt=S_1-S_2-S_3$,

    $\int_c^d v(t)\,dt=S_4=S_1-S_2-S_3$ ($\because$ ㉠)

    $\therefore \int_0^c v(t)\,dt=\int_c^d v(t)\,dt$ (참)

ㄷ. $\int_0^b v(t)\,dt=S_1-S_2$, $\int_b^d |v(t)|\,dt=S_3+S_4$

    그런데 ㉠에서 $S_1-S_2=S_3+S_4$이므로

    $\int_0^b v(t)\,dt=\int_b^d |v(t)|\,dt$ (참)

따라서 옳은 것은 ㄴ, ㄷ이다.   답 ④

30 주어진 그래프에서 $f(t)=2t-2$, $g(t)=-\dfrac{1}{2}t+3$

두 점 P, Q가 $t=a$일 때 처음으로 다시 만나므로

$$\int_0^a f(t)\,dt=\int_0^a g(t)\,dt,\ \text{즉}$$

$$\int_0^a (2t-2)\,dt=\int_0^a \left(-\frac{1}{2}t+3\right)dt$$

$$\left[t^2-2t\right]_0^a=\left[-\frac{1}{4}t^2+3t\right]_0^a$$

$$a^2-2a=-\frac{1}{4}a^2+3a,\ \frac{5}{4}a^2-5a=0$$

$$5a\left(\frac{1}{4}a-1\right)=0 \qquad \therefore a=4\ (\because a>0)$$

답 4

31 ㄱ. $\int_0^c v(t)\,dt$는 $t=0$부터 $t=c$까지 위치의 변화량이고 $s(0)=1$, $s(c)=1$이므로

    $\int_0^c v(t)\,dt=s(c)-s(0)=1-1=0$ (참)

ㄴ. $\int_0^b v(t)\,dt$는 $t=0$부터 $t=b$까지 위치의 변화량이고 $s(0)=1$, $s(b)=0$이므로

    $\int_0^b v(t)\,dt=s(b)-s(0)=0-1=-1$

    $\int_0^b v(t)\,dt=\int_0^a v(t)\,dt+\int_a^b v(t)\,dt$이므로

$$\int_0^a v(t)\,dt+\int_a^b v(t)\,dt=-1$$

$$\therefore \int_a^b v(t)\,dt=-\int_0^a v(t)\,dt-1 \text{ (참)}$$

ㄷ. $s(t)$는 점 P의 시각 t에서의 위치이므로 $s'(t)=v(t)$

$v(t)=0$에서 $t=a$ 또는 $t=b$

함수 $s(t)$의 증가와 감소를 표로 나타내면 다음과 같다.

t	0	$\cdots$	a	$\cdots$	b	$\cdots$	c
$v(t)$		$+$	0	$-$	0	$+$	
$s(t)$	1	$\nearrow$	극대	$\searrow$	극소	$\nearrow$	1

함수 $s(t)$는 $t=a$일 때 극댓값을 갖고, $t=b$일 때 극솟값 0을 가지므로 그래프는 다음 그림과 같다.

$0<t<c$에서 함수 $y=s(t)$의 그래프와 직선 $y=1$이 오직 한 점에서 만나므로 $s(t)=1$을 만족시키는 t가 열린구간 $(0, c)$에 오직 하나만 존재한다. (참)

그러므로 ㄱ, ㄴ, ㄷ 모두 옳다.   답 ⑤

32 해결단계

❶단계	$\int_0^6 |f(x)|\,dx=\int_6^{10} |f(x)|\,dx$와 시각 $t=3$에서 두 점 A, B가 같은 위치에 있음을 이용하여 ㄱ의 참, 거짓을 판별한다.
❷단계	두 점 A, B 사이의 거리를 함수 $h(t)$라 하고, 함수 $y=h(t)$의 그래프를 그려 ㄴ, ㄷ의 참, 거짓을 판별한다.

주어진 그래프에서

$0\le t\le 6$에서 $f(t)\le 0$, $6\le t\le 10$에서 $f(t)\ge 0$이고,

$\int_0^6 |f(t)|\,dt=\int_6^{10} |f(t)|\,dt$이므로

$$\int_0^6 \{-f(t)\}\,dt=\int_6^{10} f(t)\,dt$$

$$\int_0^6 f(t)\,dt+\int_6^{10} f(t)\,dt=0$$

$$\therefore \int_0^{10} f(t)\,dt=0 \quad ······㉠$$

ㄱ. 시각 $t=30$에서 두 점 A, B는 같은 점에 위치하므로

$$\int_0^{30} f(t)\,dt=\int_0^{30} g(t)\,dt$$

$$\int_0^{10} f(t)\,dt+\int_{10}^{30} f(t)\,dt=\int_0^{30} g(t)\,dt$$

$$\therefore \int_{10}^{30} f(t)\,dt=\int_0^{30} g(t)\,dt\ (\because \text{㉠}) \text{ (참)}$$

ㄴ. 두 점 A, B의 시각 t에서의 위치를 각각 $x_A(t)$, $x_B(t)$라 하고 $h(t)=x_B(t)-x_A(t)$라 하면

$$h'(t)=\{x_B(t)\}'-\{x_A(t)\}'=g(t)-f(t)$$

$h'(t)=0$, 즉 $g(t)=f(t)$에서

$t=10$ 또는 $t=24$

또한, 시각 $t=0$과 $t=30$에서 두 점 A, B는 같은 위치에 있으므로 $h(0)=h(30)=0$

함수 $h(t)$의 증가와 감소를 표로 나타내면 다음과 같다.

t	0	$\cdots$	10		24	$\cdots$	30
$h'(t)$		+	0	−	0	+	
$h(t)$	0	↗	극대	↘	극소	↗	0

함수 $h(t)$는 $t=10$에서 극댓값, $t=24$에서 극솟값을 가지므로 함수 $y=h(t)$의 그래프는 다음 그림과 같다.

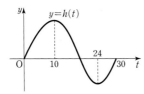

$10<t<24$에서 함수 $y=h(t)$의 그래프는 x축과 한 번 만나고 이 점에서 $h(t)=x_B(t)-x_A(t)=0$, 즉 $x_B(t)=x_A(t)$이다.

따라서 $10<t<24$에서 두 점 A, B는 한 번 만난다. (참)

ㄷ. ㄴ에서 두 점 A, B 사이의 거리는 $|h(t)|$이다.

이때, $|h(10)|>|h(24)|$이면 함수 $y=|h(t)|$의 그래프는 다음 그림과 같으므로 두 점 A, B 사이의 거리는 $t=10$일 때 최대이다. (거짓)

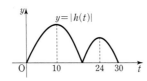

그러므로 옳은 것은 ㄱ, ㄴ이다. 답 ③

Step 3   1등급을 넘어서는 **종합 사고력 문제**   p. 77

01 3   02 12   03 $\dfrac{3}{5}$ 04 1   05 $\dfrac{117}{2}$

06 10

---

01 해결단계

❶ 단계	두 점 P, Q가 t초 동안 이동한 거리를 t에 대한 식으로 나타낸다.
❷ 단계	첫 번째 만나기 위해서는 두 점의 이동 거리의 합이 3이어야 하고, 그 후 다시 만나기 위해서는 두 점의 이동 거리의 합이 정사각형 ABCD의 둘레의 길이인 12의 배수가 되어야 함을 이용하여 네 번째로 만나는데 걸리는 시간을 구한다.

두 점 P, Q의 t초 후의 속력이 각각 $6t$, $2t+1$이므로 두 점 P, Q가 각각 두 점 A, B를 출발한 후 t초 동안 이동한 거리를 각각 x_P, x_Q라 하면

$$x_P=\int_0^t 6t\,dt=3t^2, \quad x_Q=\int_0^t (2t+1)\,dt=t^2+t$$

한편, 두 점 P, Q가 첫 번째로 만나는 점은 변 AB 위에 있으므로 두 점 P, Q의 이동 거리의 합은 3이고, 그 후 두 번째로 만나기 위해서는 두 점 P, Q의 이동 거리의 합이 정사각형 ABCD의 둘레의 길이인 12이어야 한다.

따라서 두 점 P, Q가 네 번째로 만나는 것은 두 점 P, Q의 이동 거리의 합이 $3+12+12+12=39$일 때이므로

$x_P+x_Q=39$에서 $3t^2+(t^2+t)=39$

$4t^2+t-39=0$, $(4t+13)(t-3)=0$

$\therefore t=3$ $(\because t>0)$

즉, 두 점 P, Q가 동시에 출발하여 네 번째로 만나는 것은 출발한 후 3초가 지났을 때이다.

$\therefore a=3$ 답 3

---

02 해결단계

❶ 단계	조건 (가), (나)를 이용하여 함수 $f(x)$가 $f(2)=0$인 증가함수임을 파악한다.
❷ 단계	$\int_{-2}^5 f(x)\,dx$의 값이 최대가 되기 위한 함수 $f(x)$의 그래프를 그린 후, 최댓값을 구한다.

함수 $f(x)$가 모든 실수에서 미분가능하고

$\lim\limits_{x\to 2} f(x)=0$이므로 $f(2)=0$ $\cdots\cdots$ ㉠

모든 실수 x에 대하여 $f'(x)\geq 1$이므로 함수 $f(x)$는 증가함수이다. $\cdots\cdots$ ㉡

이때,

$$\int_{-2}^5 f(x)\,dx=\int_{-2}^2 f(x)\,dx+\int_2^5 f(x)\,dx$$
$$=20+\int_{-2}^2 f(x)\,dx \left(\because \int_2^5 f(x)\,dx=20\right)$$

이므로 $\int_{-2}^5 f(x)\,dx$의 값이 최대이려면 $\int_{-2}^2 f(x)\,dx$의 값이 최대이어야 한다.

그런데 ㉠, ㉡에 의하여 $x\leq 2$에서 $f(x)\leq 0$이므로

$$\int_{-2}^2 f(x)\,dx<0$$

따라서 $\int_{-2}^2 f(x)\,dx$의 값이 최대가 되려면 함수 $f(x)$의 그래프는 기울기가 1인 직선이어야 하므로 $x\leq 2$에서의 함수 $y=f(x)$의 그래프는 오른쪽 그림과 같다.

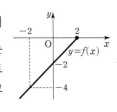

$$\therefore \int_{-2}^5 f(x)\,dx=20+\int_{-2}^2 f(x)\,dx$$
$$=20+\int_{-2}^2 (x-2)\,dx$$
$$=20+\left[\frac{1}{2}x^2-2x\right]_{-2}^2$$
$$=20+(-2-6)$$
$$=20-8=12 \qquad \text{답 } 12$$

따라서 $|S_1-S_3|+|S_2-S_4|$는

$\dfrac{1}{5}\leq k<\dfrac{4}{5}$에서 최솟값 $\dfrac{3}{5}$을 갖는다. 답 $\dfrac{3}{5}$

---

blacklabel 특강 풀이참삭

함수 $f(x)$는 모든 실수 x에 대하여 $f'(x)\geq 1$이고, $f(2)=0$이므로 오른쪽 그림과 같이 직선 $y=x-2$의 아래쪽에 위치해야 한다. 그런데 $\int_{-2}^{2}f(x)dx$의 값은 항상 음수이고, 그 절댓값은 곡선 $y=f(x)$와 x축 및 직선 $x=-2$로 둘러싸인 도형의 넓이와 같으므로 이 도형의 넓이가 최소일 때, $\int_{-2}^{2}f(x)dx$의 값이 최대이다.

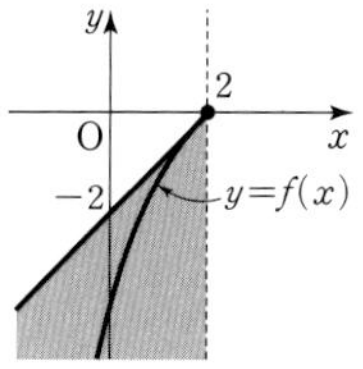

따라서 $\int_{-2}^{2}f(x)dx$의 값이 최대인 경우는 함수 $f(x)$의 그래프가 점 $(2,0)$을 지나고 기울기가 1인 직선일 때이다.

---

03 해결단계

❶단계	곡선 $y=x^4$과 직선 $y=k$의 교점의 x좌표를 구한다.
❷단계	S_1, S_3을 정적분으로 나타내어 S_1-S_3을 구하고, S_1-S_3을 이용하여 S_2-S_4의 값을 구한다.
❸단계	$|S_1-S_3|+|S_2-S_4|$를 k에 대하여 나타낸 후, $|S_1-S_3|+|S_2-S_4|$의 최솟값을 구한다.

곡선 $y=x^4$과 직선 $y=k$의 교점의 x좌표를 구하면

$x^4=k$에서 $x=k^{\frac{1}{4}}$

즉, $S_1=\int_0^{k^{\frac{1}{4}}}(k-x^4)dx$, $S_3=\int_{k^{\frac{1}{4}}}^1(x^4-k)dx$이므로

$S_1-S_3=\int_0^{k^{\frac{1}{4}}}(k-x^4)dx-\int_{k^{\frac{1}{4}}}^1(x^4-k)dx$

$\qquad=\int_0^{k^{\frac{1}{4}}}(k-x^4)dx+\int_{k^{\frac{1}{4}}}^1(k-x^4)dx$

$\qquad=\int_0^1(k-x^4)dx=\left[kx-\dfrac{1}{5}x^5\right]_0^1$

$\qquad=k-\dfrac{1}{5}$ ……㉠

또한, $S_2=1\times k-S_1$, $S_4=1\times(1-k)-S_3$이므로

$S_2-S_4=k-S_1-(1-k-S_3)$

$\qquad=2k-1-(S_1-S_3)$

$\qquad=2k-1-\left(k-\dfrac{1}{5}\right)$ $(\because$ ㉠$)$

$\qquad=k-\dfrac{4}{5}$

$\therefore |S_1-S_3|+|S_2-S_4|$

$=\left|k-\dfrac{1}{5}\right|+\left|k-\dfrac{4}{5}\right|$

$=\begin{cases}-k+\dfrac{1}{5}-\left(k-\dfrac{4}{5}\right)&\left(0<k<\dfrac{1}{5}\right)\\k-\dfrac{1}{5}-\left(k-\dfrac{4}{5}\right)&\left(\dfrac{1}{5}\leq k<\dfrac{4}{5}\right)\\k-\dfrac{1}{5}+k-\dfrac{4}{5}&\left(\dfrac{4}{5}\leq k<1\right)\end{cases}$

$=\begin{cases}-2k+1&\left(0<k<\dfrac{1}{5}\right)\\\dfrac{3}{5}&\left(\dfrac{1}{5}\leq k<\dfrac{4}{5}\right)\\2k-1&\left(\dfrac{4}{5}\leq k<1\right)\end{cases}$

---

04 해결단계

❶단계	점 $P(a,f(a))$에서의 접선의 방정식을 구한다.
❷단계	이차함수 $y=f(x)$의 그래프와 점 P에서의 접선 및 x축 또는 y축으로 둘러싸인 도형의 넓이를 구한다.
❸단계	도형의 넓이의 최솟값 S를 구하여 $27S$의 값을 구한다.

$f(x)=(x-1)^2$에서

$f'(x)=2(x-1)$

점 $P(a,f(a))$ $(0\leq a<1)$에서의 접선의 기울기는

$f'(a)=2(a-1)$

이므로 접선의 방정식은

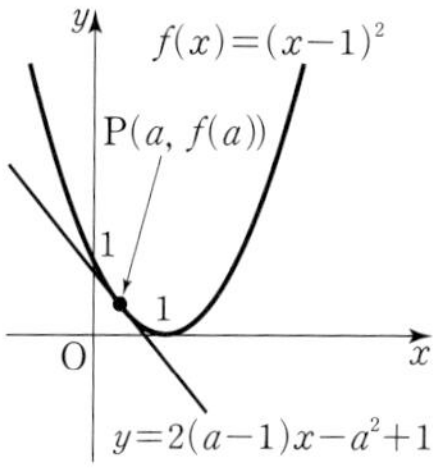

$y-(a-1)^2=2(a-1)(x-a)$

$\therefore y=2(a-1)x-2a(a-1)+(a-1)^2$

$\qquad=2(a-1)x-a^2+1$

위의 식에 $y=0$을 대입하면 $0=2(a-1)x-a^2+1$에서

$x=\dfrac{a^2-1}{2(a-1)}=\dfrac{a+1}{2}$이므로 x절편은 $\dfrac{a+1}{2}$이고, $x=0$을 대입하면 $y=-a^2+1$에서 y절편은 $-a^2+1$이므로 이차함수 $y=f(x)$의 그래프와 점 P에서의 접선 및 x축 또는 y축으로 둘러싸인 도형의 넓이는

$\int_0^1(x-1)^2dx-\dfrac{1}{2}\times\dfrac{a+1}{2}\times(-a^2+1)$

$=\int_0^1(x^2-2x+1)dx-\dfrac{1}{4}(-a^3-a^2+a+1)$

$=\left[\dfrac{1}{3}x^3-x^2+x\right]_0^1+\dfrac{1}{4}a^3+\dfrac{1}{4}a^2-\dfrac{1}{4}a-\dfrac{1}{4}$

$=\left(\dfrac{1}{3}-1+1\right)+\dfrac{1}{4}a^3+\dfrac{1}{4}a^2-\dfrac{1}{4}a-\dfrac{1}{4}$

$=\dfrac{1}{4}a^3+\dfrac{1}{4}a^2-\dfrac{1}{4}a+\dfrac{1}{12}$

$g(a)=\dfrac{1}{4}a^3+\dfrac{1}{4}a^2-\dfrac{1}{4}a+\dfrac{1}{12}$이라 하면

$g'(a)=\dfrac{3}{4}a^2+\dfrac{1}{2}a-\dfrac{1}{4}=\dfrac{1}{4}(3a^2+2a-1)$

$\qquad=\dfrac{1}{4}(3a-1)(a+1)$

$g'(a)=0$에서 $a=-1$ 또는 $a=\dfrac{1}{3}$

$0\leq a<1$에서 함수 $g(a)$의 증가와 감소를 표로 나타내면 다음과 같다.

a	0	$\cdots$	$\dfrac{1}{3}$	$\cdots$	(1)
$g'(a)$		$-$	0	$+$	
$g(a)$	$\dfrac{1}{12}$	$\searrow$	극소	$\nearrow$	

$0\leq a<1$에서 함수 $g(a)$는 $a=\dfrac{1}{3}$일 때 극소이면서 최소

이므로 최솟값은

$$g\left(\frac{1}{3}\right)=\frac{1}{4}\times\frac{1}{27}+\frac{1}{4}\times\frac{1}{9}-\frac{1}{4}\times\frac{1}{3}+\frac{1}{12}$$

$$=\frac{1}{4}\left(\frac{1}{27}+\frac{1}{9}\right)=\frac{1}{4}\times\frac{4}{27}=\frac{1}{27}$$

즉, $S=\frac{1}{27}$이므로 $27S=27\times\frac{1}{27}=1$　　　답 **1**

05 해결단계

❶ 단계	함수 $h(x)$의 극댓값, 극솟값과 $x>0$인 모든 실수 x에 대하여 $f'(x)\geq0$임을 이용하여 두 함수 $y=f(x)$, $y=g(x)$의 그래프의 개형을 그린다.
❷ 단계	함수 $h(x)$의 극댓값과 극솟값이 그래프에서 갖는 의미를 파악한 후, $\int_0^{12}g(t)\,dt$의 값이 어떤 도형의 넓이인지 찾는다.
❸ 단계	정적분의 성질을 이용하여 $\int_0^{12}g(t)\,dt$의 값을 구한다.

$h(x)=\int_0^x\{f(t)-g(t)\}dt\,(x\geq0)$의 양변을 x에 대하여 미분하면 $h'(x)=f(x)-g(x)$이고, 함수 $h(x)$가 $x=8$일 때 극댓값 32, $x=12$일 때 극솟값 27을 가지므로 두 열린구간 $(0,\,8)$, $(12,\,\infty)$에서

$h'(x)>0$, 즉 $f(x)>g(x)$,

열린구간 $(8,\,12)$에서 $h'(x)<0$, 즉 $f(x)<g(x)$이고,

$h'(8)=h'(12)=0$이므로

$f(8)=g(8)$, $f(12)=g(12)$이다.

또한, 삼차함수 $f(x)$가 $x>0$인 모든 실수 x에 대하여 $f'(x)\geq0$을 만족시키므로 함수 $y=f(x)$의 그래프는 $x>0$인 모든 실수에서 증가하고, 그 역함수 $y=g(x)$의 그래프는 함수 $y=f(x)$의 그래프와 직선 $y=x$에 대하여 대칭이다.

따라서 두 함수 $y=f(x)$, $y=g(x)$의 그래프의 개형은 다음 그림과 같고, $\int_0^{12}g(t)\,dt$의 값은 어두운 부분의 넓이와 같다.

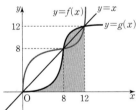

$h(8)=\int_0^8\{f(t)-g(t)\}dt=32$이므로 위의 그림에서 닫힌구간 $[0,\,8]$에서의 어두운 부분의 넓이는

$$\int_0^8 g(t)\,dt=\frac{1}{2}\times8^2-\frac{1}{2}\times32=32-16=16\quad\cdots\cdots\text{㉠}$$

또한, $h(12)=\int_0^{12}\{f(t)-g(t)\}dt=27$이고,

$$\int_0^{12}\{f(t)-g(t)\}dt$$

$$=\int_0^8\{f(t)-g(t)\}dt+\int_8^{12}\{f(t)-g(t)\}dt$$

이므로 $27=32+\int_8^{12}\{f(t)-g(t)\}dt$

$$\therefore\int_8^{12}\{f(t)-g(t)\}dt=-5$$

즉, 닫힌구간 $[8,\,12]$에서 두 함수 $y=f(x)$, $y=g(x)$의 그래프로 둘러싸인 도형의 넓이는

$$\int_8^{12}|f(t)-g(t)|\,dt=-(-5)=5$$

위의 그림에서 닫힌구간 $[8,\,12]$에서의 어두운 부분의 넓이는 사다리꼴 모양의 넓이와 두 함수 $y=f(x)$, $y=g(x)$의 그래프로 둘러싸인 도형의 넓이의 $\frac{1}{2}$을 합한 값과 같으므로

$$\int_8^{12}g(t)\,dt=\frac{1}{2}\times(8+12)\times(12-8)+\frac{1}{2}\times5$$

$$=\frac{85}{2}\quad\cdots\cdots\text{㉡}$$

㉠, ㉡에서

$$\int_0^{12}g(t)\,dt=\int_0^8 g(t)\,dt+\int_8^{12}g(t)\,dt$$

$$=16+\frac{85}{2}=\frac{117}{2}\qquad\text{답 }\frac{117}{2}$$

06 해결단계

❶ 단계	함수 $y=f'(x)$의 그래프가 x축과 만나는 서로 다른 두 점의 x좌표를 α, β라 하면 함수 $f(x)$는 각각 $x=\alpha$, β에서 극댓값과 극솟값을 가짐을 파악한다.
❷ 단계	두 조건 (가), (나)를 이용하여 $f(a)$, $f(b)$의 값을 각각 구한다.
❸ 단계	함수 $y=f(x)$의 그래프를 그린 후, $a\leq x\leq b$에서 방정식 $f(x)=k$의 서로 다른 실근이 2개이기 위한 모든 정수 k의 개수를 구한다.

조건 (가)에서 $\int_a^b f'(x)\,dx=3$이므로

$$\int_a^b f'(x)\,dx=\Big[f(x)\Big]_a^b=f(b)-f(a)=3$$

$$\therefore f(b)=f(a)+3\quad\cdots\cdots\text{㉠}$$

오른쪽 그림과 같이 이차함수 $y=f'(x)$의 그래프가 x축과 만나는 두 점의 x좌표를 각각 α, β $(\alpha<\beta)$라 하자.

$f'(x)=0$에서 $x=\alpha$ 또는 $x=\beta$

이므로 함수 $f(x)$의 증가와 감소를 표로 나타내면 다음과 같다.

x	$\cdots$	α	$\cdots$	β	$\cdots$
$f'(x)$	$+$	0	$-$	0	$+$
$f(x)$	↗	극대	↘	극소	↗

조건 (다)에 의하여 함수 $f(x)$는 $x=\alpha$일 때 극댓값 6을 갖고 $x=\beta$일 때 극솟값 -9를 가지므로

$$f(\alpha)=6,\ f(\beta)=-9$$

한편, 조건 (나)에서 $A:B=1:3$이고,

$$A=\int_a^\alpha f'(x)\,dx=\Big[f(x)\Big]_a^\alpha$$

$$=f(\alpha)-f(a)=6-f(a),$$

$$B=\int_\alpha^\beta\{-f'(x)\}dx=\Big[-f(x)\Big]_\alpha^\beta$$

$$=-f(\beta)+f(\alpha)=15$$

이므로

$\{6-f(a)\}:15=1:3,\ 3\{6-f(a)\}=15$

$\therefore f(a)=1,\ f(b)=4\ (\because\ \bigcirc)$

$a\le x\le b$에서 함수 $y=f(x)$의 그래프는 오른쪽 그림과 같다.

방정식 $f(x)=k$의 서로 다른 실근의 개수는 함수 $y=f(x)$의 그래프와 직선 $y=k$의 서로 다른 교점의 개수와 같으므로 방정식 $f(x)=k$의 서로 다른 실근의 개수가 2이기 위한 정수 k는

$-8,\ -7,\ \cdots,\ -1,\ 0,\ 5$

의 10개이다.　　　　　답 10

이것이 수능　　　　　　　　p. 78

1 200　　　　2 ①

---

1 해결단계

❶ 단계	주어진 함수 $f(x)$를 이용하여 함수 $h(x)$의 식을 구하고 함수 $y=h(x)$의 그래프를 그린다.
❷ 단계	$0\le h(x)\le g(x)$일 때, $\int_{0}^{2}\{g(x)-h(x)\}dx$의 값의 의미를 파악한 후, 이 값의 최소가 되기 위한 조건을 찾는다.
❸ 단계	❷단계를 만족시키는 $k,\ a,\ b$의 값을 각각 구한 후, $60(k+a+b)$의 값을 구한다.

함수 $f(x)=\begin{cases}0 & (x\le 0)\\ x & (x>0)\end{cases}$에 대하여 세 함수

$y=f(x-a),\ y=f(x-b),\ y=f(x-2)$의 그래프는 $y=f(x)$의 그래프를 x축의 방향으로 각각 $a,\ b,\ 2$만큼 평행이동한 것이고 $0<a<b<2$이므로

$y=f(x)-f(x-a)=\begin{cases}0 & (x\le 0)\\ x & (0<x\le a)\\ a & (x>a)\end{cases}$

$y=f(x-b)-f(x-2)=\begin{cases}0 & (x\le b)\\ x-b & (b<x\le 2)\\ 2-b & (x>2)\end{cases}$

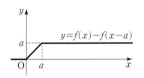 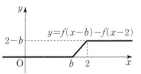

$\therefore h(x)=k\{f(x)-f(x-a)-f(x-b)+f(x-2)\}$

$\quad=k[\{f(x)-f(x-a)\}-\{f(x-b)-f(x-2)\}]$

$\quad=\begin{cases}0 & (x\le 0)\\ kx & (0<x\le a)\\ ka & (a<x\le b)\\ k(-x+a+b) & (b<x\le 2)\\ k(-2+a+b) & (x>2)\end{cases}$

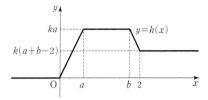

그런데 함수 $g(x)=\begin{cases}x(2-x) & (|x-1|\le 1)\\ 0 & (|x-1|>1)\end{cases}$과 모든

실수 x에 대하여 $0\le h(x)\le g(x)$이므로

$0\le h(2)\le g(2)=0$에서

$h(2)=k(-2+a+b)=0$

$\therefore a+b=2\ (\because\ k>0)$　　　……㉠

따라서 두 함수 $y=g(x),\ y=h(x)$의 그래프는 다음 그림과 같다.

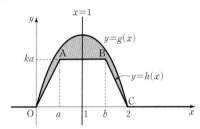

이때, $\int_{0}^{2}\{g(x)-h(x)\}dx$의 값, 즉 어두운 부분의 넓이가 최소가 되려면 사다리꼴 AOCB의 넓이가 최대가 되어야 하므로 두 점 A, B는 곡선 $y=g(x)$ 위의 점이어야 한다.

$A(a,\ a(2-a)),\ B(b,\ a(2-a))$라 하고, 이때의 사다리꼴 AOCB의 넓이를 $S(a)$라 하면

$S(a)=\dfrac{1}{2}\times\{2+(b-a)\}\times a(2-a)$

$\quad=\dfrac{a(2-a)}{2}\times\{2+(2-a-a)\}\ (\because\ \bigcirc)$

$\quad=a(a-2)^2=a^3-4a^2+4a$

$S'(a)=3a^2-8a+4=(3a-2)(a-2)$

$S'(a)=0$에서 $a=\dfrac{2}{3}\ (\because\ a<2)$

a	(0)	$\cdots$	$\dfrac{2}{3}$	$\cdots$	(2)
$S'(a)$		$+$	0	$-$	
$S(a)$		↗	극대	↘	

따라서 $S(a)$는 $a=\dfrac{2}{3}$일 때 극대이면서 최대이고

$\int_{0}^{2}\{g(x)-h(x)\}dx$의 값은 최소가 된다.

이때, $ka=a(2-a)$이므로 $k=2-\dfrac{2}{3}=\dfrac{4}{3}$

$\therefore 60(k+a+b)=60\left(\dfrac{4}{3}+2\right)\ (\because\ \bigcirc)$

$\quad=200$　　　　　답 200

2 해결단계

❶ 단계	주어진 조건을 이용하여 속도 $y=v(t)$의 그래프를 그린다.
❷ 단계	$x=1$일 때의 움직인 거리를 구하여 $f(1)$의 값을 구한 후, ㄱ의 참, 거짓을 판별한다.
❸ 단계	$x=2$일 때의 움직인 거리를 구하여 $f(2)$의 값을 구하고, $\int_1^2 v(t)dt$의 값과 비교하여 ㄴ의 참, 거짓을 판별한다.
❹ 단계	$1<x<1+h$, $1-h<x\le1$에서의 $f(x)$를 구하여 ㄷ의 참, 거짓을 판별한다.

속도 $y=v(t)$의 그래프는 오른쪽
그림과 같고, 시각 $t=0$에서
$t=x$까지 움직인 거리를 l_1, 시각
$t=x$에서 $t=x+2$까지 움직인
거리를 l_2, 시각 $t=x+2$에서
$t=5$까지 움직인 거리를 l_3이라 하자.

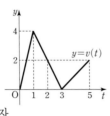

ㄱ. $x=1$일 때,

시각 $t=0$에서 $t=1$까지 움직인 거리는

$$l_1=\frac{1}{2}\times1\times4=2$$

시각 $t=1$에서 $t=3$까지 움직인 거리는

$$l_2=\frac{1}{2}\times2\times4=4$$

시각 $t=3$에서 $t=5$까지 움직인 거리는

$$l_3=\frac{1}{2}\times2\times2=2$$

이때, l_1, l_2, l_3의 값 중에서 최솟값은 2이므로

$f(1)=2$ (참)

ㄴ. $x=2$일 때,

시각 $t=0$에서 $t=2$까지 움직인 거리는

$$l_1=\frac{1}{2}\times1\times4+\frac{1}{2}\times(4+2)\times1=5$$

시각 $t=2$에서 $t=4$까지 움직인 거리는

$$l_2=\frac{1}{2}\times1\times2+\frac{1}{2}\times1\times1=\frac{3}{2}$$

시각 $t=4$에서 $t=5$까지 움직인 거리는

$$l_3=\frac{1}{2}\times(1+2)\times1=\frac{3}{2}$$

이때, l_1, l_2, l_3의 값 중에서 최솟값은 $\frac{3}{2}$이므로

$$f(2)=\frac{3}{2}$$

$$\therefore f(2)-f(1)=\frac{3}{2}-2\ (\because \text{ㄱ})$$

$$=-\frac{1}{2}$$

그런데

$$\int_1^2 v(t)\,dt=\int_1^2(-2t+6)\,dt=\left[-t^2+6t\right]_1^2$$

$$=(-4+12)-(-1+6)=3$$

$$\therefore f(2)-f(1)\ne\int_1^2 v(t)\,dt\ (\text{거짓})$$

ㄷ.
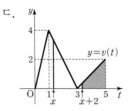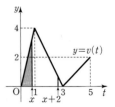

h가 충분히 작은 양수일 때

(i) $1-h<x<1$에서

$$f(x)=\frac{1}{2}\times x\times4x=2x^2$$이므로 $f'(x)=4x$

$$\therefore \lim_{x\to1-}f'(x)=\lim_{x\to1-}4x=4$$

(ii) $1<x\le1+h$에서

$$f(x)=\frac{1}{2}\times2\times2-\frac{1}{2}\{(x+2)-3\}^2$$

$$=2-\frac{1}{2}x^2+x-\frac{1}{2}$$

$$=-\frac{1}{2}x^2+x+\frac{3}{2}$$

이므로 $f'(x)=-x+1$

$$\therefore \lim_{x\to1+}f'(x)=\lim_{x\to1+}(-x+1)=0$$

(i), (ii)에서 $\lim_{x\to1-}f'(x)\ne\lim_{x\to1+}f'(x)$이므로 함수

$f(x)$는 $x=1$에서 미분가능하지 않다. (거짓)

따라서 옳은 것은 ㄱ뿐이다. 　　　　　　　　　　답 ①

Tomorrow
better than today

Tomorrow
better than today

memo

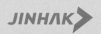

입시정보가

다양하다

풍부한 진학사 대입정보

베테랑 입시전문가들의 입시 정밀 분석

쉽고 재미있는 다양한 입시 컨텐츠

21년동안 쌓아온 실전 합격 노하우

JINHAK.COM

impossible

+

 땀 한 방울

=

i'm possible

불가능을 가능으로 바꾸는 것은
한 방울의 땀입니다.

틀을 깨는 생각 *Jinhak*

1등급을 위한 명품 수학

블랙라벨 수학 Ⅱ

Tomorrow
better than today

www.jinhak.com

수능 · 내신을 위한
상위권 명품 영단어장

블 랙 라 벨

| 커넥티드 VOCA | 1등급 VOCA

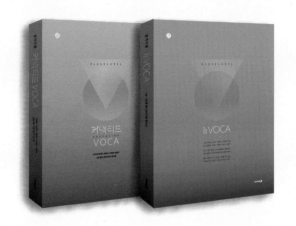

내신 중심 시대
단 하나의 내신 어법서

블 랙 라 벨

| 영어 내신 어법

JINHAK BOOKS
LINE UP

TOMORROW BETTER THAN TODAY

전교 1등의 책상 위에는
블랙라벨

국어	문학 │ 독서(비문학) │ 문법
영어	커넥티드 VOCA │ 1등급 VOCA │ 내신 어법 │ 독해
수학	수학(상) │ 수학(하) │ 수학 I │ 수학 II │ 확률과 통계 │ 미적분 │ 기하
중학 수학	1-1 │ 1-2 │ 2-1 │ 2-2 │ 3-1 │ 3-2
수학 공식집	중학 │ 고등

1등급을 위한 플러스 기본서
더 개념 블랙라벨

국어	문학 │ 독서 │ 문법
수학	수학(상) │ 수학(하) │ 수학 I │ 수학 II │ 확률과 통계 │ 미적분

내신 서술형 명품 영어
WHITE
label

영어	서술형 문장완성북 │ 서술형 핵심패턴북

꿈에서도 떠오르는
그림어원

영어	중학 VOCA │ 토익 VOCA

마인드맵 + 우선순위
링크랭크

영어	고등 VOCA │ 수능 VOCA

완벽한 학습을 위한 수학 공식집

 블랙라벨 BLACKLABEL
수학 공식집

- 블랙라벨의 모든 개념을 한 권에
- 블랙라벨 외 내용 추가 수록
- 목차에 개념 색인 수록
- 한 손에 들어오는 크기

중학 수학   고등 수학